A Treatise of Human Nature

Of the Understanding

デイヴィッド・ヒューム

人間本性論 第1巻

知性について

木曾好能 訳

David Hume

法政大学出版局

訳者前書き

ここに訳出したのは、グリーン／グロウス編『ヒューム哲学的著作集』（David Hume, *The Philosophical Works*, 4 volumes, Edited by T. H. Green and T. H. Grose, London, 1886（Reprint, Scientia Verlag Aalen, 1964））第一巻に収められている、英国の哲学者デイヴィッド・ヒューム（David Hume 一七一一〜七六年）の『人間本性論』（*A Treatise of Human Nature, Being An Attempt to introduce the experimental Method of Reasoning into Moral Subjects*, 3 volumes, London, 1739〜40）第一巻「知性について」（Book I. 'Of the Understanding'）である。翻訳に際しては、原文の論述の流れと勢いを正確に再現することに心がけ、日本語として、哲学研究のための使用に耐え得るものを目指した。

同書の翻訳としては、大槻春彦訳『人性論』（岩波文庫、昭和二三〜七年）があるが、同訳書とは意見の異なるところもあり、また、新しい世代には新しい翻訳が必要であると考え、あえて新訳を試みた。この翻訳も、いずれは、より若い訳者の翻訳によって取って代わられるであろう。

『人間本性論』は、三巻からなり、その第一巻が「知性について」、第二巻が「情念について」（'Of the Passions'）、第三巻が「道徳について」（'Of Morals'）である。第一巻と第二巻とは、一七三九年に初版が出版され、第三巻は、翌一七四〇年に初版が出版された。第三巻には、「付録」がつけられていたが、「付録」の内容は、特に第一巻の知性論の内容に密接に関わるものであるので、グリーン／グロウス編『ヒューム哲学的著作集』に倣って、本訳書でも、「付録」を、第一巻につけ加えた。

凡例

一、引用符号（“……”、‘……’）は、『人間本性論』第一巻の原文の中では、他の著作家の文章の直接引用が皆無であるせいもあって、ただ二箇所（一・三・十四、二〇〇頁、および、一・四・二、二四四頁）でしか使われていない。ヒュームは、語句や文の直接引用に、大文字体やイタリック体を使用し、ときにはローマン体のままにしている。引用文が引用符号なしにローマン体のままになっているのは、いわゆる描出話法（represented speech）なのであろう。これらは、一部の描出話法を除き、現代の読者のために引用符号「」を用いて、直接引用であることを明示した。

また、現代では、欧文においても和文においても、引用符号は、直接引用のほかに、強調のために使われることもある。すぐ後で示すように、この用法も場合によっては使用した。

原文の各語は、ローマン体か、イタリック体か、大文字体で書かれている。大文字体は、固有名詞、各部の標題と各部の最初の語のほかに、（1）ヒュームの術語の最初の定義において、被定義語の直接引用のためか、（2）ヒュームの術語の明示的導入（強調）のためか、（3）当時の慣用の術語を示す直接引用のためか、に用いられている。そこで、（1）～（3）の大文字体は、引用符号で示した。

原文のイタリック体は、各節の標題のほかに、（1）ラテン語、人名や国名や国語名等の固有名詞、慣用語句、（2）語句の強調か対比的強調、（3）直接引用、（4）ヒュームの『人間本性論』の原理である重要な命題、等を示すために用いられている。これらのすべてを同じ表記法で示すのは、簡単であるが、あまり意味がない。そこで、（1）には何もしない、（2）は傍点で示す、（3）と（4）は引用符号で示す、という風にした。（4）を引用符号で示すのは、強調用法であり、命題の重要性を際立たせるためである。

したがって、訳文中の引用符号は、上に述べたただ二箇所におけるヒューム自身の引用符号に対応する場合以外は、原語や原文が、大文字体であるか、直接引用であるか、描出話法であるか、『人間本性論』の原理である重要な命題であるか、のいずれかであることを示す。訳文中の傍点は、原語が、イタリック体の、強調された語句であるか対比的に強調された語句であるか、のいずれかであることを示す。

二、亀甲括弧〔 〕の中は、特に断わらない限り、文意を明瞭にするために、訳者が添加した。

三、丸括弧（ ）中の日本語は、特に断わらない限り、訳者による直前の表現の言い換えまたは説明であり、多くの場合、ヒュームの用語法の一貫性を示すために、補った。また、重要な術語の原語も、丸括弧に入れて示した。

四、ヒュームによる原註は、漢数字を用いて、頁が改まるごとに、（一）、（二）等と表わし、原著に従って、本文中（当該段落末）に挿入した。

五、訳者による註は、算用数字を用いて、（1）、（2）等と表わし、巻末に置いた。校正段階でつけ加えた訳註は、（イ）、（ロ）等と表わした。

目次

人間本性論

第一巻　知性について

第二部　空間および時間の観念について

第三部　知識と蓋然性について

第四部　懐疑論的およびその他の哲学体系について

解説

人間本性論

——実験的な推論法を精神の諸問題に導入する試み(1)——

好きなことを考え、考えることを言うことが許されるような時世に
恵まれるという好運は、まれである。(2)

タキトゥス

前書き[1]

この著作における私の意図は、序論で十分説明されている。ただ、読者には、私がそこで自分の仕事として計画したすべての主題が、この二巻の中で論じられているわけではないことに、ご注意いただきたい。知性と情念とは、それだけでまったく一続きの論究の主題を成すので、私は、この自然な区分を用いて〔まず知性論と情念論の二巻を公表し〕、一般読者の好みを試したかったのである。もし幸運にして私の試みが成功するならば、私はさらに、道徳、政治、および文芸批評の考察に進むつもりである。そのとき初めて、この『人間本性論』は完結することになろう[2]。私は、一般読者の好評を、私の労苦に対する最上の褒賞と考えるが、たとえ一般読者の判定がどのようなものであっても、それを私に対する最良の教訓と見なす覚悟である。

序　論

哲学や諸学において何か新しいことを世間に知らせると称する人たちがする、もっともありふれたもっとも自然なことは、自分たちの体系以前に提唱されたすべての体系を貶すことによって、遠回しに、自分たちの体系を褒めることとである。また実際、彼らが、人間理性の法廷に持ち出され得るもっとも重要な諸問題においてもわれわれがいまだに無知であることを、嘆くだけにとどめておけば、諸学を知るほとんどの者が、ただちに彼らに賛成するであろう。きわめて高い評判をかち得ており、またみずから正確で深遠な論究であると称してさえいるような体系においても、その基礎の脆弱なことは、判断力と学識のある者なら容易に見て取ることができる。原理を鵜呑みにするとか、その原理から誤った仕方で帰結を演繹するとか、諸部分の間に整合性が無く、全体に明証性が欠けるとかいったことは、どれほど高名な哲学者たちの体系においても、いたるところで見出され、このことが、哲学そのものにも悪評をもたらしたと思われる。

また、諸学の不完全な現状を見て取るには、さして深い知識は必要でない。門外のやじ馬でも、騒々しい物音や叫び声を聞けば、家の中がすべてうまくいっているわけではない、と判断できる。およそ議論の種にならぬこと、学者の意見が対立せぬようなことは、何も無い。いかに些細な問題でも、論争を免れず、いかに重大な問題にも、決着をつけることができない。まるですべてが不確かであるかのように議論が百出するが、議論が交わされる際の熱狂ぶりは、まるですべてが確かであるかのようなありさまである。この騒ぎの中で賞をかち得るのは、理性ではなくて、弁舌の才である。どんな無茶な説でも、それをもっともらしく見せる腕さえあれば、信奉者の獲得をけっして諦めるには及ばない。勝利を得るのは、槍や刀を使う戦士ではなく、軍隊つきのラッパ手や鼓手や楽士である、という次第である。

私の考えでは、これが原因で、あらゆる種類の形而上学的論究が一般に嫌われるのである。学者をもって自認し、文学のうち哲学以外の分野には適度の好みを示す人々にさえ、嫌われるのである。形而上学的論究と言っても、何か特定の学問領域に関するものを意味するわけではなく、少し難解で、理解されるために注意の集中を要する議論ならば、すべて形而上学的論究と呼ばれるのである。われわれは、その種の探究にあまりにしばしば無駄な労力を費やしたので、その種の探究を躊躇することなく拒絶し、もしわれわれが永久に誤謬や幻想を逃れ得ぬのなら、せめて誤謬や幻想を自然で愉快なものにしよう、と決心するのが、通例となったのである。〔形而上学的論究に対する一般の毛嫌いは、ただ以上のことにのみ起因するのであり、深い根拠があるわけではない。〕実際、形而上学に対するこのような反感を正当化し得るものは、非常な無精と手を組んだ徹底した懐疑主義のほかにはないのである。なぜなら、もし真理が人間の能力の及ぶ範囲にあるとすれば、それは、必ず深遠で難解なはずである。もっとも偉大な才能の人たちが最大の労力を費やしても為しえなかったのに、われわれが苦労せずに真理に到達しようと望むのは、確かに、紛れもなく、身のほど知らずの思い上がりと見なされるべきである。私は、以下に論述する哲学においてそのようなことができるなどと、主張するつもりはない。もし真理が〔私の哲学において〕そのように容易で明白なものだとすれば、そのことがかえって私の哲学にとって不利な推断の理由となる、と考えるであろう。

明らかに、あらゆる学は、多かれ少なかれ人間の自然本性（human nature）に関係を有し、人間本性からどれほど遠く隔たるように見える学でも、何らかの道を通って、やはり人間本性に結びつく。数学、自然哲学、および自然宗教でさえ、(1)或る程度、「人間」の学（the science of man）に依存している。なぜなら、それらの学は、人間の認識能力の及ぶ範囲内にある事柄であり、人間の諸能力によって判断される事柄であるからである。われわれが、人間知性（human understanding）の範囲と力を知り尽くし、われわれが用いる諸観念の本性、ならびにわれわれの推論における心的作用の本性を、説明し得るようになれば、それらの学にいかなる変革と改善をもたらすことになるか、予測できないほどである。学の改善は、特に自然宗教において、いっそう期待できる。なぜなら、自然宗教は、単に神々（上位の諸力）の本性を説くにとどまらず、神々のわれわれに対する配慮とわれわれの神々に対する義務にまで考察を進めるので、われわれ自身が、単に推論を行なう者であるだけでなく、推論の対象の一つとなっているからである。

それゆえ、数学、自然哲学、および自然宗教の諸学が、人間を知ることにこれほど依存しているのであれば、人間本性との結びつきがより密接な他の諸学においては、何が期待できるであろうか。論理学の唯一の目的は、われわれの推理能力の諸原理と作用、および観念の本性を説明することであり、道徳学と文芸批評とは、われわれの趣味と感情を考察するものであり、政治学は、結合して社会を形成し相互に依存し合う限りでの人間を考察するものである。これら論理学、道徳学、文芸批評、政治学の四学問には、われわれにとって知る価値のある事柄、人間の精神を高めることあるいは飾ることに寄与し得る事柄の、ほとんどすべてが含まれているのである。

してみると、ここに、哲学的探究において成功が期待できる、唯一の方策があることになる。すなわち、これまでのもどかしい捗らない方法を捨て、辺境の城塞や村落を一つ一つ占領するかわりに、諸学の首都であり中心である人間の自然本性そのものに、まっすぐ進撃することである。人間本性をひとたび征服すれば、ほかでは楽勝が期待できる。ここを基地として、人間生活により密接に関わる諸学すべてに征服を広げることができ、そのち暇なときに、単なる好奇心の対象であるような諸学の、より十分な究明に進むことができる。重要な問題でその決着が人間の学に含まれないものはなく、また、この学を知る前に確実な決着がつけられ得る問題はない。それゆえ、われわれは、人間本性の諸原理の解明を企てることで、実は、ほとんどまったく新しい基礎の上に、しかも諸学を安全に支え得る唯一の基礎の上に、諸学の完全な体系を建てることを、目論んでいるのである。

そして、人間の学が他の諸学の唯一の堅固な基礎を成すように、人間の学そのものに与え得る唯一の堅固な基礎は、経験と観察（experience and observation）に置かれねばならない。実験的哲学の精神の諸問題[2]への適用が、自然の諸問題への適用に一世紀以上も遅れたということは、考えてみれば、驚くにあたらない。事実、自然哲学と精神哲学の始まりの間には、ほぼ同じ時間間隔が存在したのであり、タレスからソクラテスまでの時間間隔は、[3]英国におけるわがベーコン卿から最近の或る哲学者たちまでの時間間隔にほぼ等しいのである。[4]この哲学者たちこそ、人間の学の新しい基礎づけに着手し、世間の注意を引きつけ、世間の好奇心を喚起したのである。まことに、他国民が、詩においてわれわれ英国民に比肩し、他の芸術においてわれわれを凌ぐとしても、理性と哲学の分野で為された改革の功績は、わが寛容と自由の国にのみ帰することができるのである。[5]

(一)　ロック氏、シャフツベリー卿、マンドゥヴィル博士、ハチスン氏、バトラー博士[6]、その他。

また、人間の学の改革がわが国にもたらした名誉が、自然哲学の改革がわが国にもたらした名誉より、より小さいであろうと考えるべきではない。むしろ、より大きな名誉であると考えるべきであろう。人間の学が、より重要な学であり、また、そのような改革を必要としていたからである。と言うのは、精神の本質は、外的物体の本質と同じく、われわれには知られないので、精神がいかなる能力と性質を有するかを知ることは、外的物体についてと同様に、注意深い正確な実験と、異なる条件や状況から生じる個々の結果の観察とに依るのでなければ、不可能であることは明らかであると私には思われるからである。また、可能な限度まで実験によって追求し、すべての結果をもっとも単純でもっとも少数の原因から説明することによって、われわれのすべての原理をできるだけ普遍的なものにするよう努力しなければならないが、それでも、われわれが経験を超えては進み得ないことは、依然として確実なのである。それゆえ、人間本性の究極的根源的性質を明らかにすると称する説は、いずれも、思い上がった空想として、最初から斥けられねばならない。

私は、躍起になって魂の究極的原理を解明しようと努めるような哲学者を、彼が解明すると称する人間本性の学そのものの大家であるとは思わないし、何が人間の精神を自然に満足させ得るかをよく知る者であるとも思わない。と言うのは、或るものの享受を絶望することが享受そのものとほとんど同じ効果をわれわれに及ぼすこと、すなわち、或る欲求を満足させることが不可能であることをわれわれが知るやいなや欲求そのものが消え失せることは、この上なく確かなことだからである。それゆえ、人間理性に可能な限界に到達したことを知れば、われわれは満足して、そこに安らうのである。満足すると言っても、主として、みずからの無知を十分納得するからなのであり、また、われわれに可能なもっとも一般的でもっとも完成された諸原理に対しては、それらが事実であることをわれわれが経験すること以外にそれらの原理の根拠を示し得ないということを、知るからなのである。この、或ることが事実であることとの経験こそ、ただの普通人にとってはそのことの根拠にほかならず、また、どれほど特殊でどれほど異常な現象に対しても、あらかじめ調べる必要もなくすでに見出されている根拠なのである。そして、このように、それ以上の前進の不可能であることが、読者を得心させるのに十分なのであり、他方、著者の方は、自分の無知を自発的に告白することから、また、もっとも確実な原理だとして憶測と仮説を世間に押しつけるという多くの人々が陥った過ちを避ける自分の賢明さから、より快い満足を得ることができよう。教える者と学ぶ者の間でこのような相互的な満足を得ることができる場合には、それ以上に何をわれわれの哲学に要求することができるかを、私は知らない。

しかし、もし、究極的原理の解明の不可能なことが、人間の学の欠点と見なされるのであれば、私はそれを、哲学者たちの学界で培われる学であれ、しがない職人の仕事場で行なわれる技術であれ、われわれの就き得るすべての学と技術にも共通する欠点である、と主張して憚らない。いかなる学いかなる技術も、経験を超えて進むことはできず、この権威（経験）に基礎をもたないような原理を確立することはできないのである。確かに、精神哲学は、自然哲学には無い特有の短所、すなわち、実験結果を集めるに際して、あらかじめ手順を計画し、生じ得るあらゆる個別的な問題について納得できるような仕方で、意図的に実験を行なうことができないという、短所を有する。〔自然哲学では、〕或る物体が他の物体に或る状況でどんな影響を及ぼすかが分からない場合には、両物体を実際にその状況に置き、どんな結果が生じるかを観察しさえすればよい。しかし、精神哲学における疑問を、これと同じ仕方で、考察されているのと同じ状況に身を置くことによって解こうとすれば、明らかに、この反省と計画が、私の自然本性的な原理の作用を乱し、現象から正しい結論を得ることを必ず不可能にするであろう。それゆえ、精神哲学においては、実験結果を、人間生活の注意深い観察から拾い集め、それらが交際や仕事や娯楽における人々の振舞いを通して日常世界の場面で生じるがままに、受け取らねばならない。〔確かに、これは精神哲学に不利な点であるが、しかし、〕この種の実験結果が正しく集められ比較されるならば、それを基礎にして、人知の及び得る他のいかなる学に比べても確実さにおいて劣らず有用性において大いに優る一つの学を、確立することを望むことができるであろう。

第一巻　知性について

第一部　観念、その起源、複合、結合、抽象等について(イ)

第一節　観念の起源について

人間の精神（the human mind）に現われるすべての知覚(1)（perceptions）は、二つの異なる種類に分かれる。それらをそれぞれ、「印象」（impressions）および「観念」（ideas）と呼ぶことにする。両者の相違は、それらが精神を打ちわれわれの思惟または意識に進入する際に有する、勢いと生気の度合いに存する。最大の勢いと激しさを伴って精神に入って来る知覚を、「印象」と名づけることができる。私は、この名のもとに、心に初めて現われるわれわれの諸感覚、諸情念、諸情動のすべてを含める。「観念」という語で私が意味するものは、思考や推論に現われる、それら印象の生気のない像である。たとえば、私の現在の論述が〔読者に〕引き起こす知覚のうち、ただ視覚や触覚から生じるものと、私の論述が引き起こすかも知れない直接的な快または不快とを除けば、残りの知覚がすべて観念である。印象と観念の区別を説明するのに多言を要しないと信じる。誰でもみずから、感じること（feeling）と考えること（thinking）の相違を容易に知覚するであろうからである。印象と観念の勢いと生気は、通常の度合いであれば容易に区別される。しかし、個々の場合に、両者がきわめて接近することも不可能ではない。たとえば、睡眠や病熱や狂気の場合、あるいは、心が非常に激しい情動に襲われた場合には、観念が印象に近づくことが可能であり、また逆に、印象に生気も勢いもなく観念から区別できないことも、時には起こる。しかし、このように酷似することが若干の場合にあるにしても、一般には両者はいちじるしく相違しているので、この相違を表わすために、両者を異なった項目に入れ、各々に固有の名称を与えても、何の心配もいらないのである。(一)

(一)　私は本書で、「印象」および「観念」という語を慣用とは異なる意味で用いているが、この自由は許されると思う。おそらくは、むしろ私の方が、「観念」という語をその原義に戻しているのであり、〔慣用法の祖である〕ロック氏の方が、この語を、全知覚を表わすために用いて、その原義から遠ざけたのである。(2)「印象」という語は、生気のある知覚が心に生みだされる〔自然学的な〕過程ではなく、単に、生気のある知覚そのものを表わすと理解されたい。これを表わす特別の語は、私の知る限りでは、もともと英語にも他の国語にも無い。

知覚には、もう一つの見ておくべき区分があり、これは、印象と観念の両方に当てはまる。(3) その区分とは、「単純」(simple)と「複雑」(complex)の区分である。単純な知覚、すなわち単純な印象と観念とは、いかなる区別も分離も受け容れない知覚である。複雑な知覚とは、これとは逆で、部分に区別できるものである。たとえば、特定の色、味、香の諸性質が、すべてこのリンゴに統合されているが、それらが同一の性質でなく、少なくともたがいに区別できることは、容易に知られる。

以上の二通りの区分によってわれわれの研究対象である知覚に秩序と配列を与えたので、今やわれわれは、それだけより正確な、知覚の性質および関係の考察に、向かうことができる。最初に目につくのは、印象と観念が、勢いと鮮明さ(生気)の度合い以外のすべての点で、大いに類似していることである。一方が他方の言わば映像であるように見える。すなわち、精神がもつ知覚は、すべて二重になっており、印象としても観念としても現われるのである。目を閉じてこの部屋のことを考えるとき私が形成する観念は、私が感じていた印象の正確な再現(representation　表象)となっており、一方にあって他方に見出されないような事柄は何もない。私がもつ他の諸知覚を調べても、やはり同様の類似と再現の関係が見出される。観念と印象とは、常にたがいに対応しているように見えるのである。このことは、注目すべきことのように思われ、一瞬私の注意を引く。

しかし、より正確に観察すれば、私が最初の見かけに引きずられ過ぎたこと、単純なものと複雑なものへの知覚の区別を用いて「観念と印象はすべて類似する」という一般的結論を制限すべきこと、が分かる。私は、多くの複雑観念にはそれに対応する過去の印象がないこと、また、多くの複雑印象がけっして観念に正確に模写されていないこと、に気づく。たとえば、私は、黄金の舗道とルビーの壁をもつ「新しきエルサレム」[4]のような都市を、かつて見たことがないにもかかわらず想像することができる。また、私は、パリを見たことがあるが[5]、しかし、その街路や家並みをありのままの正しい比率で完全に再現するようなこの都市の観念を形成することができる、と主張し得るであろうか。

それゆえ、複雑印象と複雑観念とは一般に大いに類似するが、両者がたがいに他方の正確な模像であるという規則は、普遍的に真ではないことが知られる。そこで、次に、単純知覚についてはどうであるかを考察するのがよかろう。できるだけ正確に吟味したのち、私は、単純知覚については上の規則が例外なく成立すること、すなわち、すべての単純観念がそれに類似する単純印象を有し、また、すべての単純印象がそれに対応する観念を有すること、を断言する。われわれが暗闇で心にいだく赤の観念と、日向でわれわれの目に入る赤の印象とは、ただ〔生気の〕程度においてのみ異なり、質においては異ならない。同じことがすべての単純な印象と観念についても成り立つということを、それらのすべてを個別的に枚挙して証明することはできない。誰でも、気のすむまで多くの単純知覚を調べて、このことを納得できるだけである。しかし、もし誰かが単純知覚についてこの普遍的類似を否定するなら、彼にそれを確信させるには、対応する観念をもたない単純印象、または、対応する印象をもたない単純観念を示してみよ、と彼に要求するほかない。彼がこの挑戦に答えなければ、また答えられるはずがないのであるが、彼の沈黙とわれわれ自身による観察とから、われわれの結論を確立することができる。

こうして、われわれは、すべての単純観念と単純印象とがたがいに類似することを見出す。そして、複雑知覚は単純知覚から形成されるから、これら二種類の知覚（印象と観念）は、たがいに正確に対応すると一般的に主張してよい。見出されたこの関係はこれ以上の吟味を要しないので、私は、知覚の他の性質を見つけたいと思う。そこで、知覚が、その存在に関してどういう関係にあるか、すなわち、印象と観念のどちらが原因でどちらが結果であるか、を考察しよう。

実は、この問題の詳細な検討が、この人間本性論の主題なのである。それゆえ、ここでは、一つの一般命題を確立することで満足しよう。それは、「すべての単純観念は、最初は、それらに対応しかつそれらが正確に再現する(represent　表象する)ところの、単純印象〔として現われる。それゆえ、すべての単純観念は、そのような単純印象〕から生じる」(6)という命題である。

この命題を証明する(prove　証拠立てる)ような現象を探すと、私は、ただ二種類の現象を見出すが、いずれの種類の現象も、明白で、数多く、決定的なものである。私は、第一に、すべての単純印象が対応する観念を伴い、すべての単純観念が対応する印象を伴うという、すでに述べた主張を、新たに見直して確信する。類似する知覚のこの恒常的随伴(7)(constant conjunction)から、私は、直ちに、対応する印象と観念の間には強い結びつき(8)(connexion　結合)があり、一方の存在が他方の存在に大きな影響を及ぼしている、と結論する。これほど無数の事例におけるこのような恒常的随伴は、けっして偶然ではあり得ず、印象の観念への依存か、あるいは、観念の印象への依存を、明瞭に証明している。どちらがどちらに依存するかを知るために、印象と観念のどちらが最初に精神に現われるかという出現の順序を考察すると、単純印象が対応する観念に常に先行し、けっして逆の順序では現われないことが、常に経験される。子供に、緋色や橙色、甘さや苦さの観念を与えるためには、私は対象を提示する。言い換えれば、彼にそれらの印象を与える。まず観念を与えそれによって印象を生み出そうと努めるような馬鹿げたことはしない。観念は、精神に現われても、対応する印象を生み出さないのであり、ただ考えるだけでは、われわれが色を知覚することも感覚を感じることもないのである。他方、精神についての印象であれ、物体についての印象であれ、どの印象の後にも、それに類似し、ただ勢いと生気の度合いにおいてのみ異なる観念が、常に生じるのである。かくして、類似する知覚の恒常的随伴が、一方が他方の原因であることの確かな証拠であり、(9) 印象の先行することが、印象が観念の原因であって、観念が印象の原因でないことの、同じく確かな証拠である。(10)

この命題をより強固にするために、私は、もう一種類の明白で説得力のある現象を考察する。それは、生まれつきの盲人や聾者の場合のように、印象を生み出す能力が何かの偶因でその活動を阻害されているときはいつでも、印象が失われるだけでなく、それに対応する観念も失われ、どちらもその影も形も精神にけっして現われないということである。このことは、感覚器官がまったく破壊されている場合だけでなく、それがただ特定の印象を生むために用いられたことがない場合にも、当てはまる。たとえば、実際に味わったことがなければ、パイナップルの味の正しい観念をいだくことはできないのである。

しかしながら、上の命題に矛盾するような一つの現象があり、これが、対応する印象に観念が先行することが絶対に不可能ではないということの、証拠となるかも知れない。目による異なる色の観念、あるいは聴覚による異なる音の観念が、たがいに似ていても、それと同時に本当は違っていることは、容易に承認されると私は信じる。さて、もしこのことが違った色について真であるならば、同種の色でも、色合いが違えば、各色合いがそれぞれ他から独立に異なる観念を生みだすことが、同様に真であるはずである。なぜなら、もしこのことが否定されるならば、色合いを連続的にぼかして、気づかれずに、一つの色を非常に隔たった色に変えてしまうことが、可能となる。そして、もし、中間にある色合いのどれか二つが相違することを認めなければ、両端の色が同じであることを否定することは、不合理となるであろう。そこで、或る人が、これまで三十年間視力を享受し、あらゆる種類の色を十分よく知るに至ったが、ただ一つ、たとえば特定の色合いの青だけは、これまでに見る機会が無く、知らなかったと想定しよう。ただその色合いだけを除き、すべての違う色合いの青を、濃いものから淡いものへの順に、彼の前に並べたとしよう。明らかに、彼は、その除かれた色合いが欠けている所に欠落があるのに気づき、そこには、隣接する二色の間に、他の場所にある以上の隔たりがあるのを、感じるであろう。さて、問題は、彼が想像力によってこの欠落を補い、感覚によっては得たことがないにもかかわらず、その特定の色合いの青の観念を自分に呼び起こすことができるか、ということである。できないという意見の人は少ないと私は信じる。そして、このことが、単純観念は必ずしも対応する印象から生じるのではないということの、証拠となるかも知れない。しかしながら、この事例は、きわめて特殊で特異なものであり、ほとんど注意するに値せず、それだけのために上の一般的原則を変更するには及ばないのである。

しかし、この〔観念の起源の〕問題に関しては、観念に対する印象の先行の原理が、この例外のほかに、もう一つの制限をつけて理解されるべきであるということを、述べておいてもよいであろう。その制限とは、ちょうど観念が印象の像であるように、この一次的な観念の像である二次的な観念をわれわれが形成できるということである。このことは、観念に関するこの論究そのものから明らかである。正しく言うならば、これは、規則の例外というより、むしろ規則の〔詳しい〕説明となるものである。観念は、それ自身の像を、新たな観念として生み出す。しかし、最初の観念が印象から生じると考えられているから、すべての単純観念が、対応する印象から直接的または間接的に生じるということは、依然として真なのである。

それゆえ、これが、私が人間本性の学において確立する、第一の原理である。見かけが単純だからといって、この原理を軽視すべきではない。なぜなら、注目すべきことに、印象と観念のいずれが先行するかという今の問題は、表現こそ異なれ、生得観念（innate ideas）が存在するか、それともすべての観念が感覚と反省から生じるのかという論争(11)で大いに論じられた問題と、同じ問題なのである。延長や色の観念が生得的でないことを証明するために哲学者たちがすることは、それらの観念が感覚能力によって精神に伝えられることを示すことに尽きる、と言ってもよい。情念や欲求の観念が生得的でないことを証明するために哲学者たちが注意するのは、われわれが、それらの観念を持つに先立って、これらの情動を自らのうちに経験しているということである。もし、これらの議論を注意深く吟味すれば、それらが証明するのは、観念にはより生気のある他の知覚〔すなわち印象〕が先行し、観念はそれから生じ、それを再現（表象）している、ということにほかならないことが分かるであろう。私が問題をこのように明晰に述べたことによって、この問題に関する論争はなくなるであろうし、この原理を、われわれの論究において、これまで思われた以上に有用なものにすることができるであろう。

第二節　主題の区分

単純印象が、対応する観念に先行し、例外がきわめてまれであることは、明らかなので、順序としては、観念を考察するよりも先に、印象を吟味すべきであるように見える。印象は、「感覚」の印象（the impressions of sensation）と「反省」の印象（the impressions of reflexion）の二種類に区分できる。(1) 第一種の印象は、知られない原因から、根源的なものとして、心に生じる。第二種の印象は、主として観念から、(2) 次の順序で生じる。まず〔感覚の〕印象が感覚能力を刺激し、われわれに熱または冷、渇きまたは飢え、あるいは何らかの快または苦を知覚させる。この印象の模像が精神によって作られ、これが印象のなくなったのちにも残る。これをわれわれは「観念」と呼ぶ。この快または苦の観念は、心によみがえるとき、欲求と嫌悪、希望と恐れの印象を新しく生みだす。これらの印象は、〔快苦の観念に関わる〕反省作用から生じるので、「反省の印象」と呼ぶのが適切であろう。これら反省の印象が、さらに記憶と想像力によって模写されて、観念となり、これらの観念も、おそらく、さらに別の印象や観念を生み出す。したがって、反省の諸印象は、ただそれらに〔模像として〕対応する諸観念に対してのみ先行するのであり、感覚の諸観念に対しては後続し、これらから生じるのである。ところで、感覚の研究は、精神の哲学者よりも、(3) 解剖学者や自然哲学者の仕事であるので、今はそれに手を出すべきでない。また、主としてわれわれの注意に値する反省の印象、すなわち情念や欲求や情動は、ほとんどが観念から生じるので、一見きわめて自然に思われる考察の順序を逆にして、印象に進む前に観念を詳しく論じることによって、人間精神の本性と諸原理を解明することが、必要であろう。私は、この理由で、ここでは観念の吟味から始めることにしたのである。(4)

第三節　記憶と想像の観念について

経験から知られるところでは、或る印象が一度精神に現われたならば、それは、観念として再び精神に現われる。これに二通りの現われ方があり、一つは、再び現われるときに、元の鮮明さ（生気）の度合いをかなり保持していて、言わば印象と観念の中間にある場合であり、一つは、元の鮮明さをすっかり失い、完全に観念になりきっている場合である。第一の仕方で印象を再現させる能力は、「記憶」(the memory) と呼ばれ、他方は、「想像力」(the imagination) と呼ばれる。一見して明らかなように、記憶の観念は、想像の観念よりずっと生気があり、勢いが強く、記憶は対象を、想像力よりも鮮やかに描き出す。われわれが何か過去の出来事を思い出すとき、それの観念は精神に勢いよく入ってくるが、他方、想像においては、知覚は生気と勢いがなく、精神がそれを長い間安定した一定の姿に保つことは困難である。それゆえ、ここに、これら二種類の観念の間の、感じることのできる相違があるのである。しかし、これについては、のちにより詳しく論じる。(一)

（一）　第三部第五節。

これに劣らず明瞭なもう一つの相違が、これら二種類の観念の間にある。すなわち、記憶の観念であれ想像の観念であれ、生気のある観念であれ生気のない観念であれ、観念が精神に現われるためには、対応する印象がそれらに先行して、それらに道を準備しなければならないが、想像力が、元の印象と同じ秩序（順序）と形態（配列）に拘束されないのに対して、記憶は、この点で言わば束縛されており、それを変更する力をもたないのである。

記憶が、それの対象が現われた際に対象がもっていた元の形態を保存すること、また、われわれが何ごとかを想起するときに元の形態から逸脱する場合、これが、記憶の能力の何らかの欠陥または不全に起因することは、明らかである。歴史家が、話をより都合よく運ぶために、実際は或る事件の後に起きた事件をそれより先に語ることがおそらくあるであろう。しかし、もし彼が正確な歴史家であれば、この順序の変更を一言断り、それによって観念をしかるべき位置に戻すのである。同じことは、われわれが以前に知った場所や人物を想起する場合にも、当てはまる。記憶の主な働きは、単に単純観念を保存することではなく、単純観念の秩序（順序）と位置を保存することなのである。手短に言えば、この原理は非常に多くの日常的な現象によって支持されているので、これ以上この原理を強調する労を省くことができる。

想像力がそれの観念を入れ換えたり変化させたりする自由をもつという第二の原理も、同じく明らかである。詩や物語に見られる作り話が、このことを疑問の余地なく示している。そこでは自然の秩序がまったく混乱させられ、話に出てくるものといえば、翼をもつ馬や、火を吐く竜や、とてつもない巨人といったものばかりである。また、次のことを考慮すれば、空想力のこの自由さは、不思議でないであろう。すなわち、われわれの観念がすべて印象から模写されるということ、および、まったく分離できない二つの印象など存在しないということである。想像力の自由は、言うまでもなく、観念を単純なものと複雑なものとに区分したことの明白な帰結である。すなわち、想像力は、観念の間に相違を知覚すれば、容易に観念を分離することができるのである。(1)

第四節　観念の結合すなわち連合について

想像力によって、すべての単純観念がたがいに分離でき、また好むままの形態に再び統合できるので、想像力が何らかの普遍的な諸原理に導かれて、時と場所とにかかわらず或る程度一様不変な仕方で働くのでなければ、想像力の作用ほど説明できないものはなかったであろう。もし観念がまったくばらばらで結合をまったく欠いていたとすれば、偶然のみが観念を結びつけることになったであろう。また、観念の間に何らかの統合の絆がなければ、すなわち、それによって一つの観念が他の観念を〔精神に〕自然に導き入れるような何らかの連合させる性質がなければ、(普通そうであるように)[1]規則的にいつも同じ単純観念が集まって〔同じ〕複雑観念を形成することは、不可能である。観念の間のこの統合原理は、分離不可能な結合力と見なされるべきではない[2]。なぜなら、分離不可能な結合力は、すでに想像力から排除されたからである。また、統合原理がなければ精神が二つの観念を結びつけ得ないとも、結論すべきではない[3]。なぜなら、想像力ほど自由な能力はないからである。むしろそれは、穏やかな力(a gentle force)とのみ見なされるべきである。この力は、通常は優勢であり、特に、諸言語間に認められる細かい対応の原因をなす。一つの複雑観念に統合されるのにもっとも適した単純観念を、自然が万人に言わば示唆しているのである。この連合(association)を生みだし、精神をそのように一つの観念から他の観念へと運ぶ性質は、三つ、すなわち、「類似性」(resemblance)、時間または場所における「隣接」(contiguity in time or place)、および「原因と結果」〔の関係〕(cause and effect)である。

これらの性質(関係)が、観念の間の連合を生みだし、一方の観念が現われれば他方を自然に〔精神に〕導き入れることは、証明する必要もなかろうと信じる。われわれの思考の歩みと観念の不断の変転とにおいて、想像力が一つの観念からそれに類似する他の観念へ容易に進むこと、またこの類似性という性質だけでも想像力にとっては十分な絆であり連合力であることは、明白である。また、感覚能力が、その対象を変えるときに順序に従って変え、対象をたがいに隣接したまま受け容れざるを得ないので、想像力も、長い間の習慣によって同じ思考法を習得し、対象を思いうかべるときに空間と時間の諸部分に沿って進むほかないことも、同じく明らかである。原因と結果の関係の生みだす結合については、のちに徹底的に吟味する機会があるので、今は詳しくは述べないことにする。対象の間の原因と結果の関係ほど、強い結合を想像力に生みだし、一方の観念をして他方を容易に呼び起こさせる関係が、ほかにないことを述べておけば、十分である。

これらの関係の全範囲を理解するためには、一方の対象が他方に対して直接に類似、隣接、または原因の関係にある場合だけでなく、両対象の間に両者に対してこれらのうちのどれか一つの関係を有する第三の対象が置かれている場合にも、両対象が想像力において結合されることを、考慮しなければならない。これ〔中間項の介在による関係の連鎖〕は、随分遠くに及ぶことがあり得るが、同時に、一段遠ざかるごとに〔両端項の〕関係が目立って弱まることが、気づかれる。四親等の親族である従兄弟は、言わば因果関係で結合されているが、その結合は、兄弟におけるほど緊密でなく、ましてや子と親ほどでない。一般的に血縁関係は、すべて原因結果の関係に依存し、二者の間を繋ぐ原因（親）の数に応じて近縁または遠縁と見なされる、と言ってよい。

上に挙げた三つの関係のうち、この因果関係（causation）の範囲が、もっとも広い。二つの対象は、一方が他方の存在の原因である場合だけでなく、一方が他方の作用あるいは運動の原因である場合も、因果関係にあると見なせる。なぜなら、対象の作用や運動は、或る特定の観点から見られた対象そのものにほかならず(4)、対象は、その状況がどう変わろうとも同一の対象であり続けるから、このような〔作用や運動に関する〕対象間の影響が、それらの対象を想像力において結合し得ることは、容易に想像できるからである。

これをさらに進めて、一方の対象が他方に運動や作用を生みだす場合だけでなく、単にそれを生みだす力を有する場合にも、二対象が原因結果の関係で結合されている、と言ってよい。そして、これが、人々がそれによって社会においてたがいに影響し合い、支配と服従の絆で結ばれるところの、すべての利害と義務の関係の源である、と言ってよい。「主人」とは、力または同意によって生じるその地位のゆえに、「僕《しもべ》」と呼ばれる他者の行為を、特定の点で指図する力をもつ者である。また、「裁判官」とは、係争中の事件において、何らかの物件の占有または所有を社会のどの成員に許すかを、自分の意見によって決定することができる者である。人が何らかの力をもつとき、それを行使するのに必要なのは、意志の実行のみであり、これ（意志の実行）は、どの場合にも、あり得る（possible）ことと見なされ、多くの場合、ありそう（probable）なことと見なされる。被支配者の服従が支配者の快と利となる権力の場合、特にそうである。

それゆえ、これら三種の関係が、単純観念の間の統合または凝集の原理（原因）であり、記憶における単純観念の分離不可能な結合（順序と配列の不変性）に相当するものを想像力に与えているのである。ここにあるのは、一種の「引力」（attraction）であり、精神界において、自然界におけると同様に、驚くべき結果を生み出し、多くの様々な形をとって現われることが、見られるであろう。それの結果は、いたるところで顕著である。しかし、それの原因は、ほとんど知られず、人間本性の根源的性質に帰するほかないが、私には、人間本性の根源的性質を解明するつもりはない。真の哲学者にもっとも必要なことは、原因をどこまでも探究しようとする節度のない欲求を抑制することであり、それ以上の探究が不明瞭で不確実な憶測に導くことを予見するときは、或る説を十分な数の経験的事実（experiments 実験）に基づいて確立したならば、それで満足することである。そのようなときには、彼の探究を、彼の確立した原理の原因よりも、その結果の吟味に向ける方が、はるかに実り多いであろうからである。

観念のこの統合あるいは連合の結果の中でもっとも注目されるのは、われわれの思惟や推論の通常の主題を成し、一般に単純観念の間の統合の原理のどれかによって生じるところの、複雑観念である。[5] これらの複雑観念は、関係（relations）、様態（modes）、および実体（substances）に分けることができる。[6] われわれは次にこれらの各々を順次簡単に調べることにし、さらに、一般および個別観念についての考察をつけ加えることにする。それをもってわれわれは、私の哲学の基礎論と見なし得る今の（第一部の、観念一般の）問題を、終えることになろう。

第五節　関係について

「関係」（relation）という語は、普通、かなり異なる二通りの意味で使われる。一つには、上に述べたような仕方で、二つの観念を想像力において結合させ、一方の観念をして他方を自然に〔精神に〕導き入れるようにさせる性質の意味で、使用され、一つには、想像力における二つの観念の結びつきが恣意的であっても、両者をその点において比較することが適当と思われるような、特定の比較点の意味で、使用される。日常の言葉では、常に前者の意味で、「関係」という語を使用する。哲学においてのみ、われわれはこの語の意味を拡張して、〔観念を連合させる〕結合原理がなくても、何であれ特定の比較点を意味させるのである。[1] たとえば、距離（distance）は、哲学者たちによって真の関係と認められるであろうが、それは、この観念が対象の比較によって得られるからである。しかし、日常の話し方では、距離と関係とが両立しないかのように、「これこれのものほど距離（隔たり）のあるものはなく、それらほど関係の少ないものはない」と言うのである。

対象に比較を受け容れさせ、哲学的関係[2]（philosophical relation）の諸観念を生み出す、すべての性質（比較点）を枚挙することは、おそらく、際限のない仕事と思われよう。しかし、根気よく考察すれば、それらを七つの一般的項目のどれか一つに難なく含ませ得ることが、分かるであろう。そこで、これらの一般的項目を、すべての哲学的関係の源泉と見なすことができる。

一、第一は、類似性（resemblance）である。これは、それなくしてはいかなる哲学的関係も存在できない関係である。なぜなら、或る程度類似する対象しか、比較を受け容れないからである。[3] 類似性は、すべての哲学的関係に必要であるが、しかし、それが常に観念の結合すなわち連合を生みだすとは限らない。[4] 或る性質が、きわめて一般的となり、非常に多くの個物に共通するときは、その性質は、精神を直ちにどれか一つの個物には導かない。一時にあまりに広い選択の範囲を提示することによって、想像力がどれか単一の対象に視点を定めることを妨げるのである。

二、同一性（identity）が、第二種の関係と見なされてよい。[5] ここでは、この関係を、そのもっとも厳密な意味に、すなわち恒常的で不変な対象に適用されるものと、解している。人格の同一性の本性と基礎に関する問題は、のちに論じる機会があるので、[6] 今は考察しない。あらゆる関係のうちでもっとも普遍的なのが、同一性の関係である。なぜなら、それは、その存在が少しでも持続するようなすべての存在者に、共通するからである。[7]

三、同一性の次にもっとも普遍的で包括的な関係は、空間（space）と時間（time）の諸関係である。これは、「遠い」、「隣接する」、「の上方に」、「の下方に」、「の前に」、「の後に」等の、無限に多くの比較の源泉となる。

四、量（quantity）または数（number）を受け容れるすべての対象は、量または数において比較できる。これもまた、関係を生み出すきわめて豊かな源泉である。

五、二つの対象が同じ性質（quality）を共有するとき、対象がその性質を有する度合い（degree）が、第五種の関係を形成する。たとえば、ともに重い二つの対象のうち、一方が他方よりより重いまたはより軽いことがあり得る。また、二つの色が同種の色であっても、色合いが異なり、その点で比較を受け容れることがあり得る。

六、反対（contrariety）の関係は、一見しただけでは、「いかなる種類の関係も、〔対象の間に〕或る程度の類似性がなければ、存立し得ない」という規則の、例外と見なされるかも知れない。しかし、われわれは、次のように考えることにしよう。存在（existence）と非存在（non-existence）の二観念を除けば、いかなる二観念も、それら自体としてはたがいに反対ではない。[8] そして、存在と非存在の二観念も、共に対象の観念を含むという点では、明らかに類似する。(9) ただし、非存在の観念は、対象を、それがそこに存在しないと想定されているところのすべての時と場所から、排除するのである。

七、〔対象の存在と非存在の場合を除き、〕火と水、熱と冷のような対象がたがいに反対であると見なされるのは、すべて、〔それら自体としてではなく、〕それらの原因または結果がたがいに反対であるという経験にのみ基づく。この原因と結果（cause and effect）の関係が、第七の哲学的関係であり、また、一つの自然な関係（natural relation）でもある。(10) この関係に含まれている類似性についてはのちに説明する。(11)

相違（difference）を〔第八種の関係として〕他の関係につけ加えることが、自然に予期されるかも知れない。しかし、私は、相違を、何か実在的で積極的なものというよりも、むしろ関係の否定であると考える。相違には、同一性に対立するものと、類似性に対立するものとの、二種がある。第一のものは「数的相違」（difference of number）、他方は「種的相違」（difference of kind）と呼ばれる。

第六節　様態および実体について

哲学者の中には、彼らの論究の大部分の基礎を実体（substance）と偶有性（accident）の区別に置き、われわれがこれらのいずれについても明晰な観念を有すると想像する人たちがいるが、私は、彼らに、実体の観念が、感覚の印象から生じるのか、それとも反省の印象から生じるのかを、尋ねたいものである。もし実体の観念が、感覚能力によって伝えられると言うならば、どの感覚能力によるのか、またどのような仕方でか、と私は尋ねる。もし実体が目によって知覚されるのであれば、それは色でなければならず、耳によるのであれば、音でなければならず、味覚によるのであれば、味でなければならず、他の感覚能力についても同様である。しかし誰も、実体を色や音や味であるとは主張しないであろうと私は信じる。それゆえ、実体の観念が実際に存在するならば、それは反省の印象から生じることになる。しかし、反省の印象は、ひっきょう情念や情動にほかならず、そのどれも、実体を表わす〔表象する〕ことはとてもできない。それゆえ、われわれは、個々の性質の集合の観念と異なるようないかなる実体の観念ももたず、実体について語ったり論究したりする際も、これ以外のいかなるものをも意味しないのである。

実体の観念も様態（mode）の観念も、単純観念の集合にほかならない。これらの単純観念は、想像力によって統合され、〔それらの全体に〕一つの特定の名称が与えられているのであり、この名称によって、われわれは、その集合を、われわれ自身あるいは他人に、呼び起こすのである。しかし、実体の観念と様態の観念は、次の点において相違する。すなわち、一つの実体を形成する個々の性質は、通常一つの知られない或るもの（an unknown something）に関係づけられ、それに内属すると想定されている。[1] あるいは、この虚構が生じないとしても、それらは、少なくとも、隣接と因果の関係によってたがいに密接かつ不可分に結合されていると想定されている。この結果、新たにどんな単純な性質が同様の結合を〔実体を形成する〕他の諸性質ともつことを発見しても、われわれは直ちにその単純な性質を、それがその実体の最初の思念（conception）には入っていなかったにせよ、それら他の諸性質とともに〔実体を形成する性質の一つとして〕包括するのである。たとえば、われわれがもつ金の観念は、最初は黄色、重たさ、展性、可融性〔の諸観念の集合〕であっても、王水に対する可溶性が発見されると、われわれはこの性質を他の諸性質に結びつけ、あたかもそれの観念が最初からこの〔金の〕複合観念の一部分であったかのように、この性質をこの実体（金）に属すると想定する。統合の原理が、実体の複雑観念の主要部分と見なされるので、それは、どんな性質が後に生じても、それが最初に現われた他の諸性質と同様に統合原理によって包括されるものであれば、その性質を〔その実体の観念のうちに〕取り込むのである。

このことが様態[2]の場合には生じ得ないことは、様態の本性を考えれば明らかである。様態を形成する諸単純観念が表象する諸性質は、隣接と因果の関係によって〔同一の基体において〕統合されていず、異なる諸基体（subjects）に散在しているか、あるいは、諸性質が〔同一の基体において〕統合されている場合にも、統合原理はその様態の複雑観念の基礎であるとは見なされていないのである。[3] 舞踏の観念が第一種の様態の例であり、[4] 美の観念が第二種の様態の例である。[5] なにゆえこれらの様態の複雑観念が、様態を区別する名称を変える（別の様態の観念となる）ことなしには、新たにどんな観念をも受け容れることができないのか、その理由は明白である。[6]

第七節　抽象観念について

抽象観念（abstract ideas）すなわち一般観念（general ideas）について、きわめて重要な問題が、これまでに提出されている。それは、「抽象観念は、精神がそれを思念する（いだく）とき、一般的であるのか、あるいは個別的であるのか」という問題である。或る大哲学者が、[一] この問題に関して、通説を論駁し、次のように主張した。すなわち、すべての一般観念は、特定の名辞に結びつけられた個別的観念（particular ideas）にほかならず、この名辞が、個別的観念により広範な意味を与え、必要に応じて個別的観念をしてそれに類似した他の個別者（individuals 個別的観念）を呼び起こさせるのである、[1] と言うのである。私はこの主張を、近年学界でなされた最大にしてもっとも価値ある発見の一つであると考えるので、ここで若干の議論をして、それをより強固にするように努めることにする。私の議論が、それを疑問と論争の余地のまったくないものにするであろう。

（一）バークリー博士。

すべてのではないとしても大部分の一般観念の形成に際して、われわれが量や性質の個々の度合いをすべて捨象するということ、また、対象は、延長（空間的広がり）や持続やその他の属性を少し変えたからといって、特定の種類の対象であることをやめはしないということ、は明らかである。それゆえ、これまで哲学者たちに大いに思弁をたくましゅうさせた抽象観念の本性について決着をつける、明瞭なディレンマが、ここにあると考えることができる。すなわち、〔たとえば〕「人間」という抽象観念は、あらゆる大きさあらゆる性質の人間を表象する（represent 表わす）が、これは、「人間」という抽象観念が、一度にすべての可能な大きさとすべての可能な性質を表象するか、あるいは、個々の大きさや性質をいっさい表象しないか、のいずれかによるほかない、と結論される。ところが、前の命題は、人間精神に無限な能力があることを意味するので、それを弁護するのが馬鹿げたことと見なされた結果、後の命題に有利なように推理することが通例となり、抽象観念は量または性質の個々の度合いをいっさい表象しない、と想定されるようになったのである。しかしながら、この推理は誤っている。このことを私は、次の二つのことによって、明らかにするよう努めることにする。第一に、量または性質の度合いの正確な考え（notion 観念）を形成せずには、或る量または性質を思いうかべる（conceive 考える、思念する）ことは、まったく不可能であることを、証明することである。そして第二に、精神の能力は無限ではないが、それでもわれわれは、量と性質のすべての可能な度合いを、不完全な仕方ではあっても、少なくとも反省（思考）と会話のすべての目的に十分間《ま》に合うような仕方で、一度に考えることができるのを、示すことである。

「精神は、量または性質の各々の度合いの正確な考え（観念）を形成せずには、或る量または性質の考え（観念）を形成することができない」という、第一の命題から始めるならば、この命題は、以下の三つの議論によって、証明することができる。第一に、すでに見たように、(2) 異なる対象は、すべて区別でき、区別できる対象は、すべて思惟と想像の能力によって分離できる。(3) さらにここでは、これらの命題の逆もまた真であること、すなわち、分離できる対象は、またすべて区別でき、区別できる対象は、またすべて異なるということ、をつけ加えることができる。実際、区別できないものを分離したり、また、異ならないものを区別したりすることが、どうしてわれわれにできようか。そこで、抽象することが〔量や性質からその度合いを〕分離することを含意するかどうかを知るためには、問題をこの〔逆命題の〕観点から考察し、一般観念において捨象される点がすべて、一般観念の本質的部分として保持される点から、区別できまた異なるのかどうかを、吟味しさえすればよい。ところで、一つの線分の確定した長さが、その線分自体と異ならず区別できないことは、一見して明らかである[4]。また、どんな性質の確定した度合いも、その性質自体と異ならず区別できない[5]。それゆえこれらの観念は、区別と相違だけでなく、分離も受け容れない。したがって、これらの観念は、精神にいだかれる（思念される）とき、たがいに結びついているのである。こうして、線分の一般観念は、どれほど抽象と純化を重ねようとも、精神に現われる際には、確定した度合いの量と性質とを有するのである。それが、それとは異なる度合いの量と性質を有する他の諸観念を表象する（代表する）ために用いられようとも、そうなのである。

第二に、量と性質の両方の度合いが確定されていなければ、いかなる対象も感覚に現われ得ないということ、言い換えれば、そのときは、いかなる印象も精神に現前し得ないということは、明白である。印象がときに陥る混乱は、その印象の生気のなさと不安定性からのみ生じるのであり、精神が、その現実の存在においていかなる特定の度合いも比率ももたないような印象を受容する能力を有することから、生じるのではない。そのようなこと（いかなる度合いも比率ももたないような印象が現実に存在するということ）は、言葉の矛盾であり、すべての矛盾の中でももっともあからさまな矛盾、すなわち、同一のものが存在しかつ存在しないことが可能であるという矛盾さえ、含意する。

ところで、すべての観念は、印象から生じ、印象の模像（copy）ないし表象にほかならないから、印象について真であることは、観念についても真であると認められねばならない。印象と観念は、勢いの強さと鮮明さにおいてのみ異なるのである。〔印象が必ず量と性質の確定した度合いをもつという〕前段落の結論は、どんな特定の度合いの鮮明さにも基づいてはいない。それゆえその結論は、鮮明さの度合いの変化には左右されない。すなわち、観念とは、勢いの弱くなった印象であり、勢いの強い元の印象は、必ず確定した量と性質をもたねばならないから、印象の模像すなわち表象である観念についても、事情は同じであるはずである。

第三に、[6]〔一〕自然界にあるすべてのものが個別的（individual）なものであること〔それゆえ、確定した度合いの量と性質を有すること〕、また〔したがって〕、辺や角の比が確定していないような三角形が現実に存在すると想定することがまったく不合理であることは、哲学において一般に認められている原理である。〔二〕それゆえこのことが〔そして一般に、量と性質の度合いが確定していないような対象が存在するということが〕現実において不合理であるならば、それは観念においても不合理であるはずである〔すなわち、量と性質の度合いが確定していないような対象の観念が存在するということは、不合理なことである〕。なぜなら、われわれが明晰で判明な観念を形成し得る対象で、〔現実において〕不合理で不可能なものは、なにもない[7]からである。〔三〕しかるに、或る対象の観念をいだく（形成する）ことと、単に或る観念をいだくこととは、同一のことである。観念の或る対象に対する関係は、その観念の外的規定[8]であって、観念自体はこの規定のいかなるしるしをも備えていない[9]からである。〔四〕ところで、量と性質をもちながらなんら確定した度合いの量も性質ももたないような対象の観念をいだくことは、不可能であるのだから、量と性質において限定されていないような観念をいだくことも、同様に不可能であることが、帰結する。〔五〕それゆえ、抽象観念は、その代表（表象）の働き（representation）においてどれほど一般的になろうとも、それ自体においては個別的なものなのである。精神のもつ表象（image）は、推論においてまるで普遍的であるかのように使用されるが、一つの個別的対象の表象にほかならないのである。

　観念のそれ自体の本性を超えたこの使用は、観念がもち得る量と性質のすべての度合いを、不完全ではあるが、生活の諸目的に十分間《ま》に合うような仕方でわれわれが寄せ集める、ということから生じる。これが、私が解明しようと目論んだ第二の命題である。われわれは、われわれにしばしば現われる対象の間に一つの類似[一]性を見出すと、対象の量と性質の度合いにいかなる相違が認められようと、またほかにどのような相違が現われようと、対象のすべてに同一の名称を適用する。われわれがこの種の習慣（custom）を獲得したのちには、その名称を聞けば、それらの対象のうちの一つの観念が呼び起こされ、想像力はその対象を、それのすべての特定の条件や比率ともに思いうかべる（conceive　思念する）のである。ところが、同じその語は、精神に直接現前している観念と多くの点で異なる他の個物（individuals　個別者）にも、しばしば適用されたと想定されている。しかしその語は、これらの個物すべての観念を呼び起こすことはできない。そこでその語は、言わばただ軽く心に触れ、われわれがそれらの個物を通覧することによって獲得した習慣を呼び起こすのである。その際、これらの個物の観念は、現実に精神に現前しているのではなく、ただ可能的にのみ現前しているのであり、われわれは、それらの観念のすべてを判明に想像力のうちに引き出すのではなく、そのときの意図や必要に促されるに応じてそれらの観念のどれでも注視できるように身構えるのである。要するに、語は一つの個別的観念（an individual idea）を或る特定の習慣とともに呼び起こし、この習慣が、他のどの個別的観念であれ、われわれが必要とするならばそれを呼び出すのである。しかし、その名称が適用できるすべての観念を呼び出すことは、ほとんどの場合不可能であるので、われわれはその仕事を簡約し、一部の観念のみを考察するのであるが、この簡約によってわれわれの推論に不都合が生じることは、ほとんどないのである。

（10）（一一）　異なる単純観念でさえたがいに類似し得ることは、明らかである。しかも、それらの類似点は、それらの相違点から、必ずしも別個でも分離できるのでもない。たとえば、青と緑は、異なる単純観念であるが、青と緋色よりも、たがいにより類似している。しかし、それらの完全な単純性のために、〔類似点と相違点の〕分離または区別の可能性は、まったく排除されている。事情は、個々の音や味や香についても同様である。これらは、同じであるようなどんな共通点をもたずに、全体的な見かけと比較に基づいて、無限に多くの類似性を受け容れるのである。さらに、このことは、「単純観念」という抽象名辞そのものからも、確かめることができる。すなわち、この名辞は、その意味範囲に、すべての単純観念を含んでいる。これらの単純観念は、単純性においてたがいに類似する。しかるに、あらゆる複合を排除する単純観念の本性により、〔単純性という〕この類似点は、他の点から、区別も分離もできないのである。任意の性質のすべての度合いについても、同様である。それら〔種々の度合いのその性質の事例〕はすべて〔その性質であるという点で〕類似し合うが、どの個物

〔或る度合いのその性質の事例〕においても、それの性質〔他の事例との類似点〕は、その度合い〔他の事例との相違点〕と別個のものではないのである。〕

と言うのは、この問題におけるもっとも驚くべき事柄の一つとして、次のようなことがあるからである。それは、精神がわれわれの推論が関わっている一つの個別的観念を呼び出したのち、もし万一われわれが〔同じくわれわれの推論が関わっている〕他の或る個別的観念に適合しない推論をおこなうことがあれば、一般名辞すなわち抽象名辞によって呼び起こされた随伴する習慣が、直ちにその個別的観念を提示する、ということである。たとえば、われわれが「三角形」という語を述べ、それに対応する個別的な等辺三角形の観念をいだき、そののち「三角形の三つの角はたがいに等しい」と主張するとするならば、われわれが最初には無視したそのほかの不等辺三角形や等脚三角形などの個別的観念が、直ちにどっとわれわれの精神に現われて、この命題が、最初にいだかれた観念に関しては真であるにせよ、〔一般的には〕偽であることを、われわれに看取させるのである。精神が、必要なときに必ずしも常にこれらの観念を提示しないのは、その能力の何らかの不全から生じることであり、そのような不全が、しばしば誤った推論や詭弁のもととなる。しかしこれは、主として、難解で複雑な観念に当てはまることである。そのほかの場合には、習慣はより完全であり、われわれはめったにこのような誤りに陥ることがないのである。

それどころか、この習慣の完全さは、まったく同一の観念が、いくつかの異なる語に結びつけられて、異なる推論において用いられても、誤るおそれのないほどである。たとえば、高さ一インチの等辺三角形の観念が、図形、直線図形、正多角形、三角形、等辺三角形などについて語るのに、十分間《ま》に合うということがあり得る。したがって、この場合、これらの諸名辞はすべて同一の観念を伴っているのであるが、各名辞は、他の名辞よりより広いかより狭い意味範囲で用いられる習慣なので、それぞれ特定の習慣を呼び起こし、それによって精神を身構えさせ、その名辞の意味範囲に通常含まれる観念に反した結論が出されることのないよう、注意させるのである。

これらの習慣がまったく完全なものになるまでには、おそらく精神は、ただ一つの個物の観念をいだくことでは満足せず、みずからの意味するものを、すなわち一般名辞で表現しようと意図する個物の集合の範囲を、みずからに理解させるために、いくつもの個物を通覧するであろう。たとえば「図形」という語の意味を確定するためには、われわれは、異なる大きさと比を有する円、正方形、平行四辺形、あるいは三角形などの諸観念を心の中で巡らせ、どれか一つの表象または観念に留まりはしないであろう。それはともかくとして、確かなことは、われわれが一般名辞を用いるとき、常に個物の観念を形成する（いだく）ということ、しかし、われわれはめったにあるいはけっしてこれらの個物のすべてを尽くすことができないということ、そして、残りの個物は、そのときの事情が必要とするならばいつでもわれわれをしてそれらを呼び起こさせるところの、習慣（habit）によって、代表されているだけであるということ、である。それゆえ、これが抽象観念および一般名辞の本性であり、このような仕方で、「或る種の観念（抽象観念）は、その本性においては個別的（particular）であるが、その代表の働きにおいては一般的である」という、先の逆説が説明されるのである。一つの個別的な観念が一般的となるのは、それが一つの一般名辞に結びつけられることによる。すなわち、習慣的随伴によって他の多くの個別的観念と結びついておりそれらを容易に想像力に呼び起こすような名辞に、結びつけられることによるのである。

抽象観念の問題について残っていると言える唯一の困難は、われわれが必要とするどの個別的観念（particular idea）をもこのように容易に呼び出すところの、そして、その個別的観念が通常それに結びつけられている語あるいは音声によって呼び起こされるところの、習慣（custom）に関するものである。私の考えでは、精神のこの働きについて納得できる[11]説明を与えるためにもっとも適切な方法は、この働きに類比的である他の事例と、この働きを容易にする他の原理とを、提示することである。われわれの精神的作用の究極的原因を解明することは、不可能である。経験と類比性《アナロジー》に基づいて精神的作用について納得できる説明を与えることができれば、それで十分なのである。

さて、第一に私が観察するのは、われわれが一千のような大きな数を口にするとき、精神は通例、その数の十全な観念[12]を〔現前させては〕もっていず、ただ、その数をも包括する十進法の十全な観念によってその数の十全な観念を呼び出す〔現前させる〕能力のみを有する、ということである。しかしながら、われわれの観念におけるこの不完全さは、われわれの推論においてけっして感じられることがない。このことは、いま問題にしている普遍的観念の場合に相似する〔類比的な〕事例であると思われる。

第二に、ただの一語で呼び起こすことができる習慣の例が、いくつもある。たとえば、人が或る文章の文をいくつか、または詩を何行か、いったんそらで覚えてしまえば、思い出せずに困っている全体を、それの最初の一語や一表現によって、思い出すであろう。

第三に、推論における自分の精神の状態を調べれば、誰でも、われわれが、使用するすべての名辞に判明で完全な観念を結びつけているわけではないこと、たとえば、「政府」、「教会」、「交渉」、「征服」などについて語るとき、われわれが、めったに、これらの複雑観念を構成するすべての単純観念を心の中で繰り広げはしないことに、同意するであろうと私は信じる。しかし、この不完全さにもかかわらず、われわれは、これらの主題について無意味なことを喋るのを避けることができ、観念の間に矛盾があれば、あたかも主題を完全に把握しているかのようにその矛盾に気づくことができる、ということが観察できる。たとえば、われわれが、「戦争において弱者は常に交渉に頼る」と言わずに、「弱者は常に征服に訴える」と述べたとすれば、われわれが獲得した、諸観念に特定の関係を帰する習慣が、やはり各語に随伴していて、この命題の不合理なことを直ちにわれわれに気づかせるのである。このことは、一つの個別的な観念が、他の観念といくつかの点で異なろうとも、それら他の観念に関する推論において間《ま》に合うことがあるのと、同様である[13]。

第四に、個物は、相互の類似性のゆえに、寄せ集められ、一つの一般名辞のもとに置かれるのであるから、この類似性の関係が、個物〔の観念〕の想像力への進入をより容易にし、必要なときに個物〔の観念〕をより素早く提示されるようにするに違いない(14)。実際、反省や会話における思惟の普通の進行過程を見るならば、このことを納得する理由が大いにあるであろう。想像力が諸観念を、それらが必要または有用となるまさにその瞬間に提示し現前させる素早さほど、驚くべきものはない。想像力は、任意の主題に属する観念を寄せ集めるために、宇宙の端から端まで駆けるのである。その様子は、知的な観念界の全体が一度にわれわれに見渡されていて、われわれのなすことといえば、目的にもっとも適した観念を拾い出すことだけである、と考えたいほどである。しかしながら、このように心の言わば魔術的な能力によって実際に寄せ集められた観念以外には、いかなる観念も心に現前している必要はないのである。心のこの魔術的な能力は、もっとも偉大な才能の人々において常にもっとも完全であり、本来天才と呼ばれるものであるが、人間知性の努力の限りを尽くしても解明できるものではない。

おそらく以上の四つの考察が、抽象観念に関して私が提出したこの仮説、そしてこれまで哲学において優勢であった仮説に真っ向から対立するこの仮説に対する、あらゆる困難を、除くのに役立つであろう。しかし実を言えば、私の主たる確信は、通常の説明法では一般観念が不可能となるという、すでに証明した点にある。われわれは確かに、一般観念の問題に関して、何か新たな体系を探し求めねばならない。ところが明らかに、私が提出したもの以外には、いかなる体系もない。観念がその本性において個別的なものであり、また同時に〔精神が現前させ得る〕観念の数が有限であるならば、観念がその代表の働きにおいて一般的となり、それ自身のもとに無限な数の他の観念を含むことができるのは、ただ習慣にのみよるのである。

この問題（抽象観念の問題）を終える前に、同じ諸原理を用いて、学界で大いに語られながらほとんど理解されていない「理性的区別(15)」（distinction of reason）というものを、説明することにしよう。この種の区別の例としては、形とその形をした物体の区別や、運動とその運動を行なう物体の区別(16)がある。この区別を説明することの難しさは、先に説明した「異なる観念はすべて分離できる」という原理に起因する。なぜなら、この原理から、もし形が〔その形をした〕物体と異なるならば、それら二つの観念は区別でき分離できること、もし両者が異ならなければ、両者の観念が分離も区別もできないこと、が帰結するからである。では、理性的区別とは、相違も分離も含意しないのであるから、いったい何を意味するのであろうか[イ]。

この困難を除くためには、抽象観念についての先の説明に頼らねばならない。形とその形をした物体とは、事実（実在）において、区別できず[17]、異ならず、分離できないのだから、もし精神が、この単純性のうちにさえ多くの相異なる類似性と関係とが含まれ得る[18]ことを観察しなかったとすれば、精神は、両者を区別しようとは、けっして夢にも考えなかったであろうに違いない。たとえば、白い大理石の球が提示されるときわれわれが受け取るのは、ただ一定の形に配された白色の印象のみであり、われわれは、色を形から分離することも区別することもできない。しかしそののち、黒い大理石の球と白い大理石の立方体とを観察し、これらを先の対象と比較することによって、先には完全に不可分に見えたまた事実完全に不可分である〔単純な〕もの（白い球形のもの）のうちに、二つの別個な類似性（球形と白さ）を見出すのである。この種の訓練をもう少し続けると、やがてわれわれは、形を色から「理性的区別」によって区別し始める[19]。つまり、われわれは形と色とを、それらが実際に同じものであり、区別できないので、一緒に考えるのであるが、しかし形と色〔の成す全体〕を、それら〔の全体〕がどういう類似性を受け容れるかに応じて、異なる相（aspects）において眺めるのである。われわれは、白い大理石の球の形だけを考えようとするとき、実際には形と色の両方を含む一つの観念をいだくのであるが、暗にその球と黒い大理石の球との類似性に、目を移しているのである。また同様に、その球の色だけを考えようとするとき、われわれはその球と白い大理石の立方体との類似性に、目を向けているのである。このようにしてわれわれは、観念に一種の反省（reflexion）を添えているのであるが、この反省は、習慣のせいでほとんど気づかれないのである。或る人がわれわれにその色を考えずに白い大理石の球の形を考えるように望むとき、〔これを言葉どおりに解するならば〕彼は不可能なことを要求していることになるが、彼の真意は、色と形を一緒に考えながらも、なお〔その球と〕黒い大理石の球との、あるいは任意の色または任意の物質の球との、類似性に注目せよ、ということなのである。

第二部　空間および時間の観念について

第一節　空間と時間の観念の無限分割の可能性について

何であれ、逆説めいていて、人々が最初にいだくもっとも偏見のない考えに反することは、哲学者たちによって、それほど通念から隔たった意見を発見することができた自分たちの学問の優越性を示すものとして、しばしば熱心に信奉される。他方、何であれ、驚嘆させるようなことがわれわれに提示されると、それは精神を大いに満足させるので、精神は、その快い気分に浸り切って、その快感がまったく根拠のないものであることをけっして納得しようとしない。哲学者たちとその弟子たちのたがいのこのような傾向から、哲学者たちが非常に多くの見慣れないわけのわからない説を出せば、弟子たちがそれをすぐさま信奉するという、両者の間のあの相互的迎合が生じるのである。この相互的迎合のこの上なく顕著な例が、無限分割可能の説に見られる。そこで、この説の吟味によって、空間（space）と時間（time）の観念の問題を始めることにする。

精神の能力が有限であり、無限を完全かつ十全に思いうかべる[1]（思念する）ことがけっしてできないことは、あまねく認められている。またこのことは、たとえ認められていなかったとしても、きわめて明白な観察と経験から、十分明瞭になったであろう。さらにまた、無限に分割できるものはすべて無限数の部分からなるべきこと、すなわち、部分の数に限界を設けることは同時に分割の回数に限界を設けることなしには不可能であることも、明瞭である。以上のことから、ほとんど推理の必要もなく、〔広がりにおいて〕有限な性質についてのわれわれの観念が、無限には分割できず、(2)しかるべき区別と分離によってその観念を完全に単純で(3)分割不可能なより小さい諸観念に帰着させることができる、と結論できる。精神の無限な能力を斥けることにおいて、われわれは、精神がその観念の分割において〔有限回ののち〕終わりに達し得るものと想定しているのであり、この結論の明証性を逃れるいかなる可能な方法もないのである。

それゆえ、想像力が、最小体(4)(a minimum)に到達すること、すなわち、もはや再分割が考えられずさらに小さくしようとすればまったく消滅してしまうような観念を、みずからに呼び起こし得ることは、確実である。人が一粒の砂の千分の一や一万分の一の部分について語るとき、私はそれら二数とその比について判明な観念をいだくが、それら二つのもの〔部分〕自体を表象するために私が精神に形成する心像(images)は、たがいに少しも異ならず、また、両者をはるかにしのぐ大きさをもつと考えられている砂粒自体を表象する心像よりも、小さくない。諸部分からなるものは、諸部分に区別でき、区別できるものは、分離できる。しかるに、一粒の砂の観念は、砂粒自体についてどんなことが想像されようとも、二十の異なる〔部分〕観念に区別することも分離することもできず、まして千あるいは一万あるいは無数の異なる〔部分〕観念に区別することも分離することも、できないのである。

感覚能力の印象についても、事態は、想像力の観念の場合と同様である。紙にインクの染みをつけ、その染みを凝視したまま、ついにはそれが見えなくなる距離まで、退いてみよ。明らかに、その染みが見えなくなる直前の瞬間には、その感覚表象(image)すなわち印象は、完全に分割不可能であったのである。遠くの物体の微小部分が感覚可能な印象を伝えないのは、目を打つ光線が欠如しているからでなくて、微小部分の印象が縮小して最小体となりそれ以上の縮小が不可能となる距離以上に、微小部分が遠ざけられているからである。物体の微小部分を見えるようにする顕微鏡や望遠鏡は、新たに光線を作り出すのではなく、微小部分から常に発出していた光線を拡げるだけであり、(5) これによって、肉眼には単純で複合を含まないように見える印象に部分を与え、それまでは知覚できなかった最小体へと進むのである。

以上のことから、精神の能力が両側で制限されているという通説、すなわち、一定の程度を超える大きさおよび小ささをもつ対象の十全な観念をいだくことが想像力には不可能であるという通説の、誤りを知ることができる。いかなるものも、われわれが想像力において形成する或る観念よりも小さくはあり得ず、また、感覚に現われる或る表象よりも小さくはあり得ない。(6) なぜなら、完全に単純で分割不可能な観念や感覚表象が、存在するからである。〔そしてこれらが、考えられ得る最小のものであるからである。〕感覚能力の唯一の欠点は、それが事物の不釣り合いな表象を与え、実際には大きくて莫大な数の部分からなる事物を、微小で複合を含まないものとして表象することである。この間違いにわれわれは気づかず、感覚に現われる微小な対象の印象を、対象自体と等しいかほとんど等しい大きさであると見なし、理性によってそれらの対象よりはるかに微小な他の対象が存在することを知って、われわれは性急に、これらを想像力のいかなる観念よりも小さく、また感覚能力のいかなる印象よりも小さいと、結論するのである。しかしながら、ダニの千分の一の大きさの虫のもつ精神的精気(animal spirits)の中の最小の原子よりも大きくないような観念をわれわれが形成できることは、(7) 確実である。われわれは、〔対象が最小の観念よりも小さいために、観念を対象の大きさに一致させることができない、と結論するよりも、〕困難はむしろ、われわれの思念(観念)を拡大して、ダニについて、あるいはダニの千分の一の大きさの虫についてさえ、正しい観念を形成することにある、と結論すべきなのである。なぜなら、これらの生きものの正しい観念(8)(a just notion)を形成するためには、その生きもののすべての部分を表象する判明な観念をもたねばならないが、このことは、無限分割可能の説によってはまったく不可能であり、また分割不可能な諸部分すなわち原子の説によっても、諸部分の莫大な数のゆえにきわめて困難であるからである。

第二節　空間と時間の無限分割の可能性について

観念が対象の十全な表象（再現）である場合はいつでも、観念間の矛盾や一致などの関係が、すべて対象にも妥当する。[1] 一般に、このことが人間のすべての知識の基礎である、と言うことができる。ところで、われわれの観念は、延長（extension　広がり）のもっとも微小な部分の十全な表象であり、[2] これらの部分は、われわれがどのような分割と再分割とによってそれらに到達したにせよ、われわれがいだく或る種の観念よりも、けっして小さくなり得ないのである。[3] このことの明白な帰結は、これらの〔延長のもっとも微小な部分の〕観念の比較に基づいて不可能で矛盾を含むように見えることはすべて、言い逃れの余地なく、現実にも不可能であり矛盾を含む、ということである。

無限に分割され得るものはすべて、無限数の部分を含む。さもなくば、われわれはすぐに分割不可能な部分に到達してしまい、これらの部分によって、分割が終わってしまうことになるであろう。それゆえ、もし有限な延長が無限に分割可能ならば、有限な延長が無限数の部分を含むと想定しても、矛盾ではあり得ない。逆に、有限な延長が無限数の部分を含むと想定することが矛盾であれば、いかなる有限な延長も無限に分割可能ではあり得ない。ところで、この想定が不合理（矛盾）であることは、私がいだく明晰な観念の考察によって、容易に確信される。私はまず、延長の一つの部分について私が形成できる最小の観念を取り、この観念よりも微小なものは何も存在しないことを確信するので、[4] この観念を用いて見出されることはすべて、延長の真の性質でなければならないと結論する。次に、私は、この観念を一度、二度、三度等々と反復し、この反復から生じる延長の複合観念が、増大し続け、二倍、三倍、四倍等々となり、ついには、その〔最小の〕観念の反復の多少に応じて大小の差のある、相当な大きさに膨大するのを見出す。部分の付加を中断すれば、延長の観念は増大するのをやめるが、付加を無限に続けるならば、延長の観念も無限大となるのを私は明瞭に見てとる。以上の全体から、私は、無限数の部分の観念は無限大の延長の観念と個体として同一の観念であること[5]、したがって、〔対象においても、〕有限な延長は無限数の部分を含み得ないこと、それゆえ、有限な延長は無限には分割できないこと[一]、を結論する。

(一) 私に対して、無限分割の可能性は、無限数の整除部分（aliquot parts）ではなく、ただ無限数の比例部分（proportional parts）を前提するだけであり、無限数の比例部分は、無限な延長を形成しない[6]、という反論がなされたことがある。しかし、この区別には、まったく根拠がない。部分は、整除的と呼ばれようが、比例的と呼ばれようが、われわれが思いうかべる微小部分より小さくはあり得ず、それゆえ、たがいに集まって〔無限大の延長より〕より小さい延長を形成することができないのである。

或る高名な著者[二]によって提出された、私にはきわめて強力で見事なものと思われる、もう一つの議論を、つけ加えてもよいであろう。すなわち、存在が本来、単位（一つのもの）に属するのであり、それが数（複数のもの）に妥当するのは、ただ、その数を構成する単位に妥当するからであることは[7]、明らかである。二十人の人間が存在する、と言うことができるが、それはただ、一人、二人、三人、四人等々の人間が存在するからであり、もし後者の存在を否定するならば、前者の存在ももちろん成り立たない。それゆえ、数（複数のもの）が存在すると想定しながら、単位の存在を否定するのは、まったく不合理である。そして、形而上学者たちの通説に従えば、延長は常に数であり（複数の部分を含み）、けっして〔分割によって〕単位すなわち不可分な量に帰着しないのだから、延長はけっして存在し得ない、ということが帰結することになる。〔これに対して〕任意の確定した量の延長が一つの単位であるが、それは、無限数の分割を受け容れるような、再分割を繰り返しても尽くせない（有限回の再分割によって分割不可能な点に到達することのない）ような、単位である、と答えても、無駄である。なぜなら、それと同じ尺度によれば、二十人の人間を、一つの単位と見なせることになる。また、全地球、それどころか全宇宙を、一つの単位と見なせることになる。しかしそのような単位という名辞は、精神が寄せ集めた任意の数量の対象に適用できる、単に偽りの（虚構的な）呼称であり、そのような単位は、実際は紛れもない数（複数のもの）なのであるから、数と同様に、単独では存在し得ないのである。他方、単独で存在することができ、その存在がすべての数（複数のもの）の存在に不可欠であるような単位は、それとは別種のものであり、完全に不可分であり、より小さな単位には分割できないのである。

（二）　マルズュ氏[8]。

これらの推論はすべて、時間についても成り立つが、時間については、もう一つ別の議論が成り立つので、それに言及しておくのがよかろう。時間の諸部分が、たがいに継起すること、そして、どれほど接近していようともけっして同時には存在できない[9]ということは、時間から不可分な、言わば時間の本質をなす、属性である。一七三七年が今年一七三八年[10]と共通部分をもち得ないのと同じ理由によって、時間の各瞬間は、他の瞬間と異なり、他の瞬間に後続するか先行するかのいずれかでなければならない。それゆえ、現実の時間は、分割不可能な瞬間から成っていなければならない。なぜなら、もし時間においてわれわれが分割の終わりに到達できないならば、すなわち、もしたがいに継起する各瞬間が完全に単一で分割不可能であるのでなければ、時間には、無限数の同時に存在する瞬間すなわち部分が存在することになろう[11]。このことは、まったく矛盾したことであると認められるであろうと、私は信じる。

また、運動の本性から明らかなように、空間の無限分割可能性は、時間の無限分割可能性を含意する[12]。それゆえ、時間の無限分割が不可能であれば、空間の無限分割も同じく不可能であるはずである。

無限分割可能の説のどれほど頑固な擁護者によっても、次のことが直ちに認められるであろうということを、私は疑わない。すなわち、以上の議論が、その説にとっての困難であり、これらの議論に対して完全に明晰で納得できるような答えを与えることが不可能である、ということである。しかしながら今の場合、論証であると主張されているもの（以上の議論）を困難と呼び、このことによってこの論証の力と明証性を逃れようと努めるこの習慣ほど、不合理なことはあり得ないと言ってよい。困難が生じ、一つの議論が他の議論に対抗しその権威を減じることができるのは、論証においてではなく、蓋然的推論（蓋然性）においてである。論証は、正しければ、それに対立する困難を許さないし、もし正しくなければ、ただの詭弁であり、それゆえ他の説の困難とはなり得ない。論証は、抵抗不可能であるか、まったく力を欠くか、のいずれかである。それゆえ、今のような問題において、反論と答弁、議論の比較をうんぬんすることは、人間の理性の働き（推論）が言葉の遊戯にほかならないことを認めるか、あるいは、そのようにうんぬんする人自身がこのような問題にふさわしい能力を欠いていることを認めることに、等しいのである。論証は、問題の抽象性のゆえに理解困難であり得るが、ひとたび理解されれば、その権威を弱めるような困難をもつことはあり得ないのである。

確かに、数学者たちは、この問題のもう一方の側（陣営）にも同様に強力な議論があり、分割不可能な点の説も答弁不可能な反論を受けるのである、とよく言う。私は、それらの議論や反論を詳しく吟味する前に、それらを一括して取り上げ、短いが決定的な推論によって、それらが正しい基礎を有することがまったくあり得ないことを、一挙に証明しようと努めることにする。(13)

「精神が明晰に思いうかべる（conceive　考える、思念する）ものは何であれ、可能的存在の観念を含む」ということ、言い換えれば、「われわれが想像するものは何であれ、絶対的に不可能ではない」ということは、形而上学において確立された原則である。たとえば、われわれは、黄金の山の観念をいだくことができ、このことから、そのような山が現実に存在することがあり得る、と結論する。他方、われわれは谷のない山の観念をいだくことができず、それゆえ、そのような山を、あり得ないものと見なすのである。(14)(15)

さて、われわれが延長の観念を有することは確かである。なぜなら、さもなくば、なぜわれわれは延長について語り推論するのであろうか。また、想像力がいだくこの観念が、部分すなわちより小さい観念に分割できるが、無限に分割可能ではなく、無限数の部分から成るのでないことも、同じく確かである。なぜなら、このことは、(16)

われわれの有限な能力による把握を、超えることとであるからである。してみると、まったく分割不可能な部分すなわちより小さい観念から成る、延長の観念が存在する。それゆえ、この観念は矛盾を含まず、それゆえ、延長がこの観念に一致して現実に存在することが可能であり、それゆえ、数学的な点[17]の可能性を否定するための議論はすべて、スコラ的な屁理屈であり、注意するに値しないのである。

これらの帰結をさらに一歩進めて、延長の無限分割可能性の論証と称するものはすべて上の議論と同様に詭弁である、と結論することができる。なぜなら、これらの論証は、数学的点の不可能性を証明しなくては、正しいものではあり得ず、これを証明すると称することは、明らかに不合理なことであるからである。

第三節　空間と時間の観念のその他の性質について

観念に関するすべての論争に決着をつけるためには、先に述べた発見、すなわち、印象が常に観念に先行し、想像力に与えられるすべての観念は、最初は、それに対応する印象として現われる[1]、という発見ほど、幸運なものはあり得なかったであろう。この後の知覚（印象）は、すべて明晰で明瞭であり、論争の余地のないものである。しかし、観念の多くは不明瞭であり、それをいだく精神にとってさえ、それの性質や構成（複合状態）を正確に述べることは、ほとんど不可能なのである。そこで、空間と時間の観念の本性をさらに明らかにするために、この原理を用いることにしよう。

目を開き、目を周囲の対象に向ければ、私は多くの可視的な物体を知覚し、目を再び閉じて、それらの物体の間の距離を考えれば、私は延長の観念を得る。すべての観念は、それに正確に類似する何らかの印象から生じるのであるから、この延長の観念に類似する印象は、視覚から得られる或る感覚であるか、あるいはこの感覚から生じる或る内的な印象（反省の印象）であるか、のいずれかでなければならない。

内的な印象とは、情念や情動や欲求や嫌悪であり、これらのどれも、空間の観念の原型であるとは、けっして主張されないであろうと信じる。それゆえ、この元の印象をわれわれに伝え得るものとしては、感覚能力しか残らない。では感覚能力は、どんな印象をわれわれに伝えるのか。これが主要問題であり、空間の観念の本性を、上訴の余地なく（最終的に）決定するものである。

さて、私の前にあるテーブルだけでも、私がそれを見ることによって、私に延長の観念を与えるのに十分である。してみると、この延長の観念は、この瞬間に感覚能力に現われている或る印象から採られたものであり、その印象を再現（表象）しているはずである。しかし、感覚能力が私に伝えるのは、或る仕方で配列された、色をもった点の印象だけである。目がこれ以外に何かを感覚しているのであれば、それを指摘して欲しいものである。しかし、もしこれ以外のものを示すことが不可能であれば、われわれは確信をもって、延長の観念とは、これらの色をもつ点の模像、すなわち、これらの点の現われ方の模像にほかならない、と結論してよいであろう。

われわれが延長の観念を最初にそれから受け取ったところの、延長した対象、すなわち色をもった点の複合体において、それらの点が、紫色をしていたと仮定せよ。その結果、その観念を繰り返して思いうかべるたびに、われわれは、それらの点を、たがいに元と同じ秩序（位置関係）に配列するだけでなく、それらの点に、われわれがただ一つ知っているまさにその色（紫色）を与えようとするであろう。ところがのちに、そのほかのすみれ色、緑、赤、白、黒などの色や、これらの色の種々の混合色を経験し、これらの色〔の広がり〕を構成する色点の配列に類似性を見出すと、われわれは、できる限り色の特殊性を捨象し、これらの色〔の広がり〕の一致点であるところの点の配列、すなわち点の現われ方にのみ基づいて、一つの抽象観念を作るのである。それればかりか、たとえ類似性が、同一感覚の対象以外にも拡張され、触覚の印象が諸部分の配列において視覚の印象と類似することが見出される場合にも、このことは、その抽象観念がこの類似性に基づいて両方の印象を表わす（表象する）ことを、妨げはしないのである。すべての抽象観念は、実際は、或る特定の観点から見られた個別的観念にほかならない。ただ、それが、一般名辞に結びつけられているので、非常に多様な観念を代表することができ、或る点では類似するが他の点ではたがいに大きく隔たっている諸対象を、包括できるのである(2)。

時間の観念は、観念と印象、また反省の印象と感覚の印象を含む、あらゆる種類の知覚の継起から生じる(3)ので、空間の観念以上に多様な観念を包括しながら、想像力においては、確定した量と質を有する或る特定の個別的観念によって代表される、抽象観念の一例となるであろう。

われわれは、空間の観念を、見得る対象および触れ得る対象の配列から受け取るのに対して、時間の観念を、観念および印象の継起から形成するのであり、時間が単独で（知覚の継起を伴わずに）現われたり精神に感知されたりすることは、あり得ないのである。たとえば、人は、熟睡しているときや、一つの考えに強く捉えられているときには、時間を感じない。また、知覚の継起が速いか遅いかに応じて、同じ時間の持続が、彼の想像力に、長く思えたり短く思えたりする。かつて或る大哲学者は(一)、われわれの知覚はこの点（継起の速さ）において一定の限界をもち、この限界は、精神の根源的な本性と成り立ちによって定められていて、感覚に対する外的対象のいかなる作用も、この限界を超えてわれわれの思考を速めも遅らせもできない、と述べた。たとえば、一つの燃えている石炭を速く振り回すと、感覚には、〔静止した〕火の輪の像が現われるだけで、石炭の各回転の間に時間的間隔があるようには見えないであろう。それはただ、われわれの知覚が、外的対象に運動が与えられるのと同じ速さで継起することが不可能であることにのみよる(4)。われわれは、継起する知覚をもっていない場合には常に、たとえ対象においては実際に継起が生じていても、時間の観念をもっていないのである。これらの現象および他の多くの現象から、時間は、単独でも、あるいは不動で不変な対象に伴われても、精神に現われることができず、常に、変化する対象の知覚可能な継起によって知られる、と結論することができる。

（一）　ロック氏。

この結論を強化するために、私にはまったく決定的で説得的に思われる次の議論をつけ加えることができるであろう。すなわち、時間または持続が諸部分から成ることは、明らかである。さもなければ、持続に長短を考えることができないであろうからである。また、これらの諸部分が同時には存在しないことも、明らかである。なぜなら、諸部分の同時存在という性質は、延長に属し、延長を持続から区別するものであるからである。さて、時間は、同時には存在しない諸部分から成るのであるから、変化しない対象は、同時に存在する諸印象しか生み出さないので、われわれに時間の観念を与え得るようなものを、何も生み出さない。したがって、時間の観念は、変化する対象の継起から生じるのでなければならず、時間は、最初に〔印象として〕精神に現われる際には、けっしてそのような継起から切り離すことができないのである。

それゆえ、時間が、最初に精神に現われる際は、変化する諸対象の継起に常に結びついており、さもなければけっしてわれわれに気づかれることができない、ということが分かったので、次には、諸対象の継起をまったく考えずに〔思いうかべずに〕時間を考えることができるかどうか、すなわち、想像力において、時間が単独で〔諸対象の継起の観念とは〕別個な観念となり得るのかどうか、を吟味しなければならない。

印象において結びついている諸対象が、観念において分離できるかどうかを知るためには、それらの対象がたがいに異なるかどうかを考察しさえすればよい。それらが異なる場合には、別々に思いうかべる〔観念において分離する〕ことができることが、明らかであるからである。先に説明した原則によれば、異なるものはすべて区別でき、区別できるものはすべて分離され得る(5)からである。また逆に、それらが異ならなければ区別できず、区別できなければ分離できない(6)。ところが、これがちょうど、時間と継起する知覚の関係に関して当てはまる。すなわち、時間の観念は、他の印象と混在しつつそれらから明瞭に区別できるような、特定の印象から生じるのではなく、もっぱら諸印象が精神に現われる際の現われ方から生じるのであり、その際時間は、それら諸印象の一つではないのである。たとえば、笛で〔連続して〕奏される五個の楽音は、時間の印象と観念を与えるが、時間は、聴覚やその他の感覚に現われる、第六番目の印象ではない。時間はまた、精神が反省によってみずからのうちに見出すような、第六番目の印象でもない。これら五つの音は、この特定の現われ方で現われているが、精神に何の情動をも引き起こさず、精神によって観察されて新たな観念を生み得るようないかなる種類の感情をも生み出さない。と言うのも、新たな反省の観念を生み出すには、まさにこのことが必要だからであり、精神は、感覚の観念のすべてを何度思い巡らせても、自然が精神の諸能力を精神がそのような考察から或る新しい根源的な印象が生じるのを感じるように造ったのでなければ、それら感覚の観念から、どんな新しい根源的な観念をも抽出できないからである。しかし、今の場合、精神は、ただこれらの異なる音の現われる現われ方に注意するだけなのである。そしてのちには、この現われ方を、これらの特定の音を考えずに考察し、任意の他の対象に結びつけることができるのである。しかし、何らかの対象の観念は、必ずもっていなければならない。何らの対象の観念ももっていなければ、精神は、けっして時間を思いうかべることができないのである。それゆえ、時間は、根源的な別個な印象としては現われないのであるから、或る仕方で配列された、すなわちたがいに継起しつつある、異なる諸観念、または諸印象、または諸対象、以外のものではあり得ないことが、明白である。

私は、持続の観念がその本来の意味で、まったく変化しない対象に適用できる、と主張する人々がいる[7]ことを、知っている。またこれが、哲学者および普通人の普通の意見であると思う。しかし、この意見の誤りを確信するためには、先の結論、すなわち、持続の観念は常に、変化する対象の継起から生じるのであり、不動で不変なものによってはけっして精神にもたらされ得ない、という結論を、省みさえすればよい。なぜなら、そのことから、持続の観念は、そのような不変な対象から生じ得ないからには、本来の意味でも厳密な意味でも、けっしてそのような対象には適用できず、変化しないものは、持続するとはけっして言われることができない、ということが、不可避的に帰結するからである。観念は常に、それの起源である対象もしくは印象を表わす（表象する）のであり、何らかの虚構（fiction）なくしてはけっしてその他のものを表わしそれに適用されることはできないのである。われわれが時間の観念を、いかなる虚構[8]によって、変化しないものにまで適用し、普通そうであるように、

持続は運動のみならず静止の尺度でもあると考えるに至るかは、のちに考察することにする。（一）

空間と時間の観念に関する今の説を確立する、きわめて決定的な議論が、もう一つある。それは、「空間と時間の観念は、分割不可能な諸部分から成る」という、あの単純な原理にのみ基づくものである。この議論は、吟味に値するであろう。

（二）　第五節〔最終段落、八三～四頁〕。

区別できる観念は、すべてまた分離できるから、延長の複合観念を構成する単純で分割不可能な観念のうちの一つを取り上げ、それを残りのすべての観念から分離し、別個に考察することによって、それの本性と性質を判断することにしよう。

この観念が延長の観念でないことは、明白である。なぜなら、延長の観念が諸部分から成るのに対して、この観念は、仮定により、まったく単純で分割不可能であるからである。ではこの観念は、何ものでもないもの（無）であろうか。そんなことは絶対にあり得ない。なぜなら、延長の複合観念が実在し、そのような〔単純で分割不可能な〕諸観念からなるのであるから、もしこれらの諸観念が、それだけの数の非存在者であるならば、現実に存在するもの（延長の観念）が、非存在者から複合されていることになるであろうが、これは不合理であるからである。（9）それゆえ、ここで私は、「一つの単純で分割不可能な点の観念は、いかなるものであるか」と問わねばならない。私の答えが、多少新奇に見えても、不思議でない。問題自体が、ほとんど考えられたことがないからである。実際、われわれは、数学的点の本性を論じるのが通例で、数学的点の観念の本性を論じることは、めったにないのである。

さて、空間の観念は、視覚と触覚の二つの感覚によって、精神にもたらされる。見ることも触れることもできないものは、けっして延長したものとしては現われないのである。延長を表象する複合的印象は、いくつものより小さい諸印象から成り、これらの諸印象は、目あるいは触覚にとって分割不可能であり、色あるいは固体性

(solidity　正しくは固さすなわち触感）を有する原子または微粒子の印象と、呼ぶことができる。しかし、それだけではない。これらの原子が、感覚に〔印象として〕現われるために、色をもつか触れ得ることが必要であるばかりでなく、これらの原子を想像力によって〔観念として〕把握するためには、われわれは、これらの原子の色あるいは可触性の観念を、保持していなければならない。これらの原子を精神が思いうかべることを可能にし得るものは、これらの原子の色あるいは可触性の観念以外にない。これらの感覚可能な性質の観念を取り除けば、これらの原子は、思惟あるいは想像力に対して、まったく消滅してしまうのである。

ところで、部分について成り立つことは、全体についても成り立つ。一つの点は、色をもつか触れ得ると見なされるのでなければ、われわれに、いかなる観念をもたらすこともできない。したがって、このような点の観念から構成される延長の観念も、けっして存在し得ないであろう。しかし、もし延長の観念が、われわれが意識しているとおり、現実に存在し得るのであれば、それの諸部分も存在しなければならず、そのためには、諸部分は、色をもつか触れ得るかであると見なされなければならない。ゆえに、われわれが空間すなわち延長の観念をもっているると言えるのは、それ（空間すなわち延長）を視覚か触覚の対象と見なす場合に限られるのである。

同様の推論が、時間に含まれる分割不可能な各瞬間が、何か現実の対象あるいは存在者によって満たされているべきこと、そして、この現実の対象あるいは存在者の継起が、持続を形成し、精神が持続を思いうかべることを可能にするということを、証明するであろう。

第四節　反論への答弁

空間と時間に関するわれわれの体系は、たがいに密接に関係する二つの部分から成っている。第一の部分は、次のような一連の推論に依存している。精神の能力は、無限ではない。したがって、延長あるいは持続の観念は、無限数の部分すなわちより小さい観念から成るのではなく、有限数の部分から成り、これらの各部分は、単純で分割不可能である。それゆえ、空間と時間が、この観念に一致して存在することが、可能である。そして、もしそれが可能であるとすれば、空間と時間が、実際にこの観念に一致して存在することが、確実である。なぜなら、空間と時間の無限分割の可能性が、まったく不可能で矛盾を含むからである。

われわれの体系のもう一方の部分は、この〔第一の〕部分からの帰結である。すなわち、空間と時間の観念が分割されて生じる諸部分は、最後には分割不可能となる。そして、これら分割不可能な諸部分は、それら自体では無である(何物でもない)から、何か実在し存在するものに満たされていなければ、思いうかべることができない。それゆえ、空間と時間の観念は、〔対象から〕分離された別個な観念ではなく、単に対象が存在する仕方もしくは秩序の観念なのである。言い換えれば、空虚(真空)、すなわち物質を含まない延長、および、現実に存在するものにおける継起も変化も伴わない時間は、思いうかべることが不可能なのである。われわれの体系の以上の二つの部分の間の密接な関係が、われわれが、両部分に対して提出された反論を一括して吟味しようとする理由である。まず、延長の有限分割の可能性に対する反論から、始めよう。

I、われわれが取り上げる第一の反論は、〔われわれの体系の〕二つの部分のいずれかを論破することよりも、むしろ両部分の結合と依存の関係を証明することに、役立つ。学界において、しばしば次のように主張された。すなわち、延長は、無限に分割可能でなければならない。なぜなら、数学的点(mathematical points)の説が不合理であるからである。この説が不合理であるのは、一つの数学的点とは、一つの非存在者であるゆえ、他の点と結びつくことによって、現実に存在するもの(延長)を形成することがけっしてできないからである。(1) この議論は、もし物質の無限分割が可能であることと、数学的点が非存在者であることとの間に、どんな中間もなければ、完全に決定的なものであったであろう。しかし、明らかに中間があるのである。それは、それら数学的点に、色または固体性を付与することである。そして、両極端の不合理であることが、この中間が真実であることを証明している。もう一つの中間である自然学的点[2]（physical points）の説は、あまりにも不合理で、論駁の必要もない。一つの自然学的点は、実在する延長であると想定されており、そのような延長は、たがいに異なる諸部分なくしてはけっして存在できない。そして対象は、たがいに異なるならば常に、区別でき、想像力によって分離できるのである[3]。

II、第二の反論は、もし延長が数学的点から成るならば、〔数学的点の〕相互透入（penetration）が必然となるであろう、という理由に基づく。すなわち、「単純不可分の原子〔点〕は、他の原子に触れるとき、必ずそれに透入するはずである。なぜなら、単純不可分の原子は、あらゆる部分を排除するそれの完全な単純性の仮定そのものから、それの外的部分によって他の原子に触れることが不可能であるからである。それゆえ、前者は後者に、密接かつその全存在において、みずからのあり方に従い全体が全体的に[4]触れなければならない。しかし、これはまさに透入の定義そのものである。しかしながら、透入は不可能なことである。したがって、数学的点も同じく不可能である。」

私は、この反論に、より正しい透入の観念を置き換えることによって、答える。内部に空虚を含まない二つの物体が、たがいに接近して、合体し、この合体から生じる物体の延長が、もとのいずれの物体の延長よりも大きくはならない、と仮定せよ。透入を語るときにわれわれが意味すべきことは、このことである。しかし、そうすると明らかに、このような透入は、二つの物体の一方が消滅し、他方が保存され、その際われわれが、どちらが保存されどちらが消滅したのかを特に区別することができない、という事態にほかならない。われわれは、接近の前には、二つの物体の観念をもっているが、接近の後には、ただ一つの物体の観念しかもっていない。なぜなら、精神が、同時に同じ場所に存在する同じ性質の二つの物体について、それらが相異なるという考えを維持することは、不可能であるからである。

そこで透入を、この意味に、すなわち一つの物体が他の物体に接近したときに消滅することと解して、尋ねるが、一つの色をもつ点あるいは触れ得る点が、他の色点あるいは触点の接近に際して、消滅する必然性が見出されるであろうか。それどころか逆に、これら二点の結合から生じる対象が、複合的で分割可能であり、隣接しているが別個な存在を維持している二つの部分に区別できるということが、明瞭に見て取れないであろうか。二点の融合と混同を避けるために、二点が異なる色をもつと考えて、想像力を助けてみよ。青い点と赤い点とは、透入も消滅もなしに、隣り合うことが確かにできる。もしそれができなければ、それらの点は、いったいどうなるのであろうか。赤い点が消滅するのであろうか。それとも青い点が消滅するのであろうか。あるいは、もし二色が融合するのであれば、この融合によって、どんな新しい色が生じるのであろうか。

これらの反論を生みだし、同時に、それらに満足できる解答を与えることをかくも困難にしている主な原因は、このような微小な対象を扱うときの、われわれの想像力と感覚の、本性的な弱さと不安定性である。紙にインクの染みをつけ、それがまったく見えなくなる距離にまで、退いてみよ。そこから逆に徐々に近づけば分かるであろうが、最初には、その染みが短い時間間隔で見え隠れするようになり、次に、常に見えるようになり、次に、大きさを増さずに、色だけがだんだんはっきりするようになり、次に、染みは実際に延長を示す程度に増大するが、想像力がその染みをその構成部分に分割することは、やはり困難である。それは、想像力が、単一の点のような微小な対象を思いうかべることが、難しいからである。〔想像力と感覚の〕この欠点は、今の〔空間と時間の無限分割可能性の〕問題に関するわれわれの推論のほとんどに影響を及ぼし、それに関して生じ得る多くの問題に、理解可能な仕方で適切な表現を用いて答えることを、ほとんど不可能にするのである。

III、延長の〔最小の〕部分の分割の不可能性に反対する多くの反論が、これまでに数学から引いてこられた。(5) しかし、一見すると、数学は、むしろこの〔無限分割不可能性の〕説に好都合であるように見える。実際数学は、その証明〔論証〕においてこの説に反対であるとしても、その定義においてはこの説に完全に一致するのである。それゆえ私が今なすべきことは、数学の諸定義を擁護し、その諸証明を論駁することでなければならない。

面は、奥行き〔深さ〕をもたない長さと幅であると定義され、線は、幅も奥行きももたない長さであると定義され、点は、長さも幅も奥行きももたないものであると定義される。(6) これらのことはすべて、延長が分割不可能な点または原子から構成されるという仮定に立たなければ、まったく理解不可能である。さもなければ、いかにして、長さをもたないもの、幅をもたないもの、あるいは奥行きをもたないものが、存在できようか。

この議論に対して、二つの異なる答弁がなされているが、私の考えでは、どちらも十分なものではない。第一の答弁は、「幾何学は、面や線や点などの比や位置を考察するが、これら幾何学の対象は、単に精神のうちにある観念であり、(7) 自然のうちにはけっして存在しなかったし、また存在できないものなのである。存在しなかったと言うのは、その定義に完全に一致するような線や面を描いてみせようとは、誰も言わないであろうからであり、存在できないと言うのは、それらの観念そのものから、それらがあり得ないことを証明するような論証を、提出することができるからである」というものである。

しかし、この推論ほど理屈に合わない矛盾したものが、想像できるであろうか。明晰で判明な観念によって思いうかべることができるものはすべて、それの存在が可能であることを、必然的に含意する。(8) したがって、〔或る対象の〕明晰な観念から導出された議論によって、それ〔対象〕の存在の不可能なことを証明すると称する者は、実は、われわれが、〔その対象の〕明晰な観念を有するがゆえに、それ〔対象〕の明晰な観念を有しない、と主張していることになる。精神が判明に思いうかべるものに矛盾を求めても、無駄である。矛盾を含むものであれば、思いうかべられることがあり得なかったはずなのである。

それゆえ、分割不可能な点の少なくとも可能性を認めるか、それとも分割不可能な点の観念を否定するか、のいずれかであって、両者の中間はないのである。〔次に見る、〕先のわれわれの議論に対する第二の答弁も、この原理に基づいたものである。すなわち、「幅をもたない長さを思いうかべることは不可能であるが、分離を含まない抽象によって、われわれは、他方〔幅〕を考慮しないで、一方〔長さ〕を考察することができる。それはちょうど、二つの町の間の道の長さを考え、道の幅を無視することができるのと、同様である。[9] 長さは、自然においても、われわれの精神においても、幅から分離不可能であるが、このことは、部分的考察、すなわちすでに説明したような仕方での理性的区別を、[10] 不可能にするわけではない」、と主張された。[一]

（一）〔アルノー／ニコル〕『思考術（論理学）』〔一・五〕。

この答弁を論駁するに際して、私がすでに十分説明した議論、すなわち、もし精神がその観念において最小体に到達することが不可能であるとすれば、そのとき延長の観念を構成するはずの無限数の部分を把握するために、精神の能力は無限でなければならない、という議論を、繰り返すことはやめにする。ここでは、この〔答弁の〕推論に、新たな不合理を見出すことに努めよう。

面は立体を限界づけ、線は面を限界づけ、点は線を限界づける。しかし、私は、もし点、線、あるいは面の観念が分割不可能でないならば、われわれはけっしてこれらの限界を思いうかべることができない、と主張する。なぜなら、これらの観念が無限に分割可能であると仮定し、次に、想像力に最後の（限界となる）面、線、あるいは点の観念を注視するように強いてみよ。〔仮定により、〕想像力は直ちに、この観念がさらに諸部分に割れるのを見る。そして、想像力は、これら諸部分の最後のものを捉えたと思うやいなや、それの新たな分割のためにそれを取り逃がし、これが無限に続いて、けっして最後の観念に到達することができない。[11] 分割の回数をいくら増やしても、想像力は、最初にいだいた観念以上に、最終分割により近づくわけではない。どの微小体も、水銀を捉えようとするときの水銀のように、新たな分割のために捉えられないのである。しかし実際は、どんな有限の量の観念にも、それを限界づけるものが何かなければならず、この限界づける観念自体が、諸部分すなわちより小さい観念から成るわけにはいかない。さもなければ、この諸部分の最後のものが、その〔有限の量の〕観念自体を終わらせる（限界づける）ことになり、これが繰り返されることになる。以上が、面、線、および点の観念は、分割を受け容れない、すなわち、面の観念は深さ（奥行き）において、線の観念は幅と深さにおいて、そして点の観念はどの次元においても、分割を受け容れない、ということの明瞭な証明である。学者たちは、この議論の強力さがよく分かったので、彼らのうちの或る者は、自然は、物体に限界を与えるために、無限に分割可能な物質粒子の間に、いくつかの数学的点を混ぜ入れておいた、と主張した(12)。また他の者は、われわれの議論の強力さを逃れるために、わけの分からないあらさがしや区別だてを重ねた。しかしどちらの論敵も同じく、勝利をわれわれに譲っていることになる。敵に対して隠れる者は、いさぎよく武器を渡す者と同じく明瞭に、敵の勝利を認めているのである。

　こうして、数学の諸定義が、〔延長の無限分割の可能性の〕証明と称するものを、無効にすることが明らかである。また、もしわれわれが、定義に一致する分割不可能な点、線、および面の観念をもっているならば、それら（点、線、および面）の存在は、確かに可能である。しかし、もしわれわれがそのような観念をもっていないならば、われわれが何らかの図形の限界づけを思念する（思いうかべる）ことはけっしてあり得ず、この思念がなければ、いかなる幾何学的証明もあり得ないのである。

　しかし私は、さらに進んで、次のように主張する。すなわち、それらの証明〔と称するもの〕はどれも、無限分割の可能性のような原理を確立するのに十分な力を、もち得ない。その理由は、そのような微小な対象については、それらの証明は、不正確な観念と厳密には真と言えない原則とに基づいているので、真の意味での証明とは言えないからである。幾何学が、量の比について何ごとかを決定するとき、われわれは、究極的な正確さと厳密さを求めてはならない。幾何学の証明はどれも、そのような正確さには到達しない。幾何学は、図形の大きさおよび比を、正しく捉えるが、しかし大まかに、いくらか恣意的に、捉えるのである。幾何学の含む誤りは、けっして大きいものではない。実際、そのような絶対的な完全性を望みさえしなければ、誤ることもなかったであろう。

　数学者たちにまず尋ねるが、彼らが、一つの線分あるいは面が他のものに比べて「等しい」、あるいは「より大きい」、あるいは「より小さい」と言うとき、何を意味しているのか。任意の数学者に答えさせてみよ。彼が、どの学派に属そうと、延長が分割不可能な点から構成されると主張しようと、無限に分割可能な量から構成されると主張しようと、かまわない。私の質問は、どちらの主張をする数学者をも、戸惑わせるであろう。

分割不可能な点の仮説を擁護するような数学者は、少ないか、まったくいないかであるが、このような数学者が、今の問題に対して、もっとも容易でもっとも正しい解答を有するのである。線分あるいは面は、各々の含む点の数が等しいときに等しく、点の数の比が変わるに応じて、線分の比と面の比も変わる、と答えさえすればよいからである。しかしながら、この解答は正しくもあり明瞭でもあるが、私は、等しさのこの基準はまったく役に立たず、われわれが諸対象相互の等・不等を決定するのはけっしてそのような比較によるのではない、と主張できる。なぜなら、線分あるいは面を構成する点は、視覚によって知覚されようと、触覚によって知覚されようと、きわめて微小で区別し難いため、精神がその数を数えることは、まったく不可能であるので、点の数を数えることは、けっして比を判定できるような基準とはなり得ないからである。誰も正確な勘定によっては、一インチが一フィート（十二インチ）より少数の点しか含まないとも、一フィートが一エル（ell 四十五インチ）あるいはより大きな尺度よりも少数の点しか含まないとも、決めることができないであろう。この理由でわれわれは、点の数の勘定を、ほとんどあるいはけっして〔延長の〕等・不等の基準とは見なさないのである。

延長が無限に分割可能であると想像する数学者たちはどうかと言えば、彼らがそのような解答を用い、線分あるいは面の等しいことを、それらの構成部分の数の勘定によって決定するということは、あり得ない。なぜなら、彼らの仮定によれば、最小の図形も最大の図形も無限数の部分を含むのであり、また無限数どうしは正しく言えばたがいに等しくも等しくなくもないから、部分空間の等・不等が、それらの微小部分の数の比に依存することは、けっしてあり得ないからである。なるほど、一エル（三フィート九インチ）と一ヤード（三フィート）が不等であるのは、両者に含まれるフィートの数が異なるからであり、一フィートと一ヤードが不等なのは、〔両者に含まれる」インチの数が異なるからである、と言われるかも知れない。しかし、一方に含まれる一インチという量と、他方に含まれる一インチという量とは、等しいと仮定されており、精神がこの等しさを、より小さい量に関係づける操作を無限に続けることによって見出すことは、不可能であるから、明らかに、最後には、部分の数の勘定とは異なる等しさの基準を、何か決めなければならないのである。

数学者の中には、等しさは、合同によって定義するのが最善である、すなわち、二つの図形は、一方を他方の上に重ねたときに両者のすべての部分がたがいに対応しつつ接触する（重なる）ならば、相等しい、と主張する者がある。(一) この定義の当否を判定するために、等しさは、一つの関係であるから、厳密に言えば、図形自体のうちにある性質ではなく、精神による図形の比較からのみ生じる、ということを、考慮に入れよう。そうすると、もし等しさが、今述べたように、想像上で重ね合わせたときの各部分の接触（重なり）に存するのであれば、われわれは少なくとも、それら諸部分の判明な観念をもち、それらの接触を思いうかべなければならない。ところが明らかに、それを思いうかべる際にわれわれは、それら諸部分を、思いうかべ得る極限の小ささに縮小するであろう。なぜなら、大きな部分の重なりだけでは、両図形が等しいことにはけっしてならないからである。しかるに、われわれが思いうかべ得るもっとも微小な部分は、数学的点である。したがって、この等しさの基準は、点の数の等しさから導出された基準と同じものになる。しかしこれは、われわれがすでに、正しいが役に立たない基準であると判定したものである。それゆえ、今の難問を解決するには、別の方面に目を向けなければならない。

（一）　バロウ〔Isaac Barrow〕博士の数学講義〔*Lectiones Mathematicae*、一六八三年〕を見よ。

[13]〔多くの哲学者たちは、等しさの基準を定めることを拒んで、われわれにこの比（等しさ）の正しい観念を与えるためには、等しい二つの対象を提示すれば十分である、と主張する。彼らの言うには、「このような等しい対象の知覚を伴わなければ、等しさの定義はすべて無駄であり、このような対象が知覚できるところでは、もは

やどんな定義も不必要である。」私は、この推論に完全に同意する。そして私は、等・不等の唯一の有用な観念は、個々の対象の全体的な一まとまりの見かけと比較とから得られる、と主張する。なぜなら、」明らかに、目あるいはむしろ精神はしばしば、二つの物体の大きさの比を、それらの微小部分の数を調べたり比較したりすることなく、一目で決定し、それらが等しい、あるいは一方が他方よりより大きい、あるいはより小さい、と断定することができる〔からである〕。これらの判断は、ありふれているばかりでなく、多くの場合に確実で誤らない。一ヤードの物差しと一フィートの物差しを見せられれば、精神は、一ヤードの物差しの方がより長いことを、もっとも明白で自明な原理を疑うことができないのと同様に、疑うことができない。

それゆえ、精神が、対象の全体的な見かけにおいて区別し、「より大きい」、「より小さい」、「等しい」という名称で呼ぶところの、三種類の比があることになる。しかし、これらの比に関する精神の判定は、誤らないときもあるが、常にそうとは限らない。この種の判断が、他の問題に対する判断以上に疑いと誤謬を免れるわけではない。われわれはしばしば最初の考えを、見直しと反省によって修正し、最初は不等と見なした対象を、等しいと主張したり、前にはより大きく見えた対象を、より小さいと見なしたりするのである。感覚の判断の受ける修正はこれだけではない。われわれはしばしば、対象を並置することによって、われわれの誤りに気づき、並置が実行できない場合には、順次対象に当てられて対象の異なる大きさを教えるような、何か共通の変化しない尺度を用いて、誤りに気づく。さらに、この修正でさえ、新たに修正され得るのであり、物体を測る道具の性質と、比較する際のわれわれの注意の程度に応じて、さらに正確さの度合いを変える〔増す〕ことができるのである。

それゆえ、精神が、これらの判断とその修正とに慣れ、二つの図形をして「相等」と呼ばれる見かけを目に対して呈示させるような比が、同時にまた、二つの図形を〔その並置に際して〕たがいに一致させ、両者を比較するための共通の尺度に各々を一致させるものでもある、ということを知ったとき、われわれは、より大まかな比較法とより厳密な比較法の両方から生じる、等しさの混合的な観念〔考え〕を、形成するのである。しかしわれわれわれは、これで満足しはしない。というのは、正しい推論が、感覚に現われる物体よりはるかに微小な物体が存在することをわれわれに確信させ(14)、また誤った推論が、それより無限に微小な物体が存在することをわれわれに説得するであろうから、われわれは、われわれが、あらゆる誤りと不確かさからわれわれを守り得るような測定器具も測定術ももっていないことを、明瞭に見て取る。われわれは、これらの微小部分を一つ付加しても除去しても、見かけにおいても測定においても気づかれないことを知っている。そして、前には等しかった二つの図形は、この除去あるいは付加ののちにはもはや等しくはあり得ないと想像するので、それゆえわれわれは、見かけと測定がそれによって正確に修正され、図形がそれによって完全にその比(等しさ)に帰着させられるような、等しさの想像上の基準を、想定することになる。この基準は、明らかに想像上のものである。なぜなら、等しさの観念自体が、対象の特定の見かけを対象の並置か共通の尺度によって修正したものの観念であるから、われわれが測定器具と測定術によってなし得る限度を超えた修正の観念(考え)は、精神の単なる虚構(15)であり、利用価値がなく、また理解も不可能であるからである。しかし、この基準は、単に想像上のものであるが、この虚構は、きわめて自然なものである。実際、精神がこのように、最初に精神に活動を開始させた理由が消滅しても、その活動を続けることは、ごくありふれたことである。このことは、時間に関して非常に明瞭に現われる。時間においては、われわれが、その諸部分の長さの比を決定する正確な方法を、空間的延長の場合と同程度に正確な方法さえ、もっていないのは明らかであるが、われわれは、尺度の種々の修正と種々の正確度〔の経験〕から、完全な等しさの不明瞭でおぼろげな観念(考え)をいだくようになったのである。事情は、他の問題においても同様である。音楽家は、彼の耳が日に日に鋭敏になるのを知り、反省と注意によって自分の判断を次々と修正して行き、ついには問題が彼の能力を超えても、同じ精神活動を続行し、どこからその基準を得たのか分からないにもかかわらず、完全な三度や完全な一オクターヴなるものを考えるようになる。画家は色について、機械職人は運動について、同様の虚構を形成する。画家には色の明暗が、機械職人には運動の遅速が、感覚の判断を超えた厳密な比較と厳密な等しさが可能なものと、想像されるのである。

「曲線」と「直線」についても、同じ議論を当てはめることができる。曲線と直線の相違ほど感覚に明らかなものはなく、これら二つの対象の観念ほど容易に形成できる観念はない。しかし、いかに容易にこれらの観念を形成できようと、両者の正確な境界を定めるような両者の定義を提出することは、不可能である。紙や何らかの連続した表面に線を描くとき、線が一点から他の点に、それに従って延びることによって、線が曲線または直線という一まとまりの印象を与えるところの、一定の秩序があるのであるが、しかし、この秩序自体はまったく知られず、線の全体としての見かけのほかには、何も観察されないのである。したがって、〔われわれの主張である〕分割不可能な点の説に基づいても、これらの対象についての或る知られない基準の、おぼろげな観念を形成することしかできない。無限分割可能の説に頼る場合は、それさえできず、線が曲線であるか直線であるかを判定するための尺度としては、線の全体的な見かけに頼るほかなくなるのである。しかし、これらの線の完全な定義を与えることも、両者の非常に正確な識別法を提示することもできないからといって、より精密な考察によって、また、何度も試すことによってそれの正しさをより強く確信している何らかの尺度との比較によって、最初の見かけを修正できないわけではない。そして、われわれは、これらの修正に基づいて、また、理由が消滅しても同じ精神活動を続行することによって、説明も理解もできないにもかかわらず、これらの図形に対する完全な基準という、漠然とした（大まかな）観念を、いだくようになるのである。

数学者たちが、彼らが「直線とは、二点間の最短経路である」と言うとき、直線の正確な定義を与えていると称するということは、事実である。しかし、私は第一に、これは直線の正しい定義というよりもむしろ直線の一つの性質の発見である、と言う方が、より正しいと言おう。なぜなら、誰にでも尋ねるが、直線という言葉を聞いたときに彼が直ちに思いうかべるのは、或る特定の見かけであり、彼がこの〔二点間の最短経路という〕性質を考えつくのは、単に偶然によるのでないであろうか。直線は、それ自体で単独に把握できるが、上の定義は、

〔直線を〕より長いと考えられている他の線と比較しなければ、理解できないのである。また、日常生活において、真っ直ぐな道が常に最短の道であることは、一つの原則として確立されている。もし直線の観念が二点間の最短経路の観念と異ならなければ、その原則は、「最短の道は常に最短の道である」と言うことと同じく、馬鹿げたものとなるであろう。

第二に、すでに確立されたことを繰り返すならば、われわれは、直線と曲線についてと同様に、等・不等についても、長・短についても、正確な観念をもっていない。したがって、後者は前者に対して、完全な基準を与えることができない。正確な観念は、けっして、大まかな確定的でない観念に基礎づけられることは、できないのである。

平面の観念も、直線の観念と同じく、正確な基準をもち得ず、平面を識別する手段は、それの全体的な見かけ以外にないのである。数学者たちが、平面を、直線の流れ（移動）によって生じたものとして表わしても、無駄である。それは直ちに、以下のように反論されよう。平面の観念は、そのような平面の形成法から独立であり、それはちょうど、楕円の観念が円錐の観念から独立であるのと同様である。また、直線の観念は、平面の観念以上に正確であるわけではない。また、直線が、不規則な仕方で流れる（移動する）ことによって、平面とはまったく異なる図形を生み出すかも知れない。それゆえわれわれは、その直線が、たがいに平行で同一平面上にある二直線に沿って流れると、仮定せねばならなくなる。しかしこれは、或るもの（平面）を説明するのにそのもの（平面）自体を用いる、循環した記述である。

してみると明らかに、幾何学にもっとも本質的な観念である、等・不等の観念、および直線と平面の観念は、通常の考え方においては、厳密であるとも、確定しているとも、とても言えないのである。われわれは、少しでも疑わしい場合には、或る特定の図形がたがいに等しいのか、或る特定の線が直線なのか、或る特定の面が平面なのか、識別できないばかりでなく、相等という比についても、直線および平面という図形についても、確固とした不変な観念を形成できないのである。われわれの拠りどころはあくまでも、対象の見かけから形成され、コンパスや共通の尺度によって修正された、不確かな誤りやすい判断であり、それ以上の修正をさらに仮定したところで、この修正は、利用価値がないか、想像上のものであるかである。よくある論法に訴えて、その全能のゆえに、完全な幾何学的図形を構成することができ、少しも彎曲も変曲もしない直線を描くことができる、神を仮定しても、無駄である。これらの図形の究極的基準は、〔われわれにとっては〕感覚と想像力から得られるのであるから、これらの能力の判定力の及ばない完全性を語るのは、馬鹿げているのである。なぜなら、いかなるものの真の完全性も、そのものがそれの基準に合致することにあるからである。

さて、これらの〔幾何学の〕諸観念が、このように大まかで不確かであるので、私は、どの数学者にも尋ねたい。彼は、彼の学問のより込み入った不明瞭な命題についてばかりでなく、そのもっともよく知られた明白な原理についても、どんな不可謬の確信をもっているのか。たとえば、彼はいかにして、二直線が線分を共有し得ないこと、あるいは、二点を通る直線が一本より多くは引けないことを、私に証明できるのか。彼が、このような意見は、明らかに不合理で、明晰な観念に反する、と言うならば、私は答えよう。二直線が感知できる程度の角度でたがいに傾いている場合には、それらが線分を共有すると想像することが不合理であることは、否定しない。しかし、二直線が二十リーグ（league〔一リーグは約三マイル〕）に一インチの割合で近づくと仮定するとき、二直線が接触すると同一直線〔A〕となると主張することに、私は不合理を認めない。なぜなら、いかなる尺度と基準によって、あなたは、二直線がそれに一致すると私が考えた直線〔A〕が、そのように小さい角度で交わるそれら二直線と同一の直線とはなり得ないと、判断するのか、教えていただきたい。あなたはきっと直線の或る観念をもっていて、その観念に私の言う線〔A〕が合致しないのに違いない。では、あなたは、その線〔A〕の上の点が、直線に固有で本質的な秩序と規則に従って並んではいない、と言うのであろうか。もしそうなら、私はあなたに知らせなければならない。すなわち、そのように判断することによって、あなたは、延長が分割不可能な点からなることを、認めることになる（これは、おそらくあなたが意図しなかったことである[16]）。そればかりではない。そのような秩序は、われわれが直線の観念をそれに基づいて形成する基準ではなく、また、たとえそうであったとしても、われわれの感覚や想像力には、そのような秩序が破られているか守られているかを決定できるような、確固たるところはないのである。以上のように、私はあなたに知らせなければならない。直線の最初の基準は、実際に、或る全体的な見かけにほかならない。そして、この基準が、実行可能なあるいは想像可能なあらゆる手段によって修正されたとしても、二つの直線がたがいに一致し（線分を共有し）ながらこの基準に合致することが、可能であることは明らかである。

〔数学者たちは[17]、どちら側に向いても、次のディレンマに出合う。彼らが、等しさあるいは他の比を、正確で厳密な基準、すなわち微小な分割不可能な部分の数の勘定によって、判断しようとすれば、彼らは、実際の役に立たない基準を用いることになり、しかも、彼らが打破しようとしている、延長の〔無限〕分割不可能性を、現に支持することになる。他方、彼らが、通例そうするように、不正確な基準、すなわち、全体的な見かけに基づいた対象の比較から得られ、〔共通の尺度による〕測定と〔対象の〕並置とによって修正された基準を、用いるならば、彼らの第一原理は、確実で誤らないとしても、彼らが通常それらから導出するような込み入った推理を可能にするには、粗雑過ぎるのである。第一原理は、想像力と感覚に基づいているのである。それゆえ、それらからの結論も、これらの能力を超えること、ましてやこれらの能力と矛盾することは、できないのである。〕

以上のことは、われわれの目を少し開かせ、延長の無限分割可能性のいかなる幾何学的証明も、そのように壮大な主張に支えられた議論にわれわれが自然に認めるような力をもち得ないことを、われわれに見させるであろう。同時に、われわれは、なにゆえ幾何学が、それの、他のすべての推論が、われわれの完全な同意と賛意を獲得するにもかかわらず、ただこの一点で明証性を欠くのか、その理由を知ることができるであろう。実際、〔私がしてきたように〕この例外の理由を明らかにすることの方が、われわれが実際にこのような例外を認めねばならず、無限分割可能性の数学的証明をすべてまったくの詭弁と見なさねばならない、ということを示すことより、も、もっと必要であると思われる。と言うのは、量のいかなる観念も無限に分割できないのだから、量自体が無限分割を受け容れることを証明しようと努めること、しかもこれを、その点でまったく反対の（無限には分割できない）観念を用いて証明しようと努めることほど、あからさまな不合理は、明らかに想像不可能であるからである。この不合理は、それ自体でまったくあからさまであるから、これに基づいた議論で、新たな不合理を伴わず、明白な矛盾を含まないものは、存在しないのである。

例として、接点を基にした無限分割可能性の議論を、挙げてもよいであろう。数学者で、彼らが紙の上に描く図で当否を判定されることを拒まない者はいないことは、分かっている。なぜなら、それらの図は、彼らが主張するように、大まかな略図であって、観念を容易に伝えるための便法に過ぎず、観念そのものこそ、すべての推論の真の基礎であるからである。この点は、私も認める。そして、論争を観念にのみ基づいて行なうことに、異存はない。そこで、数学者に、できるだけ正確に、円と直線の観念を思いうかべてもらいたい。私の質問は、円と直線が接するのを思いうかべるとき、彼は、両者が一つの数学的点において接することを思いうかべることができるか、それともどうしても、両者がある区間で一致する（線分を共有する）と想像せざるを得ないか、ということである。彼は、どちらの答えを選んでも、同じく困難に陥る。もし彼が、これらの図形を想像力において描くとき、両者がただ一点で接することを想像できると主張すれば、彼はその（数学的点における円と直線の接触の）観念の可能性を、したがってその事柄自体の可能性を、〔したがって、分割不可能な点の存在の可能性と、延長の無限分割の不可能性を〕認めることになる。またもし彼が、それらの線（図形）の接触を思いうかべるとき、それらに同一線分を共有させざるを得ないと言うならば、これによって彼は、幾何学的証明は、或る程度の微小さを超えてなされると誤るということを、認めることになる。というのは、数学者は、円と直線による線分の共有を否定する幾何学的証明を、確かに有するからである。言い換えれば、同一線分の共有という観念が、円と直線という二つの観念と両立不可能であることを証明できるからである。しかし彼は、同時に〔他方で〕、それらの観念が分離不可能であることを、認めているのである。

第五節　同じ主題（反論への答弁）の続き

われわれの体系の第二の部分、すなわち「空間もしくは延長の観念は、或る一定の秩序で配列された、見得るあるいは触れ得る点の観念にほかならない」ということが真であれば、われわれが、空虚（vacuum 真空）、すなわち見得るあるいは触れ得るものが何もない空間の観念を、いだくことができないということが、帰結する。このことは、三つの反論を引き起こすが、それらを一括して吟味することにする。それは、それらの一つ（第一の反論）に対する私の解答が、残りのもの（第二と第三の反論）に私が用いる解答からの帰結になっているからである。

第一に、人間は長い間、空虚と充実空間（plenum）について、最終的な決着をつけることができないまま論争し続けてきたのであり、今日でさえ、哲学者たちは、彼らの想像力の導くままに、論争のどちら側に加担するのも自由であると考えている、と言ってよい。しかし、事柄自体に関する論争にいかなる基礎があるにせよ、次のような主張がなされるかも知れない。すなわち、論争があること自体が、観念の存否に関しては決定的であって、人間がこのように長い間空虚について論究しそれを論駁したり擁護したりするということは、彼らが、論駁あるいは擁護している空虚の観念をもっていなければ、不可能である、という主張である(1)。

第二に、この議論に論争の余地があるとしても、空虚の観念の実在性(2)あるいは少なくとも可能性は、次のような推論によって証明されるかも知れない。「まず、可能な観念の必然的で不可避の帰結である観念は、すべて可能である。さて、世界が現在は充実空間であると認めても、世界が運動を失うことを、われわれは容易に考える

〔思いうかべる〕ことができる。それゆえ、この〔運動を失った世界の〕観念は、可能であると、確かに認められるであろう。次に、物質の他の部分は〔同じ場所に〕静止したまま存続するが、どれか一部分が神の全能によって消滅すると考えることも、可能であると、認められなければならない。なぜなら、区別できる観念は、すべて想像力によって分離でき(3)、想像力によって分離できる観念は、すべて別々に存在すると考えることができるから(4)、すべて一つの物体が正方形であることが、他のすべての物体が正方形であることを含意しないのと同様に、一つの物質粒子の存在が、他の物質粒子の存在を含意しないことは、明らかであるからである。以上のことが認められるならば、私は次に問う。静止と消滅というこれら二つの可能な観念が同時に成り立てば、いかなる結果が生じるであろうか。部屋の壁が運動も変化もなくもとのまま存続すると仮定するとき、部屋の中の空気と微細物質がすべて消滅すれば、どういう結果になると考えなければならないか。これに対して、次のように答える形而上学者たちがいる(5)。すなわち、物質と延長とは同一物であるから、一方の消滅は、必然的に他方の消滅を含意する。したがって、部屋の壁と壁の間には、もはや隔たりがなくなり、壁は、ちょうど私の手が私のすぐ前にある紙に接触しているのと同様に、たがいに接触することになる。しかし、この答えはごくありふれたものであるけれども、私は、これらの形而上学者たちに、できるものなら事態を彼らの仮説通りに思いうかべてみよ、と言おう。すなわち、床と天井、および部屋のすべての向かい合った側〔壁〕が、それぞれ静止し続け同じ位置を保ちながら、たがいに接触すると、できるものなら想像してみよ、と言おう。南北に走る二つの壁は、東西に走る二つの壁の両端に接触しているのに、いかにしてたがいに接触できるのか。また床と天井は、たがいに反対側にある四つの壁によって隔てられているのに、いかにして触れ合うことができるのか。もしそれらの位置を変えれば、運動を仮定することになり、もしそれらの間に何かが存在すると考えるなら、新たな創造（生成）を仮定することになる。〔部屋の諸部分の〕静止と〔空気の〕消滅という二つの観念に厳密に従う限り、それらから帰結する観念は、明らかに、諸部分の接触の観念ではなく、何か別のものである。そしてこれが空虚の観念であると、結論さ

れる。(6)」〔以上が、第二の反論である。〕

第三の反論は、論を一段と進めて、空虚の観念が実在する、あるいは可能である、と主張するだけではなく、必然的で不可避であると主張する。この主張は、物体において観察される運動に基づいている。すなわち、運動は、他の〔運動しようとする〕物体に場所を譲るために或る物体がそこへ移動するところの空虚がなければ、不可能であり、考える(思いうかべる)ことができない、と主張されるのである。(7)この反論は、われわれの論究の範囲の外にある自然哲学に主として属するので、詳しくは論じないことにする。

これらの反論に答えるためには、論争の主題を完全に理解せずに議論することのないように、問題を非常に深く掘り下げ、いくつかの観念の本性と起源を考察しなければならない。暗闇(暗黒)の観念が、何ら積極的な観念でなく、単に光の欠如、より正しく言えば、色をもった見得る対象の欠如であることは、明らかである。(8)視覚を有する人も、光をまったく奪われている場合には、目をどこに向けても、生まれつきの盲人と同じものしか知覚しない。そして、このような盲人が、光の観念も暗闇の観念ももたないことは、確実である。〔それゆえ、視覚を有する人も、そのような場合には、何の印象も知覚していないのである。〕このことの帰結は、われわれが、単に見得る対象を除去することから、物体なき延長の印象を受け取るのではないこと、すなわち、まったくの暗闇の観念が、けっして空虚の観念と同じものではあり得ないことである。

さらにまた、人が、何か見えない力によって空中に支えられ、静かに運ばれると仮定せよ。明らかに、彼は何も感じず、この一様な運動からは、延長の観念はもちろん、いかなる観念をも受け取らない。たとえ彼がそのとき手足をぶらぶら動かしたと仮定しても、それは彼に延長の観念を伝えることはできない。その場合彼は、或る種の感覚または印象を感じる。その印象の諸部分は、たがいに継起しており、時間の観念を与えることはできる。しかしそれらは、空間あるいは延長の観念を伝えるのに必要な仕方に配列されていないことは、確かである。

このように、暗黒および運動が、それぞれ見得る対象あるいは触れ得る対象を完全に除去する場合には、けっして物質なき延長、すなわち空虚の観念を、与えることができないことが明らかとなったので、次の問題は、暗黒および運動が、何か見得るものあるいは触れ得るものと混在する場合に、この観念を与えることができないか、ということである。

哲学者たちが共通して認めるところでは、目に現われるすべての物体は、平面上に描かれているかのように見えるのであり、物体のわれわれからの距離の相違は、感覚によるよりも理性（推理能力）によって見出されるのである。(9) 私が眼前に手を上げ、その指を広げるとき、指は、天空の青色によって、指の間に置くことができる見得る対象によって隔てられている場合とまったく同様に、完全に隔てられている。それゆえ、視覚が空虚の印象と観念を伝えることができるかどうかを知るためには、完全な暗黒を背景にして、いくつかの光る物体が提示されており、それらの物体の光が、周囲の対象の印象を与えず、ただ物体自身を現出させるだけである場合を、仮定しなければならない。

われわれは、触覚の対象についても、これと相似した仮定をしなければならない。すべての触れ得る対象の完全な除去を仮定するのは、適切ではない。何かが触覚によって知覚され、〔次に〕手または他の感覚器官が或る間隔を移動したのちに、別の触覚の対象に出合い、それを去ったのちまた別の対象に出合い、これを何度でも繰り返す、ということを、許さなければならない。問題は、これらの間隔が、物体なき延長の観念を与えないか、ということである。

第一の場合から始めると、ただ二つの光る物体が目に現われている場合、われわれが、それらが接しているか離れているか、また離れている距離が大きいか小さいか、を知覚できること、またその距離が変わるときは、物体の運動に応じて距離が増大または減少するのを、知覚できることは、明らかである。ところがこの距離は今の場合、色をもった見得るものではないので、ここに、精神に理解可能であるだけでなく、感覚そのものにさえ明白な、空虚すなわち純粋延長が、存在する、と考えられるかも知れない。

これは、われわれの自然な、またもっともよく知られた考え方であるが、少し反省すれば、われわれはそれを訂正することになるであろう。それまでは完全な暗黒であったところに、二つの物体が現われるとき、見つけ得る唯一の変化は、これら二つの対象の出現にあり、そのほかは、すべて元のままの、光の完全な欠如、色をもった見得る対象の完全な欠如であり続ける、と言ってよい。このことは、これら二物体から遠く離れていると言える部分について真であるばかりでなく、二物体の間に挟まれた距離（隔たり）そのものについても真である。この距離は、暗黒すなわち光の欠如であり、部分をもたず、複合を含まず、一様で、分割不可能であるからである。さて、この距離は、盲人が彼の目から受け取る知覚、あるいは真っ暗な夜にわれわれに与えられる知覚と、異なる知覚を生み出さないから、この距離のもつ性質も、〔それらの知覚の性質と〕同じであるはずである。すなわち、盲目も暗闇もわれわれにいかなる延長の観念も与えないから、これら二つの物体の間の、暗黒の、区別のない（部分を含まない）距離も、延長の考えを生み出すことは、あり得ないのである。

絶対の暗黒と、二つまたはそれ以上の見得る光る対象の出現との、唯一の相違は、上に述べたように、それら対象自体と、それらの対象が感覚を刺激する仕方とにある。すなわち、〔異なる〕対象から出〔て目に入〕る光線がたがいの間で作る角度、目が一方の対象から他方の対象に視点を移すのに要する運動、対象から刺激を受ける感官（目の網膜）の部位の相違、これらが生み出す知覚が、われわれが対象の間の距離を判断するための、唯一の知覚である。(一) しかしこれらの知覚は、どれも単純で分割不可能であるので、けっして延長の観念を与えることができない。

（一）〔ヒュームは、第三巻につけた「付録」(10)で、「これらの角度が、精神に知られず、したがって、けっして距離を示し得ないことは、確実である」と訂正している（「付録二」三二六〜七頁）。〕

われわれは、このことを、触覚と、触れ得る固体的な諸対象の間に挟まれた想像上の距離または間隔とを、考察することによって、例証することができる。私は、二つの場合を仮定する。一つは、人が空中に支えられていて、どんな触れ得る対象に出合うこともなく、手足をぶらぶら動かしている場合であり、一つは、人が、何か触れ得るものにさわったのちそれを離れ、感じられる運動ののちに別の触れ得る対象を知覚する場合である。そこで私は、これら二つの場合の相違はどこにあるか、と尋ねる。誰でもためらうことなく、その相違が、単に〔後の場合に〕それらの触れ得る対象を知覚するということにあり、運動から生じる感覚は、いずれの場合でも同じである、と主張するであろう。ところで、運動から生じる感覚は、それ以外の知覚を伴わないときには、延長の観念をわれわれに伝えることはできないから、触れ得る対象の印象と混在する〔交互に与えられる〕ときも、延長の観念を与えることはできない。なぜなら、この混在は、その感覚に、何の変化も生み出さないからである。

しかし、運動も暗黒も、単独にであれ、触れ得る対象あるいは見得る対象を伴う場合であれ、空虚すなわち物質なき延長の観念を与えないが、それでもやはり、運動と暗黒は、そのような観念を形成できるとわれわれが誤って想像することの、原因なのである。と言うのは、この運動および暗黒と、真の延長、すなわち見得るあるいは触れ得る諸対象の複合体との間には、密接な関係があるからである。

第一に、まったくの暗黒の中に現われている〔たがいに離れた〕二つの見得る対象は、両者の間にある隔たり〔距離〕が、真の延長の観念を与える見得る対象で埋められている場合と、同じ仕方で感覚〔視覚〕を刺激し、両対象から出て目で交わる光線も、同じ大きさの角を形成するということが、観察できる。(11) 同様に、〔たがいに離れた〕二つの物体の間に触れ得るものが何も挟まれていない場合、〔一方の物体から他方の物体に移動する手足の〕運動の感覚は、〔両物体の間に〕たがいに他の外にある〔延長する〕諸部分を有する複合的な物体を〔触覚で〕感じる場合と、同じである。

第二に、われわれが経験によって見出すところでは、〔その間に何も挟んでいない、たがいに離れた〕二つの物体が、その間に一定の広がりの見得る対象を挟んでいる他の二物体と同じ仕方で感覚〔視覚〕を刺激するような、位置関係にある場合、それら二つの物体は、それらの間に、〔他の二物体の場合と〕同じ広がりの見得る対象を、感覚できるような衝突も透入もなしに、また両物体が感覚（視覚）に現われる際の角度の変化もなしに[12]、受け容れることができる。同様に、一つの対象があり、別の対象に触れたのち或る間隔を置いてのみ、そして運動と言われる感覚を手または〔触覚の〕感覚器官に知覚したのちにのみ、それに触れることができたとすれば、経験の示すところでは、同じ運動の感覚とともに、しかし、この運動の感覚に、〔同じ二つの対象の印象の間に〕挟まれた固体的で触れ得る〔他の〕諸対象の印象を伴って、同じ二つの対象に、触れることができる。すなわち言い換えれば、〔たがいに離れた二つの対象の間の〕見得ない距離と触れ得ない距離が、〔それらの〕離れた対象には何の変化もなしに、見得る距離と触れ得る距離に、転換できるのである。

第三に、これら二種類の距離の間のもう一つの関係として、これらの距離が、すべての自然現象に対して、ほとんど等しい効果を及ぼすことが、観察できる。すなわち、熱、冷、光、引力等の性質は、すべて距離に対応して減少するので、この距離が、〔その距離を占める〕複合的な〔部分からなる〕感覚できる対象によって区画されていようと、あるいは、〔この距離を間に挟む〕たがいに離れた対象が感覚を刺激する仕方によってのみ知られようと、ほとんど何の相違も観察されない。

してみると、ここに三つの関係が、延長の観念を与える距離と、色をもった対象にも固体的な対象にも満たされていない距離との間に、あることになる。すなわち、〔第一に、〕離れた二つの対象は、どちらの距離によって隔てられていようと、同じ仕方で感覚を刺激し、〔第二に、〕第二種の距離が第一種の距離をみずからのうちに受け容れることができることが見出され、〔第三に、〕それら二種の距離が、すべての性質の力を、同じ程度に弱めるのである。

二種類の距離の間のこれらの関係は、なぜ一方の距離が、これほどしばしば他方の距離と取り違えられてきたのか、なぜわれわれが、視覚あるいは触覚の対象の観念を伴わない延長の観念を有すると、想像するのか、その理由を容易に与えてくれる。なぜなら、二つの観念の間に密接な関係があるときは常に、精神が両者を取り違え、すべての論述と推論において一方を他方として使用する傾向が、きわめて大きいということを、この人間本性の学における一つの一般的原則として、立てることができるからである(13)。この現象は、非常に多くの場合に生じ、大きな影響を及ぼすので、しばらく立ち止まって、その原因を調べないわけにはいかない。ただ一つだけ前もって断わっておくが、この現象そのものと、私がこの現象の原因として挙げるものとを、われわれははっきりと区別すべきであり、私の挙げる原因が不確かであるからといって、現象そのものが不確かであると、想像してはならない。私の説明が空想的であっても、現象そのものは、事実であり得る。説明が偽であることから、現象が偽であることが、帰結するわけではない。しかしながら、それと同時に、われわれがそのような帰結を引き出すことが、ごく自然なことであると、言ってよい。なぜなら、このこともまた、私が説明しようと努めている原理そのものの、明瞭な事例の一つであるからである(14)。

さて、私が先に類似性、隣接、および因果性の関係を、観念の間の結合の原理として認めた際に(15)、それらの原理の原因をさらに探究しなかったのは、その問題について提示できるようなもっともらしい説明がなかったからではなくて、むしろ、われわれは最終的には経験によって満足すべきであるという(16)、私の第一原則を、実践したからなのである。事実、脳を想像上で解剖して、われわれが或る観念をいだく際に、精神の気(17)（精神的精気）が、隣接するすべての通路にも流れ込んで、その観念に関係のある他の観念をも呼び起こす様子を示すことは、容易であったであろう。観念の関係（連合）を説明した際には(18)、この論法から引き出し得たはずの利益を無視したが、ここでは、それら観念の関係から生じる誤りを説明するために、この論法にたよらざるを得ないと思われる。そこで、〔まず〕次のことに注目しよう。精神は、それが欲するどの観念をも呼び起こす能力を有するので、精神が、欲する観念のある脳の部位に精神の気を送るとき、精神の気が、正確にしかるべき通路に流れ込んで、その観念に属する小室を掻き回すならば、精神の気は、常にその観念を呼び起こすことになる。しかし、精神の気の運動が真直ぐであることはめったになく、自然にどれか一つの方向に少し曲がるので、この理由で、精神の気は、隣接する通路に流れ込み、精神が最初に考察しようと欲した観念の代わりに、それに関係のある別の観念を、提示することになるのである。われわれは、この取り違えに常に気づくわけではなく、元と同じ思考を続けて、その提示された、関係のある、〔別の〕観念を使用し、それを推論において、必要とした観念そのものであるかのように、用いるのである。これが、哲学における多くの間違いと詭弁の原因なのである。このことは、自然に想像されることであろうし、もし必要があれば、実際に示すことも、容易であったであろう。

上に述べた三つの関係のなかで、類似性の関係が、もっとも多産な誤謬の源泉である。事実、推論における間違いの多くは、主にこの起源から生じる。類似した観念自体が関係を有するだけでなく、それらの観念を考察する際のわれわれの精神の作用が、ほとんど違わないので、われわれは、それらの観念を、区別できないのである。[19]この最後の点は、大きな影響力を有するので、一般に、任意の二つの観念をいだくときの精神の作用が同じであるか類似する場合は常に、われわれはそれらの観念をきわめて混同しやすく、取り違えやすい、と言うことができる。われわれは、本論が進むにつれ、この原則の多くの事例を見ることになるであろう。[20]しかし、類似性は、もっとも容易に観念の取り違えを生む関係であるが、因果性および隣接の関係も、同じ影響に力を添えることがある。このことの十分な証拠としては、もし形而上学の問題において、文芸の方面から議論を引き出すことが、合理的であるばかりでなく、普通に行なわれているのであれば、詩人や弁論家たちの修辞法を持ち出すことができたであろう。しかし、形而上学者たちがそれを体面にかかわると考えるかもしれないので、私は、形而上学者たち自身のたいていの論述についてなすことができる一つの観察から、その証拠を採ることにする。それは、人々がその推論において、観念の代わりに言葉を用い、考える代わりに喋ることが、通例であるということである。われわれが観念の代わりに言葉を用いるのは、観念と語が、密接に結合しているので、精神が、両者を容易に取り違えるからなのである。そして、このことがまた、われわれが、見得るとも触れ得るとも見なされていない距離の観念を、一定の秩序で配列された見得るあるいは触れ得る点の複合にほかならない延長の観念の代わりに、置き換えてしまう理由でもある。この取り違えを生み出す際に、因果性と類似性の関係が、ともに働いている。第一種の距離が第二種の距離に転換できることが知られるから、この点で前者は一種の原因である。また、両者の、感覚を刺激する仕方の類似性、および〔距離に応じて〕すべての性質を弱める仕方の類似性が、両者の類似性の関係を成すのである。

以上の、一連の推論と、私の諸原理の説明の後では、今や私には、形而上学から導出されたものであれ、力学から導出されたものであれ、今までに提出された〔先の〕すべての反論に、答える用意が整っている。〔第一の反論に答えるならば、〕空虚すなわち物質なき延長についてしばしば議論がなされるということは、議論の主題である〔空虚の〕観念の実在することを、証明しはしない。(21) 実際、この点で人々が思い違いをすることを見ることほど、ありふれたことはないのである。〔観念の間に〕密接な関係があるために、〔或る観念の代わりに〕別の観念が精神に提示され、この観念が人々の取り違えの原因となり得る場合には、特にそうである。

静止と消滅という二つの観念の組み合わせから導出された、第二の反論に対しても、これとほとんど同じ解答を与えることができる。部屋の中のすべてのものが消滅させられ、壁が不動のままで存続するという場合、部屋は、それを満たしている空気が感覚の対象でない現在とほとんど同じ仕方で思いうかべられるほかない。すなわち、この消滅によって、視覚に残されるのは、刺激される感官（目〔の網膜〕）の部位の相違と光の明暗の度合い〔の差〕とによって知られる〔ものだけであり、これが誤って、空虚という〕虚構的な（架空の）距離〔と見なされるの〕であり、触覚に残されるのは、手または他の身体部分における運動の感覚にほかならない〔ものだけであり、これが誤って、空虚という〕虚構的な距離〔と見なされるの〕である。それ以上探し求めても、むだである。どの方面からこの問題を眺めても、〔現在の印象と何ら変わりのない〕これらの印象（感官の異なる部位の刺激、明暗の差、運動の感覚）が、仮定のような消滅が生じた後にそのような対象（部屋）が生み出し得る、印象のすべてである。そしてすでに述べたように、印象はそれに類似するような観念しか生み出すことができない。〔それゆえ、これらの印象は、空虚の観念を生むことはできない。ただ、これらの印象の観念が、間違って、空虚の観念であると見なされるのである。〕

〔このように、〕二つの物体の間に挟まれた物体が消滅させられても、その両側にある物体には何の変化も生じないと、想定できるから、〔それとは逆に、たがいに離れた二つの物体の間に、〕その物体が新たに創造されても、〔その両側の物体には〕同じく何の変化も生じないと、容易に想像することができる。ところで、一つの物体が〔たがいに離れた二つの物体の間に入るように〕運動することは、その物体が〔それら二つの物体の間に〕創造されることと、ほとんど同じ影響しか与えない。〔その物体の両側にある二つの〕たがいに離れた物体は、前の場合も、後の場合と同じく、影響を受けないのである。この想定は、十分想像力を満足させ、このような〔一つの物体がたがいに離れた他の二つの物体の間に入ってくるという〕運動に、何の不合理もないことを、証拠立てている。のちになって経験が働き、上に述べたように位置する二つの物体は、その間に物体を受け容れる能力を実際にもつこと、そして、見得ない距離と触れ得ない距離を、〔それぞれ〕見得る距離と触れ得る距離に転換することに、何の障害もないことを、われわれに説得するのである。この転換がいかに自然なものに見えても、実際にそれを経験するまでは、われわれは、それが実現可能であるとは、確信できないのである。〔このようにして、見得ず触れ得ない距離が、真の延長の観念を与えるところの見得る触れ得る距離と取り違えられるのであり、空虚の観念を与えると間違って信じられるのである。〕

こうして私は、先に述べた三つの反論に、解答し終えたように思われる。しかし同時に私は、これらの解答に満足する反論者たちが少なく、彼らが直ちに新たな反論と難点とを提出するであろうということが、分かっている。多分、次のように言われるであろう。すなわち、私の推論は、目下の問題に何の関係もない。私が説明しているのは、対象が感覚を刺激する仕方だけであって、対象の真の本性と真の作用を説明しようとは努めていない。すなわち、二つの物体の間に見得るものあるいは触れ得るものが何も挟まれていないとしても、それらの物体の目に対する位置、および手が一方から他方へ移るのに必要な運動が、それらの物体が何か見得るあるいは触れ得るものによって隔てられている場合と、同じであり得ることを、われわれは経験によって知る。また、この見得ず触れ得ない距離が、物体を間に受け容れ、見得るもの触れ得るものになるような、能力をもつことが、経験によって知られる。これが私の体系のすべてであり、そのどの部分においても、私は、二物体をそのような仕方で隔てる原因、そして、衝突も透入も生じることなしに他の物体をそれらの間に受け容れる能力を二物体に与える原因を、解明しようと努めていない。〔多分、このように言われるであろう。〕

この反論に対する私の答えは、言われる通りの欠点を認め、私の意図が、けっして物体の本性を見抜くことでも、物体の作用の隠れた原因を解明することでもなかったことを、認めることである。[22] と言うのは、そのようなことは、私の現在の目的に含まれていない上に、おそらく、そのような企ては、人間知性の能力を超えるものであって、[23] われわれはけっして、物体を、感覚に現われるその外的属性を通してしか、知るとは主張できないであろう[24]からである。それ以上のことを企てる人々については、少なくとも何か一つの事例で彼らが成功するのを見るまでは、私は彼らの野心に賛成できない。しかし今は、対象が感覚を刺激する仕方と、経験が教える限りでの対象相互の結合の仕方とを、完全に知ることで、私は満足する。実生活を送るには、これで十分である。また、私の哲学にとっても、これで十分である。なぜなら、私の哲学は、われわれの知覚、すなわち印象と観念、の本性と原因を解明することのみを、欲するからである。〔一〕

〔一〕[25] われわれが、思索を感覚に対する対象の見え方（印象）に限り、対象の真の本性や真の作用の探究に入らない限り、われわれは、あらゆる困難を免れるのであり、何らかの問題に困惑することはけっしてあり得ないであろう。たとえば、二つの対象の間に挟まれた見得ず触れ得ない距離が、或るもの（何ものか）であるのか、何ものでもない（無である）のか、と尋ねられるならば、それは或るものである、すなわち、感覚をそのような特定の仕方で刺激する対象の性質である、と容易に答えることができる。二つの対象が、そのような距離をたがいの間にもつ場合、たがいに接触しているのか、接触していないのか、と尋ねられるならば、それは「接触する」という語の定義に依る、と答えることができる。もし対象が、それらの間に感覚できるものが何も挟まれていない場合にたがいに接触すると言われるのであれば、問題の対象は、たがいに接触しているのである。もし対象が、それらの像が目の〔網膜の〕隣接する部分を刺激する場合、また、手が両方の対象を、〔単なる〕手の運動〔の感覚〕を挟まずに、続けて感じる場合に、たがいに接触すると言われるのであれば、問題の対象は、たがいに接触していないのである。感覚に対する対象の見え方は、すべて矛盾がなく、困難は、われわれが使う語の不明瞭さからしか、生じ得ないのである。

もしわれわれが、われわれの探究を、感覚に対する対象の見え方を超えるところにまで進めるならば、おそらく、われわれの推論のほとんどが、懐疑と不確かさに満たされるであろう。たとえば、見得ず触れ得ない距離が、物体によって、あるいは、われわれの感覚器官が改良されれば見得るか触れ得るようになるかも知れない何ものかによって、常に満たされているのか否か、と尋ねられるならば、私は、どちらの解答の側にもそれほど決定的な議論を見出すことはできない、と認めざるを得ない。ただ、私は、一般に行き渡った考えにより適合する意見として、反対の意見〔上の質問に対する否定の解答〕の方により傾いている。ニュートンの哲学も、正しく解されるならば、それ以上のことを意味していないことが分かるであろう。〔なるほど〕空虚は、主張されてはいる。すなわち、諸物体は、衝突も透入もなしにそれらの間に他の物体を受け容れるような仕方で、たがいに位置している、と言われている。〔しかし、〕物体のこの位置関係の本性は、知られていない。われわれが知っているのは、ただ、その位置関係の、感覚に対する影響と、物体を受け容れる能力とである。ニュートンの哲学〔のような自然哲学〕にとっても、或る程度までの適度の懐疑と、人間の全能力を超えるような問題においては無知を正直に認めることほど、ふさわしいことはないのである。〕

私は、この空間的延長という主題を、これまでの推論によって容易に説明できる一つの逆説を述べることによって、終えることにする。その逆説とは、次のようなものである。もし見得ず触れ得ない距離に、言い換えれば、見得触れ得る距離となり得る能力に、空虚という名称を付与しようとするなら、延長と物質が同一物であり、しかも空虚が存在する、ということになる。またもしそれにその名称を付与しようとしないなら、〔空虚は存在せず〕運動が、充実空間において、無限に続く衝突も運動の循環も〔物体の相互の〕透入も引き起こすことなく、可能である、ということになる。しかし、表現の仕方がどうであろうとも、延長を感覚できる対象で満たし、延長の諸部分を見得るか触れ得るものとして思いうかべるのでなければ、われわれが真の延長の観念をけっしてもたないということを、常に認めなければならない。

時間とは何らかの現実の対象が存在する仕方にほかならないというわれわれの理論についても、それが、われわれの延長に関する同様の理論と同じような反論を受けることを、見ることができる。われわれが空虚について論争し推論するということが、われわれが空虚の観念をもっていることの、十分な証拠であるならば、同じ理由によって、われわれは、変化する存在者を含まない時間の観念をもっていなければならなくなる。それより頻繁でそれよりありふれた論争の主題は、ないからである。しかし、われわれがそのような時間の観念をもっていないことは、確実である。なぜなら、そのような観念が、どこから生じるのであろうか。感覚の印象から生じるのか、それとも反省の印象から生じるのか。その観念の本性と性質を知るために、印象をはっきりと指し示してもらいたい。しかし、もしそのような印象を指し示すことができなければ、そのような観念をもっていると想像するとき、思い違いをしているのだと、確信してよい。

しかし、変化する存在者を含まない時間の観念の元となる印象は、指し示せないとしても、われわれがそのような観念をもっているとわれわれに想像させる〔感覚に対する対象の〕見かけは、容易に指し示すことができる。すなわち、〔第一に〕次のことが知られる。われわれの精神には諸知覚の不断の継起があり、それゆえ時間の観念がわれわれに常に現前しているので、不動不変の対象を五時に見、同じ対象を六時にも見る場合、ちょうど各瞬間がその対象の異なる位置あるいは変化によって区別されている場合と同じ仕方で、その不変な対象に時間の観念を適用する傾向を、われわれは有する。その対象の最初の出現と二度目の出現とが、われわれがもっている知覚の継起と比べられて、その対象が実際にその間に変化した場合と同様に、たがいに隔たっているかのように見えるのである。これに、経験が示す以下のことを、つけ加えることができる。すなわち〔第二に、〕その対象は、二度の出現の間に、それだけの数（継起する知覚と同じ数）の変化を、実際に受け容れることもできたであろう。また〔第三に、〕この不変の持続期間、あるいはむしろ虚構的な持続期間は、すべての性質に、それを増大させるにせよ、減少させるにせよ、明瞭に感覚される〔真の〕継起（変化）〔を含む持続期間〕と、同じ効果を及ぼす。これら三つの関係が原因で、われわれは、二種の〔時間の〕観念を混同し、変化も継起も含まない時間または持続の観念を形成できる、と想像する傾向を有するのである。(26)

第六節　存在および外的存在の観念について

この〔空間および時間の観念の〕問題を終える前に、「存在」（existence）、および「外的存在」（external existence）の観念を解明しておくのも、悪くないであろう。これらの観念も、空間および時間の観念と同様に、問題を含むからである。そうすることによってわれわれは、われわれの論究に関わるであろう個々の観念のすべてを完全に理解するとき、それだけよりよく、知識と蓋然性の吟味(1)の用意が、できていることになるであろう。

われわれが意識あるいは記憶しているいかなる種類の印象であれ観念であれ、存在していると考えられていないものはない。(2)そして明らかに、この意識から、有ること（存在）のもっとも完全な観念と確信が生じるのである。このことから、想像できるもっとも明瞭で決定的な一つのディレンマを作ることができる。すなわち、われわれは、いかなる観念であれ印象であれ、それに存在を帰さずにはけっしてそれを〔意識あるいは〕想起しないのであるから、存在の観念は、すべての知覚すなわち思考対象に結びついている一つの別個な印象から生じるか、あるいは、知覚すなわち〔思考〕対象の観念そのものと同一物であるかの、いずれかでなければならない。

このディレンマが、すべての観念はそれに類似する印象から生じるという原理から明瞭に帰結するように、このディレンマの両命題（角《つの》）のどちらを選択すべきかの決定も、迷う余地のない問題である。すべての印象とすべての観念に伴うような別個な印象が存在するどころか、私は、分離不可能な仕方で結合しているようないかなる二つの別個な印象もない、と考える。或る種の感覚が、或るときにはたがいに結合していても、それらが、分離を許し、別々に現前させられ得ることは、すぐに知られる。それゆえ、〔意識あるいは〕想起されるすべての印象および観念は、存在していると見なされているが、存在の観念は、何か特定の（別個な）印象から生じるのではないのである。

してみると、存在の観念は、存在しているとわれわれが思念する（conceive 思いうかべる）もの（対象）の観念と、まさに同一物であることになる。[3] 或るものを単に考察することと、それを存在しているものとして考察することとは、何ら異ならない。[4] 存在の観念は、或る対象の観念に結びつけられても、対象の観念に、何もつけ加えないのである。[5] 何をわれわれが思念し（思いうかべ）ようとも、われわれはそれを、存在していると思念する。[6] われわれが任意にいだくどの観念も、一つの有るものの観念であり、一つの有るものの観念とは、われわれが任意にいだく観念なのである。

以上の結論に反対する者は、必然的に、存在の観念の元となる別個な印象を、指し示さなければならず、この印象が、存在していると信じられるすべての知覚から分離できないことを、証明しなければならない。これが不可能であることを、われわれは、躊躇なく結論することができる。

何ら実在的な（存在上の）相違のない諸観念の間の区別（理性的区別）に関する先の論究は、(一) ここでは、何の役にも立たないであろう。その種の区別は、同一の単純観念が、いくつかの異なる観念に対してもち得る、異なる類似性に、基づいている。しかし、いかなる対象であれ、存在することにおいて或る対象に類似し、かつ同じそのことにおいて他の対象と相違するようなものは、提示することができない。なぜなら、提示され得る対象はすべて、必ず存在していなければならないからである。〔それゆえ、存在の観念を、すべての対象の観念の中に、理

性的区別によって見出すことは、できない。〕

（一）　第一部第七節〔三七頁以下〕。

以上と同様の推論が「外的存在」の観念の説明となるであろう。〔すなわち、外的存在の観念は、外的に存在するとわれわれが思念するもの（外的対象）の観念とまさに同じものである。その理由は以下の通りである。〕精神には、その知覚、すなわち印象と観念、以外の何ものも、けっして真に現前しないこと、また、外的対象がわれわれに知られるのは、それらが〔われわれのうちに〕引き起こすところの知覚によってのみであること、これらのことは、哲学者たちに普遍的に認められており、またそれ自体で十分明白である、と言うことができる。憎むこと、愛すること、考えること、感じること、見ること、これらはすべて、知覚することにほかならないのである。

　さて、精神には、知覚以外の何ものもけっして現前せず、すべての観念は、それより先に精神に現前したもの（印象）から生じるのであるから、われわれには、観念や印象と種的に（種類が）異なるようなもの(7)は、思いうかべること、観念をいだくことさえ、不可能である、ということが帰結する。われわれの注意を、できる限りわれわれの外に向けてみよう。われわれの想像力を、天空に、あるいは宇宙の果てに、駆り立ててみよう。それでもわれわれは、実際はわれわれ自身から一歩も出ていないのであり、この狭い範囲に現われたことのある知覚以外には、いかなる種類の存在者を考える（思いうかべる）こともできないのである。これが、想像力の宇宙であり、われわれは、そこに生じる観念のほかには、いかなる観念ももっていないのである。

　われわれの知覚と種類が異なると想定された外的対象の思念（conception　思いうかべること）を目指して、われわれにできることは、せいぜい、外的対象の関係的な観念（単に、知覚の原因である何か或るものという、相対的な観念）を、その関係（知覚の原因であること）に置かれる対象自体を把握しているとは主張せずに、形成することである。一般的に言えば、われわれは、外的対象を、知覚と種類が異なるとは考えていない。ただ、外的対象に、知覚とは異なる関係と結合と持続とを帰しているだけなのである(8)。しかし、このことについては、の

ちにもっと詳しく論じることにする。(一)

(一)　第四部第二節。

第三部　知識と蓋然性について

第一節　知識について

哲学的関係には、七種の異なるものがある。[一] すなわち、類似性（resemblance）、同一性（identity）、時間および場所の諸関係（relations of time and place）、量または数における比（proportion in quantity or number）、何らかの性質における度合い（degrees in any quality）、反対（contrariety　矛盾）、および因果関係（causation）である。これらの関係は、比較される観念にまったく依存するものと、観念に何の変化がなくても変えられ得るものとの、二組に、分けることができる。〔たとえば、〕三角形の三つの角の和が二直角に対してもつ等しさという〔量的〕関係をわれわれが見出すのは、三角形の観念からであり、この関係は、われわれのもつ〔三角形の〕観念が同じである限り、不変である。これに対して、二つの対象の間の近い・遠いの関係は、対象自体あるいは対象の観念に何の変化がなくても、単に対象がその場所を変えるだけで、変えられ得るのであり、場所は、精神によっては予見され得ない多くの異なる偶因に依存するのである。同一性と因果関係についても、事情は同じである。二つの対象は、たとえ完全に類似し、異なる時点に同じ場所に現われさえしても、数的に異なる（同一の個物でない）ことがあり得る。[1] また、一つの対象が他の対象を生み出す力は、対象の観念だけからは見出せないので、原因（cause）と結果（effect）が、経験から知られる関係であり、抽象的な推論や反省から知られるものでないことは、明らかである。どれほど単純な現象であれ、われわれ〔の感覚〕に現われている限りで対象がもつ性質から説明され得るような現象、あるいは、記憶や経験の助けなしに予見できるような現象は、ただの一つもないのである。

（二）　第一部第五節。

それゆえ、明らかに、これら七つの哲学的関係のうち、観念のみに依存し、知識（knowledge）と確実性の対象になることができるのは、四つだけである。その四つとは、類似性、反対、質における度合い、および量または数における比である。これらの関係のうちの三つは、一見するだけで見出され、より正しくは、論証（demonstration）よりも直観（intuition）の領域に属する。対象がたがいに類似するとき、その類似性は、直ちに目あるいはむしろ精神を打つであろう。再吟味を要することはまれである。事情は、反対、および質の度合いについても、同じである。存在と非存在が、たがいに消去し合い、まったく両立不可能で反対であることは、誰も疑うことができない。また、色、味、熱、冷などの性質の度合いは、それらの間の相違が非常に小さいときは、正確に判断することは、不可能であるが、それらの相違が大きいときには、一つの度合いが他の度合いに優るか劣るかを決定するのは、たやすい。そしてこの決定は、常に、一見するだけで、何らの探究も推論も要さずに、下されるのである。[2]

われわれは、これと同じ仕方で、量または数の比の確定を行ない、数や図形の間の大きさの優劣を一目で見て取ることができるかも知れない。特にその差が非常に大きく顕著である場合には、そうであろう。しかし、等しさあるいは正確な比については、ただ一度の考察によっては、単に推量できるだけである。ただし、非常に小さい数や、非常に小さい延長の場合は、そうでない。これらは、一瞬にして把握されるからであり、大きな誤りに陥る可能性のないことが看取されるからである。その他の場合には、われわれは、或る程度恣意的に比を決定し、より人為的な仕方で進まねばならないのである。[3]

すでに述べたように、幾何学、すなわち、図形の比を確定する技術は、その普遍性と厳密さにおいて、感覚と想像力の大まかな判断に大いに優るが、しかし、けっして完全な正確さと厳密さには到達しないのである。[4] 幾何学の第一の諸原理は、依然として、対象の全体的な見かけから導き出されたものであり、[5] この見かけは、自然が受け容れるとてつもない微小さをわれわれが調べる際には、けっしてわれわれに確信を与えることができない。われわれの観念は、任意の二つの直線は線分を共有しないということの、完全な確信を与えるように見える。しかし、これらの観念を考察すれば、それらが、二つの直線の間に感じることのできる傾きを仮定していること、[6] そして、両者の間の角が極端に小さい場合には、この命題の真であることを確信させるほど正確な直線の基準をわれわれがもっていないこと、[7] が分かるであろう。事情は、数学の第一の諸決定（原理）のほとんどのものについても、同じである。

それゆえ、われわれが、推論の連鎖をどれほど複雑に続けても、完全な厳密さと確実さを保持することができる学問としては、代数と算術だけが残る。われわれは、数の等しさと比を判定するための正確な基準をもっており、数がこの基準に一致するかどうかによって、誤る可能性なしに数の間の関係を決定するのである。われわれは、二つの数が、一方の数が他方の数に含まれるすべての単位（数の一）に対応する単位（数の一）を含むように構成されているとき、それらの数をたがいに等しいと言う。そして、幾何学を完全で誤ることのない学問と見なすことがほとんどできないのは、延長においては、等しさのこのような〔正確な〕基準がないからである。

しかし、ここで、幾何学は、算術と代数に固有な完全な正確さと確実さをもたないが、われわれの感覚と想像力の不完全な判断には優る、という私の主張から生じるおそれのある一つの困難を取り除いておいても、不都合ではないであろう。私が幾何学に欠点を認める理由は、幾何学の根本原理が〔対象の〕見かけから導き出されたものである、ということである。そして、この欠点は、幾何学に常につきまとい、対象あるいは観念の比較においてわれわれの目や想像力が単独で獲得できる以上の厳密さに幾何学が達することを妨げると、ひょっとすると想像されるかもしれない。私も、この欠点が、幾何学が完全な確実さを得ようと望むことを妨げる程度にまで、幾何学につきまとうということは、認める。しかし、これらの根本原理は、もっとも容易でもっとも見間違えようのない〔対象の〕見かけに基づいているので、根本原理からの帰結に、これらの帰結が単独ではもち得ない程度の厳密さを、付与するのである。千角形の内角の和が一九九六直角に等しいということを目〔視覚〕が決定すること、あるいは、目がこの比に近い推測をすることは、不可能である。しかし、目が、二直線は線分を共有できないということ、すなわち、二点を通る直線は一本しか引けないということを、〔根本原理として〕決定するとき、目〔の判断〕に由来する誤りはけっして大きなものにはなり得ない。そして、このこと、すなわち、単純であるがゆえにわれわれを大きな誤りに導くことのあり得ないような〔対象の〕見かけにわれわれを導くことが、幾何学の本性であり、有用性なのである。

ここで、この機会を捉えて、同じ数学という主題によって示唆される、論証的推論についての第二の観察を、提出しておこう。次のように主張することが、数学者たちの通例である。すなわち、数学者の対象である諸観念は、純化された霊的な本性のものであるので、想像力がそれらをいだくことはできず、魂のより上位の能力にのみ可能な純粋で知性的な直観によって、把握されるほかない、(8)というのである。同じ考えは、哲学のほとんどの分野にいきわたっており、抽象観念を説明するために、たとえば、等脚三角形でも不等辺三角形でもなく、またその辺がどんな特定の長さや比にも限定されていないような、三角形の観念を、(9)いかにしてわれわれが形成できるのかを示すために、主に使われている。哲学者たちが、なぜ或る霊的で純化された知覚というこの考えをこれほど好むのかは、容易に分かる。それは、彼らがそれによって、彼らの不合理の多くを覆い隠すからであり、不明瞭で不確実な観念に訴えることによって、明晰な観念による決定に服することを拒むことができるからである。しかし、この策略を打ち砕くには、われわれは、(10)「われわれの観念はすべて印象から写し取られたものである」という、今までに繰り返し述べた、あの原理を、省みればよい。なぜなら、われわれは、それから直ちに、すべての印象は明晰で正確（確定的）なのであるから、印象から写し取られた観念も同じ性格のものであり、われわれの過失によるのでなければ、それほど不明瞭で込み入ったものをけっして含み得ない、と結論できるからである。観念は、その本性そのものによって、印象よりも弱く生気がないが、その他のすべての点では同じであり、大した神秘性を含み得ないのである。観念の弱さが観念を不明瞭にする場合には、観念を不動で正確なままに保つことによって、できるかぎりこの欠点を補うのが、われわれの務めである。そうするまでは、推論や哲学を企てるのは、無駄である。

第二節　蓋然性について、原因と結果の観念について

以上が、学の基礎である四つの関係について述べておくことが必要であると私が考えることの、すべてである。しかし、観念に依存せず、観念が同じであり続けてもあることもないこともできる、他の三つの関係については、それらをもっと詳しく説明しておくことが適当であろう。それら三つの関係とは、同一性、時間と場所における位置、および因果関係である。

あらゆる種類の推論は、比較にほかならず、二つ以上の対象がたがいに対してもつ恒常的あるいは非恒常的な関係の発見にほかならない。この比較を、われわれは、両方の対象が感覚に現前しているとき、どちらの対象も現前していないとき、あるいは、一方だけが現前しているとき、のいずれかの場合に、行なうことができる。両方の対象が関係とともに感覚に現前している場合には、われわれはこれ（比較、すなわち関係の発見）を、推論と呼ぶよりもむしろ知覚〔作用〕と呼ぶ。またこの場合には、思惟の行使も、真の意味での作用（能動）もなく、感覚器官を通しての、印象の単に受動的な受容が、あるだけである。この考え方に従うならば、われわれは、われわれが同一性、および時間と場所の関係について行なうどんな観察をも、推論と認めるべきでない。なぜなら、

これらの観察においては、精神は、感覚に直接現前しているものを超え出て、現実的存在、あるいは対象の関係を見出すことが、できないからである。一つの対象の存在または作用から、それには他の〔対象の〕存在または作用が後続あるいは先行するという確信をわれわれに与えるような結合を生み出すのは、因果関係（causation）のみである。他の二つの関係（同一性、および時間と場所の関係）は、因果関係に影響を及ぼすか、因果関係によって影響を及ぼされる場合を除けば、推論において使われることができない。〔時間と場所の関係について言うならば、〕対象のうちには、それらがたがいに常に遠いことあるいは常に近いことを説得するようなものは、何もなく、われわれが経験と観察から対象の遠近の関係が不変であることを見出すときは、われわれは常に、それらの対象を分離または結合する何か隠れた原因がある、と結論するのである。同じ推論は、同一性にも当てはまる。われわれは、対象は、何度も感覚に対して姿を消したり現わしたりしても、個物として同一であり続けることがあり得ると、容易に想定するのであり、もしわれわれが対象を見続けたり対象に触れ続けたりしたならばその対象が不変で中断しない知覚を与えたであろう、と結論する場合には、知覚の中断にもかかわらず、その対象に同一性を帰するのである。しかし、感覚の印象を超えたこの結論は原因と結果（cause and effect）の結合にのみ基づくことができるのであり、そうでなければ、われわれは、新しく現われた対象が以前に感覚に現われた対象とどれほどよく似ていようと、その対象がわれわれの知らないうちに取り替えられたものでないという確信を、もつことができない。われわれは、このような完全な類似性を見出す場合には常に、完全な類似性がその種の対象において普通のことであるのか、何らかの原因が作用して対象を取り替えるが似させるということが、あり得ることか、またはありそうなことか、を考察する。そして、われわれは、これらの原因と結果についてどう決定するかに応じて、対象の同一性についての判断を形成するのである。

してみると、単なる観念に依存しない三つの関係のうちで、感覚を超えてたどることができ、われわれが見も触れもしていない存在者や対象を知らせる、唯一の関係は、因果関係であることが明らかである。それゆえ、知性という主題を終える前に、この関係を完全に解明するよう努めることにしよう。

順序正しく始めるならば、われわれは、因果関係（causation）の観念を考察し、この観念がいかなる起源から生じるかを見なければならない。正しく推論することは、推論が関わる観念を完全に理解することなしには不可能であり、観念を完全に理解することは、観念をその起源にまで遡り、それがそこから生じたところの最初の印象を吟味することなしには不可能である。印象の吟味が、観念に明晰さを与え(1)、観念の吟味が、われわれの推論全体に、同様の明晰さを与えるのである。

それゆえ、われわれの目を原因と結果と呼ばれる任意の二つの対象に向け、このように並はずれて重要な観念を生み出すところの印象を見つけるために、それらの対象を、あらゆる面から考察しよう。一見しただけで私は、その印象を、対象のどれか特定の性質のうちに探し求めるべきでないことを、知る。なぜなら、これらの性質のどれを選んでも、その性質をもたないが原因または結果の名称の妥当する範囲に入る何らかの対象を、見出すからである。実際、外的あるいは内的に存在するもので、原因または結果と見なされ得ないものはないのに対して、あらゆる存在者に普遍的に属し、それらにこの〔原因または結果という〕名称をもつ資格を与えるような性質は、一つもないことが、明らかである。

してみると、因果関係の観念は、対象の間の何らかの関係から生じるほかない。そこでわれわれは、この関係を発見することに努めなければならない。最初に私は、原因または結果と見なされるすべての対象が、たがいに隣接しており（contiguous）、いかなるものも、それが存在する時間または場所から少しでも離れた時間または場所では、作用できない、ということを見出す(2)。たがいに離れた対象が、たがいを生み出すように見えることが、ときにはあるが、調べてみれば、これらの対象が、たがいにも、離れた〔両端の〕対象にも隣接する、諸原因の連鎖で繋がれていることが見出されるのであり、特定の事例でこのような結合が発見できないときにも、われわれは、そのような結合が存在するものと決めてかかるのである。それゆえ、われわれは、「隣接」（contiguity）

の関係を、因果関係に本質的なものと見なすことができる。少なくとも、いかなる対象が〔場所的な〕並置と随伴を受け容れるのかを吟味することによってこの問題を解明するより適切な機会を見出すまでは、[一]一般の意見に従って、隣接の関係を因果関係に本質的なものと仮定してよい。

（一）　第四部第五節〔知覚の場所的結合についての議論、二六八頁以下〕。

私が原因と結果に本質的であると認める第二の関係は、それ〔隣接の関係〕ほど普遍的には承認されていず、議論の余地のあるものである。それは、結果に対する原因の、時間における「先行」（priority）の関係である。或る人たちは、原因がその結果に先行することは絶対的に必然的ではなく、任意の対象または作用が、それが存在し始める最初の瞬間にそれの産出的性質（産出力）を行使し、それとまったく同時的な対象または作用を生み出すことが、可能である、[3]と主張する。しかし経験がほとんどの場合にこの意見に反するように見えるだけでなく、われわれは〔結果に対する原因の〕先行の関係を一種の推理または推論によって確立することができる。或る時間の間他の対象〔B〕を生み出さずにまったく完全な状態で存在する対象〔A〕は、それ〔B〕の唯一の原因ではなく、それ〔A〕をその不活動の状態から押し出して、それが密かにもっていた力を行使させる、他の原理の助けを必要とする、[4]ということは、自然哲学においても、精神哲学においても、確立された原則である。さて、もし或る原因がその結果とまったく同時であり得るならば、この原則によって、原因はすべてそうでなければならないということが確実である。なぜなら、それ自身の作用を一瞬でも遅らせるような原因はどれも、それが作用できたまさにそのときに作用しないのであるから、真の原因でないことになるからである。このことの帰結は、世界のうちで観察される諸原因の継起の破壊にほかならず、時間の完全な消滅そのものであろう。[5]なぜなら、もし一つの原因がそれの結果と同時であり、この結果がそれの結果と同時であり、等々であったならば、明らかに、継起というようなものはなかったであろうし、すべての対象が同時に存在しなければならないからである。

この議論が十分なものに見えるならば、それでよい。しかし、もしそうでなければ、読者には、私が前の場合[6]にも用いた、それをそうと仮定する自由を、私に認めていただきたい。と言うのも、この問題が大して重要でないことが、分かるであろうからである。

さて、このように、隣接と継起（succession　結果に対する原因の先行）という二つの関係が原因と結果〔の関係〕に本質的であることを見出した、あるいは仮定した後で、私は、私が立ち往生し、原因と結果の単一の事例を考察するだけではこれ以上進めないことを、知る。一つの物体の運動は、衝突に際して、他の物体の運動の原因であると、見なされる。これらの対象をこの上なく注意して考察するとき、われわれが見出すのは、ただ、一方の対象が他方の対象に接近するということと、一方の運動が他方の運動に先行するが、両者の間には感じることのできる時間的間隔がないということだけである。この問題について、無理にこれ以上の思考と反省を巡らせても、無駄である。われわれは、この特定の事例の考察においては、これ以上進むことができないのである。

もし誰かが、この事例を離れ、「原因とは他のものを産出するものである」と言うことによって原因〔であるもの〕を定義しようとするならば、[7]彼が〔この定義によって〕何も言うことにはならないということは、明瞭である。なぜなら、彼は、「産出」（production）によって、何を意味しているのか。彼は、因果関係と同じものにならないような「産出」の定義を、与えることができるであろうか。もしそれができるのであれば、提出してもらいたい。もしそれができないのであれば、彼はここで循環を犯しているのであり、定義の代わりに、同義語を与えているのである。

では、われわれは、因果関係の完全な観念を与えるものとして、隣接と継起の二つの関係で満足するであろうか。けっしてそうでない。或る対象が、他の対象に隣接し先行していても、それの原因とは見なされないということが、あり得る。「必然的結合」（necessary connexion）という関係が、考慮に入れられるべきものとしてあり、この関係は、上に述べた二つの関係のどちらよりも、ずっと重要なのである。

この必然的結合の本性を発見し、それの観念の起源である印象または複数の印象を見つけるために、私はここで再び、対象をあらゆる面から考察する。対象の知られた性質に目を向けるとき、私は直ちに、原因と結果の関係が、それらに少しも依存していないことを知る。[9] 対象の関係を考察するとき、私は隣接と継起の関係しか見出せず、私はすでに、これらの関係を、不完全で不十分なものと見なした。成功を絶望して、私は、類似した印象が先行しないような観念をここにもっている、と主張すべきであろうか。それは、あまりにもはっきりと、軽率さと無定見を示すことであろう。なぜなら、〔すべての観念は、先行する類似した印象から生じるという、〕それと逆の原理がすでに、疑問の余地のないほどしっかりと確立されているからであり、少なくとも今の問題をもっと十分に吟味するまでは、疑問の余地がないからである。

それゆえ、われわれは、隠れているものを探しているが、それが予期した場所に見つからないので、幸運が最後には探しているものに導いてくれるであろうと期待して、確かな見通しも計画もなく、隣接する野畑をそこらじゅう叩いて回る人たちのように、進まなければならない。われわれに必要なのは、原因と結果についてのわれわれの観念に関与している必然的結合の本性の問題を直接考察することをやめ、それらを吟味することが今の問題を解明するのに役立つ指針をおそらく与えてくれるであろうような、何かほかの問題を、見つけるように努めることである。そのような問題が、二つ見出される。そこで、それらの問題の吟味に進むことにしよう。すなわち、

第一に、われわれはいかなる理由で、その存在が始めをもつものはすべてまた原因をもつということが必然的である、と主張するのか。[11]

第二に、われわれはなぜ、これこれの特定の原因はこれこれの特定の結果を必然的にもつ、と結論するのか。[12] また、われわれが〔原因と結果の〕一方から他方へと行なう推理（inference）の本性、および、われわれがその推理に置く信念（belief）の本性は、いかなるものであるのか。[13]

さらに進むに先立って、私は、原因と結果の観念は、感覚の印象からも反省の印象からも得られるが、話を短くするために、これらの観念の起源として、私は通常は感覚の印象のみに言及するということだけを、注意しておこう。しかし私は、私が感覚の印象について述べることが、反省の印象にも当てはまることを、意図している。情念（反省の印象）は、その対象に、またたがいに、外的物体が相互に結合しているのに劣らず、結合している。したがって、一方に属する原因と結果の関係は、両方に共通でなければならない。

第三節　なぜ原因は常に必然的であるのか

第一の、原因の必然性（necessity 必要性）に関わる問題から始めるならば、「存在し始めるものは何であれ、存在の原因をもたなければならない[1]」ということは、哲学における一つの一般的原則である。この原則は普通、証明が与えられることも要求されることもなく、あらゆる推論において当然のことと見なされている。それは、直観に基づくもの[2]と想定され、口で否定することはできても、人が心のうちで実際に疑うことが不可能な原則の一つである、と想定されている。しかし、この原則を、先に説明した知識[3]の観念に照らして吟味すれば、われわれは、それのうちには、そのような直観的確実性のいかなるしるしをも見出さず、逆に、それがその種類の確信[4]とはまったく無関係な性格のものであることを、見出すであろう。

すべての確実性は、観念の比較（the comparison of ideas）から、すなわち、観念が同じであり続ける限り変わらないような関係の発見から、生じる[5]。そのような関係は、類似性、量と数における比、性質の度合い、および反対（矛盾）であり、これらのどれも、「始まりをもつものは何であれ、また存在の原因をもつ」という命題には、含まれていない。それゆえこの命題は、直観的に確実なものではない。少なくとも、この命題を直観的に確実であると主張しようとする者は、上の四つの関係だけが「観念が変わらない限り」必ず成り立つ関係であることを否定し、何かそれらとは別のその種の関係がこの命題に含まれているのを、見つけなければならない。そのような関係を吟味するのは、それが見つけられてからでも遅くない。

しかし、上の命題が直観的にも論証的にも確実でないことを直ちに証明する議論が、ここにある。われわれには、すべての新たな存在、または存在のすべての新たな変様、に対する原因の必然性（必要性）を論証することは、同時に、何らかの産出原理（原因）なしに何かが存在し始めることが不可能であることを示さずには、できない。後の命題が証明できない場合には、われわれは、先の命題を証明する可能性を、断念しなければならない。ところで、後の命題の論証的証明がまったくできないということは、以下のことを考察することによって納得できる。すなわち、すべての別個な観念はたがいに分離でき[6]、原因と結果の観念は明らかに別個なものであるから、われわれが、〔結果に相当する〕或る対象をこの瞬間には存在せず次の瞬間には存在する（存在し始める）と思念し、その際その対象に、〔その対象の観念とは〕別個な、原因すなわち産出原理の観念を、〔その対象の原因の観念として〕結びつけないということが、容易にできるであろう[7]。それゆえ、原因の観念を存在の始まりの観念から分離する（或る存在の始まりが原因なしに生じることを思いうかべる）ことは、想像力にとって可能であることが、明白である。したがって、これらの対象（存在の始まりと原因）の実際の分離（存在の始まりが原因なしに生じること）も、それが矛盾も不合理も含まない（想像力によって思いうかべることができる）のである限り、可能であり[8]、それゆえ、単なる観念からの推論によっては、論駁できない。そして、そのことが単なる観念からの推論によって論駁されることがなければ、〔存在の始まりに対する〕原因の必然性（必要性）を論証することは、不可能であるのである。

したがって、原因の必然性を示すためにこれまでに提出されたすべての論証が、誤りであり詭弁であることは、調べてみれば分かるであろう。或る哲学者たちは[一]、「対象がそこにおいて存在し始めると想定できる時間と場所のすべての点は、それら自体では同等であるので、一つの時間と一つの場所に固有で、そのことによってその

〔対象の〕存在を〔その時間とその場所に〕確定する、何らかの原因があるのでなければ、その存在は、いつまでも未決定のままであり、対象は、それの〔存在の〕始まりを確定するものを欠いているために、けっして存在し始めることができない」と言う。[9] しかし、私は尋ねる。時間と場所が原因なしに確定されると想定することは、存在がそのように〔原因なしに〕確定されると想定することより、難しいであろうか。この〔原因の必然性の〕問題について生じる最初の問いは、常に、はたして対象が〔原因なしに〕存在するであろうかどうか、ということであり、次の問いが、その対象がいつどこで存在し始めるであろうか、ということである。原因の除去が、一方の場合に直観的に不合理であるならば、他方の場合にもそうでなければならない。また、その不合理が、〔今の場合のように、〕一方の場合に証明なくしては不明瞭であれば、それは、他方の場合にも等しく証明を必要とするであろう。してみると、一方の想定の不合理は、〔証明なしには、〕けっして他方の想定の不合理の証明ではあり得ない。両者は、同じ資格のものであり、同一の推論によってともに立つかともに倒れるかであるからである。

（一）ホッブズ氏。

この〔原因の必然性の〕問題についてこれまでに使われた第二の議論[二]も、同様の困難に出合う。「すべてのものは、原因をもたねばならない。なぜなら、もし或るものが原因を欠いていたとすれば、それは、みずからを生み出すことになり、みずからが存在する前に存在することになろうが、このことは不可能であるからである」と言われる。[10] しかし、明らかにこの推論は、決定的なものでない。なぜなら、この推論は、われわれが原因を否定しているのに、われわれがはっきり否定していること、すなわち、或る原因がなければならないということを、われわれがやはり認めると仮定しているからである。それゆえ、その原因がその対象自身であるとされる。もちろん、そのようなことは、明白な矛盾である。しかし、或るものが原因なしに生み出される、より正しく言えば、存在するようになる、と言うことは、そのものがそれ自身の原因であると主張することではなく、それとは反対に、すべての外的原因を排除することによって、生み出されるもの自身をも〔原因としては〕当然排除しているのである。まったくいかなる原因もなしに存在する対象は、もちろんそれ自身の原因ではない。それ自身の原因であることが原因なしに存在することから帰結すると主張するとき、人は、問題の点そのものを仮定しているのであり、或るものが原因なしに存在し始めることはまったく不可能であり、一つの産出原理（原因）を除去しても、別の産出原理に頼らなければならない、ということを、当然のことと見なしているのである。

（一）　クラーク博士その他。

事情は、原因の必然性を論証するために使われた第三の議論（二）についても、まったく同じである。「いかなる原因もなしに生み出されるものは何であれ、無によって生み出される。言い換えれば、無をその原因とする。しかし、無は、原因とはなり得ない。それは、無が何物かであったり、二直角に等しかったりできないのと、同様である。われわれは、無が二直角に等しくなく何物かでないことを知覚するのと同じ直観によって、無がけっして原因であり得ないことを知覚し、したがって、すべての対象がその存在の実在的な原因をもつことを、知覚せざるを得ない。[11]」

（二）　ロック氏。

先の議論について述べたことの後では、この議論の弱点を示すために、多言を費やす必要はなかろうと信じる。これら〔二つ〕の議論はすべて、同じ誤りに基づいており、同じ考え方から生じる。すべての原因を排除するとき、われわれは、本当にすべての原因を排除するのであって、無をも対象自身をも存在の原因とは想定していないということ、したがって、これらの想定の不合理から、その〔すべての原因の〕排除の不合理を証明する議論は、導出できないこと、ただこれだけを述べるだけで十分であろう。もしすべてのものが原因をもたねばならないのであれば、他の原因を除去するとき、対象自身か無を原因として認めなければならないということが、帰結する。しかし、すべてのものが原因をもたねばならないのかどうかは、まさに問題となっている点なのであり、それゆえ、あらゆる正しい推論に従えば、けっして前提されてはならないのである。

すべての結果は原因をもたねばならない、なぜなら原因は結果の観念そのもののうちに含まれ〔含意され〕ているからである、と言う者は、[12]さらに軽薄である。〔なるほど〕すべての結果は、必然的に原因を前提している。「結果」とは、関係を表わす名辞であり、「原因」が、それに相関する名辞であるからである。しかし、このことは、すべての存在者が原因に先行されなければならないということを、証明しはしない。それは、すべての夫が妻をもたなければならないからと言って、すべての男が結婚しているということは帰結しないのと、同様である。問題の真の係争点は、存在し始めるすべての対象が、それの存在を、或る原因に負うているかどうかということであり、私は、このことが直観的にも論証的にも確実でない、と主張しているのである。私は、この主張を、これまでの議論によって、十分証明したものと考える。

われわれがすべての新たな産出に対する原因の必然性〔必要性〕の意見を導出するのは、知識からでも、学問的推論からでもないのであるから、この意見は、必ずや観察と経験から生じるのでなければならない。してみると、次の問題は、当然、「経験がいかにしてこのような原理を生み出すのか」、ということでなければならない。しかし、私はこの問題を、以下の問題すなわち「われわれはなぜ、これこれの特定の原因は、必ずこれこれの特定の結果をもたねばならない、と結論するのか、また、われわれはなぜ、一方から他方への推理を行なうのか」という問題[13]に埋め込むほうが、都合がよいと考えるので、これを、以下の探究の主題としよう。おそらく、同じ答えが両方の問題に役立つことが、最後に分かるであろう。[14]

第四節　原因と結果に関する推論の構成部分について

精神は、原因または結果からの推論において、それが見ているか記憶している対象を超えたところに目を移す[1]が、それらの対象をまったく見失ってはならず、印象あるいは少なくとも印象と等価である記憶の観念をまったく交えずに、それ自身がもっている観念だけに基づいて推論してはならない。原因から結果を推理するとき、われわれは、これらの原因の存在を確立しなければならない。これを行なう方法は、ただ二つである。一つは、われわれの記憶か感覚の、直接的な知覚作用による。もう一つは、他の原因からの推理によるのであり、われわれは、さらにこれら他の原因を、上と同様に、現前している印象か、それら〔原因〕の原因からの推理かによって、確かめなければならず、後の場合には、同じ過程を繰り返して、最後には、われわれが見ているか記憶している或る対象に至るのである。われわれが推論を無限に続けることは、不可能であり、推論[2]〔の無限の背進〕を止めることができるのは、それ以上疑問の余地も探究の余地もないところの、記憶か感覚の、印象だけである。

このことの例を挙げるためには、歴史の任意の一コマを選び、いかなる理由でわれわれがそれを信じたり否定したりするのかを、考察すればよい。たとえば、われわれは、シーザーが三月十五日に元老院で殺されたことを信じるが、それは、この事実が、この事件にまさにこの時とこの場所を指定することに同意する歴史家たちの一致した証言に基づいて、確立されているからである。この場合、或る文字が、われわれの記憶か感覚に現前している。われわれはまた、これらの文字が或る種の観念のしるしとして使われてきたことを、記憶している。そしてこれらの観念は、事件の現場に直接居合わせそれらの観念を事件の存在そのものから直接受け取った人たちの精神にあったものであるか、それとも、他人の証言から得られたものであるかであり、後の場合には、その証言がさらに別の証言から得られたものであり、このような明らかな段階を経て、ついには、事件の目撃者であった人たちに至るのである。この議論、あるいは原因と結果の結合、の連鎖の全体が、最初は、見られているか記憶されている文字に基づいていること、そして、記憶か感覚の権威がなかったとすれば、われわれの推論の全体が空想的で基礎を欠いたものとなったであろうことは、明らかである。その場合には、連鎖を構成する各環が他の環に依存するが、連鎖の一端に固定され全体を支えることができるようなものはなく、したがって、いかなる信念も明証性もなかったであろう。そして、仮言的議論、すなわち仮定に基づく推論の場合に、実際にこのような事態が生じるのであり、それらには、現前する印象もなければ、現実の存在の信念もないのである。

われわれが、過去の結論や原理に基づいて、それらが最初にそれらから生じたところの印象に頼らずに推論できるということが、この説に対する正しい反論でないことは、言うまでもない。なぜなら、たとえこれらの印象が記憶からすっかり消し去られたとしても、それらの印象が生み出した確信がまだ残っているかもしれないからであり、原因と結果に関するすべての推論がもともとは何らかの印象から生じるということは、依然として真であるからである。このことは、論証[3]による確信が、観念の比較が忘れられた後に存続するとしても、常に観念の比較から生じたものであるということと、同様である。

第五節　感覚の印象と記憶の印象について[1]

それゆえ、この種の、因果関係からの推論において、われわれが用いる素材は、混じり合った異質な性質のものであり、どのように結合しているにせよ、本質的にたがいに異なったものである。〔すなわち、〕原因と結果に関するわれわれの議論はすべて、記憶または感覚の印象と、この印象の対象を生み出すかあるいはそれによって生み出されるような存在者の観念との、両者からなる。それゆえここでは、三つのことを解明しなければならない。すなわち、第一に、最初の印象である。第二に、〔この印象と〕結合している原因または結果の観念への移行である。第三に、この観念の本性と性質である。

感覚から生じる印象については、私の意見では、それらの究極的原因は、人間理性によってはまったく解明できず[2]、それらが対象から直接生じるのか、それとも精神の創造的能力によって生み出されるのか、それともわれわれの存在の創造主から得られるのかを、確実に決定することは、常に不可能であろう[3]。またこのような問題は、われわれの現在の問題にとって、少しも重要でない[4]。われわれは、われわれの知覚（感覚の印象）が真であるか偽であるか、それらが自然を正しく表象して〔表わして〕いるか、それとも単なる感覚の錯覚であるのかを、われわれの知覚の整合性から推理することができるであろう[5]。

記憶を想像力から区別する特徴を探すとき、われわれは直ちに、それが記憶の提示する単純観念にはあり得ないことを看取する。なぜなら、これらの能力は両方とも、その単純観念を印象から借りるのであり、これら元の知覚〔印象〕を超えていくことがけっしてできないからである。これらの能力は、それの複雑観念〔を構成する諸観念〕の配列によっても、同様に区別されない。なぜなら、その観念の元の秩序と位置を保存することが、記憶の固有性であり、それに対して想像力は、観念を好きなように置き換え取り替えるのであるが、しかしこの相違は、両者をその働きにおいて区別しわれわれに一方を他方から識別させるのに十分でない。なぜなら、過去の印象を呼び戻して、現在の観念と比較し、それらの配列が正確に類似しているかどうかを見ることは、不可能であるからである。それゆえ、記憶がそれと知られるのは、それの複雑観念の秩序によるのでも、それの単純観念の性質によるのでもないから、それと想像力との相違は、それが勢いと生気〔force and vivacity〕において優るということにある[6]、ということが帰結する。〔実際、〕人は、彼の想像力が、任意の過去の冒険の有様を空想するがままに任せておくことができる。そしてこの場合、もし想像力の観念がより弱くより不明瞭でなかったとすれば、この空想を同じ種類の〔内容の〕想起から区別できる可能性は、なかったであろう。

〔[7]二人の人が或る出来事の現場に居合わせたことがある場合に、一方が他方よりもその出来事をずっとよく覚えており、相手にその出来事を思い出させるのに非常に苦労するということが、しばしば起こる。彼が〔その出来事に含まれていた〕色々な事実をもう一度述べてやり、時や、場所や、連れや、話されたことや、各所でなされたことに言及しても、無駄なのである。しかし、最後にやっと運よく或る事実を言い当て、これが出来事の全体を甦らせ、彼の友人にすべてを完全に思い出させる。この場合、忘れている人は、すべての観念を、最初は他方の人の話から時も場所も同じままで受け取るが、その観念を単なる想像力の虚構と見なしている。しかし、記憶に触れる事実が言及されるやいなや、まったく同じ観念が、今や新たな光のもとに現われ、言わばそれまでとは違った感じ(8)(a different feeling)を伴うのである。感じの変化以外に何の変化もなしに、それらの観念は直ちに記憶の観念となり、〔そうであったと〕同意されるのである。

それゆえ、想像力は、記憶が示すことができるのとまったく同じ対象を表象することができ、またこれらの能力は、それらが提示する観念に伴う異なる感じによってのみ区別されるのであるから、この感じの本性を考察することが適当であろう。そしてここで、誰もが私に同意して、記憶の観念が想像力の観念よりもより強くより生き生きしているということを、直ちに認めるであろうと私は信じる。〕画家は、何らかの情念や情動を表現しようと意図したならば、彼の観念を生気づけ、それらに単なる想像力の虚構である観念に見出される以上の勢いと生気を与えるために、同じような情動に動かされている人を実際に一目見ようと努めるであろう。この記憶が最近のものであればあるほど観念はより明瞭であり、長い期間の後で対象の考察に戻るときには、人は、その観念が、まったく消え去っていないとしても、非常に衰えているのを見出すのが常である。われわれはしばしば、記憶の観念が非常に弱くなるから、疑いに陥るのであり、心像(イメージ)が記憶の能力の目印となるほど生き生きとしていない場合には、それが想像力から生じたものであるのか記憶から生じたものであるのかを決めかねる。〔このような場合、〕人は、「私は、これこれの出来事を記憶しているように思うが、確かではない。長い時間の経過がそれを私の記憶からほとんど消してしまっていて、それがまったく想像力の産物でないのかどうか、確信がもてない」と言うのである。

さらに、記憶の観念が、それの勢いと生気を失うことによって、想像力の観念と間違えられるほど弱まることがあるように、他方、想像力の観念が、勢いと生気を獲得して、記憶の観念と見なされ、信念と判断に対する記憶の観念の影響力を真似ることがある。このことは、嘘つきの場合に顕著であり、嘘つきは、嘘を頻繁に繰り返すことによって、ついにはそれを現実と信じ現実として記憶するようになる。この場合にも、他の多くの場合と同様に、習慣（反復）が、精神に対して自然（実際の経験）と同じ影響を及ぼすのであり、観念を同じ勢いと強さで〔精神に〕植えつけるのである。

以上のように、記憶と感覚に常に伴う信念または同意（assent）は、それらが提示する知覚の生気にほかならないこと、そして、この知覚の生気のみが、記憶と感覚を想像力から区別するものであることは[9]、明らかである。信じるということは、この場合、感覚の〔生気のある〕直接的印象を感じることとか、その印象の〔生気の〕、記憶における反復（再現）を、感じることである。われわれが原因と結果の関係をたどるとき、判断の最初の作用を成し、これに基づく推論の基礎となるのは、単に知覚の勢いと生気なのである。

第六節　印象から観念への推理について

われわれが、この〔原因と結果の〕関係をたどる際に、われわれが原因から結果へと行なう推理が、単にこれらの特定の対象（原因と結果）の考察だけから、すなわち、一方の対象の他方の対象に対する依存を示し得るような、対象の本質の洞察だけから、導出されるのでないことは、容易に見ることができる。われわれが、これらの対象自体を考察し、けっして対象の観念を超えたところに目を向けなければ、他の対象の存在を含意するような対象は、何一つ存在しないのである。そのような推理は、知識[1]に等しく、それと異なることを考えることが絶対的な矛盾であり、絶対的に不可能であることを、含意したであろう。しかし、すべての異なる観念は〔たがいに〕分離できるのであるから[2]、その種の不可能性があり得ないことは、明白である。われわれが現在の印象から或る対象の観念へ移るとき、その観念をその印象から切り離し、それの代わりに任意の他の観念を置き換えることが、できたであろうからである。

それゆえ、われわれが或る対象の存在から他の対象の存在を推理できるのは、ただ「経験」（experience）のみによるのである。この経験の本性は、以下のようなものである。われわれは、或る種類の対象の存在の事例にしばしば出合ったことを覚えており、また、それらの対象に別の種類の対象の個体が常に伴い、それらに対して隣接（contiguity）と継起（succession）という規則的な秩序（配列）で存在したことを、覚えている。たとえばわれわれは、われわれが「炎」と呼ぶ種類の対象を見たこと、そしてわれわれが「熱」と呼ぶ種類の感覚を感じたことを、覚えている。われわれはまた、これらの〔二種類の〕対象が、過去のすべての事例において恒常的に随伴していたことをも、覚えている。われわれは、それ以上の手続きを何ら要さずに、一方を「原因」、他方を「結果」と呼び、一方の存在から他方の存在を推理するのである。われわれが特定の原因と結果の随伴をそれから知るところのすべての事例において、原因と結果は、ともに感覚によってかつて知覚されたのであり、ともに〔今〕想起されるのである。しかし、われわれが原因と結果について推論するすべての場合には、一方〔の対象〕だけが知覚されるか想起され、他方は、過去の経験に一致して〔想像力によって〕補われるのである。

このようにしてわれわれは、論述を先に進めることによって、まったく別の問題に携わっていて予期もしていなかったときに、知らぬ間に、原因と結果の間の一つの新しい関係を見つけてしまった。その関係とは、原因と結果の間の「恒常的随伴」（constant conjunction）の関係である。隣接と継起の関係は、これら二つの関係がいくつもの事例において保存されていることをわれわれが知覚しなければ、或る二つの対象が原因と結果であるとわれわれに断言させるのに十分でない。今やわれわれは、この〔原因と結果の〕関係のきわめて本質的な部分をなすところの必然的結合（necessary connexion）の本性を発見するために、この〔原因と結果の〕関係の直接的考察をやめることがもたらす利点を、見るかもしれない。[3] このことによって、われわれがもくろんだ目的に最後には到達できるかもしれないという希望があるからである。しかしながら、実を言うと、この新たに発見された恒常的随伴という関係は、われわれをほんのわずかしか前進させないように思われるのである。と言うのは、この関係が含意するのは、似た対象が隣接と継起という似た関係に常に置かれていたということに過ぎず、これによってはわれわれが、どんな新しい観念もけっして発見できず、ただ精神の対象を多数化することができるだけであって、拡大することができないということが、少なくとも一見したところでは明らかであるように思われるからである。一つの対象から学べないことは、それと同種であらゆる点においてそれに完全に類似した百個の対象からもけっして学べない、と考えられるであろう。感覚が一つの事例においてわれわれに示すものが、特定の継起と隣接の関係にある二つの物体または運動または性質であるのに対して、記憶がわれわれに提示するのは、ただ、似た物体または運動または性質が似た〔継起と隣接の〕関係にあるのが常に見出されるような多数の事例だけである。或る過去の印象の単なる反復からは、それが無限回の反復であっても、必然的結合の観念のような新しい根源的な観念はけっして生じないであろうし、印象の数はこの場合、われわれが〔考察を〕ただ一つの印象に限る場合と同じ効果しかもたないのである。しかし、以上の推論は正しく明らかであるように思われるが、あまり早く絶望するのは愚かであるので、われわれは、これまでの論述の(4)筋を続けて行くことにしよう。そして、われわれが或る対象の恒常的随伴を発見した後では常に一方の対象から他方の対象へ推理を行なうことを見出したので、今度はこの推理の本性、すなわち印象から観念への〔精神の〕移行の本性を、(5)吟味することにしよう。おそらく、最後には、推理が必然的結合に依存するのではなくて、必然的結合が推理に依存するということが、明らかになるであろう。(6)

　記憶または感覚に現前する印象から〔それの対象の〕原因または結果と呼ばれる対象の観念への〔精神の〕移行が、過去の経験、すなわちそれらの対象の恒常的随伴の記憶に基づいていることが、明らかであるから、次の問題は、経験がこの〔対象の〕観念を〔精神のうちに〕生み出すのは、知性（the understanding）によるのか、それとも想像力（the imagination）によるのか、ということ、すなわち、われわれをしてその移行を行なうように決定するのは、理性（reason）であるのか、それとも知覚の何らかの連合と関係であるのか、ということである。(7)もし理性がわれわれを決定するのであれば、理性は、「経験されなかった事例は、経験された事例に必ず類似し、自然の歩みは、常に一様に同じであり続ける」という原理に基づいて、そうするであろう。それゆえ、この問題を明らかにするために、このような命題の基礎をなすと考えることができるすべての議論を考察することにし、それらの議論は知識（knowledge）と蓋然性（probability）のいずれかから生じるはずであるので、これらの明証性の段階[8]（知識と蓋然性）の各々に目を向け、それらがこの種の結論を正しく与えるかどうかを、見ることにしよう。

われわれの先の論法[9]は、「経験されなかった事例は、経験された事例に類似する」ということを証明するいかなる論証的議論もあり得ないことを、容易に確信させるであろう。われわれは少なくとも、自然の歩みが変わることを思いうかべることができ、このことは、そのような変化が絶対的に不可能ではないことを、十分証明する。或ることについて明晰な観念をいだくことは、そのことの可能性を示す否定できない議論であり、それだけで、そのことの可能性を否定する論証と称するものの論駁であるのである。

蓋然性は、観念自体として考察された限りでの観念の関係ではなく、対象の関係を明らかにするものであるか[10]ら、或る面では記憶と感覚の印象に基づき、或る面では観念に基づいている。蓋然的推論にいかなる印象も含まれていなければ、その結論はまったく空想的なものであったろうし[11]、いかなる観念も含まれていなければ、対象の関係を考察する精神の作用は、正しく言えば、推論であるよりも感覚であったであろう[12]。それゆえ、すべての蓋然的推論において、見られるか想起される何かが精神に現前しているのでなければならず、われわれはこのものから、見られも想起されもしないがそれと結びついている或るものを、推論するのでなければならない。

記憶と感覚の直接的印象を超えてわれわれを導くことができる、対象の間の唯一の結合すなわち関係は、原因と結果の関係であり、それは、この関係が、われわれが一つの対象から別の対象への正しい推理をそれに基礎づけることができる、唯一の関係であるからである。原因と結果の観念は、これこれの特定の対象が過去のすべての事例においてたがいに恒常的に随伴していたということをわれわれに教えるところの、経験から生じる。そして、それらの対象の一方に類似した対象が印象として直接現前していると想定されているのであるから、われわれはその対象に基づいて、それに常に伴っていた対象に類似した対象が存在するものと決めてかかるのである。以上の説明はすべての点で疑問の余地のないものに思われるが、この説明によると、蓋然性（蓋然的推論）は、経験された対象と経験されたことのない対象の間の類似性の仮定に基づいており、それゆえ、この類似性の仮定が蓋然性から生じることは、不可能である[13]。同じ一つの原理が他のものの原因であると同時に結果であることは、不可能であるのである。おそらく、このことが、原因と結果の関係についての命題で、直観的または論証的に確実な、唯一の命題であろう。

もし誰かが、この議論を避けようと考え、この〔因果関係の〕問題に関するわれわれの推論が論証から得られるのかそれとも蓋然性から得られるのかということを決定せずに、原因と結果からの結論はすべて堅固な推論に基づくと主張しようとするならば、私としては、われわれの吟味にかけるために、その推論が提示されるよう望むほかない。おそらく、或る種の対象の恒常的随伴の経験ののちにはわれわれは以下のように推論するのである、と言われるかもしれない。すなわち、「この種の対象は、別の対象を生み出すことが常に見られる。この種の対象は、もしそれが産出力をもっていなかったとすれば、この結果をもつことは不可能であったはずである。〔ところが、〕力（power　力能）は、必然的に結果を含意する。それゆえ、一つの対象の存在からそれに常に伴ったものの存在を結論することには、正当な根拠があるのである。過去の産出は、力を含意する。力は、新たな産出を含意する。そして、この新たな産出を、われわれは、力と過去の産出から、推理するのである[14]。」

産出の観念が因果関係の観念と同じものであり[15]、いかなる存在者（結果）も確実にかつ論証的には他の対象（原因）における力を含意しない[16]という、すでに行なった考察を使うことを厭わなければ、また、力と効力（efficacy）についてのわれわれの観念に関してのちに述べる機会のあることを[17]先取りしてもよければ、上の推論の弱さを示すことは、私にはたやすいことであったろう。しかし、このような議論の進め方は、体系の或る部分を他の部分に依存させることによって、私の体系を弱めるか私の推論に混乱を生み出すかであると思われるので、私は、私の現在の主張を、そのような助けなしに、擁護することに努めるとしよう。

それゆえ、一つの事例において或る対象が他の対象を産出することは或る力〔の存在〕を含意し、この力はその結果と結合していると、仮に認めたとしよう。しかし、力が原因の感覚的性質に存しないことはすでに証明されており(18)、われわれには感覚的性質以外の何も現前しないのであるから(19)、なぜ、他の事例において、ただこれらの感覚的性質が現われたということだけに基づいて、やはり同じ力が存在すると決めてかかるのか、と私は問う。過去の経験に訴えても、今の場合何も決まらない。せいぜい、他の対象を生み出したその対象が、ちょうどそのときはそのような力を備えていたことを、証明できるだけである。同じ力が、同じ対象、すなわち同じ感覚的性質の集合に、必ず存在し続けるということ、ましてや、似た力が似た感覚的性質〔の集合〕に常に伴うということを証明することは、けっしてできないのである。もし〔さらに〕われわれは、同じ力が同じ対象に結びついて存在し続けること、また、似た対象が似た力を帯びていることを経験すると言われるならば、私は、「なぜわれわれは、その経験から、経験された過去の事例を超えた結論を引き出すのか」という私の質問を新たに提出したい。もしこの質問が上と同様の仕方で答えられるならば、その答えは新たに同種の質問を引き起こし、同じことが無限に続くであろう。このことは、先の議論が正当な根拠をもっていないことを、はっきりと証明している。

このように、われわれの理性（reason）は、原因と結果の究極的結合（ultimate connexion）をわれわれに明らかにしてくれないばかりでなく、経験が原因と結果の恒常的随伴を教えてくれたのちでさえ、われわれは、われわれの理性によっては、なぜわれわれがその経験を観察された特定の事例を超えて拡張するのかを、納得することができないのである。われわれは、われわれに経験された対象と、われわれの知り得る範囲を超えたところにある対象との間に、類似性があるはずだと、仮定はするが、けっしてそれを証明できないのである。

われわれはすでに、その移行を行なうようにわれわれを決定するような理由（reason）がなくても、われわれ

〔の精神の目〕を或る対象から別の対象へと移行させるような、或るいくつかの関係に注意したが[20]、われわれは、精神がいかなる理由もなしに恒常的かつ一様に移行を行なうときには精神はそれらの関係によって影響を受けているのであるということを、一般的な規則として立ててもよいであろう。ところでこれが、まさに今の場合である。理性（reason）は、経験、すなわち過去のすべての事例における恒常的随伴の観察に助けられても、一つの対象と別の対象の間の結合をけっして示し得ない。それゆえ、精神が、或る対象の観念から別の対象の観念へ、または或る対象の印象から別の対象の信念へと移行するとき、精神は、理性によって決定されているのではなくて、これらの対象の観念を連合させ想像力においてそれらを結びつける或るいくつかの原理によって、決定されているのである。知性（理性）にとって対象がたがいに結合していないように見えるのと同様に、もし観念が想像力において結合していなかったとすれば、われわれは、けっして原因から結果へ推理することができず、いかなる事実を信じることもできなかったであろう。それゆえ、この推理は、ただ〔想像力における〕観念の結合にのみ基づくのである。

観念の結合の諸原理を、私は、三つの一般的原理にまとめ、或る対象の観念または印象は、その対象に類似しているか、隣接しているか、または〔因果的に〕結合している、他の対象の観念を、自然に〔精神に〕導き入れる、と主張した[21]。私は、これらの諸原理が、観念の間の結合の、不可避の原因でも唯一の原因でもないことを、認める。それらは不可避の原因でない[22]。と言うのは、人がその注意をしばらくの間、任意の一つの対象に固定して、それ以外のものに目を向けないことが、できるからである。それらは唯一の原因でない[23]。と言うのは、思惟は、諸対象を眺める際にきわめて不規則に動くことが明らかであり、何の決まった方法も順序もなしに、天空から地上へ、宇宙の端から端へ、跳ぶことができるからである。しかし、私は、これら三つの関係にこのような弱さを認め、想像力にこのような不規則性を認めるが、それでも、観念を連合させる一般的な原理は、類似性と、隣接と、因果関係だけである、と主張する。

一見これらのどれとも異なると見なされるかもしれない、観念の間の結合原理が一つあるが、しかし、それも、本当はこれらと同じ起源に基づくことが、知られるであろう。或る種類の対象の個体がすべて別の種類の個体と恒常的に結びついていることが経験によって知られると、どちらの種類の個体が新たに生じても、それは思惟を、それに常に伴っていたものへと、自然に運ぶ。たとえば、これこれの特定の観念は通常これこれの特定の語に結びつけられているので、ただその語を聞くだけでそれに対応する観念が精神に生じ、精神は、どれほど努力しても、〔精神の〕この移行を妨げることがほとんどできないであろう。この場合、われわれが、特定の音を聞いたときに、過去の経験を反省し、その音に通常どんな観念が結びつけられていたかと考えることは、絶対に必要であるわけではない。想像力は、ひとりでにこの反省の代わりをするのであり、その語からその観念へ移行することを習慣づけられていて、語を聞くことと観念をいだくこととの間に、一瞬の遅れも置かないのである。

　私は、これ（二種類の対象の間の恒常的な結びつき）が観念の間の連合の真の原理（原因）であることを認めるが、しかし、これが、原因と結果の観念の間の連合の原理とまさに同じものであり、因果関係からのすべての推論の本質的部分であることを、主張する。われわれは、原因と結果の観念としては、今まで常にたがいに結びつけられ（随伴し）ていた或る対象、過去のすべての事例において不可分であることが見出された或る対象、という観念しか、もたないのである。われわれは、この随伴の理由を、洞察できない。ただ事柄自体を観察し、対象がその恒常的随伴から想像力における結合を獲得することを、常に見出すのである。或る対象の印象がわれわれに現前するとき、われわれは直ちに、その対象に常に伴っていた対象の観念をいだく。それゆえ、われわれは、意見または信念の定義の一部分として、信念とは「現前している印象に、〔自然な〕[24]関係をもつ、すなわち連合している、或る観念である」、と定めることができるであろう。

　それゆえ、因果関係は、隣接、継起、および恒常的随伴の関係を含意するものとして、一つの哲学的関係であるが、われわれがそれに基づいて推論し、それから何らかの推理を行なうことができるのは、ただ、それが一つの自然な関係であり、観念の間に結合を生み出すことができるものである限りにおいてである[25]。

第七節　観念または信念の本性について[1]

対象の観念は、対象の〔存在の〕信念（belief）の本質的部分であるが、それの全体ではない。われわれは、信じていない多くのことがらを、考える（conceive　思いうかべる、思念する）のである。それゆえ、信念の本性、すなわちわれわれが同意する観念の諸性質を、より十分に明らかにするために、以下の諸点を考量することにしよう。

原因または結果からの推論が、すべて事実（matter of fact）に関する、すなわち、対象またはそれの性質の存在に関する、結論に終わることは、明らかである。存在の観念が任意の対象の観念と何ら異ならないこと[2]、そして、われわれが、或るものの単なる思念（conception）の後で、次にそれを存在するものとして思念しようとするとき、われわれが実際には最初の観念に何の付加も変更も行なっていない[3]ことも、また明らかである。たとえば、神が存在するとわれわれが主張するとき、われわれは単に、神がそのようにあるとわれわれに表象されるような、そのような存在者の観念をいだくだけであって、われわれが神に帰する存在は、神の他の諸性質の観念につけ加えられまたふたたびそれらから分離され区別され得るような、そういう特定の観念によって、思念されるのではない[4]。それだけではない。私は、或る対象の存在の思念がその対象の単なる思念に何も付加しない、と主張するだけでは満足せず、これと同様に、〔対象の〕存在の信念も対象の観念を構成する諸観念に何ら新しい観念を結びつけるものではない、と主張する。私が、神を考えるときと、神を存在すると考えるときと、神を存在すると信じるときとでは、私がいだく神の観念は、増えも減りもしないのである。しかし、或る対象の存在を単に思念することとそれを信じることとの間に大きな相違があることは確かであり、この相違が、われわれが思念する観念の諸部分にも観念の複合にもないのであるから、その相違は、われわれがその観念をいだく（思念する）いだき方（思念の仕方）(the manner, in which we conceive it) になければならない、ということが帰結する。

私の前に或る人がいて、「シーザーはベッドで死んだ」とか、「銀は鉛よりもよりよく熱に熔ける」とか、「水銀は金よりも重い」とかいった、私の同意しない命題を、提言すると仮定しよう。明らかに私は、これらの命題を信じないにもかかわらず、彼の意味するところを明瞭に理解して、彼がいだくのと同じ諸観念をすべていだく。私の想像力は彼の想像力と同じ能力を与えられており、彼には、私のいだくことのできない観念をいだくとか、私が結びつけることができない観念を結びつけるとかいうことは、できないのである。それゆえ私は、或る命題を信じることと信じないこととの相違は何に存するのか、と尋ねる。直観または論証によって証明される命題に関しては、その答えはやさしい。その場合には、〔或る命題に〕同意する人は、諸観念をその命題の通りに思いうかべる（いだく、思念する）ばかりでなく、それらの諸観念を、直接に（直観によって）かあるいは他の観念を介して（推理によって論証的に）、ちょうどその特定の仕方で思いうかべるように、必然的に決定されている。何であれ不合理なことは、理解不可能であり、想像力は、論証に反することを思いうかべることができないのである。しかし、因果関係からの、事実に関する推論においては、このような絶対的な必然性は生じず、想像力は、問題の両面を自由に思いうかべることができる。それゆえ、私はやはり、「不信と信念との相違は何に存するのか」と尋ねる。信じない場合も信じる場合も、観念をいだくことは、等しく可能であり、必要であるからである。

あなたが提言した命題に同意しない人は、対象をいったんあなたと同じ仕方で思いうかべたのち、すぐに対象をそれとは異なる仕方で思いうかべ、対象について異なる観念をいだくのである、と言うことは、十分な答えではないであろう。この答えが不十分なのは、それが虚偽を含むからではなくて、それが真理のすべてを明らかにしてはいないからである。われわれが或る人に同意しないすべての場合に、われわれが問題の両面を思いうかべることは、明らかである。しかし、われわれはそれらのただ一方しか信じることができないのであるから、その信念が、われわれが同意する考え（思念）と同意しない考えの間に、何らかの相違を生み出さねばならないということが、明瞭に帰結する。われわれは、われわれがいだく観念を、非常に多くの仕方で、混ぜ合わせたり、結びつけたり、分離したり、無秩序にしたり、変化させたりすることができるが、これらの異なる状態のどれか一つを固定するような原理（原因）が生じるまでは、実際には何の意見（信念）ももたないのである。そして、この原理は、それまでの観念に何も付加しないことは明らかであるから、われわれがそれらの観念をいだく（思念する）仕方（the manner of our conceiving them）を変えることができるだけである。

精神のすべての知覚は、印象と観念の二種類であり、これらは、勢いと生気の度合いの相違においてのみ、たがいに異なる。(5) われわれの観念は、印象から写し取られたものであり、印象をそのすべての部分において再現する（表象する）。(6) 人は、特定の対象の観念をどう変えようとしても、ただその勢いと生気を増減させ得るだけである。〔一〕観念にそれ以外の変化を与えるならば、その観念は、別の対象または印象を表わす（表象する）ことになる。事情は、色の場合と同じである。特定の色合いの色は、それ以外の変化なしに、新しい度合いの生気または鮮やかさを獲得することができる。それ以外の変化を生み出せば、それは、もはや同じ色ではなくなる。したがって、信念は、われわれが或る対象を思いうかべる（思念する）仕方を変えることしかできないのであるから、観念に、それまで以上の勢いと生気を与えることができるだけである。それゆえ、意見（opinion）すなわち信念（belief）とは「現前する印象に、〔自然な〕関係をもつ、すなわち連合している、生気のある観念である」と定義するのが、もっとも正確であろう。〔二〕

〔一〕〔ヒュームは、「付録二」（三二七頁）のなかで、この箇所について、「同じ対象の二つの観念は、それらの勢いと生気の度合いの相違によってのみ、異なることができる」と述べたのは、誤りであるとし、「私は、観念の間には、正しくはこれらの名辞（「勢いと生気」）のもとには含まれない他の相違がある、と信じる。同じ対象の二つの観念は、それらの異なる感じ(7)(different feeling)によってのみ、異なることができる、と言えば、より真理に近かったであろう」とつけ加えてい

る。〕

（二）　われわれはこの機会を捉えて、学校でしばしば教え込まれることによって言わば確立された原則となってしまいすべての論理学者たちに普遍的に受け容れられている非常に注目すべき誤りを、考察してもよいであろう。その誤りは、知性の作用を概念作用と判断と推論とに分ける通常の分類と、[8]それぞれに与えられる定義とにある。概念作用（conception　思念）は、一つ以上の観念を単に眺めることと定義され、判断（judgment）は、異なる観念を分離したり（否定判断の場合）結合したり（肯定判断の場合）することと定義され、推論（reasoning）は、異なる観念を、それらのたがいに対する関係を示す他の観念（媒概念）を介在させることによって、分離したり結合したりすることと定義される。しかし、これらの区別と定義は、きわめて重要な点で、欠陥をもつ。と言うのは、第一に、われわれが形成するすべての〔肯定的な〕判断において、われわれが二つの異なる観念を結合するというのは、真理から程遠い。なぜなら、「神が存在する」という命題において、あるいは存在に関する命題なら実は他の任意の命題においても、存在の観念は、対象の観念に結合されこの結合によって複合観念を形成し得るような、別個な観念ではないからである。[9]第二に、われわれがこのように、ただ一つの観念しか含まない命題を形成できるように、われわれはまた、二つの観念しか使わず、それら二つの観念の媒介（媒概念）となるような第三の観念に頼ることなく、理性（推理能力）を行使することができる。われわれは、或る原因をそれの結果から直接に推理するのであり、この推理は、真正の種類の推論であるだけではなく、他のあらゆる推論のなかでもっとも強力な推論であり、両端の観念を結びつけるために他の観念を介在させるときよりもより説得的な推論なのである。知性のこれら三つの作用について一般に主張できることは、正しい見方をすれば、それらの作用のすべてが、第一のもの（概念作用）に帰着し、対象を思念する特定の仕方にほかならない、ということである。われわれが、単一の対象を考察しようと、いくつかの対象を考察しようと、われわれが、これらの対象に留まろうとも、それらから他の対象に移ろうとも、またどういう形式と順序で対象を眺めようと、精神の作用は、単なる概念作用（思念）を超えないのである。[10]この場合に生じる唯一の顕著な相違は、われわれが、概念作用に信念をつけ加え、われわれの思いうかべる（思念する）ことが真であることを確信する場合に生じる。この〔信じるという〕精神の作用は、今までどの哲学者によっても説明されたことがなく、それゆえ私は、それについての私の仮説を自由に提言することができる。私の仮説とは、信念とは、或る観念の強くてしっかりした思念〔概念作用〕であり、或る程度直接の印象に似かよった思念である、というものである。

われわれをこの結論に導く議論の要点は、以下の通りである。われわれが或る対象の存在を他の対象の存在から推理するとき、われわれの推論の基礎となるために、常に何らかの対象が記憶か感覚に現前していなければならない[11]。なぜなら、精神は、その推理を、無限に続けることができないからである。理性は、或る対象の存在が他の対象の存在を含意することを、けっしてわれわれに確信させることができない[12]。したがって、われわれが一方の印象から他方の観念または信念に移行するとき、われわれは、理性によってではなくて、習慣(custom)、すなわち連合の原理(a principle of association)によって、〔そうするように〕決定されているのである[13]。しかし、信念は、単なる観念以上のものである。それは、観念をいだく特定の仕方であるのであり、同じ観念は、それの勢いと生気の度合いの変化においてのみ変わり得るのであるから、結局、上の定義のように、信念とは、現前する印象との〔自然な〕関係によって生み出される、生気のある観念である、ということが、帰結する。

[14]〔何らかの事実の信念を成すところの、この精神の働きは、これまで、哲学における最大の謎の一つであったように見える。しかし、それを説明することに困難が存在するとは、誰も疑いもしなかった。しかし、私は、私がこの問題に大きな困難を覚えるということ、そして、主題を完全に理解したと思うときでも、私の意味するところを表現する言葉に窮するということを、白状せざるを得ない。私は、私にきわめて明瞭と思われる推理によって、意見すなわち信念とは、その観念の諸部分の性質あるいは秩序においてではなく、その観念がいだかれる(思念される)仕方においてのみ、虚構と異なるような、或る観念にほかならない、と結論する。しかし、この〔観念がいだかれる〕仕方を説明しようとすると、私は、事態に完全に合致するような語をほとんど見出さず、この精神の働きの完全な観念を人に与えるためには、各人がもつ感じ(feeling)に頼らざるを得ない。同意される観念は、単に想像力が提示する虚構的な観念とは、異なって感じられる(feels different)。この異なる感じ(this different feeling)を、私は、より優った、「勢い」、「生気」、「堅固さ」、「確固たること」、あるいは「安定

性」と呼んで、説明しようと努めているのである。このように多様な言葉を用いることは、非哲学的に見えるかもしれないが、その意図するところはただ、現実を虚構よりもより切実な（より現前する）ものとし、現実を思惟においてより重要なものとし、現実をして情念と想像力に対するより大きな影響を与えさせるような、精神の作用を、言い表わすことにある。事柄について合意するならば、言葉について争う必要はない。想像力は、すべての観念を支配しており、観念を可能なあらゆる仕方で、結びつけ、混ぜ合わせ、変化させることができる。想像力は、諸対象を、場所と時間の条件のすべてとともに思いうかべる（思念する）ことができる。想像力は、諸対象を、〔それらが存在したとすれば〕そのように存在したであろう真の姿で、言わば眼前に、描いて見せることができる。[15] しかし、この能力がそれ自身で信念を獲得することは不可能であるから、信念は、われわれの観念の性質と秩序にあるのではなくて、観念がいだかれる（思念される）仕方（the manner of their conception）と、観念が精神に感じられる感じ（their feeling to the mind）にあることは、明らかである。この感じあるいは思念される仕方を完全に説明することは不可能であるということを、私は認める。われわれは、それに近いものを言い表わす語を用いることはできる。しかし、それの真の正しい名前は、「信念」（belief）なのであり、これは、誰もが日常生活で十分理解している言葉なのである。そして、哲学においては、信念とは精神によって感じられる或るものであり、この感じられる或るものが、判断力の観念を想像力の虚構から区別するのである、と主張すると以上には、進めない。信念は、より大きな勢いと影響力を観念に与え、観念をより重要なものに見えさせ、観念を精神にしっかりと固定し、観念をわれわれのすべての行為を支配する原理（原因）とするのである。」[16]

〔信念の〕この定義はまた、各人の感じるところと経験するところにまったく一致することが、見出されるであろう。われわれの同意する諸観念が、空想家のとりとめのない夢想よりも、より強く、より確固としており、より生き生きしているということほど、明らかなことはない。座って或る本を読むとき、一人の人がそれを空想物語として読み、もう一人の人がそれを実話として読むとすれば、明らかに彼らは同じ諸観念を同じ秩序で受け取るのであり、一方の人が信じていず他方の人が信じているということは、彼らが著者の言うことにまったく同じ意味を与えることを、妨げはしない。著者の言葉は、両者のうちに同じ諸観念を生み出すが、著者の証言が両者に与える影響は同じではない。後者は、すべての出来事を、より生き生きと思いうかべるのである。彼は、登場人物の関心により深く共感し、彼らの行為、性格、交友関係、敵対関係を、自分自身に描き出し、彼らの顔立ち、物腰、風采を思いうかべさえする。これに対して、著者の証言を信じない前者は、これらすべてをより少ない生気と勢いで思いうかべるのであり、文章の文体と巧みさによる以外は、それ（著者の証言）から喜びを得ることはほとんどできないのである。

第八節　信念の諸原因について

以上のように、信念の本性を説明し、信念が、現前する印象に〔自然な〕関係をもつ生気のある観念であることを示したので、次に、信念がいかなる諸原理（諸原因）から生じ、何が観念に生気を与えるのかを、調べることに進もう。

私は、次のことを、人間本性の学における一つの一般的な原則として、確立したい。すなわち、「或る印象がわれわれに現前するとき、それは、精神を、その印象と〔自然な〕関係をもつような観念に移行させるばかりでなく、それらの観念に、それ自身の勢いと生気の一部分を伝達しもする」ということである。精神のすべての働きは、精神がそれらを行なうときの精神の状態に大いに依存しており、その作用は常に、精気（精神の気）の興奮が大きいか小さいか、注意の集中が強いか弱いかに応じて、より多いかより少ない活力と生気をもつのである。それゆえ、思惟を高揚させ活気づける対象が提示されるとき、精神が行なうすべての作用は、その〔高揚と活気のある〕状態が続く限り、より強くより生き生きとしているであろう。ところで、精神の状態の持続は、精神の働きが関わっている対象にまったく依存するということ、そして、新たな対象は、当然精気を新たな方向に向け、精神の状態を変えるということ、逆に精神が、相変わらず同じ対象に留まるか、たがいに〔自然な〕関係をもつ対象に沿ってたやすくまた感じられずに移行するときは、精神の状態ははるかに長く持続するということ、これらのことは明らかである。このことから、精神は、現前する印象によってひとたび活気づけられると、次に、印象から観念への精神の状態の自然な移行によって、印象に関係をもつ対象のより生き生きした観念をいだく、ということが起こる。〔たがいに自然な関係をもつ〕対象の交替はきわめて容易であるので、精神は、この交替をほとんど感じず、現前する印象から得た勢いと生気のすべてを保持したまま、印象に関係をもつ観念をいだくことに向かうのである。

〔自然な〕関係の本性と、それに本質的である移行の容易さを考察して、この現象が事実であることを納得できるならば、それでよい。しかし、本当のことを言えば、このように重要な原理を証明するために私が主として信頼するのは、経験なのである。そこで、今の問題に適合する第一の経験的事実（experiment　実験）として、今ここにいない友人の肖像画を見せられると、それが〔友人と〕似ているために、われわれがいだくその友人の観念が明らかに生気を与えられるということ、そして、この観念が引き起こすすべての情念が、喜びであれ悲しみであれ、新たな勢いと活力を獲得するということ、に注意することができる。この効果を引き起こすことには、一つの〔自然な〕関係と一つの現前する印象との両者が、協働している。絵が友人に似ていなければ、あるいは少なくとも友人を描こうと意図したものでなければ、絵は、われわれの思惟をその友人へとけっして運びさえしない。また、絵が友人と同じく目の前になければ、精神は、絵を考えることから友人を考えることへ移行することはできるが、この移行によって友人の観念が生気を与えられるというよりもむしろ弱められるのを、感じるのである。われわれは、友人の絵が目の前に置かれるならば、喜んでそれを眺めるが、絵が目の前から除けられるならば、友人を、彼と同じく遠くにある不明瞭な肖像にいったん反射させて考察するよりも、むしろ直接考察することを好むのである。

ローマ・カトリック教の儀式も、同種の経験的事実と見なすことができる。この奇怪な迷信の信者たちは、彼らが非難される原因である仰々しい儀式の言い訳として、そういう外的な動きや姿勢や行為が、彼らの信仰心に生気を与え熱情を掻き立てるのに有効であるのを感じる、と主張するのが常である。信仰心も熱情も、もしもっぱら目の前にない非物質的な対象にのみ向けられるならば、衰えてしまうであろう、というのである。「われわれは、信仰の対象を、感覚できる象徴（type シンボル）や像に投影するのであり、これらの象徴を直接現前させることによって、信仰の対象を、ただ知的に考察し観照することによって可能であるよりも、われわれにより見近なものとするのである」、と彼らは言う。感覚できる対象は、常に想像力に他の対象よりも大きな影響を与え、この影響を、それらが関係をもち類似している観念に、容易に伝達するのである。これらの儀式とこの推論から、私はただ、観念に生気を与えることにおける類似性の影響は、きわめてありふれたことであると、推理するだけにしておこう。そして、すべての場合に類似性（resemblance）と現前する印象とが協働していなければならないから、われわれは、先の原理が事実であることを証明する経験的事実を、豊富にもっているのである。

われわれは、類似性だけでなく、隣接（contiguity）の関係が引き起こす結果の考察から得られる別の種類の経験的事実によって、上の経験的事実を増援することができる。距離（隔たり）がすべての観念の勢いを減少させるということ、そして、われわれが或る対象に近づくとき、その対象は、感覚に現われないにもかかわらず、直接の印象に似た影響を伴って精神に働きかけるということは、確かである。或る対象について考えることは、その対象に隣接するものへと精神を容易に移行させるが、より優った生気を伴って精神を移行させるのは、その対象が現実に目の前にあることに限られる。私がわが家から数マイルのところにいる場合には、わが家に関係をもつことはすべて、私が二百リーグ（約六百マイル）離れているときよりも、より切実に私の心を動かす(1)。もちろん、この〔二百リーグの〕距離でも、私の友人や家族の近くにあるものを思うことは、自然に彼らの観念を私に引き起こしはする。しかしこの場合には、精神の対象は両方とも観念であり、両者の間にはたやすい移行があるにもかかわらず、直接の印象が何もないために、この移行は単独では、より優った生気をそれらの観念のどれに与えることもできないのである。(一)

(一)(2) 「彼（ピソー）は、次のように言った。『われわれが、名高い人々が多くの時をそこで過ごしたことを話によって伝え聞くような場所を見るときの方が、彼ら自身の事跡を聞いたり、彼ら自身の書いたものを何か読んだりする場合よりも、より強く動かされるということは、われわれに自然（本能）によって与えられたことであると言うべきなのか、それとも錯覚によって与えられたことであると言うべきなのであろうか。私は今、ちょうどそのように動かされているのである。と言うのは、私の心に、プラトンのことが思いうかぶからである。すなわち、われわれは、彼が、ここで議論することを習慣とした最初の人であるということを聞く。近くにあるかの庭々は、ただ彼についての考えを私にもたらすだけでなく、まるで彼自身を私の視覚にもたらすかのように思われる。ここにスペウシッポスがいたのであり、ここにはクセノクラテスがいたのであり、そしてここには彼の弟子のポレモンがいたのであり、われわれが見ているあの席そのものが、ポレモンの席であったのだ、という風に。実際また、私は、われわれの元老院を見て、（私の言うのは、ホスティリウス王の建てた元老院であり、この新しい元老院ではない。新しいのは、それが以前のより大きくなってからというもの、私にはより小さく見えるのである。）スキピオや、カトーや、ラエリウスや、なかんずくわが祖父のことを、考えるのが常であった。場所にはこのような連想させる力があるので、記憶の訓練が場所に基づいてなされるのも、理由のないことではないのである。』」（キケロ『最高善と最大悪について』、第五巻〔第一節〕）

因果関係（causation）が、類似性と隣接という、それ以外の二つの関係と、同じ影響を与えることは、誰も疑うことができない。迷信深い人たちが、聖人や聖者の遺物を好むのは、彼らが象徴や像を求めるのと同じ理由から、すなわち、みずからの信仰心に生気を与え、あやかりたいと望んでいる模範的な生き方をより身近により強く思いうかべるために、である。ところで、信者が手に入れ得る最上の遺物の一つは、明らかに、聖人が作った手工品であろう。聖人が使った衣服や家具が〔手工品と〕同じように好まれるとすれば、それは、それらがかつて聖人の自由になり、聖人によって動かされ、働きかけを受けていたものであるからである。この点で、それらは、〔完全な結果である手工品に準ずる〕不完全な結果であり、聖人が実際に存在したことをわれわれがそれから知るところのどの結果の連鎖よりも短い結果の連鎖で、聖人と結びついている、と見なすことができる。以上の現象は、現前する印象は、因果関係が伴っていれば、任意の観念に生気を与えることができるということ、したがって、先の信念の定義によって、信念または同意を生み出すことができるということ、を明瞭に証明している。

しかし、現前する印象は、〔自然な〕関係、すなわち想像力の移行が伴っていれば、任意の観念に生気を与える、ということを証明するために、原因と結果からのわれわれの推論という事例そのものでその目的に十分であるのに、なぜほかの議論を探し求める必要があろうか。われわれが、われわれの信じるすべての事実の、観念をもっていなければならないということは、確実である。この観念が、或る現前する印象に対する関係からのみ〔精神に〕生じるということは、確実である。信念が、その観念に何もつけ加えず、ただわれわれがその観念をいだく仕方を変え、観念をより強くより生き生きとさせるだけであるということは、確実である。関係の影響力についての今の結論は、これらすべての段階の〔議論の〕直接的帰結であり、私には、そのどの段階も、確実で誤りのないものに思われる。この精神の働き（原因と結果からの推論）には、現前する印象、生気のある観念、そして想像力における印象と観念の間の関係、すなわち連合、これら以外の何も関与していない。それゆえ、誤りのおそれはあり得ない。

この問題の全体をより十分に明らかにするために、それを、われわれが経験と観察によって決定しなければならない自然哲学の問題と、見なしてみよう。私は、或る対象が私の目の前に置かれ、この対象に基づいて、私が或る結論を引き出し、諸観念をいだく、と仮定する。そして私は、これらの観念を信じる、あるいはこれらの観念に同意する、と言われる、と仮定する。ここで明らかなことは、私の感覚に現前している対象と、私がその存在を推論によって推理する他の対象とが、それらがもつ特定の力と性質によってたがいにどのように影響し合うと考えられようと、われわれが今吟味している信念の現象は単に内的な現象であるので、これらの力と性質とは、〔私に〕まったく知られていず、信念を生み出すことに何ら関与できない、ということである。観念とそれに伴う信念の真の原因と見なされるべきなのは、現前する印象である。それゆえわれわれは、現前する印象がこのように驚くべき結果（信念）をそれによって生み出すことができるところの特定の性質を、実験（経験的事実）によって発見することに努めなければならない。

そこで第一に、私は、現前する印象は、それ自身の力と効力によっては、すなわち、現在の瞬間に限定された単一の知覚として単独で考察される限りでは、この〔信念を生み出すという〕結果をもたない、ということを観察する。〔しかし、〕私は、最初に現われたときには私がそれから何の結論も引き出すことができない印象が、のちに、私がその印象に引き続いて常に生じるものを経験したときには、信念の基礎となり得るということを、見出す。われわれは、どの場合でも、過去の事例において同じ印象を観察したのでなければならず、その印象に或る他の印象が恒常的に随伴していることを見出したのでなければならない。このことは、きわめて多くの実験によって確かめられるので、ほんのわずかの疑問の余地もない。

第二の観察から私が結論することは、現前する印象に伴う、また多くの過去の印象および〔それらとの〕随伴によって生み出される、信念は、理性または想像力の新たな働きなしに直ちに生じる、ということである。私は、このことを、確信することができる。なぜなら、私は、そのような働きを、何も意識しないからであり、主題（現前する印象、過去の印象、および恒常的随伴）のうちに、そのような働きの基礎となり得るようなものを、何も見出さないからである。ところで、われわれは、過去における反復から何の新たな推論もなしに生じるすべてのものを、「習慣」（custom）と呼ぶのであるから、現前する印象に基づいて生じるすべての信念はただこの起源（習慣）からのみ生じる、ということを、確実な真理として確立することができる。われわれが二つの印象がたがいに随伴しているのを見慣れている場合には、一方の印象の出現あるいはそれの観念は、われわれを直ちに他方の印象の観念へと運ぶ〔移行させる〕のである。

このことは十分確信したので、次に私は、信念という現象を生み出すのに、習慣的移行（the customary transition）以外の何かが必要かどうかを知るために、第三の一組の実験を行なう。そこで私は、最初の印象を観念に変えてみる。すると、それと相関的な観念への習慣的移行は元のままであるが、いかなる信念も確信も現実には存在しないことを観察する。してみると、現前する印象は、この〔信念を生み出す〕働き全体に、絶対的に必要である。そしてそののち、印象を観念と比較し、それらの唯一の相違が勢いと生気の度合いの相違にあることを見出して、以上のすべてのことから、以下のように結論する。すなわち、信念とは、或る観念の、現前する印象に対するそれの関係から生じる、より生気のある強い思念である。

それゆえ、すべての蓋然的推論は、一種の感覚（sensation）にほかならない。われわれが自分の好みや感情に従うほかないのは、単に詩や音楽においてばかりでなく、哲学においても同様なのである。私が或る原理を確信するとき、それは、私をより強く打つ観念にほかならない。私が或る一組の議論を他のもの以上に良いとするとき、私は、〔私の精神に対する〕議論の影響の優劣についての私の感じ（my feeling）から、そう決めているに過ぎない。対象自身はたがいに、目に見えるどんな結合（discoverable connexion）ももたない(3)。われわれが一つの対象の出現から他の対象の存在を推理できるのは、想像力に働きかける習慣という原理にのみよるのである。

ここでわれわれの注意に値すると思われることは、原因と結果についてのわれわれのすべての判断の基礎である過去の経験が、けっして気づかれないほど目立たない仕方で精神に働きかけることができ、或る意味ではわれわれにまったく知られないことがあり得る、ということである。歩いていて河に行き当たり行く手を遮られた人は、それ以上進めばどういう結果になるかを予見する。これらの結果の知識は、過去の経験から彼に伝えられるのであり、過去の経験は、原因と結果のそのような特定の随伴を彼に知らせるのである。しかしこのような場合、水が動物の身体にもたらす結果を知るために、彼が過去の経験を省み、見たり聞いたりした事例を記憶に呼び起こす、と考えられるであろうか。そうでないことは確かである。彼が推論を進めるのは、そのような仕方によってではない。水の観念と沈むことの観念、また沈むことの観念と窒息することの観念は、たがいに密接に結合しており、精神は、記憶の助けなしに移行を行なう。習慣は、われわれが反省する間もなく働く。対象が不可分に見えるので、われわれは、一瞬の遅れを挟むこともなく、一方の対象から他方の対象へと移行する。しかし、この移行は経験から生じるのであって観念の間の一次的な（真の）結合から生じるのではないから、われわれは必然的に、経験は、隠れた働きによって、一度も考えられることなしに、信念、すなわち原因と結果の判断を、生み出すことができるということを、認めなければならない。このことは、精神は「経験されなかった事例は、経験された事例に、必然的に類似しなければならない」という原理を推論によって確信するのである、と主張するためのあらゆる口実を、そのような口実が少しでもまだ残っていたとしての話であるが、すっかり取り除く。なぜなら、われわれはここで、知性または想像力が、過去の経験を反省することなしに、ましてや、過去の経験について原理を形成したり、その原理に基づいて推論したりすることなしに、過去の経験に基づいて推理を行なうことができるということを、見出すからである。[4]

われわれは、一般的に、次のように言うことができる。すなわち、重力や衝突や固体性などの場合の随伴のように、もっとも確立されたもっとも一様な、原因と結果の随伴のすべてにおいて、精神は、その目を、わざわざ過去の経験を考察することに、けっして向けはしない。しかし、その他の、よりまれでより珍しい、対象の間の連合においては、精神が、習慣、すなわち観念の移行を、そのような反省（reflexion）によって助けることが、あり得る。それどころか、或る場合には、そのような反省が、習慣なしに信念を生み出すということ、より正しく言うならば、反省が、習慣を、間接的で人為的な仕方で生み出すということが、見られる。私の言うことを説明しよう。哲学においてのみならず、日常生活においてさえも、われわれが或る特定の原因の知識を、ただ一度の実験によって獲得することがあるということが、確かである。ただしその実験は、判断力を働かせ、すべての無関係で余計な条件を注意深く取り除いたのちに、なされなければならない。ところで、ただ一度のこの種の実験ののちに、精神は、原因または結果のいずれかが現われれば、それの相関物（結果または原因）の存在について推理することができるのであり、習慣（habit）はただ一つの事例からはけっして獲得できないのであるから、信念は、この場合、習慣（custom）の結果とは見なされ得ない、と思われるかもしれない。しかしながら、この困難は、われわれが、ここでは特定の結果のただ一度の実験しかもっていなかったと仮定されているが、「似た対象は似た条件のもとでは常に似た結果を生み出す」という原理を確信させる無数の実験をもっているということ、そして、この原理が、十分な習慣によって確立されているので、それが当てはまるどんな意見（信念）にも明証性と確かさを与えるのであるということ、を考えれば、消え失せるであろう。観念の間の結合は、ただ一度の実験の後では、習慣的（habitual）なものでない。しかし、この結合は、習慣的である別の原理に、一例として含まれている。このことが、われわれをわれわれの仮説に連れ戻してくれる。〔すなわち、〕どの場合にも、われわれは、われわれの経験〔したこと〕を、われわれが経験したことのない事例に、明示的に（あからさまに）か暗黙のうちに、直接的にか間接的に、移す（transfer　投影する）のである。

〔信念の原因という〕この主題を終えるにあたって、精神の諸作用について完全な正しさと正確さで語ることがきわめて難しいということを、述べておかなければならない。なぜなら、日常言語は、精神の諸作用の間の細かい区別をめったに行なわず、たがいによく類似するような諸作用のすべてを、一般的に同じ名辞で呼んできたからである。そして、このことは、著者における不明瞭と混乱のほとんど避け難い源であるが、同様にそのことは、そのことがなければ読者が夢にも思いつかなかったであろうような疑問と反論を読者に引き起こすことが、しばしばあり得るのである。たとえば、意見ないし信念は「それに関係をもつ現前する印象から生じる強く生き生きした観念にほかならない」という私の一般命題は、「強く生き生きした」という語が少し曖昧であるために、以下のような反論を招くかも知れない。〔すなわち、〕印象が推論を生み出し得るばかりでなく、観念も同様な影響を及ぼし得る、特に、「すべての観念は対応する印象から生じる」という私の原理に基づくならば、と言われるかも知れない。と言うのは、今私が、それに対応する印象を忘れてしまったような或る観念をいだくと仮定すると、私は、この観念から、そのような印象がかつて存在した、と結論することができるからである。そしてこの結論には信念が伴っているのであるから、この信念を形成するところの勢いと生気という性質はどこから得られるのか、と問われるかも知れないのである。この疑問に対する私の答えは、きわめて簡単で、「現在の観念から」というものである。と言うのは、この観念は、ここでは、何か現前しない対象の表象とは見なされず、精神における直接意識される実在する知覚と見なされているのであるから[5]、それは、精神がその観念を反省しそれの現在の存在を確信する際に伴うのと同じ性質を、それを「確固たること」、「堅固さ」、「勢い」、あるいは「生気」、のいずれと呼ぶにせよ、それと同じ性質を[6]、それに関係をもつすべてのもの（観念）に付与することができるはずだからである。ここでは、観念が、印象の代わりをつとめているのであり、当面の問題に関する限り、印象とまったく同等であるのである。

同じ諸原理に基づいて、われわれは、観念の想起、すなわち、観念の観念なるもの、そしてそれらの勢いと生気とが想像力のとりとめのない思念に優っていること、が語られるのを聞いても、驚くにあたらない。過去の思考を考える際に、われわれは、過去の思考の対象を描き出すばかりでなく、過去の思惟における精神の作用をも、すなわち、定義も記述も与えることができないが誰もがよく承知しているところのあの或る何か分からないものをも、思いうかべるのである。記憶が、この精神の作用の観念を与え、それを過去のこととして表象するとき、この観念が、われわれがそれを覚えていないような過去の思考を考える場合よりも、より優った活力と確固としたところをもつことは、容易に考えることができる。

以上の考察の後では、われわれがいかにして印象の観念や観念の観念をいだき、印象や観念の存在を信じることができるのかということは、容易に理解されるであろう。

第九節　その他の関係とその他の習慣との影響（諸結果）について

以上の議論がどれほど説得的に見えようとも、われわれは、それらに満足すべきではなく、このように驚くべきかつまたこのように根本的な諸原理を例証し強化することができるような新たな観点を見出すために、この主題を、あらゆる側面から考察しなければならない。新しい仮説を受け容れることを用心深く躊躇するということは、哲学者たちにおいては褒められるべき性向であり、真理の吟味にとって不可欠な性向であるので、それは、従うに値するものであり、また、哲学者たちを満足させるようなすべての議論を提示し、哲学者たちの推論を妨げるようなすべての反論を取り除くことを、要求する。

私は、原因と結果のほかに、類似性と隣接という二つの関係が、〔観念を〕連合させる思考原理と見なされるべきであり、想像力を一つの観念から別の観念へと運ぶことができると見なされるべきであるということを、しばしば述べてきた。私は、さらにまた、これらの関係のどれかによって結合されている二つの対象の一方が記憶あるいは感覚に直接現前するとき、精神が、〔観念を〕連合させる原理によって、その対象に相関する対象へと運ばれるばかりでなく、その相関的対象を、観念連合の原理と現前する印象との協働作用によって、増強された勢いと活力を伴って思いうかべるということを、述べてきた。私がこれらすべてのことを述べてきたのは、類推によって、原因と結果に関するわれわれの判断についての私の説明を、強化するためであった。しかしながら、ひょっとすると、同じこの議論そのものが、私自身に対して向けられて、私の仮説を強化するどころか、それへの反論となるかも知れない。と言うのは、次のように言われるかも知れないからである。すなわち、私のこの仮説の諸部分がすべて真であるならば、すなわち、これら三種類の関係が同じ諸原理から生じるということ、それらの関係がわれわれの観念を勢いづけ生気づけることにおける効果が同じであるということ、そして信念が観念をより強くより生き生きといだくことにほかならないということ、、、が真であるならば、その〔信念という〕精神の働きは、原因と結果の関係からばかりでなく、隣接と類似性の関係からも生じ得るということが、帰結する。しかるに、経験によってわれわれが見出すのは、信念が因果関係からのみ生じるということ、そして、対象がこの関係によって結合されているのでなければ、われわれは一方の対象から他方の対象へいかなる推理を行なうこともできないということであるから、われわれは、われわれをこのような困難に導く先の推論には、何か誤りがあるのである、と結論できる。〔このように言われるかも知れない。〕

以上がその反論である。今度はそれの解決を考えてみよう。何であれ記憶に現前するものは、直接印象に似た生気を伴って精神を打つので、精神のあらゆる働きにおいて重要なものとなるはずであり、単なる想像力の虚構と異なるものとして容易に際立つはずであるということは、明らかである。これらの記憶の印象ないし観念から、われわれは、われわれの内的知覚〔能力〕または感覚能力にかつて現前したことを記憶しているすべてのものを含む、一つの体系を形成する。そしてわれわれは、この体系に属するどの個体をも、現在の諸印象とともに、一つの「実在」(reality　現実)と呼んで憚らないのである。しかし精神は、ここに留まらない。すなわち、精神は、この知覚の体系に、もう一つ別の知覚の体系が、習慣によって、すなわち、もしそう言うことをお望みなら、原因または結果の関係によって、結びついていることを知って、これらの観念の考察に進む。そして、精神は、これら特定の観念を考察するように言わば必然的に決定されているということ、そして、精神をこのように決定している習慣すなわち関係がいささかの変更も許さないということ、を感じるので、これらの観念を一つの新しい体系に形成して、この体系の諸観念に、最初の場合と同様に、「実在」(現実)という称号を与えるのである。これらの体系の最初のものが、記憶と感覚の対象であり、第二のものが、〔因果的な〕判断力(judgment)の対象である。

この後の原理(因果的判断力)こそが、人間を世界に住まわせ、時間と場所における隔たりのために感覚と記憶の能力の範囲を越えるような存在者を、われわれに知らせるのである。この原理によって、私は、世界を想像において描き、世界の好きな部分に注意を向けるのである。私は、見てもいず覚えてもいないローマの観念をいだくが、この観念は、私が旅行家や歴史家の話や本から受け取ったことを覚えている印象に、結びついている。このローマの観念を、私は、地球と呼ばれる或る対象の観念の上の特定の位置に、位置づける。私は、その観念に、特定の政府や宗教や風習の観念を結びつける。過去を振り返って、それの最初の建国、さらには、幾度かの変革、成功、失敗等を考察する。これのすべて、また私が信じる他のすべてのことは、観念にほかならないが、習慣や原因と結果の関係から生じる勢いと定まった秩序によって、それらの観念は、単に想像力の産物である他の諸観念とは異なるものとして、際立つのである。

隣接と類似性の影響については、われわれは、もし隣接または類似する対象がこの実在の体系に含まれるのであれば、これら二つの関係〔の各々〕が、原因と結果の関係の手伝いをして、関係をもつ〔その対象の〕観念をより強い勢いをもって想像力に植えつける、と言ってもよい。このことは、やがて詳しく述べるつもりである。(1) しかし今は、この見解を一歩進めて、その関係をもつ対象が単に虚構されている場合でさえ、その〔隣接または類似性の〕関係がその観念を生気づけ、その観念の影響を増大させるのに、役立つ、と主張しよう。疑いもなく、詩人は、美しい草地か庭園を見ることにより自分の想像力を掻き立てることによって、よりよく、〔それに類似した〕死後の楽園をまざまざと描写することができるであろうし、また別のときには、自分が今いるのはそのおとぎ話の土地の真ん中であるのだと空想することによって、虚構された隣接の関係により自分の想像力を生気づけることができるであろう。

しかし、私は、類似性と隣接の関係を、このように想像力に働きかけることからまったく排除することはできないが、それらの関係の影響力は、単独ではきわめて弱く不確かであることが認められる。原因と結果の関係が、われわれに任意の現実存在を確信させるのに必要であり、この確信が、これら他の関係に力を与えるために必要なのである。と言うのは、或る印象が現われたときに、われわれが、別の対象を虚構するだけでなく、また恣意的に単にわれわれの意志と好みによってその対象にその印象に対する特定の関係を与える場合には、このことは、精神には、小さな影響しか与えないからであり、また、同じ印象が再現したときに、われわれが同じ対象をその印象に対する同じ関係に置くよう決定される理由が、ないからである。精神が〔或る印象が現われたときに、それに〕類似する対象や隣接する対象を虚構すべきいかなる必然性もなく、精神がそのような対象を虚構する場合でも、精神がいかなる相違も変化もなく常に同じ対象に縛られる必然性も、同じくない。そして実際、このような虚構は、ほとんど何の理由にも基づいていないので、ただ純粋な気まぐれのみが精神をそのような虚構を作るように決定でき、この気まぐれは、変動し不確かであるので、それが大した力と恒常性で働き得ることは、あり得ない。精神は、〔対象の〕交替を予見し予期し、そもそも最初の瞬間からさえ、自分の作用の束縛のなさと、自分による対象の把握の弱さとを、感じるのである。そして、この不完全さは、どの単独の事例においてもはっきり感じることができるので、経験と観察によって、さらに増大する。すなわち、この不完全性は、われわれが、記憶しているであろういくつかの事例を比較し、虚構された類似性と隣接の関係から想像力に生じる瞬間的な思いつきに確信をいだくことを禁じるような一般規則を形成する場合には、さらに増大する。

原因と結果の関係は、これらとは反対の利点をもっている。それが提示する対象は、固定されており、取り替えられることができない。記憶の印象は、けっして大きく変わることがなく、各印象が、或る堅固で実在的で〔現実的で〕、確かで不変なものとして想像力に生じる、特定の観念を引き連れている。思惟は、常に、その印象からその観念へ、その特定の印象からその特定の観念へ、いかなる選択あるいは躊躇の余地もなく移行するように、決定されているのである。

しかし、私は、この反論(2)を取り除くだけでは満足せず、この反論から、〔信念に関する私の〕現在の説の証明を引き出すよう、努めることにしよう。隣接と類似性の関係は、因果関係に比べて大いに劣る効果しかもたないが、それでも或る程度の効果をもち、意見の確信と思念に伴う生気とを強めるのである。(3) もしこのことが、われわれがすでに見た事例以外のいくつかの新たな事例において証明されるならば、それは、信念は現前する印象に関係をもつ生き生きした観念にほかならない、ということの、無視できない論拠と、認められるであろう。

まず隣接の関係から始めるならば、マホメット教徒の間でも、キリスト教徒の間でも、メッカまたは聖地を訪れた巡礼たちは、それ以後、そこを訪れたことのない信者たちよりも、より信仰の厚い熱狂的な信者になる、ということが言われてきた。記憶によって紅海や荒野やエルサレムやガリラヤの生き生きしたイメージを思いうかべる人は、モーゼや使徒たちによって語られている奇跡を、けっして疑うことができなくなる。それらの場所の生き生きした観念が、容易な移行によって、それらの場所に隣接の関係によって関係していたと考えられている諸事実へと移るのであり、思念の生気を増強することによって、信念を増強するのである。それらの野や河の記憶は、普通人に対しては、一つの新たな証拠と同じ影響力をもつのであり、それは、〔思念の生気を増強するという〕同じ原因によるのである。

われわれは、類似性の関係についても、同様の観察を行なうことができる。われわれはすでに、われわれが行なう現前する対象から現前しないそれの原因または結果への推論は、けっしてそれ自体として〔単独に〕考察されるその対象のうちに観察されるいかなる性質にも基づいていないということ、言い換えれば、或る現象から何が結果するか、あるいは、或る現象に何が先行したかを、経験によらずに決定することは不可能であるということを、述べた。(4) このことはそれ自体できわめて明瞭であるので、何ら証明を必要とするようには見えなかったのであるが、哲学者たちの中には、運動の伝達には目に見える原因が存在するのであり、理性的な人ならば、何ら過去の観察に頼ることなく、一つの物体の衝突から直ちに他方の物体の運動を推理し得るであろう、と想像した者がいる。この意見が誤りであることは、簡単に証明できるであろう。と言うのは、もしこのような推理が、物体と運動と衝突の観念だけから導出できるのであれば、それは、一つの論証であることになるはずであり、それに反する仮定が絶対に不可能であることを、含意しなければならない。そうすると、運動の伝達以外の結果はすべて、完全な矛盾を含意することになり、それは、存在することが不可能であるばかりでなく、考えることも不可能であることになる。しかし、事実がこれと反対であることは、一つの物体が、運動して別の物体に近づき、それに接触すると直ちに、〔運動を伝達せずに〕静止すること、あるいは、元と同じ直線上を引き返すこと、あるいは、消滅すること、あるいは、円運動または楕円運動をすること等、要するに、その物体が被ると仮定できる無数に多くの他の変化、の明晰で無矛盾な観念を形成することによって、納得することができる。これらの仮定はすべて、矛盾がなく、自然なものである。われわれが運動の伝達を、これらの仮定ばかりでなく他のすべての自然な結果よりもより無矛盾でより自然であると想像する理由は、その原因と結果の間の〔等しい等速直線運動であるという〕類似性の関係に基づいているのである。[5] そしてここでは、この類似性の関係は、経験と一致し、対象（原因と結果）をこの上なく緊密に結びつけるので、われわれに、それらが絶対に分離不可能であると想像させるのである。してみると、類似性は、経験と同じかあるいは経験に似た影響力をもつ。そして、経験の唯一の直接の結果は、われわれの諸観念を連合させることであるので、すべての信念は観念の連合から生じる、ということが、私の仮説どおりに帰結する。

光学の著者たちによって普遍的に認められているところでは、目は常に同数の自然学的点を見ているのであり、[6] 山頂に立つ人は、もっとも狭い中庭や部屋に閉じ込められているときよりも、より大きな表象（印象）を感覚に与えられているわけではない。彼がその表象の特有の性質から対象の大きいことを推理するのは、経験のみによるのであり、彼は、他の場合にもよくあるように、この判断力の推理を、感覚作用と混同するのである。ところで、明らかに、判断力の推理は、ここでは、われわれの通常の推論において通例であるよりも、はるかに生き生きしており、人は、高い岬の頂上に立っているときの方が、ただ波の轟きを聞いているだけのときよりも、目で受け取る表象から、海の広大さを、より生き生きと思いうかべるのである。彼は、海の壮大さから、より明らかな歓びを感じるが、このことは、観念がより生き生きしていることの証拠であり、また、彼は、判断を感覚と混同するが、このこともまた、観念がより生き生きしていることの証拠である。しかし、推理は、両方の場合（高所から海を見る場合と波の轟きを聞くだけの場合）に等しく確実で直接的であるので、われわれの思念が一方の場合により優る生気をもつことは、視覚から推理する際には、〔目にしている〕表象と推理される対象の間に、習慣的随伴のほかに、類似性の関係があるということからしか、生じ得ない。この類似性が、両者の関係を強め、印象の生気を、それに関係をもつ観念に、より容易でより自然な運動によって、伝達するのである。

人間本性の弱さがもっとも広く行きわたりもっとも目立つのは、「軽信」（credulity）とふつう呼ばれるもの、すなわち、他人の証言をいとも簡単に信じるということにおいてであるが、この弱さも、類似性の関係による影響力によって、ごく自然に説明される。われわれが人の証言に基づいて或る事実を受け容れるとき、われわれの信用は、原因から結果への推理や、結果から原因への推理と、まったく同じ起源から生じるのであり、われわれに人の真実性についての確信を与えることができるものは、われわれによる、人間本性を支配する諸原理の経験以外にはない。しかしながら、経験が、ほかの判断についてと同様、この確信の真の基準であるにもかかわらず、われわれは、経験によってわれわれ自身を完全に規制することはめったになく、〔他人によって〕報告されることは何でも、幽霊や魔法や超自然的な出来事についての報告さえも、それが日常の経験と観察にどれほど反していようとも、それを信じようとする顕著な傾向をもっているのである。他人の言葉や話は、彼らの精神にある或る観念と密接に結びついており、これらの観念がさらに、それらが表象する事実や対象に結びついている。この後の結合が、一般に過大に評価され、経験が正当化する範囲を越えて、われわれの同意を強要するのである。このことは、それらの観念とそれらの事実の間の類似性（表象関係）からのみ生じることができる。他の結果はそれの原因をただ間接的に指示するだけであるが、人の証言は、それを直接行なうのであり、〔原因である事実の〕結果であると同時に像であると見なされるべきである。それゆえ、われわれが、人の証言から性急に推理を行ない、人の証言に関わる判断において、他の問題に関わる判断におけるよりも、経験に導かれることが少ないのも、驚くに当たらない。

類似性の関係が因果関係と結びつくときわれわれの推論を強化するように、〔原因と結果の間に〕類似性がはなはだしく欠如するならば、われわれの推論をほとんど完全に消滅させることができる。このことの顕著な事例は、来世の状態に対する人々に広く行きわたった無頓着と無思慮に見出される。この問題において、人々は、他の場合に盲信を示すのと同様の頑固さで、不信を示すのである。人類の大部分の人たちの彼らに近づきつつある状態に関するこの無視を見ることほど、真理の探究者にとって大きな驚きであり、敬虔な人々にとって大いに遺憾であることは、ほかにない。多くの高名な神学者たちが、大衆ははっきりと無信仰を主義としているわけではないが、実際は彼らの心において無信仰であって、魂の永遠の存続の信念と呼び得るようなものを何らもっていないのである、と主張して憚らなかったのも、もっともなことである。なぜなら、一方で、聖職者たちが非常な雄弁さで永遠性の重要さについて示したものを考え、同時に、修辞に関しては或る程度の誇張は予期しなければならないにしても、この場合にはどれほど強力な修辞的表現もこの〔魂の永遠性という〕主題には無限に及ばないと認めざるを得ない、ということを省み、そののちに、他方で、人々のこの問題に対する驚くべき安心ぶりを見てみよ。私が尋ねるのは、人々が、彼らに教え込まれること、彼らが自らも主張しようとすることを、実際に信じているかということである。答えは明らかに否である。信念は習慣から生じる精神の作用であるから、〔原因と結果の間の〕類似性の欠如が、習慣が確立したものを覆し、習慣が観念の勢いを増加させるだけ、観念の勢いを減少させるということは、不思議ではない。来世の状態はわれわれの理解から遠く隔たり、われわれは、われわれが身体の死滅ののちどういう仕方で存在するかについては、不明瞭な観念しかもたないので、われわれが考え出し得るすべての理由は、それ自体としていかに強力で、どれほど教育によって助けられようとも、遅鈍な想像をもってしては、この困難を克服し、観念に十分な権威と勢いを付与することは、けっしてできないのである。

私は、この不信を、来世の状態が現世から遠く隔たっていることから生じる、来世の状態についてのわれわれの観念の弱さよりも、むしろ、来世の状態の現世に対する類似性の欠如から生じる、来世の状態についてのわれわれの観念の弱さのせいにしたい。なぜなら、私の観察するところでは、人々は、彼らの死後に何が生じるかについて、それがこの世界に関するものである限り、いたるところで関心を示しており、いっときでも、〔彼らの死後〕彼らの名や、家族や、友人や、国がどうなろうともまったくどうでもよいような人は、少ないからである。

実際、類似性の欠如はこの場合信念を完全に消滅させてしまうので、問題の重要性を冷静に反省して、思索を反復することによって来世の状態を肯定する議論を心に銘記するように心がける、少数の人たちを除けば、魂の不死を、旅行家や歴史家の証言から生じるような真の揺るがぬ判断をもって信じる人は、めったにいないのである。このことがきわめて明瞭に現われるのは、人々が、現世の快苦、賞罰を、来世の快苦、賞罰と、比較する機会をもつような場合である。このことは、問題が彼ら自身に直接関わっていず、彼らの判断を乱すような激しい情念がないにもかかわらず、生じる。ローマ・カトリック教徒は、キリスト教世界の宗派の中でもっとも狂信的な信者であるが、それでも、その宗派の考え深い人たちのうちで、火薬陰謀事件や聖バーソロミュー祭の大虐殺(8)を残忍で野蛮なものとして非難しない人は、少ないであろう。しかし、これらは、彼らが永遠無限の刑罰を宣告してためらわない人々に対して計画され実行されたものである。このような矛盾の弁明としてわれわれが言ってやれることは、彼らが、来世の状態について自分たちが主張することを、本当は信じていないということである。また、このことの証拠として、この矛盾そのものに優るものはないのである。

以上につけ加えて、宗教の問題においては、人々はおどかされることに快を感じるのであり、もっとも陰鬱で陰惨な情念を掻き立てる説教者ほど人気のある説教者はいない、と言ってもよい。われわれが問題の確かさを感じそれに浸透されている日常生活においては、虞れと恐怖ほど不快なものはない。虞れと恐怖が快を与えるのは、演劇か宗教の講話においてのみである。これらにおいては、想像力は、痛みを感じることなく観念に留まり、情念は、主題に対する信念が欠けているために和らげられ、精神を活気づけ、注意を引きつけるという、心地よい効果しかもたないのである。

現在の仮説は、因果関係以外の関係の影響ばかりでなく、他の種類の習慣の影響を調べることによって、さらに強化されるであろう。このことを理解するために、われわれは、私があらゆる信念と推論をそれのせいにするところの習慣（custom）が、二通りの異なる仕方で、精神に働きかけ、観念を活気づけることができるということを、考察しなければならない。と言うのは、〔第一に、〕すべての過去の経験において二つの対象が常にたがいに随伴したということを見出したと仮定すれば、これらの対象の一方が印象として現われるならば、われわれが、習慣によって、その対象に常に伴っていた対象の観念に容易に移行せざるを得ず、現前する印象と容易な移行とによって、その観念を、われわれの空想にとりとめなく浮かぶ表象よりも、より強くより生き生きした仕方でいだかざるを得ないということは、明らかであるからである。しかし、次に（第二に）、単なる観念が単独で、そのように（第一の場合のように）手の込んだほとんど人為的な準備なしに、しばしば精神に現われると仮定するならば、この観念は、必ず容易さと勢いを徐々に獲得するであろうし、それのしっかりした把握と精神への容易な導入とによって、必ず他の新しく見慣れないどの観念よりも目立つようになるであろう。これ（観念に勢いと生気を与えること）が、これら二種類の習慣が一致する唯一の点であり、もし、これらによる判断力への影響が類似し類比的なものであることが明らかであれば、〔信念（判断）とは現前する印象に関係をもつ生き生きした観念であるという〕判断力についての先の説明が十分なものであると、結論することができるであろう。しかしわれわれは、「教育」（education）の本性と影響を考えるとき、判断力に対する二種類の習慣の影響の一致を疑うことができるであろうか。

われわれが幼児の頃から慣れ親しんできた意見や、ものごとについての考えは、非常に深く根を下ろしているので、いかに理性と経験の力をもってしても、われわれがそれらを根こぎにすることは、不可能である。この

〔教育という〕習慣は、その影響力において、原因と結果の恒常的で不可分の結びつきから生じる習慣に近づき、多くの場合にはそれに優りさえする。ここでわれわれは、観念の生気が信念を生み出すと言うことで満足してはならず、観念の生気と信念とは個体的に〔事象として〕同じものである、と主張しなければならない。観念をしばしば繰り返すことは、その観念を想像力に植えつけはするが、もし信念という精神の作用がわれわれの自然本性の根源的な性格によって推論すなわち観念の比較にしか伴わないものであったとすれば、観念の反復は、けっしてそれ自身だけで信念を生み出すことはできなかったであろう。〔その場合、〕習慣は、誤った観念の比較に導くことはあり得る。しかし、習慣がもっと考えられる影響力は、せいぜいこの程度のものである。習慣は、〔正しい〕観念の比較の代わりをすることはけっしてなし得なかったであろうし、その原理〔習慣〕に本来属している〔信念のような〕何らの精神作用をも生み出し得なかったであろうことは、確実である。

脚や腕を切断手術で失った人は、そののち長らく、〔失った〕脚や腕を使おうと努める。或る人が死んだ後、家族全員が、特に召使たちが、よく言うことは、彼が死んだとはほとんど信じられず、今でも彼の部屋やそのほかの彼をよく見かけた場所に彼が居るかのように想像する、ということである。私が、会話のなかでしばしば聞いたことであるが、多少とも有名な人について話した後、彼に面識をもたない人が、「私は彼に会ったことがないが、ほとんど会ったことがあるかのような気がする。それほどしばしば彼についての話を聞いた」とよく言う。これらはすべて、同類の事例である。

教育に基づくこの〔信念についての〕議論を正しく考察するならば、それは、きわめて説得的に見えるであろう。この議論は、どこでも出会うことのできる、もっともありふれた現象の一つに基づいているので、それだけいっそう説得的である。私が確信するところでは、調べてみれば、人類の間で通用している意見の半分以上は、教育に基づいていることが分かるであろうし、このように盲目的にいだかれる諸原理は、抽象的な推論や経験に基づく諸原理より有力なのである。嘘つきが、嘘をしばしば繰り返すことによって、ついにはその嘘を記憶によって想起する〔と思い込む〕ようになるように、判断力あるいはむしろ想像力は、同様の手段（反復）によって、観念を、強く印象づけられ、十分はっきりと思いうかべるので、それらの観念が、感覚や記憶や理性が提示する観念と同様の仕方で精神に働きかけるということが、あり得るのである。しかし、教育は、人為的な原因であり、自然の原因ではないので、また、教育が与える諸原則は、しばしば理性に反し、時と場所が異なればたがいの間でも相反するので、この理由で、教育は、哲学者たちによって、〔正しい判断の根拠であるとは〕認められないのである。しかし、実際には、教育は、原因と結果からのわれわれの推論と同様に、習慣と反復という、ほとんど同じ基礎に基づいているのである。（一）

（一）すべての蓋然的推論に対するわれわれの同意は観念の生気に基づいているのであるから、この同意は、想像力の産物という不名誉な評判のもとに退けられる多くの気まぐれや偏見に類似している、と一般的に言うことができる。この表現から、「想像力」という語は、普通、二つの異なる意味で用いられることが明らかであり、このような不正確さほど真の哲学に反するものはないのであるが、以下の論究において、私はそのような不正確さを避けることができなかった。私が想像力を記憶に対立させるときは、私が意味するのは、われわれがより生気のない観念をいだく能力（広い意味での想像力、すなわち、推論と空想の能力）である。私が想像力を理性に対立させて用いるときは、私の意味するのは、同じ能力から、ただ論証的および蓋然的推論を除いたものである。私が想像力をいずれにも対立させないときは、それがより広い意味に取られようが、より制限された意味に取られようが、どちらでもよいか、あるいは少なくとも、文脈がその意味を十分説明するであろうか、のいずれかである。

第十節　信念の影響について

しかし、教育は、何らかの意見に同意するための誤った根拠として哲学によっては否認されるが、それにもかかわらず世間においては幅をきかせており、すべての体系が最初は新奇で異常なものとして斥けられる傾向があることの原因なのである。おそらくこれが、私が信念についてここに提出した説の運命であろうし、私が提出した証明は私には完全に決定的なものであるように見えるが、私は私の意見に多くの改宗者を得ることを期待してはいない。人々は、〔信念という〕これほど重要な結果が、見かけ上これほど取るに足らない諸原理から生じ得、われわれの行為および情念のすべてと同様に、われわれの推論の大部分が習慣以外の何ものからも生じ得ないとは、ほとんど信じないであろう。この反論を取り除くために、私は、のちほど情念や美の感覚を取り扱うに至った際にわれわれの考察の対象とするのがより適切であろうことを少し、あらかじめここで述べておくことにする。

　人間の精神には、苦と快の知覚が、精神のすべての作用の主な原動力として植え込まれている。ところが、苦と快は、精神に対して二通りの現われ方をするのであり、その一方は他方と非常に異なる結果を生じる。苦と快は、印象として現実の感受性（feeling 感じ）に対して現われることも可能であり、私がそれらに言及している現在のように、ただの観念として現われることも可能である。これらによるわれわれの行為に対する影響がけっして等しくないことは、明らかである。印象は、常に心を動かし、しかもきわめて強く動かすが、すべての観念が印象と同様の影響力をもつわけではない。自然は、この場合、注意して歩んだのであり、両極端の不都合を注意深く避けたように思われる。もし印象のみが意志に影響を及ぼすのであったとすれば、われわれは、一生の間絶えずこの上ない災難の犠牲となったであろう。なぜなら、われわれは、災難の到来を予見しはするが、それを避けるようにわれわれを駆り立てるような行為の原理を、自然から与えられていなかったであろうからである。他方、すべての観念がわれわれの行為に影響を及ぼすのであったならば、われわれの状態は、それより大して改善されなかったであろう。というのは、われわれの思惟の変わり易さと動きのために、あらゆることの、特に善と悪の表象が、絶えず精神のうちに漂っているので、もし精神がそのような軽い思いつきによって動かされるのであったならば、精神は、一瞬と言えども平安と平静を保つことができなかったであろう。

自然は、それゆえ、中庸を選んだのであり、善と悪のすべての観念に意志を動かす力を与えはしなかったが、また、それらからこの影響力をまったく排除しもしなかった。根拠のない虚構はどんな影響力ももたないが、しかし、われわれが経験によって見出すところでは、存在しているあるいは存在するであろうとわれわれが信じている対象の観念は、程度は劣るが、感覚と知覚に直接現前している印象と同様の結果を、生み出すのである。信念の効果は、してみると、単なる観念を印象と等しい地位に高め、それに情念に対する印象同様の影響力を与えることである。この効果を、信念は、観念をその勢いと生気において印象に近づかせることによってのみ、もち得るのである。なぜなら、勢いの度合いの相違が、印象と観念の間の根源的な相違のすべてであるから、その結果、この相違が、これらの知覚の効果のあらゆる相違の源であり、この相違の全体的あるいは部分的な除去が、これらの知覚が獲得するあらゆる新たな類似性の原因であるからである。われわれが観念を勢いと生気において印象に近づける場合は常に、その観念は精神に対する影響において印象を真似るのであり、逆に、今の場合のように、観念がその影響において印象を真似る場合には、このことは、観念が勢いと生気において印象に近づくことから生じるはずなのである。信念は、それゆえ、観念をして印象の効果を真似させるのであるから、観念をこれらの〔勢いと生気という〕性質において印象に似させるはずであり、或る観念のより生き生きしたより強い思念にほかならないのである。それゆえ、これが、現在の体系を支持するもう一つの議論であり、また、これは、因果関係からのわれわれの推論がどういう仕方で意志と情念に作用することができるのかということを、われわれに理解させることができるであろう。

信念が、われわれの情念を掻き立てるのにほとんど絶対に必要であるのと同様に、逆に、情念が、信念にとってきわめて有利に働くのであり、快適な情動を与えるような事実だけでなく、苦痛を与えるような事実がしばしば、苦痛を与えるがゆえにより容易に信念と意見の対象となる。恐怖心がたやすく呼び起こされるような臆病者は、彼が出会うと言われる危険についてのすべての話に、容易に同意する。同様に、悲観的で憂鬱な傾向の人は、彼において優勢な情念をあおるようなすべてのことを、きわめて信じやすいのである。感情に影響を与える或る対象が提示されると、その対象は、警告を与え、直ちにしかるべき情念を或る程度引き起こす。特にその情念に対して自然の傾向をもつ人において、そうである。この情動は、容易な移行によって想像力に移り、影響している対象についてのわれわれの観念の上に拡がり、われわれにその観念をより大きな勢いと生気をもっていだかせ、したがって、先の体系に従って、われわれをそれに同意させるのである。驚嘆と驚きは、他の情念と同じ結果を生み出す。それゆえ、われわれは、普通人の間では、山師やいかさま師が、彼らの大掛かりな吹聴のゆえに、節度を守った場合よりも、より容易に信じられるのを、見るであろう。彼らの奇跡のような話に自然に伴う最初の驚きが、〔聞く者の〕魂の全体に拡がって、観念を活気づけるので、その観念は、われわれが経験から引き出す推理に似てくるのである。これは、われわれがすでに少しは知っていても不思議でない神秘であり、われわれは、それを、この論考が進むにつれて、さらに知る機会があるであろう。

情念に対する信念の影響についての以上の説明の後では、想像力に対する信念の影響は、それがどれほど驚くべきものに見えようとも、説明の困難さがより少ないであろう。われわれの判断力が、われわれの想像力に提示される表象に同意を与えない場合には、われわれが話を楽しむことができないということは、確実である。嘘をつく習慣を身に着けた人との会話は、大して重要でないことについてのものであっても、けっして満足を与えない。それは、彼らがわれわれに提示する諸観念が、信念に伴われていないために、精神に何の印象も与えないからである。詩人でさえ、嘘をつくことを職業とするものでありながら、彼らの作り話に本当らしさを与えようと常に努めるのであり、このことがまったくなおざりにされると、彼らの作品は、どれほど巧みであっても、大した快を与えることはけっしてできないであろう。要するに、観念が意志や情念にいかなる影響も与えない場合でさえ、それらの観念を想像力にとって面白いものとするためには、やはり、真実性と現実性が必要なのである。

しかし、この点に関して生じるすべての現象を比較するならば、われわれは、真実性が、才能ある人の作品のすべてにどれほど必要であるように見えようとも、それがもたらす効果は、諸観念のために容易な受容を手に入れてやり、精神にそれらの諸観念を満足してあるいは少なくとも嫌がらずに黙認させるということにほかならないということを、知るであろう。しかし、この効果は、私の体系によれば、因果関係に基づく推論によって確立される諸観念に伴うところの堅固さと勢いとから出てくると容易に想定できる効果であるので、想像力に対する信念のすべての影響は、この体系によって説明できる、ということが帰結する。したがって、われわれは、この影響が真実性や現実性以外の原理から生じる場合には、それらの原理が、真実性と現実性の代わりをしており、想像力に同様の喜びを与えている、と言ってよい。詩人たちは、彼らがものごとの詩的体系と呼ぶところのものを創り上げているのであり、これは、詩人たち自身にも読者にも事実であるとは信じられていないものであるけれども、一般に虚構のための十分な基礎であると見なされているのである。われわれは、マルスやジュピターやヴィーナスの名前[1]をよく聞き慣れているので、ちょうど教育が意見を植え込むのと同様に、これらの観念の絶え間のない反復が、これらの観念を容易に精神に入らせ、判断力に影響することなく（信じさせることなく）想像力に対する強い影響をこれらの観念に与えさせるのである。同様にして、悲劇作家たちは常に、彼らの話、あるいは少なくとも主な登場人物の名前を、歴史上の或る知られた出来事から借りてくる。それは、見物人を欺くためではない。なぜなら、彼らは、真実がいかなる場合においても忠実に守られているわけではないことを、正直に断る意志があるからである。そうではなくて、それは、彼らが描写する異常な出来事に、想像力へのより容易な受容を手に入れてやるためなのである。しかし、この配慮は、喜劇詩人たちには必要のないものである。彼らの描く登場人物や出来事は、よりありふれた種類のものであるので、一見して虚構であり単なる想像力の産物であることが知られるのであるが、容易に思念され、そのような形式上の準備なしに受け容れられるからである。

　悲劇詩人たちがこのように彼らの作り話のなかに真実と虚偽とを混ぜておくということは、想像力が絶対的な信念や確信なしに満足させられ得るということを示すことによって、われわれの現在の目的に役立つばかりでなく、別の観点からは、この（私の）体系をきわめて強力に強化するものであると見なされ得る。詩人たちが登場人物の名前や彼らの詩の中の主な出来事を歴史から借りてくるという細工を用いるのは、〔作り話〕全体をより容易に受け容れさせ、それに想像力と感情に対してより深い印象を与えさせるためであるということは、明らかである。作品の中の様々な事件は、一つの詩や描写に統一されることによって一種の関係を獲得し、それらの事件のどれかが信念の対象であるならば、それが、それに関係をもつ他の事件に、勢いと生気とを付与する。第一の思念に伴う生気が、諸関係を伝って拡散し、関係の数と等しい数の導管や水路によるかのように、第一の観念と結びついているすべての観念に、伝えられるのである。これ（生気を与えられた虚構の観念）は、確かに、完全な確信にはならず、その理由は観念の間の関係が言わば偶然的であるからであるが、しかしそれでも、それは、その影響において確信にきわめて近づくので、どちらも同じ起源から生じるということを、われわれに確信させる。信念は、それに伴う勢いと生気によって、想像力を喜ばせるのに違いない。なぜなら、勢いと生気をもったすべての観念がこの能力にとって快いということが、見出されるからである。

この説を強化するために、われわれは、判断力と情念の間ばかりでなく、判断力と想像力の間においても、助力が相互的であるということ、すなわち、信念が想像力に活力を与えるだけでなく、生き生きとした強い想像力が、あらゆる才能のうちで、信念と権威を獲得するのにもっとも適したものであるということを、観察することができる。修辞の粋を尽くして描き出されたことに同意を控えることは、困難であり、想像力によって生み出される生気は、多くの場合、習慣と経験とから生じる生気よりも大きい。われわれは、作者または話し相手の生き生きした想像力に引っさらわれるのであり、しばしば彼自身が、自分の才気のひらめきの犠牲になるのである。

また、生き生きとした想像が、非常にしばしば狂気または愚かさに堕して、作用においてそれらに酷似するのと同様に、これら両者（生き生きした想像と狂気または愚かさ）が、同じ仕方で判断力に影響を与え、まったく同じ諸原理によって信念を生み出すということを、注意しておいても、不都合でないであろう。想像力が、血と精気の異常な興奮から、そのすべての能力を乱してしまうような生気を獲得するならば、真理と虚偽とを区別する手段はなくなり、すべてのとりとめのない虚構や思いつきが、記憶の印象や判断力の結論と同じ影響力をもつことによって、それらと同じ資格のものとして受け容れられ、それらと同じ力で情念に作用するのである。この場合には、現前する印象と習慣的移行とは、われわれの観念に生気を与えるために、もはや必要ではない。脳髄の生み出すすべての空想が、われわれが先に事実に関する結論と名づけた推理と同程度に、生き生きとした強力なものとなり、ときには現前する感覚印象と同程度に、生き生きとした強力なものとなるのである。

〔程度は劣るが、詩にも同じ効果を見ることができる。詩と狂気に共通しているのは、詩と狂気がその諸観念に与える生気が、それらの観念の対象の特定のあり方または結合から生じるのではなくて、当人の現在の気分と状態から生じるということである。しかし、この生気がどれほど高まろうとも、明らかに、詩においては、その生気は、われわれが推論する際に精神に生じる生気とは、たとえそれがもっとも低い種類の蓋然性に基づく推論であっても、けっして同じ感じを与えないのである。精神は、容易にこれらの生気を区別することができるのであり、詩的熱狂が精気にどれほどの動揺を与えようと、それは、やはり、信念または確信の単なる幻影に過ぎない。事態は、詩が引き起こす情念についても、観念についてと同様である。人間精神の情念で、詩から生じ得ないようなものはないが、同時に、情念の感じは、詩的虚構によって引き起こされるときは、信念と現実から生じるときのそれとは、大いに異なる。実生活においては不快な情念が、悲劇や叙事詩において、もっとも強い快感を与えることがあり得る。後の場合には、その情念は、われわれにとってそれほど重みをもたず、それの感じは、確固としていることと堅固さとにおいてより劣り、精気を興奮させ注意を高めるという心地よい効果しかもたないのである。情念における相違は、情念がそれに基づいて生じるところの観念における同様な相違の、明白な証拠である。現前する印象との習慣的随伴から生気が生じる場合、想像力が見かけはそれほど動かされていなくても、想像力の作用には、詩や雄弁に伴う熱情よりもより強力でより切実な（現実的な）ところが、常にある。わわれわれの精神の作用の強さは、この場合、他の場合と同様、精神の見かけの興奮によって測られるべきでない。詩的記述は、想像力に、歴史の叙述よりも、より感じることのできる効果をもつことがあり得る。詩的記述は、完全なイメージや絵を構成するような諸事実を、より多く集めるかも知れない。それは、対象を、われわれの目の前に、より生き生きと描き出すように見えるかもしれない。しかしながら、やはり、それの提示する観念は、記憶や判断力から生じる観念とは、感じが異なるのである。詩の虚構に伴う思惟と感情の見かけの興奮のただ中に、どこか或る弱くて不完全なところがあるのである。

われわれにはのちに、詩的熱狂と真剣な確信との類似点と相違点を述べる機会があるであろう。しかし、さしあたって私は、両者の感じにおける大きな相違が或る程度反省（reflexion）と一般規則（general rules）から生じるということを、述べずにはいられない。われわれは、虚構が詩や雄弁から得る思念の力強さが、単に偶然的な条件であって、どの観念でも同等にそれに与り得るということ、および、このような虚構が何の現実的なものとも結びついていないということ、を観察する。この観察によってわれわれはただ、言わば知って虚構に騙されてやるだけなのであり、この観察によって観念は、記憶や習慣に基づいている恒久的な確立された確信とは、感じが非常に異なるものとなるのである。それら（詩的熱狂と真剣な確信）は、或る意味では同種のものであるが、しかし、一方は、他方にくらべて、その原因においても結果においても、大いに劣っているのである。

一般規則についての同様の反省が、われわれの観念の勢いと生気が増すごとにわれわれがわれわれの信念を増すことを、妨げる。或る意見が、どんな疑いをも反対の蓋然性をも許さない場合、われわれはそれに完全な確信を与える。しかし、類似性あるいは隣接の関係が欠如すれば、その意見の強さは、他の意見の強さより劣ったものになる。(3) このようにして、知性は、感覚による見かけを修正して、二十フィートの距離にある対象が、十フィートの距離にある同じ大きさの対象と、目にさえ同じ大きさであるように見えると、われわれに想像させるのである。(4)」

程度は劣るが、詩にも同じ効果を見ることができる。唯一の相違は、少しの反省でも、詩の錯覚を霧散させ、対象を正しい光の下に置くということである。しかしながら、詩的熱狂の興奮の中にあっては、詩人が、にせの信念をもち、彼の対象の幻視をさえ経験するということが、確かである。そして、もしこの信念を支持する議論らしきものがある場合には、詩的な比喩と表象との炎以上に、詩人の完全な確信に寄与するものはない。これらは、詩人の読者に対してと同様に、詩人自身に対しても、影響を与えるのである。

第十一節　偶然に基づく蓋然性（確率）について

しかし、このわれわれの体系に十分な力と明証性とを与えるために、われわれは、われわれの目をしばらくわれわれの体系そのものから離して、われわれの体系の諸帰結を考察することにし、同じ起源から生じる他の種類の推論を、同じ諸原理によって説明しなければならない。

人間の理性の働き（human reason）を、知識（knowledge）と蓋然性（probability　確率）とに分け、前者を、観念の比較[1]（the comparison of ideas）から生じる明証性と定義した哲学者たちは、原因と結果からの議論をすべて、「蓋然性」という一般名辞の下に入れざるを得なくなる。誰でも自分の用語は自分の好きな意味で使う自由があり、したがって私もこの論述の今までの部分ではそのような表現法に従ったのであるが、しかし、普通の話し方ではわれわれが、因果関係からの議論の多くが蓋然性を凌駕し、それより優れた種類の明証性として受け容れられることができる、と躊躇なく主張するということが、確かである。太陽が明日昇るであろうとか人間はみな死なければならないというような事実について、われわれが、経験が与える以上の確信をもっていないことは明らかであるが、これらの事実を単に蓋然的であると言おうとする者は、滑稽に見えるであろう。この理由で、語の通常の意味を保持すると同時に、異なる度合いの明証性を記すために、人間の理性の働きを三種類に、すなわち、知識（knowledge）に基づくものと、証明（proofs　確証）に基づくものと、蓋然性（probabilities　確率）に基づくものに、区別することが、おそらくより便利であろう。「知識」によって、私は、観念の比較から生じる確信を意味する。(2)「証明」によって、原因と結果の関係から生じ疑いと不確かさから完全に遁れている議論を意味する。「蓋然性」によって、まだ不確かさの伴う明証性を意味する。私がこれから吟味するのは、この最後の種類の推論である。

蓋然性、すなわち、憶測（conjecture）からの推論は、二種類に分けることができる。すなわち、偶然（chance）に基づくものと、諸原因（causes）から生じるものとである。私は、これらの各々を、順次〔本節と次節で〕考察することにする。

原因と結果の観念は経験から生じるのであり、経験は、恒常的に随伴している特定の対象を提示することによって、対象をその関係にあるものとして考察する習慣を生み出すので、われわれは、対象をそれ以外の関係にあるものとして考察することに、無理を感じざるを得ない。これに対して、偶然は、それ自体では何ら実在的なものでなく、正しく言えば単に原因の否定に過ぎないので、それの精神への影響は、因果関係のそれとは反対であり、偶然に本質的なことは、偶然と見なされた対象の、存在と非存在のいずれを考えるかについて、想像力をまったく不偏向（indifferent）の状態に置くということである。原因は、われわれの思考に道を敷き、言わば、これこれの特定の対象をこれこれの特定の関係にあるものとして考察するよう、強制する。偶然のみが、思惟のこの決定を無くし、精神をその本来の不偏の状態に置くのであり、精神は、原因がなければ、直ちにこの状態に戻るのである。

それゆえ、完全な不偏性（indifference　無差別）が偶然に本質的なので、一つの偶然が他の偶然に優るということは、それが等しい偶然のより大きな数から成る（等しく偶然的な事象をより多く集めたものである）という場合を除き、あり得ない。なぜなら、もしわれわれが、一つの偶然が何か他の仕方で他の偶然に優ると主張するならば、われわれは、同時に、それに優越性を与え事象を他の側でなくそれの側に決める或る何かが存在していると、主張しなければならないからである。すなわち、言い換えれば、われわれは、或る原因を認め、先に立てられていた偶然の仮定を無効にしなければならない。完全な不偏性が、偶然に本質的なものであり、一つの完全な不偏性は、それ自体では、他の完全な不偏性に優ることも劣ることも、けっしてできないのである。この真理は、私の体系に特有のものではなく、偶然に関する計算法を考案するどの人によっても、認められている。

そして、ここで注目すべきことは、偶然と因果関係とが、たがいに正反対（矛盾）の関係にあるにもかかわらず、われわれが、一つの偶然を他の偶然に優るものとするために必要ないくつかの偶然〔的事象〕の複合を考えることは、偶然の間に原因が混在しており或る点での必然性と他の点での完全な不偏性とが結合しているのであると仮定しなければ、不可能であるということである。偶然を制限するものが何もない場合には、もっとも突飛な想像力がいだく考えがすべて等しい資格のものとなり、一つの考えに他の考えに対する優位を与える条件はあり得ないことになる。例えば、われわれは、サイコロを落下させ、落下の間その形を保持させ、〔最後に〕それの一つの面を下にして静止させるような、諸原因が存在することを認めなければ、偶然の法則についての計算法を、考案できないであろう。しかし、これらの諸原因が作用しており、その他のすべてのことが不偏で、偶然によって決定されていると仮定するならば、いくつかの偶然〔的事象〕の複合が〔他の偶然、あるいは偶然の複合に〕優るということを、より容易に考えつくことができる。或る数の点を記した四つの面と、別の数の点を記した二つの面をもつサイコロが、この優勢の、明白でやさしい事例を与えてくれる。精神は、この場合、諸原因によって、ちょうどこの数（六つ）とこの性質の事象に、限定されており、同時に、どの特定の事象を選ぶかという点で、非決定の状態に置かれている。

そこで、偶然は原因の単なる否定であり、精神にまったくの不偏をもたらす〔のみである〕ということ、一つの、原因の否定、一つの完全な不偏は、もう一つのそれに、優りも劣りもできないということ、そして、何らかの推論の基礎となるためには、常に偶然的事象の間に諸原因が混在していなければならないということ、これら三つの段階を進んだわれわれの論究をさらに続けるならば、われわれが次に考察すべきなのは、偶然的事象の複合の優勢が精神にいかなる影響を与え、それがいかなる仕方でわれわれの判断と意見を左右するか、ということである。ここで、われわれは、原因に基づいて生じる信念を吟味した際に用いたのと同じ議論をすべて繰り返すことができ、同じ仕方で、優る数の偶然的事象がわれわれの同意を生み出すのは、論証によるのでも、蓋然性(蓋然的推論)によるのでもないということを、証明することができる。(3) 実際、われわれが単なる観念の比較によってはこの問題で意味をもち得るような発見がけっしてできないということ、また、偶然的事象の数の優る方に結果が落ちつくはずであるということを確実に証明することが不可能であるということ、が明らかである。(4) この場合に何らかの確実性を想定することは、偶然的事象の間の対立と、それらの完全な同等性と不偏性について、われわれがすでに確立したことを、覆すことになるであろう。

もしも、偶然的事象の間の対立において結果がどちらになるかは確実に決定することは不可能であるが、それでも、結果が偶然的事象の数の劣る方よりも優る方になることが、より起こりそうであり、よりありそうであると、確実に断言できる、と言われるならば、われわれは、「起こりそうである」(likelihood)とか「ありそうである」(probability)とかという表現で何が意味されているのか、と尋ねたい。偶然的事象が起こりそうであり、ありそうであるということ(蓋然性)は、たがいに同等な偶然的事象の数が優るということである。したがって、われわれが、結果は〔数の〕劣る方よりも優る方になるということが起こりそうであると言うとき、われわれが主張していることは、偶然的事象の数が優る場合には、実際に偶然的事象の数が優り、それが劣る場合には、劣る、ということにほかならない。これらは、同一命題(identical propositions)であり、何の意味ももたない。問題は、たがいに同等な偶然的事象の数が優ることが、いかにして精神に働きかけ、信念すなわち同意を生み出すのか、ということである。と言うのも、それは、論証から生じる議論によるのでも、蓋然性から生じる議論によるのでもないことが、明らかであるからである。

この問題を明らかにするために、われわれは、或る人が、それの四面に同一の図形か同一の数の点が記され、それの二面に別の図形か別の数の点が記されているように作られた、一つのサイコロを取り、それを、投げるつもりで、箱（サイ筒）に入れた、と仮定しよう。明らかに、彼は、一方の図形が他方よりもより起こりそう（出そう）である（more probable より確からしい）と結論し、もっとも多くの面に画かれた図形を優先させるはずである。彼はこれが上になるであろうと言わば信じているのであるが、それとは逆の偶然的事象の数に比例したためらいと疑いとを伴ってである。そして、これら逆の偶然的事象の数が減り、他方の優勢が増すに応じて、彼の信念は、新たな度合いの安定性と確信とを獲得するのである。この信念は、われわれの目の前にある単純で限定された対象に対する精神の作用から生じる。それゆえ、それの本性はそれだけより容易に発見され、説明されるであろう。われわれは、知性のもっとも興味深い作用の一つを理解するために、ただ一個のサイコロを考察しさえすればよいのである。

上のように作られたこのサイコロは、われわれの注意に値する三つの条件を含んでいる。第一は、重力、固体性、立方形、などという諸原因であり、これらが、サイコロの落下、落下の途中でのその形の保持、それが一面を上に向けること、を決定する。第二は、特定の数（六つ）の面であり、これらは、不偏である（特にどの面にも傾かない）と仮定されている。第三は、各面に記された特定の図形である。これら三つの点が、われわれの現在の問題に関わる限りでの、サイコロの全性質であり、したがって、そのようなサイコロ投げの結果についての判断を形成する際に、精神が考察の対象とする、全条件である。それゆえ、われわれは、これらの条件が思惟と想像力に及ぼす影響がいかなるものでなければならないかを、順次注意深く考察することにしよう。

第一に、われわれは、精神が習慣によって原因からその結果へと移行するように決定されていること、そして、一方が現われれば、他方の観念を精神がいだかないことがほとんど不可能であることを、すでに見た。過去の事例における両者の恒常的随伴が精神に習慣を生み出すので、精神は常に、その思惟において両者を結びつけ、一方の存在をそれにいつも伴っていたものの存在から推理するのである。精神が、サイコロをもはやサイ筒に支えられていないと見なすとき、精神は、それを空中に静止していると見なすことは、無理なしにはできず、自然に、それをテーブルの上にあるとし、その一つの面を上に向けていると見なすのである。以上が、偶然についての計算をするのに必要な、偶然に混在する諸原因、の効果である。

第二に、サイコロは、落下し、その一つの面を上に向けるように、必然的に決定されているが、特にどの面を上に向けるかを定めるものは何もなく、これはまったく偶然によって決定されると、仮定されている。偶然の本性そのものが、原因の否定であり、精神を、偶然的であると仮定されている諸事象の間で、完全に不偏な状態に置くことである。それゆえ、思惟が、諸原因によって、サイコロが落下してその一面を上にすると考えるように決定されているとき、偶然は、サイコロのすべての面を同等のものとして提示し、われわれに、順次、それらのどの面も同様にありそうであり同様に可能であると、考えさせるのである。想像力は、原因、すなわち、サイコロを投げることから、結果、すなわち、それがそれの六面のどれか一つを上に向けることへと、移行し、その途中で立ち止まることにも、別の観念をいだくことにも、一種の不可能性を感じる。しかし、これら六面のすべては、たがいに並立不可能であり、サイコロは一度に一面より多くの面を上に向けることができないので、この原理（原因に基づく思惟の移行の被決定性）は、われわれに、六面のすべてが同時に上を向いているものと考えないようにさせ（われわれは、それを不可能であると見なすので[5]）、また、この原理は、われわれに、その原理の全勢いをもってどれか特定の面に向かうようにはさせず（というのは、その場合には、その面が、確実で不可避であると見なされることになるであろうからである[6]）、この原理は、われわれを、それの勢いを六面の間に平等に分けるような仕方で、六面の全体にわれわれを向けるのである。われわれは、それら六面のうちのどれか一つがサイコロ投げから帰結するはずである、と一般的な形で結論する。われわれは、六面のすべてを心の中で思い巡らす。思惟の被決定性は、そのどの面にも共通する。思惟の被決定性の勢いは、一つの面の残りの面に対する比に適する以上のものが、どれか一つの面に与えられることはない。諸原因から生じるもとの衝動、したがって思惟の生気が、諸原因に混在する偶然によって分割され細分されるのは、このようにしてである。

以上で、われわれは、サイコロの最初の二つの性質、すなわち、諸原因と、面の数および不偏性（無差別）との影響を見、それらが、思惟に衝動を与え、その衝動を、面の数（六）に含まれる単位（一）の数（六）だけの諸部分に分割するということを学んだ。次に、われわれは、第三の点、すなわち各面に記された図形の影響を、考察しなければならない。いくつかの異なる面に同じ図形が記されている場合、それらの面が、精神に対する影響において協働し、その図形が記されているいくつもの異なる面に分散させられた、分割された衝動のすべてを、一つの図形の単一の表象または観念の上に、結合しなければならないということは、明らかである。問題がただどの面が出るかということである場合には、それらの面は、すべて完全に同等であり、どの面も、他の面以上の優位をもち得ないであろう。しかし、問題は図形に関わっており、同じ図形が一面より多くの面によって表わされるのであるから、これらの面のすべてに属する衝動が、その単一の図形において再結合し、この結合によってより強く、より勢いのあるものになるはずであるということは、明らかである。今の場合、四面に同じ図形が記され、二面に別の図形が記されていると、仮定されている。それゆえ、前の図形の衝動は、後の図形の衝動に優る。しかし、これら〔二つ〕の事象はたがいに反対であり、両図形が共に出るということは不可能であるので、それらの衝動もたがいに反対となり、劣った衝動は、優った衝動を、それがもつ力の分だけ弱める。〔ところで、〕観念の生気は、常に、〔想像力のその観念への〕移行への衝動または傾向の度合いに比例し、信念とは、先の〔われわれの〕理論によれば、観念の生気と同じものなのである。

第十二節　原因に基づく蓋然性（確率）について

私が偶然に基づく蓋然性について述べたことは、ほかでもない、われわれが原因に基づく蓋然性を解明するのを助けるという目的に、役立ち得る。なぜなら、哲学者たちに一般に認められているところでは、普通人が偶然と呼ぶものは、実は密かな隠れた原因にほかならないからである。それゆえ、この種の蓋然性が、われわれが〔ここで〕主に吟味すべきものである。

原因に基づく蓋然性には、幾種類かあるが、すべて、同じ起源から、すなわち現前する印象との観念の連合から生じる。連合を生み出す習慣は、対象の頻繁な随伴から生じるので、習慣は、徐々に完成されなければならず、われわれに観察される各事例ごとに新たな力を獲得するのでなければならない。最初の事例は、ほとんどあるいはまったく影響力をもたない。二番目の事例は、これに少し力を加える。第三の事例は、さらにもっと感じられるものとなり、これらの段階をゆっくり経て、われわれの判断は、完全な確信に到達するのである。しかし、判断がこの完全性の頂点に到達する前には、いくつもの劣った度合いの段階を通過し、これらのすべての度合いにおいて、判断は、単に推定あるいは蓋然性と見なされるのである。それゆえ、蓋然性から確証（証明）までの段階的移行は、多くの場合感じられず、これらの種類の明証性の間の相違は、近くの近接した度合いの間においてよりも、遠く隔たった度合いの間において、より容易に知覚できるのである。

この際注意に値することは、ここで説明した種類の蓋然性（確率）が、順序においては最初のものであり、どんな完全な確証が存在し得るよりも以前に自然に生じるものであるが、しかし、成年に達した人は誰も、もはやこの蓋然性を知っていることはあり得ない、ということである。なるほど、どれほど進んだ知識のある人々でも、多くの個別的な事象の不完全な経験しか獲得していないということは、もっとも普通のことである。そしてこの不完全な経験は、当然、ただ不完全な習慣と移行とを生み出すだけである。しかしながら、その際考えるべきことは、精神が、原因と結果の結合について、それとは別の観察[1]を得ていて、この観察に基づいて、推論に新たな力を加え、このことによって、実験がしかるべく準備され吟味されたものである場合には、単一の実験に基づいて議論を立てることができる、ということである。われわれは、或る対象から一度帰結することを観察したものは、その対象から常に帰結するであろうと結論する。この一般原則が常に確実なものとして頼られないのは、十分な数の実験が欠けているからではなくて、われわれがしばしば〔当の事例とは〕逆の事例に出合うからである。このことは、われわれの経験と観察のうちに反対（対立）が認められるところの、第二種の蓋然性へと、われわれを導く。

もしも常に同じ対象がたがいに随伴し、自然の不確実性を恐れる理由が何もなくて、ただわれわれ自身の判断の誤りのみを恐れればよいのであったならば、人間は、生活を営み行為を遂行するに際して、きわめて幸福であったであろう。しかし、一つの観察が別の観察と反対であり、原因と結果とがわれわれが経験したのと同じ順序で生じないことがしばしば見出されるので、われわれは、この不確かさのために、われわれの推論を変え、事象の反対性を考慮しなければならないのである。この問題について生じる最初の疑問は、この〔事象の〕反対性の本性と原因に関するものである。

普通人は、事物をその最初の見かけの通りに受け取るので、事象の不確実性を、諸原因における不確実性のせいにする。すなわち、諸原因がその作用において何の障害や邪魔にも出合わないのに、諸原因にしばしばその通常の影響力を行使し損なわせる、そのような不確実性のせいにする。しかし、哲学者たちは、自然のほとんどあらゆる部分には、小さいか遠いかの理由で隠れている多種多様の原動力や原理（原因）が含まれていることを観察して、事象の反対性が、原因における何らかの偶然性からではなくて、たがいに反対の原因の隠れた作用から生じるということが、少なくとも可能であるということを、知る。この可能性は、さらなる観察によって、確実性に変わる。すなわち、厳密に精査すれば、結果の反対性は、常に原因の反対性を示しており、反対の原因がたがいに邪魔し対立することから生じるのである、ということに、哲学者たちが気づく場合である。農夫は、時計が止まった理由として、その時計が正しく動かなくなることがよくあるということよりよい理由を挙げることができない。しかし時計職人は、ぜんまいまたは振り子にある同じ力は常に同じ影響を歯車に及ぼすのであり、それが通常の結果を生み損なうのは、おそらく一粒の埃によるのであり、これが時計全体の運動を止めるのであるということを、容易に見て取る。これと類比的な事例をいくつも観察することによって、哲学者たちは、すべての原因と結果との結合は、同様に必然的であり、それが或る事例において不確実であるように見えるのは、たがいに反対の原因の隠れた対立から生じるのであるという、一般原則を作るのである。

しかし、哲学者たちと普通人が、事象の反対性の説明においてどれほど異なっていようとも、彼らが事象の反対性から導出する推理は、常に同じ種類のものであり、同じ諸原理に基づいたものなのである。過去における事象の反対性は、われわれに、未来についての言わば躊躇を伴う信念を、二通りの仕方で与え得る。第一に、[2]不完全な習慣、すなわち、現前する印象からそれに関係を有する観念への不完全な移行を、生み出すことによってである。二つの対象の随伴が頻繁ではあるが完全に恒常的ではない場合、精神は、一方の対象から他方の対象へと移行するように決定されるが、その習慣は、対象の結合が中断なく、われわれの出合ったすべての事例が一様で一致する場合のようには、完全ではない。われわれの推論ばかりでなく、われわれの行為においても、日常の経験から分かることであるが、どんな生き方（振舞い）であれそれに恒常的に固執することは、未来にも〔その生き方を〕維持しようとする強い傾向を生み出すが、われわれの振舞いにおける不変性と一様性の度合いが劣るにつれて力の度合いが劣るような習慣が、あるのである。

疑いもなく、ときにはこの原理が働き、たがいに反対の諸現象からわれわれが導出するところの推理を生み出す。しかし、私の確信するところでは、よく吟味すれば、この原理は、この種類の推論（第二種のすなわち反対の諸現象からの蓋然的推論）においてもっとも普通に精神に影響を及ぼす原理ではないことが、分かるであろう。精神の習慣的な決定にのみ従う場合には、われわれは、何の反省もなしに移行を行ない、一つの対象を見ることとそれに伴うことがしばしば見られる対象〔の存在〕を信じることとの間に、一瞬の遅れも置かない。習慣は、熟慮に依存しないから、反省の時間を与えずに直ちに働くのである。しかし、このやり方（第二種第一の蓋然的推論）は、われわれの蓋然的推論（第二種の蓋然的推論）においては、ほとんど例がない。その例は、対象の中断のない随伴から生じる蓋然的推論（証明）におけるよりも、少なくさえある。前の種類の推論（第二種の蓋然的推論）においては、われわれは普通、過去の事象の反対性を、意識的に考慮する（第二種第二の蓋然的推論）。われわれは、反対の両面を比較し、両方の側にある経験的事実を、注意深く思量する。それゆえ、この種類の推論（第二種の蓋然的推論）は〔一般に〕、習慣から、直接生じるのではなく、間接的な仕方で生じる。今や、この間接的な仕方（第二種第二の蓋然的推論）を、解明しなければならない。

或る対象がたがいに反対の結果を伴っているときには、われわれが、結果を過去の経験によってのみ判断し、その対象に後続することを観察したことのある結果を、可能な（あり得る）ものと常に見なすということは、明らかである。そして、過去の経験は、〔このように〕これらの結果の可能性（あり得ること）についてのわれわれの判断を規制するばかりでなく、それらの結果の蓋然性（ありそうなこと）についてのわれわれの判断をも規制するのであり、われわれは、もっともよく起こった結果を、もっともありそうであると、常に見なすのである。してみるとここには、考察さるべき二つのことがあることになる。すなわち、過去を未来の基準とするようにわれわれをして決定する理由と、われわれがたがいに反対の過去の事象から単一の判断を抽出する仕方とである。

第一に、「未来が過去に類似する」という想定は、いかなる種類の議論に基づいているのでもなく、まったく習慣から生じるのであると言ってよい。習慣によって、われわれは、見慣れているのと同じ対象の連鎖を未来にも期待するよう、決定されるのである。過去を未来に移そう（投影しよう）とするこの習慣すなわち決定は、完全無欠である。したがって、この種類の推論における想像力の最初の衝動も、同じく完全無欠である。

しかし第二に、われわれが過去の経験を考察してそれらがたがいに反対の性格のものであることを見出すとき、この〔習慣的〕決定は、それ自体では完全無欠であるが、われわれに一定の対象を提示せず、ある順序と比にあるたがいに一致しない複数のイメージ（心像）を呈示する。それゆえ、最初の衝動は、ここで分割され、これらのイメージのすべての上に分散する。その各イメージは、この衝動から生じる等しい量の勢いと生気とを分有する。これらの過去の事象のどれも、再び起こることが可能であり、われわれは、それらが再び起こるときには、過去と同じ比で混在しているであろうと判断するのである。

それゆえ、もしわれわれの意図が多数の事例におけるたがいに反対の事象の比を考察することであるならば、われわれの過去の経験によって提示されるイメージは、それらの最初の形態のまま存続し、それらの最初の比を保存するはずである。たとえば、私が、長期にわたる観察から、航海に出ていく二十艘の船のうち十九艘だけが帰還することを見出したと仮定せよ。そして、今私が、出港する二十艘の船を見ていると仮定せよ。私は、私の過去の経験を未来に移し、十九艘の船が無事に帰港し、一艘の船が難破することを、表象する（想像する）。このことには何の困難もあり得ない。しかしながら、われわれは、しばしば、不確かに見える単一の事象についての判断を形成するために、過去の出来事のいくつもの観念を通覧するのであるから、この考察は、われわれの観念の最初の形態を変化させ、経験が提示するたがいに分かれたイメージを寄せ集めなければならない。われわれは、われわれが推論している特定の出来事の決定を、それ（経験）に照らして行なうからである。これらのイメージの多くがたがいに合致し、より多い数のイメージが一方の側で合致する、と想定されている。これらの一致したイメージは結合し、その観念を、単なる想像力の虚構ばかりでなく、より少ない数の経験的事実によって支持されている観念よりも、より強くより生き生きしたものにする。新たな経験的事実の各々が、新たな鉛筆の一描きのようであり、この一描きが、図形を多数にすることも拡大することもなく、色合いの生気を増すのである。精神のこの作用は、偶然に基づく蓋然性を扱った際に十分説明したので、ここでそれをこれ以上分かりやすくさせることに努める必要はない。〔たがいに対立する〕過去の経験的事実のすべてが、一種の偶然と見なされ得る。なぜなら、対象が一つの経験的事実に一致して存在するか、他の経験的事実に一致して存在するかは、われわれに不確かであるからである。この理由で、一方の問題（偶然に基づく蓋然性）について述べられたことはすべて、両方の問題に当てはまるのである。

それゆえ、要するに、たがいに反対の経験的事実は、不完全な信念を生み出すのであるが、それは、習慣を弱める（不完全な習慣を生み出す）こと（第二種第一の蓋然的推論）によるか、あるいは、経験されなかった事例は、経験された事例に、必然的に類似しなければならない、とわれわれに一般的に結論させる完全な習慣を、いったん分割し、そののちたがいに異なる部分ごとに寄せ集めること（第二種第二の蓋然的推論）によるか、である。

われわれが過去の経験的事実の間の反対性に基づいてそれを意識し反省して推論する場合（第二の場合）の、第二種の蓋然性のこの説明を、さらに正当化するために、私は、それに伴う細か過ぎるという感じによって不快感を与えることを恐れずに、以下の諸考察を提起する。正しい推論は、どれほど細かいものであっても、その力を、おそらくやはり保持すべきなのである。それはちょうど、物質が、より粗大でより感覚可能な形態においても、空気や、火や、精神の気としても、その固体性を保持するのと、同様である。

第一に、それとは反対の可能性（possibility）を許さないほど大きな蓋然性（probability）はない、と言うことができる。なぜなら、さもなければ、それは蓋然性であることをやめて、確実性となるであろうからである。もっとも広範囲に及び、われわれが現在吟味しているところの、原因に基づく蓋然性（第二種第二の蓋然的推論）は、経験的事実の間の反対性に依存している。そして、明らかに、過去における一つの経験的事実は、少なくとも未来における一つの可能性を証明している。

第二に、この可能性と蓋然性との構成部分は同じ性質であり、数においてのみ異なるのであり、種類においては異ならない。すでに述べたように、単一の偶然的事実はすべて、まったく同等であり、偶然的である或る事象に他の事象に対する優位を与え得る唯一の条件は、それがより多い数の偶然的事実を含むことである。これと同様に、原因の不確実性は、たがいに反対の事象をわれわれに提示する経験によって明らかになるのであるから、明らかに、われわれが過去を未来に投影し（transfer 移し）、既知のものを未知のものに投影するとき、過去の経験的事実は、すべて同じ重さをもつのであり、釣合いをどちら側かに傾け得るのは、ただ経験的事実の数の多さのみである。それゆえ、この種のすべての推論に参与するところの可能性は、それら自身の間においても、その可能性とは対立する蓋然性を構成する諸部分とも、同じ性質をもつ諸部分から成るのである。

第三に、われわれは、次のことを、確実な原則として立てることができる。すなわち、精神的な現象においても、自然現象においても、或る原因が或る数の諸部分から成り、その数の変化に応じて結果が増減するときはいつでも、その結果は、正しく言うならば、複合的な結果であり、原因の各部分から生じるいくつもの結果の結合から生じるのである(3)。たとえば、一つの物体の重さは、それの諸部分の〔数の〕増減によって増減するので、われわれは、その各部分が、この性質を含んでいるのであり、全体の重さに寄与するのである、と結論するのである。原因の或る部分の存在と非存在には、結果における比例する部分の存在と非存在が伴う。この結合すなわち恒常的随伴は、一方の部分が他方の部分の原因であることを、十分証明している。われわれが或る事象に対してもつ信念は、偶然的事実または過去の経験的事実の数に応じて増減するのであるから、複合的な結果と見なされるべきであり、この結果の各部分は、それに比例する数の偶然的または経験的事実から生じるのである。

次に、これら三つの観察を結びつけ、それらからいかなる結論を導き出せるかを、見てみよう。すべての蓋然性には、それに対立するところの可能性がある。この可能性は、諸部分から成り、これらの諸部分は、蓋然性の諸部分とまったく同じ性質であり、したがって精神と知性にそれらと同じ影響を与える。蓋然性に伴う信念は、複合的な結果であり、蓋然性の各部分から生じるいくつもの結果の協働によって形成される。それゆえ、蓋然性の各部分が信念の産出に寄与するのであるから、可能性の各部分も、〔蓋然性とは〕反対の側で同じ影響を与えるはずである。それは、これらの両部分の性質が、まったく同じであるからである。可能性に伴うこの反対の信念が或る特定の対象の像（view）を含むことは、蓋然性がそれと反対の像を含むのと、同様である。この点では、これらの両方の度合いの信念は、同様である。してみると、一方の、より多い数の類似した構成部分が、影響力を発揮し、他方の、より少ない数の類似した構成部分に優ることができるのは、それの対象のより強いより生き生きした像を生み出すことによってである。各部分が、一つの個別的な像を提示する。そして、これらの像のすべてが結合して、一つの統一的な像を生み出し、この統一的な像が、それを生み出す原因すなわち原理の数のより大きいことによって、より完全であり、より判明なのである。

蓋然性の諸部分も、可能性の諸部分も、それらの性質においては同様であり、類似した結果を生み出すはずである。そして、結果の類似性は、それらの各部分が或る特定の対象の像を提示するということにある。しかし、これらの諸部分は、それらの性質においては同様であるが、それらの量と数においては大いに異なり、この相違は、その類似性と同様に、結果に現われるはずである。ところで、それらの諸部分が提示する像は、〔蓋然性と可能性の〕両方の場合において完全であり、対象をそのすべての部分において含んでいるので、この点に相違があることは不可能である。結果を区別し得るものは、より多数の像の協働から生じる、蓋然性における生気が、〔可能性における生気よりも〕優っているということ以外にはない。

以下は、上とほとんど同じ議論を、別の観点から述べたものである。原因に基づく蓋然性に関するわれわれの推論のすべては、過去の未来への投影（transferring）に基づいている。過去の経験的事実を未来へ投影することは、対象の一つの像を与えるために十分である。それには、その経験的事実が単一であっても、他の同種の経験的事実と結合していてもよく、また、その経験的事実が完全であっても、あるいは、それとは反対の種類の経験的事実に対立していてもよい。そこで、過去の経験的事実がそのような結合と対立との両方の性質を獲得すると仮定してみると、その経験的事実は、だからと言って、それが前にもっていた、対象の単一の像を提示する力を失いはせず、ただ、それと同様の影響力をもっている他の経験的事実と、協働し、対立するだけである。それゆえ、この協働と対立の仕方について、疑問が生じるかも知れない。協働に関しては、以下の二つの仮定のどちらかを選択するほかない。第一の仮定は、過去の各経験的事実の投影によって引き起こされる対象の像は、各々がそのまま保存され、ただ像の数を増やすだけである、というものである。第二の仮定は、その対象の像が、他の類似し対応する像と融合し、それらの全体により優る度合いの力と生気を与える、というものである。しかし、第一の仮定が間違っていることは、経験から明らかである。経験は、われわれに、推論に伴う信念が、単一の結論から成り、多くの類似した結論から成るのではないことを、示している。多くの類似した結論は、ただ精神の注意を散らせるだけであり、多くの場合、有限な能力によって区別して把握されるには数が多過ぎたであろう。それゆえ、唯一の妥当な意見として残るのは、対象のこれら類似した像がたがいに融合し、それらの力を結合し、その結果、単一の像から生じるよりも、より強いより明晰な像を生み出す、というものである。これが、過去の諸経験的事実が、未来の出来事に投影される際に、たがいに協働する仕方である。過去の諸経験的事実の対立の仕方については、次のことが明らかである。すなわち、たがいに反対の像は両立できず、対象は同時に両方の像に一致して存在することができないのであるから、これらの像の影響はたがいに破壊的となり、精神は、より劣った像〔の力〕を差し引いて残る力だけによって、より優った像の方へと決定されるのである。

私は、この推論の全体が、一般の読者にどれほど難しく見えざるを得ないかを、自覚している。一般の読者は、精神の知的能力についてのこのような深い反省に慣れていないので、通念やもっとも容易でもっとも明らかな哲学の諸原理と一致しないものを、すべて空想的であるとして斥ける傾向があるであろうからである。確かに、これらの議論を理解するためには多少の苦労が必要であるということは、疑いもない。しかし、この問題についてのすべての通常の学説の不完全さと、哲学がこのような高度で込み入った思弁において現在われわれに与え得る光の僅かさとを見て取るには、ごく僅かの苦労しか必要でない。以下の二つの原理をひとたび完全に人々に確信させてみよ。すなわち、「対象をそれ自体として考察する限り、対象のうちには、それを超えた結論を引き出すための理由（根拠）をわれわれに与え得るものは、何もない(4)」ということ、および、「対象の頻繁なあるいは恒常的な随伴の観察の後でさえ、われわれは、或る対象について、われわれが経験した対象を超えた推理を引き出すための理由（根拠）を、もたない(5)」ということである。私が言おうとしているのは、次のことである。すなわち、これら二つの原理をひとたび完全に人々に確信させてみれば、このことは、彼らを、あらゆる通常の体系から解き放ち、その結果、もっとも常軌を逸しているように見えるようなどんな体系を受け容れることにも、彼らは異議を唱えないようになるであろう。これら二つの原理は、因果関係に基づいたもっとも確実なわれわれの推論に関してさえも、十分確かであることを、われわれがすでに見たものである。しかし私は、それらの原理が、これらの推測的な、すなわち蓋然的な推論に関して、さらに新たな度合いの明証性を獲得するということを、あえて主張したい。

第一に明らかなことは、この種の推論においては、われわれに提示されている対象が、それ自体において考察されて、或る他の対象または出来事についての結論を引き出す理由を、われわれに与えるのではない、ということである。なぜなら、この後の対象は不確実であると想定されており、この不確実性は前の対象における諸原因の隠れた反対性から生じるのであるから、この原因のどれかが前の対象の知られた性質に置かれる場合には、原因はもはや隠れたものではなくなり、われわれの結論は、不確実でなくなるであろうからである。

しかし、第二に、この種の推論において上と同様に明らかなことであるが、過去の未来への投影が、単に知性の結論にのみ依存するのであったとすれば、それは、いかなる信念をも確信をも生み出し得なかったであろう。われわれがたがいに反対の経験的事実を未来に投影するとき、われわれにできるのは、これら反対の経験的事実を、それらの特定の比で、反復することだけである。このことは、もし想像力が、一致するイメージのすべてを融合し、それらから単一の観念またはイメージを抽出し、その観念またはイメージが、それを生み出す経験的事実の数と、これらの経験的事実が反対の経験的事実に対してもつ数の上での優位とに比例して、強く生き生きとしているのでなかったとすれば、われわれが推論している単一の出来事に対する確信を、生み出し得なかったであろう。われわれの過去の経験は、いかなる確定した対象をも提示しない。そして、われわれの信念は、どれほど弱いものでも、一つの確定した対象に向けられるのであるから、明らかに、信念は、単に過去の未来への投影からのみ生じるのではなくて、それと結びついた想像力の或る働きから生じるのである。このことは、われわれに、この想像力という能力がわれわれのすべての推論に関与する仕方を、考えさせるであろう。

私は、注意に値し得る二つの反省をもって、この主題を終えたい。第一の反省は、以下のように説明することができる。精神は、単に蓋然的である（ありそうな）事実についての推論を行なうとき、その目を過去の経験に向け返すのであり、過去の経験を未来に投影することによって、その対象についての多くのたがいに反対の像を提示されるのである。これらの像のうち、同種のものが結合し一つの精神作用へと融合することによって、この作用に力と生気を与える。ところで、或る対象のこの多くの像と眺めが、経験からではなくて、意志に基づく想像力の作用から生じると仮定せよ。そのときは、上のような結果は生じないか、少なくとも同じ程度では生じない。なぜなら、習慣と教育とは、経験からは生じないような反復によって信念を生み出すが、しかしこのことは、非常に頻繁な計画的でない反復と、非常に長い時間とを、必要とするのである。一般に、われわれは、人（一）が、一度の過去の経験によって支持されている或る観念を、意志によって精神のうちにおいて反復しようとしたとしても、その観念の対象を一度考察するだけで満足した場合と同じく、その観念の対象の存在を信じる気にはならないであろう、と言ってよいであろう。計画の影響があるほかに、精神の各作用が、たがいにばらばらで独立しているので、ばらばらの影響をもち、その力を他の作用の力と結合することができないのである。精神の作用が、それらを生み出す何か共通の対象によって結合されていないので、たがいに無関係であり、それゆえ、それらの力の移行も結合もできないのである。われわれは、この現象を、のちによりよく理解するであろう。

（一）〔序論〕九〜一〇頁。

私の第二の反省は、精神が判断できる大きな〔数の経験的事実を含む〕蓋然性と、精神がそれらの間に観察することができる微小な差異とに基づいている。偶然または経験的事実の数が、一方の側で一万になり、他方の側で一万と一となるとき、判断力は、その数が優っているために後者を選ぶ。しかし、明らかに、精神が、すべての個々の像を通覧して、優る数から生じるイメージの生気が優ることを識別することは、その差がこれほど取るに足らぬ場合には、不可能である。感情において、これと類比した例がある。すでに述べた諸原理に従えば、明らかに、或る対象がそれの異なる量に応じて変化する情念を私のうちに生み出す場合、その情念は、正しく言えば、単一の情動ではなくて、対象の各部分を見ることから生じるより弱い多数の諸情念から、複合されたものである。なぜなら、さもなくば、これらの諸部分の数の増大によって、情念が増大することは、不可能であったであろうからである。たとえば、千ポンドの金を欲する人は、実際は、千かそれ以上の欲求をもっているのであり、これらの欲求が結合して、単に一つの情念を成しているかのように見えるのである。しかし、この複合は、対象が変化するとき、ただ一単位だけ多い場合でも、彼がより大きい数の方に与えるより大きな好みによって、明瞭に現われる。しかし、何よりも確かなことは、このように小さい相違は、情念においては識別できないであろうし、また、情念をたがいに区別できるものにはしないであろうということである。それゆえ、より大きな数をより好むというわれわれの振舞いの差は、情念に基づいているのではなくて、習慣と一般規則（general rules）に基づいているのである。われわれは、これまでに、多数の事例において、数が正確で差がはっきりしている場合には、ある総計[6]の数を増すことは情念を増大させることであることを、見ている。精神は、直接的な感じによって、三ギニーが二ギニーよりも大きな情念を生み出すことを知覚し、これを、類似性のゆえに、より大きな数に投影し、一般規則によって、千ギニーに九百九十九ギニーに対するよりもより強い情念を付与するのである。これらの一般規則については、やがて説明するつもりである。

しかしながら、不完全な経験[7]およびたがいに反対の諸原因[8]から生じるこれら二種類の蓋然性のほかに、これらとは或る重要な諸点で異なる、「類推」（analogy　アナロジー）から生じる第三の蓋然性（確率）がある。すでに述べた仮説によれば、原因または結果から生じるすべての種類の推論は、二つの事柄に基づいている。すなわち、或る二つの対象が過去のすべての事例において恒常的に随伴していること、および、現前する対象がそれら二つの対象の一方に類似していることである。これら二つの事柄の効果は次の通りである。すなわち、現前する対象が、想像力に活力と生気を与え、恒常的結合と類似性とが、この力（勢い）と生気を、その対象と関係している観念に伝える、ということである。それゆえ、われわれは、その観念を信じる、あるいはその観念に同意する、と言われるのである。この結合か類似性のどちらか一方を弱めれば、移行の原理を弱め、その結果、移行から生じる信念を弱めることになる。第一の印象の生気は、対象の随伴が恒常的でないか、あるいは、現前する印象が、われわれがそれらの結合を見慣れている対象のいずれかに完全には類似していない場合には、その印象と関係している観念に完全には伝達されないのである。上に述べた偶然に基づく蓋然性と原因に基づく蓋然性の場合には、結合の恒常性が減少するのであり、類推から生じる蓋然性の場合には、類似性のみが影響を被るのである。結合と同様、或る程度の類似性がなければ、いかなる推論も不可能である。しかし、この類似性は多くの異なる程度を許容するので、推論はそれに応じて確固たる度合いと確実性とを増減するのである。一つの経験的事実は、それに厳密には類似していない事例に投影されれば、その力を失うが、しかし、いかほどかの類似性が存続する限り、蓋然性（蓋然的推理）の基礎となり得るだけの力はやはり保持することができるということは、明らかである。

第十三節　非哲学的蓋然性について

これらの種類の蓋然性（確率）はすべて、哲学者たちによって受け容れられており、信念と意見の合理的な基礎であると認められている。しかし、これらと同じ原理から生じるものでありながら、これらと同様の是認を得る幸運に与っていない、他の蓋然性がある。この種の蓋然性の第一のものは、以下のように説明できる。上に説明したように、結合と類似性の減少は、移行の容易さを減じ、このことによって明証性を弱める。だがわれわれはさらに、同じ明証性の減少が、印象の減少から、すなわち、印象が記憶または感覚に現われる際の鮮やかさの翳りから、生じる、と言うことができる。われわれがわれわれの記憶している事実に基づいて行なう議論は、その事実が最近のものであるかより以前のものであるかに応じて、説得力を増減する。しかし、明証性の度合いにおけるこの差は、哲学によっては、堅固で妥当なものとしては、受け容れられない。なぜなら、その場合には、一つの議論が今日もつ力が、一か月後にもつ力と、異なることにならねばならないからである。しかしながら、哲学による反対にもかかわらず、この条件は、知性に大きな影響を与え、同一の議論の権威を、それがわれわれに提出される時期の相違に応じて、密かに変えるのである。印象におけるより強い勢いと生気が、それに関係をもつ観念により強い勢いと生気を伝えるのであり、前述のわれわれの体系によれば、勢いと生気の度合いにこそ信念は依存しているのである。

　われわれが信念と確信の度合いにおいてしばしば観察できる、第二の相違があり、これは、哲学者たちによる否認にもかかわらず、必ず生じるものである。記憶において最近の新鮮な経験は、或る程度薄れた経験よりも、より強くわれわれに作用し、情念にも判断力にも、より強い影響を与える。[1]〔前段落で見たように、〕より生気のある印象は、生気のない印象よりも強い確信を生み出すが、これは、それがそれに関係のある観念に伝えるべきより強い力をもともっているからであり、その観念は、これによって、より大きな力と生気を獲得するのである。最近の観察は、これと同様の影響力をもつ。なぜなら、そこにおいては、習慣と移行とがより完全であり、生気の伝達において、元の力をよりよく保存するからである。たとえば、仲間が放蕩のせいで死ぬのを見た飲んだくれは、しばらくはその事例から衝撃を受け、自分にも同じような事故が生じはせぬかと恐れている。しかしその記憶が徐々に薄れるにつれて、以前の安心が戻ってきて、そのような危険はより不確かでより非現実的なものに見えてくるのである。

この種の蓋然性の第三の例として、私は、証明（proofs 確証）と蓋然性とからのわれわれの推論は、たがいに大いに異なるが、[2] 前者の種類の推論は、しばしば、たがいに繋がれて〔推論を形成して〕いる議論の多さによって、それとは気づかれずに後者の種類の推論に劣化する、ということをつけ加えたい。或る推理が、介在する原因も結果もなしに或る対象から直接導出される場合は、たがいに繋がれた議論の長い連鎖を想像力が通る場合よりも、〔その連鎖の〕各環の結合がどれほど誤謬のないものと見なされていても、その場合よりも、確信がはるかにより強く、信念がはるかにより生き生きとしているということは、確かである。すべての観念の生気は、想像力の習慣的移行によって、元の印象から生じるのであり、明らかに、この生気は、〔印象と結論となる観念との間の〕隔たりに比例して徐々に衰え、各移行ごとに或る程度失われるはずである。ときには、この隔たりが反対の経験よりも大きな影響を及ぼすのであり、人が、簡潔で直接的な蓋然的推論から、各部分においては正しく決定的である諸帰結の長い連鎖からよりも、より生き生きとした確信を受け取ることがあるのである。むしろ、このような〔長い連鎖から成る〕推論が確信を生むことはめったになく、想像力がそのように多くの段階を通る場合には、明証性を最後まで保持するためには、人は、非常に強くて確かな想像力をもたねばならないのである。

しかし、ここで、現在の主題がわれわれに示唆するきわめて興味深い現象を述べても、不都合ではあるまい。明らかに、昔の歴史の事実はどれも、何百万もの原因と結果を通し、ほとんど計ることのできないほどの長さの議論の連鎖を通してしか、われわれはそれについて確信をもち得ないであろう。事実の知識が最初の歴史家の手に届くことができるまでに、多くの人の口を通して伝えられねばならず、それが書き留められるようになったのちには、〔それを伝える〕新しい書物は、その一つ一つが、それとそれに先行する書物との結合が経験と観察によってのみ知られる新たな対象である。それゆえおそらく、先の推論から、次のように結論されるであろう。すなわちすべての昔の歴史の明証性は、今までに失われていなければならないか、少なくとも、原因の連鎖が増大し、より大きな長さになるにつれて、やがて失われるであろう、というのである。しかし、もし学問の世界と印刷技術が今と同じ基礎に基づいて存続するならば、われわれの後裔が、たとえ千世代の後でさえ、ジュリアス・シーザーという人物がかつていたということを疑うことができると考えることは、常識に反するので、このことが、われわれの現在の体系（前段落の説）に対する反論と見なされるかも知れない。もし信念が第一の印象から伝達される或る生気にのみ存するのであれば、信念は、移行の長さに従って衰え、最後にはまったく消滅するはずであり、逆に、もし信念が或る場合にこのような消滅のできないものであれば、それは、生気とは異なる何かでなければならない、というわけである。

　この反論に答える前に、次のことを述べておきたい。すなわち、キリスト教に反対する或る非常に有名な議論が、この論法から借りられたものであるということである。ただ違いは、そこでは、人間の証言の連鎖の各環の結合が、蓋然性以上のものでなく、或る程度の疑いと不確実性を許すものと、想定されていることである。実際、現在の問題をこのように理解するならば（しかしこれは正しい理解ではない）(3)、歴史も伝承もなくなり、すべては、最後にはその力と明証性をすべて失ってしまうはずである。新たな蓋然性はすべて、もとの確信を減じる。そして、もとの確信がどれほど大きなものと仮定されようとも、それが、このような反復される減少のもとで存続することは、不可能である。このことは、一般に真であるが、のちに(一)、知性という現在の（第一巻の）主題において重大な意義をもつ、きわめて注目すべき例外があることを、見るであろう。

（一）　第四部第一節。

今は、歴史的な明証性（証拠）が最初は完全な確証（証明）に達するものと仮定して、先の反論を解決するために、最初の〔歴史上の〕事実を信念の基礎となる現在の印象に結びつける鎖の環は無数であるが、しかし、それらはすべて同種類のものであり、印刷者と筆写者の忠実さに依存しているということを、考慮しよう。一つの版が次の版に移行し、これが第三の版に移行し、このようにして最後には、われわれが現在読んでいる書物に至る。これらの段階において、いかなる変化もない。われわれは、一つを知ったのちには、すべてを知っているのであり、一つを作った後では、残りのものについて、〔それらを作ることに〕何のためらいもない。この事情のみが、歴史の明証性を保存するのであり、現代の記憶を末裔にまで永続させるのである。過去の出来事を歴史の書物に結びつける原因と結果の長い連鎖の全体が、たがいに異なる、精神が別々に思いうかべる必要のある、諸部分から成っていたならば、われわれがどんな信念や明証性を最後まで保持することも、不可能であろう。しかし、これらの証拠のほとんどがたがいに完全に類似するので、精神は、それらに沿って容易に移動し、一つの部分から別の部分へと容易に跳ぶのであり、鎖の環の各々については、一つの渾然一体となった観念しかいだかない。このようにして、議論の長い連鎖が、最初の生気を減少させる効果を、各々がたがいに異なり別個な考察を要求するような諸部分から成るはるかに短い議論の連鎖がもつであろうのと同じ程度にしか、もたないのである。

第四の非哲学的な種類の蓋然性は、われわれが性急に形成するところの、正しくは「偏見」と呼ばれるものの源泉であるところの、一般規則（general rules）から、生じるものである。アイルランド人は機知をもち得ず、フランス人は堅実であり得ない、などという判断がそれであり、この理由で、或る事例において、アイルランド人の会話が目に見えて非常に気持のよいものであり、フランス人の会話がきわめて思慮深いものであっても、われわれは彼らに対して強い偏見をいだいているので、彼らは、それぞれ機知と理性を示しているにもかかわらず、それぞれ愚鈍であり軽佻であると決めつけられる。人間本性はこの種の誤謬にきわめて陥りやすく、おそらくわが国民もその程度において、他の国民と違いはないであろう。

なぜ人が一般規則を形成し、現在の観察と経験に反してさえそれらが彼らの判断に影響するのを許すのかと問われれば、私の答えは、私の意見では、それは原因と結果に関するすべての判断が基づいているのと、まさに同じ諸原理から生じるのである、というものである。原因と結果に関するわれわれの判断は、習慣と経験から生じるのであり、われわれが一つの対象が別の対象に結びついているのを見ることに慣れると、われわれの想像力は、第一の対象から第二の対象へと、自然な移行によって移るのである。この移行は、反省に先立っており、反省によっては阻止できない。ところで、習慣は、われわれが見慣れている対象と正確に同じである対象が提示される場合に、そのすべての力をもって作用するだけでなく、〔われわれが見慣れている対象と〕類似している対象を見出す場合に、より劣った程度の力で作用することを、その本性とする。習慣は、どんな相違によっても、その力を少し減じるが、何らかの重要な点が同じであり続ける限り、完全に消滅することはめったにない。梨か桃によって果物を食べる習慣を身につけた人は、彼の好みの果物が手に入らない場合には、メロンで我慢するであろう。同様に、赤ワインによって飲んだくれになった者は、白ワインが出されれば、同じ激しさで白ワインに手を出すであろう。この原理に基づいて、私は、類比《アナロジー》から生じる種類の蓋然性を説明した。(4) この種の蓋然性においては、われわれは、過去の事例での経験を、われわれが経験した対象とは正確に同じではないが、それに類似しているような対象に、投影するのである。この類似性が減るのに比例して、蓋然性(確率)も減少するが、しかし、類似性が少しでも残るかぎり、蓋然性は、いくらかの力を保持する。

この観察をさらに進めて、習慣はわれわれのすべての判断の基礎であるけれども、ときには、想像力に対して判断力に対立する影響を与え、同一の対象についてのわれわれの意見に対立(反対)を生み出す、と言うことができる。私の考えを説明しよう。ほとんどすべての種類の原因において、諸条件の錯綜があり、その諸条件のうちの或るものは本質的であり、他のものは余分なものである。或るものは、結果の産出に絶対に必要なものであるが、他のものは、単に偶然によって随伴しているのである。ところで、われわれに観察できるところでは、これらの余分な諸条件が、数が多く、顕著で、本質的な諸条件にしばしば随伴している場合には、それらが、想像力に大きな影響を与え、本質的な条件が欠如している場合にさえ、われわれに、通常の結果を思いうかべさせ、この思念に、それを単なる想像力の虚構に優るようにする勢いと生気を与える。われわれは、この傾向を、それら諸条件の本性を反省することによって、修正することができるが、それでも、習慣が先に働き、想像力に偏りを与えるということは、やはり確実なのである。

このことをよく知られた例で例証するために、次のような人の場合を考えてみよう。彼は、鉄の檻に入れられて高い塔から吊されており、彼を支えている鉄の堅牢さの経験によってみずからが落下から完全に安全に守られていることを知っているにもかかわらず、また、転落と落下、負傷と死の諸観念が、単に習慣と経験に基づいてのみ生じるものであるにもかかわらず、自分の足下の断崖を見たときには、身震いを止めることができないのである。同一の習慣が、それがそれから生じた、そしてそれがそれに完全に対応しているところの事例を超えたところに達し、或る点では似ているが正確には同じ規則に含まれないような対象の観念に、影響を及ぼすのである。深さと落下という条件が彼を非常に強く打ち、その影響が、彼に完全な安全を与えるはずの支持と堅牢さという反対の条件によっても、なくされ得ないのである。彼の想像力は、それの対象とともに走り出し、その対象に見合った情念を引き起こす。その情念が、想像力に反射して来て、観念を生き生きさせる。そして今度は、この生き生きした観念が、情念に新たな影響を与え、情念の勢いと激しさを増大させる。彼の想像力と感情の両方が、このようにたがいを支え合い、それらの全体に、彼に対する非常に大きな影響を与えさせるのである。

しかし、現在の主題である〔非哲学的な〕蓋然性[5]が、習慣の影響から生じる判断力と想像力の間の対立の、かくも顕著な例を提供しているのに、なぜ他の事例を探し求める必要があろうか。私の体系によれば、すべての推論は習慣の結果にほかならず、習慣が影響力をもつのは、想像力に生気を与え、対象の強い思念をわれわれに与えることによってのみである。それゆえ、われわれの判断力と想像力は、けっして反対にはなり得ず、習慣は、想像力に、それを判断力に対立させるような仕方で働きかけることは、できない、と結論されるかも知れない。この困難を取り除くことは、一般規則の影響力を仮定することによってしかできない。われわれは、のちに、（一）われわれが原因と結果についてのわれわれの判断をそれによって規制すべき一般規則を、いくつか挙げるであろうが、これらの一般規則は、われわれの知性の本性と、対象についてわれわれが形成する諸判断における知性の働きの経験とに基づいて、形成されるのである。これらの一般規則によって、われわれは、有効な原因（作用原因）から偶然的な条件を区別することを、学ぶのであり、或る結果が或る特定の条件の協働なしに産出され得ることを見出すとき、われわれは、その条件が、どれほどしばしば有効な原因に随伴していようとも、その有効な原因の部分を構成しないと、結論するのである。しかし、この頻繁な随伴は、その条件をして、一般規則からの反対の結論にもかかわらず、想像力に対する何がしかの影響を必ず与えさせるので、これら〔頻繁な随伴と一般規則からの結論との〕二つの原理は、われわれの思考の内に対立（反対）を生み出し、われわれをして、一方の推理を判断力に、他方の推理を想像力に、帰させるのである。一般規則は、より広範でより恒常的なものとして、われわれの判断力に帰される。例外は、より気まぐれでより不確かなものとして、想像力に帰されるのである。

（一）　第十五節。

このようにして、われわれの一般規則は、言わばたがいに対立させられるのである。きわめて重要な諸点で或る原因に類似する対象が現われるとき、想像力は、その対象がもっとも重要なもっとも有効な点でその原因とは異なっているにもかかわらず、自然にわれわれを〔その原因の〕いつもの結果を生き生きと思いうかべることへと導くのである。これが、一般規則の第一の影響である。しかし、われわれがこの精神の作用を見直して、それを知性のより一般的でより権威のある働きと比較した場合、われわれは、その作用が、反規則的な性格のものであり、もっとも確立された推論の原理のすべてを破壊するものであることを見出し、このことが原因となって、われわれは、その作用を否認するのである。これが、一般規則の第二の影響であり、第一の影響の断罪を意味する。その人の気分と性格によって、或るときには一方が、或るときには他方が、優勢となる。普通人は通常第一の影響によって導かれ、賢者は第二の影響によって導かれる。これに対して、懐疑論者たちはここで、われわれの理性に新たな重大な矛盾を見出して、また、哲学の全体が、人間本性の一つの原理によって転覆させられそうになりながら、まさに同じ原理が新たな方向を向くことによって逆に救われることになるのを見て、喜ぶかも知れない。一般規則に従うことは、きわめて非哲学的な種類の蓋然性（蓋然的推論）であるが、しかし、われわれは、一般規則に従うことによってのみ、これを修正し、また他のすべての非哲学的な蓋然性を修正することができるのである。

一般規則が判断力に反してさえ想像力に働きかける事例があるのであるから、判断力と結びつけられた場合には、一般規則の影響が増大するのを見、一般規則が、それらがわれわれに提示する観念に、他の観念に伴うよりも優った力を与えるのを見ても、驚くにあたらない。誰でも知っていることであるが、称賛または非難をほのめかす間接的な仕方があり、これは、人にあからさまにへつらったり、人をあからさまに貶したりすることよりも、はるかに衝撃が小さい。人がこのようにこっそりほのめかすことによって彼の気持を伝え、気持をあからさまに表わすことによるのと同程度に確実に彼の気持を知らしめても、それの影響が同程度に強力でないことは、確実である。密かな皮肉によって私に悪口を言う人は、あけすけに私が馬鹿でありきざであると私に述べる場合ほどには、私の憤りを掻き立てはしない。しかし私は、その場合と同程度に、彼の真意を理解するのである。このような相違は、一般規則の影響に帰せられるべきである。

人が私をあからさまに罵ろうと、彼の軽蔑を密かにほのめかそうと、どちらの場合にも、私は彼の気持または意見を直接には知覚していず、私がそれを感じるようになるのは、しるしに、すなわちその気持または意見の結果（言葉や振舞い）に、依っているのである。してみると、これら二つの場合の唯一の相違は、彼の気持のあからさまな表明においては彼が一般的で普遍的なしるしを用いているが、密かなほのめかしにおいては、より特殊でより普通でないようなしるしを用いている、ということにある。この事情の結果、想像力は、現在の印象（しるし）から現前していない観念（気持や意見の観念）へ進む際に、両者の結合が一般的で普遍的な場合には、それがよりまれでより特殊である場合よりも、移行をより容易に行ない、その結果、対象をより強い勢いで思いうかべるのである。したがって、よく見られるであろうように、われわれの気持のあからさまな表明が、仮面を脱ぎ捨てることと呼ばれ、われわれの意見を密かにほのめかすことが、意見をヴェールで覆うことであると言われるのである。一般的な結合によって生み出される観念と、特殊な結合から生じる観念との相違が、ここでは、印象と観念との相違になぞらえられているのである。想像力におけるこの相違は、情念にもしかるべき影響を及ぼすのであり、この影響は、もう一つ別の事情によって、増大させられる。すなわち、怒りまたは軽蔑の密かなほのめかしは、われわれが相手をまだいくらか重んじていて、彼を直接罵ることを避けていることを、示している。このことは、密かな皮肉を、より不快でなくさせるのであるが、これもやはり、同じ原理（一般規則）に基づいているのである。と言うのは、観念は単にほのめかされる場合にはより弱いものであるのでなかったならば、〔気持を〕ほのめかすことのほうが、あからさまであることよりも、より大きな尊敬のしるしであるとは、見なされなかったであろうからである。

ときには、口汚い悪口は、微妙な皮肉よりも、不快でない。なぜならば、それが、われわれを傷つける当人を非難し軽蔑する正当な理由をわれわれに与えることによって、悪口が行なわれるまさにその場で、その無礼な振舞いに対して、言わばわれわれの復讐をしてくれるからである。しかし、この現象もまた、同じ原理（一般規則）に基づいているのである。と言うのは、それを礼儀と人間らしさに反するものであると見なすからでなければ、われわれは、なぜ、あらゆる粗野で無礼な言葉遣いを非難するであろうか。そして、それが微妙な皮肉よりもより衝撃的であるのでなければ、なぜそれは礼儀と人間らしさに反するであろうか。礼儀作法の規則は、あからさまに侮辱的で、われわれが交わっている人に苦痛と困惑を感じさせることを、何であれ、悪いこととしている。このことがひとたび確立されると、侮辱的な言葉遣いは、普遍的に非難されるようになり、その言葉を使う人を軽蔑すべきものにするところの粗野さと無礼さのゆえに、より少ない苦痛しか与えないのである。侮辱的な言葉遣いは、もともとより不快であるがゆえに、より不快でなくなるのであり、それが〔もともと〕より不快であるのは、歴然としていて否定し難い一般的でよく知られた諸規則による推理を与えるからである。

あからさまなへつらいや皮肉と密かなへつらいや皮肉の異なる影響についての以上の説明に、これに類比的なもう一つの現象の考察を加えることにしよう。男性と女性の両方にとっての名誉に関する項目で、それを犯すことを、そのことがあからさまで公言される場合には世間がけっして許さず、しかし体面が保たれ違反が秘密で隠されている場合には世間がより見逃がしがちであるものが、多くある。過ちが犯されたことを同じく確実に知っている人々でも、証拠が或る程度間接的で曖昧な場合には、証拠が直接的で否定し難い場合よりも、より容易にそれを許すのである。両方の場合に同じ観念が提示されているのであり、正しく言えば判断力によって等しく同意されるのであるが、しかしその観念の影響は、観念が提示される仕方の相違のゆえに、異なるのである。

さて、名誉の規則に対する違反のあからさまな場合と密かな場合というこれら二つの場合を比較するならば、それらの場合の相違が以下のことにあることが見出される。すなわち、最初の場合には、われわれがそれから非難に値する行為を推理するところのしるしが、単一であり、われわれの推論と判断の基礎であるために単独で十分であるのに対して、後の場合には、そのしるしが、多数あり、単独では、そしてほとんど知覚できないような多くの細かい諸条件に伴われなければ、ほとんど何もあるいはまったく何も決定しないのである。ところが、いかなる推論も、それが見た目により単一でより統一的であればあるほど、また、その推論のすべての部分を寄せ集め、それらから結論を構成する相関した観念に至るために、それが想像力に与える仕事が少なければ少ないほど、常により強い確信を与えるということが、真であることが確かである。われわれがやがて見るであろうように、(一)思惟の労苦は、〔信念の基礎である〕感受的感覚（the sentiments）の規則的なふるまいを乱すのである。観念がそれほどの生気を伴ってわれわれを打たず、その結果、情念と想像力にそれほどの影響を及ぼさないからである。

（一）　第四部第一節〔二一六～七頁〕。

「世間がむしろ騙されることを望む多くの事柄がある」という、また「世間は、人がその職業と地位に伴う礼儀作法に反したことを行なうことを、それに反したことを口にすることよりも、より容易に容赦する」という、ド・レス枢機卿(6)の観察も、われわれは、上と同じ諸原理に基づいて説明できる。言葉における過ちは、行為における過ちよりも、通常、よりあからさまでより判明である。行為における過ちは、罪を軽くする多くの言い訳を許し、行為者の意図と見解についてそれほど明瞭に決定するものではないからである。

　このようにして、全体として明らかなことは、知識にはならないすべての種類の意見または判断が、まったく知覚の力（勢い）と生気から生じ、これらの性質（知覚の力と生気）が、精神において、われわれが対象の存在の「信念」と呼ぶところのものそのものである、ということである。この力とこの生気は、記憶においてもっとも顕著であり、それゆえ、この能力が正しいことについてのわれわれの確信は、想像可能な最大のものであって、多くの点で、論証の確信に匹敵する。これに次ぐ度合いのこれらの性質は、原因と結果の関係から生じるものであり、これもきわめて大きい。特に、〔原因と結果の〕随伴が完全に恒常的であることが経験によって見出される場合、そして、われわれに現前している対象がわれわれが経験した対象に正確に類似している場合に、そうである。しかし、この度合いの明証性の下に、他の多くの度合いの明証性があり、これらは、それらが観念に伝達するところの力と生気の度合いに比例して、情念と想像力に影響を及ぼす。われわれが原因から結果への移行を行なうのは、習慣によってであり、われわれが〔原因に〕相関する〔結果の〕観念の上に広める生気を借りてくるのは、何らかの現前する印象からである。しかし、われわれが、強い習慣を生み出すほど十分な数の事例を観察しなかった場合、(7) または、これらの事例がたがいに反対の場合、(8) または、類似性が正確でない場合、(9) または、現在の印象が生気を欠き不明瞭である場合、(10) または、経験が或る程度記憶から薄れている場合、(11) または、結合が対象の長い連鎖に依存している場合、(12) または、推理が、〔或る〕一般諸規則から生じるのであるが、〔他の〕一般諸規則に一致していない場合、(13) これらすべての場合において、観念の勢いと強さの減少によって、明証性が減少するのである。それゆえ、これ（観念の勢いと強さ）が、判断と蓋然性（蓋然的信念）の本性なのである。

この体系に主として権威を与えるものは、各部分を基礎づけている疑うことのできない議論のほかに、これらの諸部分がたがいに一致し、一つの部分が他の部分を説明するために必要であるということである。われわれの記憶に伴う信念が、われわれの判断から生じる信念と、同じ本性をもつ。また、原因と結果の恒常的で一様な結合から生じる判断と、中断した不確かな結合に基づいている判断との間に、何の相違もない。なるほど、精神がたがいに反対の経験的事実に基づいて決めるすべての決定において、精神が、最初は分割され、われわれが見て記憶している経験的事実の数に比例して、両方の側への傾きをもつことは、明らかである。〔しかし、〕この争いは、最後には、より多くの数の経験的事実が観察される側に有利なように、決定される。ただし、それとは反対の経験的事実の数に対応するだけの、明証性における力の減少を、伴ってである。蓋然性（よりありそうな事象）を構成している各可能性は、想像力に別々に作用するが、最後に優勢になるのは、諸可能性のより大きな集合であり、それも、それの〔反対の諸可能性の集合に対する〕優勢の度合いに比例した力を伴ってである。これらのすべての現象は、直ちに上述の体系に導くのであり、他の諸原理に基づいたのでは、これらの現象を十分にまた整合的に説明することはけっしてできないであろう。これらの判断を、想像力に対する習慣の影響と考えるのでなければ、われわれは、絶え間のない矛盾と不合理に陥るであろう。

第十四節　必然的結合の観念について

「われわれが直接的な印象を超えて推論し、これこれの特定の原因はこれこれの特定の結果をもたねばならないと結論する〔のは、いかにしてか、〕(1)」その仕方を、このように解明したので、われわれは、今や、われわれの足跡をたどって後戻りし、われわれに最初に生じ、われわれが途中で放棄した問題(一)、すなわち、「われわれが二つの対象が必然的に結合していると言うとき、必然性（necessity）についてのわれわれの観念はどのようなものであるのか(2)」という問題を、吟味しなければならない。この問題について、私は、これまでにしばしば述べる機会のあったことを、繰り返す。すなわち、われわれは印象から生じないようないかなる観念ももっていないので(3)、われわれは、もし必然性の観念をわれわれが実際にもっていると主張するのであれば、この必然性の観念を生み出す何らかの印象を、見つけ出さなければならない(4)、ということである。このために、私は、必然性がいかなる対象にあると通常想定されるかを考え、それが常に原因と結果に帰されるのを見出して、私の目を、この〔原因と結果の〕関係に置かれていると仮定される二つの対象に向け、それらの対象を、それらが受け容れることができるあらゆる状況において、吟味する。私は、直ちに、それらの対象が時間と場所においてたがいに隣接していること、また、われわれが原因と呼ぶ対象がわれわれが結果と呼ぶ対象に先行していること、を見て取る(5)。一つの事例においては、私はこれ以上進むことができず、また、私がこれらの対象の間に何か第三の関係を見出すことも、不可能である(6)。それゆえ、私は、私の考察を、複数の事例を含むように拡張する(7)。これらの事例において、私は、同様の対象が、常に同様の隣接と継起の関係にあるのを、見出す(8)。最初は、このことが、私の目的に、ほとんど役立たないように見える。複数の事例に対する反省は、ただ同じ対象を反復するだけであり、それゆえ、新しい観念を、けっして生み出すことができないからである(9)。しかし、さらに調べてみると、私は、反復が、すべての点で同一であるのではなく、一つの新しい印象を生みだし、これによって、私が現在吟味している観念を生み出すことを、見出すのである。と言うのは、私は、頻繁な反復の後では、対象の一つが現われれば、精神が、習慣によって、その対象にいつも伴っていた対象を考察するように、また、それを、それの最初の対象に対する関係のゆえに、より強い光のもとで（より生き生きと）考察するように、決定されている（determin'd）ことを、見出すからである。してみると、私に必然性の観念を与えるのは、この印象、すなわち、〔精神が〕決定〔されているという印象〕（determination）である。

（一）第二節〔九七～八頁〕。

私は、これらの帰結が、われわれがすでに確立しわれわれの論究においてしばしば用いた諸原理からの、明証的な演繹であるとして、一見しただけで、困難なく受け容れられるであろうことを、疑わない。最初の諸原理と演繹との両者におけるこの明証性は、注意せずに結論を受け容れるようにわれわれを導き、その結論が、尋常でないことやわれわれの好奇心に値することを何ら含んでいない、とわれわれに想像させるかも知れない。しかし、このような不注意は、この論究を容易に受け容れさせるが、それをそれだけ容易に忘れさせもするであろう。この理由で、私は、次の注意を与えることを、適当と考える。すなわち、私が今吟味したのは、哲学におけるもっとも高尚な問題の一つ、すなわち、すべての学問が大いに関心をもっているように見える、諸原因の力能と効力に関する問題である、ということである。このような注意は、当然、読者の注意を喚起し、彼に、私の教説とそれを基礎づけている議論のより十分な説明を、望ませるであろう。この要求は、もっともなものであるので、私は、それに応じることを拒むことができない。特に、私は、これらの諸原理は、吟味されればされるほど、より大きな力と明証性とを獲得するであろうと、期待しているので、なおさらである。

その重要さのためにも、その難しさのためにも、原因の効力(10)（efficacy　有効性、作用性）、すなわち、原因をして結果を継起させる性質に関する問題ほど、古代の哲学者たちの間にも、当代の哲学者たちの間にも、多くの論争を引き起こした問題は、ない。しかし、彼らがそれらの論争に入る前に、論争の主題である効力についてわれわれがいかなる観念をもっているかを、吟味しておくことが、不適当でなかったであろう。この点が、私が彼らの論究に主に欠けていることを見出し、私がここで補うよう努めてみようとする、点である。

私は、まず最初に、「効力」、「作用性」、「力能」、「力」、「活動力」、「必然性」、「結合」、「産出的性質」（efficacy, agency, power, force, energy, necessity, connexion, productive quality）などの名辞は、すべてほとんど同義的であり、それゆえ、それらのどれかを用いて残りのものを定義することは、不合理であることを、注意しておこう。この注意によって、われわれは、哲学者たちが過去に力能と効力について与えた、よく知られた定義のすべてを、一度に拒絶しているのであり、われわれは、その観念を、これらの定義のうちに探し求めるかわりに、その観念が最初にそれから生じた印象のうちに、求めなければならない。もしそれが複合的な観念であれば、それは、複合的な諸印象から生じるはずである。もしそれが単純ならば、単純な諸印象から生じるはずである。

私は、この問題のもっとも一般的でもっとも通俗的な説明は、われわれは、物質において、物体の運動や変化のような新たに産出されたものがいくつもあることを経験から知り、これらの産出物を産出することができる力能がどこかにあるはずであると結論して、最後にこの推論によって、力能と効力の観念に至るのである（一）、と言うことである、と信じる。しかし、この説明が、哲学的であるというよりも通俗的なものであることを確信するためには、二つのきわめて明白な原理を、反省すればよい。すなわち、第一に、理性のみでは、いかなる根源的な観念をも生み出すことができない、ということ、第二に、経験から区別されたものとしての理性は、けっしてわれわれに、原因すなわち産出的性質はすべての存在の始まりにとって絶対的に必要であると、結論させることができない（11）、ということである。これらの両方の考えは、今までにすでに十分説明されているので、今は、これ以上くどくどと述べないことにする。

（一）　ロック氏、力能についての章〔『人間知性論』、二・二一（特に二・二一・一）〕を見よ。

ただ、私はそれら二つの考えから、理性はけっして〔原因の〕効力（有効性）の観念を生み出し得ないのであるから、この観念は、経験から、すなわち、感覚か反省という通常の道筋を通って精神に入ってくる、この効力の或る特定の事例から、生じるのでなければならない、と推理するだけにしておこう。観念は、常にそれらの対象すなわち印象を表象（再現）するのであり、逆に、何らかの対象が、どの観念を生み出すためにも必要なのである。それゆえ、われわれが、この効力の正しい（十全な）観念をもっていると主張するのであれば、われわれは、そこにおいてこの効力が明白に精神に知覚でき、その作用がわれわれの意識または感覚に明らかであるような、何らかの事例を、提示しなければならない。これを拒否することによって、われわれは、その観念が不可能で想像上のものであることを、認めることになる。なぜなら、それのみがわれわれをこのディレンマから救うことができるであろう、生得的な観念の原理は、すでに論駁されており[12]、また今では学界で、ほとんど普遍的に拒絶されているからである。してみると、われわれの現在の仕事は、そこにおいて原因の作用と効力が、不明瞭であったり誤ったりする危険なしに、精神によって明晰に思いうかべられ把握され得るような、何か或る自然の産出を、見つけることでなければならない。

　この探究において、われわれは、原因の隠れた力と活動力とを説明しようとした哲学者たち[一]の意見に見出される、驚くべき多様性からは、きわめてわずかの励ましか得られない。或る人たちは、諸物体は、それらの実体的形相によって作用すると主張し、また他の人たちは、それらの偶有性または性質によってであると言い、幾人かの人たちは、それらの質料と形相によってであると言い、或る人たちは、それらの形相と偶有性によってであると言い、他の人たちは、以上のどれとも異なる、或る種の力能と能力によってであると言う[13]。これらすべての意見は、さらに多くの異なる仕方で、混ぜられ変様されるので、これらのどれもいかなる堅固さも明証性ももたないということ、また、物質の知られた性質のどれかに効力を仮定することにはまったく根拠がないということを、推定する理由となる。この推定理由は、われわれが、これらの実体的形相や偶有性や能力などの諸原理が、実際には物体の知られた属性のどれのうちにもなくて、まったく理解不可能であり説明不可能であるということを考えるとき、われわれにとって、より大きくなる。なぜなら、哲学者たちは、もし明晰で理解可能な原理を見出してそれに満足できるのであれば、このように不明瞭で不確かな原理に訴えることを、けっしてしなかったであろうからである。感覚の対象ではなくても、もっとも単純な知性の対象でなければならない、このような問題においては、特にそうである。要するに、われわれは、原因の力と作用性がそこに置かれているような原理を示すことは、どれか一つの事例においては不可能であり、もっとも高等な知性も、もっとも通俗的な知性も、この点では、等しく途方にくれる、と結論することができる。もし誰かがこの主張を論駁することを適当と考えるのであれば、彼は、長い推論を作り出すような面倒にとりかかる必要はなく、われわれが力能または作用する原理をそこに見出すような、原因の例を一つ、われわれにすぐさま示してくれればよい。この挑戦を、われわれは、哲学において否定的なことを証明するほとんど唯一の手段として、しばしば使用せざるを得ない。

（一）　マルブランシュ師、〔『真理の探究』〕第六巻第二部〔第二章および〕第三章、およびこれに対する『諸解明』〔第一五章〕を見よ。

この力能を確定しようとするすべての試みにおいてわずかの成功しか得られなかったので、哲学者たちは、ついにやむなく、自然の究極的な力と効力はわれわれにまったく知られず、われわれがそれを物質のあらゆる知られた性質のうちに探し求めるのは無駄である、と結論したのである。この意見において彼らのほとんど全員が一致し、彼らが意見の相違を示したのは、彼らがそれから導出した推理においてのみであった。と言うのは、彼らの或る者たち、特にデカルト主義者たちなど[14]は、われわれが物質の本質を完全に知っているということを、原理として確立していたので、きわめて自然に、物質は何の効力をも付与されていず、それ自身で運動を伝達することも、また、われわれがそれに帰すようなどのような結果を生み出すことも、不可能である、と推理したのである。物質の本質は延長にあり、延長は現実の運動ではなくただ運動可能性を含意するだけであるという理由で、彼らは、運動を生み出す活動力は延長のうちにはあり得ない、と結論した。

この結論は、彼らを、彼らが完全に不可避であると見なすもう一つの結論に導く。彼らの言うところでは、「物質は、それ自体ではまったく非活動的であり、運動を生み出したり、継続したり、伝達したりするための力能を欠いている。しかし、これらの結果がわれわれの感覚に明白であり、それらの結果を生み出す力能がどこかに置かれねばならないから、それは、『神』、すなわち、その本性のうちにあらゆる卓越性と完全性とを含んでいる神的な存在者のうちに、なければならない。それゆえ、神こそが、宇宙の第一の動者であり、最初に物質を創造し、それに最初の衝撃を与えただけでなく、同様に、その全能の力能を絶えず行使することによって、物質の存在を維持し、物質が与えられているあらゆる運動と配列と性質を物質に次々と付与するのである。」〔これがその結論である。〕

この意見は、確かにきわめて興味深いものであり、われわれの注意に十分値する。しかし、それをこの場所で吟味することは、われわれがそれを取り上げた現在の目的を一瞬でも反省すれば、余計であることが分かるであろう。われわれは、あらゆる観念が印象から、すなわち何らかの先行する知覚から、生じるのであるから、力能の行使がそこにおいて知覚される何らかの事例が提示され得るのでなければ、われわれが力能と効力の観念をもつことは不可能である、ということを、原理としてすでに確立した。ところが、これらの事例は、物体においてはけっして見出され得ないので、デカルト主義者たちは、彼らの生得観念の原理に基づいて、或る最高の精神すなわち神に助けを求め、これを宇宙における唯一の能動的な存在者であり、物質におけるすべての変化の直接の原因であると、見なしたのである。しかし、生得観念の原理は偽であると認められているのであるから、神を仮定することは、われわれの感覚に現前しているか、あるいはわれわれがわれわれ自身の精神において内的に意識している、あらゆる対象のうちに、われわれが無駄に探し求めている、作用性の観念を説明するのに、何の役にも立つことができない、ということが帰結する。なぜなら、もしすべての観念が印象から生じるのであれば、神の観念も同じ源から生じることになり、もし感覚の印象も反省の印象もいかなる力をも効力をも含まないのであれば、このような能動的な原理を神のうちに見出すことも、また想像することさえも、同じく不可能であるからである。それゆえ、これらの哲学者たちは、物質のうちに有効な原理を見出すことが不可能であるので、物質はいかなる有効な原理を付与されていることもあり得ないと結論するのであるから、同じ推論の筋道は、彼らに、有効な原理を最高の存在者からも排除するようにさせるべきなのである。それとも、もし彼らが、この意見を、実際にそうである通り不合理で不敬なものと見なすのであれば、私は彼らに、それを避ける方法を教えよう。それは、そもそもの最初から、自分たちが、いかなる対象においても、力能あるいは効力の十全な観念をもっていないと、結論することである。なぜなら、彼らは、物体においても精神においても、より優れた存在者においてもより劣った存在者においても、力能あるいは効力のただ一つの事例をも、見出し得ないからである。

同じ結論は、二次的原因の有効性を主張し、物質に、派生的ではあるが真の力能と活動力を帰する人たち[15]の説によっても、不可避である。なぜなら、彼らは、この活動力が物質の知られた性質のどれのうちにもないことを認めるので、この観念の起源について、困難（問題）は依然として残っているからである。もしわれわれが実際に力能の観念をもっているのであれば、力能を或る知られない性質に帰することもできよう。しかし、この観念がそのような〔知られない〕性質から生じることは、不可能であり、知られた性質のうちにはその観念を生み出し得るようなものは何もないのであるから、われわれが、われわれが普通に理解するような仕方で、この種の観念を何かもっていると想像するとき、われわれは思い違いをしているのである、ということが帰結する。すべての観念は印象から生じ、印象を表象（再現）する。〔ところが〕われわれは、何らかの力能または効力を含んだどんな印象もけっしてもっていない。それゆえ、われわれは、力能のどんな観念ももっていないのである。

[16]〔或る人たちは、われわれが、われわれ自身の精神のうちに活動力あるいは力能を感じるのであり、このようにして力能の観念を獲得した後で、われわれが、この性質を、われわれが力能を直接には見出すことができない

物質に、投影する（移転させる）のであると、主張した。[17]（彼らが言うには）[18]「われわれの身体の運動と、われわれの精神の思考と感情が、われわれの意志に従うのであり、われわれは、力あるいは力能の正しい観念を獲得するために、それ以上探し求めはしない。」しかし、この推論がどれほど誤っているかを確信するためには、われわれは、意志がここでは一つの原因と見なされているので、或る物質的原因がそれの本来の結果に対して知覚できる結合をもたないのと同様に、意志がそれの結果に対して知覚できる結合をもたないということを、考察しさえすればよい。意志の作用と身体の運動との間の結合を知覚できるどころか、思惟と物質の力能と本性から「身体の運動より」より説明のできない結果はない、ということが、認められている。意志のわれわれの精神に対する支配も、同様に理解不可能である。ここでも、結果は原因から区別でき分離できるものであり、結果は、それら（原因と結果）の間の恒常的随伴の経験なしには、予見され得なかったであろう。われわれはわれわれの精神に対して或る程度の支配を有するが、この程度を超えるとそれに対するすべての支配を失う。そして、われわれが経験に頼らない場合には、われわれの支配に正確な限界を定めることは、明らかに不可能である。要するに、精神の諸作用は、この点で、物質の諸作用と同様なのである。われわれが知覚するのは、ただそれらの恒常的な随伴であり、われわれは、それを超えて推論することはできない。内的な印象は、外的対象と同様に、目に見える活動力をもたないのである。それゆえ、物質は知られない力によって働くと哲学者たちによって認められているのであるから、われわれが、われわれの精神に頼って力の観念を獲得しようと望んでも、無駄なのである。（一）

（一）　同じ不完全さが、われわれの神の観念にも伴っているが、このことは、宗教あるいは道徳に、何の影響も及ぼし得ない。宇宙の秩序は、全能の精神、すなわち、その意志が常にすべての被造物と存在者の服従に伴われているような精神、「の存在」を証明している。宗教のすべての信仰箇条に基礎を与えるためには、これ以上に何も必要でなく、われわれが最高存在者のもつ力と活動力の判明な観念を形成することも、必要でない。」

一般あるいは抽象観念は、或る観点から見られた個別的観念にほかならないということ、[19]また、或る対象を省みるときに、われわれの思考から量と性質の特定の度合いをすべて排除することは、それらを事物の現実のあり方から排除することと同様に、不可能であるということは、確かな原理としてすでに確立された。それゆえ、もしわれわれが力能一般の観念をもっているのであれば、われわれは、特定の種類の力能をも思いうかべることができなければならず、また、力能は、単独では自存できず、常に或る存在者の属性と見なされているから、われわれは、この力能を、何らかの特定の存在者のうちに置くことができ、また、その存在者を、それによってこれこれの特定の結果がそれの働きから必然的に生じるような、真の力と活動力を付与されたものとして、思いうかべることができるのでなければならない。われわれは、原因と結果の間の結合を、判明にかつ個別的に（特定のものとして）思いうかべなければならず、単に一方を見ることから、それがもう一方のものによって後続されるか先行されるのでなければならないということを、断言できなければならない。これが、一つの特定の力能を一つの特定の物体において思いうかべる、真の仕方である。そして、一般観念は個別的観念なしには不可能であるから、後者（個別的観念）が不可能な場合には前者（一般観念）が存在し得ないということは、確実である。ところで、人間の精神は、二つの対象の間の結合を思いうかべるように、あるいは、それらを結合している力能または効力を判明に把握するように、二つの対象についての観念を形成することはできない、ということほど明白なことはない。このような結合は、一つの論証であることになり、一方の対象が他方の対象に後続しないこと、あるいは後続しないと考えられることが、絶対に不可能であるということを、含意するであろう[21]。このような種類の結合は、すでにあらゆる場合において否定された。もし誰かが反対の意見をもち、力能の観念を或る特定の対象において獲得したと考えるのであれば、私は、彼に、その対象を私に指し示して欲しいものである。そんなことがあるとは思わないが、そのような人に出会うまでは、私は、われわれがいかにして特定の力能が或る特定の対象にあり得るのかを判明に思いうかべることがけっしてできないのであるから、そのような一般観念を形成できると想像する際、われわれは思い違いをしているのである、と結論せざるをえない。

このようにして、結局のところ、われわれが、より優れた本性のものであれ、より劣った本性のものであれ、或る存在者について、何らかの結果に比例した力能または力を付与されているものとして、語るとき、また、われわれが、対象の間の必然的結合について語り、この結合がそれらの対象のどれかが付与されている効力または活動力に依存しているものと想定するとき、このように使用されたこれらすべての表現において、われわれは、実際には何ら判明な意味をもっていず、ただ普通の語を、何らの明晰で確定した観念ももたずに使用しているだけである、と推理することができるかも知れない。しかし、これらの表現は、何らの意味ももっていないというよりも、間違って使用されることによってここでその本来の意味を失っているということが、よりありそうなことであるので、ひょっとしてわれわれがこれらの表現に結びつけている観念の本性と起源をわれわれが見出すことができるのかどうかを見るために、この問題についてさらにもう一つ考察を加えるのが適当であろう。

われわれに二つの対象が提示され、その一方が原因であり、他方が結果であると仮定すると、明らかに、単にこれらの対象の一方あるいは両方を考察することからは、われわれは、両者を結合する絆（tie）を、けっして知覚せず、両者の間に結合があると確信をもって断言することは、けっしてできないであろう。それゆえ、われわれが、原因と結果、必然的結合[22]、力能、力、活動力、また効力等の観念を獲得するのは、どれか一つの事例からではない。われわれが、たがいにまったく別個な、対象の間の個別的な随伴しか見なかったとすれば、われわれは、そのような観念をけっして形成できなかったであろう。

しかし次に、同様の対象が常に随伴しているいくつもの事例をわれわれが観察すると仮定すると、われわれは、直ちに対象の間に結合を考え（思いうかべ）、一方から他方への推理を引き出し始める。それゆえ、類似した事例のこの多数性[23]が、力能あるいは結合の本質そのものを成すのであり、この観念が生じる源泉である。してみると、力能の観念を理解するためには、われわれは、この多数性を考察しなければならない。また、このように長い間われわれを悩ましてきた困難を解決するために、私は、それ以上のことを要求しない。なぜなら、私は、以下のように推論するからである。完全に類似した事例の反復は、単独では、どれか特定の事例のうちに見出すことができるものと異なるような、根源的な観念を、けっして生み出すことはできない。このことは、すでに観察したことであり、「すべての観念は印象から写し取られる」というわれわれの根本原理からも明らかに帰結する。それゆえ、力能の観念は、どの一つの事例にも見出せないが、しかしいくつもの事例の反復から生じる、一つの新しい根源的な観念であるから、反復は、単独ではこの結果を生じないが、この観念の源泉である何か新しいものを、明示するか、生み出すのでなければならない、ということが帰結する。反復が何の新しいものを明示することも生み出すこともしなかったとすれば、われわれの観念は、反復によって多数化（multiply）されはするが、単一の事例の観察に基づいている観念以上には拡大（enlarge）されなかったであろう(24)。それゆえ、類似した事例の多数性から生じる、（力能または結合の観念のような(25)）拡大はすべて、多数性が与える何らかの結果から写し取られたものであり、この結果を理解することによって、完全に理解されるであろう。反復によって何か新しいものが明示されるか生み出されるところがどこであれ、そこにわれわれは力能を置くべきであり、それをそれ以外の対象の中にけっして探し求めてはならない。

　しかし、第一に、類似した対象の類似した継起と隣接の関係における反復は、どの対象のうちにも何ら新しいものを明示しないことは、明らかである。なぜなら、われわれが、それからどんな推理をも導出できず、それをわれわれの論証的または蓋然的推論の主題にすることができないことは、すでに証明された通りであるからである(一)。それどころか、われわれが推理を導出できたと仮定しても、今の場合何の役にも立たないであろう。なぜなら、どんな種類の推論も、この力能の観念のような新しい観念を生み出すことができず、われわれは、推論する場合には常に、われわれの推論の対象となり得る明晰な観念を、あらかじめ所有していなければならないからである。〔観念の〕思念が、常に理解に先行するのであり、前者が不明瞭である場合には、後者が不確かであり、前者が成り立たない場合には、後者も成り立ち得ないのである。

（一）　第六節〔一一〇～三頁〕。

第二に、類似した状況にある類似した対象のこの反復が、これらの対象のうちにも、どの外的対象のうちにも、何の新しいものをも生み出さないことは、確実である。というのは、容易に認められるであろうように、類似した原因と結果との随伴についてわれわれがもついくつもの事例は、それら自体としてはたがいにまったく独立であり、私が今玉突きの二つの球の衝突から生じるのを見る運動の伝達は、私が十二か月以前にこのような衝突から生じるのを見た運動の伝達と、まったく別個なものであるからである。これらの衝突は、たがいにどんな影響も与えない。それらは、時間と場所によってまったく分けられており、一つの衝突が存在して運動を伝達しながら、他の衝突がまったく存在しないことも、あり得たのである。

　してみると、対象の恒常的随伴、すなわち、対象の継起と隣接の関係の中断することのない類似性によって、対象のうちには、何の新しいものが明示されることも生み出されることも、ないのである。しかしながら、必然性、力能、および効力の観念が生じるのは、この類似性からである。それゆえ、これらの観念は、恒常的に随伴する対象に属しているか属し得るようないかなるものをも、表象してはいないのである。この議論は、われわれがそれをどういう観点から吟味しても、まったく反駁できないことが知られるであろう議論である。類似した事例は、それでも力能または必然性についてのわれわれの観念の、第一の源泉である。同時に、これらの事例は、それらの類似性によっては、たがいにもどの外的対象にも、何の影響をも及ぼさない。それゆえ、われわれは、この観念の起源を求めるために、どこか他の方面に向かわねばならない。

　力能の観念を生み出すところの、いくつもの類似した事例は、たがいには何の影響も及ぼさず、その観念の原型となり得るような何の新しい性質をも、対象のうちにはけっして生み出し得ないが、しかし、この類似性の観察は、その観念の真の原型である或る新しい印象を、精神のうちに生み出す。と言うのは、われわれが十分な数の事例において類似性を観察したのちには、われわれは直ちに、精神が、一つの対象からそれにいつも伴っていた対象へ移行し、その対象をこの〔いつも伴っていたという〕関係のゆえにより強い光のもとで〔より生き生きと〕思いうかべるように、決定されているのを、感じるからである。[26] この〔精神の〕被決定性（determination）が、類似性の唯一の結果であり、それゆえそれは、それの観念が類似性から生じるところの力能または効力と、同じものであるはずである。類似した随伴のいくつもの事例は、われわれに力能と必然性の観念をいだかせる。これらの事例は、それら自体においてはたがいにまったく別個であり、それらを観察しそれらの観念を寄せ集める精神においてしか、結合をもたない。してみると、必然性とは、この観察の結果であり、精神の内的な印象（an internal impression）、すなわち、われわれの思考を一つの対象から他の対象へと移すべく〔精神が〕決定されていること、にほかならない。[27] 必然性をこのように考えるのでなければ、われわれは、それのもっとも遠い観念にも達することができず、それを外的な対象にも内的な対象にも、精神にも物体にも、原因にも結果にも、帰することができないのである。

原因と結果の間の必然的結合（necessary connexion）は、一方から他方へのわれわれの推理の基礎である〔と考えられる〕。〔ところが〕われわれの推理の基礎は、〔観念の〕習慣的結合から生じる〔精神の〕移行である〔ことが明らかになった〕。それゆえ、これら（必然的結合と習慣的移行）は、同じものである。[28]

必然性の観念は何らかの印象から生じる。われわれの感覚能力によって伝えられる印象で、この観念を生み出すことができるものは、ない。それゆえ、この観念は、何らかの内的な印象、すなわち反省の印象から生じるのでなければならない。現在の問題に関係をもつ内的印象は、習慣が生み出す、一つの対象からそれにいつも伴っていた対象の観念へと移行しようとする、傾向以外にはない。それゆえ、これが、必然性の本質である。要するに、必然性とは、対象のうちにではなくて精神のうちに存在する何かであり、われわれには、物体のうちにある性質と考えられた必然性については、もっとも遠い観念を形成することも、可能ではない。われわれが必然性の観念をもたないか、それとも、必然性とは、原因から結果へ、また結果から原因へと、経験された結合に従って移行するように、思惟が決定されていることにほかならない。

このように、二の二倍を四に等しく、また三角形の三つの角の和を二直角に等しくさせる必然性が、われわれがこれらの観念をそれによって考察し比較するところの、知性の作用にのみ存するのと同様に、原因と結果を結合する必然性または力能は、一方から他方へ移行するように精神が決定されていることに存するのである。原因の効力または活動力は、原因自体にあるのでも神にあるのでもこれら二つの原理の協働にあるのでもなく、まったく、すべての過去の事例における二つまたはそれ以上の対象の結びつきを考察する心に属するのである。原因の真の力能は、原因の〔結果との〕結合および〔その〕必然性とともに、ここ（心）に置かれているのである。

私は、この論考の中で提出する機会がこれまでにあり、またこれからあるであろう、すべての逆説のなかで、現在の逆説が、もっとも極端なものであるということ、この逆説が受け容れられ、人類の根深い偏見に打ち勝つことを私が望み得るのは、堅固な証明と推論の力によってのみであるということを、十分感じている。われわれがこの説に納得するまでに、われわれは、どれほどしばしば繰り返し、みずからに以下のように言わなければならないであろうか。すなわち、二つの対象または作用の単一の考察は、それらがどのように関係していようとも、力能あるいは両者の間の結合の観念を、われわれにけっして与えることができないということ、この観念は、それら（対象）の結びつきの反復から生じるということ、反復は、対象のうちには何も明示せず、何も引き起こしはしないが、それが生み出す〔精神の〕習慣的移行によって、精神にのみ影響を及ぼすということ、それゆえ、この習慣的移行が、力能および必然性と同じものであり、これらはそれゆえ、対象のではなくて、知覚の性質であり、心によって内的に感じられるが、物体のうちに外的に知覚されるのではないということ、である。すべての尋常でないものには、通常、驚きが伴い、この驚きは、われわれがその主題に同意するか同意しないかによって、直ちに、もっとも強い尊敬か軽蔑に変わる。今述べた推論は、私には、想像できる限りでもっとも短く、もっとも決定的なものに見えるが、それでも大部分の読者においては、精神の偏向が優勢であり、彼らにこの説に対する偏見を与えるであろうと、私は大いに恐れる。

この説に反対のこの偏向は、容易に説明できる。精神が、それ自身を外的対象に押し拡げる大きな傾向を有するということ、そして、外的対象が引き起こし、外的対象が感覚能力に現われるのと同じときに常に現われる、内的印象を、外的対象に結びつける大きな傾向を有するということは、普通に観察される。たとえば、或る種の音や香は、常に或る種の見得る対象に伴うので、われわれは自然に、これらの対象とこれらの性質の間に、場所における随伴さえ想像する。これらの性質は、このような随伴を受け容れない本性のものであり、実際にはどの場所にも存在しないにもかかわらず、である。しかし、このことについては、のちにより詳しく述べることにする（一）。今は、同じこの傾向が、必然性と力能を、対象を考察する精神のうちにあるのではなく、われわれが考察する対象のうちにあるのである、とわれわれが想定する理由であることを、述べるので十分である。必然性と力能を、一つの対象の観念からそれにいつも伴う対象の観念へと移行するように精神が決定されていることと取るのでなければ、われわれがその性質のもっとも遠い観念を形成することも不可能であるにもかかわらず、われわれはそのように想定するのである。

（一）　第四部第五節〔二六八～七二頁〕。

これが必然性についてわれわれが与えることができる唯一の合理的な説明であるにもかかわらず、逆の考えが上に述べた諸原理のために精神に深く刻み込まれているので、疑いなく、私の意見は多くの人々から常軌を逸した滑稽なものとして扱われるであろう。「何だって。原因の効力が精神の被決定性にあるのだって。まるで、諸原因が、精神とはまったく独立に作用し、それらを眺めるかそれらについて推論する精神が存在しなくてもその作用を続けるということが、ないかのようである。思惟がそれの作用のために原因に依存することがあっても構わないが、原因が思惟に依存することはあり得ない。それは、自然の秩序を逆転させ、実際は一次的であるものを、二次的なものとすることである。すべての作用には、それに比例する力能があり、この力能は、作用する物体に置かれねばならない。われわれは、力能を一つの原因から取り除くならば、それを別の原因に帰さなければならない。しかし、力能を、すべての原因から取り除き、それらを知覚するという仕方でしか原因または結果に関係していない存在者に付与するのは、とんでもない不合理であり、人間理性のもっとも確実な諸原理に反することである。」〔と言われるであろう。〕

これらすべての議論にたいして、私は、ここでの事情は、盲人が、緋色がらっぱの音と同じものではなく、光が固体性と同じものでないという想定に、非常に多くの不合理を見出すと主張する場合と、同様である、と答えることができるだけである。もしわれわれが実際には、いかなる対象のうちにも力能あるいは効力のいかなる観念ももたず、原因と結果の間の真の結合のいかなる観念ももたないとしたら、すべての作用において効力が必要であると証明することは、ほとんど何の役にも立たないであろう。われわれは、そう言いながら、われわれ自身の意味することを理解せず、たがいにまったく別個な観念を、それと知らずに混同しているのである。実際、私は、物質的諸対象のうちにも非物質的諸対象のうちにも、われわれがまったく知らない性質が、いくつもあり得るということを、認めるのにやぶさかではなく、われわれがこれらの性質を、「力能」あるいは「効力」と呼びたければ、そうしても、世界にほとんど何の影響もないであろう。しかし、これらの知られない性質を意味するかわりに、われわれが「力能」と「効力」という名辞に、われわれが明晰な観念をもっているが、われわれがその名辞を適用する対象とは両立し得ない何かを、意味させるならば、不明瞭と誤りが生じ始め、われわれは偽る哲学によって迷うことになる。これが、われわれが思惟の被決定性（決定されているという印象）を外的な対象に移し（transfer　投影し）、外的な対象の間に真の理解可能な結合を想定する場合である。なぜなら、それは、外的対象を考察している精神にのみ属することができる性質であるからである。

言われるかも知れないこと、すなわち、自然の作用がわれわれの思惟と推論から独立であるということについては、私はそれを認める。それゆえに、私は、対象がたがいに隣接と継起の関係をもつということ、類似した対象がいくつもの事例において類似した関係にあることが観察できるということ、そして、これらすべてのことが、知性の作用から独立で、それに先行するということを、先に述べたのである。しかし、さらに一歩進んで、これらの対象に力能または必然的結合を帰するならば、そのような力能または必然的結合は、われわれが対象のうちにはけっして観察できないものであり、われわれは、それの観念を、われわれが対象を眺める際に内的に感じるものから、得てくるよりほかないのである。そしてこの私の主張は徹底しており、私は、私の現在の推論自体を、理解するのが難しくはないであろう一つの工夫によって、この主張の一例として用いる用意がある。

或る対象〔A〕がわれわれに提示されるとき、それは、直ちに、それにいつも伴っていることが見出される対象〔B〕の生き生きした観念を、精神に伝える。そして、精神のこの被決定性が、これらの対象の必然的結合を成す。しかし、観点を対象から知覚へ変えるならば、そのときは、〔対象Aの〕印象が原因であり、〔対象Bの〕生き生きした観念が結果であると、考えられるべきであり、これら〔印象と観念と〕の必然的結合とは、われわれが印象の観念から観念の観念へ移行するように決定されているのを感じる際の、新たな被決定性のことである。われわれの内的知覚の間の結合原理は、外的対象の間の結合原理と同様に、知的に理解できず、〔恒常的随伴の〕経験によって知るほかには、知りようがないのである。ところで、経験の本性と影響とは、すでに十分吟味され、説明された。経験は、対象の内的構造についても、対象の作用原理についても、いかなる洞察をもけっして与えず、ただ精神を、一方の対象から他方の対象へ移行するように、習慣づけるだけである。

今や、この論究のすべての異なる諸部分を寄せ集めるべきときであり、それらを結びつけることによって、現在の探究の主題を成す原因と結果の関係の厳密な定義を、形成すべきときである。この関係自体を解明する前に、この関係に基づく推理を最初に吟味するという、この順序は[29]、もしほかの方法で進むことが可能であったならば、許されるものではなかったであろう。しかし、この関係の本性がこの推理の本性に大いに依存しているので[30]、われわれは、この見かけの上で本末転倒した仕方で進まなければならず、諸名辞を厳密に定義しそれらの意味を確定することができる前に、それらの名辞を使用しなければならなかったのである。今やわれわれは、原因と結果の正確な定義を与えることによって、この欠点を直すことにしよう。

この関係には、二つの定義を与えることができる。それらは、同一の対象の異なる眺めを提示し、われわれにその関係を、哲学的関係と自然な関係とのどちらと見なすようにさせるか、すなわち、二つの観念の比較と二つの観念の間の連合とのどちらと見なすようにさせるか、という点でのみ異なる。〔まず〕われわれは、「原因」を、「他の対象に先行しかつ隣接する対象であり、かつその際、後者に似た対象がすべて、前者に似た対象に対し、先行と隣接という似た関係に立つ(32)」と定義できる。〔第二に、〕もしこの定義が、原因に外的な対象から導出されているという理由で、欠陥のあるものと見なされるのであれば、われわれは、それの代わりに、以下のもう一つの定義を、置き換えることができる。すなわち、「『原因』とは、他の対象に先行しかつ隣接する対象であり、かつ、前者と次のような仕方で〔想像力において〕結合している対象である。すなわち、一方の観念は、他方の観念を形成するように、また一方の印象は、他方のより生き生きした観念を形成するように、精神を決定する(33)」というものである。この定義も同じ理由で拒絶されるのであれば、私は、そのように気難しいことを言う当人が、これの代わりに、より正しい定義を置き換えてくれること以外には、治療の仕方を知らない。しかし、私としては、自分にはそのような企てができないことを、認めなければならない。私ができる限りの正確さで普通に原因と結果と呼ばれている対象を吟味するとき、単一の事例を考察する場合には、一方の対象が他方の対象に先行しかつ隣接していることを私は見出し、私の視界を拡大していくつもの事例を考察するとき、私が見出すのはただ、似た対象が継起と隣接という似た関係に恒常的に置かれているということだけである。また、この恒常的随伴の影響を考察するとき、私が知覚するのは、このような関係が推論の対象になり精神に働きかけ得るのは、習慣によってのみであり、習慣は、想像力を、一つの対象の観念からそれにいつも伴う対象の観念に移行し、一つの対象の印象から他方の対象のより生き生きした観念に移行するように、決定する、ということである。これらの意見がどれほど突飛なものに見えようとも、私は、この問題にこれ以上の探究や推論を行なっても無駄であると考えるので、これらの意見を確立された原則として信頼することにする。

ただ、この主題を終える前に、哲学において今まで大いに優勢であったいくつかの偏見とよくある誤りをそれによって除去することができるように、この主題〔の論述〕からいくつかの系を導出しておくことが、適当であろう。第一に、われわれは、先の教説から、原因はすべて同種類であり、特に、われわれがときどき行なう作用原因（efficient causes）と必要原因（causes sine qua non）との区別や、作用原因と、形相的原因、質料的原因、範例的原因、目的原因などとの間の区別には、根拠がないということを、知ることができる。なぜなら、作用性（efficiency　有効性）の観念は、二つの対象の恒常的随伴から生じるのであるから、これが観察される場合には、常に原因は作用的（有効）なのであり、それが観察されない場合には、いかなる種類の原因もけっしてあり得ないのであるからである。これと同じ理由によって、われわれは、たがいに本質的に異なるものを意味すると想定された、原因ときっかけ（occasion　機会原因）の間の区別も、拒絶しなければならない。もしわれわれが「きっかけ」と呼ぶもののうちに恒常的随伴が含意されているのであれば、それは真の原因である。もしそうでなければ、それはいかなる関係でもなく、いかなる議論をも推論をも生み出すことができないのである。

第二に、同じ筋道の推論が、われわれに、ただ一種類の原因があるのと同様に、ただ一種類の必然性があるのであり、精神的必然性（moral necessity）と自然学的必然性（physical necessity）の間の通常の区別は自然のうちには根拠をもたない[34]、と結論させる。このことは、先の必然性の説明から、明らかである。自然学的必然性を成すのは、対象の恒常的随伴と精神の被決定性とである。これらを除去することは、偶然（chance）と同じことになる。対象は随伴するかしないかのいずれかでなければならず、精神は一つの対象からもう一つの対象へ移行するように決定されているかいないかのいずれかでなければならないから、偶然と絶対的必然性との間にどんな中間を認めることも、不可能である。この随伴と被決定性とを弱めることによって、必然性の本性を変えることにはならない。なぜなら、諸物体の作用においてさえ、随伴と被決定性とは、異なる種類のこの関係（必然性、必然的結合）を生み出すことなく、異なる程度の恒常性と力とをもつのであるからである。

われわれがしばしば行なう力能と力能の行使との間の区別も、同様に根拠がない[35]。

第三に、今や、われわれは、すべての存在の始まりに原因が必要（必然的）であるということは論証的な議論にも直観的な議論にも基づいていないということを、それによって証明することに努めたところの前述の推論[36]に対して、われわれがいだくことがきわめて自然であるすべての反感を、完全に克服することができるであろう。このような意見は、先の定義の後では、奇妙には見えないであろう。われわれが原因を「他の対象に先行しかつ隣接する対象であり、かつその際、後者に似た対象がすべて、前者に似た対象に対し、先行と隣接という似た関係に立つ」と定義する場合には、われわれは、すべての存在の始まりがこのような対象（原因）によって伴われていなければならないという、何らの絶対的な必然性も形而上学的な必然性もない、ということを、容易に考えることができる。また、われわれが原因を「他の対象に先行しかつ隣接する対象であり、かつ、前者と次のような仕方で想像力において結合している対象である。すなわち、一方の観念は、他方の観念を形成するように、また一方の印象は、他方のより生き生きした観念を形成するように、精神を決定する」と定義する場合には、われわれは、その意見に同意することに、さらにより少ない異議しか唱えないであろう。精神に対するこのような影響は、それ自体、まったく尋常ならざる理解不可能なものであり、われわれがその影響の現実性を確信するのは、経験と観察からのみである。

私は、第四の系として、われわれがそれについて観念を形成し得ないような対象が存在するということを信じる理由をけっしてもち得ないということを、つけ加えたい。なぜなら、存在に関するわれわれのすべての推論は、因果関係から生じるのであり、因果関係に関するわれわれのすべての推論は、対象の経験された随伴から生じるのであって、推論や反省から生じるのではないので、同じ経験が、われわれにこれらの対象の観念を与えるはずであり、われわれの結論からあらゆる神秘性を除去するはずであるからである。このことは、きわめて明瞭であって、物質と実体に関する以下の論究[37]に対して生じるかも知れないこの種の或る反論[38]を未然に防ぐためでなければ、われわれの注意にほとんど値しなかったであろう。〔対象の存在を知るには、〕対象についての完全な知識は必要でなく、必要なのは、ただ、われわれが存在すると信じるそれの性質を知ることだけであるということは、言うまでもない。

第十五節　原因と結果を判定するための規則

先の理論によれば、われわれが、ただそれを眺めるだけで、経験にはからずに、他の対象の原因であると決定することができるような対象は、存在せず[1]、また、われわれが、同様にして、〔他の対象の〕原因でないと確実に決定することができるような対象も、存在しない。何が何を生み出すことも、あり得るのである。創造、消滅、運動、推論、意志作用、等、これらのすべてが、たがいに他から生じることがあり得るし、われわれが想像できる他のどんな対象から生じることもあり得るのである。また、このことは、われわれが先に説明した二つの原理を比較するならば、奇妙には見えないであろう。すなわち、「対象の恒常的随伴が、それらの因果関係を決定する[2]」という原理と、「正しく言うならば、存在と非存在を除けば、いかなる対象もたがいに反対ではない[一]」という原理である。対象がたがいに反対でない場合は、それらが、原因と結果の関係がそれにまったく依存しているところの恒常的随伴の関係をもつことを、妨げるものは、何もない。

（一）　第一部第五節〔六項、二六頁〕。

それゆえ、あらゆる対象がたがいに原因または結果となることが可能であるので、対象が実際に原因または結果であることをわれわれがそれによって知ることができるような、いくつかの一般規則を定めることが、適切であろう。

一、原因と結果は、空間と時間において、隣接していなければならない。

二、原因は結果に先行していなければならない。

三、原因と結果の間には、恒常的な結びつき（恒常的随伴）がなければならない。この関係（因果関係）を成り立たしめるのは、主として、この性質である。

四、同じ原因は、常に同じ結果を生み出し、同じ結果は、同じ原因以外からはけっして生じない。この原理は、われわれが経験から導出するのであり、われわれの哲学的推論のほとんどの源泉である。と言うのは、われわれが或る現象の原因または結果を一つの明瞭な実験（経験的事実）から見出したならば、われわれは、この関係（因果関係）の最初の観念がそれから生じるところの恒常的反復を待つことなく、直ちにわれわれの観察を、同種のすべての現象に拡張するからである(3)。

五、この原理に依存する、もう一つの原理がある。すなわち、いくつかの異なる対象が同じ結果を生み出す場合、それは、それらの対象に共通してあることをわれわれが見出すような或る性質によるのでなければならない、ということである。なぜなら、似た結果は似た原因を含意するから、われわれは、原因性（causation）を、常に、われわれがそこに類似性を見出すところの条件に、帰さなければならないからである。

六、次の原理は、これと同じ理由に基づいている。二つの類似した対象の結果における相違は、それらの対象がそこにおいて異なるところの、特定の（ちょうどその）点から生じるのでなければならない。なぜなら、似た原因は常に似た結果を生み出すので、或る事例においてわれわれがわれわれの期待を裏切られる場合には、この不規則性は、原因における何らかの相違点から生じる、と結論しなければならないからである。

七、或る対象がそれの原因の増大減少とともに増減するとき、その対象は、その原因の異なる諸部分から生じるいくつもの異なる結果の結合から生じる、複合的な結果と見なされるべきである(4)。ここでは、原因の一つの部分の欠如または現存が、結果においてそれに比例する部分の欠如または現存に、常に伴われていると仮定されている。この恒常的随伴は、一方の部分が他方の部分の原因であることを、十分証明している。しかしながら、われわれは、少ない実験（経験的事実）からこのような結論を引き出さないように、注意しなければならない。或る度合いの熱は、快を与える。もしその熱を減少させれば、快も減少する。しかし、熱を或る度合いを越えて増大させれば快も同様に増大するということは、帰結しない。なぜなら、〔その場合〕われわれは、快が苦に変質するのを、見出すからである。

八、私が触れておきたい第八番目にして最後の規則は、或る時間の間或る結果を伴わずに完全な状態で存在する対象は、その結果の唯一の原因ではなく、それの影響と作用を促進させることができるような、何らかの他の原理（原因）に助けられることを必要とする、(5)というものである。なぜなら、似た結果は似た原因から、隣接する時と場所において、必然的に生じるので、原因と結果が一瞬でも分離されることは、これらの原因が完全な原因でないということを、示しているからである。

以上が、私の論究において使用するのが適切であると私が考える、「論理」（logic）のすべてである。おそらく、これさえも、大して必要でなかったのであり、われわれの知性の自然の諸原理によって、代行され得たであろう。学校の学者たちや論理学者たちは、彼らの真似をして哲学においてわれわれの判断に指図するための規則や指令の長い体系を述べようとする気持をわれわれに起こさせるほど、理性や能力において単なる普通人より優れていることを、示してはいない。この種の規則はすべて、作り出すことがきわめて容易であるのに、適用することがきわめて難しいものである。そして、あらゆるもののなかでもっとも自然でもっとも単純であるように見える実験的哲学でさえ、人間の判断力を極限に緊張させることを、必要とする。自然の中の現象はどれも、きわめて多くの異なる条件によって複合され変様されているので、決定的な結論に到達するためには、われわれは、余計なものを注意深く分離し、最初の実験に見られた個々の条件のすべてがそれに本質的なものであるのかどうかを、新たな実験によって、探究しなければならない。これらの新たな実験も、同種の討論を経なければならないので、われわれにわれわれの探究をたゆまず続けさせるためには、この上ない志操の堅固さが要求され、提示される多くの道の中から正しい道を選ぶためには、この上ない明敏さが要求されるのである。自然哲学においてさえ事情がこうであるなら、精神哲学においては、事情はどれほどさらにそうでなければならないであろうか。と言うのも、精神哲学においては、諸条件がはるかにより込み入っているからであり、精神の一つの作用に本質的な考えや気持が暗黙の不明瞭なものであるので、それらは、しばしばわれわれのもっとも張りつめた注意の目をも逃れ、それらの原因が説明できないだけでなく、それらの存在さえ知られないことがあるからである。私が私の探究においておさめる成功が小さくて、この言表が、自賛しているというよりもむしろ弁明しているように見えるのではないかと、大いに恐れる。

この点において、何かが私を安心させてくれるとすれば、それは、私の実験（経験）の範囲をできる限り拡大することであろう。この理由によって、ここで、人間の推論能力だけでなく、獣類の推論能力を吟味することが、適当かも知れない。

第十六節　動物の理性について

明白な真実を否定することの滑稽さに次ぐのが、明白な真実を弁護しようと躍起になることの滑稽さである。いかなる真理も、獣類が人間と同様に思惟と理性の能力を付与されているという真理以上に、より明白であるようには私には見えない。この場合の証拠（arguments）は、きわめて明瞭であるので、どれほど愚かで無知な人の目を逃れることも、けっしてない。

われわれは、われわれ自身が、手段を目的に適合させるに際して、推論と計画によって導かれていること、そして、われわれが、自己保存、快の獲得、および苦の回避に資する行為を、知らずにするのでも、無計画にするのでもないということを、意識している。それゆえ、われわれが、他の生物が無数の事例においてわれわれのと同様の行為を遂行し、それらの行為をわれわれのと同様の目的に向けているのを見るとき、推論と蓋然性の全原理〔規則〕は、われわれに、打ち勝ち難い力で、われわれのと同様の原因〔理性〕の存在を信じさせるのである。私の意見では、この議論を個々の事例を枚挙することによって例証することは、不必要である。ほんのわずかの注意でも、われわれに、必要以上のものを提供してくれるであろう。動物の行為と人間の行為との類似性は、この点で非常に完全であるので、われわれが任意に選ぶ最初の動物の最初の行為が、われわれに、現在の説のための反論し難い証拠を与えてくれるであろう。

この説は、明白でもあれば、有用でもあり、この種の哲学〔精神哲学〕のどの体系をもそれによって試すことができる、一種の試金石を、われわれに与えてくれる。われわれは、動物の外的行為のわれわれ自身が行なう外的行為に対する類似性から、動物の内的な行為〔心的作用〕もまたわれわれの内的な行為に類似していると、判断するのである。そして、同じ推論の原理は、さらにもう一歩進められると、われわれに、われわれ〔人間と動物〕の内的な行為がたがいに類似しているから、それらがそこから生じるところの諸原因もまた類似しているはずである、と結論させるであろう。それゆえ、人間と獣類に共通の心的作用を説明するために或る仮説が提出される場合には、われわれは、同じ仮説を両方に適用すべきである。そして、私は、真なる仮説のすべてはこの試練に耐えるであろうが、偽なる仮説のどれもこの試練に耐え得ないであろうと、あえて主張することができよう。哲学者たちが精神の作用を説明するためにこれまで用いた諸体系の共通の欠点は、それらが、単なる動物の能力を超えるだけでなく、人類の子供たちや普通の人たちの能力さえ超えるような、思考の緻密さと精妙さを、仮定しているということである。しかしながら、この人たち〔子供たちや普通人たち〕は、もっとも完成された才能と知性の人たちと同様の、情動や感情をもつことができるのである。〔どんな体系であれ、〕このような〔思考の〕

緻密さ〔を仮定すること〕は、体系の偽なることの、明瞭な証拠である。逆に、〔思考の〕単純さ〔を仮定すること〕は、体系の真なることの、明瞭な証拠である。

それゆえ、知性の本性に関するわれわれの現在の体系を、この決定的な試練（試験）にかけ、それが、獣類の推論を人類の推論と同等に説明するかどうかを、見てみよう。

ここで、われわれは、ありふれた性質のもので、動物の普通の能力と同じ水準にあるように見える、動物の行為と、動物が彼ら自身の保存と彼らの種の繁殖のためにときに示す、利口さのより尋常でない事例〔である行為〕とを、区別しなければならない。犬が、火や崖を避け、見知らぬ人を避けるが主人には親愛の情を示すということは、最初の種類の行為の例を与えてくれる。鳥が、巣の場所と材料をあれほどの注意と気難しさで選び、適当な季節にしかるべき間、錬金術師がもっとも微妙な錬金作業においてできるほどの注意深さをもって、卵を抱くのは、われわれに、第二の種類の行為の鮮やかな例を提供してくれる。

先の〔種類の〕行為については、私は、それらが、人間本性（人類）において現われる推論と本質的に異ならずまたそれと異なる原理に基づいてもいない推論から生じると、主張する。まず第一に、彼らの判断の基礎となるために、何らかの印象が、彼らの記憶か感覚に直接現前していることが、必要である。犬は、声の調子から、主人の怒りを推理し、自分が罰せられることを予見するのである。犬は、また、彼の嗅覚を刺激する或る感覚から、獲物が自分から遠く離れてはいないと判断するのである。

第二に、犬が現前している印象から引き出す推理は、経験に、すなわち、過去の事例における対象の随伴の観察に、基づいている。この経験を変えてやれば、犬は、推論を変える。しばらくは或る身振りまたは運動に続いて犬を叩き、後には別の身振りまたは運動に続いて犬を叩くようにしてみよ。犬は、もっとも最近の経験に応じて、異なる結論を、順次引き出すであろう。

さて、どの哲学者であれ、彼に、われわれが「信念」と呼ぶところの精神の作用を説明するよう、試みに努めさせ、信念を生み出す諸原理を、習慣が想像力に及ぼす影響から独立に説明させ、彼の仮説を、人類にと同等に獣類にも妥当し得るものにするように、させてみよ。私は、彼がこのことを為したのちには、彼の意見を受け容れることを約束する。しかし、同時に私は、公平な条件として、もし私の体系がこれらの条件のすべてを充足する唯一の体系であるならば、私の体系が、まったく十分で確信を与えるものとして受け容れられることを、要求する。そして、それがそのような唯一の体系であることは、ほとんど何の推論もなしに明瞭である。〔なぜなら、〕獣類が、対象の間に何らの真の結合をもけっして知覚しないことは、確実である。それゆえ、獣類が一つの対象から別の対象を推理するのは、経験による。〔しかし、〕獣類は、何らかの議論によって、彼らが経験しなかった対象が彼らが経験した対象に類似するという一般的結論を形成することは、けっしてできない。それゆえ、経験が獣類に働きかけるのは、習慣のみによるのである。これらすべてのことは、人間に関しては、十分明白であった。しかし、獣類に関しては、誤りの懸念は、ほんの少しもあり得ない。このことが、私の体系の、強力な強化、いやむしろ打破不可能な証明であると、認められなければならない。

　われわれをどんな現象にも慣れさせる習慣の力をもっとも示しているのは、人間が、自分自身の理性の働きには驚かないが、同時に、動物の本能を賛嘆し、ただそれが人間の場合と同じ諸原理に帰着され得ないからという理由で、それを説明することに困難を見出す、という事実である。問題を正しく考察するならば、理性とは、われわれを或る特定の観念の連鎖に沿って運び、それらの観念にそれらの特定の状況と関係に応じて特定の性質を与えるところの、われわれ〔人間〕の魂における驚くべき理解不可能な本能にほかならない。なるほど、この本能は、過去の観察と経験から生じる。しかし、なぜ過去の経験と観察がこのような結果を生み出すのかについては、なぜ自然が単独で（経験によらずに）このような結果（本能）を生み出し得るのかについてと同様に、その究極の理由を誰も与えることができないのである。自然は、確かに（実際）、習慣から生じ得るものは何であれ、生み出すことができる。いやむしろ、習慣とは、自然の諸原理の一つにほかならず、その力のすべてを、自然という起源から得ているのである。

第四部　懐疑論的およびその他の哲学体系について

第一節　理性に関する懐疑論について

すべての論証的学問において、規則は確実であり不可謬であるが、われわれが規則を適用する際に、われわれの誤りやすい不確実な諸能力は、規則から外れて誤りに陥る傾向が強い。それゆえ、われわれは、すべての推論において、最初の判断または信念に対する抑制または制御として、新たな判断を形成しなければならず、われわれの視界を拡大して、われわれの知性の証言が正しく真であった事例と比較された、知性がわれわれを欺いたすべての事例の、言わば歴史を、考察の範囲に収めなければならない。われわれの理性は、真理がそれの自然な結果であるところの一種の原因と見なされるべきであるが、しかしまた、他の原因の侵入とわれわれの精神的諸能力の変わりやすさによって〔その自然な作用が〕しばしば妨げられることがあり得るような原因と、見なされるべきである。このことによって、すべての知識は蓋然性へと劣化（変質）するのであり、この蓋然性は、われわれの知性の真実性または欺瞞性の経験と問題の単純さまたは複雑さとに応じて、増えたり減ったりするのである。

代数学者であれ数学者であれ、何か真理を発見した場合に、直ちにその真理に全信頼を置き、それを単なる蓋然的知識以上のものであると見なすほど、その学問に熟達している者はいない。証明を調べ直すたびに、彼の確信は増大するが、確信は、彼の友人たちの是認によってさらに増し、学界での普遍的な同意と称賛によって、最も完全になる。ところで、確信のこの漸次の増大は、新たな蓋然性〔確率〕の付加にほかならず、過去の経験と観察に応じて、原因と結果の恒常的な結びつきから、生じるのである。

長いあるいは重要な計算においては、商人たちは、彼らの安全のために、数の不可謬の確実さをめったに信用せず、計算を人為的に構成することによって、会計係の熟練と経験から生じる以上の蓋然性を、生み出すのである。と言うのは、会計係の熟練と経験から生じるものは、彼の経験の度合いと計算の長さに応じて不確かであり変化するが、それ自体、明らかに、一定の度合いの蓋然性であるからである。ところで、長い計算に対するわれわれの確信が蓋然性を超えるものであるとは、誰も主張しないであろうから、数に関する命題で、われわれが蓋然性に対する以上の確信をもつことができるものは、ほとんどないと主張しても、安全であろう。なぜなら、〔加えるべき項の〕数を徐々に減らしていって、最も長い足し算を、設問できる最も簡単な問題、すなわち二つの数の和に、帰着させることが容易にできる。そして、この仮定によれば、われわれは、知識と蓋然性との正確な境界を示すこと、すなわち、そこにおいて一方が終わり他方が始まる特定の〔項の〕数を明示することを、実行不可能と見なすであろう。ところが、知識と蓋然性とはたがいに反対で一致しない本性をもつので、一方が他方に知らぬうちに移るということはできず、それというのも、それら〔のいずれも〕が部分に分割されず、全体が現存するか全体が欠如するかのいずれかでなければならないからである。さらに、もし一つの足し算が確実であるならば、どの足し算も確実であることになり、その結果、全体がそれの全部分とは異なり得るのでなければ、全体すなわち総和が確実であることになるであろう。私は、このことが確実であると、ほとんど言うところであった。しかし、このことも、他のどの推論とも同様に、みずからを割り引き、知識から蓋然性へと劣化せざるを得ない、と私は反省するのである。

それゆえ、すべての知識は、蓋然性に帰着し、最後にはわれわれが日常生活で使用する明証性と同じ性質のものとなるので、われわれは、今や、後の種類の推論〔蓋然性〕を吟味し、それがいかなる基礎の上に立つのかを見なければならない。

知識に関してと同様に、蓋然性（確率）に関してわれわれが形成し得るすべての判断において、われわれは、常に、対象の本性から生じる最初の判断を、知性の本性から生じる別の判断によって、修正しなければならない。確かな良識と長い経験をもつ人が、愚かで無知な人よりも、彼の意見により大きな確信を、もつべきであり、また通常もっているということ、また、われわれの意見が、われわれ自身においても、われわれの理性と経験との度合いに応じて、異なる度合いの権威をもつということは、確かである。最上の良識と最長の経験をもつ人においても、この権威は、けっして完全ではない。なぜなら、このような人でさえ、過去における多くの誤りを意識し、未来にもさらに同様の誤りを恐れざるを得ないからである。してみると、ここに、最初の蓋然性（蓋然的推論）を修正し規制して、それの正しい大きさと割合を定めるための、新たな種類の蓋然性（蓋然的推論）が生じる。論証が蓋然性による規制に従うのと同様に、蓋然性も、精神の反省作用による新たな修正を受けるのである。この反省作用においては、われわれの知性の本性と、最初の蓋然性に基づくわれわれの推論とが、われわれの対象となるのである。

このようにして、すべての蓋然性において、主題に内在する元の不確実性のほかに、判断する能力の弱さから生じた新たな不確実性を見出し、これら二つの不確実性を調整したのちに、われわれはわれわれの理性によって、われわれがわれわれの諸能力の真実性と正確さに対して行なう評価における誤りの可能性から生じる新たな疑いを、つけ加えざるを得ない。これは、われわれに直ちに生じる疑いであり、われわれがわれわれの理性の歩み（推論）を忠実にたどるならば、決定を与えることを避けることができない疑いである。しかし、この決定は、それが先行する判断にどれほど有利なものであっても、ただ蓋然性にのみ基づいているので、われわれの最初の明証性をさらに弱めるはずであり[1]、それ自身も、第四の同種の疑いによって弱められるはずであり、同様のことが無限に続き、こうして、われわれが元の蓋然性をどれほど大きなものであったと仮定しようとも、また、新たな各不確実性による減少をどれほど小さいと仮定しようとも、最後には、元の蓋然性がまったく残っていないという事態に、至るのである。いかなる有限の対象も、無限に反復される減少のもとでは、存続することができず、人間の想像力に入ることができるどれほど巨大な量も、この仕方によっては、無に帰するほかないのである。われわれの最初の信念をどれほど強いものとしても、それは、それの各々がその信念の力（勢い）と活力とをいくらか減らすところの、そのように多くの新たな吟味を受けることによって、必ず消滅するほかない。私は、私の判断力の自然な誤り易さを反省するとき、私がただ推論している対象を考察するだけの場合よりも、私の意見により小さい確信をもつのであり、私がさらに進んで、私が私の諸能力について次々と行なう評価のすべてに対して精密な吟味を行なうとき、論理学の全規則は、信念と明証性の連続的な縮小を要求し、最後には、それの完全な消滅を、要求するのである。

ここで私に、私が説き勧めようと大いに骨を折っているように見えるところのこの議論に、私がまじめに同意しているのか、また、私が本当に、すべてが不確かでありわれわれの判断はいかなる事柄においても真理と虚偽のいかなる基準ももっていないと主張する、懐疑論者の一人であるのか、と尋ねられるならば、私は、この問いがまったく不必要な問いであり、私であれ、また他の誰であれ、この意見を真面目にまたずっと変わらずいだいたことはかつてなかった、と答えるであろう。自然（nature　人間の自然本性）は、絶対的で干渉できない必然性をもって、われわれを、呼吸し感じると同様に、判断するように決定したのであり、われわれが、或る対象を、それらと或る現前している印象との習慣的結合のために、より強いより十分な光のうちに見ざるを得ないことは、われわれが、目覚めている限り、考えることを止めることができず、われわれが、溢れる陽光のもとで周りの物体に目を向けるとき、それらを見ざるを得ないのと、同様である。このまったき懐疑論（total scepticism）の小理屈を論駁しようと骨を折った人は皆、実は、論敵がいないのに論争していたことになり、自然があらかじめ精神に植えつけ不可避としたところの能力を、議論によって確立しようと努力していたことになる。

こうして、この想像上の学派の議論をこれほど注意深く提示した際の私の意図は、「原因と結果に関するわれわれの推論のすべては、習慣からのみ生じる」(2)とし、「信念は、われわれの自然本性の思考的部分（the cogitative part）の作用というよりも、感受的部分（the sensitive〔part〕）の作用であるというのが、より正しい」(3)とする、私の仮説の真実性を、読者に分かってもらうことにのみあった。私がここで証明したのは、或る問題についてわれわれに判断を形成させ、その判断を、われわれの才能と能力の考察、およびわれわれがその問題を吟味する際のわれわれの精神の状態の考察によって、修正させるところの諸原理と同一の諸原理が、さらに進んで、新しい反省的判断のすべてに適用されるならば、それらは、最初の明証性を連続的に減少させることによって、ついにはそれを無に帰させ、すべての信念と意見を完全に消滅させてしまうほかない、ということであった。それゆえ、もし信念が、〔観念の〕思念の特有の仕方も、勢いと生気の付加も伴わない、単なる思惟の作用であったならば、それは、必ずみずからを滅ぼし、すべての場合に、判断の完全な中止に終わるほかなかったであろう。しかし、経験は、試してみる価値があると考える誰にも、先の議論には誤りを見つけることができないが、それでも彼がこれまでと同様に信じ、考え、推論することを続けるということを、十分確信させるので、彼は、彼の推論と信念が、或る感覚（sensation）であるということ(4)、すなわち、単なる観念（思惟）や反省がそれを減ぼすことの不可能な、〔観念の〕思念の或る特有の仕方であるということを、結論しても、誤る恐れはないであろう。

しかし、ここでおそらく、たとえ私の仮説に基づいたとしても、上に説明した議論が判断の完全な中止を生み出さないということが、いかにして起こるのか、また、どのような仕方で精神はそもそも何らかの問題において或る度合いの確信を保持するのか、と尋ねられるであろう。なぜなら、反復されることによって最初の明証性をどこまでも減少させるところの新たな諸蓋然性は、最初の判断と同じ思考あるいは感覚の諸原理に基づいているのであるから、いずれの諸原理に基づいている場合にも、それらが、同様に、最初の明証性を消滅させ、反対の思考あるいは反対の感覚による対立によって、精神を完全な不確実性に落とすということは、避けられないように見えるであろうからである。私に何か或る問題が提出され、私が、私の記憶と感覚の印象を思い巡らし、私の思惟をそれらの印象から、印象に通常随伴しているような対象へと運んだのち、一方の側に他方の側よりもより強くより勢いのある思念を感じる、と仮定する。この強い思念が、私の最初の決定（判断）を成す。〔次に、〕そののちに、私が、私の判断力そのものを吟味し、それがときには正しくときには誤ることを経験から観察して、判断力を、そのうちの或るものが真理にまた或るものが誤りに導くようなたがいに反対の諸原理または諸原因によって規制されていると見なし、また、これら反対の諸原因をたがいに差し引きすることによって私の最初の決定の確信を新たな蓋然性によって減らす、と仮定する。この新たな蓋然性は、先行する蓋然性と同様の減少を被り、こうして、同様のことが無限に続く。それゆえ、「これらすべてが終わった後でさえ、われわれが、哲学においてであれ、日常生活においてであれ、われわれの目的に十分な度合いの信念を保持しているということが、いかにして生じるのか」と尋ねられるわけである。

私は、これに答えて、最初と二番目の決定の後では、精神の作用が無理強いされた不自然なものとなり、観念が生気のない不明瞭なものとなるので、判断力の諸原理と、たがいに反対の諸原因の差し引きとは、そもそもの最初と同じなのであるが、それらの想像力への影響と、それらが思惟に付加したり思惟から減らしたりする活力は、けっして同等ではない、と言う。精神がたやすくそれの対象に到達できない場合には、同じ諸原理が、観念のより自然な思念の場合と同じ結果を生まず、また、想像力が、それの普通の判断や意見から生じる感覚と釣り合うような感覚を感じないのである。注意力が張りつめているのであり、精神の姿勢が不安定で、精気が、その自然な道筋からそらされ、その運動において、通常の通路を流れる場合とは、同じ法則に支配されていないか、あるいは少なくとも同じ程度には支配されていないかである。

われわれがこれと類似の事例を望むなら、それらを見つけるのはそれほど難しくないであろう。形而上学という現在の主題が、豊富に事例を提供してくれるであろう。歴史や政治に関する推論においては説得的に見えたであろう同じ議論が、これらの難解な諸問題においては、完全に理解はされるのであるが、ほとんど、あるいはまったく、影響力をもたない。それというのも、議論が理解されるために思惟の苦労と努力とが要求され、この思惟の努力は、信念がそれに基づいているところの感受的感覚（sentiments）の作用を乱すからである。事情は、他の主題においても同様である。想像力の緊張は、常に、情念と感情の正常な流れを、妨げる。その主人公たちを彼らが出合う不幸のなかで非常に利口で機知に富むように描き出そうとするような悲劇詩人は、けっして〔読者の〕情念を動かすことがないであろう。心の情動が細かい推論と反省を妨げるのと同様に、精神の後の作用（推論と反省）は、前者（情動）の邪魔をするであろう。物体と同様に、精神も、或る決まった度合いの力と活動力とを付与されていて、それを、他のすべての活動を犠牲にせずには、一つの活動に費やすことは、けっしてないように見える。このことは、それらの活動がまったく異なる性質のものである場合に、より明瞭に真である。なぜなら、その場合には、精神の力が、異なる向きに向けられるばかりでなく、精神の状態さえ、変化させられるので、その結果、われわれに、一つの活動から他の活動へ急に移行することを、不可能にし、両方の活動を同時に行なうことを、さらにより不可能にするからである。してみると、細かい推論から生じる確信が、想像力がその推論を理解しそれをそのすべての部分において思いうかべるために行なう努力に比例して、減少することは、不思議でない。信念は、生き生きした思念であるので、それが何か自然でたやすいものに基づくのでない場合には、けっして完全ではあり得ないのである。

これが、問題の真のありようであると、私は考える。そして、或る人たちが、懐疑論者たちのすべての議論を探究も吟味もせずに直ちに拒絶するという、懐疑論者たちを手早く片づけるやり方を、是認することができない。彼らが言うところでは、「もし懐疑論的な推論が強ければ、そのことは、理性がいくらかの力と権威をもち得るということの証明であり、また、もしそれらが弱ければ、それらは、知性のすべての結論を無効にするのに十分ではけっしてあり得ない。」〔しかし〕この議論は正しくない。なぜならば、懐疑論的な推論は、もしそれらが存在することが可能で、それらが議論の細かさのために無力にされるのでなければ、精神が次々にとる状態に応じて、次々に強くもあり弱くもあるであろう。理性が最初に、絶対的な支配と権威をもって法を施行し規則を公布して、王位を占有する状態で現われる。それゆえ、理性の敵（懐疑論）は、理性の庇護のもとに避難するほかなく、理性の誤りと愚かさを証明するために理性的な議論を用いることによって、言わば、理性の署名捺印を貰って（お墨付きで）特許品（懐疑論的な議論）を作り出すのである。この特許品は、最初は、それがそこから生じた理性の現在の直接の権威に比例した権威を、もつ。しかし、この特許品（懐疑論的な議論）は、理性に矛盾するものと仮定されているから、徐々にこの支配権力（理性）の力をそぎ、同時に自分の力もそぐことになり、ついには、両者は共に、規則的で正しい減少によって、無へと消え去るのである。懐疑的な理性と、独断的な理性とは、それらの作用と傾向においてはたがいに反対であるが、同種のものなのである。その結果、後者が強いところでは、それは、前者のうちに、あいまみえるべき等しい力の敵をもつのであり、彼らの力が最初は等しいので、どちらかが存続するかぎり、彼らの力は等しくあり続け、どちらかが、戦闘において力を失うならば、それは、それの敵からも等しい量の力を奪うことになるのである。それゆえ、自然（人間の自然本性）が、早晩すべての懐疑論的な議論の力を打破し、それらが知性に大した影響をもつことを妨げるということは、幸運なことである。もしわれわれが懐疑論的な議論の自滅をもっぱら頼りにするとすれば、そんなことは、それらがまずすべての確信を覆し、人間理性を完全に破滅させるまでは、けっして起こり得ないのである。

第二節　感覚能力に関する懐疑論について

このようにして、懐疑論者は、彼の理性〔的推論〕を理性によって擁護することができないと主張するにもかかわらず、推論し続け、信じ続けるのである。そして、同じ規則によって、彼は、哲学のいかなる議論によってもそれの真実性を主張することができないにもかかわらず、物体の存在に関する原理に同意せざるを得ないのである。自然は、この問題を、懐疑論者の選択に委ねはせず、疑いもなく、この問題を、われわれの不確かな推論や思弁に任せるにはあまりにも重要な問題であると、見なしたのである。われわれは、「いかなる諸原因がわれわれに物体の存在を信じさせるのか」と問うてもよいが、「物体が存在するか否か」と問うことは、無益である。物体が存在するということは、われわれのあらゆる論究において、当然のこととしなければならない点なのである。

では、われわれの現在の探究の主題は、われわれに物体の存在を信じさせる諸原因に関わるのである。そして、この問題に対する私の論究を、私は、一見余計なことに見えるかも知れないが、以下の論述の完全な理解にきわめて大きく寄与するであろうところの、一つの区別でもって、始めたい。われわれは、普通は混同されている以下の二つの問題を、別々に吟味しなければならない。その一つは、なぜわれわれは、対象に、それらが感覚能力に現前していないときでさえ、「連続した」存在（a continu'd existence）を帰するのか、という問題であり、もう一つは、なぜわれわれは、対象を、精神と知覚作用から「別個な」存在（〔a〕distinct〔existence〕）をもつものと想定するのか、という問題である。この後の問題には、私は、対象の位置と関係とを、すなわち、対象の外的な位置（external position）と、対象の存在と作用の〔精神および感覚知覚作用からの〕独立性（independence）とを、含ませている。物体の連続存在と別個存在とに関するこれらの二つの問題は、たがいに密接に関連し合っている。と言うのは、もしわれわれの感覚能力の対象が、知覚されないときにも存在し続けるのであれば、それらの存在は、もちろん知覚作用とは独立かつ別個であり、逆に、もしそれらの存在が知覚作用とは独立で別個であるならば、それらは、知覚されていなくても、存在し続けなければならないからである。しかし、一方の問題の決定が他方の問題を決定しはするが、この決定がそこから生じるところの人間本性の諸原理をより容易に発見するために、われわれは、ずっとこの区別を保持し、連続存在あるいは別個存在の意見を生み出すのは、感覚能力（the senses）であるのか、理性（reason）であるのか、それとも想像力（the imagination）であるのか、という問題を、考察することにしよう。これらが、現在の主題に関して理解できる、唯一の問題である。と言うのは、われわれの諸知覚とは種類が異なる（イ）ものと考えられた外的存在の考えについては、われわれはすでにそれの不合理なことを示したからである（一）。

（一）第二部第六節〔八六〜七頁〕。

「〔諸〕感覚能力」から始めるならば、明らかに、感覚能力は、対象がそれに現われることをやめた後では、対象の連続した存在の考えを与えることはできない。なぜなら、そのようなことは、言葉における矛盾であり、感覚能力が、どんな種類の作用をもやめた後でさえ、作用し続けるということを仮定しているからである。それゆえ、感覚能力は、もしそれが今の場合に何らかの影響力をもっているとすれば、連続存在の意見ではなくて、別個存在の意見を生み出すのでなければならず、そのためには、感覚の印象を、〔別個に存在する対象の〕像や表象として示すか、あるいは、これらの別個で外的な存在者そのものとして示すか、のどちらかでなければならない。

われわれの〔諸〕感覚能力が、感覚の印象を、何か別個なものすなわち独立した外的なものの像としては与えないということは、明瞭である。なぜなら、感覚能力は、単一の知覚しかわれわれに伝えず、それを超えた何ものかをすこしでも示唆するということはけっしてないからである。単一の知覚は、理性か想像力の何らかの推理によるのでなければ、二重の存在者の観念を、けっして生み出すことができない。精神が、それに直接現われるものを超えたところに目をやる場合には、精神の結論（推論）は、けっして感覚能力のせいにはできない。そしてまた、精神が、単一の知覚から二重の存在者を推理し、両者の間に類似性と因果性の関係を想定する場合には、それは、確かに、〔それに直接現われるものを〕超えたところに目をやっているのである。

それゆえ、もしわれわれの感覚能力が、別個な存在者の観念を示唆するのであれば、それは、印象を、一種の誤謬と錯覚によって、これらの〔別個な〕存在者そのものとして、伝えなければならない。この点に関して、われわれは、すべての感覚〔の印象〕(sensations)は、精神によって、それらが実際にある通りのものとして感じられ、われわれが、感覚がみずからを別個な対象として示すのか、それとも単なる印象として示すのかを疑うとき、問題は、感覚の性質に関わるのではなくて、感覚の関係と位置とに関わるのである、と言うことができる。さて、もし感覚能力が、われわれの印象を、われわれ自身に外的で、われわれ自身から独立なものとして示すのであれば、対象とわれわれ自身との両方が、われわれの感覚能力に明瞭でなければならない。さもなければ、両者は、これらの能力によっては、比較され得ないであろう。してみると、問題は、われわれ自身がどの程度われわれの感覚能力の対象であるか、ということになる。

哲学において、一人の人格を成り立たしめる同一性と結合原理の本性とに関する問題ほど難しい問題が存在しないことは、確かである。われわれの感覚能力だけでこの問題を決定できるどころか、われわれは、この問題に十分な答えを与えるためには、もっとも深遠な形而上学に、頼らなければならないのである。そして、日常生活においては、自我や人格の観念が、けっしてそれほど固定された確定的なものでないということは、明瞭である。それゆえ、感覚能力が、われわれ自身と外的対象とを区別できると想像することは、馬鹿げているのである。

これに以下のことをつけ加えよ。すなわち、すべての印象は、外的なものであれ、内的なものであれ、情念であれ、感情であれ、感覚であれ、苦であれ、快であれ、もともと同じ資格のものであるということ、また、われわれがそれら(印象)の間にほかのどんな相違を見出そうと、それら(印象)は、すべてが、その真の姿で、印象として、すなわち知覚として、現われるということである。そして事実、われわれが問題を正しく考察するならば、事態がほかのありようをするということは、ほとんどあり得ず、われわれの感覚能力が、われわれの印象の、性質においてよりも、位置と関係とにおいて、よりわれわれを騙すことができるということは、考えられない。なぜなら、精神の作用と感覚とはすべて意識によってわれわれに知られるのであるから、それらは、必然的に、すべての点で、それらがある通りのものとして現われ、また、現われる通りのものとしてあるのでなければならないからである。精神に入ってくるすべてのものは、現実（事実）において知覚であるので、何かが感じ(feeling　感受性）にとって違ったものに見えるということは、あり得ない。そのようなことは、われわれがもっとも直接に意識しているところにおいてさえ、われわれが間違っているかもしれないと、仮定することである。[1]

しかし、われわれの感覚能力が、われわれを騙し、われわれの知覚を、われわれから別個なものとして、すなわちわれわれに外的で、われわれから独立なものとして、表わすということが、可能であるかどうかを吟味することに、時間を無駄使いしないために、それが実際にそうするのかどうか、そしてこの誤りが直接の感覚から生じるのか、それとも何か他の原因から生じるのかを、考察することにしよう。

外的存在に関する問題から始めるならば、思惟する実体の同一性についての形而上学的問題はさておき、われわれ自身の身体は明らかにわれわれに属しており、いくつかの印象はこの身体の外にあるように見えるので、われわれはそれらの印象をわれわれ自身にも外的であると想定するのである、とひょっとして言われるかもしれない。私が今字を書いている紙は、私の手の向こうにある。テーブルは、紙の向こうにある。部屋の壁は、テーブルの向こうにある。そして、私の目を窓の方に向けると、私は、私の部屋の向こうに、大きく広がる野や畑と建物とを知覚する。これらすべてのことから、われわれに物体の外的存在を確信させるためには、感覚能力のほかにいかなる能力も必要でない、と推理されるかもしれない。しかし、この推理を妨げるためには、以下の三つの考慮すべき点を、考量するだけでよい。第一に、正しく言うならば、われわれがわれわれの手足や身体部分を眺めるときにわれわれが知覚するのは、われわれの身体ではなくて、感覚能力を介して入ってくる或る諸印象なのであり、これらの諸印象またはそれらの対象に現実の物体的な存在を帰することは、われわれが現在吟味している問題と同程度に、説明することが難しい精神の作用なのである。第二に、音や味や香は、普通、精神によって、連続して独立に存在する性質と見なされているけれども、延長して存在するのではないように見え、したがって、身体に外的に位置するものとして感覚能力に現われることはあり得ないのである。われわれがそれらに場所を帰する理由は、後に考察されるであろう。[一] 第三に、もっとも理性的な哲学者たちによって認められているように、われわれの視覚でさえ、われわれに、〔われわれからの〕距離すなわち（言わば）[2] 外在性を、直接に、何らの推論も経験もなしに、知らせはしないのである。

（一）第五節〔二六八頁、および二七〇～一頁〕。

われわれの諸知覚のわれわれ自身に対する独立性に関して言うと、これは、けっして感覚能力の対象にはなり得ず、われわれがこの問題に関していだくどのような意見も、経験と観察とから生じるほかない。そして、われわれはのちに、経験からのわれわれの結論がけっしてわれわれの諸知覚の独立性の説に有利でないことを、見るであろう。[3] 今は、われわれが実在する別個な存在者について語るとき、われわれが普通、対象の場所における外的位置よりも対象の独立性をより眼中に置いており、或る対象の存在が、中断せず、われわれがわれわれ自身のうちに意識している絶え間のない〔諸知覚の〕変転から独立であれば、その対象が十分な実在性をもっていると考えるということを、述べておいてもよいであろう。

このように、私が感覚能力について述べたことを要約するならば、以下の通りである。感覚能力は、実際に働いている範囲を超えては働き得ないがゆえに、連続存在の考えをわれわれに与えることができない。同様に、感覚能力は、別個な存在者の意見をも生み出さない。なぜなら、感覚能力は、精神に、別個な存在者を、〔像によって〕表象されたものとしても、元のままの姿で（当の別個な存在者として）も、与えることができないからである。それを表象されたものとして与えるためには、感覚能力は、対象とその像（表象）の両方を示さなければならない。〔これは事実に反する。〕それを元のままの姿で現われさせるためには、感覚能力は、一つの虚偽を伝えなければならず、この虚偽は、関係（独立性）と位置（外在性）とになければならない。このためには、感覚能力は、対象をわれわれ自身と比較できなければならない。たとえその場合でも、感覚能力は、われわれを騙すことはせず、また騙すということはあり得ない。それゆえ、われわれは、確信をもって、連続した別個な存在者の意見は感覚能力からはけっして生じない、と結論することができよう。

このことをより確かにするために、われわれは、感覚能力によって伝えられる三種類の印象があるということに、注意することができる。第一のものは、物体の形、嵩、運動、および固体性、の印象である。第二のものは、色、味、香、音、熱と冷、の印象である。第三のものは、刃物でわれわれの肉を切ることやこれに類することによるように、対象をわれわれの身体に触れさせることから生じるところの、苦と快である。哲学者たちと普通人の両方が、これらのうちの第一の種類の印象が別個で連続した存在をもつと想定する。普通人だけが、第二の種類の印象を、これと同じ資格のものと見なす。哲学者と普通人の両方がまた、第三の種類の印象を、単なる知覚であり、したがって中断した依存的な存在者である、と見なす。

さて、われわれの哲学的な意見がどうであれ、色、音、熱と冷は、感覚能力に現われる限りでは、運動および固体性と同じ仕方で存在するということ、また、われわれがこの点でそれらの間に行なう区別が、単なる知覚の働きからは生じないということは、明らかである。前の諸性質の別個な連続した存在を認める偏見が、きわめて強く、それとは反対の意見が当代の哲学者たちによって提出される場合、人々は、その意見をほとんど彼らの実感と経験から論駁でき、彼らの感覚能力そのものがこの哲学と矛盾する、と想像するほどである。また、色、音、等々が、刃物から生じる苦や、火から生じる快と、もともと同等の資格のものであるということ、そして、それらの間の相違が、知覚の働きにも理性にも基づいていず、想像力に基づいているということは、明白である。なぜなら、それらは両者共に身体の〔微小な〕諸部分の特定の配列と運動とから生じる知覚に過ぎないということが事実であると認められているのであるから、どこにそれらの差があり得ようか。してみると、結局のところ、感覚能力が判定する限りでは、すべての知覚がその存在の仕方において同等である、と結論してよい。

また、われわれは、この音と色という事例において、われわれが、「理性」に一度も相談することなく、また何らの哲学的原理によってわれわれの意見を考量することもなく、対象に別個な連続した存在を帰することができるということを、見ることができる。そして実際、哲学者たちが、精神から独立な対象の〔存在の〕信念を確立するためにどれほど説得的な議論を提出できると空想しようとも、それらの議論はきわめてわずかの人々にしか知られていないということ、そして、子供たちや、百姓たちや、人類の大部分が、或る印象には対象を帰し別の印象には対象を否定するように誘われるのは、これらの議論によってではないということ、は明白である。それゆえに、われわれは、普通人がこの問題について引き出す結論が、哲学によって認められる結論と、正反対であるということを、見るのである。と言うのは、哲学がわれわれに知らせるところでは、精神に現われるすべてのものは、知覚にほかならず、[4]中断しており、精神に依存しているが、これに対して、普通人は、知覚と対象とを混同し、彼らが触れたり見たりするもの自体に別個な連続した存在を帰するからである。してみると、この意見は、まったく非合理であるから、知性以外の何らかの能力から生じるほかない。これにつけ加えて、われわれの知覚と対象とを同じものと見なす限り、われわれは、一方の存在から他方の存在を推理することがけっしてできず、[5]われわれに事実について確信させ得る唯一の関係であるところの原因と結果の関係からの、いかなる議論を形成することもできない、と言ってもよい。[6]われわれがわれわれの知覚をわれわれの対象から区別したのちでさえ、やがて明らかになるように、われわれは、やはり、一方の存在から他方の存在を推論することができない。したがって、要するに、われわれの理性は、どのような仮定に基づいても、われわれに、物体の連続した別個な存在の確信を与えはせず、また与えるということはけっしてあり得ないのである。この意見は、まったく「想像力」によるほかない。このことが、今や、われわれの探究の主題でなければならない。

すべての印象は内的で消滅する存在者であり、またそのようなものとして現われるので、印象の別個で連続した存在の考えは、印象の性質の或るものと想像力の諸性質との協働から生じるに違いない。そして、この考えは、印象のすべてには及んでいないので、或る種の印象に特有の或る諸性質から生じるに違いない。それゆえ、われわれわれが別個で連続した存在を帰する諸印象と、われわれが内的で消滅すると見なす諸印象との比較によって、われわれがこれらの諸性質を発見することは、容易であろう。

してみると、われわれが或る印象に、われわれが随意的であるか弱い印象には拒否するところの実在性と連続存在を帰するのは、普通考えられているように、これらの印象の不随意性のため(7)でも、より強い力や激しさのためでもない、と言ってよい。なぜなら明らかに、われわれがわれわれの知覚作用の範囲を超えた存在をもつとはけっして考えないところの、われわれの苦や快、情念や感情が、われわれが恒久的な(連続した)存在者であると考えるところの、形や延長、色や音の諸印象に比べて、それより強い激しさで作用し、それと同程度に不随意的であるからである。火の熱は、穏やかな場合には、火の中に存在すると考えられるが、近くに接近したときに火が起こす苦痛は、知覚作用のうちにしか存在をもたないと、考えられているのである。

では、これらの通説が退けられたので、われわれは、われわれの印象のうちにある、われわれをしてそれらの印象に別個で連続した存在を帰させるところの、特有の諸性質を、それによって発見できるような、何か他の仮説を、探さなければならない。

少しの吟味ののち、われわれは、われわれが連続した存在を帰するような対象はすべて、それらを、その存在がわれわれの知覚作用に依存しているような諸印象から区別するような、特有の恒常性(constancy)をもっているということを、見出すであろう。現在私の目の前にある山々や、家々や、木々は、常に同じ秩序(配列)で私に現われてきたのであり、目を閉じるか頭を向けかえるかして私がそれらを見失っても、私は、それらが、すぐ後に、少しの変化もなく私に戻ってくるのを、見出す。私のベッドやテーブル、私の本や紙類は、同じ一様な(変化しない)仕方で現われており、私がそれらを見たり知覚したりすることを中断しても、そのために変化しはしない。このことは、それの対象が外的な存在をもつと考えられているすべての印象について、成り立つが、その他のどの印象についても、それが穏やかなものであれ、激しいものであれ、随意的なものであれ、不随意的なものであれ、成り立たないのである。

しかしながら、この恒常性は、非常に重大な例外を許さないほど、完全ではない。物体は、しばしばそれらの位置と性質を変え、しばらく居合わせなかったり中断があったりすると、ほとんど再認できないようになることがある。しかし、この場合、これらの変化のうちにあってさえ、物体が整合性（coherence）を保持し、たがいに規則的に依存し合うので、このことが一種の因果関係からの推論の基礎となり、物体の連続存在の意見を生み出すということが、観察できる。私が一時間の留守ののちに私の部屋に戻ってくると、私の暖炉の火が、私が部屋を出たときと同じ状態にはないことに気づく。しかし、この場合、私は、他の諸事例において、私が居ようと居まいと、近くに居ようと遠くに居ようと、同じような変化が同じような時間の間に生じるのを、見慣れている。それゆえ、この変化における整合性が、恒常性と同様に、外的対象の特徴の一つである。

物体の連続存在の意見が或る種の印象の「整合性」と「恒常性」とに依存することを見出したので、私は、今度は、これらの性質がどのような仕方でそのような驚くべき意見を生み出すのかを、吟味することに進む。整合性から始めるならば、われわれが消え失せ消滅すると見なすような内的印象も、それらの現われにおいて、一種の整合性あるいは規則性をもってはいるが、その整合性あるいは規則性は、われわれが物体のうちに見出すものとはいくらか異なった性質のものである、と言ってよいであろう。〔たとえば、〕われわれの情念は、たがいに相互的な結合と依存の関係をもっていることが経験から見出されるが、われわれが今までに経験したのと同じ依存と結合とを保持するために、それらが知覚されなかったときも存在し作用していたと仮定することは、いかなる場合にも必要でない。事情は、外的対象に関しては、同じではない。外的対象は、連続存在を必要とし、これを欠く場合には、それらの作用の規則性を、はなはだしく失うのである。私は、ここ私の部屋の中で顔を暖炉の火に向けて座っており、私の感覚を打つすべての対象は、私の周り数ヤードの範囲に含まれている。なるほど、私の記憶が私に多くの対象の存在を知らせはするが、しかし、その際、この情報は、対象の過去における存在を超えて広がってはいず、また、私の感覚も記憶も、それらの存在の連続性について、証言を与えはしない。それゆえ、私は、このように座って、これらの思考を巡らしているとき、突然、ドアが蝶番のところで回るような音を聞き、しばらくのちに、一人の門番が私の方に進んでくるのを見るのである。このことは、多くの新たな反省と推論に、きっかけを与える。第一に、私は、これまでに、この音がドアの運動以外のものから出るのをけっして観察したことがなく、それゆえ、現在の現象は、部屋の反対側にあったと私が記憶しているドアがまだ存続しているのでなければ、すべての過去の経験に矛盾する、と結論する。さらに、私はこれまで人間の体が、私が「重さ」と呼び、体が空中を上がることを妨げるところの性質をもっていることを、常に見出してきたが、この門番は、私が記憶している階段が私が居合わせないという理由で消滅したりはしないのでなければ、私の部屋に到着するために、空中を上がらなければならなかったであろう。しかし、それだけではない。私は、一通の手紙を〔門番から〕受け取り、それを開けてみて、筆跡と署名から、その手紙が、二百リーグ（約六百キロメートル）離れていると述べている友人から来たものであるということを、知る。(8) 明らかに、私は、私の記憶と観察に従って、われわれ（私と友人）の間に横たわる海と陸の全体を私の精神のうちに繰り広げ、駅馬車と渡し船の影響と連続存在を仮定せずには、この現象を、他の事例における私の経験に一致するようには、けっして説明できない。これら門番と手紙の現象は、或る見方のもとでは、普通の経験に対する矛盾であり、われわれが原因と結果の結合に関して形成する諸原則に対する反論と見なされ得る。私は、そのような音を聞き、同時にそのような対象が動くのを見ることに、慣れている。〔ところが〕この特定の事例においては、私は、これら両方の知覚を受け取らなかった。これらの観察は、もし私が、ドアがやはり存続していて、私がそれを知覚することなく開かれたのである、と仮定しなければ、たがいに矛盾する。そして、最初はまったく恣意的で仮説的であったこの仮定は、私がそれに基づいてこれらの矛盾を和解させることができる唯一の仮定であることによって、力と明証性を獲得する。私に同様の事例が提示されないような瞬間、すなわち、対象の過去と現在の出現（現われ）を結合して、対象の特定の性質と状況に適当であることを私がこれまでに経験によって見出したような相互の結びつきを、対象に与えるために、私が、対象の連続した存在を仮定することが必要でないような瞬間は、私の人生においてほとんどない。してみると、ここに、私は、世界を、或る実在的で持続するものであり、たとえそれが私の知覚作用にもはや現われていないときでもその存在を保持するものであると見なすように、自然な仕方で導かれるのである。

〔対象の〕現われの整合性からのこの結論は、習慣から生じ過去の経験によって規制されているものとして、原因と結果に関するわれわれの推論と同じ性質のものであるように見えるかも知れないが、よく吟味してみると、それらが、根本において大いに異なっており、この推理が、知性（反省）から生じるのであり、習慣からは間接的で遠回りな仕方で生じていることが、分かるであろう。と言うのは、精神には精神自身の知覚以外には何も実際に現在しないのであるから[9]、習慣がこれらの諸知覚の規則的な継起以外のものから得られることが不可能であるばかりでなく、習慣がこの規則性の度合いを超えることも不可能であるということが、容易に認められるであろうからである。それゆえ、われわれの知覚のいかなる度合いの規則性も、知覚されない何らかの対象における、より大きな度合いの規則性をわれわれが推理するための基礎とは、けっしてなり得ない。なぜならば、これは、一つの矛盾を、すなわち、精神にけっして現前しなかったものから獲得された習慣というものを、想定することになるからである。しかし、われわれが感覚の対象の連続した存在を、その対象の整合性と対象の間の結合の頻繁さとから推理するときは、常に、それが、われわれの単なる知覚において観察されるより、より大きな規則性を対象に付与するためであることは、明らかである。われわれは、二種類の対象の間の結合を、感覚へのそれらの対象の過去の現われのうちに見出しはするが、この結合が完全に恒常的であることを観察することはできない。なぜなら、われわれの頭を回すか、あるいはわれわれの目を閉じるかすれば、その結合を断つことができるからである。してみると、この場合、われわれは、これらの対象が、見かけの中断にもかかわらず、それらの普段の結合を保持するのであり、それらの非規則的な（中断を含む）現われが、われわれが感知しない何か或るものによって結びつけられているのである、ということ以外に、何が想定できようか。しかし、事実に関するすべての推論は習慣のみから生じるのであり、習慣は反復された知覚の結果であり得るのみであるから、習慣と推論とを〔このように〕知覚を超えたところに拡張することは、恒常的な反復と結合の直接的で自然な結果ではけっしてあり得ず、何か他の諸原理（原因）の協働から生じるに違いない。

私はすでに、数学の基礎を吟味した際に、想像力は、ひとたび一連の思考活動に入ると、その対象が想像力に現われ得ないときでさえ、その思考活動を続ける傾向があり、オールによってひとたび動き出したガレー船のように、何らの新しい推進力もなしに進み続けるということを、述べた（一）。このことを私は、なぜわれわれが、等しさの不正確な基準をいくつか考察し、それらをそれらどうしによって修正したのち、少しの誤りも変化も受けないほど正しく正確なその関係（等しさ）の基準を想像することに進むのかということの、理由とした。それと同じ原理が、われわれに、物体の連続存在というこの意見を、容易にいだかせるのである。対象は、われわれの感覚に現われるままでも、一定の整合性をもっている。しかし、この整合性は、もしわれわれが対象が連続した存在をもつと仮定すれば、より大きく、より一様なものとなる。そして、精神は、いったん対象の間に一様性（整合性）を観察する道筋に入っているので、自然に、この一様性をできるだけ完全なものにするまで、働き続ける。この目的のためには、単に対象の連続存在を仮定するだけで十分であり、この仮定が、対象の間の、われわれがわれわれの感覚能力を超えたところに目を向けない場合に対象がもっているよりはるかに大きな規則性の考えを、われわれに与えるのである。

（一）　第二部第四節〔六四～五頁〕。

しかしながら、われわれがこの原理にどれほどの力を帰そうと、この原理だけでは、すべての外的物体の連続存在という建造物ほどの巨大な建造物を支えるには、弱すぎると思われ、われわれは、この意見の十分な説明を与えるために、外的物体の現われの恒常性を、整合性の上につけ加えるべきであると思われる。この意見の解明は私をかなりの長さのきわめて深遠な論究（推論）に導くので、私は、混乱を避けるために、私の体系の短い略図または要約を与え、その後で、その体系の全部分を完全に展開するのが適当であると、考える。われわれの諸知覚の恒常性からのこの推理は、それらの整合性からの先の推理と同様に、物体の連続存在の意見を与え、この意見が、物体の別個存在の意見に先行し、後の原理（別個存在の意見）を生み出すのである。

　われわれが或る印象に恒常性を観察することに慣れ、たとえば、太陽あるいは海の知覚が、〔われわれの〕不在あるいは〔知覚の〕消滅ののちに、それの最初の出現の際と同様の配列にある同様の諸部分を伴ってわれわれに戻ってくるのを見るとき、われわれは、これらの中断した知覚を、別個なものと見なそうとせず（実際には別個なものであるが[10]）、逆に、これらを、たがいに類似しているがために、個体的に同一のもの（知覚）であると見なそうとするのである。しかし、知覚の存在のこの中断は、知覚の完全な同一性に反しており、われわれに、最初の印象を消滅したものと見なし、第二の印象を新しく創造されたものと見なすようにさせるので、われわれは、いささか困惑し、一種の矛盾に陥る。この困難から逃れるために、われわれは、できる限り中断を覆い隠し、それどころかむしろ、これらの中断を含む知覚がわれわれの感知しない或る現実の存在者によって結合されていると仮定することによって、中断を完全に除去してしまう。この仮定、すなわち連続した存在の観念は、中断した印象の記憶と、それらの印象がわれわれに与えるところの、それらの印象を同一のものと見なそうとする傾向とから、勢いと生気とを獲得する。そして、先の論究によれば[11]、信念の本質そのものが、〔観念を〕思念することの勢いと生気とに存するのである。

　この体系を正当化するためには、四つのことが必要である。第一に、個体化の原理（principium individuationis）、すなわち同一性の原理を解明すること。第二に、われわれの途切れて中断を挟む知覚の間の類似性が、それらに同一性を帰するようにわれわれを誘う理由を、示すこと。第三に、この錯覚が与えるところの、これらの中断した現われを連続した存在で結びつけようとする傾向を、説明すること。第四に、かつ最後に、この傾向から生じる、思念の勢いと生気を、説明すること、である。

第一に、個体化の原理については、われわれは、いかなる一つの対象の観察も同一性の観念を与えるには十分でない、と言うことができる。なぜなら、「或る対象が、それ自身と同じものである」という命題において、もし、「対象」という語で表現される観念が、「それ自身」という語で意味される観念と、いかなる仕方でも区別されていなかったとすれば、われわれは実際には何も意味してはいず、この命題は述語と主語を含んでいない、ということになったであろう。しかし実際は、この主張に、述語と主語が含まれている。〔以上を要するに、〕単一の対象は、単一性（unity）の観念を与えるが、同一性（identity）の観念を与えないのである。

他方、対象の数多性（multiplicity）は、対象がどれほどたがいに類似していると想定されようとも、けっしてこの〔同一性の〕観念を与えることができない。精神は常に、一方の対象を他方の対象ではないと断言し、それらの対象を、それらの存在がたがいにまったく別個で独立な、二つ、あるいは三つ、あるいは或る確定した数の対象を形成するものと、見なすのである。

してみると、数多性（number）と単一性（unity）の両者が、同一性の関係と両立不可能であるので、これは、それらのどちらでもない何かに存するほかない。しかし、実を言うと、このことは一見したところまったく不可能であるように見える。[12]単一性と数多性の間には、中間があり得ないからである。このことは、存在と非存在の間に中間があり得ないのと、同様である。一つの対象が存在すると想定されたのち、われわれは、別の対象がまた存在すると想定すべきであるか、あるいは、別の対象は存在しないと想定すべきであるかの、いずれかである。前の場合には、われわれは、数多性の観念をもつが、後の場合には、最初の対象が単一性にあるに留まる。

この困難を除去するために、時間すなわち持続の観念に頼ることにしよう。私がすでに述べたように[一]、時間は厳密な意味では継起を含意し、われわれが時間の観念を或る変化しない対象に適用する場合、それは想像力の虚構にのみよるのであり、この虚構により、その変化しない対象は、それと同時に存在する諸対象の変化、特にわれわれがもつ諸知覚の変化に、与ると、想定されるのである。想像力のこの虚構は、ほとんどあらゆる場合に生じるのであり、われわれの前に置かれて、われわれがそれのうちに何の中断も変化も見出すことなく或る時間の間眺められる、単一の対象が、われわれに同一性の観念を与えることができるのは、この虚構によるのである。と言うのは、この時間のうちの二時点を考察する場合に、われわれは、それらを、〔二つの〕異なる見方で見ることができる。まず、われわれは、それらの時点を、まったく同じ瞬間において考察することができ、この場合、それらの時点はわれわれに、それら自体によっても、また、これら二つの異なる時点に存在するものとして同時に思いうかべられるために複数化されなければならない対象によっても、数多性（number）の観念を与える。あるいは、他方、われわれは、時間の継起を観念の同様の継起によってたどることができ、最初に一つの瞬間をその時存在する対象とともに思いうかべ、その後で、対象には何の変化も中断もなしに、時間における変化を、想像することができる。この場合には、この対象は、われわれに単一性の観念を与える。してみると、ここに、単一性と数多性との中間者であるところの、あるいはより正しく言うならば、われわれがそれを捉える観点に応じてそのどちらでもあるところの、一つの観念がある。そしてこの観念を、われわれは、「同一性の観念」と呼ぶのである。われわれは、「或る時に存在する対象が、別の時に存在するそれ自身と、同じものである」ということを意味するのでなければ、正しい言葉遣いで、「或る対象が、それ自身と同じものである」と言うことはできない。このことによって、われわれは、「対象」という語で意味される観念と、「それ自身」という語で意味される観念とを、数多性にまで進むことなく、また同時に厳密で絶対的な単一性に縛られることなく、区別するのである。

（一） 第二部第五節〔八三～四頁〕。〔また、第二部第三節、五二～三頁を見よ。〕

かくして、個体化の原理（the principle of individuation）とは、想定された時間の変化を通して、対象が、変化せず、かつ中断しないということにほかならない。この時間の変化によって、精神は、対象を、観察を中断せず、また数多性の観念を形成する必要もなく、その存在の異なる時点においてたどることができるのである。

私は、次に、私の体系の第二の部分を解明すること、すなわち、対象の現われの間にきわめて長い間隔（中断）があり、対象が同一性の本質的な性質の一つだけ、すなわち不変性だけしかもたないのに、なぜわれわれの諸知覚の恒常性は、われわれに、それらの知覚に完全な数的同一性を帰させるのかということを、示すこと、に進む。この問題についてのあらゆる曖昧さと混乱とを避けるために、私は、私がここで説明するのは物体の存在に関する普通人の意見と信念であり、それゆえ私は私自身を彼らの考え方と彼らの表現の仕方に完全に合わせなければならないということを、注意しておこう。さて、われわれがすでに見たように、哲学者たちが、同時に存在したがいに類似していると彼らが想定する対象と感覚能力の知覚とを、どのように区別しようとも、この区別は、ただ一つの存在者だけを知覚するがゆえにけっして二重存在と表象関係の意見に同意することができないところの、人類の大部分によっては、理解されない区別なのである。彼らにとっては、目や耳から入ってくる感覚そのものが、真の対象なのであり、彼らは、直接知覚されているこのペンまたはこの紙が、それとは異なるがそれに似ている別のペンまたは紙を表象しているとは、容易には考えることができない。それゆえ、私自身を彼らの考えに合わせるために、私は、最初は、ただ単一の存在者だけがあるのであると仮定し、この存在者を、私の目的にもっとも適するように見えるに応じて無差別に「対象」(object) あるいは「知覚」(perception) と呼び、両方の名称によって、普通の人が帽子や、靴や、石によって、意味するところのもの、あるいは、彼の感覚能力によって彼に伝えられるその他の任意の印象を、理解することにしよう。より哲学的な話し方と考え方に戻る際には、きっとそう断わることにしよう。[13]

それゆえ、われわれがわれわれの類似した諸知覚にそれらの中断にもかかわらず同一性を帰する際に、同一性[一]について誤り騙されることの原因に関する問題に入るためには、私は、私がすでに証明し説明した一つの見解を、ここで呼び起こさなければならない。〔すなわち、〕想像力において観念をたがいに連合させ、想像力をして容易に一方の観念から他方の観念へと移行させるところの、観念間の関係よりも、われわれに一つの観念を別の観念と取り違えさせる、より大きな傾向をもつものは、何もない。すべての関係の中で、類似性の関係が、この点でもっとも有効であり、それは、類似性が、単に観念の連合を引き起こすばかりでなく、精神状態の連合をも引き起こし、われわれに、一方の観念を、われわれが他方の観念をいだく際の精神の作用と類似した精神の作用によって、いだかせるからである。私は、この事情が大きな影響を及ぼすことを、すでに述べたが、(14)われわれは、精神を同じ状態または似た状態に置くような観念はどれもきわめて混同されやすいということを、一般規則として立ててもよいであろう。(15)〔このような場合、〕精神は一方の観念から他方の観念へと容易に移行し、厳密な注意なくしては、この変化を知覚しない。しかし、この厳密な注意は、一般的に言って、精神にはまったくできないことなのである。

（一）　第二部第五節〔七六～七頁、同訳註（13）の本文〕。

この一般的な原則を適用するためには、われわれは、まず、完全な同一性を保持する対象を眺める際の精神の状態を調べ、次に、似た精神状態を引き起こすことによって最初の対象と混同される或る別の対象を、見つけなければならない。われわれがわれわれの思惟を或る対象に固定し、その対象をしばらくの間同じであり続けると想定する場合、明らかに、われわれは、変化を時間のうちにのみ想定するのであり、けっしてその対象の新たな像または観念を生み出すために労力を費やしたりはしない。精神の諸能力は、言わば休息するのであり、われわれがすでに保持していた、変化も中断もなしに自存する観念を、維持するために必要である以上の労力を、費やしはしないのである。一つの瞬間から別の瞬間への移行は、ほとんど感じられず、それを思念するために精気（精神の気）を別方向へ向けることを要求するような、或る異なる知覚または観念によって際立つことが、ないのである。

では、同一である対象以外のいかなる対象が、精神を、それがその対象を考察する際に、〔同一である対象を考察する場合と〕同じ状態に置くことができ、一つの観念から別の観念への想像力の同じく中断のない移行を引き起こすことができるであろうか。この問題は、決定的な重要性をもつ。なぜなら、もしわれわれがこのような対象を見つけることができるならば、先の原理によって、それらの対象は、同一である対象ときわめて自然に混同され、われわれのほとんどの論究において、それらと取り違えられる、と確実に結論できるからである。しかし、この問題はきわめて重要であるが、それほど難しくも疑わしくもない。なぜなら、私は、直ちに、たがいに関係をもつ対象の継起が、精神をこの状態に置き、同じである変化しない対象を眺めることに伴うのと同様の、滑らかで中断のない想像力の歩みを伴って、考察される、と答えるからである。関係の本性と本質そのものが、われわれの観念をたがいに結合し、一つの観念が現われるときに、それに相関的な観念への移行を容易にすることにある。それゆえ、関係をもつ観念の間の移行は、滑らかで容易であるので、その移行は、精神にほとんど変化を引き起こさず、同じ作用の持続であるように見える。そして、同じ作用の持続は、同じである対象の連続した観察の結果であるので、この理由で、われわれは、同一性を、たがいに関係した対象のすべての継起に、帰するのである。思惟は、あたかもただ一つの対象を考察しているのと同等の容易さで、継起に沿って滑るのであり、それゆえ、継起を同一性と混同するのである。

われわれは、のちに、われわれに異なる対象に同一性を帰させるという、関係のこの傾向の、多くの事例を見るであろうが、ここでは、われわれの考察を、現在の問題に限定することにする。われわれが経験によって見出すところでは、感覚能力のほとんどすべての印象のうちに恒常性があり、その結果、印象の中断が、印象に何の変化も生み出さず、印象が見かけと位置関係とにおいて最初に存在したのと同じままで戻ってくることを、妨げない。私は、私の部屋の家具類を眺め、目を閉じ、その後目を開け、新しい諸知覚が、最初に私の感覚能力を刺激した知覚と完全に類似しているのを、見出す。この類似性は、非常に多くの事例において観察され、これら中断した諸知覚についてのわれわれの観念を、もっとも強い関係で自然に結合し、精神を一つの観念から別の観念へと容易な移行で運ぶ。たがいに異なり中断している知覚の観念に沿っての想像力の容易な移行は、われわれが一つの恒常的（不変）で中断していない知覚を考察する際の精神の状態と、ほとんど同じ精神の状態である。それゆえ、われわれがそれらの一方を他方と取り違えるのは、きわめて自然なのである。(一)

（一）この推論が、少し難解で、把握するのが難しいことは、認めなければならない。しかし、注目すべきことに、この難しさ自体が、この推論の証明に転換できるのである。われわれは、ここに二つの関係があり、それらの両方が類似性の関係であり、それらが、われわれが、われわれの中断した知覚の継起を同一である対象と取り違えることに、寄与する、ということを、観察できる。第一の関係は、〔中断を挟む〕知覚の間の類似性であり、第二の関係は、類似した対象の継起を眺める際の精神の作用が、同一である対象を眺める際の精神の作用に対してもつところの、類似性である。ところが、われわれは、これらの類似性をたがいに混同する傾向をもつのである。そして、現在の推論そのものによれば、われわれがそのような傾向をもつことが、自然なのである。しかし、われわれは、それらを別個なものとして保つことにしよう。そうすれば、われわれは、先の議論を把握するのに、困難を見出さないであろう。

たがいに類似した知覚の同一性についてのこの意見をいだく人たちは、一般に、人類のうちの、ものを考えない非哲学的な部分に含まれる、すべての人たちである。（すなわち、少なくとも或るときか別のときの、われわれすべてである。(16)）したがって、彼らの知覚を彼らの唯一の対象と見なし、内的と外的と、表象するものと表象されるものと、の二重存在をけっして考えない、人たちである。感覚能力に現前している表象そのものが、われわれにおいては、真の物体であり、これらの中断した表象に、われわれは、完全な同一性を帰するのである。しかし、現われの中断は、同一性と反対であるように見え、これらの類似した知覚をたがいに別個なものと見なすようにわれわれを自然に導くので、われわれは、ここで、このようなたがいに反対の意見をいかにして和解させるべきか、途方にくれるのである。たがいに類似した知覚の観念に沿った想像力の滑らかな移行は、われわれに、それらの知覚に完全な同一性を帰させる。知覚の中断した現われ方は、われわれに、それらの知覚を、それだけの数の、たがいに類似した、しかし、或る間隔ののちに現われるやはり別個な存在者と、見なすようにさせる。この矛盾から生じる困惑は、これらの中断した現われを、一つの連続した存在という虚構によって繋ごうとする傾向を、生み出す。これが、私が説明しようと計画した仮説の、第三の部分である。

意見あるいは情念に矛盾するものは、それが外から生じるものであれ、内から生じるものであれ、外的対象の対立から生じるものであれ、内的原理の争いから生じるものであれ、感じることのできる不快感を与える、ということより以上に、経験から確かなことはない。逆に、〔われわれの〕自然の諸傾向と一致し、それらの満足を外的に促進するか、あるいはそれらの動きと内的に一致するものは、何であれ、必ず、感じられる快感を与える。ところで、ここには、たがいに類似する知覚についての同一性の考えとそれら知覚の現われにおける中断との間に、対立があるので、精神は、この状況では不快であり、この不快感からの救いを、自然に求める。この不快感は、二つのたがいに反対の原理の対立から生じるので、精神は、一方の原理を他方の原理の犠牲にすることに、救いを求めざるを得ない。しかし、われわれのたがいに類似した知覚に沿ってのわれわれの思惟の滑らかな移行は、われわれにそれらの知覚に同一性を帰させるので、われわれは、この意見を捨てることを厭わざるを得ない。それゆえ、われわれは、もう一方の側に犠牲を求めて、われわれの知覚は、もはや中断していず、変化しない存在と同時に連続した存在を保持し、このことによって完全に同一のものであると、想定するのである。しかしここで、これらの知覚の現われにおける中断は、十分長く十分頻繁であるので、中断を無視することは、不可能である。そして、精神への知覚の現われとその知覚の存在とは、一見したところまったく同じことであるように見えるので、われわれが、このように明白な矛盾に同意して、知覚を精神に現前することなしに存在すると想定することが、できるかどうかが、疑われるかも知れない。この問題を明らかにし、いかにして知覚の現われにおける中断が必ずしもその知覚の存在における中断を含意しないのかを知るために、のちに（一）より十分に説明する機会があるであろういくつかの原理に言及することが、適切であろう。

（一）第六節。

われわれは、今の場合における困難が、事実に関するもの、すなわち、精神がそれの諸知覚の連続存在についてのこのような結論を形成するかどうかに関するものではなく、ただ、この結論が形成される仕方とこの結論を生み出す諸原理とに関するものであるということを、注意することから始めることができる。人類のほとんどすべてが、そして哲学者たち自身でさえ彼らの生涯の大部分の間、彼らの知覚を彼らの唯一の対象と見なし、精神に直接現前している存在者そのものを真の物体あるいは物質的存在者であると想定しているということは、確かである。この知覚すなわち対象そのものが、連続した中断のない存在をもつものと想定され、われわれの不在によって消滅させられることも、われわれが居合わすことによって存在にもたらされることもない、と想定されているということも、また確かである。われわれが不在のとき、それはやはり存在するのであるが、われわれがそれを感じず見ないのである、とわれわれは言う。また、われわれが居合わすとき、われわれはそれを感じるかあるいは見る、とわれわれは言う。してみると、ここで二つの問題が生じる。第一に、いかにしてわれわれは、或る知覚が消滅することなく精神から不在になると想定することを、納得できるのか、という問題である。第二に、いかなる仕方でわれわれは、知覚あるいは表象の或る新たな創造なしに、或る対象が精神に現前するようになると、考えることができるのか、また、この「見る」や「〔触れて〕感じる」や「知覚する」ということによって、われわれは何を意味しているのか、という問題である。

最初の問題については、われわれが「精神」（mind）と呼ぶものは、或る諸関係によって結びつけられ、間違ってではあるが、完全な単純性と同一性とを付与されていると想定されているところの、たがいに異なる諸知覚の、堆積または集合である[17]、と言うことができる。ところで、すべての知覚は他の知覚から区別でき、たがいに分離して存在すると見なされ得る[18]ので、これから、明らかに帰結することは、或る特定の知覚を精神から分離することと、すなわち、その知覚の、思惟する存在者を構成する結合した諸知覚の集まりとの関係を、すべて断絶することに、何の不合理もないということである。

同様の推論が、われわれに、第二の問題に対する答えを与えてくれる。もし、「知覚」という名称が、精神からの〔知覚の〕この分離を、不合理で矛盾したものにしないのであれば、〔知覚と〕まったく同じものを表わす「対象」という名称は、対象と精神との結びつきを、不可能なものとすることはけっしてできない。外的諸対象は、見られ、触れられ、精神に現前するようになる。すなわち、それらは、諸知覚の結合した堆積に対して、現在の反省と情念によって知覚の数を増すことと記憶に観念を蓄えることとにおいて諸知覚にきわめて大きな影響を及ぼすような、そのような関係を、獲得する。それゆえ、同一の連続した中断しない存在者が、その存在者自身に何の真のまたは本質的な変化もなしに、或るときは精神に現前し、或るときは精神から不在になることができる。感覚能力に対する中断した現われは、必ずしも、存在における中断を含意しない。感覚的な諸対象または諸知覚の連続した存在の想定は、何の矛盾も含まない。われわれは、この想定へのわれわれの傾向を、たやすく容認することができる。われわれの諸知覚の正確な類似性がわれわれに諸知覚に同一性を帰させるとき、われわれは、見かけの中断を、これらの間隔を満たしわれわれの諸知覚に完全な同一性を保存することができる或る連続した存在を虚構することによって、取り除くことができるのである。

しかし、われわれはここで、この連続存在を、虚構するだけでなく、信じもするのであるから、問題は、「どこからこのような信念が生じるか」ということである。そして、この問題は、[19]われわれを、この体系の第四の部分に導くことになる。信念が一般に、ほかならぬ観念の生気に存する[20]ということ、そして、観念がこの生気を、何らかの現前する印象への関係から得ることができるということが、すでに証明されている。印象は本性上、精神のもっとも生気のある知覚であり、この性質は、部分的に、関係によって、〔印象に〕結合されたすべての観念に伝えられる。関係は、印象から観念への滑らかな移行を引き起こし、この移行への傾向を与えさえする。精神は、いともたやすく一方の知覚から他方の知覚に移るので、変化をほとんど知覚せず、第一の知覚の生気のかなりの部分を、第二の知覚のうちに維持する。精神は、生気のある印象によって興奮させられ、この生気は、想像力の滑らかな移行と〔移行への〕傾向のために、移行の途中で大して減少することなく、〔印象と〕関係のある観念に伝えられるのである。

しかし、この傾向が、関係という原理以外の或る他の原理から生じると仮定せよ。〔その場合にも〕この傾向がやはり同じ結果をもたらし、生気を印象から観念へ伝えるということは、明瞭である。ところが、これが、まさに今の場合なのである。われわれの記憶は、われわれに、異なる時間的隔たりを経て大きな中断ののちに再来する、たがいに完全に類似した、莫大な数の知覚の事例を、提示する。この類似性は、われわれに、これらの中断した知覚を同一のものと見なす傾向を与え、また、この同一性を正当化し、これらの知覚の中断した現われがわれわれを必然的にそのうちに巻き込むと思われるところの矛盾を避けるために、これらの中断した知覚を、連続した存在によって結合しようとする傾向をも、与える。してみると、ここに、われわれは、すべての感覚的な対象の連続的な存在を虚構する傾向をもつのであり、この傾向は、記憶の或る生気ある諸印象から生じるので、この虚構に生気を与える。言い換えれば、われわれに物体の連続存在を信じさせる。ときどきわれわれが、われわれにとってまったく新しく、それの恒常性や整合性をまったく経験したことのないような対象に、連続存在を帰することがあるのは、それらの対象がわれわれの感覚能力に現われる現われ方が、恒常的で整合的な対象の現われ方と類似しているからであり、この類似性が、推論と類推の元となって、われわれに、それらの類似した対象に同様の性質（連続存在）を帰させるのである。

賢明な読者は、この体系を完全にかつ判明に理解することにも、この体系に同意することにも、困難を見出さず、少しの反省ののち、〔この体系の〕各部分がそれ自身の証明を伴っていることを、認めるであろう、と私は信じる。実際、普通人たちは、彼らの知覚を彼らの唯一の対象であると想定しているのであり、同時に物質の連続的存在を信じているのであるから、われわれが、この信念の起源を、この想定に基づいて説明しなければならないということは、明らかである。ところで、この想定に基づけば、われわれの対象または知覚のどれかが中断ののちも同一のものであるということは、間違った意見であり、したがって、それらの同一性の意見は、けっして理性からは生じ得ず、想像力から生じるほかない。想像力がこのような意見に誘導されるのは、或る種の知覚のたがいに対する類似性にのみよる。なぜなら、われわれは、われわれがそれらを同一であると想定する傾向をもつところのものは、われわれのたがいに類似した知覚だけであることを、見出すからである。われわれのたがいに類似した知覚に同一性を付与しようとするこの傾向は、連続存在の虚構を生み出す。なぜならば、この虚構は、その同一性と同様に、すべての哲学者たちに認められているように、実は偽であり、その唯一の効果は、それらの同一性に反対である唯一の点であるところの、われわれの知覚の中断を、取り除くことであるからである。最後に、この傾向は、現前する記憶の印象によって、信念を生み出す。なぜなら、〔中断の〕前の感覚の想起がなければ、われわれが物体の連続的な存在の信念をけっしていだかないことは、明らかであるからである。このように、これらすべての部分を吟味して、われわれは、その各部分が、この上なく強力な証明によって支えられており、諸部分の全体が、完全に説得的な一つの整合的な体系を形成していることを、見出すのである。現前する印象がなくても、強力な傾向だけでも、ときには信念または意見を引き起こす。この〔現前する印象という〕条件によって助けられれば、〔信念が生じるのは〕なおさらのことであろう。

しかし、このような仕方で、われわれは、想像力の自然な傾向によって、中断した現われにおいてたがいに類似していることが見出される感覚的対象すなわち知覚に、連続存在を帰するように導かれるのであるが、この意見の誤りをわれわれに見て取らせるためには、ほんの少しの反省と哲学で十分である。連続的な存在と、別個または独立の存在という、二つの原理の間には、密接な結びつきがあり、われわれがそれらの一方を確立するやいなや、他方が必然的な帰結として成り立つことになるということを、私はすでに述べた[21]。最初に生じるのは、連続的な存在の意見であり、それは、精神がそれの最初のもっとも自然な傾向に従う場合にはいつでも、大した努力や反省なしに、他方の意見を、引き連れて来る。しかし、経験的事実を比較し、それらについて少し推論すれば、われわれは、われわれの感覚的な知覚の独立的な存在の説がもっとも明白な経験に反することを、すぐ見て取るのである。このことは、われわれに、われわれの足跡をたどって引き返させ、われわれの知覚に連続的な存在を帰することの誤りを見て取らせるが、それはまた、ここで私が説明することに努めるであろう多くのきわめて奇妙な意見の起源となる。

最初に、われわれの知覚が独立の存在をもっていないことをわれわれに確信させる、二、三の経験的事実（実験）を観察することが、適当であろう。われわれは、一方の目を指で押すと、すべての対象が二重になり、それらの半分が通常の自然な位置からずれるのを、直ちに知覚する。しかし、われわれはこれらの知覚の両方には連続的な存在を帰さず、それらは両方とも同じ本性のものであるので、われわれは、われわれのすべての知覚が、われわれの諸器官と、われわれの神経と精神の気の状態とに、依存していることを、明瞭に見て取る。この意見は、距離に対応した対象の見かけの増大と減少、対象の形の見かけの変化、われわれの病気や変調から生じる対象の色や他の諸性質の変化、その他無数の同種の経験的事実によって、より確かにされる。これらすべての経験的事実から、われわれは、われわれの感覚的知覚が何らの別個なあるいは独立した存在をももっていないことを、知るのである。

この推論の自然な帰結は、われわれの知覚は、独立した存在と同様に、連続した存在をももっていない、ということであるべきである。実際、哲学者たちは、この意見を、以下に述べる程度まで受け容れる。すなわち、彼らは、彼らの体系を改変し、（われわれがこれ以後そうするように）[22]知覚と対象とを区別するのであり、知覚は、中断し、消滅し、再現するごとに別個である、と想定され、対象は、中断せず、連続した存在と同一性とを保持する、と想定されるのである。しかし、この新たな体系がどれほど哲学的であると見なされようとも、私は、それが、ただの一時しのぎの療法であって、〔先の〕通俗的体系のもつすべての困難のうえに、それに固有の困難をいくつか含んでいる、と主張する。知覚と対象との二重の存在ということの意見を、われわれに直接いだかせるような、知性の原理、あるいは想像力の原理は、存在せず、われわれは、この意見に、われわれの中断した知覚の同一性と連続性という通常の仮説を通過することによってしか、到達できない。もしわれわれが、われわれの知覚がわれわれの唯一の対象であり、それらは感覚能力にもはや現われていないときでも存在し続けるのである、とまず確信しているのでなかったならば、われわれは、われわれの知覚と対象とが別個であって、われわれの対象のみが連続した存在を保持する、と考えることには、けっして導かれなかったであろう。「この後の仮説は、理性に対しても、想像力に対しても、一次的な（それ自身に固有の）自己推薦力をもたず、それの想像力に対する全影響を、先の仮説から得ているのである。」(23)この命題は、二つの部分を含んでいる。われわれは、これらを、このように難解な問題が許す限り判明かつ明晰に、証明することに努めよう。

この命題の第一の部分、「この哲学的仮説は、理性に対しても、想像力に対しても、一次的な自己推薦力をもたない」ということについては、われわれは、理性に関しては、以下のような反省によって、すぐ納得することができる。われわれが確信している唯一の存在者は、諸知覚である。知覚は、意識によってわれわれに直接現前しているので、われわれのもっとも強い同意を得るのであり、われわれのすべての推論の最初の基礎なのである。われわれが一つのものの存在から別のものの存在へと行なう唯一の推論は、原因と結果の関係による。この関係は、両者の間に或る結合が存在し、一方の存在が他方の存在に依存していることを、示すのである。この関係の観念は、過去の経験から生じる。この経験によって、われわれは、二つの存在者が、たがいに恒常的に随伴し、精神に常に同時に現前するということを、見出すのである。ところが、精神には知覚以外のいかなる存在者もけっして現前しないので、われわれは、たがいに異なる知覚の間に、随伴、または原因と結果の関係を、観察することができるが、知覚と対象との間には、この関係をけっして観察することができない。それゆえ、われわれは、知覚の存在または一つの性質から、対象の存在に関して何らかの推論を行なうこと、あるいは、この点（対象の存在）においてわれわれの理性を満足させることは、不可能なのである。

この哲学的体系が、想像力に対して一次的な自己推薦力をもたず、想像力が、みずから、それの根源的な傾向によって、このような原理を思いつくことは、けっしてなかったであろうということも、同様に確実である。私は、このことを、読者が完全に満足するように証明することは、少々難しいであろうということを認める。なぜなら、それは、否定的なものを含み、否定的なものは、多くの場合、確証を受け容れないからである。もし誰かがこの問題を吟味する労をとり、この意見が想像力に直接由来することを説明するような体系を作り出してくれるのであれば、われわれは、その体系を吟味することによって、今の問題に、確実な判断を述べることができるであろう。われわれの知覚が途切れており、中断しており、どのように似ていようともたがいに異なるということを、当然のこととし、この想定に基づいて、誰かに、なにゆえ想像力が、性質においてこれらの知覚に類似している、しかし連続し、中断せず、同一性を保つところの、別の存在者という信念に、直接直ちに進むのであるかを、示させよ。彼がこのことを私の満足がいくように為したならば、そのあとで、私は、私の今の意見を放棄することを、約束する。それまでは、最初の想定の難解であること自体から、私は、その考えが、想像力が携わるには不適当な主題であるということを、結論せざるを得ない。物体の連続的で別個な存在に関する通常の意見の起源を解明しようとする者は、誰であれ、精神をそれの通常の状態において取り上げ、われわれの知覚が、われわれの唯一の対象であり、知覚されないときにさえ存在し続ける、という想定に基づいて、進まなければならない。この意見は、間違ってはいるが、すべてのうちでもっとも自然な意見であり、これのみが、想像力に対する一次的な自己推薦力をもっているのである。

上述の命題の第二の部分、「哲学的体系は、それの想像力に対する全影響を、通俗的体系から得ているのである」ということについては、われわれは、これが、「哲学的体系は、理性に対しても、想像力に対しても、一次的な自己推薦力をもたない」という、上の結論の、自然で不可避な帰結である、と言うことができる。と言うのは、哲学的体系は、多くの人々の心を捉え、特に、この問題について少しでも反省するすべての人々の心を捉えることが、経験から知られるので、それは、それの全権威を、通俗的な体系から得るほかないからである。なぜなら、それは、それ自身の固有の権威をもっていないからである。これら二つの体系が、正反対でありながら、たがいに結びつく仕方は、以下のように説明できる。

想像力は、自然に、次のような一連の思考をたどる。「われわれの知覚が、われわれの唯一の対象である。類似した知覚は、その現われにおいてどれほど途切れたり中断したりしていようとも[24]、同一のものである。この現われている中断は、同一性に反する。したがって、中断は、現われ（見かけ）を超えては広がらず、知覚または対象は、実際は、われわれの目の前にないときでさえ、存在し続ける。それゆえ、われわれの感覚的知覚は、連続した、中断のない存在をもつ。」しかし、少しの反省が、われわれの知覚が依存的な（独立的でない）存在をもつということを示すことによって、それらが連続した存在をもつというこの結論を論破するので、われわれが、それがもはや感覚に現われていないときでさえ保存される連続した存在者というようなものが自然のうちに存在するという意見を、まったく否定すべきであるということが、予期されるのが自然であろう。しかしながら、実際はそうはならない。哲学者たちは、われわれの感覚的な知覚の独立性と連続性との意見を斥ける際に、連続存在の意見を斥けるどころか、すべての学派が、前の方の〔否定的〕意見に合意するにもかかわらず、或る意味でそれの必然的な帰結である後の方の〔否定的〕意見は、二、三の常軌を逸した懐疑論者のみに特有のものであった。しかし、彼らも、結局は、その意見を言葉の上でのみ主張しただけであり、みずからをその意見を本気で信じるようにさせることは、けっしてできなかったのである。

われわれが、冷静で深い反省ののちに形成するような意見と、われわれが、それらの意見の精神に対する適合性と一致のゆえに、一種の本能または自然な衝動によっていだくような意見との間には、大きな相違が存在する。

もしこれらの意見がたがいに反対となるならば、それらのどちらが優勢となるかを予見するのは難しくない。われわれの注意が問題に傾注されている限り、哲学的で熟慮された原理が優勢となるであろう。しかしわれわれがわれわれの思考を緩めるやいなや、自然本性が姿を現わし、われわれを以前の意見に連れ戻すであろう。いやそれどころか、自然は、ときにはきわめて大きな影響を及ぼし、われわれのもっとも深い反省のさなかにおいてさえもわれわれの前進を止めさせ、われわれが或る哲学的な意見の全帰結を受け容れることを妨げるのである。かくして、われわれは、われわれの諸知覚の非独立性と中断とを明瞭に知覚するにもかかわらず、われわれの歩みの途中で立ち止まるのであり、けっしてこの知覚のゆえに、独立的で連続した存在者の考えを斥けることは、しないのである。この意見は、想像力の中に深く根づいているので、それを根こぎにすることは不可能なのであり、われわれの知覚の非独立性の形而上学的確信を精一杯強めても、その目的のためには十分でないのである。

しかし、ここではわれわれの自然で明白な諸原理が熟慮された反省に打ち勝つのであるが、その場合に、いくらかの争いと対立とが存在することは、確かである。少なくとも、これらの反省がいくらかでも力あるいは生気を保持する限りは、そうである。この点においてみずからの緊張を和らげるために、われわれは、これら理性と想像力の諸原理をともに含むように見えるような或る新たな仮説を、考え出す。この仮説は、諸知覚と諸対象との二重の存在（the double existence of perceptions and objects）という、哲学的な仮説であり、この仮説は、われわれの依存的（非独立的）な知覚が中断しておりたがいに別個なものであることを認める点において、われわれの理性を喜ばせ、同時に、連続した存在をわれわれが「対象」と呼ぶ〔知覚とは〕別の或るものに帰する点で、想像力にとって快いものである。この哲学的な体系は、それゆえ、たがいに反対の、二つながら同時に精神によっていだかれる、たがいに他を滅ぼすことができない、二つの原理の間にできた、奇形児である。想像力は、われわれに、われわれのたがいに類似した知覚は、連続的で中断のない存在をもち、その不在によって消滅することがない、と語る。反省は、われわれに、われわれのたがいに類似した知覚といえども、存在において中断しており、たがいに別個である、と語る。これらの意見の間の矛盾を、われわれは、これらの反対の性質を異なる存在者に帰することによって、すなわち、中断を知覚に、連続性を対象に帰することによって、反省と想像力の両方の仮説に一致し得るような、或る新たな虚構によって、避ける。自然本性は、頑固であり、理性によってどれほど強く攻撃されようとも、戦闘を放棄しようとはしないが、同時に、理性はその主張においてきわめて明瞭であるので、理性を覆い隠すことはできない。これら二人の敵を和解させることができないので、われわれは、各々にそれが要求するものを順次与えることによって、すなわち、各々がそれが欲するすべての条件をもっている何かをそこに見出すことができるような、二重の存在を虚構することによって、できる限りみずからの緊張を和らげようと努めるのである。もしわれわれが、われわれのたがいに類似した知覚が連続しており、同一性をもち、独立的であるということを、完全に確信していたならば、われわれは、二重存在というこの意見に陥ることは、けっしてなかったであろうからである。なぜなら、われわれは、われわれの最初の想定に満足し、それを超えたところに目をやりはしなかったであろうからである。また、もしわれわれが、われわれの知覚が依存的（非独立的）であり、中断しており、たがいに別個であるということを、完全に確信していたならば、われわれは、先の場合と同様に、二重存在の意見をいだこうとはしなかったであろう。なぜなら、その場合には、われわれは、連続した存在というわれわれの最初の想定の誤りを明瞭に知覚し、その想定をそれ以上考察することは、けっしてしなかったであろうからである。それゆえ、この〔二重存在の〕意見が生じるのは、精神が中間の位置にあることからであり、これら二つのたがいに反対の意見に〔精神が〕執着するからである。この執着は、それらの両方の意見を受け容れることを正当化する何らかの口実を、われわれに探し求めさせるような執着である。そして、その口実が、幸運にもついに、二重存在の体系のうちに見出される、というわけである。

この哲学的体系のもう一つの利点は、それが通俗的体系に類似していることである。この類似によって、われわれは、われわれの理性が厄介でうるさくなるときには、それをしばらくの間なだめることができ、また、われわれわれの理性が少しでも無頓着で不注意になれば、たやすく、われわれの通俗的で自然な考えに戻ることができるのである。それゆえ、われわれが見るように、哲学者たちはこの利点をおろそかにせず、彼らの私室を離れるやいなや、直ちに他の人々に混じって、われわれの知覚がわれわれの唯一の対象であり、その中断した現われにもかかわらず同一的で中断なく同じものであり続けるという、論破された意見をいだくのである。

この体系には、ほかにも特徴があり、われわれはそれらの点において、この体系がきわめて顕著な仕方で想像力に依存していることを、見て取ることができる。これらの点のうち、私は、以下の二つの点を見ることにした。第一に、われわれは、外的対象を、内的知覚に類似していると考えている。すでに示したように、原因と結果の関係は、われわれに、われわれの諸知覚の存在または性質から、外的で連続的な対象の存在に至る正しい推論を、けっして与えることができない。そして、私は、さらにつけ加えて、たとえ原因と結果と〔の関係〕がこのような推論を与え得たとしても、われわれは、われわれの対象がわれわれの知覚に類似するということを推理する、いかなる理由をもけっしてもたないであろう、と言いたい。そのような意見は、それゆえ、「想像力はそれのすべての観念を或る先行する知覚から借りている」という、すでに上に述べた想像力の性質からしか、生じない。われわれは、知覚以外の何ものをも思念することができないのであり(25)、それゆえ、すべてのものを、知覚に類似させざるを得ないのである(26)。

第二に、われわれは、われわれの対象が一般に（全体として）われわれの知覚に類似すると考えていると同時に、個々の対象のどれもが、それが原因として生み出す知覚に類似するということを、当然のことと見なしている。原因と結果の関係が、われわれに、類似性という他の関係を加えさせる。すなわち、これらの存在者（対象と知覚）の観念が前の〔因果性の〕関係によって想像力においてすでに結びつけられているので、われわれは、結びつき（union）を完全にするために、後の〔類似性の〕関係を、自然につけ加えるのである。われわれは、任意の観念の間に以前に観察した関係に新しい諸関係を加えることによって、〔観念の間の〕すべての結びつきを完

全にしようとする、強い傾向をもつのである。このことは、やがて考察する機会があるであろう。〔一〕

〔一〕 第五節〔二七〇～一頁〕。

このようにして、外的存在者に関する通俗的な体系と哲学的な体系のすべてを説明し終えてみると、私は、それらの諸体系を省みるときに生じる或る感慨を、吐露せずにはいられない。私は、この問題を、われわれはわれわれの感覚能力を盲目的に信頼すべきであり、このことが私の論究の全体から引き出す結論であろうということを、前提しつつ、論じ始めた。[27] しかし、正直に言うならば、私は、今は前とはまったく反対の気持になっているのを感じ、われわれの感覚能力、あるいはむしろ想像力に、そのような盲目的な信頼を置くことよりも、まったく信頼を置かないことに、より傾いている。私は、想像力のこのように軽薄な性質が、このような虚偽の仮定に導かれて、いかにして何らかの堅固で理性的な体系に到達することができるのかを、考えることができない。われわれの知覚の連続存在の意見を生み出すのは、われわれの知覚の整合性と恒常性であるが、知覚のこれらの性質は、そのような存在とは、何らの知覚できる結びつきをももたないのである。われわれの知覚の恒常性は、もっとも重要な結果を生み出すが、それでも、この上ない諸困難を伴っている。われわれのたがいに類似する知覚が数的に同じものであると考えるのは、ひどい錯覚であるが、この錯覚が、われわれを、これらの知覚が、中断していず、感覚に現前していないときでもやはり存在しているのである、という意見に、導くのである。以上が、われわれの通俗的な体系の実情である。われわれの哲学的な体系のほうは、同じ諸困難を伴うが、さらにその上に、通俗的考えを同時に否定しかつ定立するという不合理を、背負っている。哲学者たちは、われわれのたがいに類似する知覚が同一のものであり、中断していないということを、否定するが、それでも類似する知覚をそのような性質のものと信じる大きな傾向をもっているので、彼らは、新たな一群の知覚を恣意的に考え出して、これらにそのような性質を帰するのである。私は、「新たな一群の知覚」と言う。というのは、われわれは、対象がその性質において諸知覚と正確に同じものではないということを、一般的に想定することはできても、そのことを判明に思いうかべることは、不可能であるからである。[28] 根拠のない異常な諸意見のこの混乱から、われわれは、誤謬と虚偽以外の、何を期待することができるであろうか。また、われわれは、それらの意見にわれわれが置く信念を、われわれ自身に対して、いかにして正当化することができるであろうか。

理性と感覚能力の両方に関するこの懐疑は、けっして根本的に癒されることのあり得ない病であり、われわれがそれをどれほど追い払おうとも、またときにはわれわれがそれから完全に免れているように見えようとも、どの瞬間にもわれわれに戻ってこざるを得ない病である。いかなる体系に基づいても、われわれの知性または感覚能力を擁護することは不可能であり、そのようにしてそれらを正当化しようと努めても、われわれは、それらをますます非難にさらすだけである。懐疑は、これらの問題についての深くて集中的な反省から自然に生じるので、われわれがわれわれの反省を進めれば進めるほど、常に増大する。われわれの懐疑に反対してであれ一致してであれ、われわれをいくらかでも癒すことができるのは、捉われず気にしないこと（carelessness and in-attention）だけである。この理由で、私は、捉われず気にしないことの力を頼み、この瞬間における読者の意見がどのようなものであれ、今から一時間のちには、読者が、外的世界と内的世界の両方が存在すると信じているであろうと、考える。この仮定に基づいて、私は、われわれの印象（情念）に関するより詳しい探究に進む前に、両世界に関して提出された古代および当代の包括的諸体系を、吟味しようと思う。このことが、われわれの現在の目的にとって無関係ではないことが、おそらく、最終的には分かるであろう。

第三節　古代の哲学について[1]

幾人かの道徳哲学者たちは、われわれ自身の心を知り徳におけるわれわれの向上の有無を知るための優れた方法として、われわれが見た夢を朝に思い出して、それらを、もっとも真面目にもっとも意図的に行なったわれわれの行為を吟味するのと同じ厳格さで吟味することを、勧めている。彼らが言うには、「われわれの品性は、常に同じであり、作為や、恐れや、策略の生じぬところ、また人が自他に対して偽善者たり得ないところ〔夢〕において、もっともよく現われる。」心性が高潔であるか卑劣であるか、われわれが優しいか残酷であるか、勇気があるか臆病であるかは、想像力の虚構〔夢〕に、無制限の影響を与え、〔そこにおいて〕もっともあからさまに現われる、というわけである。これと同様に、私は、「実体」(substances)、「実体的形相」(substantial forms)、「偶有性」(accidents)、「隠れた性質」(occult qualities) などについての、古代の哲学の虚構を批判することによって、種々の有益な発見ができるであろうと思う。これらの虚構は、どれほど不合理で空想的なものであろうと、人間本性の諸原理に、きわめて密接に結びついているからである。

もっとも公正な哲学者たちによって認められているところでは、われわれがもつ物体の観念は、対象を構成したがいに恒常的に結合しているのが見出されるいくつかの異なる感覚的性質の諸観念の、精神によって形成された集合にほかならない。(2) これらの諸性質自体は、たがいにまったく別個なものではあるが、われわれが通常、それらが構成する複合物を、「単一の」もの (one thing) であり、非常に大きな変化にもかかわらず「同一の」もの (the same) であり続けると、見なしていることは、確かである。認められた複合が想定された単純性 (simplicity) に反し、変化が同一性 (identity) に反することは、明瞭である。それゆえ、われわれのうちのほとんどすべてをこのような明白な矛盾に陥らせる諸原因と、われわれがこの矛盾をそれによって覆い隠そうと努める手段を考察することは、やってみる価値のあることであろう。

対象がもつ継起する異なる諸性質の観念は、きわめて密接な関係によって統合されているので、精神が、その継起をたどる際に、継起の一つの部分から他の部分に、たやすい推移によって運ばれるはずであり、まるで同一の変化しない対象を眺めているかのように、その変化に気づかないであろうことは、明らかである。このたやすい移行ということが、関係の効果、あるいはむしろ本質である。そして、想像力は、二つの観念の精神に対する影響が似ている場合には、一方の観念を他方の観念と容易に取り違えるので、(3) ここから、たがいに関係している諸性質の上のような継起が、容易に、変化せずに存在する一つの持続する対象と見なされるようになるのである。滑らかで中断しない思考の歩みが、両方の場合に類似するので、精神を容易に欺き、われわれをして、結びつけられた諸性質の変化する継起に、同一性を帰させるのである。

しかし、われわれが、継起を考察する方法を変え、継起する各時点を通して継起を徐々にたどるかわりに、継起の持続時間内の二つの異なる時期を同時に眺め、継起する性質の異なる状態を比較するならば、その場合には、徐々に生じるときには気づかれなかった変化が、今や大きいものに見え、同一性をまったく失わせるように見える。このようにして、われわれが対象を眺める観点の相違と、われわれが比較する二つの時点の遠近の相違から、われわれの考え方に一種の反対（矛盾）が生じる。すなわち、われわれが対象をその継起する変化において徐々にたどるときは、滑らかな思考の歩みが、われわれをして継起に同一性を帰させる。それは、われわれが、変化しない対象を考察するのも、それと同様な精神の作用によるからである。われわれが対象の状態をかなりの変化の後で比較するときには、思考の歩みは中断され、それゆえ、われわれは相違（diversity）の観念を与えられる。この矛盾を調停するために(4)、想像力は、知られず見えない或るもの(5)を虚構し、これを、これらの全変化を通じて同じものであり続けると、想定するのである。そして、この理解不可能な或るものを、想像力は、「実体」（substance）、あるいは「根源的で第一の質料」（original and first matter）と、呼ぶのである。

われわれは、実体の単純性についても、同様な考えを、同様な原因から、いだく。完全に単純で不可分な対象が、そのたがいに同時に存在する諸部分が強い関係によって結びつけられている別の〔複雑な〕対象とともに、提示されるならば、これら二つの対象を眺める際の精神の作用が大して違わないことは、明らかである。想像力は、この単純な対象を、いっときに、たやすく、思惟の単一の努力によって、変化することなく思念する。複合的な対象の諸部分の結合も、ほとんど同じ効果をもつのであり、想像力が一つの部分から他の部分に目を移す際の移行に気づかないような統一を、対象に与える。このことから、桃やメロンに統合された色、味、形、固体性、その他の諸性質が、一つのものを成すと考えられるのであり、それは、諸性質をして、まったく複合を含まぬ場合と同じ影響を思惟に与えさすところの、諸性質の間の密接な関係によるのである。しかしながら、精神は、ここに留まりはしない。精神は、対象を別の観点から眺めるならば、これらの諸性質が、すべてたがいに異なり、区別でき、分離できることを、見出す。この見方は、精神のより自然な最初の考えを崩すので、余儀なく想像力は、これらの諸性質の間の統合ないし凝集の原理として、そして、複合的な対象にそれの多様性と複合にもかかわらず一つのものと呼ばれる資格を与えるものとして、知られない或るもの（an unknown something）、または根源的な実体すなわち根源的な質料というものを、虚構するのである。

　ペリパトス学派[6]（逍遥学派、アリストテレス学派）の哲学は、根源的な質料を、すべての物体において完全に等質であると主張し、火、水、土、空気[7]を、これらが漸次たがいに他に循環し変化するという理由で、まったく同じ実体から成ると見なす。しかし同時にこの学派は、これらの各種類の対象に別個な実体的形相を付与し、実体的形相が、それらの対象の異なる性質すべての源泉であり、各種類の対象の単純性と同一性の新たな基礎である、と想定している。すべては、われわれが対象を見る見方に依存する。われわれは、物体の感覚されない（気づかれない）変化をたどるときは、物体がすべて同じ実体あるいは本質をもつと想定する。物体の感覚される相違を考察するときには、各物体に、異なる実体と本質を帰するのである。そして、われわれは、対象を考察するこれらの方法の両方をみずからに許すために、すべての物体が実体と実体的形相とを同時にもつと想定するのである。

　偶有性の考えは、実体と実体的形相に関するこの考え方の不可避の帰結であり、われわれは、色、音、味、形、および物体のその他の属性を、単独では自存し得ず、それらを支える内属の基体を必要とする存在者と、見なさずにはいられない。というのは、われわれは、これらの感覚的性質のどれかを見出した際には常に、上に述べた理由によって、同様に実体も存在すると空想したので、われわれに原因と結果の間の結合を推理させるのと同じ習慣が、ここでもわれわれに、すべての性質の、知られない実体への依存を、推理させるからである。依存を想像する習慣は、依存を観察する習慣と、同じ効果をもつのである。しかしながら、この考えは、先のどの考えとも同様に、非合理的なものである。すべての性質は、他の性質とは別個なものであるから、他の任意の性質からだけではなく、実体という不可解な空想物からも、離れて存在すると考えることができるし、実際にも離れて存在することが可能であるからである(8)。

しかし、これらの哲学者たちは、隠れた性質(9)〔神秘的性質〕に関する意見において、彼らの虚構をさらに進め、彼らが理解しない、〔偶有性を〕支える実体を、想定するだけでなく、彼らがそれと同様に不完全な観念しかもたない、〔実体によって〕支えられる偶有性を、想定するのである。それゆえ、その全体系が、まったく理解不可能なものであるが、やはり、上で説明されたどの考えとも同様に、〔人間本性の〕同じく自然な諸原理から生じるのである。

この〔隠れた性質の〕問題を考察する際に、われわれは、意見を形成する人々が新たな段階の理性と知識を獲得するにつれて、次々と他を凌駕する、三つの意見の、段階的移行(10)を見ることができる。これら三つの意見とは、普通人の意見、偽なる哲学の意見、および真なる哲学の意見である。調べてみると、これらの意見において、真なる哲学が、誤った知識の意見よりも、普通人の意見により近いことが、見出される。人々が、普段の気楽な考え方をする場合に、結びついている〔同時に現われる〕ことが常に見出されるような対象の間に、結合を知覚すると想像することは、自然である。習慣が、それらの〔対象の〕観念の分離を困難にしているので、人々は、そのような分離を、それ自体において不可能で不合理なことと、想像しがちなのである。しかし、哲学者たちは、習慣の影響を捨象し、対象の観念〔の内容そのもの〕を比較するので、普通人の意見が偽であることを、直ちに看取し、対象の間には知られた結合がない(11)ことを、発見する。すべての異なる対象は、彼らには、まったく別個で分離しているように見えるのであり、また、彼らは、われわれが一つの対象から別の対象を推理するのは、われわれが対象の本性や性質を見ることに基づいてではなく、ただ、いくつもの事例において対象が恒常的に随伴しているのを観察するからである(12)ということを、看取するのである。しかしながら、これらの哲学者たちは、この観察から正しく推論して、われわれは、精神から切り離され原因〔となるもの〕自体に属するような力あるいは作用性の観念をもたない(13)、と結論しないで、そう結論するかわりに、しばしば、この作用性がそこに存するような性質を探し求め、この作用性を説明するために理性が示唆するどの体系にも満足しないのである。彼らの才能は、物質の個々の感覚的な性質や作用の間に自然な知覚できるような結合があるとする普通人の間違いを免れさすには、十分であるが、この結合をいつまでも物質あるいは原因自体のうちに探し求めることを止めさすには、不十分なのである。もし彼らが正しい結論に思い当たったならば、彼らは、普通人の立場に戻り、そのような探究を、煩わしがり、無関心な態度で眺めたであろう。現在、哲学者たちは、きわめて哀れむべき状態にあるように思われる。この状態は、詩人たちが、シシフォスとタンタロスの受けた罰(14)の記述において、それについてのおぼろげな観念を与えてくれているような、状態である。というのも、永久にわれわれから逃げ去るものを、熱心に、しかもそれがそこにはあり得ない場所に、探し求めること(15)以上の責め苦が、想像できようか。

しかし、自然は、見たところ、これまで、あらゆる事柄において、言わば正義（公平）と補償（埋め合わせ）を励行してきたように、哲学者たちを、他の被造物以上におろそかにせず、彼らに、その失意と苦悩の中にも、慰めを用意しておいたのである。この慰めは、主として、彼らが、「能力」および「隠れた性質」という語を発明したことにある。というのは、実際に有意味で理解可能な名辞をしばしば使用したのちには、名辞によってそれを表現するのが常であった観念を省略し、その観念を望むままに呼び起こすための習慣のみを保持するのが(16)、通例であるので、まったく無意味で理解不可能な名辞をしばしば使用したのちには、われわれが、それらの名辞を、前者と同じ資格のものであり、反省によって見出し得るような隠れた意味をもつものであると、想像するということが、自然に起こるのである。例によって、それらの名辞の見かけの類似性が、精神を欺き、われわれに、完全な類似性と一致を、想像させるのである。このことによって、これらの哲学者たちは、安心し、人々（普通人）がその愚かさによって、また真の哲学者たちがその節度のある懐疑[17]（moderate scepticism）によって獲得するのと同じ無関心に、錯覚によってついに到達するのである。彼らは、彼らを困惑させる現象が、或る能力あるいは或る隠れた性質から生じる、と言いさえすればよく、問題についての論争と探究は、それですべて終わりとなるというわけである。

しかし、ペリパトス派の哲学者たちが、想像力のありとあらゆるつまらない傾向に導かれていることを、みずから露呈している事例のうちで、共感（親和力）、反感（反親和力）、および真空の恐怖（sympathies, antipathies, and horrors of a vacuum）という彼らの考えほど顕著なものはない。人間の自然本性には、それがみずからのうちに観察するのと同じ情動を外的対象に帰し、みずからにもっとも直接的に現前している観念を至るところに見出すという、きわめて顕著な傾向がある。[18]なるほど、この傾向は、少し反省すれば押さえられ、ただ、子供や、詩人や、古代の哲学者たちに現われるだけである。子供においては、痛みを与える石を打とうとする彼らの欲求として現われ、詩人たちにおいては、すべての事物を擬人化しようとする彼らの傾向として現われ、古代の哲学者たちにおいては、これら共感や反感という虚構として現われる。われわれは、子供たちを、その年齢のゆえに、詩人たちを、彼らが想像力の示唆に盲従することを公言しているがゆえに、大目に見なければならないが、哲学者たちを、このように重大な弱点において正当化する、どんな口実を見出し得るであろうか。

第四節　当代の哲学について

しかし、ここで、次のように反論されるかも知れない。すなわち、想像力が、あらゆる哲学体系の究極の判定者であることは、私自身も認めるところなのだから、昔の哲学者たちが、想像力を用い、彼らの推論においてもっぱら想像力に導かれることをみずからに許しているからと言って、私が彼らを非難するのは、公正でない、と反論されるかも知れない。そこで、自分を正当化するために、私は、想像力において、〔二種類の〕原理を区別しなければならない。一つは、たとえば、原因から結果へあるいは結果から原因への習慣的移行（因果推理）のように、永続的で、不可抗で、普遍的である諸原理であり、もう一つは、さきほど言及したような、変わりやすく、弱く、規則的でない諸原理である。前者は、われわれのあらゆる思惟と行為の基礎であり、それがなくなれば、人間本性（人類）はただちに破滅してしまうほかない。後者は、人類にとって不可避でも、必要でもなく、生活を送るのに有用でさえない。それどころか、それは、ただ弱い精神においてのみ生じることが観察され、他の、習慣と推論の諸原理に反するので、それに〔これらの諸原理を〕しかるべく対照させ対立させるならば、容易に覆すことができる。この理由で、哲学においては、前者が受け容れられ、後者は退けられる。暗闇で分節された音声を聞いて、誰かが自分の近くにいると推論する人は、正しく、自然に、推論しているのである。しかし、この推論は、ただ習慣から生じるのであり、習慣は、現在の〔分節された音声の〕印象には人間〔の印象〕がいつも随伴していたので、〔彼の精神に〕人間の観念を固定し生気を与えるのである。しかし、〔暗闇で分節された音声を聞いて〕暗闇に幽霊がいるのではないかと心配して、理由も分からずに苦しむ人も、おそらく、推論し、しかも自然に推論していると言えようが、それは、病気が自然であると言われるのと同じ意味においてでしかない。病気は、人間のもっとも快適でもっとも自然な状態である健康に反対であるにもかかわらず、自然な原因から生じるものとして、自然であると言われるのである。

古代の哲学者たちの意見、すなわち彼らの実体と偶有性という虚構や、実体的形相や隠れた性質についての議論は、暗闇にいる幽霊のようなものであり、ありふれた諸原理ではあるが人間本性に普遍的でも不可避でもない諸原理から生じているのである。当代の哲学（the modern philosophy）は、このような欠点をまったく逃れており、想像力の堅固で永続的で整合的な諸原理からのみ生じると、自称している。この主張がいかなる根拠に基づいているのかを、今や探究の主題にしなければならない。

当代の哲学の基本的な原理は、色、音、味、香、熱と冷についての意見であり、当代の哲学はこれらを、外的対象の作用から生じ、対象自体の性質に対する類似性を何らもたない、精神のうちにある印象に過ぎない[1]、と主張する。吟味してみると、この意見のために通常提出される理由のうち、ただ一つだけで、すなわち、外的対象がどう見ても同じであり続ける（変化していない）間にもこれらの印象が変化するということから導出される理由だけで、十分説得力がある。印象の変化は、種々の条件に依存する。それは、健康状態の相違に依存する。たとえば、病気の人は、以前にはもっとも好んだ肉に、不快な味を感じる。またそれは、人の体質の相違に依存する。たとえば、或る人に甘いものが、別の人には苦く思われる。またそれは、対象の外的位置の相違に依存する。たとえば、雲によって反射される色は、雲の距離、および雲が目と光体（太陽）とともにつくる角度に応じて、変化する。また、火は、或る距離では快の感覚を与え、別の距離では苦痛の感覚を与える。この種の例は、非常に多く、またしばしば生じる。

これらの例から引き出される結論も、同様に、想像できる限りでもっとも説得力のあるものである。すなわち、同じ感覚能力のたがいに異なる印象が或る対象から生じる場合、これらの印象のすべてがその対象のうちに存在する性質に似るのでないことは、確実である。なぜなら、同一の対象は同時に同じ感覚能力のたがいに異なる性質をもつことができず、同一の性質はたがいにまったく異なる印象に類似することができないから、明らかに、多くの印象が外的な原型をもたないことが、帰結するからである。ところでわれわれは、似た結果から似た原因を推定する。すなわち、色、音などの印象の多くが、内的な存在者にほかならず、それらにまったく類似していない原因から生じることが、認められている。しかるにこれらの印象は、その他の色、音などの印象と見かけにおいてまったく違わない。それゆえわれわれは、印象はすべて同様の起源から生じると結論するのである。

この原理がひとたび受け容れられるならば、当代の哲学のその他の教説は、容易に帰結する。なぜなら、音、色、熱、冷、およびその他の感覚的性質を、連続する独立な存在者の地位から除くならば、われわれが十全な観念をもっている唯一の実在的存在者として、ただ「第一次性質」(2)（primary qualities）と呼ばれているものだけしか、われわれに残されていないことになるからである。これら第一次性質とは、延長と固体性、および、それらの種々の混合と変様である、形、運動、重力、凝集力などである。動植物の発生、成長、衰弱、および死滅は、形と運動の変化にほかならない。また、すべての物体の相互作用も、火、光、水、空気、土の相互作用も、自然のあらゆる力の相互作用も、形と運動の変化にほかならない。一つの形と運動が、別の形と運動を生み出すのであり、物質世界には、われわれがほんのおぼろげにでも観念をいだき得る原理は、能動的なものであれ、受動的なものであれ、この原理以外にはないのである。

この体系に対して、多くの反論がなされるであろうと信じるが、今は一つの反論だけを取り上げよう。私の意見では、この反論は、本当に決定的なものである。私は、われわれがこの体系によって、外的対象の作用を説明するどころか、すべての外的対象を消滅させ、外的対象に関するもっとも常軌を逸した懐疑論(3)に陥ることになる、と主張する。もし色、音、味、香〔などの感覚的性質〕が、単なる知覚に過ぎないならば、われわれが考え〔思いうかべ〕得るいかなるものも、実在的で連続的で独立した存在(4)をもたないことになる。主として強調される第一次性質である、運動、延長、固体性でさえ、そうである。

運動の吟味から始めると、明らかに運動は、他の対象に関係づけずに単独では、まったく思いうかべることのできない性質である。運動の観念は、運動する物体の観念を、必然的に前提しているのである。[5]では、それなしには運動が理解できないところの、運動する物体の観念とは、いかなるものか。それは、延長あるいは固体性の観念に帰着するほかない。したがって、運動の実在性は、これら他の性質の実在性に依存することになる。

私は、すでに、運動に関して普遍的に認められているこの意見〔運動の観念が運動する物体の観念を必然的に前提しているという意見〕が、延長に関しても真であることを証明し、延長は、色あるいは固体性〔正しくは固さすなわち触感〕をもった諸部分から成るものとしてしか思いうかべることができない、ということを示した。[6]延長の観念は、複合観念である。しかしそれは、無限数の部分すなわちより小さい観念から複合されるものではないから、[7]ついには、完全に単純で不可分な諸部分に帰着せざるを得ない。これらの単純で不可分な諸部分は、延長の観念ではないから、色をもつか固体的であるものとして思いうかべられるのでなければ、非存在者であるほかない。ところで色は、〔仮定により〕実在的な存在から排除されている。それゆえ、延長というわれわれの観念の実在性は、固体性の観念の実在性に依存することになり、後者が空想的な観念である限りは、前者も正しくはあり得ない。そこで、われわれの注意を、固体性の観念の吟味に向けよう。

固体性（ここでは不可入性）の観念とは、どんなに強い力で押されても、たがいに透入できず、分離した別個な存在を維持する、二つの対象の観念である。それゆえ、固体性は、単独では、すなわち、固体的でこの分離した別個な存在を維持する或る〔二つの〕物体を思いうかべずには、まったく理解できない。ではわれわれは、これらの物体について、いかなる観念をもっているのか。色、音、その他の第二次性質は、〔実在的でないとして〕排除されている。運動の観念は、延長の観念に依存し、延長の観念は、固体性の観念に依存する。それゆえ、固体性の観念は、これらの〔運動と延長の〕観念のどちらに依存するということも、あり得ない。なぜなら、それは循環に陥ることであり、一方の観念が他方の観念に依存しているのに、同時に後者を前者に依存させることになるであろうからである。それゆえ、当代の哲学は、固体性についての正しい観念も十分な観念も与えず、その結果、物質についても正しい観念あるいは十分な観念を与えないのである。

以上の議論は、それを理解する人すべてにまったく決定的なものに見えるであろうが、一般の読者には難解で込み入っていると思われるかも知れないので、表現をいくらか変えることによってそれをより明瞭なものにしようと努めても、許されるであろうと思う。固体性の観念をいだくためには、たがいに透入することなく押し合っている二つの物体を思いうかべなければならず、ただ一つの対象しか思いうかべなければ、ましてや対象を一つも思いうかべなければ、固体性の観念に到達できない。ところで、二つの非存在者は、たがいに他をその場所から押し退けることはできない。なぜなら、非存在者は、いかなる場所ももたず、またいかなる性質も与えられていないからである。そこで私は問うが、固体性がそれに属すると想定されている、これらの物体すなわち対象について、われわれは、いかなる観念をいだくであろうか。われわれはそれらをただ固体的なものとして思いうかべる、と言うのは、無限に循環することである。われわれはそれらを延長したものとして心に描く、と主張するのは、間違った観念に帰着するか、循環に帰着する。延長は、必然的に、色をもつか固体的であるかのいずれかであると見なされなければならないが、色をもつと見なすことは、〔仮定により〕間違った観念であり、固体的であると見なすことは、最初の問題に戻ることであるからである。〔第一次性質としての〕運動可能性や形についても、同じことが言え(8)、結局、色、音、熱、冷を、外的存在者の地位から排除すれば、物体についての正しい整合的な観念を与え得るものは、何も残らないと結論しなければならない。

これに加えるに、固体性すなわち不可入性とは本来、すでに述べたように(一)、消滅の不可能性である。この理由で、それの消滅が不可能であると想定されている対象の或る判明な観念をいだくことが、それだけよけいに必要である。消滅させられることの不可能性は、単独では存在し得ず、単独で存在すると考えることもできず、必ず、それが属し得るところの何らかの対象、すなわち実在的存在者を、必要とするからである。ところで、この対象すなわち存在者の観念を、第二次的で感覚的な諸性質に頼らずにいかにして形成すべきであるかという困難が、依然として残るのである。

われわれはまた、この機会に、観念をそれの起源である印象を考察することによって吟味するという、われわれの常套手段を、省略してはならない。（一）第二部第四節〔五六頁〕。視覚と聴覚、嗅覚と味覚によって得られる印象は、当代の哲学によって、類似する対象をもたないと、主張されている。したがって、実在的なものと想定されている固体性の観念は、これらの感覚能力のどれからも、けっして得ることができないことになる。それゆえ、触覚が、固体性の観念の根源的な印象を伝え得る唯一の感覚能力として、残る。実際、われわれは、われわれが物体の固体性を〔触覚によって〕感じており、この性質を知覚するためには、任意の対象に触れさえすればよい、と自然に想像する。しかし、この考え方は、哲学的というよりも、通俗的なものである。このことは、以下のような反省によって、明らかになるであろう。

第一に、物体はその固体性のゆえに〔触覚によって〕感じられるが、この感じ（触感）が、固体性とはまったく別のものであって、それらがたがいに少しも似ていないことは、容易に観察できる。一方の手が麻痺している人は、その手がテーブルによって支えられているのを見るとき、〔麻痺していない〕他方の手でそのテーブルを触れる場合と同様に、不可入性の完全な観念を、得るのである。われわれの身体部分を押す対象は、抵抗にあい、この抵抗は、それが神経や精神の気に与える運動によって、或る感覚を精神に伝える。しかし、これらの感覚、運動、抵抗が、何らかの点でたがいに似ているということは、帰結しない。

第二に、触覚の印象は、現在の問題に無関係なそれらの延長に関して考察される場合を除き、単純な印象であり[9]、私は、この単純性から、触覚の印象が、固体性も、何らかの実在する対象も、表象しないと結論する。なぜなら、人が手で一つの石あるいは何らかの固体的な物体を押している場合と、二つの石がたがいに押し合っている場合とを、想定してみれば、これら二つの場合がすべての点で似ているわけではなく、前の場合には固体性に加えて触覚的な感じあるいは感覚があるが、後の場合にはこれが現われない、ということが、躊躇なく認められるであろう。それゆえ、これら二つの場合を似させるためには、人が手または感覚器官で感じている印象の或る部分を除くことが必要であるが、部分を除くことは、単純な印象においては不可能であるから、われわれにその印象の全体を除くことを余儀なくさせ、この印象全体が外的対象に何の原型も範型ももたないことを、証明するのである。われわれはさらに、固体性は、必然的に、二つの物体をそれらの隣接と衝突とともに前提しており、これは、複合的な対象であるから、単純な印象によってはけっして表象され得ないということを、つけ加えることができる。固体性が常に変わることなく同じものであり続けるのに対して、触覚の印象はわれわれに対して各瞬間ごとに変化するのであり、このことが、後者が前者の表象でないことを明らかに証明していることは、言うまでもない。

このように、われわれの理性と感覚能力の間には、真正面からの完全な対立がある。より正しく言えば、われわれが原因と結果から形成する結論と、われわれに物体の連続した独立の存在を信じさせる推論の間の、対立である。われわれは、原因と結果から推論するときは、色も、音も、味も、香も、連続した独立の存在をもたない、と結論する。〔しかし、われわれは、これらの感覚的性質に基づいて、連続した独立の存在をもつ外的対象の存在を信じ[10]るのであり、〕これらの感覚的性質を排除すれば、そのような存在をもつものは、宇宙に何も残らないのである。

第五節　魂の非物質性について

外的対象についてのすべての体系と、明晰で明確であるとわれわれが想像する、物質の観念とのうちに、このような矛盾と困難を見出したので、われわれは自然に、内的な知覚と、〔物質の観念よりも〕ずっと不明瞭で不確かであるとわれわれが想像する傾向にある、精神の本性とについての、すべての仮説のうちに、より大きな困難と矛盾を予期するであろう。しかし、そう予期したとすれば、われわれは間違っていることになるであろう。精神界（the intellectual world　知的世界）は、無数の不明瞭な点を免れていないが、自然界（the natural〔world〕）のうちに見出されたような矛盾には悩まされないのである。精神界について知られることは、それ自身と一致し（そのままで真であり）、知られないことは、知られないままにしておくより仕方がないからである。

なるほど、或る哲学者たちの言うところを聴くと、彼らは、われわれの無知を減らすと約束する。しかしそれは、〔精神という〕主題がおのずから逃れている矛盾にわれわれを陥らせるという、危険を冒してのことであると思われる。これらの哲学者たちは、われわれの知覚がそれに内属すると彼らが想定するところの物質的あるいは非物質的実体について、奇妙な推論を行なう人たちである。両陣営の際限のない揚げ足取りを止めさせるためには、私の知る最善の方法は、これらの哲学者たちに、言葉短く、「実体（substance）と内属（inhesion）によって何を意味しているのか」と尋ねることである。そして、彼らがこの質問に答えた後で初めて本気で論争に加わるのが、賢明というものであろう。

この質問が物質と物体については答えられ得ないことをわれわれは見たが、精神の場合には、この問題は、〔物質の場合と〕同様の困難に出会うだけでなく、その上に精神の問題に固有の困難をいくつか背負っているのである。すべての観念は先行する印象から生じるので、われわれがわれわれの精神の実体の観念をもっているのであれば、われわれはまたそれの印象をももっていなければならない。しかし、このこと（精神の実体の印象をもつこと）は、〔どのようにしてかを〕考える（思いうかべる）ことが、不可能ではないとしても、きわめて難しい。と言うのも、一つの印象は、一つの実体を、それに似ることによらずにいかにして表象することができようか。そして、印象は、いかにして実体に似ることができようか。なぜなら、この哲学によれば、印象は、実体ではなく、実体に固有の性質や特徴を、何らもたないからである。

しかし、「何（実体のいかなる印象）が可能であるか不可能であるか」という問題を論じることをやめ、「何

〔実体のいかなる印象〕が実際にあるか」という問題を論じることにするならば、私は、われわれがわれわれの精神の実体の観念をもつと主張する哲学者たちに、その観念を生み出す印象を指し示して、その印象が、いかなる仕方で作用し、いかなる対象から生じるのかを、はっきりと述べて欲しいものである。その印象は、感覚の印象であるのか、それとも反省の印象であるのか。それは、快を与えるものか、苦痛を与えるものか、それともそのどちらでもないものか。それは、いつもわれわれに伴っているのか、それともただ時折戻ってくるのか。時折であるとすれば、主にどういうときに戻ってくるのか、そしていかなる原因によって生み出される〔戻ってくる〕のか。

もし誰かが、これらの疑問に答えずに、実体の定義は「それ自身で（他のものの助けなしに）存在し得る或るもの」のことであり、われわれはこの定義で満足すべきである、と言うことによって、問題を逃れようとするならば、その場合には、私は、この定義は、考え（思いうかべ）られることができるすべてのものに当てはまるのであり、実体を偶有性から区別することにも、魂をその諸知覚から区別することにも、けっして役立たないであろう、と言おう。と言うのは、私は、以下のように推論するからである。明晰に考え（思いうかべ）られるものは、存在することが可能であり、或る仕方で明晰に考えられるものは、その仕方で存在することが可能である。これは、すでに承認された、一つの原理である。[1] また、異なるものはすべて区別でき、区別できるものはすべて想像力によって分離できる。これが、もう一つの原理である。[2] これらの原理から私が結論することは、われわれのすべての知覚は、たがいにも、また宇宙にある他のすべてのものとも、異なるから、たがいに別個で、分離可能であり、〔それゆえ〕分離されて存在すると考えられることができ、〔それゆえ〕分離されて存在することができ、[3]〔それゆえ〕それらの存在を支えるような他の何ものをも必要としない、ということである。それゆえ、われわれのすべての知覚は、上の定義が実体を説明するかぎり、実体であることになる。

このように、観念の最初の起源を考察することによっても、定義によっても、われわれは、実体の十分な考え

（観念）に到達できない。このことは、魂（the soul　心）が物質的なものか非物質的なものかという論争をまったく放棄する十分な理由になると私には思われ、私にその問題そのものをさえ無条件に断罪させる。われわれは、知覚以外の何ものについても、完全な観念をもたない。実体は、知覚とはまったく異なる。それゆえ、われわれは、実体の観念をもたない。何ものかに内属することは、われわれの知覚の存在を支えるために、必要であると想定されている。しかし、知覚の存在を支えるために、何ものも必要であるとは思われない。それゆえ、われわれは、内属の観念をもたない。それでは、われわれがその問題の意味を理解することさえできないのに、「知覚が物質的な実体に内属するのか、それとも非物質的な実体に内属するのか」という問題に答えるどんな可能性があるであろうか。

　魂の非物質性を支持するためによく用いられ、注目に値すると思われる議論が、一つある。〔それは、以下のようなものである。〕延長するものは何であれ、諸部分から成り、諸部分から成るものは何であれ、現実にではなくとも、少なくとも想像において、分割可能である。しかし、分割可能なものが、まったく分離不可能で分割不可能な存在者である思惟あるいは知覚と結びつく（conjoined　随伴する）ことは、不可能である。と言うのは、そのような結びつき（随伴）を想定する場合、その不可分な思惟は、この延長する分割可能な物体の左側に存在するのか、それとも右側に存在するのか。それの表面にあるのか、それの中にあるのか。それの後部にあるのか、それの前部にあるのか。思惟は、その〔物体の〕延長と結びつくのであれば、それ〔物体〕の大きさ〔占める範囲〕のどこかになければならない。思惟は、それの範囲内にあるのであれば、一つの特定の部分にあるか、それともすべての部分にあるかの、いずれかである。もし思惟が一つの特定の部分にあるのであれば、その特定の部分は、不可分であり、知覚（思惟）は、その部分にのみ結びついているのであり、延長と結びついているのではない。もし思惟が物体のすべての部分にあるのであれば、思惟も、その物体と同じく、延長しており、〔それの諸部分がたがいに〕分離でき分割できることになる。しかし、これはまったく不合理で矛盾している。なぜなら、長さが一ヤード、幅が一フィート、厚さが一インチの情念を、誰か考える〔思いうかべる〕ことができようか。それゆえ、思惟と延長は、まったく相容れない性質であり、けっして合体して単一の基体を形成することはできないのである。

この議論が影響を与えるのは、魂の実体に関する問題ではなく、魂と物質との場所的結合〔local conjunction〕に関する問題だけである。それゆえ、一般に、いかなる対象が場所的結合を受け容れ、いかなる対象がそれを受け容れないかを考察することは、不適当でないであろう。これは、興味のある問題であり、われわれを何か重要な発見に導くかも知れない。

空間と延長の最初の考え〔観念〕は、ただ視覚と触覚の感覚能力からのみ生じ[4]、色をもったものか、触れ得るもの以外には、その諸部分が、その〔延長の〕観念を与えるような仕方に配列されているものはない[5]。われわれが味を減らしたり増やしたりする仕方は、われわれが見得る対象を減らしたり増やしたりするのと同じ仕方ではない。いくつもの音がわれわれの聴覚を同時に刺激するとき、〔聴覚ではなくて、〕習慣と反省のみが、それらの音の音源である諸物体の遠近の程度の観念を、われわれにいだかせるのである。何であれ、みずからの存在の場所を明示しているものは、延長していなければならないか、あるいは、部分をもたず複合していない数学的点でなければならないかの、いずれかである。延長しているものは、正方形、円、三角形のような、特定の形をもたなければならない。これらの形のどれも、欲求には適合せず、それどころか、上に述べた二つの感覚能力以外のどの感覚能力の印象にも観念にも、適合しない。また、欲求は、分割不可能であるが、数学的点と見なされるべきでもない。なぜなら、もしそうなら、それに他の欲求を加えることによって、二つ、三つ、四つの欲求を作ることができ、しかもこれらを、確定した長さと幅と厚さをもつような仕方に、配列されるようにすることができることになるが、これは、明らかに、ばかげたことであるからである。

以上の考察の後では、私が、幾人もの形而上学者たちによって誤りであると宣言され、人間理性のもっとも確実な諸原理に反すると見なされている、原則を述べても、驚くに当たらないであろう。その原則とは、「或る対象は、存在しながら、どこにあるのでもなく〔場所をもたずに〕あることができる」というものであり、私は、このことがただ可能であるばかりでなく、存在するものの多くは、このような仕方で、実際に存在するし、また存在しなければならない、と主張する。或る対象が、どこにあるのでもなくある、と言えるのは、〔延長しているものの場合のように〕それの諸部分がたがいに対して形あるいは量を形成するようには配置されていず、また、〔数学的点の場合のように〕それの全体も他の物体に対してわれわれの遠近の観念に適合するようには配置されていない場合である。ところが、明らかに、このことが、視覚と触覚の知覚と対象を除くすべての知覚と対象について、成り立つ。或る道徳的反省は、或る情念の右側に位置したり、左側に位置したりすることは、できない。また、香や音は、円形であったり、正方形であったりすることは、できない。これらの対象と知覚は、特定の場所を必要とするどころか、それとはまったく相容れず、想像力でさえ、それらに特定の場所を帰することは、できない。これらの対象と知覚がどこにあるのでもなくあると想定することが、不合理であるという考えについては、もし情念や感情が、それらを知覚する働きにとって、特定の場所をもつように見えるのであれば、われわれがすでに確立したことに反して、延長の観念が、視覚と触覚からだけでなく、情念や感情からも得られたであろうということを、考察すればよい。しかし、もし情念や感情が、どんな特定の場所ももたないように見えるなら、それらは、そのような仕方で（特定の場所をもたないで）、存在することができる。なぜなら、われわれが思いうかべることは、何であれ、可能であるからである。(6)

今や、単純で、どこにあるのでもなく存在する知覚が、延長し分割可能である物質あるいは物体と、場所におけるどんな結合をももつことができないことを、証明することは、必要でないであろう。なぜなら、〔二つの対象の間に〕或る一つの関係を見出すことは、何らかの〔両者に〕共通の性質に基づかずには、不可能であるからである。(一)むしろ、この、対象の場所的結合の問題が、魂の本性についての形而上学的論争において生じるだけでなく、日常生活においてさえこの問題を吟味する機会がしょっちゅうあることを、観察することの方が、やってみる価値のあることである。たとえば、テーブルの一方の端に一つのイチジクがあり、他方の端に一つのオリーヴがあると仮定すると、これらの実体の複雑観念をいだく際に、もっとも顕著な観念の一つは、明らかに、それらの実体（果実）の異なる味の観念であり、われわれが、これらの性質を、色をもち触れ得る諸性質と合体させ、結びつける（conjoin）ことも、同じく明らかである。一方の果実の苦い味と、他方の果実の甘い味は、見える物体そのものの中にあり、たがいにテーブルの長さだけの距離で隔てられていると、見なされる。これは、注目すべき自然な錯覚であるので、この錯覚を生み出す諸原理（原因）を考察することが、適当であろう。

（一）第一部第五節〔二五～六頁第一項〕。

延長する対象は、場所も延長ももたずに存在する他の対象と、場所における結合の関係をもつことができないが、両者は、多くのその他の関係をもつことができる。たとえば果実の味と香は、果実の色や可触性の性質から切り離せず、どちらが原因でありどちらが結果であるにしても、常に同時に存在していることは確かである。また、それらは、一般に同時に存在しているばかりでなく、それらが精神に現われるのも同時であり、われわれは、その延長した物体（果実）をわれわれの感官に接触させることによって、それの特定の味と香を知覚するのである。したがって、延長した対象と、特定の場所をもたずに存在する性質との間の、これら、因果性と、精神に現われる時間の隣接（contiguity）の関係は、必ず精神に影響を及ぼし、精神は、一方が現われると、直ちにその思惟を、他方を思いうかべることに向けるであろう。そればかりではない。われわれは、それらの間の関係のゆえに、一方から他方へわれわれの思惟を向けるばかりでなく、思惟のこの移行をより容易でより自然なものとするために、それらに新たな関係、すなわち場所における結合（a conjunction in place）の関係を、与えようと努めるのである。と言うのは、対象が何らかの関係によって結びつけられているときには、われわれは、その結びつき（union）をより完全なものとするために、対象に新たな関係をつけ加えようとする強い傾向を有する、ということが、今後もしばしば人間本性のうちに観察する機会がある性質であり、しかるべき箇所でより詳しく説明するつもりでいる性質であるからである。われわれは、物体を並べる際に必ず、類似するものを、たがいの隣りに置くか、少なくとも対応する位置に置く。なぜか。それは、われわれが、類似性の関係に隣接の関係をつけ加えること、すなわち性質の類似性に位置の類似性をつけ加えることに、満足を感じるからにほかならない。この傾向の影響は、特定の諸印象とそれらの外的原因の間にわれわれがいとも容易に想定する類似性において、すでに観察された（一）。しかし、われわれが、二つの対象の間の因果性と時間における隣接という関係から、その結合を強めるために、場所における結合をも虚構するという、現在の事例におけるほど、この傾向の明瞭な結果は、ないであろう。

（一）　第二節の終り〔二四九〜五〇頁、二五〇頁原註（一）を見よ〕。

しかし、イチジクのような延長する物体とその特定の味の間の場所における結びつき（an union in place）について、われわれがどのような混乱した考えをいだいているにせよ、反省してみれば、われわれがこの結びつきのうちに、何かしらまったく不可解で矛盾したものを認めざるを得ないことは、確かである。というのは、もしわれわれが、一つの明瞭な問い、すなわち、われわれがその物体の表面の内部に包まれていると考えるところの味が、その物体のすべての部分にあるのか、それともただ一つの部分にあるのか、という問いを、みずからに問うてみるならば、われわれは必ず、われわれが途方に暮れてしまうことに直ちに気づき、満足な答えを与えることがけっしてできないことを知る。味がただ一つの部分にあると答えることはできない。なぜなら、われわれは経験から、すべての部分が同じ味をもつことを、確信する。しかし、味がすべての部分にあると答えることもできない。なぜなら、そのときは、味が形をもち、延長していると想定しなければならなくなるが、これは、不合理で、理解できないことであるからである。してみると、われわれはここで、正反対の二つの原理に、影響されているのである。すなわち、一つは、われわれに、味を延長する対象と合体させるようにさせる、想像力の傾向であり、もう一つは、そのような結びつきの不可能なことをわれわれに示す、理性である。これらの対立する原理に引き裂かれて、われわれは、どちらを捨てることもできず、問題を混乱と不明瞭に巻き込んで、もはやその〔二つの原理の〕対立にも気づかない。すなわちわれわれは、味は、物体の表面の内部に存在するが、延長せずにその物体の全体を満たし、部分に分けられることなく〔味の〕全体が〔物体の〕どの部分にもあるという仕方で存在する、と想定するのである。要するに、われわれは、「全体が全体に、かつ全体が各部分に」[7]という、あからさまに言い出されると衝撃的に聞こえる、スコラの原理を、われわれのもっとも行ない慣れた思考において、使っているのである。[8]「全体が全体に、かつ全体が各部分に」とは、或るものが、或る場所にあるが、しかしそこにはない、と言うことと、それほど違わない。

この不合理はすべて、われわれが、場所をまったくもち得ないものに場所を与えようと努力することから来るのであり、この努力はさらに、対象に場所における結合を帰することによって、因果関係と〔精神に現われる際の〕時間における隣接の関係とに基づく〔対象の〕結びつきをより完全にしようとする、われわれの傾向から生じるのである。しかし、もし理性が先入観を克服するのに十分な力をもち得るとすれば、今の場合にこそ理性が勝つべきであるということが、確かである。なぜなら、われわれに残されている選択は、或る存在者は場所をもたずに存在する、と考えるか、それらのものは形をもち延長している、と考えるか、それらのものが延長する対象と合体するときは、全体が全体に、かつ全体が各部分にある、と考えるかの、いずれかである。後の二つの想定が不合理であることが、最初の想定の真なることを、十分証拠立てている。それら以外に、第四の意見などはない。と言うのは、それらのものが数学的点のような仕方で存在するという想定はどうかと言うと、それは、第二の意見に帰着するのであり、いくつかの情念が円形に並べられ得るとか、或る数の香が、或る数の音と結びついて、一二インチ立方の物体を形成し得るとかいうことを、想定することである。このようなことは、ただ口にするのさえ、滑稽に思われる。

しかし、このような見方から、われわれは、あらゆる思惟を延長と結びつける（conjoin）唯物論者たちを非難せざるを得ないが、少し反省すれば、すべての思惟を単純で分割不可能な実体に結びつける（conjoin）反唯物論者たちをも非難すべき理由が、等しくあることが分かるであろう。もっとも一般に行なわれている哲学の教えるところによると、いかなる外的対象も、精神に、直接に、表象または知覚を介さずに、知られることはできない。ちょうど今私に現われているテーブルは、単なる一つの知覚であり、それのすべての性質は、知覚の性質である。ところで、その知覚のすべての性質のうちでもっとも顕著なのは、延長である。その知覚は、諸部分から成る。これらの諸部分は、遠近の考え（観念）や、長さと幅と厚さの考え（観念）をわれわれに与えるような仕方で、たがいに位置している。これらの三つの次元の限界が、形と呼ばれるものである。この形は、動かされ（運動し）、分離され、分割されることができる。運動可能性と分離可能性とが、延長する対象の特徴なのである。あらゆる議論を遮って要点を述べるならば、延長の観念そのものが、ほかならぬ印象から写し取られたものであり、それゆえ、その印象に完全に合致しなければならない。ところが、延長の観念が或るものに合致すると言うことは、そのものが延長していると言うことである。〔それゆえ、延長の観念は、延長した印象から生じるのである。〕

すると今度は、自由思想家(9)（唯物論者）が、勝ち誇るかも知れない。そして、実際に延長している印象や観念があることを見出したので、彼に反対する人たちに、どのようにして、〔魂のような〕単純で分割不可能な基体を、延長する知覚と合体させることができるのか、と尋ねるかも知れない。神学者たちの議論が、ここではすべてそのまま、神学者たちに言い返されることができるのである。分割不可能な基体、あるいはお望みならば、非物質的実体は、延長の知覚の左側にあるのか、それとも右側にあるのか。この部分にあるのか、あの部分にあるのか。延長することなく、すべての部分にあるのか。それとも、どれか一つの部分に、全体として、しかも他の部分を離れることなく、あるのか。これらの質問には、いかなる答えを与えることも、不可能である。与えることができるのは、それ自体として不合理な答え、また、〔もしそれが、単純で分割不可能な実体と延長する知覚との結合を説明するのであれば、〕分割不可能な知覚（思惟）と延長する実体（物体）との結合（union）〔という、唯物論者の主張〕をも〔同様に〕説明してしまうような答え、のみである。

　このことは、魂の実体に関する問題を、あらためて考察する機会を与える。私はすでにこの問題を、まったく理解のできないものと断罪した[10]が、この問題について、さらにいくつかの考察を述べずにはいられない。私は、思惟する実体の非物質性、単純性、分割不可能性の説は、紛れもない無神論であり、スピノザ[11]を至るところで悪名高くしているところの彼の意見のすべてを正当化するのに資するであろう、と主張する。私は、この論法から、少なくとも一つの利益を得ることができるであろう。すなわち、私の論敵は、彼らの非難がきわめてたやすく彼ら自身に言い返され得ることを知って、〔場所的結合に関する私の〕現在の説を彼らの非難によって不評にする口実をもたないであろう。

　スピノザの無神論の根本原理は、宇宙の単純性と、思惟と物質がそれに内属すると彼が考えるところの実体の単一性との、説である[12]。彼の言うには、「世界には、ただ一つの実体しかなく、この実体は、まったく単純で、分割不可能であり、場所的にあることなく（特定の場所をもたずに）、至るところに存在する。われわれが感覚によって外的に見出すものも、反省によって内的に感じるものも、すべては、その単一の、単純で、必然的に存在する存在者（実体）の、様態（modifications　変様）にほかならず、〔その実体から〕離れた別個な存在をもたない。魂のすべての情念、物質から形成されたすべてのもの（物体）は、どれほどたがいに異なり多様であっても、同一の実体に内属し、それら自体は、それらがもつ、相違を示す特徴を、それらが内属する基体（実体）に伝達することなく、保持する。あえて言うならば、同一の支持基体（substratum）が、非常に相違する様態を、それ自身は相違することなく支持し、それ自身は変化することなく変化させる。時間も、場所も、性質の相違も、それ（支持基体、実体）の完全な単純性と同一性のうちに、いかなる複合も変化も生み出すことができないのである。」

私は、あの有名な無神論者の諸原理についての以上の短い説明で、現在の目的には十分であり、この暗くて不明瞭な領域にそれ以上入ることなく、この厭うべき説が、広く流布するようになった魂の非物質性の説と、ほとんど同じものであることを、示すことができるであろうと信じる。このことを明らかにするために、われわれは、次のことを思い出そう。(一) すなわち、すべての観念は先行する知覚（印象）から生じるのであるから、知覚の観念と、対象すなわち外的存在者の観念とは、たがいに種類が相違する（質的に異なる）ようなものを表わす（表象する）ことができない、ということである。われわれがそれらの間にどのような相違を想定しようと、その相違はわれわれにはやはり理解できない。われわれは、外的対象を、相関項のない関係（知覚がそれに対して或る関係にある、知られない何ものか）と考えるか、それとも知覚すなわち印象と同じものとするかの、いずれかを余儀なくされるのである。(13)

（一）第二部第六節〔八六頁〕。

このことから私が引き出す帰結は、一見、単なる詭弁に見えるかもしれないが、少しでも吟味すれば、根拠のある説得的な帰結であることが、分かるであろう。そこで、私は主張する。われわれは、或る対象と印象の間に、種類の相違を想定することはできるが、それを思いうかべることはけっしてできないので、われわれが印象の間の結合と矛盾について形成する結論は、対象に当てはまるとは、確実には知られないであろうが、他方、われわれが対象について形成するこの種の結論はいずれも、この上なく確実に印象に当てはまるであろう。その理由は、難しくない。対象は印象と異なると想定されているのであるから、われわれが推論を印象に基づいて形成すると仮定する場合、われわれは、われわれが推論の基礎とする事態が、両者（印象と対象）に共通するとは、確信できない。対象がその点で印象と異なるということは、なおあり得るからである。しかし、われわれが最初に対象についての推論を形成する場合には、同じ推論が、印象にも波及するはずであることは、疑問の余地がない。その理由は、その議論が基礎とする対象の性質は、少なくとも、精神によって思いうかべられねばならず、思いうかべられるためには、印象にも共通しなければならないからである。なぜなら、われわれは、その〔印象という〕起源から生じる観念しか、もたないからである。このようにしてわれわれは、経験からの変則的な種類の推論[(一)]による場合を除いては、どんな原理によっても、対象の間の結合または矛盾であって印象に波及しないようなものは、けっして見出すことができないということを、一つの確実な原則として、確立することができる。しかし、印象について見出し得るすべての関係が対象にも共通する、という逆命題は、等しく真であるとは限らない[14]。

（一）　たとえば、知覚の整合性からの第二節の推論[15]〔二二九～三〇頁〕のような、推論である。

この原則を、現在の問題に適用することにする。いま、存在するものの二つの体系が、提出されている。それらの存在者に、何らかの実体、あるいは内属の根拠を、指定しなければならないものと仮定しよう。私はまず、対象すなわち物体の世界を、観察する。太陽、月、星々、および、地球、海、植物、動物、人々、船、家々、さらに、その他の人工または自然の産物である。ここに、スピノザが現われて、これらのものは〔単一の実体の〕単なる様態（変様）であり、それらがそれに内属するところの基体（実体）は、単純であり、複合的でなく、分割不可能である、と私に言う。その後で、私は、存在するもののもう一方の体系、すなわち、思惟の世界、すなわち私の印象と観念〔の世界〕を、考察する。私は、この世界に、上とは別の、太陽、月、星々、および、植物に覆われ動物が住まう地球と海、さらに、町、家々、山々、川等々、要するに、第一の存在者の体系のうちに見出すか思いうかべることができるあらゆるもの〔の諸知覚〕を、観察する。私がこれらのもの〔の知覚〕について探究し始めると、神学者たちが現われて、これらのものもまた様態であり、単一の、単純な、複合的でない、分割不可能な実体（魂）の、様態である、と私に言う。そのとたん、第一の説に憎悪と軽蔑を浴びせ、第二の説を称賛と尊敬をもって迎える、数多くの声が起こり、その騒々しさは、私の耳を聾さんばかりである。何がこのように大きく偏った評価の理由であるのかを見るために、私は注意をこれらの説に向ける。そして、それらが、理解できないという同じ欠点をもつこと、また、それらが、われわれが理解できる限りでは、たがいに酷似していて、その一方に、両方に共通でないような不合理を見つけることは、不可能であることを、見出す。われわれは、対象における性質であって、印象における性質に一致せず、それを表わし（表象し）得ないようなものについては、いかなる観念ももたない。その理由は、われわれのもつすべての観念が、われわれのもつ印象から生じるからである。それゆえ、われわれは、一つの様態としての延長する対象と、それの実体としての単純な複合的でない存在者（スピノザの実体）との間に、何らかの矛盾を見出すならば、同じ矛盾は、その延長する対象の知覚または印象と、上と同じ複合的でない存在者との間にも、やはり必ず生じるのである。一つの対象における一つの性質の観念は、すべて、一つの印象を介して生じる。それゆえ、結合であれ、矛盾であれ、知覚できる関係は、すべて、対象と印象の両方に、共通でなければならないのである。

しかし、この議論は、一般的な観点からは、いかなる疑問や反対の余地もなく明らかであるが、それを、より明晰で印象的なものにするために、細部にわたって調べ[一]、スピノザの体系に見出されたあらゆる不合理が、神学者たちの体系にも見出され得ないかどうか、見てみよう。

（一）ベイル『歴史批評辞典』「スピノザ」〔Spinoza (Benoît de)〕の項〔一三巻、四一六頁以下〕を見よ。

第一に、スピノザに反対して、スコラ的な考え方と言うよりは言い方によって、以下のように言われてきた。すなわち、様態は、別個で分離した存在者ではないので、それの実体とまさに同じものでなければならず、したがって、〔様態である〕宇宙の延長は、宇宙がそれに内属すると想定されているところの、単純で非複合的な存在者（実体）と、或る仕方で同一視されなければならない。しかし、このことは、その分割不可能な実体が、延長に一致するように広がるか、あるいは、延長が、分割不可能な実体に合致するように縮むかでなければ、まったく不可能であり、考えることができない、と主張されるであろう。この議論は、理解され得る限りで、正しいものに思われる。そして、この同じ議論を、われわれの延長した知覚と魂の単純な本質とに当てはめるためには、名辞を入れ換えることしか必要でないことは、明らかである。〔延長した〕対象の観念と、〔延長した〕知覚の観念とは、すべての点で同じであり、ただ、知られず理解できない相違の仮定を、伴うだけであるからである。〔このようにして、スピノザの体系の不合理と同じ不合理が、神学者たちの体系にも見出される。〕

第二に、以下のように言われてきた。われわれは、物質に当てはまらないような、実体の観念をもっていない。また、あらゆる別個な物質部分に当てはまらないような、別個な実体の観念ももっていない。それゆえ、物質は、様態ではなく、実体であり、物質の各部分が、別個な様態ではなく、別個な実体である。〔他方、〕私はすでに、われわれが実体について完全な観念をもたないということ、しかし、かりに実体を「それ自身で（他のものの助けなしに）存在し得る或るもの」と理解すれば、すべての知覚が実体であり、各知覚のすべての別個な部分が一つの別個な実体であることになることは、明らかであるということを、証明してある。[16] それゆえ、一方の仮説は、この点で、他方の仮説と同じ困難につきまとわれるのである。

第三に、〔スピノザによる〕宇宙における単一で単純な実体の体系に対して、以下のように反論されてきた。この実体は、あらゆるものを支持するもの、支持基体、であるのだから、まったく同じ瞬間に、たがいに反対で両立不可能な形に、変様されなければならない。円形と正方形とは、同時に同じ実体においては、両立できない。では、〔単一の〕同じ実体が、同時に、あの正方形のテーブルとこの円形のテーブルに変様されることが、いかにして可能であるのか。私は、〔神学者たちに、〕これと同じ問題を、これらのテーブルの印象について、尋ねる。そして、その返答が、一方の場合において、他方の場合と同じく不満足なものであることを、見出す。

してみると、どちらの側に向いても、同じ困難がわれわれにつきまとい、危険で救い難い無神論に道を準備することとなしには、魂の単純性と非物質性を確立することに、一歩も近づけないことが、明らかである。思惟を「魂の様態」と呼ばずに、より古いけれどもよりはやっている「作用」（action）という名称をそれに与えても、事態は同じである。「作用」という語でわれわれが意味するものは、「抽象的様態」（abstract mode）[17] と一般に呼ばれているもの、すなわち、正しく言えば、それの実体から区別も分離もできず、ただ理性的区別すなわち抽象作用によってのみ考えられる、或るものと、ほとんど同じものである。しかし、このように「様態」という名辞を「作用」という名辞に置き換えることによっては、何も得られず、それによっては、われわれは、ただ一つの困難からも、逃れられない。このことは、以下の二つの考察から明らかになるであろう。

第一に、私は、そのように説明される意味での「作用」という語は、精神すなわち思惟する実体から生じるものと見なされるいかなる知覚についても、正しく適用されることがけっしてできないということを、述べよう。われわれの知覚はすべて、たがいにも、想像できる他のいかなるものからも、実際に、異なり、分離でき、区別できる。[18]それゆえ、知覚がいかにして何らかの実体の作用すなわち抽象的様態であり得るのか、考えることができない。知覚が作用としてどのような仕方でそれの実体に依存するのかを示すためによく使われる、運動の例は、われわれを教えるどころか、混乱させるものである。運動は、どう見ても、〔運動する〕物体に真の変化も本質的な変化も引き起こさず、ただその物体の他の対象に対する関係（位置）を変えるだけである。ところが、〔知覚の変化は、〕その人に真の変化を引き起こすのであり、たとえば、〕朝庭園を気に入った連れと歩いている人と、午後に地下牢に閉じ込められて恐怖と絶望と憎悪に満たされている〔同じ〕人との間には、根本的な違いがあると思われ、この違いは、或る物体にそれの位置の変化（運動）が引き起こす違いとは、まったく種類の異なるものである。われわれは、外的対象の観念の相違と分離可能性から外的対象がたがいに分離した存在をもつと結論するように、これらの観念自体をわれわれの対象とするときは、〔対象について成り立つことは知覚についても成り立つという〕先の推論に従って、これら（観念）についても、同様の結論を引き出さねばならない。われわれは、魂の実体のいかなる観念ももたないのであるから、魂が、いかにして、このようなたがいに相違し矛盾しさえする知覚を、それ自体は根本的に変化することなく受け容れることができるのかを、理解することができず、したがって、知覚がいかなる意味でその〔魂の〕実体の作用であるのかを、理解することができないこと、少なくともこのことは、認められなければならない。それゆえ、「様態」という語の代わりに、意味の伴わない「作用」

という語を用いても、われわれの知識を増すことにはならず、魂の非物質性の説にとって何の利益も得られないのである。

第二に、もしそれが、その説のために、何らかの利益をもたらすのであれば、それは、無神論のためにも、同等の利益をもたらすはずであるということを、つけ加えよう。と言うのは、神学者たちが、「作用」という語の独占権を主張し、〔その結果、〕無神論者たちが同様にその語を採り入れ、植物、動物、人間等は、盲目の絶対的な必然性によって働く、単一の、単純な、普遍的な実体の、個々の作用にほかならない、と主張してはいけないのであろうか。読者は、この主張を、まったく馬鹿げたものだと、言うであろう。私も、それが、理解できないものであることを、認める。しかし、同時に私は、すでに述べた原理に従って、自然のうちの多様な対象はすべて単一の単純な実体の作用であるという〔スピノザによる〕想定に含まれる不合理で、〔すべての知覚が単一で単純な魂の実体の作用であるという、〕印象と観念についての〔神学者たちの〕同様な想定に当てはまらないような不合理は、見つけることができないと主張する。

われわれは、われわれの知覚の実体と場所的結合に関するこれらの仮説から、前者（知覚の実体に関する仮説）よりもより理解しやすく、後者（知覚の場所的結合に関する仮説）よりもより重要な、もう一つの仮説、すなわちわれわれの知覚の原因に関する仮説に、進んでもよいであろう。学界では普通以下のように言われる。「物質と運動は、どのように変化しようとも、やはり物質と運動にほかならず、対象の位置に相違を生み出すだけである。物体をどれほど分割しようとも、それはやはり物体である。物体をどのような形に置こうとも、その結果生じるのは、形すなわち諸部分の関係にほかならない。物体をどのように運動させても、見出されるのは、やはり運動すなわち関係の変化である。たとえば、円形の運動は単に円形の運動に過ぎないが、別の方向への運動たとえば楕円形の運動は、一つの情念または道徳的反省でもあるとか、二つの球形の微粒子の衝突は痛みの感覚になり、二つの三角形の微粒子の出合いは快感を与える、などと想像することは、馬鹿げている。ところで、これらの種々の衝突と変化と混合が、物質に可能な唯一の変化であり、これらはけっしてわれわれに思惟または知覚の観念を与えないので、思惟が物質によって生み出されることは不可能である、と結論される。」

この議論の見かけの明証性に抵抗できた人は少ないが、しかし、この議論を論駁することほどたやすいことはない。われわれは、すでに詳しく証明されたこと、すなわち、われわれは原因と結果の間のいかなる結合をもけっして感知[19]（感覚）しないということ、そして、われわれがこの因果関係を知るに至るのは、ただ原因と結果の恒常的随伴の経験によってのみであるということ[20]を、省みればよい。ところが、たがいに反対でない（矛盾しない）すべての対象は恒常的随伴が可能であり[21]、どの現実の対象もたがいに反対でないから[22]、以上の原理から、私は、問題をアプリオリに（経験によらずに、対象の観念にのみ基づいて）考察するならば何が何を生み出すことも可能であるということ、そして、或る対象と別の対象の間の類似性がどれほど大きくても、どれほど小さくても、一方が他方の原因であり得る理由も、原因であり得ない理由も、われわれはけっして見つけることができないということを、推理したのである[一]。このことは、明らかに、思惟または知覚の原因についての上の推論を打破する。なぜなら、運動と思惟の間には、いかなる種類の結合も現われないが、事情は、他のすべての原因と結果についても、同じであるからである。棒の一方の端に重さ一ポンドの物体をのせ、他方の端に同じ重さの物体をのせてみよう。これらの物体のうちには、中心（支点）からの距離に依存する運動の原理（原因）は、思惟や知覚の原理（原因）と同じく、けっして見出されないであろう。それゆえ、物体のこのような位置関係はけっして思惟の原因とはなり得ない、なぜなら物体の位置関係はどの面からも見ても物体の位置関係にほかならないからである、とアプリオリに証明しようとするならば、同じ筋道の推論によって、物体の位置関係はけっして運動を生み出さないと結論しなければならない。なぜなら、この場合にも前の場合と同様に、目に見える結合がないからである。しかし、後の結論は、明白な経験に反しており、またわれわれが、精神の働きにおいても同様の経験をもち、思惟と運動の恒常的随伴を知覚することが、可能なのであるから、人が単に観念の考察に基づいて

〔アプリオリに〕、運動が思惟を生み出すこと、また〔物体の〕諸部分の位置関係の相違が違った情念または反省を生み出すことは、不可能である、と結論するとき、性急な推論をしているということになる。それどころか、われわれがそのような経験をもつことが可能であるばかりでなく、われわれは確かにそのような経験をもっているのである。なぜなら、誰でも、彼の身体の状態の相違が彼の思惟と感情を変えることを、知覚できるからである。もし、このことは魂と身体の合一に依存するのである、と言われるのであれば、私は、次のように答えたい。すなわち、われわれは、精神の実体に関する問題を、精神の思惟の原因に関する問題から、切り離さねばならず、われわれの考察を後の問題に限るならば、われわれは、それらの観念を比較することによって、思惟と運動がたがいに異なることを見出し、経験によって、それらが恒常的に結びついていることを見出す。そして、この恒常的な結びつきは、物質の活動に適用される際の原因と結果の観念に含まれる条件のすべてであるから、われわれは確実に、〔物質の〕運動が、思惟と知覚の原因であり得、また実際に思惟と知覚の原因である、と結論することができる。

（一）　第三部第十五節〔二〇三頁〕。

今の場合、われわれには、次のディレンマ（二者択一的選択肢）しか残っていないように思われる。すなわち、精神が対象の観念のうちに結合を知覚する場合を除いて何ものも他のものの原因であり得ない[23]と主張するか、あるいは、恒常的に随伴していることが見出される対象はすべてそのことによって原因と結果であると見なされるべきであると主張するか、のいずれかである。もしこのディレンマの最初の部分を選ぶならば、以下のことが帰結する。第一に、われわれは実は、宇宙には原因すなわち産出原理であるようなものは何もなく、神自身でさえそのようなものではない、と主張していることになる。なぜなら、この最高の存在者の観念は、個々の印象から得られるものであり、これらの印象のどれも、効力（作用性）を含まず、またいかなる他の存在者ともいかなる結合をもつようにも見えないからである。無限に力のある（全能の）存在者の観念と、彼が意志する結果の観念との間の結合は、必然的で不可避である(24)、と言われるかもしれないが、これについては、私は、われわれは、力をもつ存在者のいかなる観念をも、ましてや無限な力をもつ存在者の観念を、もたない、と答える。また、もしわれわれが表現を変えようとするならば、われわれは、力を〔結果との〕結合によって定義できるだけであり(25)、その場合には、無限に力のある存在者の観念は彼が意志するすべての結果の観念と結合している、と言うことによって、われわれは、実は、その意志がすべての結果と結合している存在者は、すべての結果と結合している、と主張しているに過ぎず、これは同一命題であって、この力または結合の本性について、何らの洞察も与えはしないのである。しかし第二に、神は、すべての原因の欠陥を補う、大きくて有効な〔作用する〕原理である、と仮定するならば、これは、われわれを、紛れもない不敬と不合理に導く。と言うのは、われわれが、自然の働きにおいて神に頼り、物質はそれ自身では運動を伝達することも思惟を生み出すこともできない、なぜならこれらの対象の間には目に見える結合がないからである(26)、と主張する理由とまったく同じ理由によって、われわれは、神はわれわれの意志作用と知覚作用の創始者である、なぜならこれらの作用はたがいにもまた仮定されるが知られ得ない魂の実体とも目に見える結合をもたないからである、ということを、認めざるを得ないからである。最高の存在者のこの作用性は、われわれの知るところでは、幾人もの哲学者たち(一)によって、意志作用かそれのわずかの部分を除く、精神のすべての作用について、主張されてきた。しかし、この例外が、その説の危険な帰結を避けるための単なる口実であることを、見て取るのは易しい。もし、目に見える力をもつもの以外には、何ものも能動的でないのであれば、思惟は、物質同様、いかなる場合も能動的でないことになる。そしてもしこの〔万物の〕非能動性が、われわれをして神に頼らせるほかないとすれば、この最高の存在者が、善い行為も悪い行為も、有徳な行為も悪徳な行為も含む、われわれのすべての行為の、真の原因であることになるのである。

(一) マルブランシュ師および他のデカルト主義者たち(27)。

それゆえ、われわれは、必然的に、先のディレンマのもう一方の側、すなわち、恒常的に随伴していることが見出される対象はすべてただそのことによって原因と結果であると見なされるべきである、という主張を、選ぶほかない。ところが、たがいに反対でない（矛盾していない）対象はすべて恒常的随伴が可能であり[28]、どの現実の対象もたがいに反対でないから[29]、われわれが単なる観念によって決定し得る限りでは（アプリオリには）何が何の原因あるいは結果であることも可能である、ということが帰結する[30]。この結論は、明らかに、唯物論者に、その反対論者に対する優位を、与えるものである。

それゆえ、全体について最終的結論を述べることにすると、〔第一に、〕魂の実体に関する問題は、まったく理解不可能である。〔第二に、〕すべての知覚が場所的結びつきを受け容れるわけではない。延長している知覚と場所的に結合できないか、延長していない知覚と場所的に結合できないかのいずれかである。或る知覚は延長しない種類のものであり、或る知覚は延長する種類のものであるからである。〔第三に、〕対象の間の恒常的随伴が原因と結果の本質そのものであるから、われわれが因果関係についての何らかの観念をもつと言える限りにおいて、物質と運動は、しばしば思惟の原因と見なされることができる。

その主権が至るところで認められるべき哲学にとって、あらゆる場合に、みずからの結論の弁明をすることを余儀なくされ、哲学に傷つけられるおそれのあるすべての個々の技術と学に対して、みずからを正当化することを余儀なくされるということは、確かに不名誉なことである。これは、その臣民に対する大逆罪に問われている国王の場合を思い起こさせる。哲学が、みずからを正当化することを、必要であり、名誉でさえあると考えるであろう場合が、ただ一つある。それは、宗教が〔哲学によって〕少しでも傷つけられるように見える場合である。宗教の権利は、哲学にとって、哲学自身の権利と等しく大事であり、それどころか、同じものであるからである。そこで、もし誰かが、これまでの議論が宗教にとって少しでも危険であると想像するのであれば、以下の弁明が、彼の危惧を取り除くであろう。

人間精神が思念（観念）を形成することができる任意の対象の、作用に関するものであれ、持続に関するものであれ、アプリオリな結論には、何の基礎もない。どんな対象も、一瞬後に、完全に非活動的になること、あるいは消滅することが、想像できるのであり、そして、「われわれが想像できることは〔現実にも〕可能である」ということは、明白な原理である。ところがこのことは、物質について真であるばかりでなく、精神についても真である。すなわち、延長する複合的な実体について真であるばかりでなく、単純で延長していない実体についても真である。いずれの場合にも、魂の不死性を主張する形而上学的議論は、等しく非決定的であり、いずれの場合にも、道徳的議論と自然の類比性からの議論とが、等しく強力で説得的なのである。それゆえ、私は、私の哲学が宗教のための議論を何もつけ加えないとしても、少なくとも、私の哲学が宗教のための議論から何も取り去らず、すべてはまったく以前のままであると考えて、満足するのである。(31)(32)

第六節　人格の同一性について

哲学者の中には、われわれは、われわれが「自我」（自己）（self）と呼ぶものをどの瞬間にも親密に意識しており、それの存在と存在における持続とを感じており、それの完全な同一性と単純性とを、論証的明証性以上に確信している、と想像する者がいる。彼らが言うには、「どれほど強い感覚も、どれほど激しい情念も、われわれをこの自己注視からそらせるどころか、ただ、それをより強く固定し、感覚と情念が快苦によって自己に与える影響をわれわれに考察させるばかりである。このことをさらに証明しようなどと企てることは、それの明証性を弱めることであったであろう。なぜなら、われわれがこれほど親密に意識している事実からは、証明などというものは導き出せず、この事実を疑うのであれば、われわれが確信できることは何もないからである。」

残念ながら、このような断定的な主張はすべて、そのような主張の根拠として申し立てられる経験そのものに反しており、われわれは、ここに説明されているような仕方では、自我の観念を何ももっていないのである。実際、この観念は、どのような印象から得られることができようか。この問題には、明白な矛盾と不合理なしに答えることは不可能である。しかし、自我の観念を、明晰で理解可能なものとして通用させようとするのであれば、これは、必ず答えられなければならない問題である。どの真の観念を生み出すのも、或る一つの印象でなければならない。ところが、自我あるいは人格（person）は、何か一つの印象ではなくて、われわれのいくつもの印象と観念がそれに対して関係をもつと想定されているところのものである。もし或る印象が自我の観念を生み出すのであれば、その印象は、われわれの一生を通じて、変わらず同じものであり続けなければならない。自我は、そういう仕方で存在すると想定されているからである。しかし、恒常的で不変な印象などは存在しない。苦と快、悲しみと喜び、情念と感覚は、たがいに継起し、けっしてすべてが同時には存在しない。それゆえ、自我の観念が生じるのは、これらの印象のどれからでも、その他のどの印象からでもなく、したがって、そのような観念は、存在しない。

　しかし、さらに進んで、この仮説によると、われわれの個々の知覚のすべては、どうならなければならないであろうか。これらの知覚はすべて、たがいに異なり、区別でき、分離でき、別々に考えることができ、別々に（分離して）存在することができ、それらの存在を支えるものを何も必要としない[1]。それゆえ知覚は、どういう仕方で自我に属し、どのように自我と結合しているのか。〔ほかの人はどうであれ〕私に関する限り、私が「自己」（myself）と呼ぶものにもっとも深く分け入るとき、私が見つけるものは、常に、熱や冷、明や暗、愛や憎、苦や快など、あれやこれやの個々の知覚である。私は、いかなるときにも、知覚なしに自己を捉えることが、けっしてできず、また、知覚以外のものを観察することも、けっしてできない。私のもつ諸知覚が、深い眠りなどによって、しばらくでも取り除かれるとき、その間は、私は自己を知覚していず、私は存在していないと言っても間違いではない。また、死によって私の諸知覚がすべて取り除かれるならば、すなわち私の身体が命を失ったのち、私が、考えることも、感じることも、見ることも、愛することも、憎むこともできないならば、私は、完全に消滅するであろう。私を完全な非存在者にするためにそれ以上に何が必要か、私は考えることができない。もし誰かが、真剣にかつ偏見なしに反省して、自己（himself）についてこれと異なる考え（観念）をもつと考えるのであれば、私は、もはやその人とは議論をすることができないと、認めざるを得ない。私が彼に譲ることができるのは、せいぜい、私が〔私の自己について〕正しいのと同様に、彼も〔彼の自己について〕正しいのかもしれないということ、そしてわれわれがこの点でたがいに本質的に異なっている、ということだけである。おそらく彼は、彼が「自己」と呼ぶところの何か単純で持続するものを、知覚するのかも知れない。しかし私は、自分のうちにはそのような〔単純で持続する〕原理がないことを、確信している。

しかし、この種の或る形而上学者たちを別にすれば、私は、残りの人間たちはそれぞれ、想像を絶する速さでたがいに継起し、絶え間のない変化と動きのただなかにある、たがいに異なる諸知覚の、団《かた》まりあるいは集まりにほかならない、(2)と主張して憚らない。われわれの目は、知覚を変えることなしに眼窩の中で向きを変えることはできない。われわれの思考は、視覚よりもさらに変わりやすく、われわれのその他の感覚と能力も、すべてこの変化に寄与するのであり、たとえ一瞬の間と言えども、変わらず同じであり続けるような魂の能力は、ただの一つもないのである。精神は、様々な知覚（表象）が次々とそのうちに現われる、一種の演劇(3)（theatre）である。そのうちにおいて、様々な知覚が、通り過ぎ、引き返し、滑り去り、限りなく多様な姿勢と位置関係でたがいに交わるのである。正しく言うならば、そこでは、一つの時点にはいかなる単純性もなく、異なる時点を通してはいかなる同一性もない。われわれが、そのような単純性と同一性を想像しようとする、どのような自然な傾向をもとうとも、そうである。〔しかし、〕演劇の比喩に騙されてはならない。精神を構成するのは、たがいに継起する知覚（表象）のみであって、われわれは、これらの情景が演じられる場所（舞台）についても、その場所を構成する素材についても、ほんのおぼろげな観念をももっていないのである。

それでは、何が、われわれに、これらの継起する諸知覚に同一性を帰し、一生を通じてわれわれが不変で中断のない存在をもつと想定する、このように大きな傾向を、与えるのであろうか。この問題に答えるためには、われわれは、われわれの思惟または想像に関わる人格の同一性（personal identity）と、われわれの情念とわれわれのわれわれ自身に対する気遣いとに関わる人格の同一性とを、区別しなければならない[4]。第一のものが、われわれの現在の問題であり、これを完全に解明するためには、われわれは、問題をきわめて深く掘り下げ、われわれが植物や動物に帰する同一性を説明しなければならない。動植物の同一性と、自我あるいは人格の同一性との間に、大きな類比[5]があるからである。

われわれは、想定された時間の変化を通じて変化も中断もせずにあり続ける対象について、判明な観念をもっており、この観念を、「同一性」（identity or sameness）の観念と呼ぶのである[6]。またわれわれは、たがいに継起して存在し、或る密接な関係によって結びつけられている、いくつものたがいに異なる対象についても、判明な観念をもっており、この観念は、厳密な考え方に対しては、それらの対象の間にいかなる種類の関係もない場合と同様に完全な、「相違」（diversity）の観念を与える。しかし、これら二つの観念、すなわち、同一性の観念と、たがいに関係している諸対象の継起の観念とは、それら自身は完全に別個なものであり、たがいに反対するものでさえあるが、われわれの普通の考え方においては、それらが一般にたがいに混同されるということが、確かである。われわれが中断も変化もしない対象をそれによって考察する想像力の作用と、われわれがたがいに関係している諸対象の継起をそれによって考える想像力の作用とは、ほとんど同じように感じられ、後の場合に前の場合よりずっと大きな思惟の努力が必要であるわけではない。〔対象の間の〕関係は、一方の対象から他方の対象への精神の移行を容易にし、その移行を、単一の持続する対象を眺めている場合と同様に滑らかなものとする。この類似性が、混同と取り違えの原因であり[7]、われわれに、たがいに関係している対象の観念の代わりに、同一性の観念（考え）を置き換えさせるのである。われわれは、たがいに関係しているものの継起を、或る瞬間に、変化し中断していると見なしていても、次の瞬間には必ず、それに完全な同一性を帰し、それを不変であり中断していないと見なす。この取り違えの傾向は、上に述べた類似性のために、きわめて大きいので、われわれは、気づく前にこの間違いに陥るのであり、反省によってたえず訂正を行ない、より正確な考え方に戻るにもかかわらず、われわれは、われわれの〔正確な〕哲学〔的思考〕を永く維持することも、想像力からこの傾向を取り去ることも、できないのである。われわれの最後の手段は、この傾向に屈することであり、それらのたがいに異なり関係している対象は中断しようと変化しようと実際は同じものである、と大胆に主張することである。この不合理をわれわれ自身に対して正当化するために、われわれはしばしば、それらの対象をたがいに結合し中断と変化を妨げるような、何か新しい理解不可能な原理を虚構する。たとえば、われわれは、〔知覚の〕中断を取り除くために、われわれの感覚能力の諸知覚の連続存在を虚構するのであるし(8)、また、〔知覚の〕変化を隠すために、魂や自我や実体の考えに陥るのである(9)。しかしわれわれはさらに、われわれがこのような虚構を生み出さないときでも、同一性を関係と混同するわれわれの傾向がきわめて大きいので、諸部分の間の関係以外に、諸部分を結びつける何か知られない神秘的な或るものを、想像しがちである(一)、と言うことができる。そしてこれがまさに、われわれが植物に帰する同一性の場合である、と私は考える。さらにまた、このようなことが生じない場合でさえ、われわれがこの〔同一性という〕点で十分には納得できず、同一性の考えを正当化するような不変で中断のないものを何も見出さないにもかかわらず、それでもわれわれは、これら〔同一性と関係〕の観念を混同する傾向を、感じるのである。

(一) もし読者が、偉大な才能の人が、どのようにして、ただの普通人同様に、想像力のこのような見かけ上軽薄な諸原理に影響されるのかを、知りたければ、シャフツベリー卿の、宇宙の結合原理と植物や動物の同一性とについての推論を、読まれるとよい。彼の『道徳家たち、哲学的文集』〔一七〇九年〕、『人々、風習、意見、時代の特徴』〔一七一一年〕、「第五論考」、三四四〜五二頁〕を見よ。

それゆえ、同一性に関する論争は、単に言葉の問題であるのではない。と言うのは、われわれが正しくない意味での同一性を、変化したり中断したりする対象に帰するとき、われわれの間違いは、表現に限られてはいず、たいてい、何か不変で中断しない或るもの、あるいは、何か神秘的で説明不可能な或るもの、という虚構か、少なくともこのような虚構への傾向を、伴っているからである。この仮説を、公平な探究者のすべてを納得させるように証明するのに十分であろうと思われることは、変化し中断していながら同じであり続けると思われている諸対象は、類似性か、隣接か、因果関係によってたがいに結びつけられている諸部分の継起から成るような対象のみである、ということを、日常の経験と観察から示すことである。なぜなら、このような継起は、明らかに相違の観念に適合するので、われわれがそれに同一性を帰するのは、間違い（取り違え）によってのみ可能であるからであり、われわれをこの間違いに導く、諸部分の間の関係は、観念の連合、すなわち一つの観念から別の観念への想像力の容易な移行、を生み出すような性質にほかならないので、誤りが生じるのは、ただ、その際の精神の作用の、われわれが単一の持続する対象をそれによって眺める精神の作用に対する、類似性からのみ、可能であるからである。われわれの主な仕事は、それゆえ、われわれが変化も中断もないことを観察せずに同一性を帰するような対象はすべて、たがいに関係づけられた諸対象の継起から成るようなものである、ということを、証明することでなければならない。

この目的のために、〔まず最初に〕それの諸部分がたがいに隣接し結合している、任意の物質の塊がわれわれの前に置かれていると仮定すれば、それの全体あるいは一つの部分にどのような運動、すなわち場所の変化、が観察されようとも、それのすべての部分が〔それぞれ〕中断も変化もなく同じであり続ける限り、われわれがこの塊に完全な同一性を帰すべきことは、明らかである。しかし〔次に〕、きわめて小さく取るに足らない部分が、この塊につけ加えられるか、この塊から取り去られると仮定すると、厳密に言うならばこのことは塊全体の同一性を完全に損なうにもかかわらず、われわれはめったにそれほど正確には考えないので、このように取るに足らない変化が認められる場合には、物質の塊を同一であると述べて憚らない。変化の前の対象から変化の後の対象への思惟の移行が、きわめて滑らかで容易であるので、われわれは、その移行をほとんど知覚せず、それを、同一の対象の連続した観察にほかならないと、想像しやすいのである。

この経験的事実（実験）に付随して、大いに注目すべき点が一つある。それは、一つの物質の塊における十分大きな部分の変化は、その塊全体の同一性を損なうが、われわれは、その部分の大きさを、絶対的にではなく、物質の塊全体に対するその部分の比によって〔相対的に〕測るべきである、ということである。一つの山をつけ加えるか取り去るかしても、一つの惑星を別個な惑星にするには十分でないであろうが、ほんの数インチの変化が、或る種の物体の同一性を損なうことができるであろう。この事実を説明することは、対象が精神に働きかけ、精神の作用の連続性を中断するのは、対象の実際の大きさによるのではなく、対象のたがいに対する比（相対的な大きさ）によるのであることを省みなければ、不可能であろう。そして、この精神の作用の中断が、対象が同一であるように見えることをやめさせるのであるから、それゆえ、〔対象の〕不完全な同一性を成すものは、思惟の中断されない移行であるはずである。

このことは、もう一つ別の現象（事実）によって、強化することができる。一つの物体のかなり大きな部分の変化は、その物体の同一性を損なうが、注目すべきことは、その変化が徐々に感じられないように生じる場合には、われわれがその変化に〔同一性を損なうという〕同じ効果を認める傾向がより小さい、ということである。その理由は、明らかに、次のこと以外にはあり得ない。すなわち、精神は、その物体の継起する変化をたどるに際して、或る瞬間におけるその物体の状態の観察から、別の瞬間におけるその物体の状態の観察への、容易な移行を感じるのであり、どの特定の時点においても、精神の作用のうちに中断を知覚しない、ということである。この連続した知覚作用に基づいて、精神は、その対象に、連続した存在と同一性とを帰するのである。

しかし、われわれが、いかに用心深くして、変化を徐々に導入し、それの全体に対する比をしかるべき大きさにしようとも、変化がついにかなりの大きさとなることが観察されるならば、われわれがこのような異なる対象に同一性を帰することをためらうということが、確実である。しかしながら、われわれがそれによって〔変化する対象に同一性を帰するために〕想像力をしてさらにもう一歩前進させるための人為的工夫が、もう一つある。それは、〔対象の変化する〕諸部分をたがいに関連させ、或る共通の目的に協働させることである。〔例えば、〕それのかなり大きな部分が繰り返された修理によって変えられた船は、それにもかかわらず同一の船と見なされ、用材の相違（変化）は、われわれがその船に同一性を帰することを、妨げはしない。それら諸部分が協働して果たす共通の目的が、諸部分のすべての変化を通じて同一であるからであり、その物体（船）の一つの状態から別の状態への想像力の容易な移行を、もたらすからである。

しかし、このような人為的工夫がさらに顕著なのは、われわれが、諸部分の共通の目的の上にさらに諸部分の親和性（sympathy 共感）を加え、諸部分がそのすべての作用と活動において原因と結果の相互関係にあると、想定する場合である。すべての動物と植物の場合がこれであり[10]、それらにおいては、諸部分は、単に或る一般的な（共通の）目的に関係を有するばかりではなく、たがいに相互依存し、たがいに結合している。このように強い関係の効果は、植物も動物もほんの数年たてばすっかり変化してしまうということは認めざるを得ないのであるが、形や大きさや実体（物質）がすっかり変わっているにもかかわらず、依然としてわれわれがそれらに同一性を帰するということである。小さな苗木から大きな樹木となるオークの木は、ただ一つの物質粒子も、その諸部分の形も、同じでないにもかかわらず、依然として同一のオークの木である〔と言われる〕。幼児は、大人となり、或るときは肥えており、或るときは痩せているのであるが、彼の同一性は変わらない〔と言われる〕。

われわれはまた、以下のような、それらなりに注目に値する二つの現象（事実）を、考察してもよいであろう[11]。第一の現象は、われわれが、通常は数的同一性（個物として同一であること）と種的同一性（性質において一致すること）とを十分厳密に区別できるにもかかわらず、われわれが、両者を混同し、思考や推論において、一方を他方と間違えて用いるということが、ときには起こるということである。たとえば、しばしば中断されては繰り返される音を聞く人は、それを同一の音であると言うが、しかし、明らかに、これらの音はただ種的同一性すなわち類似性をもつだけであり、それらの音の源である原因以外に、数的に同一であるものは何もないのである。同様に、もとは煉瓦でできていた或る教会が崩壊し、その教区の人たちが、同じ教会を、石目のない石で当代の建築様式を用いて再建したということが、言葉の正しさを破ることなく、言われ得る。ここでは、形も材料も同じでなく、二つの対象〔教会〕に共通するものは、それらのその教区の住人に対する関係以外には、何もないのであるが、これだけで、われわれにそれら二つの対象を同一のものと呼ばせるのに、十分なのである。しかしわれわれが注意すべきことは、これらの場合においては、最初の対象が、第二の対象が存在するようになるより前に、言わば消滅しているということである。このことによって、われわれは、どの時点においても〔数的〕相違と数多性の観念をけっして与えられず、このために、われわれは、それら二つのものを同じものと呼ぶことをためらうことがより少ないのである。

第二にわれわれが注意してもよいことは、たがいに関係する対象の継起においては、同一性を保持するためには、諸部分の変化が急激なものでも全体的なものでもないことが、まず不可欠であるが、しかし、対象がその本性において〔もともと〕変化しやすく非恒常的である場合には、他の場合には同一性の関係と両立しないであろうような急激な変動〔移行〕を、われわれが許容するということである。たとえば、河の本性は諸部分の運動と変化にあるので、二十四時間も立たぬ間にそれの諸部分はすっかり変わってしまうけれども、このことは、その河が幾時代もの間同じものであり続けることを、妨げはしない。或るものに自然で本質的なことは、言わば予期されている。そして、予期されていることは、いつもとは違う異常なことよりも、弱い印象しか与えず、重要性がより小さく見えるのである。前者の類の大きな変化は、後者の類のほんの僅かの変化よりも、想像力にとっては実際により小さいかのように見えるのであり、思考の連続性を中断することがより少ないために、同一性を損なうという影響がより小さいのである。

今やわれわれは、人格の同一性（personal identity）の本性の解明に進むことにする。この問題は、哲学において、大きな問題となっており、難しい諸学問が特に熱心に努力を傾注して研究されている英国において近年特に、大きな問題となっている。そしてここにおいて、植物や動物や船や家、そしてすべての複合的で変化する人工あるいは自然の産物の同一性を、あれほどうまく説明することに成功したのと同じ論法が、引き続いて用いられなければならないことは、明瞭である。われわれが人間の精神に帰する同一性は、単に虚構された同一性に過ぎず、われわれが植物や動物に帰する同一性と、似た種類のものである。[12] それゆえそれは、これと別の起源をもち得ず、〔これら〕似た対象に対する想像力の似た働きから生じるのでなければならない。

しかし、この議論は、私の意見では完全に決定的なものであるが、読者を納得させないかもしれないので、読者には、それよりもより緻密でより直接的な、次の推論を考えてもらおう。われわれが人間精神に帰する同一性は、われわれがそれをどれほど完全なものであると想像しようとも、いくつもの異なる諸知覚を単一の知覚にすることはできず、それらをして、それらに本質的である区別と相違という性格を失わせることはできない。精神の構成に加わる別個な知覚はどれも、別個な存在者であり、それと同時のものであれそれに継起するものであれ他のすべての知覚と異なり、区別でき、分離できる、ということは、相変わらず真である。しかし、この区別と分離可能性にもかかわらず、われわれは、諸知覚の全系列が同一性〔の関係〕によって統一されていると考えるのであるから、この同一性の関係に関して、一つの疑問が自然に生じる。すなわち、この同一性の関係は、われわれがもつ異なる諸知覚を真に〔実際に〕結びつけている何かであるのか、それとも、これら諸知覚の観念を想像力においてただ連合させる何かであるのか、[13] という疑問である。すなわち、言い換えれば、われわれが或る人〔人格〕の同一性を言明するとき、われわれは、その人の〔精神を構成する〕諸知覚の間に、何か真の〔実在する〕絆を観察しているのか、それとも、それらの諸知覚についてわれわれがいだく諸観念の間に一つの絆を感じているだけなのか[14]〔、という問題である〕。この問題は、すでに詳しく証明された次のことを思い出そうとしさえすれば、容易に決着をつけることができる。すなわち、それは、知性が、諸対象の間には、いかなる真の（実在する）結合をも観察せず、原因と結果の結びつきでさえ、厳密に吟味するならば、習慣的な観念の連合に帰着する、ということである。〔このことを思い出そうとしさえすれば、問題は容易に決着をつけることができる〕と言うのは、このことから、同一性とは、何ら、これらの異なる諸知覚に実際に（真に）属しそれらを結びつけているようなものではなくて、単に、われわれがそれらの諸知覚を反省する際にそれら諸知覚の観念が想像力において結びつく（連合する）がゆえにわれわれがそれらの諸知覚に帰する、或る性質に過ぎない、ということが、帰結することが明らかであるからである。(15) ところで、観念を想像力において結びつけ（連合させ）得る唯一の性質は、すでに述べた三つの関係である。これらが、観念の世界における結合の原理であり、これらなくしては、すべての異なる対象は、精神によってたがいに分離され得、分離して（別々に）考察されることが可能であり、もっとも大きな相違と隔たりによって引き離されている場合と同じく、いかなる他の対象とも結合しているようには見えないのである。それゆえ、これら類似性、隣接、および因果性の三つの関係のどれかにこそ、同一性が依存しているのであるが、これらの関係の本質は、それらが観念の容易な移行を生み出すということにあるのであるから、人格の同一性についてのわれわれの考え（観念）は、まったく、すでに説明された諸原理に従った、結合された観念の系列に沿う思惟の滑らかで中断のない歩みからのみ生じる、ということが、帰結する。

それゆえ、残る唯一の問題は、われわれが精神または思惟する人（人格）の継起的な存在を眺めるときに、われわれの思惟の中断のない歩みが、どの関係によって生み出されるのか、ということである。そしてここでは明らかに、われわれは、われわれの考察を、類似性の関係と因果関係に限定し、隣接の関係を、考察から省かなければならない。隣接の関係は、今の場合、影響力をほとんどあるいはまったくもっていないからである。(16)

まず、類似性から始めるならば、われわれが他人の胸のうちを明瞭に見て、彼の精神すなわち思惟の原理を成すところの、諸知覚の継起を、観察することができると仮定し、さらに、彼が過去の知覚の相当の部分について記憶を保持していると仮定すれば、この〔諸知覚の〕継起にそれのあらゆる変化のさなかにおいて一つの関係を付与するのに、このこと（過去の知覚についての記憶の保持）以上に寄与し得るものはないということが、明瞭である。と言うのは、記憶とは、それによってわれわれが過去の諸知覚の像を呼び起こすところの能力以外の、何であろうか。そして、像は必然的にそれの対象に似るのであるから、これらの類似した諸知覚をしばしば思考の連鎖のうちに置くことは、必ず、想像力を一つの環から別の環へとより容易に運び、〔思考の連鎖の〕全体を単一の対象の連続のように見えさせるのではなかろうか。してみると、この点で、記憶は、単に同一性〔の及ぶ範囲を〕を顕わにする（discover　知らせる）ばかりでなく、諸知覚の間に類似性の関係を生み出すことによって、同一性を生み出す[17]（produce）ことにも寄与するのである。この事情は、われわれが、われわれ自身を考察しようと、他人を考察しようと、同じである。

因果関係に関しては、人間精神についての真なる（正しい）観念は、それを、たがいに原因と結果の関係によって繋がれ、たがいに他を生み出し、消滅させ、他に影響を与え、他を変様させるところの、たがいに異なる諸知覚、すなわち異なる諸存在者から成る、一つの体系と見なすことである、と言うことができる。われわれの諸印象は、対応する諸観念を生み出し、これらの諸観念が、さらに他の諸印象を生み出す[18]。一つの思惟が、他の思惟を追って生じ、それ自身の後に第三の思惟を引き連れて来、それ自身はこれによって駆逐されるのである。この点で、私は、魂を譬えるのに、そこにおいて、異なる成員が、支配と服従の相互的な絆によって結びつけられ、他の人たちを生み出し、この人たちがそれの諸部分の絶え間のない変化を通じて同一である国家を伝えていくところの、国家（republic or commonwealth）ほどに、適切な譬えを見出すことができない。そして、同一の個体としての国家が、その成員を変えるばかりでなく、その法と体制を変えることができるのと同様に、同一の人（人格）が、彼の同一性を失うことなく、彼の印象と観念ばかりでなく、彼の性格と傾向を変えることができる。彼がどのような変化を被ろうとも、彼の諸部分は、なおも因果性の関係によって結合されているのである。

そして、この〔因果関係による結合の〕観点において、情念に関わるわれわれの同一性が、われわれのたがいに離れた諸知覚をたがいに影響させ、われわれの過去や未来の快苦に対して現在の気づかいを与えることによって、想像力に関わるわれわれの同一性を、強化するのに役立つのである。[19]

記憶のみが、この諸知覚の継起の連続性と範囲をわれわれに知らせるので、記憶は、主としてこの理由で、人格の同一性の源泉（原因）と見なされるべきである。われわれは、記憶をもたなかったとすれば、けっして因果関係の考え（観念）を、したがって、われわれの自我または人格を成すところの原因と結果の連鎖の考え（観念）をも、もたなかったであろう。しかし、ひとたび記憶によって因果関係の考えを獲得すれば、われわれは、同じ原因の連鎖を、したがってわれわれの人格の同一性を、われわれの記憶〔の範囲〕を越えて延長し、われわれがまったく忘れてしまっているが存在したものと一般的に想定する時や状況や行為をも、それに含ませることができるのである。と言うのも、われわれの過去の行為のうちで、われわれが記憶しているものは、どれほど僅かしかないことであろうか。例えば、一七一五年一月一日、一七一九年三月十一日、また一七三三年八月三日の彼の思考と行為がどのようなものであったかを、誰が言えるであろうか。それとも彼は、これらの日の出来事をすっかり忘れてしまったからとて、彼の現在の自分が当時の自分と同一の人格でないと主張し、そのことによって、人格の同一性についてのもっともよく確立された考えをすべて覆すであろうか。それゆえ、この見方からすれば、記憶は、人格の同一性を生み出す（produce）というよりもむしろ、われわれの異なる諸知覚の間の原因と結果の関係をわれわれに示すことによって、人格の同一性〔の及ぶ範囲を〕を顕わにする（discover　知らせる）のである。[20] 記憶がそれだけでわれわれの人格の同一性を完全に生み出すと主張する人たちにとっては、われわれがこのようにわれわれの同一性をわれわれの記憶〔の範囲〕を越えて延長する理由を示すことが、果たすべき義務となるであろう。

以上の「われわれの」説の全体は、当面の問題において大きな重要性をもつ結論に、われわれを導く。その結論とは、人格の同一性に関するすべての細かい微妙な問題は、けっして決着をつけられず、哲学的な困難というよりも、文法的な困難（問題）と見なされるべきである、ということである。同一性は、観念の〔自然な〕関係に依存し、これらの関係は、それらが生み出す〔思惟の〕容易な移行によって、同一性を生み出す。しかし、この関係と移行の容易さとは、感じられない程度の差によって減ることができるので、われわれは、それらが同一性という名称で呼ばれる資格をいつ獲得しいつ失うのかという、時に関しての論争を、それによって決着できる、いかなる正しい基準をももっていないのである。結合した諸対象の同一性に関するすべての論争は、諸部分の間の関係がすでに見たような何らかの虚構または想像上の結合原理を生み出すのでない限り[21]、単に言葉の上のものである。

私が、人間の精神に適用される同一性についてのわれわれの考え（観念）の最初の起源と不確かさについて述べたことは、ほとんどあるいはまったく変えることなく、〔人間の精神の〕単純性の考え（観念）に拡張できる。それの同時に存在する異なる諸部分が或る密接な関係によって結ばれているような対象は、想像力に、完全に単純で不可分な対象とほとんど同じ仕方で働きかけ、それを思いうかべるために、これよりたいして大きな思惟の努力を必要とはしない。この働きかけの類似性のために、われわれは、その対象に単純性を帰し、この単純性の支えとして、またその対象の異なる諸部分と諸性質の中心として、或る結合の原理を虚構するのである。

かくしてわれわれは、精神界（知的世界）と自然界の両方に関する種々の哲学体系の吟味を、終えたことになる[22]。そして、われわれは、種々の論究において、いくつかの論点に導かれたが、これらの論点は、本論のこれまでの部分の或るものを例証し強化し、あるいはこれ以後のわれわれの見解の準備となるであろう。さて今や、われわれの判断と知性の本性を十分に解明したので[23]、われわれの主題（人間の自然本性）をさらに綿密に吟味し、人間の自然本性の正確な解剖に進むべきときである。

第七節　この巻の結論

しかし、前方に横たわる哲学のこの広大な海に漕ぎ出す前に、私は、しばし現在の位置に留まって、私が企てたものであり、幸運な結末にもたらされるためには疑いもなくこの上ない技術と勤勉さとを必要とする、この航海のことを、よく考えてみたいという気持になっている。思うに、私は、幅狭い入り江を通るときに、多くの浅瀬に乗り上げ、難破をかろうじて免れたのに、向こう見ずにも水漏れのする、荒天に痛んだ同じ船で出帆しようとし、これらの不利な条件の下で地球を一周しようと考えるほどに野心に燃えている、人のようなものである。過去の誤りと困惑の記憶が、私に、未来に対して自信をなくさせる。私が探究において使用しなければならない私の諸能力の惨めさ、弱さ、不調が、私の不安を増大させる。そして、これらの諸能力を補修することも矯正することも不可能であることが、私をしてほとんど絶望させ、限りなく広く広がる果てしない海に乗り出すよりも、いっそ今いる不毛の岩の上で死んでしまおうと、決心させる。自分の危険をこのように急に気づくことは、私を憂鬱にし、この憂鬱という情念は、情念の中でもますます昂じる情念であるので、私は、私の絶望を、〔知性という〕現在の主題がこのように多く提供する気の滅入る反省によって、いっそう深めざるを得ない。

私はまず、私の哲学において私が置かれている見捨てられた孤独な状態に驚き、困惑し、自分が、人中に交わることができなくて、人間の交わりから追放され、まったく見捨てられ何の慰めもなく打ち捨てられている、何か見慣れない奇怪な出来損ないでないのかと、想像する。私は、保護と暖かさを求めて人の群れに飛び込みたいと思うが、このような醜さで人と交わることを、自分に説き伏せることができない。私は、別に一派を作るために、他の人たちに私に加わるように呼びかけるが、誰ひとり私の言うことを聞こうとしない。誰もが、私と距離を保ち、あらゆる方向から私に襲いかかっている嵐を恐れている。私は、私自身を、すべての、形而上学者たち、論理学者たち、数学者たち、さらには神学者たちの、敵意に曝してきた。私が被らなければならない攻撃に、不思議があろうか。私は、彼らの体系に、不賛成を表明してきた。彼らが私の体系と私個人に対する憎しみを表明したからと言って、驚くことがあろうか。外を見ると、どちらを向いても、私は、反論、反対、怒り、誹謗、悪口を予見する。目を内に向けると、私が見出すのは、懐疑と無知のみである。全世界が、一致して、私に対立し、反対しているが、私はきわめて弱く、私の意見のすべてが、他の人たちの賛成によって支持されないならば、ばらばらになってひとりでに崩壊するのを感じるのである。私が歩むどの一歩も、ためらいながらであり、どの新たな反省も、私の推論に誤りと不合理がありはしないかと、私を恐れさせる。

　と言うのも、私は、私に固有な無数の欠点の上に、人間本性に共通な多くの欠点を見出すので、どれほどの自信をもって、このように大胆な企てを試みることができるのか。私は、すべての通説を捨てる際に、自分が真理に従っていると確信することができるであろうか。たとえ幸運にも私が真理の足跡を追っているとしても、私は、いかなる基準によって真理を識別しようとするのか。もっとも正確で厳密な推論ののちに、私は、私がなぜその推論に同意すべきであるのか、理由を挙げることができず、対象を、それが〔その推論において〕私に現われる通りの見方で、強く考察する強い傾向を、感じるだけである。経験は、過去における対象の何度もの随伴を、私に知らせる原理である。習慣は、同じ随伴を未来に期待するように私を決定する、もう一つの原理である。これら二つの原理が、協働して想像力に働きかけて、私に、或る特定の諸観念を、同じ長所を伴っていない諸観念よりも、より強くより生き生きとした仕方で、いだかせるのである。精神がそれによって或る観念を他の観念以上に生き生きさせるこの性質がなければ（この性質は、見かけの上では、取るに足らず、理性にはほとんど基づいていないのであるが）(1)、われわれは、いかなる議論に同意することも、われわれの目をわれわれの感覚に現われる僅かの対象以外のものに向けることも、けっしてできなかったであろう。いやそれどころか、これらの対象に対しても、われわれは、感覚に依存する存在以外のいかなる存在をもけっして帰することができず、それらの対象を、われわれの自我または人格を成すところの諸知覚の継起にまったく従って、把握しなければならなかったであろう。いやそれどころか、さらに、この継起についても、われわれは、われわれの意識に直接現前している知覚しか認めることができず、記憶がわれわれに提示する生き生きした表象も、過去の知覚の真なる写しとしては、けっして受け取られ得なかったであろう。記憶も、感覚も、知性も、それゆえすべて、想像力に、すなわちわれわれの観念の生気に、基礎づけられているのである。

このように変わりやすく誤りを含む原理が、そのすべての形態において（実際にそうせざるを得ないように）[2]盲従されるならば、われわれを誤りに導いたとしても、驚くに当たらない。われわれに原因と結果から推論させるのは、この原理であり、われわれに、外的対象が感覚に現われていないときにも連続して存在することを確信させるのも、同じこの原理である。これら二つの働きは、人間精神において等しく自然で必然的であるけれども、或る場合には、それらが真っ向から対立（矛盾）[一]し、われわれが、原因と結果から正しく規則的に推論しながら、同時に物質の連続存在を信じることは、不可能となる。ではどうやって、われわれは、これらの原理を調停しようとするか。どちらを選ぼうとするか。それとも、どちらをも優先させず、哲学者たちがよくそうするように、両方に順々に同意するのであれば、われわれはこのように知りながら明白な矛盾をいだくのであるから、こののち、われわれは、どんな自信をもって、哲学者という名誉ある称号を名乗ることができるのか。

（一）　第四節（最終段落、二六四頁）。

この矛盾は、もしわれわれの推論の他の部分[二]における或る程度の堅固さと確信とによって埋め合わせをされているのであれば、より許され得るものであったろう。しかし、事態は、これとは逆である。われわれが人間の知性をその第一の諸原理にまで遡ると、われわれは、人間の知性が、われわれを、われわれの過去の労苦と勤勉とを笑い物にしてわれわれの今後の探究に水をさすように思われるような意見に導くのを、知るのである。人間の精神によって、すべての現象の原因ほど熱心に探究されるものはなく、また、われわれは、近接原因を知るだけでは満足せず、われわれの探究を、根源的で究極的な原理に達するまで、追求する。われわれは、原因にあってそれをして結果に作用させているところの活動力（energy）、原因と結果を結合している絆、そして、この絆が依存している作用性質（efficacious quality）、これらを知るまでは、立ち止まろうとはしない。これが、われわれの全研究と全反省の目的なのである。そして、この結合や絆や活動力が、単にわれわれの内にあるものであるということ、またそれらが、或る対象からそれによく随伴する対象へ、また、前者の印象から後者の生き生きした観念へ、われわれ〔の思惟〕を移行するようにさせるところの、習慣によって獲得された精神の被決定性に過ぎないということを知れば(3)、われわれは、どれほど落胆しなければならないことか。このような発見は、確信を得ようとするすべての希望を断ち切るばかりでなく、確信を得ようとする望みそのものを無くさせる。なぜなら、われわれは、われわれが究極的な作用する原理を何か外的対象の内にあるものとして知ろうと欲していると言うとき、みずからに矛盾しているか、意味のないことを語っているということが、明らかであるからである。

（二） 第三部第十四節。

われわれの諸観念におけるこの欠陥は、なるほど、日常生活においては知覚されず、われわれは、もっともありふれた原因と結果の随伴においても、もっともまれで異常な原因と結果の随伴の場合と同様に、原因と結果を結びつけている究極の原理を知らないということに、気づかない。しかし、このことは、単に想像力の錯覚から生じるのであり、問題は、われわれがどこまでこれらの錯覚の言いなりになるべきか、ということである。この問題は非常に難しく、われわれがどう答えようと、われわれをきわめて危険なディレンマに陥らせる。と言うのは、もしわれわれが想像力の取るに足らない示唆のすべてに同意するならば、これらの示唆がしばしばたがいに相反している上に、それらは、われわれが最後にはわれわれの信じ易さを恥じなければならないような、誤謬や、不合理や、不明瞭に、われわれを導くからである。想像力の飛躍ほど、理性にとって危険なものはなく、哲学者たちの間でこれよりより多くの誤りの原因となったものはない。想像の激しい人は、この点で、聖書が描いている、自分の目を自分の翼で覆っている天使（熾天使）たちに譬えられる。このことは、すでに多くの事例において明らかになったことであるので、われわれは、このことをこれ以上詳論する労を、省くことができる。

しかし、他方で、これらの事例の考察によって、われわれが、想像力の些細な示唆をすべて拒絶することを決心して、知性に、すなわち想像力の一般的でより確立された性質に、つき従うことを決心するならば、この決心でさえ、もし一貫して実行されるならば、危険であり、もっとも致命的な結果を伴うであろう。と言うのは、すでに示したように（二）、知性は、単独で、それのもっとも一般的な諸原理に従って働くときには、自らを完全に覆し、哲学におけるものであれ、日常生活におけるものであれ、いかなる命題にも、もっとも低い程度の明証性さえ、残さないからである。われわれが、このまったき懐疑論からみずからを救うのは、ただ、想像力の奇妙で見かけ上取るに足らない次のような性質によるのである。すなわち、それは、われわれが、ものごとを遠目に（突き放して）見ることが困難であり、このような見方に、より容易で自然な見方に伴わせる〔ことができる〕ほどの顕著な印象を伴わせることができない、という性質である。では、われわれは、精密で細かい推論はけっして受け容れられるべきでないということを、一般的な原則として立てたものであろうか。このような原理の帰結を、よく考えてみよ。それによって、人は、学と哲学の全体を、完全に断ち切ることになる。その際人は、想像力の一つの奇妙な性質に従っているのであるから、同じ理由によって、想像力のすべての性質を受け容れなければならない。さらに、人は、あからさまにみずからに矛盾している。なぜなら、この原理自体が、十分精密で形而上学的であると認められるであろうところの先の推論の上に、立てられるほかないからである。では、これらの困難のうち、どの立場を選択すべきであろうか。もし先の原理を採用して、すべての精密な推論を排するならば、われわれは、もっとも明白な不合理に陥る。もし精密な議論のために先の原理を排するならば、われわれは、人間知性を完全に転覆させることになる。それゆえ、われわれには、誤った推論を採るかそれとも推論をまったくしないかの選択しか、残されていない。私は、今の場合にどうすべきであるかを、知らない。私にできるのは、ただ、一般に行なわれていることに注意することだけである。それは、この困難がめったにあるいはまったく考えられていないということであり、たとえそれがひとたび精神に現前しても、すぐに忘れられ、後に僅かの印象しか残さないということである。極度に精密な反省は、われわれにほとんどあるいはまったく影響を与えない。しかし、われわれは、そういう反省が影響をもつべきでないということを、規則として建てることはしないし、できない。このことは、明白な矛盾を含むからである。

（一）第一節〔二一三～四頁〕。

しかし、極度に精密で形而上学的な反省はわれわれにほとんどあるいはまったく影響をもたないとは、私は、何ということを言ったのであろうか。私は、私の現在の気持と体験とから、この意見を、撤回し、断罪せずにはほとんど居られない。人間理性におけるこれらの多様な矛盾と不完全さとを懸命に注視することが、私に強く働きかけ、私の脳髄を熱したので、私は、すべての信念と推論を拒否するのにやぶさかでなく、いかなる意見をも、他のものよりより確からしいとかよりありそうであると見なすことさえできないのである。ここはどこなのか、また、私は何なのか。私はいかなる原因から私の存在を得ているのか、そして、どんな状態に戻るのであろうか。私は、誰の好意にすがるべきなのか、そして、誰の怒りを恐れるべきなのか。いかなる存在者が私を取り巻いているのか、そして、私は誰に対して影響力をもっているのであり、誰が私に影響力をもっているのであるか。私は、これらの疑問すべてによって、呆然自失し、自分を、もっとも深い暗闇に取り巻かれ、すべての器官と能力の使用をまったく奪われて、想像できる限りでもっとも哀れむべき状態にいると、想像し始めるのである。

非常に幸運なことに、理性がこれらの暗雲を追い払うことができないので、自然本性自体が、このために十分であり、この精神の緊張を緩和することによってか、あるいは、これらの幻影を追い払ってくれるような気晴らしと生き生きした感覚の印象によって、この哲学的な憂鬱と譫妄から、私を癒してくれるのである。私は、友人と食事をし、バックギャモンをして遊び、会話をして、愉快になる。そして、三時間か四時間楽しんだあと、これらの考察に戻ろうとすると、これらの考察が、冷たく無理のある滑稽なものに見えるので、私は、これ以上それらの考察を行なう気になれない。

してみると、ここに、私は、日常生活において、自分が、他の人々と同様に、生き、話し、行為するように、絶対的かつ必然的に決定されているのを、見出す。しかし、私の自然な傾向と、私の精神の気と情念の動きとが、私に、世間の一般的な原則を、呑気に信じさせるにもかかわらず、それでもやはり私は、私のそれまでの気分の名残りを感じるので、私の本と書き物のすべてを火の中に投げ入れ、人生の快楽を推論と哲学のために諦めることをこれ以上けっしてすまいと決意したいほどである。と言うのは、これが、私を現在支配している憂鬱な気分にあっての、私の気持であるからである。私は、感覚と知性に従うことにおいて、自然本性の流れに身を委ねてもよく、むしろ委ねざるを得ない。そして、私は、この盲従において、私の懐疑的な傾向と原理とを、もっとも完全に示しているのである。しかし、私が、私を怠惰と快楽に導く自然本性の流れに抗しなければならないということ、自分を、これほど楽しい人々との会話と交わりから、いくらかでも遠ざけるべきであるということ、また、このように苦痛を伴う注意の集中の合理性を納得することができず、それによって真理と確実性に到達する我慢できる見込みをもつこともできないまさにそのときに、自分の脳髄を細かい理屈や詭弁によって苦しめるべきであるということが、帰結するであろうか。私に、このような時間の浪費をなすべき、どんな義務があるのか。またそれは、人類の利益のために、あるいは、私個人の利益のために、どのような役に立つのか。いや、そういうことは帰結しない。何ごとかを推論したり信じたりする者すべてが確かにそうであるように、私が馬鹿でなければならないのなら、せめて私の愚行を、自然で愉快なものにしたいものである(4)。私が私の傾向に抵抗するときには、私は、抵抗のための十分な理由をもつようにしたい。そして、これ以上、〔理由もなく、〕私がこれまでに出合ったようなやり切れない孤独や荒れる潮路に、迷い込むことのないようにしたいものである。

これらが、私の憂鬱と無気力の感情であり、実際、私は、哲学が、これらの感情に抵抗する力をもたず、哲学が、理性と確信の力によるよりも、真面目で陽気な気分の回復によって、より多く勝利を期待するということを、認めなければならない。人生のあらゆる出来事のうちにあって、われわれは、やはり、懐疑を堅持しなければならない。われわれが、火は暖め、水は冷やす、と信じるのも、ひとえに、そうでないと考えることがあまりにも多くの苦痛をもたらすからである。いや、それどころか、もしわれわれが哲学者であるとすれば、それは、懐疑的な原理に基づいてのみでなければならず、われわれが感じる、われわれ自身をそのように（哲学者として）用いたいという傾向からでなければならない。理性が生き生きとしており、何らかの傾向と共存する場合には、理性に同意しなければならない。そうでない場合には、理性は、われわれに働きかけるどんな資格ももつことができないのである。

それゆえ、私は、娯楽にも人と一緒にいることにも飽きて、自分の部屋で、あるいは川端を独りで歩きながら、夢想に耽っていると、私は、私の精神が集中力を回復してくるのを感じ、私が読書や会話においてそれについての多くの論争に出合ったような問題に私の考えを向けるように、自然に傾くのである。私は、道徳的な善と悪の原理や、政府の本性と基礎や、私を動かし支配する種々の情念と傾向の原因を、知りたいという好奇心を、もたざるをえない。私は、私がいかなる諸原理に基づいてそうするのかを知らずに、或る対象を是認し、別の対象を否認し、或るものを美しいと呼び、別のものを醜いと呼び、真と偽、理性と愚かさについて決定する、ということを考えて、不安になる。私は、これらの諸問題においてかくも嘆かわしい無知の状態にある、学界の現状が、心配になる。私は、人類の啓発に寄与し、自らの創意と発見によって名を揚げたいという野心が、私のうちに生じるのを、感じる。これらの気持は、私の現在の気分のうちにおいて、自然に沸き起こるものであり、もし私が、何か他の仕事や気晴らしに自分を縛りつけることによって、これらの気持を追い払うように努めるならば、私は、私が快楽という点で損をする者である、と感じる。これが、私の哲学の起源なのである。

しかし、たとえこの好奇心と野心が、私を日常生活の範囲の外にある思弁に私を連れていかないにしても、私の弱さそのものから、私がこのような探究に導かれざるを得ないということが、必ず起こるであろう。迷信が、その体系と仮説において、哲学よりもはるかに大胆であることが確かであり、哲学が、可視的世界に現われる現象に対して、新しい原因や原理を帰することで満足するのに対して、迷信は、それ自らの世界を開き、まったく新しい、情景や、存在者や、対象を、われわれに提示するのである。それゆえ、人間の精神が、野獣の精神のように日常の会話や行為の主題である狭い対象領域に留まることが、ほとんど不可能であるので、われわれがなすべきことは、ただ、われわれの道案内として何を選択すべきかについて思案し、もっとも安全でもっとも好ましい道案内を選ぶということである。そして、この点で、私は、あえて、哲学を推奨し、哲学を、あらゆる種類、あらゆる名称の迷信に優先させることにやぶさかでない。なぜなら、迷信は、人類にはやりの意見から、自然に、容易に生じるので、精神をより強く捉え、しばしば、生活や行為の遂行においてわれわれを惑わし得るからである。これに対して、哲学は、もし正しい場合には、われわれに、ただ穏やかで節度のある意見のみを提示することができ、もし偽であり常軌を逸している場合には、それの意見は、ただ冷静で一般的な思弁の対象でのみあり、われわれの自然な傾向の歩みを中断するようなことは、めったにないからである。キュニコス学派[5]（キニク学派、犬儒学派）の哲学者たちは、純粋に哲学的な推論から出発して、かつて存在したキリスト教やイスラム教のどの修道僧にも劣らぬほど常軌を逸した行動に走った、もっとも極端な例である。一般的に言うならば、宗教の誤りは危険であるが、哲学の誤りは、単に滑稽であるだけである。

　精神の強さと弱さのこれら二つの例（哲学者と迷信の信者）が、すべての人類を含みはしないであろうということ、特に英国においては、いつも家庭の問題に心を用いているか普通の娯楽を楽しんでいるかであって、彼らの思考を感覚に毎日現われるような対象以外のものにほとんど巡らしたことのない、実直な紳士が大勢いるということを、私はよく承知している。また、実際、私は、このような人たちを哲学者にするつもりはなく、また、彼らがこれらの探究の共同研究者や、これらの発見の聴衆となることを、期待しもしない。彼らは、現在の状況に留まっていても結構である。私が望むのは、彼らを鍛錬して哲学者に変えるようなことはしないで、彼らの粗大な土の成分をいくらか、諸体系の創設者たちに、彼らがふつう大いに必要としており彼らの構成要素である火の微粒子を和らげるのに役立つであろう構成要素として、分け与えることである。熱した想像が哲学に入ることが許され、仮説がもっともらしい見かけと快いという理由だけで受け容れられるならば、われわれは、けっして、日常の行為や経験に適するような、どんな不動の原理もどんな意見も、もつことができないであろう。しかし、ひとたびこのような仮説が取り除かれたならば、われわれは、たとえ真ではないとしても（というのは、真理を望むのは、高望みであるかも知れないからである）[6]、少なくとも人間精神を満足させることができ、もっとも批判的な吟味の試練にも耐えることができるであろうような、一つの体系、すなわち意見の集まりを、確立することを、望むことができるかも知れない。これらの諸問題が探究や論究の主題となった期間の短さを考えるならば、人類の間で次々と生じては衰えていった空想的な体系が数多くあるからといって、この目的を達成することを、絶望すべきではない。あのような長い中断とあのような大きな障害のもとにあった二千年という年月は、諸学に我慢のできる完全性を与えるには、短すぎる時間であり、われわれは、おそらく、われわれのもっとも遠い子孫の吟味に耐えるであろうような原理を発見するには、まだ、早すぎる時代にいるのである。私としては、唯一の望みは、いくつかの点で哲学者たちの思弁の向きを変えさせ、そこでのみ確信を得ることが期待できるような問題を哲学者たちによりはっきりと示すことによって、知識の進歩に多少の貢献をしたい、ということである。人間の自然本性が、唯一の人間の学〔の主題〕であるが[7]、これが、今までもっともなおざりにされてきたのである。私にとっては、それをもう少しはやらせることができれば、それで十分であろう。そして、この希望が、私の気分をときに私を支配する憂鬱から立ち直らせ、ときに私を支配する無気力から私の気分を元気づけるのに、役立ってくれる。もし読者が私と同じようにくつろいだ気分にあるのであれば、私のこれからの思索についてきてもらいたい。もしそうでなければ、読者は、〔今は〕気持の傾きに従えばよく、〔のちに〕注意力と陽気さが戻って来るまで待てばよい。哲学をこのように捉われない仕方で学ぶ人の振舞いは、自分のうちに哲学への傾きを感じながら、疑いとためらいに圧倒されて哲学をまったく拒絶してしまう人の振舞いよりも、より真に懐疑的である。[8] 真の懐疑論者は、彼の哲学的確信をも、彼の哲学的懐疑をも信じず、[9] おのずと生じる無邪気な満足感を、哲学的な懐疑あるいは確信を理由にして拒絶することは、けっしてしないであろう。

また、われわれが、〔このように〕もっとも込み入った哲学的探究においても、われわれの懐疑的な諸原理にもかかわらず、一般にわれわれの気持の傾きのままに振舞うことが、正しいばかりでなく、われわれが、特定の瞬間にそれらを眺める眺め方に応じて特定の点でわれわれを断定的にし確信させる傾向に従うことも、また正しいのである。このように自然な傾向を抑止し、対象の厳密で完全な考察から常に生じる確信に抵抗することに比べれば、すべての吟味と探究を断念することの方が、より容易である。そのような場合、われわれは、われわれの懐疑論的立場を忘れるばかりでなく、謙虚ささえ忘れて、「それは明らかである」とか、「それは確実である」とか、「それは否定し難い」とかいう言葉を、使用しがちであるが、一般読者に対するしかるべき尊敬の念が、おそらくそれを妨げるべきであろう。私も、他の人々の例に倣って、この過ちを犯したかも知れない。しかし、私は、ここで、この点で私になされるかもしれない反論を、あらかじめ差し止めておきたい。そして、そのような表現は、対象のそのときの見方からわれ知らずに出たものであり、独断的な精神を示すのでも、私の判断についてのうぬぼれた考えを示すのでもないことを、宣言しておく。私は、このような考えが、誰にもふさわしくない考えであり、懐疑論者にはなおさらふさわしくない考えであるということを、よく承知している。

付録[1]〔一〕

みずからの誤りを告白する機会ほど、私が喜んで捉えようとするものは、ほかになく、私は、このようにして真理と理性へ戻って来ることを、もっとも誤りのない判断よりも、より名誉なことと見なすであろう。誤りのない人は、彼の知性の正しさ以外の理由によって称賛されることを、要求できない。しかし、みずからの誤りを正す人は、同時に、彼の知性の正しさと、彼の心根の率直で正直なこととを示しているのである。私は、先行する二巻[2]で論述した論究において、ただ一点[3]についてのほかは、さして大きな誤りを発見するほど、幸運でなかった。しかし私は、私の表現のいくつかが、読者によるあらゆる誤解を免れるほどよくは選ばれていなかったということを、これまでの経験から知った。私が以下の付録をつけたのは、主としてこの欠点を直すためである。

われわれは、いかなる事実（matter of fact）についても、それの原因またはそれの結果がわれわれに現前している場合を除いては、けっしてそれを信じるように誘われ得ない。しかし、原因と結果の関係から生じる信念の本性が何であるかは、今までほとんど誰も問うてみる好奇心をもたなかった。私の意見では、次のディレンマが不可避である。すなわち、信念とは、或る対象の単なる思念（conception）にわれわれが付加するところの、現実または存在（reality or existence）の観念のような、何か新たな観念であるか、あるいは、信念とは、或る独特の感じまたは〔感受的〕感覚（feeling or sentiment）に過ぎないか、のいずれかである。信念が、〔対象の〕単なる思念に付加された新たな観念でないことは、次の二つの議論によって、証明することができる。第一に、われわれは、個々の諸対象の観念から区別でき分離できるような、存在の抽象観念を、もっていない[4]。それゆえ、このような存在の観念が、或る対象の観念に付加されたり、単なる思念と信念との違いを成したりすることは、不可能である。第二に、精神は、それのすべての観念を支配しており、それらを好きなように分離し、結合し、混合し、変化させることができる。それゆえ、もし信念が、単に、〔対象の単なる〕思念に付加された、或る新しい（別の）観念であったとすれば、人は、好き勝手なことを信じることができたであろう。それゆえ、われわれは、信念とは、単に或る感じまたは感覚にほかならない、すなわち、われわれの意志の自由になるものではなく、われわれが支配できない或る決まった原因と原理から生じる、何ものかにほかならない、と結論することができる。われわれが或る事実を確信していることは、想像力の単なる夢想に伴う感じとは異なる或る種の感じとともに、その事実を思いうかべる（conceive 思念する、考える）、ということにほかならない。そして、われわれが或る事実について不信を表明するとき、われわれが意味していることは、その事実のための論拠がそういう感じを生み出さないということである。信念が、単なる思念とは異なる或る感覚にあるのでなかったとすれば、この上なく突飛な想像が提示するどんな対象も、歴史と経験に基づいたもっとも確立された真理と、同等の資格のものとなったであろう。一方（信念）を他方（単なる思念）から区別するものは、この感じまたは感覚以外にはないのである。

それゆえ、「信念は単なる思念と異なる或る特有の感じにほかならない」ということが、疑いのない真理と見なされるので、自然に生じる次の問題は、「この感じまたは感覚の本性が何であり、それが人間精神がもつ何かほかの感覚（感じ）に類比的である（似ている）かどうか」、ということである。この問題は重要である。なぜなら、もしこの感じが何か他の感覚に類比的であるのでなければ、われわれは、それの原因を説明することを断念し、それを人間精神の或る根源的な原理であると見なさなければならないからである。また、もしそれが〔何か他の感覚に〕類比的であるならば、われわれは、それの原因を類比性《アナロジー》によって説明し、それをより一般的な諸原理に帰着させることを、希望できるからである。ところで、確信の対象である思念が、空想家のとりとめのないのんきな夢想よりも、より確固としておりより堅固であることは、誰もが容易に認めるであろう。それらの思念は、より勢いよくわれわれを打ち、われわれにより切実であり、精神は、それらをよりしっかりと把握し、それらによってより動かされ動揺させられる。精神は、それらを黙諾し、言わば、それらに視点を固定し、それらに安住するのである。要するに、それらの思念は、われわれに直接現前している印象により近づくのであり、それゆえ、精神の他の多くの働きに類比的であるのである。

私の意見では、この結論を避ける可能性は、次のような主張をすることによる以外にはない。その主張とは、信念は、単なる思念に加えるに、思念と区別でき〔分離でき〕る或る印象または感じに存する、というものである。それは、思念を変様しそれをより切実でより強いものにする、のではない、それはただ、意志や欲求が善や快の個々の思念に付加されるのと同様の仕方で、思念に付加される、というのである。しかし、この説を排除するためには、以下のような考察で十分であろう、と私は思う。第一に、それは、経験とわれわれの直接意識に、まったく反する。すべての人々が、今まで、推論を単にわれわれの思惟または観念の操作であると認めてきたのであり、これらの観念が〔われわれの〕感じ（感受性）にどれほど変化して感じられようと、われわれの結論には、諸観念、すなわちわれわれがもつ〔印象より〕より弱い思念以外には、何も入って来ないのである。たとえば、私は今、知っている人の声を聞いており、この音声は、隣りの部屋からやって来る。私の感覚能力のこの印象は、直ちに、私の思惟を、その人と彼を取り巻くすべての対象とに運ぶ。私は、これらのものを、私が以前にそれらがもっていることを知っていたのと同じ諸性質と諸関係を伴って、現在存在しているものとして、みずからに想い描く。これらの観念は、お伽噺の城の観念よりも、よりしっかりと私の精神をつかむのである。それらは、〔私の〕感じ（感受性）にとっては〔単なる観念または思念とは〕異なって感じられるのであるが、それらに伴ういかなる別個な印象もない。事情は、私が、或る旅行でのいろいろな出来事や、或る歴史の諸事件を想起する場合にも、同じである。そのような場合、個々の事実のすべてが、信念の対象である。事実の観念は、空想家のとりとめのない夢想とは〔感じにおいて〕異なるように変様されているが、事実についてのすべての別個な観念または思念に、別個な印象が伴っていはしない。このことは、明白な経験の対象である。何らかの機会にこの経験が反論されることがあり得るとすれば、それは、精神が、疑念と困難で動揺していたのが、そののち、対象を新たな観点から見るか、新たな論拠を提示されるかして、或る定まった結論と信念に視点を固定し、それに留まるときである。この場合には、思念とは別個な、或る感じ（印象）がある。すなわち、疑いと動揺から平静と安らぎへの移行が、精神に満足と快とを与えるのである。〔しかし、このような満足と快の印象は、単なる思念につけ加わることによって信念を構成するようなものではない。〕しかし、その他の場合をとってみよ。私が、或る人の脚と太腿が運動しているのを見るが、間にある対象が、彼の身体の残りの部分を隠していると仮定せよ。この場合、想像力が姿の全体を描き出すことは、確実である。私は、その人に、頭と両肩、胸と首を与える。これらの身体部分を、私は思いうかべ、彼がそれらをもっていると信じる。この作用全体が思惟または想像力のみによって遂行されることは、この上なく明白である。〔思惟の〕移行は瞬時であり、それらの観念は直ちにわれわれを打つ。それらの観念と現前する印象との習慣的結合が、観念を或る仕方で変化させ変様するが、しかし、〔観念を〕思念する働きのこの特殊性とは別個な、いかなる精神の作用も、生み出しはしない。誰でも彼自身の精神を調べてみれば、このことが真理であることを、明瞭に見出すであろう。

第二に、この別個な印象についての事実がどうであれ、精神が、それが事実と見なすものを、虚構よりも、よりしっかりと把握するか、あるいは、それのより安定した思念をもつということは、認められなければならない。それなら、なぜそれ以上のものを求め、必要もなく仮定を増やすのか。

第三に、われわれは、確固とした思念の諸原因を説明することができるが、どんな別個な印象の原因も説明できない。それればかりでなく、確固とした思念の諸原因が、全主題を尽くしているのであり、それ以外の結果を生み出すために、何も残っていない。事実に関する推理〔の結論〕とは、或る現前する印象にしばしば随伴したか連合されている、或る対象の観念にほかならない。これが、主題の全体である。〔これの〕すべての部分が、より安定した思念を類比性《アナロジー》によって説明するために、必要であり、何か別個な印象を生み出し得るようなものは、何も残っていない。

第四に、信念が情念および想像力に及ぼす影響は、すべて確固とした思念によって説明でき、何かほかの原理に訴える必要がない。これらの議論が、前二巻で挙げた他の多くの議論とともに、信念が、観念あるいは思念を変様するだけであるということ、すなわち、どんな別個な印象を生み出すこともなく観念あるいは思念を感じ〔感受性〕に対して異ならせるのであるということを、十分に証明する。

このように、問題を全体として眺めれば、哲学者たちの考察に推奨することができる、二つの重要な問題があると思われる。〔第一に、〕「信念を単なる思念と区別するものとして、感じまたは〔感受的〕感覚以外に、何かがあるであろうか」という問題である。また、〔第二に、〕「この感じは、われわれが対象に対してもつ、より確固とした思念、またはよりしっかりとした把握、以外の何かであろうか」という問題である。

もし、公平な探究ののち、私と同じ結論が、哲学者たちによって同意されるとすれば、次の仕事は、信念と他の精神の作用との間にある類比性《アナロジー》を調べ、思念の確固としていることと強さとの原因を見出すことである。そして、この仕事は、難しいものではないと思う。現前する印象からの移行は、常に観念を活気づけ、強化する。或る対象が提示されると、それにふだん随伴している対象の観念が、直ちに、何か実在する堅固なものとして、われわれを打つのである。この観念は、〔単に〕思念されるというよりも、感じられるのであり、それの勢いと影響力において、それを生み出した印象に近づくのである。このことは、今までに、詳しく説明した。私は、もうこれ以上、新しい議論をつけ加えることはできないが、以下の文が、それぞれ指定した箇所に挿入されていたとすれば、この原因と結果に関する問題全体についての私の推論は、より説得的なものであったであろう。〔そのほかに、〕私は、必要と思った他の点について、(5)二、三の例証を加えた。

次の文を、第一巻、〔一・三・五、〕一〇六頁、一四行目、「……なかったであろう。」という言葉の後に挿入して、新たな段落を始めよ。

二人の人が或る出来事の現場に居合わせたことがある場合に、一方が他方よりもその出来事をずっとよく覚えており、相手にその出来事を思い出させるのに非常に苦労するということが、しばしば起こる。彼が〔その出来事に含まれていた〕色々な事実をもう一度述べてやり、時や、場所や、連れや、話されたことや、各所でなされたことに言及しても、無駄なのである。しかし、最後にやっと運よく或る事実を言い当て、これが出来事の全体を甦らせ、彼の友人にすべてを完全に思い出させる。この場合、忘れている人は、すべての観念を、最初は他方の人の話から時も場所も同じままで受け取るが、その観念を単なる想像力の虚構と見なしている。しかし、記憶に触れる事実が言及されるやいなや、まったく同じ観念が、今や新たな光のもとに現われ、言わばそれまでとは違った感じ（a different feeling）を伴うのである。感じの変化以外に何の変化もなしに、それらの観念は直ちに記憶の観念となり、〔そうであったと〕同意されるのである。

それゆえ、想像力は、記憶が示すことができるのとまったく同じ対象を表象することができ、またこれらの能力は、それらが提示する観念に伴う異なる感じによってのみ区別されるのであるから、この感じの本性を考察することが適当であろう。そしてここで、誰もが私に同意して、記憶の観念が想像力の観念よりもより強くより生き生きしているということを、直ちに認めるであろうと私は信じる。画家は、……

次の文を、第一巻、〔一・三・七、〕一一〇頁、一〇行目、「……生気のある観念である、ということが、帰結する。」という言葉の後に挿入して、新たな段落を始めよ。

何らかの事実の信念を成すところの、この精神の働きは、これまで、哲学における最大の謎の一つであったように見える。しかし、それを説明することに困難が存在するとは、誰も疑いもしなかった。しかし、私は、私がこの問題に大きな困難を覚えるということ、そして、主題を完全に理解したと思うときでも、私の意味するところを表現する言葉に窮するということを、白状せざるを得ない。私は、私にきわめて明瞭と思われる推理によって、意見すなわち信念とは、その観念の諸部分の性質あるいは秩序においてではなく、その観念がいだかれる（思念される）仕方においてのみ、虚構と異なるような、或る観念にほかならない、と結論する。しかし、この〔観念がいだかれる〕仕方を説明しようとすると、私は、事態に完全に合致するような語をほとんど見出さず、この精神の働きの完全な観念を人に与えるためには、各人がもつ感じ（feeling）に頼らざるを得ない。同意される観念は、単に想像力が提示する虚構的な観念とは、異なって感じられる（feels different）。この異なる感じ（this different feeling）を、私は、より優った、「勢い」、「生気」、「堅固さ」、「確固たること」、あるいは「安定性」と呼んで、説明しようと努めているのである。このように多様な言葉を用いることは、非哲学的に見えるかもしれないが、その意図するところはただ、現実を虚構よりもより切実な（より現前する）ものとし、現実を思惟においてより重要なものとし、現実をして情念と想像力に対するより大きな影響を与えさせるような、精神の作用を言い表わすことにある。事柄について合意するならば、言葉について争う必要はない。想像力は、すべての観念を支配しており、観念を可能なあらゆる仕方で、結びつけ、混ぜ合わせ、変化させることができる。想像力は、諸対象を、場所と時間の条件のすべてとともに思いうかべる（思念する）ことができる。想像力は、諸対象を、〔それらが存在したとすれば〕そのように存在したであろう真の姿で、言わば眼前に、描いて見せることができる。しかし、この能力がそれ自身で信念を獲得することは不可能であるから、信念は、われわれの観念の性質と秩序にあるのではなくて、観念がいだかれる（思念される）仕方（the manner of their conception）と、観念が精神に感じられる感じ（their feeling to the mind）にあることは、明らかである。この感じあるいは思念される仕方を完全に説明することは不可能であるということを、私は認める。われわれは、それに近いものを言い表わす語を用いることはできる。しかし、それの真の正しい名前は、「信念」（belief）なのであり、これは、誰もが日常生活で十分理解している言葉なのである。そして、哲学においては、信念とは精神によって感じられる或るものであり、この感じられる或るものが、判断力の観念を想像力の虚構から区別するのである、と主張すること以上には、進めない。信念は、より大きな勢いと影響力を観念に与え、観念をより重要なものに見えさせ、観念を精神にしっかりと固定し、観念をわれわれのすべての行為を支配する原理（原因）とするのである。

第一巻、〔一・三・八、〕一二五頁、二～三行目、「……どれに与えることもできないのである。」という言葉の後の註。

「彼（ピソー）は、次のように言った。『われわれが、名高い人々が多くの時をそこで過ごしたことを話によって伝え聞くような場所を見るときの方が、彼ら自身の事跡を聞いたり、彼ら自身の書いたものを何か読んだりする場合よりも、より強く動かされるということは、われわれに自然（本能）によって与えられたことであると言うべきなのか、それとも錯覚によって与えられたことであると言うべきなのであろうか。私は今、ちょうどそのように動かされているのである。と言うのは、私の心に、プラトンのことが思いうかぶからである。すなわち、われわれは、彼が、ここで議論することを習慣とした最初の人であるということを聞く。近くにあるかの庭々は、ただ彼についての考えを私にもたらすだけでなく、まるで彼自身を私の視覚にもたらすかのように思われる。ここにスペウシッポスがいたのであり、ここにはクセノクラテスがいたのであり、そしてここには彼の弟子のポレモンがいたのであり、われわれが見ているあの席そのものが、ポレモンの席であったのだ、という風に。実際また、私は、われわれの元老院を見て、（私の言うのは、ホスティリウス王の建てた元老院であり、この新しい元老院ではない。新しいのは、それが以前のより大きくなってからというもの、私にはより小さく見えるのである。）スキピオや、カトーや、ラエリウスや、なかんずくわが祖父のことを、考えるのが常であった。場所にはこのような連想させる力があるので、記憶の訓練が場所に基づいてなされるのも、理由のないことではないのである。』」（キケロ『最高善と最大悪について』、第五巻〔第一節〕）

次の文を、第一巻、〔一・三・十、〕一四九頁、六行目、「生き生きとした強力なものとなるのである。」という言葉の後に挿入して、新たな段落を始めよ。

程度は劣るが、詩にも同じ効果を見ることができる。詩と狂気に共通しているのは、詩と狂気がその諸観念に与える生気が、それらの観念の対象の特定のあり方または結合から生じるのではなくて、当人の現在の気分と状態から生じるということである。しかし、この生気がどれほど高まろうとも、明らかに、詩においては、その生気は、われわれが推論する際に精神に生じる生気とは、たとえそれがもっとも低い種類の蓋然性に基づく推論であっても、けっして同じ感じを与えないのである。精神は、容易にこれらの生気を区別することができるのであり、詩的熱狂が精気にどれほどの動揺を与えようと、それは、やはり、信念または確信の単なる幻影に過ぎない。事態は、詩が引き起こす情念についても、観念についてと同様である。人間精神の情念で、詩から生じ得ないようなものはないが、同時に、情念の感じは、詩的虚構によって引き起こされるときは、信念と現実から生じるときのそれとは、大いに異なる。実生活においては不快な情念が、悲劇や叙事詩において、もっとも強い快感を与えることがあり得る。後の場合には、その情念は、われわれにとってそれほど重みをもたず、それの感じは、確固としていることと堅固さとにおいてより劣り、精気を興奮させ注意を高めるという心地よい効果しかもたないのである。情念における相違は、情念がそれに基づいて生じるところの観念における同様な相違の、明白な証拠である。現前する印象との習慣的随伴から生気が生じる場合、想像力が見かけはそれほど動かされていなくても、想像力の作用には、詩や雄弁に伴う熱情よりもより強力でより切実な（現実的な）ところが、常にある。われわれの精神の作用の強さは、この場合、他の場合と同様、精神の見かけの興奮によって測られるべきでない。詩的記述は、想像力に、歴史の叙述よりも、より感じることのできる効果をもつことがあり得る。詩的記述は、完全なイメージや絵を構成するような諸事実を、より多く集めるかも知れない。それは、対象を、われわれの目の前に、より生き生きと描き出すように見えるかもしれない。しかしながら、やはり、それの提示する観念は、記憶や判断力から生じる観念とは、感じが異なるのである。詩の虚構に伴う思惟と感情の見かけの興奮のただ中に、どこか或る弱くて不完全なところがあるのである。

　われわれにはのちに、詩的熱狂と真剣な確信との類似点と相違点を述べる機会があるであろう。しかし、さしあたって私は、両者の感じにおける大きな相違が或る程度反省（reflexion）と一般規則（general rules）から生じるということを、述べずにはいられない。われわれは、虚構が詩や雄弁から得る思念の力強さが、単に偶然的な条件であって、どの観念でも同等にそれに与り得るということ、および、このような虚構が何の現実的なものとも結びついていないということ、を観察する。この観察によってわれわれはただ、言わば知って虚構に騙されてやるだけなのであり、この観察によって観念は、記憶や習慣に基づいている恒久的な確立された確信とは、感じが非常に異なるものとなるのである。それら（詩的熱狂と真剣な確信）は、或る意味では同種のものであるが、しかし、一方は、他方にくらべて、その原因においても結果においても、大いに劣っているのである。

一般規則についての同様の反省が、われわれの観念の勢いと生気が増すごとにわれわれがわれわれの信念を増すことを、妨げる。或る意見が、どんな疑いをも反対の蓋然性をも許さない場合、われわれはそれに完全な確信を与える。しかし、類似性あるいは隣接の関係が欠如すれば、その意見の強さは、他の意見の強さより劣ったものになる。このようにして、知性は、感覚による見かけを修正して、二十フィートの距離にある対象が、十フィートの距離にある同じ大きさの対象と、目にさえ同じ大きさであるように見えると、われわれに想像させるのである。

次の文を、第一巻、〔一・三・十四、〕一八九頁、一八行目、「力能のどんな観念をももっていないのである」という言葉の後に挿入して、新たな段落を始めよ。

或る人たちは、われわれが、われわれ自身の精神のうちに活動力あるいは力能を感じるのであり、このようにして力能の観念を獲得した後で、われわれが、この性質を、われわれが力能を直接には見出すことができない物質に、投影する（移転させる）のであると、主張した。（彼らが言うには）「われわれの身体の運動と、われわれの精神の思考と感情が、われわれの意志に従うのであり、われわれは、力あるいは力能の正しい観念を獲得するために、それ以上探し求めはしない。」しかし、この推論がどれほど誤っているかを確信するためには、われわれは、意志がここでは一つの原因と見なされているので、或る物質的原因がそれの本来の結果に対して知覚できる結合をもたないのと同様に、意志がそれの結果に対して知覚できる結合をもたないということを、考察しさえすればよい。意志の作用と身体の運動との間の結合を知覚できるどころか、思惟と物質の力能と本性から〔身体の運動より〕より説明のできない結果はない、ということが、認められている。意志のわれわれの精神に対する支配も、同様に理解不可能である。ここでも、結果は原因から区別でき分離できるものであり、結果は、それら（原因と結果）の間の恒常的随伴の経験なしには、予見され得なかったであろう。われわれはわれわれの精神に対して或る程度の支配を有するが、この程度を超えるとそれに対するすべての支配を失う。そして、われわれが経験に頼らない場合には、われわれの支配に正確な限界を定めることは、明らかに不可能である。要するに、精神の諸作用は、この点で、物質の諸作用と同様なのである。われわれが知覚するのは、ただそれらの恒常的な随伴であり、われわれは、それを超えて推論することはできない。内的な印象は、外的対象と同様に、目に見える活動力をもたないのである。それゆえ、物質は知られない力によって働くと哲学者たちによって認められているのであるから、われわれが、われわれの精神に頼って力の観念を獲得しようと望んでも、無駄なのである（一）。

（一）同じ不完全さが、われわれの神の観念にも伴っているが、このことは、宗教あるいは道徳に、何の影響も及ぼし得ない。宇宙の秩序は、全能の精神、すなわち、その意志が常にすべての被造物と存在者の服従に伴われているような精神、「の存在」を証明している。宗教のすべての信仰箇条に基礎を与えるためには、これ以上に何も必要でなく、われわれが最高存在者のもつ力と活動力の判明な観念を形成することも、必要でない。

付録[1]〔二〕

私は、精神界（知的世界）についてのわれわれの理論がどれほど欠陥のあるものであろうとも、それが、人間理性が物質界について与え得るすべての説明に伴うように見える矛盾や不合理を、免れているであろうという、希望をいだいていた。[2] しかし、人格の同一性についての節（一・四・六）をより厳密に見直してみると、私は、大変な迷宮に迷い込んでしまっており、どのようにして私の以前の（一・四・六の）意見を訂正すべきかも、どのようにしてそれらを無矛盾なものにすべきかも、知らない、と告白しなければならない。もしこのことが、懐疑論のために十分な一般的理由でないとしても、それは少なくとも、私が私のすべての結論に不信をいだき謙虚であるための、十分な理由である（もし私がすでに十分にそのための理由をもっていなかったとしての話であるが）[3]。私は、両側の議論を提示するが、自我すなわち思惟する（考える）存在者の厳密な真の同一性と単純性を否定するように私を誘った議論から、始めることにする。

われわれは、自我や実体について話すとき、これらの名辞に結びついた観念をもっていなければならない。さもなければ、それらの名辞は、まったく理解不可能であろう。〔ところで〕すべての観念は、先行する印象から生じる。[4] しかしわれわれは、何か単純で個体的（自己同一的）なものとしての自我や実体の印象を、もっていない。[5] われわれは、それゆえ、そのような意味での自我や実体の観念をもっていないのである。

異なるものはすべて区別でき、区別できるものはすべて思惟と想像の能力によって分離できる。[6]〔ところで〕すべての知覚は、たがいに異なる。すべての知覚は、それゆえ、たがいに区別でき、分離でき、別々に存在すると考えることができ、何の矛盾も不合理もなしに、別々に存在することができる。[7]

私がこのテーブルとあの煙突を見るとき、私に現前しているのは、個々の知覚だけであり、これらの知覚は、〔知覚であるという点では、〕他のすべての知覚と性質を等しくする。これが哲学者たちの教説である。しかし、私に現前しているこのテーブルとあの煙突は、別々に存在することができ、かつ別々に存在している。これが、普通人の教説であり、何の矛盾も含まない。それゆえ、この同じ教説をすべての知覚に拡げることに、何の矛盾もない。

一般に、次の推論が十分なものであるように思われる。すなわち、すべての観念は、先行する知覚（印象）から借りてこられる。それゆえ、対象についてのわれわれの諸観念は、この源泉から生じる。したがって、対象について理解可能で無矛盾でありながら、知覚についてはそうでないような命題は、あり得ない。(8) ところで、諸対象が、何ら共通の単純な実体すなわち内属の基体をもたずに、たがいに別個で独立に存在するということは、理解可能であり、無矛盾である。それゆえ、この命題は、諸知覚について、けっして不合理であり得ない。〔すなわち、諸知覚が、何ら共通の単純な実体すなわち内属の基体をもたずに、たがいに別個で独立に存在するということが、理解可能であり、無矛盾である。〕

私が私の反省を私自身に向けるとき、私はこの自我を、一つあるいはそれ以上の知覚なしには、けっして知覚することができない。また、私は、これらの諸知覚以外には、けっして何も知覚することができない。(9) それゆえ、自我を構成しているのは、これら知覚の複合である。

われわれは、思惟する存在者が、多くの知覚をもつことも、少しの知覚しかもたないことも、考えることができる。精神が、牡蠣の生命以下の状態に落とされたと仮定せよ。その精神が、渇きか飢えのような、ただ一つの知覚しかもたないと仮定せよ。そのような状態の精神を考察してみよ。人は、ただその知覚だけでなく、それ以外に何かを心にいだくであろうか。自我か実体の考え（観念）をもつであろうか。もしもたなければ、他の知覚を加えても、自我や実体の考え（観念）をけっして人に与えることはできないであろう。

或る人たちが、死に引き続いて生じると仮定しており、この自我を完全に滅ぼすところの、霊魂消滅とは、愛と憎、苦と快、思惟と感覚などの、すべての個々の諸知覚の消滅にほかならない。それゆえ、個々の諸知覚が、自我と同一のものでなければならない。なぜなら、一方が他方よりも生き長らえることができないからである。

自我は、実体と同じものであるのか。もしそうなら、実体が変化する際の自我の自存（存続）という問題が、どうして生じ得るのか。もし別のものであるならば、それらの相違は何か。ほかの人はいざ知らず、私は、それが個々の諸知覚と別個なものと考えられるのであれば、自我の観念（考え）も実体の観念（考え）ももっていない。

哲学者たちは、「われわれは、個々の諸性質の諸観念と別個なものとしては、外的実体の観念をもっていない」という原理を、受け容れ始めている。このことは、「われわれは、個々の諸知覚と別個なものとしては、精神の観念（考え）をもっていない」という、精神についての同様な原理に、道を準備するはずである。

ここまでは、私に十分な明証性が伴っているように、思われる。ところが、われわれのすべての個々の知覚をこのようにばらばらにしてしまったのち、それらの知覚を結び合わせ、われわれにそれらに対して真の単純性と同一性を帰させるところの、結合原理を説明することに進むとき[一]、私は、私の説明が大きな欠陥をもち、先の推論の見かけの明証性以外に私にそれを受け容れさせ得たものはないということを、感じる。諸知覚が、たがいに別個な存在者であるならば、それらは、たがいに結合されることによってのみ、一つの全体を形成する。しかし、たがいに別個な諸存在者の間には、人間知性によっては、いかなる結合も、けっして見出すことができない。われわれは、ただ、或る結合を、すなわち、一つの対象から別の対象へ進むように思惟が決定されていることを、感じる（feel）だけである[10]。それゆえ、思惟のみが、人格の同一性を見出すのであり、このことは、精神を構成している過去の諸知覚の連鎖を思惟が反省するとき[11]、それら諸知覚の観念が、たがいに結合されているように感じられ（felt）、たがいに他を自然に導き入れる場合に、起こるのである、ということが帰結する。この結論がどれほど異常なものに見えようとも、驚く必要はない。〔実際〕ほとんどの哲学者たちは、人格の同一性が意識から生じると考える傾向があるように見える。しかるに、意識とは、反省された、思惟すなわち知覚に、ほかならない。それゆえ、〔われわれの〕今の哲学〔的考察〕は、これまでのところ、うまく行きそうに見える。しかしながら、われわれの継起する諸知覚〔の観念〕をわれわれの思惟または意識において結びつけている諸原理を説明する段になると、私の希望はすべて消え失せてしまうのである。私は、この点について私を満足させてくれるような理論を、発見できない。

（一）第一巻〔一・四・六〕二九五頁〔以下〕。

要するに、二つの原理があって、私は、それらをたがいに無矛盾にすることができず、また、いずれか一方を廃棄することも私の力を超えるのである。すなわち、「われわれのすべての別個な知覚は、たがいに別個な（異なる）存在者である〔。そして、いかなる単純なものにも内属しない[12]。それゆえ、思惟（精神）のみが、異なる知覚の間に、結合（連合）を感じるのである[13]〕」という原理と、「精神は、たがいに異なる存在者の間に、いかなる真の結合も知覚しない」という原理とである。われわれの諸知覚が何か単純で個体的（自己同一的）なものに内属しているか、それとも、精神が諸知覚の間に何らかの真の結合を知覚するのであれば、この場合何の困難もなかったであろう。私としては、懐疑論者の特権に訴えて、この困難が私の知性には難し過ぎることを、白状しなければならない。しかし、この問題が、絶対に解決不可能なものである、と言うつもりはない。もしかすれば、ほかの人たちか、今より成熟した反省によって私自身かが、これらの矛盾命題を両立させるような何らかの仮説を発見することが、できるかも知れない。

私はこの機会を捉えて、また、〔上の誤りより〕より重要でない他の誤りを二つ、認めておくことにしたい。これらの誤りは、より成熟した反省が、私に対して、私の推論の中に、見出したものである。第一の誤りは、二つの物体の間の距離は、一つには、「これらの物体から出〔て目に入〕る光線がたがいの間で作る角度」によって知られる、と私が述べた、第一巻〔一・二・五〕、七四頁、（原註（一）の箇所）に見出せる。これらの角度が、精神に知られず、したがって、けっして距離を示し得ないことは、確実である。第二の誤りは、「同じ対象の二つの観念は、それらの勢いと生気の度合いの相違によってのみ、異なることができる」と私が述べた第一巻〔一・三・七〕、一一八頁（原註（一）の本文）に見出せる。私は、観念の間には、正しくはこれらの名辞（「勢いと生気」）のもとには含まれない他の相違がある、と信じる。同じ対象の二つの観念は、それらの異なる感じ（different feeling）によってのみ、異なることができる、と言えば、より真理に近かったであろう。

意味に影響する印刷の間違いが二つあるので、読者には、それらを訂正していただきたい。(14) 第一巻〔一・四・二〕、二三二頁第二行の as the perception（知覚として）は、a perception（知覚）と読まれたい。第一巻〔一・四・六〕、二九八頁第一五行の moral（精神〔界〕）は、natural（自然〔界〕）と読まれたい。

第一巻、〔一・一・七〕三二頁、一七行目、「類似性」という語に対する註。

異なる単純観念でさえたがいに類似し得ることは、明らかである。しかも、それらの類似点は、それらの相違点から、必ずしも別個でも分離できるのでもない。たとえば、青と緑は、異なる単純観念であるが、青と緋色よりも、たがいにより類似している。しかし、それらの完全な単純性のために、〔類似点と相違点の〕分離または区別の可能性は、まったく排除されている。事情は、個々の音や味や香についても同様である。これらは、同じであるようなどんな共通点をももたずに、全体的な見かけと比較に基づいて、無限に多くの類似性を受け容れるのである。さらに、このことは、「単純観念」という抽象名辞そのものからも、確かめることができる。すなわち、この名辞は、その意味範囲に、すべての単純観念を含んでいる。これらの単純観念は、単純性においてたがいに類似する。しかるに、あらゆる複合を排除する単純観念の本性により、〔単純性という〕この類似点は、他の点から、区別も分離もできないのである。任意の性質のすべての度合いについても、同様である。それら〔種々の度合いのその性質の事例〕はすべて〔その性質であるという点で〕類似し合うが、どの個物（或る度合いのその性質の事例）においても、それの性質（他の事例との類似点）は、その度合い（他の事例との相違点）と別個のものではないのである。

次の文を、第一巻、〔一・二・四、〕六二頁、一五〜六行目、「別の方面に目を向けなければならない。」という言葉の後に挿入して、新しい段落を始めよ。

多くの哲学者たちは、等しさの基準を定めることを拒んで、われわれにこの比（等しさ）の正しい観念を与えるためには、等しい二つの対象を提示すれば十分である、と主張する。彼らの言うには、「このような等しい対象の知覚を伴わなければ、等しさの定義はすべて無駄であり、このような対象が知覚できるところでは、もはやどんな定義も不必要である。」私は、この推論に完全に同意する。そして私は、等・不等の唯一の有用な観念は、個々の対象の全体的な一まとまりの見かけと比較とから得られる、と主張する。なぜなら、明らかに……

次の文を、第一巻、〔一・二・四、〕六八頁、七行目、「明らかである。」という言葉の後に挿入して、新しい段落を始めよ。

数学者たちは、どちら側に向いても、次のディレンマに出合う。彼らが、等しさあるいは他の比を、正確で厳密な基準、すなわち微小な分割不可能な部分の数の勘定によって、判断しようとすれば、彼らは、実際の役に立たない基準を用いることになり、しかも、彼らが打破しようとしている、延長の〔無限〕分割不可能性を、現に支持することになる。他方、彼らが、通例そうするように、不正確な基準、すなわち、全体的な見かけに基づいた対象の比較から得られ、〔共通の尺度による〕測定と〔対象の〕並置とによって修正された基準を、用いるならば、彼らの第一原理は、確実で誤らないとしても、彼らが通常それらから導出するような込み入った推理を可能にするには、粗雑過ぎるのである。第一原理は、想像力と感覚に基づいているのである。それゆえ、それらからの結論も、これらの能力を超えること、ましてやこれらの能力と矛盾することは、できないのである。

第一巻、〔一・二・五〕八一頁、一四～五行目、「私の哲学は、われわれの知覚、すなわち印象と観念、の本性と原因を解明することのみを、欲するからである。」という言葉に対する註。

われわれが、思索を感覚に対する対象の見え方（印象）に限り、対象の真の本性や真の作用の探究に入らない限り、われわれは、あらゆる困難を免れるのであり、何らかの問題に困惑することはけっしてあり得ないであろう。たとえば、二つの対象の間に挟まれた見得ず触れ得ない距離が、或るもの（何ものか）であるのか、何ものでもない（無である）のか、と尋ねられるならば、それは或るものである、すなわち、感覚をそのような特定の仕方で刺激する対象の性質である、と容易に答えることができる。二つの対象が、そのような距離をたがいの間にもつ場合、たがいに接触しているのか、接触していないのか、と尋ねられるならば、それは「接触する」という語の定義に依る、と答えることができる。もし対象が、それらの間に感覚できるものが何も挟まれていない場合にたがいに接触するのであれば、問題の対象は、たがいに接触しているのである。もし対象が、それらの像が目の〔網膜の〕隣接する部分を刺激する場合、また、手が両方の対象を、〔単なる〕手の運動〔の感覚〕を挟まずに、続けて感じる場合に、たがいに接触すると言われるのであれば、問題の対象は、たがいに接触していないのである。感覚に対する対象の見え方は、すべて矛盾がなく、困難は、われわれが使う語の不明瞭さからしか、生じ得ないのである。

もしわれわれが、われわれの探究を、感覚に対する対象の見え方を超えるところにまで進めるならば、おそらく、われわれの推論のほとんどが、懐疑と不確かさに満たされるであろう。たとえば、見得ず触れ得ない距離が、物体によって、あるいは、われわれの感覚器官が改良されれば見得るか触れ得るようになるかも知れない何ものかによって、常に満たされているのか否か、と尋ねられるならば、私は、どちらの解答の側にもそれほど決定的な議論を見出すことはできない、と認めざるを得ない。ただ、私は、一般に行き渡った考えにより適合する意見として、反対の意見（上の質問に対する否定の解答）の方により傾いている。ニュートンの哲学も、正しく解されるならば、それ以上のことを意味していないことが分かるであろう。〔なるほど〕空虚は、主張されてはいる。すなわち、諸物体は、衝突も透入もなしにそれらの間に他の物体を受け容れるような仕方で、たがいに位置している、と言われている。〔しかし、〕物体のこの位置関係の本性は、知られていない。われわれが知っているのは、ただ、その位置関係の、感覚に対する影響と、物体を受け容れる能力とである。ニュートンの哲学〔のような自然哲学〕にとっても、或る程度までの適度の懐疑と、人間の全能力を超えるような問題においては無知を正直に認めることほど、ふさわしいことはないのである。

訳註

目次

（1）この見出しにおける「抽象、結合」という語順は、本文第一部の見出し（一三頁）での語順「結合、抽象」および実際の叙述の順序と逆になっている。

表題とエピグラフ

（1）当時、哲学を、現代の自然科学に相当する「自然哲学」（natural philosophy）と、人間精神に関わりのある諸問題を扱う「精神哲学」（moral philosophy）とに、二分する習慣があった。精神哲学は、論理学、心理学、形而上学、道徳論、政治論等、現代の精神諸科学に相当するものを含み、道徳論（morals）は、単にその一部門に過ぎなかった。ドイツ語では、この意味での "moral philosophy" に、"Geisteswissenschaft"（精神学）の語が当てられた。序論に見られるように、精神哲学は、ヒュームにとって、人間学と同義であり、知性論（論理学）、情念論（心理学）、道徳論、政治論、文芸批評（趣味論）を含む。「精神の諸問題」（moral subjects）とは、この意味での精神哲学に含まれる諸問題、すなわち人間精神に関する諸問題のことである。

（2）タキトゥス『歴史』、一・一。

前書き

（1）この前書きは、『人間本性論』三巻のうち、一七三九年に出版された第一巻、第二巻に、つけられた。

（2）『人間本性論』は、実際は、第三巻「道徳論」までしか書かれなかった。しかし、政治論と文芸批評は、『道徳政治論集』（一七四一～二年）、『政治論』（一七五二年）、『四論考』（一七五七年）の第三論文「悲劇について」と第四論文「趣味の基準について」、および『諸論集』（一七七七年死後出版）等として、発表された。

序論

（1）万人の自然本性に含まれる能力である理性すなわち「自然の光」にのみ基づく宗教を、「自然宗教」（natural religion）と呼び、神の超自然的な働きによる恩寵である啓示に基づく「啓示宗教」（revealed religion）から、区別している。

（2）表題への訳註（1）を見よ。

（3）前訳註を見よ。

（4）タレス（Thales 紀元前六世紀）は、ギリシアの哲学者で、イオニア派自然哲学の創始者。ソクラテス（Socrates 紀元前四七〇年頃～三九九年）は、ギリシアの哲学者で、プラトンの師。

（5）ベーコン（Francis Bacon 一五六一～一六二六年）、英国の政治家、哲学者。

（6）ロック（John Locke 一六三二～一七〇四年）は、英国の哲学者で、英国経験論の創始者。シャフツベリー（Shaftesbury 伯爵三世 Anthony Ashley Cooper 一六七一～一七一三年）は、英国の道徳哲学者。マンドゥヴィル（Bernard Mandeville 一六七〇～一七三三年）は、オランダ生まれで、のちに英国に移った医者、モラリスト。「ハチスン氏」は、原文では「ハチンスン氏」（Mr. Hutchinson）であるが、ヒューム自身の手になる『人間本性論概要』（一七四〇年）は、原文を「ハチスン氏」（Mr. Hutchison）として引用している。これが英国の道徳哲学者、美学者のフランシス・ハチスン（Francis Hutcheson　一六九四～一七四六年）を指すことは、ヒュームのハチスン宛の手紙（一七四〇年三月四日、『ヒューム書簡集』第一巻、三六～八頁）などから、明らかである。バトラー（Joseph Butler　一六九二～一七五二年）は、英国の道徳哲学者、自然神学者。

一・一・一（第一巻第一部第一節）

（イ）目次への訳註(1)を見よ。

(1) 「知覚する」（perceive）という語は、現代ではもっぱら感覚知覚の作用を意味するが、十七、十八世紀には、感覚知覚に限らず、精神が対象を把握する、感覚、想起、想像、思考、感情等のすべての作用を意味した。ヒュームは、これらの知覚作用における精神の直接の対象を、すべて「知覚」（perception）と呼ぶ。「著者（ヒューム）は、われわれが、感覚を用いる場合にせよ、情念に動かされる場合にせよ、思惟と反省を働かせる場合にせよ、精神に現前し得るものすべてを、『知覚』と呼ぶ。」（『人間本性論概要』、八頁）

(2) ロック『人間知性論』第一巻序論第八節を見よ。

(3) 単純な印象とは、単一の感覚様相（視覚、触覚、聴覚、嗅覚、あるいは味覚）に与えられる、単一の感覚的性質（色、触感、音、香、あるいは味）の、一様等質な広がり（時間的空間的に連続した領域）である。複雑なものとは、たがいに異なり区別され得る諸部分を含むものであり、感覚様相において異なる二つのもの、同じ感覚様相に属するが感覚的性質の異なる二つのもの、あるいは、同じ感覚的性質をもつが時間的あるいは空間的にたがいに中断されている二つのものが、異なる諸部分と見なされる。ただし、空間的な広がりと位置をもち得るのは、色と触感のみであり、音、香、味などは、空間的な広がりも位置ももたないとされる。両種の印象は、時間的結合に基づいてのみ、一纏まりのものとなり得る。

(4) 神とその聖徒の居住地である、天の都。『新約聖書』、「ヨハネ黙示録」二一・二および二一・一〇を見よ。

(5) ヒュームは、一七三四年から一七三七年まで、フランスに滞在した。一七三四年にパリを通ってランス（Reims）へ行き、そこに一年住んだのち、一七三五年にラフレーシュ（La Flèche）に移住した。

(6) 〔　〕内のように補足して、読むべきであることは、一・二・三の第一段落（四八頁）の、「印象が常に観念に先行し、想像力に与えられるすべての観念は、最初は、それに対応する印象として現われる……」という表現、および他の多くの箇所との照合から、知られる。

(7) 二種類の事象の恒常的随伴とは、一方の事象の事例が、他方の事象の事例に、常に（恒常的に）、時間的に先行し、かつ、時間的か空間的に隣接して現われる、という事態である。一・三・六、一〇八～九頁を見よ。

(8) ヒュームは、因果関係にある原因と結果の間にあると想定される関係を「結合」（connexion）と呼び、単なる「随伴」（conjunction）と区別する。

(9) ヒュームにとっては、二種類の事象の恒常的随伴が観察されることが、それらの間に因果関係が成り立つことの、唯一の証拠なのである。一・三・六、一一五頁、一・三・十四、二〇〇頁、一・三・十五、規則三（二〇四頁）を見よ。

(10) 二種類の事象の恒常的随伴において、常に先行する事象が原因、常に後続する事象が結果と、見なされる。一・三・十四、二〇〇頁、一・三・十五、規則二（二〇四頁）を見よ。

(11) ロックの『人間知性論』、特にその第一巻の問題であった。

ヒュームは、『人間本性論概要』（九～一〇頁）で、ロックとマルブランシュ（Malebranche　一六三八～一七一五年、フランスの哲学者）に言及している。

一・一・二

（1）この区分は、ロックが、人間の全認識の素材である「観念」（ヒュームの「知覚」に当たる）は経験から得られる、と主張して、経験を感覚と反省とに分け、「観念」を、外的対象の感覚から得られる「感覚の観念」と、精神自身の働きに対する反省（内省）から得られる「反省の観念」とに区分したことに、倣ったものである。ロックの「反省の観念」には、精神の能動的な作用である思惟や意志などの「観念」と、精神の受動的な働きである快苦の情念とが含まれるが、ロックは、「反省の観念」として、主として精神の能動的な作用を考えた。これに対して、ヒュームは、「反省の印象」として主に諸情念を考え、これを人間の道徳的判断の根源と見なすのである。ロック、前掲書、二・一・一～四を見よ。

（2）反省の印象（情念）が「主として観念から」生じると言うのは、以下に見るように、大部分の情念が、過去に快苦（印象）を与えた対象と同種の対象が与えるかも知れない快苦の観念をその直接の原因として生じるのに対して、そうでない情念が、あるからである。そのような情念として、ヒュームは、敵を罰しようという欲求、友の幸福の希求、食欲や性欲などの身体的欲求を、あげている。「これらの情念は、正しく言うならば、善悪（快苦）を生みだすのであり、他の感情のように、善悪から生じるのではない」（二・三・九、グリーン／グロウス編、第二巻、二一五頁）。敵の悪運が強ければ、その敵の不幸から快を経験することは、ないかも知れない。友人が不幸であれば、その友人の幸福から快を経験することは、ないかも知れない。また、食欲や性欲の直接の原因は、過去に経験した快の観念よりも、むしろ長時間の禁欲であろう。快苦の印象を原因として現に生じている情念は、その印象（経験）の観念を原因としても生じ得るから、「主として観念から生じる」情念に含まれる。

（3）表題への訳註（1）を見よ。

（4）本節訳註（2）を見よ。

一・一・三

（1）「異なる対象は、すべて区別でき、区別できる対象は、すべて思惟と想像の能力によって分離できる。」（一・一・七、三〇頁）

一・一・四

（1）ヒューム自身による括弧である。

（2）一・一・五訳註（4）の本文、二六頁、および一・三・六訳註（22）の本文、一一四頁を見よ。

（3）本節訳註（5）、および一・三・六訳註（23）の本文、一一四頁を見よ。

（4）ここでのヒュームのテキストは、「対象の作用や運動は、対象の具体的なあり方であり、作用や運動を行ないつつある対象そのものにほかならない」という考えを表わしている。

伝統的に、自立的に実在する事物を「実体」（substance）と呼び、実体の具体的なあり方（性質、状態等）を、実体に依存するものと見なし、「様態」（mode, modification）と呼んだ（アルノー／ニコル『論理学』一・二）。実体とその様態の区別、および同一の実体に共存する様態の間の区別は、たんに思考の上でのみ可能な区別として、「抽象」（abstraction）あるいは「理性的区別」（distinctio rationis, distinction of reason）と呼ばれ、異なる実体の間の区別は、真に別個なものの間の区別として「実在的区別」（distinctio realis, real distinction）と呼ばれる（アルノー／ニコル『論理学』一・五）。マルブランシュも「実体の様態は、これこれのあり方をしている実体そのものにほかならない……」と述べている（『形而上学と宗教についての対話』一・二）が、ヒュームの場合実体とは単に諸性質の集合にほかならない。一・一・六を見よ。

（5） 複雑観念のすべてが観念連合の結果であるのではない。本節、二二頁および訳註（3）を見よ。

（6） 複雑観念を関係、様態、および実体に分けるのは、ロックの考えに従ったものである。ロック『人間知性論』二・一二・三を見よ。

一・一・五

（1） 第一の意味での関係は、想像力に観念連合を起こさせ、「一方の観念をして他方を自然に〔精神に〕導き入れるようにさせる」ので、「自然な関係」（natural relation）と呼ばれる（本節第七項）。これには、前節で見たように、類似、隣接、因果の三種の関係が含まれる。第二の意味での関係は、対象ないし観念の任意の比較を可能にする事態であり、「哲学においてのみ……この語の意味を拡張して……何であれ特定の比較点を意味させる」ので、「哲学的関係」（philosophical relation）と呼ばれる。ここで言う「哲学」は、もっとも広い意味での哲学すなわち学問を意味する。類似、隣接、因果の関係は、哲学的関係であるとともに、自然な関係ともなり得る（本節第七項、一・三・六、一一五～六頁）。

（2） 前訳註（1）を見よ。

（3） 本節訳註（9）およびその本文を見よ。

（4） 一・一・四訳註（2）の本文、二二頁を見よ。

（5） ヒュームの言う厳密な意味での同一性とは、時刻t_1に存在する対象A_1が、性質の変化も存在の中断もなく存続して、時刻t_2に存在する対象A_2となるとき、t_1にある対象A_1とt_2にある対象A_2との間に成り立つ関係である。「恒常的な」も「不変な」も、「性質の変化のない」という意味である。一・四・二、二三一～四頁を見よ。

（6） 一・四・六。

（7） 存在の持続が考慮されていない対象には、単一性（unity）の概念は当てはまるが、同一性の概念は当てはまらない、とヒュームは考える。本節訳註（5）、および一・四・二の二三二頁を見よ。

（8） 真にたがいに他の反対であるのは「存在」と「非存在」の二観念のみである、という説明から明らかなように、ヒュームの言う「反対」は「矛盾」（contradiction）を意味する。

（9） 「類似性」をこのように広く解すれば、あらゆるものがあらゆるものに類似することになり、類似性を主張することに意義が無くなるであろう。

（10） 本節訳註（1）を見よ。

（11） ヒュームにとっては、二種類の事象（CとE）の間に恒常的随伴（C_1—E_1, C_2—E_2, ……, C_n—E_n）が観察されることが、CとEが原因と結果の関係にあることの証拠である（一・一・一、訳註（9）および（7））。この因果関係に関して、後に、二通りの類似性が、言及されている。一つは、随伴する個別的な二事象の個別的系列（C_1—E_1, ……, C_n—E_n）の間の類似性であり、これは、原因と見なされる事象（C_1, ……, C_n）の間の類似性、結果と見なされる事象（E_1, ……, E_n）の間の類似性、および随伴関係の間の類似性に帰着する（「……似た対象が隣接と継起という似た関係に常に置かれていた……」（一・三・六、一〇九頁））。もう一つは、たとえば、運動している物体Aが静止している物体Bに衝突してBを運動させる場合に見られるような、原因（Aの運動）と結果（Bの運動）の間の類似性（運動）である（一・三・九、一三七頁）。ヒュームが、どの関係にも含まれていると主張する類似性は、その関係に置かれている二対象の間の類似性であるから、因果関係に含まれているとされる類似性は、上の第二の類似性であるはずである。しかし、原因と結果の間には、二物体の衝突の場合のような特殊な類似性が常にある、と言えるであろうか。ヒュームは、存在する二対象はともに存在するという点で類似する、という類の考えを示唆していた

（本節第六項）。この考えによれば、原因と結果は、ともに存在するものであるという点で類似していることになる。しかし、このような類似性は、任意の関係にある任意の二対象の間に成り立つから、因果関係に固有の類似性ではない（本節訳註（9）を見よ）。

一・一・六

（1） これはロックの考えである。ロックによれば、個々の実体（他のものから独立に存在するもの、たとえば、動物や植物などの個体、およびその他の自然物や人工物等）の観念は、それの単純な感覚的性質を表わす単純観念の集合と、これらの単純な性質がそれに属し、それにおいて実在し、それによって統合されるところの、知られない何かあるもの（「純粋実体」としての基体）の、不明瞭で混乱した観念とから成る。ロック、二・二三・一—六、同一四—一六、同三七。

（2） ヒュームの様態は、「単純観念の集合」と言われているように、観念連合によって形成される複雑観念であり（一・一・四、二四頁）、ロックの「混合様態」（mixed modes）（ロック、二・一二・五、二・二二）の考えに基づく。ヒュームの様態は、各実体の付帯的かつ一時的な特徴（偶有性）の複雑なもの（たとえば、美しさ、走ること）、および、そのような特定の偶有性を有する複数の実体の間の関係ないし交渉（たとえば、集団舞踏）であると考えられる。

（3） この種の様態の観念である「美しさ」（あるいは、「走ること」）の観念は、その様態の基体、たとえば「（この）人間」という実体の観念を前提するが、この様態の観念の「基礎」、すなわち、「美しさ」（「走ること」）の観念をその観念たらしめているものは、「（この）人間」という実体の特定の特徴（状態）である「美しいこと」（「走ること」）の観念であり、実体の観念の「統合原理」、すなわち、この人間の諸性質の観念を統合して「（この）人間」という一つの実体の観念たらしめているもの（隣接と因果の関係）ではない、と言うのである。

（4） 「舞踏」の観念が、「異なる諸基体に散在する」諸性質の複合の観念とされているのは、複数の人間（基体）が参加する集団舞踏、たとえばスコットランドの集団舞踏、を考えているのであろう。

（5） ヒュームの考えでは、美醜は、道徳的善悪と同様に、本来、対象の性質あるいは様態ではなく、対象の性質である姿かたちが精神に及ぼす効果である好悪の感情にほかならない（二・一・一、グリーン／グロウス編『ヒューム哲学的著作集』第二巻、七六頁）が、ここでは、そういう効果を精神に及ぼす対象の姿かたちそのものを、「美」という様態と見なしているのである（二・一・八、同第二巻、九五～九六頁）。

（6） 実体の観念は、その実体をその実体たらしめている本質的な諸性質の観念を含むが、より具体的な規定の観念は、場合により付加したり削除したりできる。これに対して、様態の観念は、実体の諸性質よりもより具体的な規定の観念であるので、他の規定の観念をそれに付加することは、一般にはできない。

一・一・七

（1） バークリー『人間の知識の諸原理論』序論、第一二節、第一五節を見よ。バークリー（George Berkeley 一六八五～一七五三年）は、英国の哲学者、英国教会クロイン主教。

（2） 一・一・三、最終段落（二一頁）、同訳註（1）を見よ。

（3） この命題は、ヒュームの哲学においてきわめて重要な働きをなす、分離の原理である。一・三・三、一〇〇頁、同訳註（7）、一・四・三、二五五頁、同訳註（8）、一・四・五、二六六頁、同訳註（2）および（3）、一・四・六、二八六頁、同訳註（1）、付録二、三二三頁、同訳註（6）等を見よ。「異なる対象」とは、それらの存在がたがいに論理的に独立な対象のことであり、それらの区別は、ヒュームにとっては、実在的区別である。一・一・四、訳註（4）

および本節訳註（15）を見よ。「思惟と想像の能力によって〔たがいに〕分離できる」とは、「別々に思いうかべる（想像する）ことができる」ということであり、これは「別々に存在すると考える（想像する）ことができる」ということである。一・二・五、七一頁、同訳註（4）、一・三・三、一〇〇頁、同訳註（7）、一・四・二、二三九頁、同訳註（18）等を見よ。

（4）前訳註を見よ。

（5）本節訳註（3）を見よ。

（6）文意を明晰にするために、訳者が〔一〕から〔五〕までに分節した。

（7）『精神が明晰に思いうかべる（考える）ものは何であれ、可能的存在の観念を含む』ということ、言い換えれば、『われわれが想像するものは何であれ、絶対的に不可能ではない』ということ、は形而上学において確立された原則である。」（一・二・二、四七頁）

（8）外的規定（extraneous denomination）とは、或る対象そのものの特徴であるように見えながら、実はその対象が他の対象に対してもつ関係に基づいている規定を言う。アルノー／ニコル『論理学』一・一二、四九頁を見よ。

（9）「われわれの〔諸〕感覚能力が、感覚の印象を、何か別個なもののすなわち独立した外的なものの像としては与えないということとは、明瞭である。なぜなら、感覚能力は、単一の知覚しかわれわれに伝えず、それを超えた何ものかを少しでも示唆するということはけっしてないからである。」（一・四・二、二二〇頁）

（10）この原註は、「付録二」で加えられたものであるが、ここに挿入する。なお本節訳註（18）を見よ。

（11）観念連合を引き起こす原理としての、類似性の関係である。

（12）「十全な観念」（an adequate idea）とは、対象のすべての部分の判明な観念を含む観念である。一・二・一、訳註（8）を見よ。

（13）本節、三四頁を見よ。

（14）対象の間の類似性は、対象の観念の間の観念連合を引き起こすからである。

（15）現実にたがいに別個に存在し得る対象を別個の対象と考えることを、「実在的区別」（real distinction, distinctio realis）と言うのに対して、現実にたがいに分離して存在し得ない対象を思考の上で区別することを、「理性的区別」または「観念的区別」（distinction of reason, distinctio rationis）と言う（一・一・四、訳註（4）を見よ）。何を「理性的区別」と見なすかは、何を存在の最小単位と見なすかによって変わる。ヒュームにとっては、単純観念の対象である単純印象が存在の最小単位である。

（16）バークリー『人間の知識の諸原理論』序論、第一〇節を見よ。また、一・四・四、二六〇～一頁、および同訳註（5）を見よ。

（イ）原文では初版本にあった疑問符が脱落している。

（17）ここでは、或る形の物体は、視覚に与えられた限りでは、或る形に配された色の広がりという単純な印象であると考えられている。したがって、物体とその形との区別は、或る形の色の広がりとその形との区別、簡単にして色と形の区別となる。ここでは、このような意味での物体からその形を実在的に区別することが不可能である、と言っているのである。

（18）本節、三二頁への原註（一）（三二頁）を見よ。この原註は、その最初の文からすると、むしろここに置かれるほうが適切であるようにも見える。しかし、原註の主題が、単純観念の間の類似の可能性、およびそれに付随して、単純な性質とそれの度合いとの実在的区別の不可能性であるのに対して、この箇所の主張は、形とその形をした物体のような、性質や様態とそれをもつ対象との理性的区別である。したがって、原註は、類似性がいかなる対象の間に可能であるかを説明するものとして、原典通りの箇所に置かれているのであろう。なお、性質とその度合いも理性的区別を受け容れる。

（19）本段落は理性的区別の例として、一貫して物体とその形の区別を論じている。本節訳註（17）を見よ。

一・二・一

（1）「無限を完全かつ十全に思いうかべる」（attain a full and adequate conception of infinity）とは、無限についての十全な観念をいだくことであり、「十全な観念」（an adequate idea）とは、対象のすべての部分の判明な観念を含むような観念のことである。本節訳註（8）を見よ。

（2）無限分割不可能の説は、バークリーやベイル（Pierre Bayle 一六四七〜一七〇六年）に見られる。バークリー『人間の知識の諸原理論』第一二三〜一三二節、ベイル『歴史批評辞典』第一五巻、「エレアのゼノン」（Zénon d'Élée）、（G）I。

（3）ヒュームは、空間的広がりをもち得るのは、視覚の印象すなわち色と、触覚の印象すなわち触感だけであると考える。空間的無限分割の問題は、広がりをもつものについてのみ生じるので、ここで「単純な」と言われるのは、第一部の場合と違って、広がりをもつ色や触感を構成していると考えられた、広がりをもたない、色や触感の点である。一・一・一、訳註（3）を見よ。

（4）バークリーの「可感的最小体」（a minimum (sensibile)）の考えを踏襲している。バークリー『新しい視覚論のための試論』第五四節。『人間の知識の諸原理論』第一部一三二節。

（5）顕微鏡や望遠鏡や虫眼鏡は、新たに光線を作り出すわけではないが、対象から出ている光線を屈折させることによって、肉眼には到達していなかった光線を目に到達させるのであり、ここでのヒュームの記述は不正確である。

（6）われわれは、感覚できる最小の感覚表象（印象）より小さい感覚表象をもつことができず、また、最小の心像より小さい心像をもつことができない。だからと言って、最小の感覚表象や最小の心像の対象より小さいものが存在しないとも、考えられ得ないとも、言えない（一・二・四、六四頁、同訳註（14））。ヒュームはここでは、或る対象を考えることをその対象の心像をもつことと同一視し、心像をもち得ないほど小さい対象は考え得ずあり得ないとする。一・三・十四、二〇二頁、「第四の系」を見よ。

（7）しかし、前訳註で見たように、これらの観念の大きさは、最小の心像の大きさより小さくないと考えられている。

（8）「正しい観念」（a just notion）とは、対象の「すべての部分を表象する判明な観念」であると説明されているように、「十全な観念」（an adequate idea）のことである。本節訳註（1）、および一・一・七、訳註（12）を見よ。

一・二・二

（1）このことが成り立つのは、あくまでも「観念が対象の十全な表象（再現）である場合」に限られ、無条件には成り立たない。一・四・五、二七五〜六頁、同訳註（14）と解説第六章第三節を見よ。

（2）事物のもっとも微小な部分の観念は、部分をもたず分割できないという点で、事物のもっとも微小な部分の十全な表象である、という意味である。

（3）一・二・一、四三頁、同訳註（6）を見よ。

（4）前訳註を見よ。

（5）「その各々が延長している……無限数の延長部分は……〔小さい〕空間には収まらない。」（ベイル『歴史批評辞典』第一五巻、「エレアのゼノン」（G）I、四三頁、右欄）。「或る線分が無限に分割できるとわれわれが言うとき、われわれは無限に大きい線分のことを意味しなければならない……。」（バークリー『人間の知識の諸原理論』第一二八節）。

（6）或る有限な延長（たとえば大きさ1の延長）の整除部分（aliquot parts）とは、その延長をちょうど整除する（割り切る）ことができる大きさ（たとえば、1／n）の諸部分である。この延長

（大きさを1とする）の比例部分（proportional parts）とは、たとえば、1／2、1／4、1／8、……のように、和がその延長の大きさ（1）以下の値に収束する等比級数（隣り合う二項の比が常に一定の級数）の各項の大きさをもつ諸部分であろう。ただし、収束する級数は必ずしも等比級数とは限らない。

（7）「複数のものが実在性を得るのは、……真の一なるものからのみである……。」（ライプニッツ（Gottfried Wilhelm Leibniz 一六四六～一七一六年）、「実体の本性と交渉……についての新体系」、『ライプニッツ哲学的著作集』第四巻、四七八頁）。

（8）マルズュ（Nicolas de Malezieu 一六五〇～一七二七年）、『ブルゴーニュ公爵のための幾何学原理』（*Éléments de géométrie de M. le duc de Bourgogne*）（一七一五年）の著者。

（9）「二つの（異なる）時間部分は同時には存在できない……。……時間のどの部分も他の部分と共存できない。」（ベイル、前掲書、「エレアのゼノン」（F）、三八頁）。

（10）「今年一七三八年」という表現は、少なくともテキストのこの部分が、ヒュームが一七三七年にフランスから英国に帰国した後に書かれたことを示す。一・一・一、訳註（5）を見よ。

（11）奇妙な考えであるが、時間が無限に分割可能であるならば、時間のどの部分、どの瞬間も無限に分割可能であり、それの中に無限に多くの時間部分が存在すると考えられるので、これらの時間部分は最初に考えた時間部分または瞬間の中に同時に存在することになる、と言うのであろう。

（12）運動において物体が通過する空間的軌跡が無限の部分に分割されるならば、その運動にかかった時間も、空間部分に対応した無限の部分に分割できることになる。

（13）一・二・四および一・二・五で吟味される。

（14）「われわれが矛盾なく考え得ることは、実際に起こることが論理的に可能である」という考えであるが、ヒュームにとっては、或ることを考えることは、そのことの観念をいだくことであり、そのことの観念をいだくことは、そのことを想像することである。

（15）「谷のない山はあり得ない」という命題は、上の原則の逆命題の対偶である「われわれが矛盾なしには考え得ないことは、実際に起こることが論理的に不可能である」という考えに基づいている。

（16）ヒュームは、「われわれは、われわれが語るものすべてについて、その観念を有する」というこの論法を、別の文脈では否認している（一・二・五、七九頁、同訳註（21））。ヒュームは、われわれが延長の観念をもつことを、別の箇所ではもっと端的に認めている（一・二・三、四八～五〇頁）。

（17）「数学的な点」とは延長をもたない不可分の点である。収束する無限数列の極限値が数学的な点に対応するから、有限な延長の無限分割の可能性を認めることは、数学的な点の存在の可能性を否定することにはならない。しかしヒュームはそうなると考えている。これはベイルの考えの影響と思われる。一・二・四、五五～六〇頁、同訳註（3）および五九頁訳註（11）の本文を見よ。

一・二・三

（1）一・一・一、一六頁、および同訳註（6）を見よ。

（2）一・一・七、二九、三二、三五頁、一・三・十四訳註（19）。

（3）時間の観念があらゆる種類の知覚の継起から生じるというヒュームの考えは、ロックの考えに由来する。ロック、二・七・九および二・一四を見よ。

（4）ロック、二・一四・八～一〇。

（5）一・一・七、三〇頁を見よ。

（6）この命題は、前の命題の逆命題、より正確に言えば、逆命題の対偶である。一・一・七、三〇頁を見よ。

（7）ロックがその一人である。ロック、二・一四・五を見よ。

（8）ヒュームが想像力の虚構（fiction）と見なすわれわれ人間の

考えには、不可避のものと不可避でないものとがある。この虚構は不可避のものである。一・二・四、六四頁、同訳註（15）を見よ。

（9）一・二・四、五五頁、および同訳註（1）を見よ。

一・二・四

（1）「……延長をもたない二つのものは延長を形成できない……。」アルノー／ニコル、第四部第一章、二九七頁。「……延長をもたないものがいくつか集まっても、けっして延長を形成しない……。」ベイル『歴史批評辞典』第一五巻、「エレアのゼノン」（G）I、四一頁、右欄。一・二・三、五三頁、同訳註（9）を見よ。

（2）「自然学的点」とは、原子論の原子のような、自然界に存在する、大きさ（延長）をもった最小の単位を、意味する。次訳註（3）を見よ。

（3）この段落の議論を含め、ヒュームの空間論は、「延長は、（一）大きさ（延長）をもたない〔無限個の〕数学的点から成るか、（二）どこまでも（無限に）分割できるが、大きさのない点（数学的点）にはけっして到達しない（一・二・二、訳註（17）を見よ）か、（三）大きさをもつがもはや分割できない有限個の自然学的点（原子）から成るか、のいずれかである」という考えを念頭に置いている。この考えは、ベイル、「エレアのゼノン」、（G）I、四一頁右欄に述べられている。ヒュームは、（一）、（二）、（三）のいずれをも斥け、「延長は、大きさをもたない有限個の数学的点から成る」と主張するので、数学的点の非存在性の問題を解決しなければならないのである。

（4）傍点部分の原文はラテン語（secundum se, tota, et totaliter）で、他からの引用と思われる。

（5）アルノー／ニコルは、延長の無限分割可能性を支持する解析幾何学的考察をいくつか挙げている。アルノー／ニコル、第四部第一章、二九七〜八頁。

（6）『ユークリッド原論』第一巻定義（一頁）によれば、「一、点とは部分をもたないものである。二、線とは幅をもたない長さである。……五、面とは長さと幅のみをもつものである。」

（7）「……幾何学者たちは、幅のない線や厚さのない面の存在を仮定しはしない。彼らが仮定するのは、ただ、幅に注意を払うことなく長さを考察することができる、ということだけである。このことは疑い得ない。たとえば、或る町から別の町までの距離を測るとき、人は、道の幅を気にかけずに、道の長さだけを測るのである。」アルノー／ニコル、第一部第五章、五六頁。

（8）一・二・二、四七頁、および同訳註（14）を見よ。

（9）本節訳註（7）を見よ。

（10）一・一・七、三七頁以下、および同訳註（15）を見よ。

（11）「……傾いたテーブルの上を転がる運動対象は、けっしてそのテーブルから離れて落ちることができない。なぜなら、その対象は、落ちる前に必ずそのテーブルの最後の部分に触れなければならないが、それができない。われわれが最後の部分と見なそうとするどの部分も、無限数の部分を含み、この無限数の部分は、最後となり得るような部分をもたないからである。」ベイル、「エレアのゼノン」、（G）IV、四八頁。一・二・二訳註（17）を見よ。

（12）「この反論に余儀なくされて、或るスコラ哲学者たちは、自然は、無限に分割可能な点の間を繋ぎまた諸物体の端（表面）を形成するものとして、無限に分割可能な諸部分に数学的点を混ぜておいた、と想定した。」ベイル、同所（前訳註引用文に続く）。

（13）〔　〕内は、ヒュームの指示に従って、第三巻にヒュームが付けた「付録二」から、ここに挿入した。

（14）一・二・一、四三頁、同訳註（6）を見よ。

（15）文脈から分かるように、この虚構は不可避のものではない。一・二・三、訳註（8）を見よ。

（16）括弧はヒュームのものである。

(17) 本節訳註(13)と同様。

一・二・五

(1) ロック、二・一三・二一および二三。
(2) われわれが空虚の観念を実際にもっているということ。
(3) 一・一・七、三〇頁、および同訳註(3)を見よ。
(4) 一・一・七、三〇頁、同訳註(3)、一・四・二、二三九頁、および同訳註(18)を見よ。
(5) デカルト『哲学の諸原理』第二部第一八項を見よ。
(6) ロック、二・一三・二一。
(7) ロック、二・一三・二二。
(8) ロック、二・八・二以下と比べよ。
(9) バークリー『新しい視覚論のための試論』第三節を見よ。
(10) この訂正は、バークリーの同様の考えに基づいている。バークリー、前掲書、第一二、一三節を見よ。
(11) 前頁、原註(一)を見よ。
(12) 前訳註を見よ。
(13) ヒュームによれば、この想像力の原理は、単に誤謬の原因であるばかりでなく、日常的信念の形成にも深く関与している。一・四・二、二三四〜五頁、原註(一)の本文を見よ。
(14) ヒュームは、この例証の仕方をよく用いる。一・四・二、二三七頁、原註(一)を見よ。
(15) 一・一・四。
(16) 「人間の学そのものに与え得る唯一の堅固な基礎は、経験と観察に置かれねばならない。」(序論、七〜八頁)。また一・一・四、二四頁を見よ。
(17) ローマ時代のギリシアの医学者ガレノス(Galenos 一二九〜一九九年)のものと言われている考えによれば、人間においては、血液から三種の精気(pneuma, spirits)が作られる。まず肝臓において、血液から自然の気(pneuma physikon, natural spirits)が作られ、静脈を経て身体各部に送られ、人間の自然的活動(natural actions 栄養摂取、成長、および生殖等の「植物的」活動)に関与する。次に心臓において、自然の気から生命の気(pneuma zotikon, vital spirits)が作られ、動脈を通して身体各部に送られ、生命を維持し、動物的な感覚、欲求、および運動を含む「感覚的」(動物的)活動を可能にする。最後に脳において、生命の気から精神の気(pneuma psychikon, animal spirits)が蒸留され、神経によって身体各部に送られて、人間的な感覚、意欲、運動、その他の「理性的」(精神的)活動を可能にする。(バートン『憂鬱病の解剖』一・一・二・一〜一一、特に一・一・二・二、一四八頁、ディーバス『ルネサンスにおける人間と自然』、五五〜七頁を見よ)。それゆえ、精神の気と言えども物質の一種である(一・三・十二、一六三頁)が、「精神の気」を「動物精気」と訳すのは、誤訳である。
(18) 一・一・四。
(19) 一・四・二、二三五頁、同訳註(14)を見よ。
(20) この想像力の原理も、たんに誤謬の原因であるばかりでなく、日常的信念の形成に深く関与している。一・四・二、二三五頁、同訳註(15)、一・四・三、二五二〜三頁、同訳註(3)、一・四・六、二八八頁、同訳註(7)を見よ。また本節訳註(13)を見よ。
(21) 一・二・二、四七頁、同訳註(16)を見よ。
(22) 第一に、ヒュームの目的は、この段落の最後に書かれているように、物体の本性やその作用の原因を探究することではなく、知覚の本性と原因を探究することにある。すなわち、ヒュームの哲学は、自然哲学ではなく、精神哲学である(本節、七二頁)。第二に、われわれは、自然哲学においても、物質の本質や、その作用の隠れた原因を、知ることができない(序論、八頁)。
(23) 前訳註を見よ。

(24)「外的対象がわれわれに知られるのは、それらが〔われわれのうちに〕引き起こすところの、知覚によってのみである……」（一・二・六、八六頁）。

(25) この原註は、第三巻につけられた付録（「付録二」）に、この箇所の註として、収められたものである。

(26) 一・二・三、五三頁、同原註（一）を見よ。

一・二・六

(1) 第三部の主題である。

(2) すべての知覚は、知覚としては、存在していると言ってもよいが、このことは、必ずしも知覚の対象が存在することを意味しない。

(3) 一・三・七、一一六頁、同訳註（2）を見よ。

(4) 或るものを単に考察することは、必ずしも、それを存在しているものとして考察することではないので、この箇所の表現は、不正確である。本節訳註（6）を見よ。

(5) 一・三・七、一一六頁、同訳註（3）を見よ。

(6) われわれが或る対象を思念するとき、その対象の観念は、存在すると言ってもよいが、その対象自体は、必ずしも存在するとは思念されていない。実際、ヒュームも、「……われわれが、或る対象をこの瞬間には存在せず次の瞬間には存在すると思念〔することは、……容易であろう〕」と述べている（一・三・三、一〇〇頁）。このように、この箇所の表現は不正確であるが、ヒュームの真意は、「われわれが対象を単に思いうかべるとき、われわれは対象を、そのすべての部分において、思いうかべる。われわれは、対象が存在するとは信じていなくても、対象を、〔もしそれが存在したとすれば〕そのように存在したであろうように、そのように思いうかべる」ということにある（『人間本性論概要』、一七～八頁）。これと同様の表現については、一・三・七、一二一頁、同訳註（15）の本文を見よ。また、デカルト『省察』、「第二の諸反論への答弁」の「幾何学的に配列された……諸根拠」公理Xを見よ。

(7) 一・一・五、二七頁を見よ。

(8)「知覚とは異なる関係と結合」と言うのは、知覚が精神〔の知覚作用〕に依存して存在するのに対して、外的対象は精神から独立に存在すると考えられ、外的対象相互間には知覚相互間における関係とは異なる関係（隣接と継起、恒常的随伴（一九八～九頁）、因果関係、規則性（二二九頁）等）が成り立つと想定されるからであり、「知覚とは異なる持続」と言うのは、知覚の存在が知覚作用の中断によって中断されるのに対して、外的対象は、それを知覚する知覚作用が中断しても、多くの場合、連続して存在し続けると考えられるからである。一・四・二、二二九頁を見よ。

一・三・一

(1) 一・一・五、二七頁を見よ。

(2) 一・一・五、第六項、二六頁を見よ。

(3) 一・二・四、六〇頁を見よ。

(4) 前訳註を見よ。

(5) 一・二・四、六二～三頁、六六～八頁を見よ。

(6) 一・二・四、六七頁を見よ。

(7) 一・二・四、六七～八頁を見よ。

(8) このような考えの例として、デカルト『省察』、『デカルト全集』第七巻、三一頁、第九―1巻、二四～五頁を見よ。

(9) このような三角形の観念が、ロック『人間知性論』四・七・九で触れられている。しかしロックは、このような観念が、現実の表象（心像）としてあり得る、と考えたわけではない。

(10) 一・一・一、一六頁を見よ。

一・三・二

(1) 一・二・三、四八頁を見よ。

（2） ヒュームはここで、因果作用として、遠隔作用（action at a distance）を否定し、近接作用のみを認めている。

（3） この主張は、「或る種の原因（不完全な原因）はそれの結果に先行するが、或る種の原因（完全な原因）は、それの結果と同時である」という主張と解される。

（4） 一・三・十五、二〇五頁、規則八を見よ。ホッブズ『物体について』二・九・第五項（『英語著作集』第一巻、一二三頁）に同じ考えが見られる。この原則は、ヒュームがそれを承認する場合には、彼が否定する問題の主張（前訳註）と異なるものと解されているはずであり、「不完全な原因は、「或る時間（継起する二つの瞬間以上の長さの時間）の間」だけその結果に先行するが、完全な原因は、「或る時間の間」ではなく、ただ一瞬だけ、その結果に先行する」という意味であると解されなければならない。ヒュームは、時間の無限分割の可能性を否定し、時間を、有限個の分割できない瞬間からなると考えている（一・二・四、四六頁、五四～五頁）。

（5） 上の原則は、問題の主張（訳註3）と組み合わせられるときには、それと矛盾してはならず、「不完全な原因は、「或る時間（一瞬間以上の長さの時間）の間」その結果に先行するが、完全な原因は、その結果と同時である」という意味になる。そう解すれば、ここの推論は理解できる。

（6） 二段落前、九六頁。

（7） ロック『人間知性論』二・二六・一にそのような説明が見られる。

（8） 「知られた性質」（known qualities）は、観察されない、したがって疑わしいものである「隠れた性質」（occult qualities）に対して、観察される、すなわち感覚される性質を意味する。一・四・三、二五二および二五五頁を見よ。

（9） 本節、九五頁を見よ。

（10） その存在が始めをもつものとは、永遠の過去から存在し続けているもの以外の存在者のことである。その存在が始めをもつもののみが、その存在の始まりの原因を必要とする。一・三・三訳註（1）を見よ。

（11） この問題は一・三・三で論じられる。

（12） この問題は一・三・四～八で論じられる。

（13） 推理の本性は一・三・四～六で、信念の本性は一・三・七で論じられ、一・三・八～十では信念の原因と結果が論じられる。

一・三・三

（1） 「ロック、クラーク（[Samuel] Clarke〔一六七五―一七二九年〕）、およびその他の哲学者たち（すべての理神論者たち（deists）を含む）は、生み出されたものでない神すなわち第一動者の存在を信じ、クラークはこれをみずから存在するもの（self-existent）と記述した（『神の存在と諸属性の証明』、「命題三」）。それゆえ、これらすべての著者たちは、すべてのものは原因をもたねばならないということを否定せざるを得なかった。なぜなら、彼らは、第一動者は原因をもたないことを看取したからである。したがって彼らは、より穏健に、……始めをもつものはすべて、より短く言えば、すべての変化は、原因をもたねばならないとだけ主張した。たとえばロックは、ウスター主教のスティリングフリート（Stillingfleet）に宛てて、以下のように書いている（『スティリングフリート宛第一書簡』）。『……私は、それ〔すべてのものは原因をもたねばならないということ〕を、真なる理性的原理でも真なる命題でもないと考える。……「始めをもつものはすべて原因をもたねばならない」ということは、真なる理性的原理、すなわち確実に真なる命題であり、われわれがこの命題を知るのは、……われわれの観念を考察して、存在し始めることの観念が、原因と呼ばれる何かが作用するものの観念と必然的に結合していることを、看取することによる。……』」（レアード『ヒュームの人間本性の哲学』、九九頁）。なお、この原則は、ロック『人間知性論』四・十・三で言及されている。

(2) 一・三・一、九〇頁を見よ。

(3) 一・三・一、九〇頁を見よ。

(4) ヒュームはのちには、確信の種類すなわち明証性（evidence）の種類を、四つに分けている。「観念の比較」に基づき「観念の関係」に関わる直観的（intuitive）明証性と論証的（demonstrative）明証性、それらに劣らず明証的な感覚的（sensible）明証性、〔対象の比較に基づき〕「対象の関係」（「事実」）に関わる蓋然的（moral, probable）明証性、である。『或る紳士からエディンバラの友人への手紙』、一二頁を見よ。

(5) 前訳註、および一・三・一、八九〜九〇頁を見よ。

(6) 一・一・七、三〇頁、同訳註（3）を見よ。

(7) ここに見られるように、「原因である対象（事象）の存在と、結果である対象（事象）の存在が、論理的に独立である」という、因果関係についてのヒュームの洞察の基礎には、「異なるものはすべて〔たがいに〕区別でき、区別できるものはすべて思惟と想像の能力によって〔たがいに〕分離できる」という、ヒュームの分離の原理が働いている。前訳註を見よ。

(8) 一・四・五、二六六頁、同訳註（3）を見よ。

(9) 「……もし〔或るもの〕に原因がないのであれば、人は、それが或る時に存在し始めると考えるべき理由が、それが別の時に存在し始めると考えるべき理由と、同程度である（優劣がない）のを、見出すであろう。」（ホッブズ『自由と必然性について』、「私の理由」、〔第六点について〕、『英語著作集』第四巻、二七六頁）

(10) この議論は、クラーク『神の存在と諸属性の証明』には、明言されていないようであるが、他の哲学者たちに見られる。「〔作用因〔原因〕の系列のうちに〕それ自身の作用因であるようなものを見出すことは、実際にないし、またあり得ない。そのようなものは、それ自身に先立って存在しなければならないであろうが、そのようなことは不可能であるからである。」（トマス・アクィナス『神学大全』第一部、問二、第三項、〔第二の道〕）。「……宇宙はそれ自身を生み出すことができず、また宇宙のどの部分も、それ自身を生み出し、その後で残りを生み出すということができない。なぜなら、これは、或るものが、存在する前に働くということを、仮定することであるからである。」（ウォラストン『自然宗教詳論』第五節第三項）。

(11) ロック、四・十・三および八を見よ。

(12) 「〔因果系列W—X—Y—Zにおいて〕Z、Y、Xがすべて結果（依存するもの）である、というよりもZとYとXの全体が一つの結果なのであるから、Wがなければ、原因をもたない結果が存在することになるであろう。最後に、結果から原因へのこの遡行をどれほど続けても、やはり同じ問題が繰り返されるのであり、先に述べたような〔他のものに依存しない第一の〕原因がなければ、〔原因結果の系列の〕全体は、結果を生み出すもの（作用因）をもたない結果であり、依存すべきものをもたない依存するもの、すなわち依存しかつ依存しないものとなるであろう。」（ウォラストン、第五節、第一項）。傍点は引用者のものである。

(13) 一・三・二、九八頁、同訳註（12）および（13）を見よ。

(14) 一・三・十四、二〇二頁、第三の系を見よ。

一・三・四

(1) 記憶の観念は、感覚の印象と同様に、推理によらない、対象の存在の直接的信念を含むので、認識論的に感覚の印象と等価であると見なされ、ときには「記憶の印象」と呼ばれる。本段落の最後、一〇四頁、次訳註、および一・三・五、標題（一〇五頁）を見よ。

(2) 前訳註を見よ。

(3) 一・三・三、九九頁を見よ。

一・三・五

(1) 一・三・四訳註(1)を見よ。

(2) 「物体が、いかなる仕方で精神に働きかけ、それ自身の像を、これほど異なる本性のものであり反対の本性のものであるとさえ想定されている実体(精神)に伝えるのかということほど、説明のできないものはない。」(『人間知性探究』第一二節第一部、『ヒューム哲学的著作集』第四巻、一二五頁)。次訳註、および一・一・二、一九頁を見よ。

(3) 「どのような議論によって、精神がもつ知覚が、知覚と似ている(もし可能ならばであるが)がまったく別個な外的対象によって引き起こされなければならないということ、そして、精神自身の能力からも、何か見えず知られない霊による暗示からも、さらにそれ以上に知られない他の原因からも、生じ得ないということ、を証明できようか。」(『人間知性探究』第一二節第一部、『ヒューム哲学的著作集』第四巻、一二五頁)。本文および本訳註に見られる、感覚の原因の三つの可能性の考えは、デカルトに由来するものであろう。デカルト『省察』、「第六省察」、『デカルト全集』第七巻、七九頁六〜一二行、第九―1巻、六三頁を見よ。

(4) ヒュームの現在の問題は、感覚の印象の原因を究明することではなくて、因果推理の出発点となる感覚的信念の原因、すなわちわれわれが感覚の印象を正しいと信じる原因を、究明することにあるからである。

(5) ヒュームによれば、われわれが感覚の印象を現実と信じる原因は、感覚の印象に伴う「勢いと生気」にある。したがって感覚の印象は、錯覚も含めて、最初はすべて信じられるか、少なくとも信じられる傾向をもつ。しかし、一応信じられる印象のうち、正しい印象を錯覚から区別するためには、「知覚(印象)の整合性」に頼ることができると言うのであろう。

(6) 記憶の観念についての本節の説明と一・一・三の説明を比べると、(一)「〔記憶を想像力から区別する特徴は〕……記憶の提示する単純観念にはあり得ない……」という説明には、「記憶の主な働きは、単に単純観念を保存することではなく……」(二一頁)という説明が対応し、(二)「その観念の元の秩序と位置を保存することが、記憶の固有性であり……」という説明が、「記憶の主な働きは、……単純観念の秩序と位置を保存することなのである」(二一頁)という説明に対応し、(三)「〔記憶〕と想像力との相違は、〔記憶〕が勢いと生気において優るということにある……」という説明には、「……記憶の観念は、想像の観念よりずっと生気があり、勢いが強く……」(二〇頁)という説明が対応している。しかし、本節では、「記憶がそれと知られるのは、それの複雑観念〔を構成する諸観念〕の秩序による〔のではなく、〕……〔記憶〕が勢いと生気において優るということにある」とされている。(二)の「観念の元の秩序と位置を保存すること」は、真なる記憶の特徴であるが、見かけの記憶が真なる記憶と信じられる原因(「記憶がそれと知られる」原因)は、その観念が元の秩序を保存しているという知識ではなく(そのような知識は存在しない)、見かけの記憶が真の記憶であるように見えること、すなわち記憶の観念の「勢いと生気」、より正しく言えば「〔想像力の観念との〕異なる感じ」にある、と言うのであろう。したがって本節の説明と一・一・三の説明の間に不整合はない。

(7) 〔 〕内は、「付録一」に収められたものであるが、ヒュームの指示に従ってここに挿入した。

(8) ヒュームは、記憶や判断(因果推理の結論)において信じられる観念と単なる想像の観念との相違を、本論においては、観念に伴う「勢いと生気」の相違に求めたが、後にそれでは不十分であり誤解のおそれがあると感じて、「付録」において、その相違を、観念に伴う「感じの相違」と言い換えたのである。「付録一」を見よ。

(9) 前訳註を見よ。

一・三・六

(1) 哲学的関係のうち「観念が不変である限り不変である関係」すなわち「観念の関係」の把握に基づく、直観的、または論証的な知識、すなわち、数学的知識のような確実な知識のことである（一・三・一、九〇頁、一・三・三、九九頁を見よ）。これに対して、「観念が不変であっても変化し得る関係」すなわち「対象の関係」についての、経験に基づく信念（因果推理の結論すなわち判断）は、「蓋然性」と呼ばれる（一・三・二、九三頁、標題および本文、本節、一一一頁を見よ）。

(2) この分離の原理については、一・一・七、三〇頁、一・三・三、一〇〇頁および同訳註（7）を見よ。

(3) 一・三・二、九八頁を見よ。

(4) 一・三・二、九八頁で計画された論述の順序。

(5) 前訳註を見よ。

(6) 「原因と結果の間の必然的結合は、一方から他方へのわれわれの推理の基礎である〔と考えられる〕。〔ところが〕われわれの推理の基礎は、〔観念の〕習慣的結合（連合）から生じる〔精神の〕移行である〔ことが明らかになった〕。それゆえ、これら（必然的結合と習慣的移行）は、同じものである。」（一・三・十四、一九五頁）。

(7) ヒュームは、認識の起源を、感覚、理性（狭義）、想像力のどれかに求める（一・四・二、二二九～二二〇頁を見よ）。因果推理が感覚的知覚でないことは、すでに一・三・二、九三～八頁、および本節、一〇八頁、一一一頁等で述べられている。

(8) 一・三・三、訳註（4）を見よ。

(9) 一・三・三、一〇〇頁、本節一〇八頁、一・二・二、四七頁。

(10) 「観念の関係」(the relations of ideas) と「対象の関係」(the relations of objects) の区別については本節訳註（1）、一・三・三訳註（4）を見よ。この区別はのちに「観念の関係」と「事実」(matters of fact) の区別となる（三・一・一、『ヒューム哲学的著作集』第二巻二四〇、二四四頁、『人間知性探究』第四節冒頭）。

(11) 一・三・四、一〇四～五頁を見よ。

(12) 一・三・二、九三頁を見よ。

(13) 因果推理が二種類の対象の恒常的随伴の経験に基づく理性的推論であるとすれば、それは「経験されなかった事例は、経験された事例に類似する」という自然の斉一性の仮定を前提するはずであると考え（一一〇～一一頁）、この仮定が知識に基づくのか蓋然性に基づくのかを検討することになった。そしてこの仮定は、知識に基づかないことが明らかであるので、蓋然性に基づくはずであるということになった（一一一頁）。ところが、蓋然的推論は自然の斉一性を前提にしているので、自然の斉一性を蓋然性に基礎づけることは、できない。それゆえ、因果推理は、ここで考えられていたような意味での理性的推論ではないことになる。

(14) 一・三・十四、一八五頁、同原註（一）に明示されているように、ロック『人間知性論』第二巻第二一章「力について」、特に第一節、の論述を念頭に置いている。

(15) 一・三・二、九七頁。

(16) 一・三・三、特に一〇〇頁の議論。

(17) 一・三・十四、一八五頁を見よ。

(18) 一・三・二、九五頁、九八頁。

(19) 一・二・六、八六頁を見よ。

(20) 一・一・四。

(21) 前訳註を見よ。

(22) 一・一・四、二三頁、および同訳註（2）を見よ。

(23) 一・一・四、二三頁、および同訳註（3）を見よ。

(24) 次訳註を見よ。

(25) 一・一・五、訳註（1）を見よ。以上の議論によって、因果推理は、現前する印象から現前しない対象の観念への、想像力による観念連合であり、狭義の理性の働きである論証的推理でないとされる。しかし、ヒュームは、理性を広義に解して推理能力一般と見なす場合には、因果推理を理性の働きとする。

一・三・七

(1) 本節に述べられているように、或る事柄を信じること、すなわちその事柄の信念は、その事柄について、勢いと生気のある観念をいだくこと、あるいは、独特の感じを伴う観念をいだくこと、あるいは、観念を独特の仕方でいだくことである。したがって、信じる働きの対象としての信念は、独特の感じを伴う観念であることになる。それゆえ、「観念または信念」と言うのである。前節、一一四頁にすでに「……精神が、或る対象の観念から別の対象の観念へ、または或る対象の印象から別の対象の信念へと移行するとき……」という表現が見られる。傍点は引用者のものである。

(2) 一・二・六、八五頁、同訳註（3）を見よ。

(3) 一・二・六、八五頁、同訳註（5）を見よ。

(4) 一・二・六、八五頁、本節、一一九頁、原註（二）、同訳註(9)、「付録二」、三一一頁、同訳註（4）を見よ。

(5) 一・一・一、一三頁を見よ。グリーン／グロウスは、この箇所に、ヒュームが「付録二」で指示した修正を施しているが、本訳書は、セルビー・ビッグ／ニディッチに従って、二行後の原註（一）の箇所に修正を施した。「同じ対象の二つの観念」の相違に関する修正だからである。

(6) 一・一・一、一六頁を見よ。

(7) 一・三・五、一〇七頁、同訳註（8）を見よ。

(8) 現代の数学的論理学が出現するまでは、論理学の教科書は、この分類を用いていた。アルノー／ニコル『論理学』（一六六二年）、ワッツ『論理学』（一七二四年）、速水滉『論理学』（一九一六年）等を見よ。

(9) 本節、一一六頁、同訳註（4）を見よ。

(10) レアード（一一〇頁）によれば、この考えには、マルブランシュの影響の跡が見られる、と言う。「われわれは、……知性が行なうのは覚知する（appercevoir）ことにほかならず、単純な知覚（les simple perceptions）、判断、および推理の間には知性における少しの相違もなく、ただ、判断と推理が、単純な知覚よりもよりはるかに複雑な知覚であるに過ぎない、……ということを示してきた。」（マルブランシュ『真理の探究』六・一・二、第二巻、二四九頁）。

(11) 一・三・四、一〇三〜四頁を見よ。

(12) 一・三・六、一〇八頁を見よ。

(13) 一・三・六、一一三〜四頁を見よ。

(14) 〔 〕内は「付録一」で加えられたものであるが、ヒュームの指示によってここに挿入した。

(15) 一・二・六、訳註（6）を見よ。

(16) 『人間知性探究』第五節第二部、『ヒューム哲学的著作集』第四巻、四二頁を見よ。

一・三・八

(1) ちなみに、ヒュームの生家のあったスコットランド、ベリクシャー（Berwickshire）のナインウェルズ（Ninewells）、またヒューム家の別邸のあったエディンバラ（Edinburgh）から、ヒュームがそこで本書を書いたフランスのランス（Reims）またはラフレーシュ（La Flèche）までは、直線距離にして、約二百リーグである。

(2) この原註は「付録一」においてつけ加えられたものである。

(3) 「任意の二つの対象あるいは出来事は、たがいに随伴する（場所的または時間的に隣接し、かつ一方が他方に時間的に継起する)こと(conjunction)はあっても、いかなる必然的な結合(necessary connexion)ももたない」というこの主張は、ヒュームの因果論の根本テーゼである。一・三・六、一〇八頁、および同、一一三〜四頁を見よ。「宇宙におけるあらゆる存在者は、それら自体として考察されるならば、まったく繋りがなく(loose)、たがいに独立であるように、見える。」(三・一・一、『ヒューム哲学的著作集』第二巻、二四二頁)。「あらゆる出来事は、まったく繋りがなく(loose)ばらばらである(separate)ように見える。一つの出来事が、もう一つの出来事に続いて生じる。しかしわれわれは、両者の間に、いかなる繋り(tie)もけっして観察できない。両者は随伴している(conjoined 相伴っている)ようには見えるが、けっして結合している(connected)ようには見えない。」(『人間知性探究』第七節第二部、『ヒューム哲学的著作集』第四巻、六一頁)。

(4) 一・三・六、一一〇〜二頁を見よ。

(5) ここではヒュームは、「観念は、それを、精神に現前していない或る対象の表象として捉えず、精神に現前している限りでの知覚と見なすならば、それ自体、一つの印象である」と考えている。この考えは、正しい考えであろうが、印象と観念が区別可能であるというヒューム自身の根本テーゼに、重大な困難をもたらすものである。

(6) ヒュームは、本書の本論で、因果推理の結論である信念と虚構の観念との相違を、因果推理の結論に含まれる観念の勢いと生気(force and vivacity)が虚構の観念の勢いと生気に優ることであるとした(一・三・七、一一八頁)が、「付録二」において、この区別だけでは不十分であると考え、両者の相違を、それぞれの観念〔のいだき方〕の異なる感じ(different feeling)であると訂正し(一・三・七、一一八〜九頁、原註(一))、「付録一」で、この感じを敷衍して、「勢い、生気、堅固さ、確固たること、安定性」(force, or vivacity, or solidity, or firmness, or steadiness)の相違であるとした(一・三・七、一二〇〜一頁)。本訳註の本文の議論は、この訂正ないし補足が、印象と観念一般との相違にも当てはまることを、はっきり示している。

一・三・九

(1) 本節、一三五〜六頁、同訳註(3)以下一三九頁まで。

(2) 本節、一三二〜三頁で言及された反論を指す。

(3) 本節、一三四頁、同訳註(1)を見よ。

(4) 一・三・六、一〇八〜九頁を見よ。

(5) 一・一・五、第七項、二七頁、同訳註(11)を見よ。

(6) バークリー『新しい視覚論のための試論』第八二節を見よ。

(7) 推理される対象の大きさの観念が視覚の観念であり、視覚の印象から推理する際には、聴覚の印象から推理する際とは異なって、印象と観念の間に類似性の関係がある、と言うのであろうか。

(8) 「火薬陰謀事件」(the Gunpowder-treason)は、一六〇五年十一月五日、英国国会議事堂の爆破と英国王ジェイムズ一世と議員の殺害を企てた、カトリック教徒の陰謀。普通は"the Gunpowder Plot"と呼ばれる。「聖バーソロミュー祭の大虐殺」(the massacre of St. Bartholomew)は、一五七二年八月二十四日、フランスのパリで、カトリック教徒がユグノー派の新教徒を虐殺した事件。

一・三・十

(1) マルスは、ローマ神話の軍《いくさ》の神で、ギリシア神話のアレースに当たる。ジュピターは、ローマ神話の神々の王、最高の神であり、雷電を武器とする。これは、ギリシア神話のゼウスに当たる。ヴィーナスは、ローマ神話の春、花園、豊饒の女神で、ギリシア神話の愛と美の女神であるアプロディテと同一視される。

(2) 〔 〕内は、ヒュームの指示に従って、「付録一」からここに挿入した。

(3) 「類似性」とは、その意見の対象が、過去の経験において恒常的に随伴した二対象の一方に対してもつ、類似性のことであり、「隣接」とは、その意見の対象の、現在の或る印象に対する、過去の経験に一致した、隣接のことであると、思われる。一・三・十二、一七〇頁を見よ。

(4) 十フィートの距離にある対象の方が、二十フィートの距離にある同じ大きさの対象よりも、より大きい視覚的印象を与え、したがってより強い印象（観念）を与えるにもかかわらず、それらの対象の大きさが同じであるので、われわれの知性の反省は、視覚的印象さえ同じ大きさであるかのように錯覚させる、と言うのである。

一・三・十一

(1) 「比較される観念にまったく依存」し（一・三・一、八九頁）、「観念が同じである限り、不変である」（同所）関係の「知識」（同、九〇頁）を与えるのが、「観念の比較」（一・三・三、九九頁）である。

(2) 前訳註を見よ。

(3) 一・三・六、一一〇〜二頁の議論を見よ。

(4) 本節訳註（1）を見よ。

(5) 原文は括弧に入っていないが、日本語の構文上の理由で、括弧に入れた。

(6) 前訳註に同じ。

一・三・十二

(1) 「『似た対象は似た条件のもとでは常に似た結果を生み出す』という原理を確信させる無数の実験をもっている」ということ（一・三・八、一三〇頁）。この「原理」は自然の斉一性の原理と等価である。一・三・六訳註（13）、一・三・十五、二〇四頁、規則四を見よ。

(2) 第二は、次の段落の後半にある第二種第二の蓋然的推論を生み出すこと。

(3) 一・三・十五の規則七（二〇四頁）である。

(4) 一・三・六、一〇八頁を見よ。

(5) 本節、および一・三・六、一一三頁を見よ。

(6) 一ギニー（guinea）は、旧二十一シリング（shilling）。一シリングは、旧二十分の一ポンド（pound）、旧十二ペンス（pence）。

(7) 本節、一五八〜九頁を見よ。

(8) 本節、一五九〜六一頁を見よ。

一・三・十三

(1) 第一の非哲学的蓋然性は、推論の基礎の一つとなる印象の生気の度合いが変化することに基づく蓋然性であり、その一例として、記憶されている事実が最近のものであるかより以前のものであるかによってその事実についての記憶の印象の生気が変化する場合を挙げていた。これに対して、第二の非哲学的蓋然性は、推論のもう一つの基礎となる過去の恒常的随伴の経験が、最近のものであるかより以前のものであるかによって、推論の帰結である信念に差が生じることを問題としている。本節、一八二頁、訳註（11）を見よ。

(2) 一・三・十一、一五一〜二頁を見よ。

(3) ヒューム自身の括弧である。

(4) 前節、最終段落、一七〇頁を見よ。

(5) グリーン／グロウス編でも初版本でも「哲学的な」（philosophical）となっているが、セルビー・ビッグ／ニディッチ版で指摘されているように、「非哲学的な」（unphilosophical）と読むのが正しいであろう。

(6) Cardinal de Retz (Jean-François-Paul de Gondi)（一六一三〜七九年）。『ド・レス枢機卿回想録』（*Mémoires du Cardinal de*

Retz)（一七一七年）の著者。
(7) 不完全な経験に基づく蓋然性の場合。一・三・十二、一五八～九頁を見よ。
(8) たがいに反対の原因に基づく蓋然性の場合。一・三・十二、一五九頁以下を見よ。
(9) 類比に基づく蓋然性の場合。一・三・十二、最終段落、一七〇頁を見よ。
(10) 本節の第一種の蓋然性の場合。
(11) 本節の第二種の蓋然性の場合。
(12) 本節の第三種の蓋然性の場合。
(13) 本節の第四種の蓋然性の場合。

一・三・十四

(1) 一・三・二、九八頁、同訳註(12)および(13)、および一・三・三、一〇三頁、同訳註(13)を見よ。
(2) 一・三・二、九七～八頁を見よ。
(3) 一・一・一、一六頁を見よ。
(4) 本節訳註(2)を見よ。
(5) 一・三・二、九五～六頁を見よ。
(6) 一・三・二、九七頁を見よ。
(7) 一・三・六、一〇八～九頁を見よ。
(8) これが「恒常的随伴」(constant conjunction)の関係である。前訳註を見よ。
(9) 一・三・六、一〇九～一〇頁を見よ。
(10) 一・四・三、訳註(1)を見よ。
(11) 一・三・三、九九～一〇〇頁を見よ。
(12) 一・一・一、最終段落、一八～九頁を見よ。
(13) この文は、マルブランシュの『真理の探究、諸解明』第一五節、二〇五頁にある文の引き写しである。
(14) マルブランシュ『真理の探究』第六巻第二部第三章を見よ。
(15) 『人間知性探究』第七節第一部、『ヒューム哲学的著作集』第四巻六一頁の原註から、ロック、クラーク、カドワース(Ralph Cudworth 一六一七～八八年)が考えられていることが分かる。
(16) この段落と末尾の原註は、「付録一」におけるヒューム自身の指示によって、ここに挿入した。
(17) この主張およびそれの詳しい批判については、『人間知性探究』第七節第一部を見よ。また、ロック、二・二一・四を見よ。
(18) ヒューム自身の括弧である。
(19) 一・一・七、三二頁、三五頁、および、一・二・三、四九～五〇頁、同訳註(2)を見よ。「或る観点から見られた」とは、「その代表(表象)の働きから見られた」という意味である。
(20) 一・一・七、三〇頁を見よ。
(21) 一・三・六、一〇八頁、および、一・三・七、一一七頁を見よ。
(22) 「必然的結合」(necessary connexion)と「力能〔の〕」(of power)の間にコンマを入れて読む。本節、一八五頁における「同義語」の列挙、および一九二頁以下における用語法を見よ。
(23) これが「恒常的随伴」の関係である。本節訳註(8)を見よ。
(24) 一・三・六、一〇九～一〇頁を見よ。
(25) ヒューム自身の括弧である。
(26) 本節、一八三～四頁を見よ。
(27) 前訳註を見よ。
(28) 一・三・六、一一〇頁、および同訳註(6)を見よ。
(29) 一・三・二、九八頁を見よ。
(30) 本節訳註(28)を見よ。
(31) 一・三・六、最終段落、一一五～六頁、同訳註(25)を見よ。
(32) ヒューム自身の引用符号である。
(33) 前訳註に同じ。
(34) 「……われわれが、いかにしっくりと自然的証拠（明証性）と精神的（道徳的）証拠（明証性）とが接合し、それらの間で議論の単一の連鎖を形成するかを考えるならば、われわれは、それらが同じ性質のものであり、同じ諸原理から生じたものであることを、躊躇せずに認めるであろう。」（二・三・一、『ヒューム哲学的著作集』第二巻、一八七頁）。

(35) ヒュームは、われわれが人に力（power 力能）を帰するのは、過去の経験からみて、彼がその力を行使すること（exercise）が、ありそう（probable）であるか、少なくとも可能（possible）であるか、のいずれかの場合である、と考える。二・一・十（『ヒューム哲学的著作集』第二巻、一〇八頁）、二・二・五（『ヒューム哲学的著作集』第二巻、一四七頁）、および、一・一・四、二三～四頁を見よ。

(36) 一・三・三、九九～一〇〇頁を見よ。

(37) 一・四・二、一・四・三、および一・四・四を見よ。

(38) 一・四・二、二四三～五〇頁を見よ。

一・三・十五

(1) 一・三・六、一〇八頁、および一・三・十四、一九二頁、一・四・五、二八一頁を見よ。

(2) 一・三・六、一一五頁、一・三・十四、一九二頁、二〇〇頁、二〇一頁、および本節の規則三（次頁）を見よ。

(3) 一・三・八、一三〇頁、一・三・十二、一五九頁、同訳註（1）。

(4) 一・三・十二、一六四頁、および同訳註（3）を見よ。

(5) 一・三・二、九六頁、および同訳註（4）を見よ。

一・四・一

(1) 「判断する能力の弱さから生じた不確実性」の結果には、「主題に内在する不確実性」を大きく見積り過ぎているということが判明する場合もあり得るのであり、主題に内在する確率（問題となっている事象自体の確率）を必ず減らすとは限らない。これと同様に、「われわれの諸能力の真実性と正確さに対して行なう評価における誤り」の結果には、「判断する能力の弱さから生じた不確実性」を大きく見積もり過ぎているということが判明する場合もあり得るのであり、判断する能力の正しさについての確率を必ず減らすとは限らない。それゆえ、「われわれの諸能力の真実性と正確さに対して行なう評価における誤り」の結果、問題となっている事象自体の確率が必ず減る（「最初の明証性をさらに弱める」）とは限らない。ここでのヒュームの議論は、間違っている。

(2) 一・三・八、一二七頁を見よ。

(3) 「すべての蓋然的推論は、一種の感覚にほかならない。」（一・三・八、一二八頁）。

(4) 前訳註を見よ。

一・四・二

(イ) グリーン／グロウス編原文では、“specially different”となっているが、これは“specifically different”の誤りである。

(1) 一・二・六、八六頁を見よ。

(2) ヒューム自身の括弧である。

(3) 本節、二四二～三頁を見よ。

(4) 本節訳註（1）を見よ。

(5) 知覚と対象の一方の存在から他方の存在を〔因果的に〕推理するためには、両者の間の恒常的随伴の経験が必要であるが、両者が一致するところでは、それらの間の恒常的随伴は経験できない。

(6) 本節、二四三～五頁を見よ。

(7) デカルト『省察』、「第六省察」を見よ。

(8) 一・三・八、訳註（1）を見よ。

(9) 本節訳註（1）を見よ。

(10) ヒューム自身の括弧である。
(11) 一・三・七、一一八頁、および一・三・九、一四二頁を見よ。
(12) 一・一・五、第六項、二六頁、および一・三・十五、二〇三頁を見よ。
(13) 本節、二四三頁、訳註(22)の本文を見よ。
(14) 一・二・五、七八頁、同訳註(19)を見よ。
(15) 一・二・五、七八頁、同訳註(20)を見よ。
(16) ヒューム自身の括弧である。
(17) 一・四・六、二八七頁、同訳註(2)を見よ。
(18) 一・二・五、七一頁、同訳註(4)を見よ。
(19) 本節訳註(11)を見よ。
(20) 一・三・八、一二二頁を見よ。
(21) 本節、二一九頁を見よ。
(22) ヒューム自身の括弧である。本節、二三四頁、訳註(13)を見よ。
(23) ヒューム自身の引用符号である。
(24) 原文は "broken or uninterrupted" となっているが、これは "broken or interrupted" の間違いであろう。
(25) 本節訳註(1)を見よ。
(26) 「われわれには、観念や印象と種的に異なるようなものは、思いうかべること、観念をいだくことさえ、不可能である……。」(一・二・六、八六頁)。
(27) 本節、二一八〜九頁を見よ。
(28) 一・二・六、八六頁を見よ。

一・四・三

(1) 本節の内容から明らかなように、ヒュームの言う「古代の哲学」(the antient philosophy)には、われわれの言うギリシア・ローマの古典古代の哲学だけでなく、西洋中世の哲学も含まれている。
(2) 一・一・六、二八頁を見よ。
(3) 一・二・五、七八頁、同訳註(20)、一・四・二、二三五頁、同訳註(15)を見よ。
(4) 一・四・二、二三八頁を見よ。
(5) 一・一・六、二八頁、および同訳註(1)を見よ。
(6) ここでのペリパトス学派(アリストテレス学派)の哲学とは、アリストテレスの教説に従う哲学という意味であり、古代のそればかりでなく、中世のそれをも含む。
(7) これらは、古代において、物質を構成する四大元素と考えられ、この考えは、近世の化学が成立するまで、一般に受け容れられていた。
(8) 一・二・五、七一頁、同訳註(4)、および一・四・五、二六六頁、同訳註(3)を見よ。
(9) 中世のスコラ哲学で、四大元素の基本的性質である熱、冷、乾、湿などを、「明らかな性質」(manifest qualities)と呼んだのに対して、感覚に直接現われない性質や能力を、「隠れた性質」(occult qualities)と呼んだ。これには、重さ、軽さ、種々の共感(親和力)や反感(反親和力)、たとえば磁力などが含まれるが、のちに、説明のできない現象ごとに一つの隠れた性質、たとえば阿片の催眠力、を認めるような弊害が生じた。
(10) 普通人の日常的信念、批判されるべき偽なる哲学、ヒューム自身の立場である真なる哲学、という三分法は、因果性以外の他の問題の考察においても、見られる。たとえば、一・四・二、二四三〜二五一頁を見よ。
(11) 一・三・八、一二八頁、同訳註(3)を見よ。
(12) 一・三・六、一〇八〜九頁を見よ。
(13) 一・三・十四、一九四〜六頁を見よ。
(14) シシフォスは、ギリシア神話に登場するコリント王で、地獄に落とされ、大きな石を山頂まで押し上げる刑罰を受けたが、その石は、山頂に近づくと常に下に転がり落ちた。タンタロスは、同じくギリシア神話のフリギア王で、地獄の湖中に繋がれ、あごまで水につかりながら、のどが渇いて水を飲もうとすると水が引き、頭上に垂れ下がる果物に手を伸ばすとそれも遠のくという、刑罰を受けた。

(15) 原因と結果の間の必然的結合を、対象のうちに求めること。

(16) 一・一・七、三六頁を見よ。

(17) 真の哲学者は、過度の懐疑論者ではなく、われわれの懐疑の能力にも限界があることを知るのである。一・四・一、二一四〜八頁、一・四・二、二一九頁、一・四・七、三〇九頁、訳註(9)を見よ。

(18) 一・三・十四、一九七頁を見よ。

一・四・四

(1) 色、音、味、香、触感、熱と冷などの感覚的性質は、多くの哲学者たちによって、外的対象のうちにある性質ではないとされ、ボイルとロック以来、俗に「第二次性質」(secondary qualities) と呼ばれた。たとえば、ガリレオ『偽金鑑識官』(『ガリレオの発見と意見』、二七三〜八頁、『ガリレオ著作集』「偽金鑑識官」第四八節、三一一〜六頁)、デカルト『省察』「第三省察」、『デカルト全集』第七巻、四三〜四頁、第九—1巻、三四頁、『哲学の諸原理』第一部第七十項、ボイル『形相と性質の起源』第五節および第六節(『ボイル全集』第三巻、二二〜七頁)、ロック『人間知性論』二・八、特に二・八・九以下。ただし、ロックが、「第二次性質」と名づけたのは、これらの感覚的性質の観念をわれわれの精神に生むことができる、対象自体の力能 (powers) のことであった。

(2) 「第一次性質」(primary qualities) の呼称も、ボイルとロックによるが、第一次性質を対象のうちに実在する性質であるとする考えについては、前訳註(1)の各哲学者のテキストを見よ。

(3) 一・四・三、訳註(17)を見よ。

(4) 物体は、われわれの知覚の中断にもかかわらず連続して存在し、知覚作用から独立に存在すると考えられる。一・四・二、二一九頁を見よ。

(5) 一・一・七、三七頁、および同訳註(16)を見よ。

(6) 一・二・三、五四頁を見よ。

(7) 一・二・四、五四〜五頁を見よ。

(8) 運動可能性の観念は、運動可能な物体の観念を前提し、形の観念は、その形をもつ物体の観念を前提する。本節、二六一頁、および同訳註(5)を見よ。

(9) 触覚の印象は、広がりをもつ点で、より小さい諸部分からなる複合観念であるが、その触感(手触りの印象)は、広がりと無関係な単純な印象である、と言うのであろう。本節、二六一頁、および同訳註(6)を見よ。

(10) 一・四・二の議論を見よ。

一・四・五

(1) 一・二・二、四七頁、および同訳註(14)を見よ。

(2) 一・一・七、三〇頁、および同訳註(3)を見よ。

(3) ここで、「異なるものは、分離して存在することが可能である」という相違者—分離存在可能の原理(一・四・三、二五五頁、および同訳註(8)を見よ)が、「〔或るあり方で〕明晰に考えられ得ることは、〔そのあり方で〕存在することが可能である」という思考可能—存在可能の原理(本節訳註(1)を見よ)と、「異なるものは、想像力によって分離して存在すると〔明晰に〕考えられ得る」という分離の原理(一・一・七、三〇頁、同訳註(3)および一・二・五、七一頁、同訳註(4)を見よ)とから、明示的に導出されている。

(4) 一・二・三、五三頁を見よ。

(5) 一・二・三、四九〜五〇頁、および五三〜四頁を見よ。

（6） 本節訳註（1）を見よ。
（7） もとは、スコラ学者たちが、魂が身体に宿る仕方について使った表現である。トマス『神学大全』（第6冊）第一部第七十六問第八項、バートン『憂鬱病の解剖』一・一・二・五、一五五頁、デカルト『省察』「第六答弁」第十項、『デカルト全集』第七巻、四四二頁、第九―1巻、二四〇頁、ベイル『歴史批評辞典』第一五巻「エレアのゼノン」（I）、五五頁左欄、および同註（一一八）等を見よ。
（8） 本節、二六九～七〇頁を見よ。
（9） free-thinker. 宗教的信念の問題に関して理性を権威の支配に委ねることを拒否する者。一八世紀初め、理神論者や反キリスト教者たちが名乗った名称。ここでは唯物論者を念頭に置いている。
（10） 二六六～七頁を見よ。
（11） スピノザ（Baruch de Spinoza　一六三二～七七年）、オランダのユダヤ系の哲学者。
（12） スピノザ『倫理学』を見よ。
（13） 一・二・六、八六頁を見よ。
（14） 「観念が対象の十全な表象である場合はいつでも、観念間の矛盾や一致などの関係が、すべて対象にも妥当する」と比較せよ。一・二・二、四四頁、および同訳註（1）を見よ。
（15） 時間的に変化し知覚の中断による欠落を含むような知覚の諸系列（ABC・，AB・D，A・CD，・BCD，A・C・，…）が、知覚される限りで、たがいにも、また完全な知覚系列（ABCD）にも、類似することを、諸知覚の整合性と言う。われわれは、そのような不完全な（不連続な）知覚に対応する対象を、知覚の中断による欠落を含まない、連続した存在と、見なすのである。この場合、対象について成り立つことが、その知覚については成り立っていない。
（16） 本節、二六五～七頁を見よ。
（17） 一・一・七、三七～九頁、同訳註（15）を見よ。
（18） 本節、二六六頁を見よ。
（19） ヒュームはここで、われわれが原因と結果の間の必然的結合を感覚によって知覚できないということを、明示的に述べている。一・三・八、一二八頁、同訳註（3）、一・四・三、二五五頁、同訳註（11）、「付録二」、三三六頁を見よ。
（20） 一・三・六、一〇八～九頁、一・三・十五、二〇三頁、同訳註（2）、および一・四・三、二五五～六頁、同訳註（12）を見よ。
（21） 一・三・十五、二〇三頁を見よ。
（22） 一・一・五、第六項、二六頁、および一・三・十五、二〇三頁を見よ。
（23） マルブランシュは、「真の原因とは、それとそれの結果との間に精神が必然的な結合を知覚するような、原因である……」とし（『真理の探究』六・二・三、『マルブランシュ全集』第二巻、三一六頁）、神の意志とその結果との間にしか必然的な結合を認めず、神のみがこの世界の出来事の真の原因であり、原因と通常見なされているこの世界での出来事は、単に神の意志の作用の機会（「機会原因」）である、と考えた。
（24） 前訳註を見よ。
（25） 一・三・十四、一八五頁を見よ。
（26） 本節訳註（23）を見よ。
（27） マルブランシュのほかに、デカルト主義者と言われる哲学者に、同じく機会原因論者である、コルドモア（Géraud de Cordemoy　一六二〇～八四年）、オランダのヘーリンクス（Arnold Geulincx　一六二四～六九年）等が挙げられる。
（28） 本節二八一頁、同訳註（21）を見よ。
（29） 本節二八一頁、同訳註（22）を見よ。
（30） 二八一頁、同原註（一）、およびその本文を見よ。
（31） 「魂を、延長する複合的な実体（物質）からできていると考えようと、単純で延長していない実体（精神）からできていると考えようと」ということを意味する。

(32) ヒュームは「魂の不死について」という論考において、魂の不死についての議論を、形而上学的議論、道徳的議論、自然の類比に基づく自然学的議論の三つに分けている。このことについては、伊勢俊彦氏が、私の注意を喚起してくれた。その論考によれば、形而上学的議論は、魂の不死を証明できず、道徳的議論と自然の類比に基づく自然学的議論とは、魂の不死性よりも魂の可死性を説得するのに有利である。『ヒューム哲学的著作集』第四巻、およびミラー編『道徳、政治、文学論集』、五九〇～八頁を見よ。

一・四・六

(1) 一・四・五、二六六頁を見よ。
(2) "…they are nothing but a bundle or collection of different perceptions…," "a bundle of perceptions" は、"a bundle of follies" (様々なばかげたこと) などと同じ用法であり、「諸知覚の単なる集まり」を意味する。「諸知覚の束」という意味ではない。一・四・二、二三九頁、同訳註 (17) を見よ。
(3) ここでの 'theatre' は、演技の遂行 (performance) としての演劇を意味するのであり、建物としての劇場を意味するのではない。
(4) 「われわれの思惟または想像に関わる人格の同一性」とは、われわれがもつ諸知覚の継起を思惟あるいは想像力によって眺めることによって、われわれがわれわれ自身について考える同一性のことであり、「われわれの情念とわれわれのわれわれ自身に対する気遣いとに関わる人格の同一性」とは、われわれが情念に動かされているときに、われわれがその情念 (例えば、誇りや卑下) の対象として不可避的に考えざるをえない自我 (二・一・二) の同一性のことである。『ヒューム哲学的著作集』第二巻を見よ。
(5) 本節、二九二頁、同訳註 (10)、二九四頁、同訳註 (12) を見よ。
(6) 一・四・二、二三三～四頁を見よ。
(7) 一・二・五、七八頁、同訳註 (20)、一・四・二、二三五頁、同訳註 (15) を見よ。
(8) 一・四・二、二三七～四〇頁を見よ。
(9) 一・四・三、および一・四・五を見よ。
(10) 本節、二八八頁、同訳註 (5)、二九四頁、同訳註 (12) を見よ。
(11) 一・一・五、二七頁を見よ。
(12) 本節、二八八頁、同訳註 (5)、二九二頁、同訳註 (10) を見よ。
(13) 次訳註を見よ。
(14) 「付録二」三二五頁、同訳註 (10) および (11) を見よ。
(15) 前訳註を見よ。
(16) 時間的にたがいに隣接しない二つの知覚が、同一の人格を形成する知覚の束に属することがあり得るからであろう。
(17) 本節、二九七頁、訳註 (20) の本文と比較せよ。
(18) 一・一・二、一九頁を見よ。
(19) 本節、二八八頁、同訳註 (4) を見よ。
(20) 本節、二九五～六頁、訳註 (17) の本文と比較せよ。
(21) 本節、二八九～九〇頁を見よ。
(22) 一・四・二～一・四・六の論究。一・四・二、二五一頁を見よ。
(23) 第二巻以下の論究を意味する。

一・四・七

(1) ヒューム自身の括弧である。
(2) ヒューム自身の括弧である。
(3) 一・三・十四、一八三～四頁および一九四～五頁を見よ。
(4) 序論、六頁を見よ。
(5) ソクラテスの弟子アンティステネス (Antisthenes 紀元前四五五年頃～三六〇年頃) を祖とする原始的、反文化的、反社会的な、禁欲的消極主義の哲学者たち。奇行で知られるシノペのディオゲネス（Diogenes of Sinope　紀元前四〇〇年頃～三二五年頃）が有名。
(6) ヒューム自身の括弧である。
(7) 序論、六～七頁を見よ。
(8) 本節、三〇五～六頁を見よ。
(9) ヒュームは、われわれの狭義の理性の有限性を強調すると同時に、われわれの懐疑の能力の有限性をも、主張しているのである。一・四・三、訳註（17）を見よ。

付録 一

(1) この付録は、一七四〇年に、初版の第三巻につけられたものであるが、付録の内容が、すべて第一巻（一七三九年）に関するものであるので、グリーン／グロウスに従って、本訳書では、第一巻の末尾に訳出することにした。付録の内容は、因果関係に基づく信念に関するものと、人格の同一性など、それ以外の問題に関するものの、二つに分かれるので、「付録一」と「付録二」とに分けることにする。なお、グリーン／グロウス編『ヒューム哲学的著作集』第一巻の「付録」では、ヒュームが「付録」で指示した本文への挿入が、その通りに実行されており、本訳書でもこれに従ったが、同版の「付録」本体では、本文への挿入部分が省かれている。しかし、多くの挿入諸部分の間には、表現の上で一貫した対応関係が認められるので、テキストの照合（コンコーダンス）を重視する観点から、本訳書では、「付録」本体にも、挿入部分をまとめて訳出した。
(2) 第一巻と第二巻。
(3) 人格の同一性に関する、一・四・六の議論。「付録二」を見よ。
(4) 一・二・六、八四～五頁、および一・三・七、一一六頁、同訳註（4）を見よ。
(5) 「付録二」で扱われる、その他の問題を指す。

付録 二

(1) 「付録一」訳註（1）を見よ。
(2) 一・四・五、二六五頁を見よ。
(3) ヒューム自身の括弧である。
(4) 一・一・一、一六頁を見よ。
(5) 一・四・三、一・四・五、二六五～七頁、および一・四・六、二八五～七頁を見よ。
(6) 一・一・七、三〇頁を見よ。
(7) 一・四・五、二六六頁、および一・四・六、二八六頁を見よ。
(8) 一・四・五、二七五～六頁、同訳註（14）を見よ。
(9) 一・四・六、二八六頁を見よ。
(10) 一・四・六、二九四頁、同訳註（13）および（14）を見よ。
(11) 前訳註を見よ。
(12) テキストの厳密な照合（コンコーダンス）によって、このように補い得ることが、知られる。二行後、「われわれの諸知覚が何か単純で個体的なものに内属しているか……」、および、三二四頁第二段落の最後「諸対象が、何ら共通の単純な実体すなわち内属の基体をもたずに、たがいに別個で独立に存在するということは、理解可能であり、無矛盾である。それゆえ、この命題は、諸知覚についても、けっして不合理であり得ない」と照合せよ。
(13) 前訳註と同様である。前段落（三二五頁）「諸知覚が、たがいに別個な存在者であるならば……われわれは、ただ、或る結合を……感じるだけである。それゆえ、思惟のみが、人格の同一性を見出すのであり……」と照合せよ。
(14) ヒュームの指示の通り、本文において訂正済みである。

解説

I　デイヴィッド・ヒュームの生涯と著作

一七一一年

ユリウス暦の四月二十六日、英国スコットランドのエディンバラに生まれる。父ジョゼフ・ヒューム（Joseph Home　一六八一～一七一三年）は、スコットランド南東部旧ベリク州（Berwickshire）のナインウェルズ（Ninewells）の地主で法律家、母キャスリン（Katherine　一六八三～一七四五年）は、スコットランド高等法院長サー・デイヴィッド・ファルコナー（Sir David Falconer）の娘。兄ジョン（John　一七〇九～八五年）、姉キャスリン（一七一〇頃～九〇年）。

一七二三～二五または二六年

エディンバラのカレッジで就学。古典語、論理学、形而上学、数学、倫理学、歴史、自然哲学を学ぶ。「新哲学」、特にニュートンの自然哲学を教え込まれる。

一七二六～二九年

家族の期待に沿ってしばらく法律の勉強を続けるが、哲学と学芸一般に強く惹かれる。「[当時の哲学および文芸批評]を吟味するうちに、これらの問題においてはいかなる権威にも従おうとせず、真理を確立し得る何か新しい手段を探求しようとする、不敵な気持が起こってきた。猛勉強をして、新しい方法を熟考していると、ついに十八歳の時（一七二九年）新しい思索の展望が開けたように思われた。[(1)]」

一七二九～三四年

法律で身を立てる考えをすっかり捨てる。しばらく有頂天になって思索の展開に専心するが、数か月後急に思索の熱が冷める。医者に憂鬱病（the vapors）の警告を受ける。気晴らしに努め、思索も少しずつ続け、考えをノートするが、「一連の考えを一気に連続してたどることができず」、また、「考えを順序正しく書き写すために、考えをじっと保持してその細部を眺める」ことができない。(2)

一七三四年

精神の健康には勉強と無為とが最悪と知り、健康を回復するまで実務に就く決心をする。イングランドのブリストルの貿易商に雇われる。姓が正しく発音されるように、姓の綴りをHomeからHumeに変える。主人の英語を直そうとしたために数か月のちに解雇された、という話が残っている。健康を回復する。

一七三四〜七年

一七三四年、フランスのパリを通ってシャンパーニュ地方のランス（Rheims）に行き、そこで一年過ごしたのち、一七三五年、アンジュー地方のラフレーシュ（La Flèche）に移る。一七三七年までに『人間本性論』の原稿を書き上げる。この間に、デカルト、マルブランシュ、ベイルなどのフランスの哲学者たちの書物を読んだと思われる。デカルトがそこで学んだことで有名なラフレーシュのイエズス会のカレッジのイエズス会士（ジェスイット）と議論し、のちに『人間知性探究』（一七四八年）に入れられた「奇跡論」（'Of Miracles'）の論法を思いつく。

一七三七年

英国に帰り、ロンドンで『人間本性論』の出版を企てる。

一七三九年

『人間本性論』第一巻と第二巻を、匿名で出版する。第三巻は、翌四〇年に出版。当時書物を出版するときの慣習であった有名人への献辞も予約購読者の募集もせず。グラスゴー大学の道徳哲学教授であったハチスン

（Francis Hutcheson）から激励の手紙をもらう。雑誌の書評でよく言われず。「文筆上の企てで、私の『人間本性論』ほど不幸な例はなかった。それは出版所から死んで生まれた。それは、宗教的狂信者の間に不平の声を引き起こすことさえしなかった。(3)」しかし、まったく無視されたわけではなく、覚えられ、のちに大学教授職への就職の障害となる。

一七四〇年

『人間本性論概要』（*An Abstract of A Book lately Published; Entitled,* A Treatise of Human Nature, *&c.*）を匿名出版。

一七四一～二年

『道徳政治論集』（*Essays Moral and Political*）二巻を匿名出版。評判悪くなく、先の失望を忘れる。

一七四四～五年

エディンバラ市長の勧めで、エディンバラ大学道徳哲学教授の候補者となるが、市長は政争の渦中にあり、エディンバラの聖界とエディンバラ大学長が、『人間本性論』の著者であるとしてヒュームを攻撃するパンフレットを出す。ヒュームも自分の哲学的立場を擁護する手紙を市長に書き、熱心な友人たちがこれを『或る紳士からエディンバラの友人への手紙』として出版する（一七四五年）。当時、ヒュームは、気のふれたアナンデイル侯爵（Marquess of Annandale）の家庭教師を頼まれ、イングランドはロンドンの北方にあるセント・オールバンズ（St. Albans）近郊に一年間滞在していた。ヒュームには「道徳の基礎を破壊するものである」という非難がもっともこたえた。自らの道徳的品性の健全性は、ヒュームにとって常にもっとも重要なものであり、『人間本性論』の議論を、悪徳を大目に見る悪意のある人間の試みとして描かれたことを、嫌悪した。のちのち、『人間本性論』の不成功について「あまりにも早く出版し過ぎた」と後悔する。

一七四六年

遠縁にあたるセント・クレア（St. Clair）将軍の秘書兼法務官として、フランス領カナダ遠征に加わるが、遠征はフランスのブルターニュ海岸襲撃に終わる。

一七四八年
セント・クレア将軍が軍事特使としてウィーンとトリノへ赴くのに、副官として同行する。一七四八年トリノにいる間に『人間知性探究』（原名は『人間知性についての哲学論集』）を出版するが、注目されず。『道徳政治論集』の新版も評判にならず。

一七四九〜五一年
ベリクシャーのナインウェルズの田舎に帰り、兄と一緒に暮らす。『政治論集』（*Political Discourses*）と、『道徳の諸原理の探究』を書く。『人間本性論』以外の著作が少しずつ評判となり、元気づけられる。

一七五一年
兄が結婚したので、姉とともにエディンバラに移る。以後はエディンバラに住む。グラスゴー大学論理学教授職を得ようとするが、失敗する。当時、同大学道徳哲学の教授であった友人のアダム・スミス（Adam Smith 一七二三〜九〇年）の力も及ばず。エディンバラ哲学会代表に選ばれる。『道徳の諸原理の探究』を出版するが、評判にならず。

一七五二年
『政治論集』（『人間本性論』の第四巻として当初計画されていたが書かれなかった「政治論」に相当）を出版。初版で成功し、フランス語訳、ドイツ語訳される。「私の著作で、初版で成功した唯一のものである。外国内でも評判がよかった。[4]」エディンバラ弁護士協会図書館長となる（五七年まで）。

一七五三〜六年
『人間本性論』を除く哲学的著作集『諸論集』（*Essays and Treatises on Several Subjects*）全四巻を出版。六四年までに版を四回重ねる。

一七五四年

『英国史』(A History of England)を出版し始める。スチュアート家英国王ジェイムズ一世の王位継承(一六〇三年)から名誉革命(一六八八年)までをまず書き、その後歴史を遡って、シーザーのイングランド侵略まで書く。六二年までに全六巻を出版。

一七五七～六三年

一七五七年、『四論考』(*Four Dissertations.* 第一論考「宗教の自然史」、第二論考「情念について」、第三論考「悲劇について」、第四論考「趣味の基準について」)を出版。第三論考と第四論考は、『人間本性論』の第五巻として当初計画されていたが書かれなかった「文芸批評」に相当。この頃までに、英国でもっとも著名な文人として、英国および大陸に知られる。当時の批評家ボズウェル(James Boswell 一七四〇～九五年)に、「英国最大の文人」と評される(一七六二年)。

一七六三～六六年

英仏七年戦争が終了し、駐仏英国大使ハートフォード卿(Lord Hertford)の私設秘書としてパリに同行、パリで歓待される。一七六五年書記官に、その直後に代理大使となる。ドルバック、ダランベール、ディドロなどと知り合う。

一七六六年

英国に帰国。直後に、ジュネーヴを追われたルソー(Jean-Jaques Rousseau 一七一二～七八年)の英国への亡命に尽力する。しかし、間もなく、ルソーはヒュームにも疑いの目を向け、敵意をいだき、反目は決定的となる。ヒュームは自らの名誉を守るために『ヒューム氏とルソー氏との間に生じた争いの顛末』を出版。ダランベールとシュアールが編者。

一七六七年
ロンドンで一年間、ハートフォード卿の実弟コーンウェイ将軍から、北部関係省の政務次官となるよう要請され、引き受ける。

一七六九年
エディンバラに帰る。年はとったが、裕福となり、健康である。エディンバラの名士たちが住んでいるニュータウンのセント・アンドリューズ広場に面したところに家を建てて住む。哲学的隠棲に入る。女ともだちが、からかって、ヒュームの家の前の通りを「セント・デイヴィッド通り」と名づける。

一七七五年
腸に異常が生じる。腸癌であったと思われる。不治を悟る。苦痛なく、体力は衰えるが気力は衰えず。

一七七六年
四月十八日『わが生涯』を書き終える。その最後の部分で、「わが生涯の記述を私自身の性格を述べて終えることにするならば、……私は、穏やかな性格で、自制的であり、開けっ広げで社交的で陽気な気質であった。人に好かれ、敵意をいだかれず、すべての情念に節度があった。私の支配的な情念であった文学的名声欲も、度重なる失望にもかかわらず、私を気難しい人間にはしなかった。私との交わりは、学者文人ばかりでなく、若い人たちにも無学な人たちにも受け容れられた。私は特に、つつましい婦人たちとの交わりに喜びを感じたので、婦人たちから受けた歓待を喜んだ。一言で言えば、有名人は中傷されて不平を言うのが常であるが、私は中傷されて傷つくことも、そもそも中傷の毒牙にかかることもなかった。それは、私が、政治的あるいは宗教的な党派の非難に身を曝しはしたが、それを相手にしなかったので、敵が、荒れ狂う怒りを削がれたからである」と述べている。(5) 死後出版となる『諸論集』(全二巻) 第七版の第二巻の「前書き」で、『諸論集』に入れられなかった『人間本性論』(匿名出版) を、「若気の著作」であったとして、否認するために初めて認知する。『人間本性論』は一八一七年まで再版されず。『自然宗教についての対話』の死後出版をアダム・スミスに託そうとするが、断わられる。甥のデイヴィッドが出版することになる。八月二十五日死亡。

一七七七年

『わが生涯』出版。『諸論集』第七版出版。

一七七九年

『自然宗教についての対話』が甥のデイヴィッドの手によって出版される。

(1) 「[一七三四年、三月または四月、医師への手紙]」、『ヒューム書簡集』第一巻、一三頁。
(2) 同書簡、一六頁。
(3) 『わが生涯』、『ヒューム書簡集』第一巻、二頁。
(4) 『わが生涯』、『ヒューム書簡集』第一巻、四頁。
(5) 『わが生涯』、『ヒューム書簡集』第一巻、七頁。

II　ヒューム『人間本性論』の理論哲学

はじめに

『人間本性論』第一巻「知性について」（一七三九年）は、のちに『人間知性探究』（一七四八年）として書き改められたが、ヒュームの根本的立場には変化はない。『人間知性探究』においては、『人間本性論』でのヒュームの独創である、外的世界の存在の信念の原因についての考察、および人格の同一性の信念の原因についての考察が省かれ、ヒュームの理論哲学の全貌を知ることができなくなっている。小論においては、『人間本性論』の知性論と『人間知性探究』との異同は論じず、『人間本性論』の知性論の内在的理解を目指すことにする。

第一章　序論

一　ヒューム（一七一一～七六年）は、ジョン・ロック（一六三二～一七〇四年）を祖とする英国経験論の完成者であるばかりでなく、カント（一七二四～一八〇四年）の『純粋理性批判』（第一版＝一七八一年、第二版＝一七八七年）に四十年先立つ『人間本性論』（一七三九～四〇年）においてすでに、デカルト（一五九六～一六五〇年）に始まる西洋近世哲学の、一つの総決算を示したと言える。ヒュームは、デカルト、ロック、マルブランシュ（一六三八～一七一五年）、ベイル（一六四七～一七〇六年）、バークリー（一六八五～一七五三年）等の先人たちから種々のテーゼを受け継いだが、自らの哲学に使用するためにそれらのテーゼに新しい意味を吹き込み、経験論をロックやバークリーが思いもつかなかった仕方で徹底した。

ロックは、我々の思考の要素である観念がすべて経験から得られると主張し、経験に基づかないが我々人間に生まれつき備わっていて対象に妥当するような生得観念や生得原理が存在するということを否定することによって、英国経験論の祖となった。ロックは、我々が、同種の諸対象についての経験的個別的な諸観念から、それら個別的な対象に共通な諸特徴のみを抽象することによって、その種類のすべての対象を表わす抽象観念を形成できると主張する、普遍抽象説によって、同種の対象についての普遍的な認識の可能性を説明しようとした。ロックは、このような形での経験論を主張する一方で、物体についての我々の観念には、感覚できる諸性質を支える基体である知られない或るものとしての実体への指示が含まれ、また、精神についての我々の観念には、経験できる精神的作用（能動）と情念（受動）を支える基体である知られない或るものとしての実体への指示が含まれている、と主張したが、このような実体は、経験の対象ではあり得なかった。

ロックに続く英国経験論の哲学者であるバークリーは、第一に、同種の諸対象に共通な特徴などというものが実際にはないことを見抜いて、ロックの抽象の理論を批判した。バークリーは、抽象観念の説に代わるものとして、個別的対象の個別的観念が、同種の諸対象の個別的諸観念を代表する機能を果たすという、ロックの普遍抽象説よりもより経験主義的な普遍代表説を主張したが、個別的観念がそれとは共通の要素を含まない他の個別的観念の代表の機能をいかにして果たしうるかについて、説得的な説明を与えなかった。またバークリーは、ロックの物体的諸特徴の基体としての物体的実体の観念の非経験性を暴き、物体すなわち感覚的事物が存在するとは、それが知覚されることであるとし、物体を単に感覚的諸観念の集合に過ぎないと主張したが、観念を知覚する精神は、観念とは別個な、能動的な実体であるという考えを保持した。存在するとは、知覚されることである（観念の場合）か、知覚することである（精神の場合）かの、いずれかであるとされたのである。

デカルトに始まる大陸合理論の系譜に属するマルブランシュは、物体の間にも、身体と精神の間にも、また精神の諸作用の間にも、因果関係の本質を成す必然的結合が認識されないという理由で、物体であれ精神であれ、被造物は、真の因果的力能を欠いており、単に、造物主である神が力を行使するためのきっかけ（機会）となるに過ぎないとする、機会原因論を唱えた。しかし、マルブランシュは、神は全能である（意志したことを必ず実現する力をもつ）ので、神の意志作用とそれの結果との間には必然的結合がある、と考えたのである。

二　ヒュームは、ロックの経験論の原理を受け継ぎ、それを、我々の観念はすべて、我々の直接経験である印象から得られ、それを再現する（表象する）、と表現した。我々の思考の普遍性を説明するために、ロックの普遍抽象説を排し、バークリーの普遍代表説を採ったが、同種の個別的対象が何ら共通の要素をもたずに類似し得るという事実を指摘することによって、普遍代表説の可能性をバークリーよりも具体的に示そうとした(1)。ヒュームはまた、我々が物質的実体の観念をもっていないだけでなく、精神的実体が、我々の諸知覚（印象と観念）とは別個で、諸知覚がそれに属し、諸知覚の変化と交替を通じて変化せず同一であり続けるもの、と考えられている限り、我々はそのような精神的実体の印象をもつことはなく、したがって、我々は精神的実体の観念をももっていない、と主張した。バークリーが物質的実体を否定する際に用いた議論と類比的な議論を精神にも当てはめ、精神の実体性を否定するということは、バークリーには思いもよらない考えであった。ヒュームはさらに、我々は原因および結果と見なされる対象(事物あるいは事象)の間に必然的結合を知覚することができないという主張をマルブランシュから受け継いだが、我々は必然的結合の印象をもっていないからには必然的結合の観念をももっていない、と結論し、それゆえ我々は神の全能の意志とそれの結果との間に必然的結合を考えることもできないとして、我々が神における力の観念をもつことをも否定したのである。

これらの帰結は、単なる思いつきではなく、経験論の意識的で体系的な徹底の結果であった。すでに述べたように、我々がもつすべての観念は、直接経験である印象から生じ、印象を表象する。さらに、「[われわれの]精神[の意識]には、その知覚、すなわち印象と観念、以外の何ものも、けっして真に[現前せず]」(八六頁)、「外的対象がわれわれに知られるのは、それらが[われわれのうちに]引き起こすところの知覚によってのみであ[り]」(同所)、「われわれには、観念や印象と[種類が]異なるようなものは、思いうかべること、観念をいだくことさえ、不可能である」(同所)のである。「われわれ[は、われわれが]それについて観念を形成し得ないような対象が存在するということを信じる理由をけっしてもち得ない」のである(二〇二頁)。これらの理由によって、我々の感覚的な諸知覚の原因であり、これらの諸知覚とは種類が異なると見なされるような対象自体についいては、考えることもできないとされる(八六頁、二四四〜五頁)。また、空虚(真空)は無であり、無についてはいかなる印象ももち得ないがゆえに、我々は空虚の観念をもち得ない、とされる(五五頁)。知覚の変化も交替も含まない空虚な時間についても同様である(同所)。さらには、「いかなるものも、われわれが想像力において形成する[最小の]観念よりも小さくはあり得ず、また、感覚に現われる[最小の]表象よりも小さくはあり得ない」（四三頁）と主張されるが、これも、最小の感覚印象より小さいものは、印象になり得ず、したがってそれについて観念をいだくこと、すなわち考えることが、できないからである。

（1）本論第五章第八節および第四節、また拙論「普遍についての試論」を見よ。

三 しかし、ヒュームは、単に過激な経験論、またそれの帰結である極端な「常軌を逸した」懐疑論に、終始しはしなかった。感覚知覚の対象としての外的対象（物体）の存在の信念、諸知覚の意識の主体としての精神の存在の信念、物体あるいは物的事象の間、心的事象の間、また身体と精神との間の、因果的相互作用の信念等、我々の日常的信念の不可避性の事実（経験）を重視して、これらの日常的信念の根拠と原因の探究を自らの哲学の課題とした。

因果作用の信念は、理性に基づかず、想像力に基づく。因果関係の本質を成す、原因と結果の間の必然的結合は、外的に（感覚によって）も内的に（反省によって）も知覚されず、また、その結合の必然性は、理性の対象としての論理的必然性でない。因果推理は、論理的な論証的推論ではなく、それぞれ原因と結果と見なされる二種類の事象が過去において常に隣接と継起の関係にあったという恒常的随伴の経験に基づく、想像力による観念連合にほかならない。外的世界の存在の信念は、理性に基づく合理的信念ではなく、知覚作用の中断にもかかわらず中断の前と同じ配列で再現する「恒常的な」感覚印象、あるいは、知覚作用の中断にもかかわらず規則的な変化を部分的に示す「整合的な」感覚印象に、想像力が連続存在、および知覚作用とは別個な存在、を帰することから生じる。精神あるいは人格の同一性の信念も、理性に基づく合理的信念ではなく、想像力が、精神あるいは人格を構成する諸知覚の集まりを、諸知覚の間の観念連合による容易で滑らかな考察のせいで、変化を含まない真の同一性をもつものと取り違える結果である。このように、我々の日常的信念は、狭義の理性的根拠をもたず、想像力に基づくのであるが、人間本性に不可避の信念であるとされる。

四 ヒュームの道徳論は、人間の行為の動機、および自他の行為の道徳的評価が、ともに理性ではなく情念に基づくと主張する、非理性主義的な道徳感情説である。行為の原因（動機、意志作用）は情念であり、広義の理性（因果推理および直観と論証を含む推理の能力としての理性）ではない。「理性は、情念の奴隷であり、奴隷でのみあるべきであり、情念に仕え従うこと以外の役目をけっして要求できない。[1]」行為の自然な動機として、利己心だけでなく、他者への善意を認める点で、利己主義でないが、自然の善意は、自己に近しい者への偏愛であり、真に道徳的な行為や評価の基準としては不十分であるとする。しかし、近しい者の利害が関わる場合には偏愛を生み出すのと同じ共感の機制が、道徳的評価においては、社会生活の経験に基づいて、行為の影響を受ける人一般の快苦に対する「広い共感」すなわち「公共の利益に対する共感」を生み出し、普遍的客観的な道徳的評価が可能となる。そしてついには、この客観的な評価が義務感として自己の行為を規制し、公正な行為の動機となり得る、と言う。「「べきである・べきでない」は「である・でない」から論理的には導出できない」という表現形式で有名になったヒュームのテーゼは、「べきである・べきでない」と表現される道徳的義務は、単に対象の関係に基づき理性によって知覚されるようなもの、すなわち「である・でない」と表現できるような観念の間の論理的な関係や経験的事実、ではない、ということを意味する。[2] 広義の理性は、欲求される目的を達成するための手段を教えることによって、道徳の手段としての地位を得る。[3]

（1）二・三・三（『人間本性論』第二巻第三部第三節、以下同様）、『ヒューム哲学的著作集』第二巻、一九五頁。セルビー・ビッグ／ニディッチ編、四一五頁。
（2）三・一・一、前掲書二四五～六頁。セルビー・ビッグ／ニディッチ編、四六九頁。
（3）『人間本性論』第三巻の道徳論については、拙論「イギリス経験論の倫理思想——自然主義を中心として——」を見られたい。

五　ヒュームの理論哲学は、常識的信念と哲学的理論の非理性性（非合理性）を徹底的に暴露する哲学的考察の側面と、人間の自然本性をあるがままに観察し、常識的信念が人間の自然本性からいかにして生じるかを説明しようとする経験的心理的考察の側面とから成る。彼の哲学的考察は、人間の狭義の理性的認識の有限性を明らかにする非理性主義において、認識論的懐疑論に接近する。しかし、ヒュームは、人間本性の事実を観察することによって、人間の認識論的懐疑の能力そのものが有限であって、我々が懐疑主義に徹することができないことを強調する。人間の自然本性は、狭義の理性的原理のみならず、想像力と情念の諸原理をもそれの主柱として含み、想像力に基づく常識的信念（二一四頁および二一九頁を見よ）と、情念に基づく道徳的振舞いのうちに、人間に普遍的で不可避なものがあると主張する。これがヒュームの「自然主義」（naturalism）である。「自然（nature　人間の自然本性）は、絶対的で干渉できない必然性をもって、われわれを、呼吸し感じると同様に、判断するように決定したのであ［る］」（二一四頁）。「自然は、この問題を、懐疑論者の選択に委ねはせず、疑いもなく、この問題を、われわれの不確かな推論や思弁に任せるにはあまりにも重要な問題であると、見なしたのである」（二一九頁）。

以上のようなヒュームの真意が理解されるためには、長い時間を要した。ヒュームの同時代の哲学者であったトマス・リード[1]（一七一〇～九六年）やジェイムズ・ビーティー[2]（一七三五～一八〇三年）も、拙訳の底本である『ヒューム哲学著作集』の編者であるトマス・ヒル・グリーン[3]（一八三六～八二年）も、ヒュームを徹底的懐疑論者と見なした。ヒュームを自然主義者として理解して、彼の哲学の積極的側面を最初に強調したのは、今世紀のノーマン・ケンプ・スミス[4]であった。ヒュームが認識論の領域で懐疑論者であったことは、彼自身が認めている[5]否定できない事実である。しかし、その懐疑論は、人間の認識の非合理性にのみ固執する極端な「常軌を逸した懐疑論[6]」（extravagant scepticism）ではなく、人間の常識的信念の非合理性を知ることによってかえって狭義の理性の有限性を知り、常識的信念の不可避性の事実から目をそらさない穏やかな「節度のある懐疑論[7]」（moderate scepticism）であった。人間は、その知識の有限性のゆえにこそ、懐疑を避けるために、人間の自然本性に頼らざるを得ず、また事実において、人間の自然本性は、懐疑を無力にしているのである。このように、ヒュームの自然主義は、狭義の理性の越権を咎め、想像力と情念とに正当な権利を認める点で、反理性主義的であり、彼の穏やかな懐疑論と表裏一体を成しているのである。

ヒュームの懐疑論を正しく理解するためには、彼が「理性」(reason)の意味を厳しく制限していることに注意しなければならない。ヒュームにとっては、広義の理性は、推理の能力にほかならず、直観と論証、および因果推理の能力である。これに対して、狭義の理性は、直観と論証の能力であり、「確実な」「知識」(knowledge)の唯一の源泉である。ヒュームは、狭義の理性による、論理的知識と、幾何学を除く数学的知識(算術と代数)との確実性を認めるが、狭義の理性は事実と現実存在についての知識を与えないということを強調する。事実と現実存在については、「蓋然性」(probability)しか成り立たない。ヒュームの確実性のモデルが直観と論証にあるという点は、近世のヨーロッパ大陸における合理論の考えと同じであり、このことから、それ以外の信念に対する懐疑論的態度が生じる。しかし、ヒュームは、他方で、その自然主義的な態度によって、常識的信念は理性的根拠とは別種の独自の根拠をもつという考え方をも示しており、この考えは、現代哲学の常識となっている。

(1) リード『人間精神探究』および『人間の知的能力についての論集』。
(2) ビーティー『真理の本性と不変性についての試論、詭弁と懐疑論への反論』。
(3) 『ヒューム哲学的著作集』第一巻および第二巻「序論」。
(4) スミス「ヒュームの自然主義」および『デイヴィッド・ヒュームの哲学』。
(5) 三〇五頁、三〇六頁、三〇九頁、三二六頁。
(6) 二六〇頁、二四六頁。
(7) 二五七頁。

六 このようにして、ヒュームの理論哲学は、想像力の働き、特に観念連合によって、人間の日常的信念の成立を説明し得たかのように見えたが、実は、この観念連合には、ヒュームの経験論の枠組に収まり切らない前提が内蔵されていた。(1) 観念連合に起因するヒュームの理論的破綻は、彼の因果論と人格の同一性の信念の説明とに認められる。ヒュームは、『人間本性論』第三巻「道徳について」(一七四〇年)につけた「付録」において、人格の同一性の信念の説明における理論的破綻を自ら認めたが、因果論における理論的破綻には気づかなかった。『人間本性論』第一巻「知性について」を書き改めた『人間知性探究』（一七四八年）に、因果論は収められたが、人格の同一性についての議論は収められなかった。我々は、本章の残りの部分において、ヒュームの理論的破綻をあらかじめ概観しておきたい。

ヒュームによれば、因果関係は、原因と結果の時間または空間における隣接、原因の結果に対する時間上の先行、さらに原因と結果の必然的結合を含意している。隣接と継起の関係だけでは、因果関係の成立のために十分ではなく、原因と結果の間に必然的結合がなければならないように思われる。原因と結果は、少なくとも時間的に区別できるから、異なる存在者であると見なせる。ところで、「異なる対象は、すべて区別でき、区別できる対象は、すべて思惟と想像の能力によって分離できる」（三〇頁）という分離の原理が、ヒュームの哲学の根本原理の一つであった。「異なる対象」とは、それらの存在がたがいに論理的に独立な対象（存在者）のことである。分離の原理は、「知性［は］、［異なる］諸対象の間には、いかなる真の（実在する）結合をも観察［しない］」とも表現される（二九五頁）。因果関係にあり、たがいに他の原因または結果である二つの対象（事象）は、たがいに時間的あるいは空間的に異なるので、二つの異なる存在者として区別され、思惟の能力によってたがいに分離され得る。すなわち、実際とは異なって一方の対象が他方を伴わない（他方とは別の対象を伴う）ということが想像できる。それゆえ、両者の間には論理的に必然的な結合はない。したがって、因果関係の本質を成す「必然的結合」は、論理的に必然的な結合ではない、とされる。しかし、「必然的結合」すなわち因果的に必然的な関係は、外的にも内的にも知覚されない。因果関係にある二種類の対象の間に知覚できるのは、時間的または空間的な隣接と時間的な先行（継起）の関係のみである。しかし、二種類の対象が過去において常に隣接と継起の関係にあったという恒常的随伴を経験すれば、我々は、躊躇なく一方の対象を原因、他方の対象を結果と見なす。してみると、我々は、二種類の対象の間の恒常的随伴の経験を、両種の対象の間の因果関係の［存在の］十分条

件と見なしているのである。それゆえ、

（一）　任意の対象（事象）AとBについて、AとBの過去における恒常的随伴の経験（a）が、「AがBの原因である」との信念（b）の、原因である、

ということが、ヒュームの一つの結論となる。ヒュームは命題（一）を主張しているのであるから、命題（一）は彼の一つの信念（d）であり、しかも「AはBの原因である」という型を有している。話を具体的にするために、命題（一）で言及されている「AがBの原因である」との信念（b）を、ヒュームが具体的に念頭に置いていた、現実の日常的で具体的な種々の因果信念であるとしよう。しかしヒュームは、彼が発見した命題（一）を、具体的な因果信念（b）についてのヒューム自身の哲学的な反省としての因果信念（d）にも拡張して適用するという、一貫性を示している。すると、命題（一）がヒュームの信念（d）であり、「AはBの原因である」という型を有しているのであるから、この命題自身が、命題（一）の一事例となり、

（二）　AとBの過去における恒常的随伴の経験（a）と、「AがBの原因である」との信念（b）との、過去における恒常的随伴の経験（c）が、命題（一）に対するヒュームの信念（d）の原因である、

ということになる。このことは、ヒューム自身が明示的に認めていることであり、このことには何ら問題がないように見える。ところが、命題（二）も、ヒュームの信念（f）を表わし、「AはBの原因である」という型を示している。すると、以上と同様の議論によって、

（三）　AとBの過去における恒常的随伴の経験（a）と、「AがBの原因である」という信念（b）との、過去における恒常的随伴の経験（c）と、命題（一）に対するヒュームの信念（d）との、過去における恒常的随伴の経験（e）が、命題（二）に対するヒュームの信念（f）の原因である、

ということになる。このことは、ヒュームが認めざるをえない結論（信念（h））である。ところで、命題（三）で言及されている、命題（一）に対するヒュームの信念（d）とは、ヒュームが最初に具体的に念頭に置いてい

た、現実の日常的で具体的な「AはBの原因である」という因果信念（b）のすべての、原因についての、単一の信念である。命題（三）で言及されている恒常的随伴の経験（c）も、ヒュームが最初に具体的に観察した、過去における恒常的随伴の経験（a）と「AがBの原因である」というすべての信念（b）との間に観察された、単一の恒常的随伴の経験である。このように、命題（三）で言及されている恒常的随伴の経験（c）とヒュームの信念（d）は、ともに単一の事態であって、両者の間の随伴は、何度意識されたとしても、単一の随伴の意識であって、恒常的随伴すなわち反復ではあり得ないのである。このことは、命題（一）に反する結果であるので、帰謬法により、命題（一）は普遍的には成り立たないということが、帰結する。

実は、ヒュームは、我々の因果判断が常に二種類の対象（事象）の恒常的随伴の経験に基づいてなされるわけではなく、周到に準備された実験あるいは観察においては、二種類の対象のただ一度の随伴の経験から、両者の間に因果関係が存在すると判定できるということを、認めている。しかし、その場合には、我々は、（イ）「似た対象は似た条件のもとでは常に似た結果を生み出す」（一三〇頁）あるいは（ロ）「［われわれが］或る［種類の］対象から一度帰結することを観察したものは、［同じ種類の条件のもとでは］その［種類の］対象から常に帰結するであろう」（一五九頁）という強い意味での自然の斉一性の原理が、「無数の実験」と「十分な習慣」すなわち経験によって確立されているので（一三〇頁）、この原理に基づいて、ただ一度の経験から因果判断ができるのである、と主張する（一二九～三〇頁、一五九頁）。しかしながら、このような自然の斉一性の原理（ロ）、あるいはこれが含意している、「すべての出来事には原因がある」という因果律のような命題は、我々が自然の斉一性（ロ）を観察することがないので、ヒュームが考えたように個々の恒常的随伴の経験から直接獲得することが不可能な命題なのである。我々の経験は不規則であることが多く、一度随伴した二種類の対象が常に随伴するとは限らない（一五九頁）。我々の経験には、恒常的随伴を示すものもあるが、恒常的随伴を示さないものが、それに劣らず多くある。また、我々は、多くの出来事の原因をいまだに知らない。それにもかかわらず我々が自然の斉一性（ロ）や因果律についての信念を捨てないということは、我々の実際の経験が示す程度の不規則性では、これらの原理が反証されないということを示している。自然の斉一性（ロ）や因果律の信念は、直接経験に基づいて得られる信念ではなく、我々の直接的経験の不規則性にもかかわらず保持される信念なのである。我々の直接的経験の不規則性は、自然の根底に規則性がないためではなく、自然の根底に存在する規則性が現象のうちに現われるための条件が整わないために生じるものと見なされ、自然の斉一性（ロ）や因果律の反証例とは見なされない。それゆえ、自然の斉一性（ロ）や因果律の信念は、今までのところ経験によって決定的な反証を受けたことがないゆえに保持されるという、弱い意味で経験的な信念であるが、それらの信念が経験から直接生じるということは考えられない。ヒュームの言うように、我々がただ一度の経験から因果作用を判定できることを認めるということは、ヒュームの哲学に含まれる狭い意味での経験論を捨てるということを、意味するのである。

（1）［本論］第三章第二十五節。また第三章第七～十節を参照。

七　さて、ヒュームは、前節で見たように、過去における二種類の事象（AとB）の恒常的随伴の経験を因果関係についての我々の信念の原因であるとし、また、この恒常的随伴の経験を因果関係の存在の判定のための十分な基準と見なしたが、「AはBの原因である」という因果判断は、単に過去におけるAとBの恒常的随伴の経験を報告しているのではなく、「Aは必ずBを結果としてもつ」という判断であり、原因（A）と結果（B）の間の「必然的結合」の主張を含んでいるものと考えられていた。因果関係に含まれるこの「必然的結合」が、論理的に必然的な結合でないとされることは、前節で見た。しかし、そのような「必然的結合」は、外的にも内的にも知覚されないとされる。「必然的結合」が知覚されない理由は、実は、論理的に必然的な結合と区別されるような「必然的結合」とは、我々がいかなる判明な観念ももっていない、言わば一つの「虚構」すなわち幻想にほかならないからである。それにもかかわらず、我々が、原因と結果と見なされる二種類の対象（事象）の間に「必然的結合」が存在すると考えざるを得ないのは、ヒュームによれば、二種類の対象AとBの恒常的随伴を経験したのちは、我々の想像力に、一方の対象の知覚が現われれば他方の対象の観念を自然に思いうかべるという、観念連合の習慣が形成され、精神（想像力）が、この観念連合によって、一方の対象の観念が現前すれば他方の対象の観念を思いうかべるよう、また、一方の対象の印象が現前すれば他方の対象の生き生きした観念を思いうかべるように、自らが「決定されている」という、内的な印象を得、観念連合に伴うこの内的な被決定性の印象を対象に投影して、対象の間に「必然的結合」が存在するかのように錯覚するからである。それゆえ、ヒュームによれば、「感覚に現前する或る対象Ａは、それの結果である或る対象Ｂと必然的に結合している」という命題において言及されている「必然的結合」とは、実は、精神（想像力）が対象Ａの印象によって対象Ｂの生き生きした観念を思いうかべるように決定されているという、被決定性の印象に過ぎないのである。それゆえ、「必然性とは、対象のうちにではなくて精神のうちに存在する何かで［ある］」と言われる（一九五頁）。しかし、この被決定性の印象とは、対象Ａの印象の現前が対象Ｂの観念の現前の原因であるという、したがって、対象Ａの印象が対象Ｂの観念と必然的に結合しているという、印象にほかならず、これでは、対象ＡとＢの間の「必然的結合」が、対象Ａの印象と対象Ｂの観念との間の観念連合に伴う「必然的結合」によって説明されていることになり、今度は後の「必然的結合」が説明される必要があることになる。しかしながら、印象と観念との間の「必然的結合」も、対象の間の「必然的結合」と同じく、論理的に必然的な結合ではないはずであり、論理的に必然的な結合でない「必然的結合」は、ヒュームには判明には理解ができない。そのような判明に理解できない「必然的結合」が、或る種類の個別的対象Ａの個別的印象と別の種類の個別的対象Ｂの個別的観念との個別的因果連関において、いかにして知覚できるのか（内的な印象となり得るのか）、ヒュームには理解できない。「われわれの内的知覚の間の結合原理は、外的対象の間の結合原理と同様に、知的に理解できず、［恒常的随伴の］経験によって知るほかには、知りようがないのである」（一九九頁）。そこで、ヒュームは、仕方なく、対象Ａの印象と対象Ｂの観念との間の「必然的結合」も、対象Ａの印象と対象Ｂの観念との間に実際に存在する関係ではなく、精神が対象Aの印象の観念の現前によって対象Bの観念の観念を思いうかべるように決定されているという、さらに内的な被決定性の印象に過ぎない、と主張する（同所）。こうして、ヒュームは、原因と結果の間の「必然的結合」の幻想の成立過程の説明にも失敗した。

前節で見たように、ヒュームは、自然の斉一性（ロ）や因果律が経験から直接学ばれるかのように考え、命題（一）すなわち「任意の対象（事象）AとBについて、AとBの過去における恒常的随伴の経験が、「AがBの原因である」との信念の、原因である」という主張に含まれる非整合性に気づかなかった。また、本節で見たように、因果関係の本質を成す「必然的結合」の「必然性」を、論理的に必然的な結合の「必然性」と異なると考えたために、因果的な「必然的結合」は、理解することも知覚することもできない幻想とされざるを得なかったが、「必然的結合」の印象の無限背進によって、幻想そのものが霧散することになった。

「必然性」は、或る場合には論理的な必然性として把握され、或る場合には因果的な必然性として把握されるが、必然性には、ただ一種類の必然性すなわち実在的必然性しか考えられない。実在的必然性を定義することはできない。しかし、事情は論理的必然性についても同じである。言語における論理的関係として把握される論理的必然性は、この唯一の実在的必然性の一部分でしかない。我々は、この実在的必然性の考えを、因果律あるいは自然の斉一性（ロ）の仮説として、カントの主張に反して、「経験によって決定的に反証されない限り」保持し続ける。そして、我々が、因果律の仮説を保持し、あらゆる事象を因果律（因果的必然性としての実在的必然性）のもとで理解しようとするからこそ、我々は、ときには個別的な事象においてさえ、因果連関を、したがって「何らかの実在的に必然的な結合が存在する」ということを、知覚することができるのである。

八　次に、人格の同一性の信念の説明におけるヒュームの理論的破綻を、概観しよう。我々は、人格の同一性の信念を日常的信念として保持しているが、ヒュームによれば、我々の人格あるいは精神のうちには、通常、一つの時点においてはたがいに異なる複数の知覚（印象あるいは観念）が、継起する異なる時点においてはたがいに継起する異なる知覚があり、これら諸知覚以外には何も観察されないので、人格あるいは精神には、時間を通じてのいかなる真の同一性も認められない。或る対象の真の「同一性」とは、「想定された時間の変化を通して、対象が、変化せず、かつ中断しないということ」であるとされるからである（二三三～四頁）。人格あるいは精神を構成する諸知覚は、たがいに異なり、したがって、分離の原理によって、たがいに別個な存在者であり、「知性［は］、［異なる］諸対象（存在者）の間には、いかなる真の（実在する）結合をも観察［しない］」（二九五頁）。それでは、我々は、人格のうちに同一性を観察しないにもかかわらず、なぜ人格に同一性を帰するのか。それは、人格あるいは精神を構成する諸知覚の間の類似性（表象関係）と因果性の関係に基づく観念連合によって、一つの知覚の考察から他の知覚の考察への思惟の移行がきわめて容易で滑らかであるので、想像力が、この容易で滑らかに移行する考察を、変化も中断も含まない真の同一性をもつ対象を考察する際の容易で滑らかな考察と混同し、人格あるいは精神を構成する異なる諸知覚の集まりを、真の同一性をもつものと取り違える結果である。このようにして、人格の同一性の信念は、想像力における諸知覚の観念連合に基づく「虚構」すなわち錯覚であるとされる。

しかし、ヒュームは、『人間本性論』第三巻（一七四〇年）につけた「付録」のなかで、人格の同一性の信念の形成についての上のような説明が或る「矛盾」を含んでいることを、告白する。問題は、「精神［あるいは知性］は、たがいに異なる存在者［である諸知覚］の間にいかなる真の結合も知覚しない」（三二六頁）のに、いかにして精神あるいは想像力が「［異なる知覚の間に、結合（連合）を「、すなわち、一つの対象から別の対象へ進むように思惟が決定されていることを、」感じる］」（三二六頁、三二五頁）ことができるのか、ということにある。この問題には二面があり、その一つの面は、前節で見た、ヒュームの因果論において生じた問題、すなわち、知性あるいは理性が原因と結果との間の「必然的結合」を知覚できないのに、いかにして想像力が原因の印象と結果の観念との間の「必然的結合」を知覚できるのかという問題と、同一の問題である。ヒュームは、この問題を、因果論においては、「必然的結合」の印象の無限背進によって避け得たと錯覚したが、人格の同一性の信念の説明においては、避け得ないことに気づいたのである。ヒュームの問題のもう一つの面は、そもそも、想像力が、人格を構成する諸知覚の間の観念連合による思惟の滑らかな移行を、真の同一性をもつ対象を考察する思惟の滑らかな移行と混同し、異なる諸知覚の集まりを、真の同一性をもつ人格と錯覚するためには、観念連合によって連合される諸知覚が、すでに「同一のものである」想像力（精神）に現前しなければならない、ということにある。観念連合によって連合される諸知覚が異なる存在者であることはあり得ても、観念連合がそこにおいて生じる想像力すなわち精神は、すでに同一性をもっていなければならない。この同一性は、ヒュームの考えたような、変化を含まない持続ではなく、変化を含み得る「実在的な」同一性である。同一性についても、必然性の場合と同様に、論理的同一性は、実在的同一性の一例に過ぎないのである。

ヒュームの理論的破綻は、「異なる存在者はたがいに論理的に独立である」という分離の原理を、「論理的に独立な存在者は、実在的に（真に）独立である」という帰結をもつものと考えたことに起因する。ひとたびこの帰結を認めれば、想像力による諸知覚の観念連合を用いて対象の間の「事実的結合」についての日常的信念を説明しようといかに努めても、諸知覚の間の観念連合自体が「知的に理解できない」ものとなるのである。論理的に独立な存在者の間の区別は、デカルトにおいて心身の実在的区別の根拠とされたように、西洋近世の多くの古典的哲学者たちにおいても、実在的な独立性の目印とされた。しかし、論理的独立性は、実在的独立性（「実在的区別」）を含意しない。言い換えれば、実在的な結合は、論理的に必然的な結合を含むが、それよりはるかに広いのである。それゆえ、ヒュームの理論的破綻は、西洋近世の多くの古典的哲学者たちの理論的破綻を象徴するものであった。

第二章　目論見

一　『人間本性論』の副題は、「実験的な推論法を精神の諸問題に導入する試み」となっている。当時、哲学を、現代の自然科学に相当する「自然哲学」(natural philosophy)と、人間精神に関わりのある諸問題を扱う「精神哲学」(moral philosophy)とに、二分する習慣があった。精神哲学は、論理学、心理学、形而上学、道徳学、政治学等、現代の精神諸科学に相当するものを含み、道徳学(morals)は、単にその一部門に過ぎなかった。副題に見られる「精神の諸問題」(moral subjects)とは、この意味での精神哲学に含まれる諸問題、すなわち人間精神に関する諸問題のことである。人間の自然本性は、本来、精神的本性ばかりでなく、身体的本性をも含む[1]が、ヒュームは、自らの『人間本性論』すなわち「人間の学」(六頁)を、精神的本性の探究に限った(一九〜二〇頁、七二頁、八一頁)。それでも、「前書き」および「序論」に見られるように、『人間本性論』は、当初、知性論、情念論、道徳論、政治論、文芸批評(趣味論)を含む、精神諸学全体の一大体系として、構想されていた。実際には、『人間本性論』は、その第一巻の知性論と第二巻の情念論が一七三九年に、その第三巻の道徳論が翌一七四〇年に出版されただけで終わった。しかし、政治論は、『道徳政治論集』[2](一七四一〜二年)、『政治論』[3](一七五二年)として、また文芸批評は、『四論考』[4](一七五七年)の第三論文「悲劇について」および第四論文「趣味の基準について」等として、出版された。

(1)　二・二・六、最終段落(『ヒューム哲学的著作集』第二巻、一五四頁、セルビービッグ/ニディッチ編、三六八頁)を見よ。

(2)　これは、『ヒューム哲学的著作集』第三巻『道徳、政治、文学論集』およびミラー編『道徳、政治、文学論集』の第一部(Part I)

の大部分である、第一～第四論文、第六～第二十論文を含む。

（3）　これは、前註の『道徳、政治、文学論集』の第二部（Part II）の大部分である、第一～第五論文、第七～第十三論文、第十五および第十六論文を含む。

（4）　これの第一論考「宗教の自然史」および第二論考「情念について」は、『ヒューム哲学的著作集』第四巻に収められている。第三および第四論文は、同第三巻『道徳、政治、文学論集』の第一部の第二十二および第二十三論文として収められている。

二

ヒュームは、「あらゆる学は、多かれ少なかれ人間の自然本性に関係を有［する］」と言い、数学、自然哲学、および自然宗教をさえ、それらが人間の判断に基づく学であるという理由で、人間を知ることすなわち「人間の学」に依存していると見なし（六頁）、広い意味での「論理学」である知性論[1]において、人間の知性の及び得る範囲を知り、観念の本性と推理における心的作用の本性とを説明できるようになれば、それらの諸学にもたらされる改善は測り知れない、と言う。人間本性との関係がより密接な他の諸学については、「論理学の唯一の目的は、われわれの推理能力の諸原理と作用、および観念の本性を説明することであり、道徳学と文芸批評とは、われわれの趣味と感情を考察するものであり、政治学は、結合して社会を形成し相互に依存し合う限りでの人間を考察するものである」とし、これらの諸学には、我々にとって知る価値のあるほとんどすべての事柄が含まれていると言う（七頁）。これらの諸学は、「人間の学」そのものの構成部分である。それゆえ、ヒュームは、『人間本性論』によって、最初は、精神的諸学全体の体系化を企てていたのである。「われわれは、人間本性の諸原理の解明を企てることで、実は、ほとんどまったく新しい基礎の上に、……諸学の完全な体系を建てることを、目論んでいるのである」（七頁）。

そして、「人間の学が他の諸学の唯一の堅固な基礎を成すように、人間の学そのものに与え得る唯一の堅固な基礎は、経験と観察に置かれねばならない」[2]と言う（七～八頁）。ヒュームは、古来の精神哲学を、経験よりも思いつきに依存しているとし、彼の時代の精神哲学を、コペルニクスの時代以前の天文学と同じ状態にあるものと断定した[3]。人間の学の基礎となるべき経験とは、人間本性の観察によって得られる experiments、すなわち

「経験的事実」または「実験」と、これらの事実を支配している諸原理の発見とであった。「可能な限度まで実験によって追求し、すべての結果をもっとも単純でもっとも少数の原因から説明することによって、われわれのすべての原理をできるだけ普遍的なものにするようにしなければならない」（八頁）。また「人間の学が、自然哲学のいくつかの部門がもち得ることが分かったのと同じ正確さをもち得ないかどうかを、試してみることは、少なくともやってみるだけの価値がある。……もし、われわれが、いくつかの異なる現象を吟味して、それらが或る一つの共通の原理に帰着することを見出し、この原理をさらに他の原理に帰着させ得るならば、われわれは、最後には、他のすべての諸原理がそれらに依存するような、少数の単純な諸原理に到達するであろう」と言う。[4] これらの記述から、ヒュームが精神哲学におけるニュートンたらんと欲していたことが、窺える。「[しかしながら、] われわれが経験を超えては進み得ないことは、依然として確実なのである。それゆえ、人間本性の究極的根源的性質を明らかにすると称する説は、いずれも、思い上った空想として、最初から斥けられねばならない」（八頁）。また「われわれはけっして究極的諸原理には到達できないけれども、われわれの能力に可能な限り前進するということは、満足の理由となる」と言う。[5] ここに、ヒュームの経験主義の性格が窺える。

（1）『人間本性論概要』七頁、および次の引用文を見よ。
（2）『ヒューム書簡集』第一巻、第三書簡（一七三四年）、一六頁。
（3）二・一・三、最終段落（『ヒューム哲学的著作集』第二巻、八一頁、セルビー・ビッグ／ニディッチ編、二八二頁）。
（4）『人間本性論概要』六頁。
（5）前註と同じ。

三　なぜ我々は、人間本性の究極的諸原理に到達できないのであろうか。ヒュームは、「精神の本質は、外的物体の本質と同じく、われわれには知られないので、精神がいかなる能力と性質を有するかを知ることは、外的物体についてと同様に、注意深い正確な実験と、異なる条件や状況から生じる個々の結果の観察とによるのでなければ、不可能であることは明らかである」と言う（八頁）。なぜヒュームは、外的物体の本質は知られず、経験と観察によってはその究極的性質が知られない、と言うのであろうか。おそらく、その理由の一つは、ニュートンが、彼自身による自然哲学の改革によって知られたもっとも普遍的な原理であった万有引力の法則そのものについては、それの根拠をそれ以上説明できなかったということであろう。物質世界についての知識には、単なる普遍的法則的知識の体系と、これに全時間および全空間における個々の事象すべての予知をも含む個別的知識の総体を加えた知識とが、考えられる。後者は、神において想定されるような全知であり、人間にはとうてい望み得ない。宇宙の一部分についてさえ、その中に含まれるすべての個別的事象の知識は、きわめて難しい。人間に可能なのは、宇宙のごく小さな一部分に含まれるごくわずかの個別的事実の知識と、これに基づいた宇宙全体あるいはその一部分についての要約的法則的知識であり、ヒュームが言う諸原理も、法則的知識を意味する。ヒュームは、人間が「最後には、他のすべての諸原理がそれらに依存するような、少数の単純な諸原理に到達する」ことを、不可能と考えたわけではない。そして、これらの最終的諸原理は、一種の究極的諸原理であるはずである。それゆえ、我々が物体の究極的諸原理に到達できないというヒュームの主張の理由の一つは、たとえ我々が最終的諸原理に到達できたとしても、なぜそれらの諸原理が物体に関して成り立つのかは、もはや説明できず、事実として受け容れるほかない、ということである。「〔われわれは、〕われわれに可能なもっとも一般的でもっとも完成された諸原理に対しては、それらが事実であることをわれわれが経験すること以外にそれらの原理の根拠を示し得ないということを、知る」（九頁）。「私は〔究極原理の解明の不可能なこと〕を、〔精神哲学および自然哲学の〕哲学者たちの学界で培われる学であれ、しがない職人の仕事場で行なわれる技術であれ、われわれの就き得るすべての学と技術にも共通する欠点である、と主張して憚らない」（九頁）。また、観察されていない事実に関する命題は、個別的であろうと一般的であろうと、狭義の理性の対象ではなく、直観的明証性も論証的明証性ももたないということが、繰り返し強調されている[1]。

（1）　三・一・二（『ヒューム哲学的著作集』第二巻、二四〇頁、セルビー・ビッグ／ニディッチ編、四六三頁）、『或る紳士からエディンバラの友人への手紙』二一〜二頁、『人間知性探究』第四節第一部第二段落（『ヒューム哲学的著作集』第四巻、二二〜三頁、セルビー・ビッグ／ニディッチ編『人間知性探究および道徳の諸原理の探究』二五頁）、『ヒューム書簡集』第一巻、第九一書簡、一八七頁等。

四　ヒュームが、外的対象（物体）の本質が知られず、経験と観察によってはその究極的性質が知られないと主張した、もう一つの理由は、人間の知識が事実において不完全であるというロックの考えに近い考えからであると思われる。ヒュームは、「［物体の本性を見抜き、物体の作用の隠れた原因を解明するというような］企ては、人間の知性の能力を超えるものであって、われわれはけっして、物体を、感覚に現われるその外的属性を通してしか、知るとは主張できないであろう」（八一頁）と言い、「外的対象がわれわれに知られるのは、それらが［われわれのうちに］引き起こすところの知覚によってのみである」（八六頁）と言うが、これとほとんど同じ表現が、ヒュームに先行するロックに見られる。ロックは、物体について微粒子説を採った上で、ヒュームと同様に、「われわれは、事物（物体と精神）について、外からの感覚能力によるか、あるいは、それ自身のうちに内的に体験するものを反省する精神によって、われわれに示される、或るわずかの外面的な諸観念しかもっていないので、それ以上の知識はもたず、ましてや、事物の内的構成や本性の知識はもたない。われわれは、そのような知識を得る能力に欠けるからである」と言う。[1] ヒュームは、物体を、ロックの微粒子説に似た形で、或る種の微小要素から成ると考えていた。

外的対象は、我々の外に存在する、したがって空間の中に場所をもつ、と考えられている。ところが、「何であれ、みずからの存在の場所を明示しているものは、延長していなければならないか、あるいは、部分をもたず複合していない数学的点でなければならないかの、いずれかである」（二六八頁）。数学的点は、複合して延長を形成でき（同所および四四頁）、延長をもつものは、常識的信念に基づいて、空間の中にある外的対象と見なされる。空間と延長の観念を与え得るのは、視覚と触覚の対象のみであるとされる（五三頁、二六八頁）。そして、「延長を表象する複合的印象は、いくつものより小さい諸印象から成り、これらの諸印象は、目あるいは触覚にとって分割不可能であり、色あるいは固体性（可触性）を有する原子または微粒子の印象と、呼ぶことができる。……これらの原子を精神が思いうかべることを可能にし得るものは、これらの原子の色あるいは可触性の観念以外にない」（五三〜四頁）と言う。ヒュームは、物体が微粒子から成ると直接には言っていないが、我々が物体を微小部分から成るようなものとして思いうかべていると考えているのである。実際、「われわれは、われわれのすべての知覚が、われわれの諸器官と、われわれの神経と精神の気（animal spirits）の状態とに、依存していることを、明瞭に見て取る」（二四三頁）という言明、また、観念の連合に基づく間違いの原因を論じた箇所（七七〜八頁）には、我々の身体の微小部分の重要性に対する言及が見られる。このように、ヒュームの主張は、物体についてのロックの微粒子説に似た、或る種の微小要素説なのである。ただし、ヒュームは、延長は有限回の分割によって大きさをもたない点に帰着すると考え、延長する物体のこのような最小部分についての我々の観念は、広がりをもたない、色または可触性を示す、「数学的点」の観念である、と考える。

さて、ロックによれば、我々は、物体の諸性質がそれら自体では自存できないものであるという理由で、それらの諸性質を支持している何か或るものという基体としての物質的実体の存在を想定せざるを得ないが、基体としての物質的実体がどのようなものであるかは、我々には知られない。(2) これに対応して、我々は、精神についても、精神的諸作用がそれら自体では自存できないものであると考え、それらの諸作用を支持する基体としての精神的実体を考えざるを得ないが、それがどのようなものであるかは、我々に知られない。(3) 次に、我々は、物体が「どのようにして延長しているか、どのようにして物体の固体的な諸部分（微粒子）が結合あるいは凝集して延長を形成するのかを知らない。(4)」これに対応して、我々は、精神がどのようにして思考作用を行なうのか知らない。(5) また、我々は、微粒子においても粗大な物体においても、運動の伝達がどのようにして行なわれるのかを知らない。これに対応して、我々は、精神の意志作用がどのようにして身体を動かすのかを知らない。(6) このように、ロックは、物体的実体と精神的実体の存在を認めながら、物体については微粒子説を採り、我々が、物体の微粒子による構成の実態、すなわち物体の「内的構成」の知識から、遠く隔てられていることを、強調した。これは、当時の自然哲学の事実的な不完全さの認識を表明したものである。ロックのこの考えは、極限にまで進めると、一つの微粒子がなぜ不可入であるのか分からないという考え、また、たとえ物質粒子の振舞いについての法則的知識が得られたと仮定しても、なぜ物質粒子がそのように振舞うかの理由が知られないという、第三節で見た、物質の本性についての人間の無知の第一の理由に、繋がるものである。

「感覚に現われる物体よりはるかに微小な物体が存在する」ことを認める（六四頁）ヒュームにとっても、人間が物体の内的構造を知らないということは、物体の本性についての人間の知識の重大な不完全性と、考えられたであろう。

精神哲学である「人間本性の学」の限界については、ヒュームは、「〔われわれは、〕われわれに可能なもっとも一般的でもっとも完成された諸原理に対しては、それらが事実であることをわれわれが経験すること以外にそれらの原理の根拠を示し得ないということを、知る」（九頁）と明言していた。そして、彼が「人間本性の学」において発見した中でもっとも普遍的な原理の一つであり、精神界において自然界におけるニュートンの万有引力の法則にも匹敵し（二四頁）、我々にとって「宇宙の接合剤[7]」の役割を果たすとする、三つの観念連合の原理について、一方では、「それの原因は、ほとんど知られず、人間本性の根源的性質に帰するほかない」と述べている（二四頁）。しかし他方では、観念連合が、身体において生理学的な基礎をもち、身体の微小部分の活動に依存しているという仮説を、提示している（七七〜八頁）。観念連合という同じ精神的原理について、一方では、事実に関する究極原理はもはや説明不可能であるという考えを示し、他方では、観念連合がそれに依存する物理的原理について人間が無知であるという考えを示唆することによって、精神についての人間の知識の不完全性について、物質についての人間の不完全性についての考えと対応する考えを、示しているのである。

（1）　ロック『人間知性論』二・二三・三二。

（2）前掲書、二・二三・一～四。

（3）前掲書、二・二三・五。

（4）前掲書、二・二三・二三。

（5）同所。

（6）前掲書、二・二三・二三～三二。

（7）'the cement of the universe',『人間本性論概要』三二頁。

五　以上で、ヒュームの「人間の学」が経験に基づくということと、そのことから帰結するとヒュームが考えた「人間の学」の限界を見た。最後に、ヒュームが、精神哲学には固有の短所があると考えていたことに、触れておかねばならない。すなわち、ヒュームは、「精神哲学は、……実験結果を集めるに際して、あらかじめ手順を計画し、生じ得るあらゆる個別的な問題について納得できるような仕方で、意図的に実験を行なうことができないという、短所を有する。……反省と計画が、私の自然本性的な原理の作用を乱し、現象から正しい結論を得ることを必ず不可能にするであろう。それゆえ、精神哲学においては、実験結果を、人間生活の注意深い観察から拾い集め、それらが交際や仕事や娯楽における人々の振舞いを通して日常世界の場面で生じるがままに、受け取らねばならない」と言う（九～一〇頁）。しかし、「この種の実験結果が正しく集められ比較されるならば、それを基礎にして、人知の及び得る他のいかなる学に比べても確実さにおいて劣らず有用性において大いに優る一つの学を、確立することを望むことができるであろう」と考えたのである（一〇頁）。

第三章　根本原理

一　最初に、ヒュームの［『人間本性論』の］理論哲学の前提となる根本的な諸原理を列挙し、その後で個々の根本原理について若干の説明を加えることにする。根本諸原理は、主要な六つの根本原理（（a）〜（f））と、それらから派生する小原理とに分けられる。これらの根本的諸原理の多くは、たがいに依存し合っている。

第一の主要原理は、

（a）「精神には、その知覚、すなわち印象と観念、以外の何ものも、けっして真に現前しない」（八六頁）というものであり、精神はその対象を直接経験する場合も単に思いうかべる場合にも必ずその対象の「知覚」[1]すなわち印象または観念という表象を介して思考するとする、言わば「思考表象説の原理」である。この主要原理から、第一に、

（a_1）我々がそれの知覚、すなわち印象あるいは観念をもっていない対象については、その存在を信じることはおろか（二〇二）、それについて考えることもできない、すなわち、知覚と種類が異なるものは考えることができない（八六頁）、ということが帰結する。第二に、

（a_2）「外的対象がわれわれに知られるのは、それらが［われわれのうちに］引き起すところの知覚によってのみである」（八六頁）という主張が帰結する。この主張を「知覚因果説［の原理］」と呼ぶことにする。知覚因果説は、それより弱い、「外的対象がわれわれに知られるのは、それらを表象するところの知覚によってのみである」という、知覚表象説の主張を含意する。ヒュームは、因果論的な知覚表象説を採るわけである。

第二の主要原理は、

（b）「人間の精神に現われるすべての知覚は、二つの異なる種類［、すなわち印象と観念］に分かれる」（一三頁）という「知覚の分類の原理」である。これに付随する小原理をいくつか挙げることができる。

（b_1）「印象」とは、現在のあらゆる直接体験のことであり（一三頁）、外的対象についての感覚の印象と精神の諸作用についての反省の印象とに分けられる（一九頁）。

（b_2）「観念」とは、想起、想像、思考、推論などに現われる「印象の像」である（一三頁）か、あるいは、そのような諸観念からの複合物である（一五～六頁）。

（b_3）同じ対象についての印象と観念との相違は、知覚の内容にあるのではなくて、知覚の勢いと生気の度合いの相違にある（一三頁）。この相違は、「感じること（feeling　直接体験すること）と考えること（thinking　単に思いうかべること）の相違」（一三頁）であると説明され、さらに、知覚の堅固さ、確固たること、安定性等の度合いの相違（一三一頁、同訳註（6））、あるいは知覚のいだき方の相違（一一七頁、一二一頁）、あるいは知覚［のいだき方］に伴う異なる感じ（一二一頁、三一二頁）とも表現される（一三一頁、同訳註（6）を見よ）。

（b_4）知覚は、印象であれ観念であれ、単純なものと複雑なものとに分かれる（一四頁）。

第三の主要原理は、

（c）「すべての単純観念は、最初は、それらに対応しかつそれらが正確に再現する（表象する）ところの、単純印象［として現われる。それゆえ、すべての単純観念は、そのような単純印象］から生じる」（一六頁）というものである。この原理は、我々は我々が何らかの仕方で経験したことのないものについては考える（観念をもつ）ことができない、ということを主張しているので、「［ヒュームの］経験論の原理」と呼ぶことにする。

第四の主要原理は、

（d）「異なる対象は、すべて区別でき、区別できる対象は、すべて思惟と想像の能力によって分離できる」

（三〇頁）というものである。この原理を「分離の原理」と呼ぶことにする。この原理から、

（d_1）知覚は、印象であれ観念であれ、単純なものと複雑なものとに分けられる、という、すでに述べた原理（b_4）が帰結する。分離の原理と対をなすものとして、

（d_2）想像力は、たがいに異なる無矛盾な任意の諸観念を複合して、複雑観念を形成することができる（二〇〜一頁）、という「複合の原理」を挙げることができる。

第五の主要原理は、

（e）精神が明晰に思いうかべる（考える）こと、すなわち、矛盾を含まず想像可能な事柄は、現実であることが可能である（四七頁）、というものであり、この原理をヒュームは「明晰に考え（思いうかべ）られるものは、存在することが可能であり、或る仕方で明晰に考えられるものは、その仕方で存在することが可能である」（二六六頁）と表現している。この原理を「思考可能即存在可能の原理」と呼ぶことにする。この原理と「分離の原理」（d）とから、

（e_1）たがいに異なる対象は、「思惟と想像の能力によって分離でき」、分離して（別々に）明晰に考えることができるから、分離されて存在すると考えることができ、それゆえ、分離されて存在することが可能である、という、「論理的区別即実在的区別の原理」とも言うべき原理が、導出される（二六六頁）。

第六の主要原理は、

（f）過去の経験の対象の間に、類似、時間的または空間的隣接、あるいは因果関係が成立している場合には、一方の対象の知覚（印象または観念）の精神への現前は、他方の対象の観念の精神への現前を引き起こす（二二頁）という、「観念連合の原理」あるいは「結合の原理」である。

（1）「知覚する」（perceive, percevoir）という語は、すでにデカルトやロックにおいて見られるように、近世の哲学においては、単に感覚知覚の作用に限らず、広く精神のあらゆる思考作用を意味する。ヒュームも、この伝統に属しており、この語の名詞形である「知

覚」（perception）という語によって、ほとんどの場合、単なる感覚知覚の作用ばかりでなく精神のあらゆる思考作用の、直接の対象を表わす。「知覚」が、このように知覚の直接の対象を意味する場合のほか、広い意味での知覚の作用すなわち広義の思考作用を意味することがあることは、言うまでもない。

1　思考表象説の原理（a）について

二　「精神には、その知覚、すなわち印象と観念、以外の何ものも、けっして真に現前しない」（八六頁）という第一の主要根本原理（a）は、「精神」というものが存在するということ、ヒュームが「知覚」と呼ぶものが存在するということ、そして、知覚が精神に対して「現前する」という関係に立つということなどの経験的事実を述べている限りでは、経験的命題である。しかし、この原理に含まれる「精神には知覚しか現前しない」という主張は、精神に現前するものはすべてヒュームの用語法（術語）によって知覚と見なすことにするという、アプリオリ（非経験的）な規約的主張である。

　観念は印象の像（再現）であり（(b_2)）、印象は感覚の印象と反省の印象とに分けられ（(b_1)）、感覚の印象は、我々の身体をも含めた物体から成る外的世界のあり方についての情報を与え、反省の印象は、我々の精神のあり方[1]（作用と情念）についての情報を与える。精神は諸知覚の「団《かた》まり」あるいは「集まり」[2]にほかならないとされる（二八七頁）が、その「諸知覚」には、あらゆる種類の知覚が、精神に内的なものとして含まれ、知覚はそれらが実際にある通りのものとして精神に現われるので[3]、或る時点で精神が意識されるあり方は、一応、まったく透明であるように見える。

　問題となるのは、外的対象のあり方である。ヒュームは、近世の多くの古典的哲学者たちと同様に、「外的対象がわれわれに知られるのは、それらが［われわれのうちに］引き起こすところの知覚によってのみである」（八六頁）という、因果論的な知覚表象説（a_2）を採る。この命題は、外的対象が存在するということ、我々が存在するということ、そして、外的対象が我々に知覚を引き起こすということなどの経験的事実を述べている限りでは、経験的命題である。しかし、この小原理と（a）とから帰結する、外的対象が我々に引き起こすものは、すべて知覚であるという主張は、外的対象が我々に引き起こすものをすべて「知覚」と呼ぶことにするという、アプリオリな規約的主張である。

ヒュームは、感覚的諸性質すなわち知覚される物体的諸性質と区別され、それらを支持する基体と見なされた、物質的実体の観念を、経験の対象ではないという理由で認めない（一・四・三、二五一～四頁）ので、外的対象（物体）は、感覚能力によって知られる物体的諸性質（第一次性質と第二次性質）の集まりにほかならないことになる（二八頁、二五二頁）。そのような外的対象が我々に知覚（物体的性質の印象）を引き起こすとは、いかなる事態が考えられているのか。ヒュームは彼の最終的意見として、知覚とは別種の存在者と考えられた対象が知覚を生み出す原因であるという考えを、はっきりと否定する。その理由は、二種類の対象の間に因果関係を認めるためには、それらの対象が過去においてたがいに恒常的に随伴した（たがいに、時間的に継起し、空間的あるいは時間的に隣接した）ことが経験されていなければならないが、知覚とは別種のものとして区別された対象は経験の対象でなく、したがって、そのような対象と知覚との間には、恒常的随伴が経験できず、それゆえ因果関係が考えられない、ということにある（二四四頁）。しかし、ヒュームは、同じく彼の最終的意見として、「対象の間の恒常的随伴が原因と結果の本質そのものであるから、われわれが因果関係について何らかの観念をもつと言える限りにおいて、物質と運動は、しばしば思惟の原因と見なされることができる」と述べていて（二八四頁、また、二八一～二頁参照）、これら二箇所のヒュームの主張は、矛盾するかのように見える。

（1）ヒュームは、反省の印象が、精神の受動的な状態である情念（一・一・二）ばかりでなく、精神の能動的な作用をも含むことを、ロックの考えに従って当然のことと見なしているのであるが、このことを明言することはなく、その間接的な証拠がテキストに散見されるだけである。たとえば、「過去の思考を考える際に、われわれは、過去の思考の対象を描き出すばかりでなく、過去の思惟における精神の作用をも、……思いうかべるのである」（一三一頁）。

(2) あらゆる知覚(印象と観念)は、身体的基礎をもつ知覚作用に依存し、その意味で、精神とその知覚作用に依存し、精神に内的なものと見なされている。反省の印象、およびすべての観念が、精神に内的な存在者であることは、言うまでもない。問題は感覚の印象であるが、これについても、「[種々の]経験的事実から、われわれは、われわれの感覚的知覚が何らの[知覚作用と]別個なあるいは独立した存在をもっていないことを、知る」(二四三頁)、「すべての印象は内的で消滅する存在者であり、またそのようなものとして現われる」(二二五頁)などと明言されている。

(3) 「精神の作用と感覚とはすべて意識によってわれわれに知られるのであるから、それらは、必然的に、すべての点で、それらがある通りのものとして現われ、また、現われる通りのものとしてあるのでなければならない」(二二一〜二頁)。

三 これらの見かけの矛盾を解消するためには、第二の箇所の主張における物質的存在である物体を、ヒュームが主張する通りに、第一次性質と第二次性質を含む感覚的諸性質[の出現]の集まり、あるいはそれらの諸性質を見せているもの(対象)、と理解するほかない。諸性質[の現実的および可能的出現]の集まり、またはそれらの諸性質を見せているもの(対象)と、我々による[そのものの]知覚との間には、恒常的随伴が経験される可能性があるからである。

ヒュームにとって、物体は、空間のうちに場所をもつものであり、場所をもち得る性質は、視覚によって知覚される色[および明るさ(光)]と触覚によって知覚される「可触性」(触感)のみである(二六八〜七一頁)。したがって、物体とは、何らかの色を示すか、可触性を示すもの(対象)である。ところで、ヒュームの議論を離れて考えると、触感は、或る固さ[と質量]をもった我々の或る身体部分が或る固さ[と質量]をもった他の物体に触れたりそれと押し合う(衝突する)際に生じる感覚である。広い意味での触覚は、単に何かに触れられたという受動的な触感(皮膚感覚)だけでなく、我々がそれを用いて他の物体に能動的に(探索的に)触れる我々の或る身体部分の固さと、触れられる物体の固さとの比をも、知覚する。これが、日常語においてその物体の固さと言われるものである。そして、物体の固体性(不可入性)は、ロックが明確にしたように[(1)]、すべての物質塊に認められ、固さとは別個な性質なのであるが、我々には、固さをもった二物体の押し合い(衝突)においてのみ経験される第一次性質なのである。ヒュームにおいても、固体性は、可触性（触感）とはっきり区別され[2]、さらに、触覚によるだけでなく、視覚によっても知ることができるとされる。「一方の手が麻痺している人は、その手がテーブルによって支えられているのを見るとき、［麻痺していない］他方の手でそのテーブルを触れる場合と同様に、不可入性（固体性）の完全な観念を、得るのである」（二六三頁）。ヒュームは、色や触感を含む第二次性質をすべて主観的なものと見なすならば、固体性を含む第一次性質もすべて、第二次性質の知覚に依存して知覚されるものとして、主観的なものと見なさざるを得ないとする（二六〇〜二頁）が、この箇所（一・四・四、二六〇〜四頁）で、物体を固体性をもつものとする考えについて彼が指摘する困難は、のちに見る（第九章第二十三〜二十六節）ように、第二次性質をすべて主観的なものと見なすという前提のもとでの困難であって、物体を第二次性質とともに固体性などの第一次性質をもつものと考える常識的信念そのものの困難ではない。物体を運動または静止するものと考える常識的信念についても同様である。それゆえ、ヒュームにとって、物体とは、何らかの色を示すか、可触性（触感）を示すもの（対象）であるばかりでなく、それと同時に、触覚あるいは視覚によって知られる固体性（不可入性）および運動または静止のどれかを示すものでもある、と言うことが許される。固体性も運動または静止も、色または触感のいずれかを伴ってのみ経験される性質であるので、空間のうちに場所をもつ性質であるからである。

さて、色あるいは触感［および固体性と運動または静止］を示す物体という観念は、ヒュームにとって、それだけで理解できる、完全な対象の観念である。と言うのは、ヒュームは、我々がそれについていかなる観念をもいだくことができないような対象が存在する、と信じるような理由があるということは、否定した（（a_1）、二〇二頁）が、対象の存在を知るためには、対象についての完全な知識が必要であるとは考えず、その対象のいくつかの性質が存在することを知れば十分である、と考えたからである（二〇三頁）。もちろん、知覚されている色の広がりあるいは触感の広がり自体は、物体ではない。しかし、物体を、これと知覚されていない他の感覚的性質

［の出現］との集合体、あるいはそれらの感覚的諸性質をもつもの（対象）、と見なす（二七～八頁）ならば、我々が色あるいは触感を知覚する際に或る物体が知覚されているのであると見なし得る。

このようにして、色あるいは触感を示す物体が、我々の身体と相互作用をして、その対象の特定の知覚の原因となるということが、明瞭に考え得る。色と触感のいずれか［および固体性と運動または静止のいずれか］を示す物体と、最初には知覚されていなかった、その物体の性質の知覚との間に、恒常的随伴を経験するということが、原理上可能であるからである。以上のように考えることによって、「外的対象がわれわれに知られるのは、それらが［われわれのうちに］引き起こすところの知覚によってのみである」（八六頁）というヒュームの主張（a_2）が、ヒュームが最終的に採る常識的信念の表明として、無理なく理解できるのである。

（1）ロック『人間知性論』二・四・四。

（2）一・二・三、五三～四頁では、「固体性」が可触性と同じ意味で使われているが、ヒュームの最終的意見としては、一・四・四、二六一頁、および二六三～四頁に明言されているように、固体性は、不可入性と同一視され、単なる触覚の印象（触感）から区別される。

2　知覚の分類の原理（b）について、印象と観念

四　第二の主要根本原理である知覚の分類の原理（b）は、「人間の精神に現われるすべての知覚は、二つの異なる種類（印象と観念）に分かれる」（一三頁）というものであった。この原理は、経験的命題である。「印象」とは、現在のあらゆる直接体験のことであり、前節で見たように、感覚の印象と反省の印象に分けられる（b_1）。感覚の印象とは、物体について五感の一つ以上の感覚能力に与えられる印象であり、色［および明るさ（光）］、音、香、触感、味などの第二次性質の印象だけでなく、固体性、運動または静止などの第一次性質の印象をも含む（二二四頁）。

これらの感覚的諸性質の印象は、それらを感覚する感覚作用と切り離しては与えられないが、感覚作用は、お

そらくロックの考えに対応して、反省の印象に分類されるであろう。[1] しかし、「感覚［作用］」（sensation）（一九頁）とは、ヒュームにとっては、感覚的性質の印象を受動的に受容するということにほかならず、［感覚］知覚の場合には「思惟の行使も、真の意味での作用（能動）も［ない］」と言われる（九三頁）。なるほど、感覚作用は、因果的あるいは論証的推論を含む狭い意味での思考作用と比べれば、より受動的であると言えるであろうが、しかし、意識をもつもの（高等動物）と意識をもたないもの（その他の存在者）との相違、意識をもつものにおける、意識のある状態（覚醒）と意識のない状態（昏睡、睡眠）との相違、意識のある状態における、感覚的意識と感覚的無意識との相違等を認めるためには、それぞれの対の前者に、意識における何がしかの能動的作用を認めなければならないように思われる。

「観念」とは、想起、想像、思考、推論などに現われる、「印象の像」であるとされる（b_2）。印象と観念との相違は「感じること（feeling）と考えること（thinking）の相違」と説明される（（b_3）、一三頁）。事態を実際に体験することと単に思いうかべることとの相違である。より具体的に、印象と観念との相違は、第一に、それらが意識される際の「勢いと生気の度合い」にあり、印象は勢いと生気の度合いにおいて観念に優るとされる（一三～四頁）。第二に、印象には、単なる観念にある以上の、「確固たること、堅固さ、勢い、あるいは生気」があるとされる（一三一頁および同訳註（5））。これらの性質と同一視できる「勢い、生気、堅固さ、確固たること、あるいは安定性」は、因果推理により存在が信じられる対象の観念（信念）を単なる想像の観念から区別する「異なる感じ」あるいは「観念がいだかれる（思念される）仕方［の相違］」を言い表わそうとしたものである、と説明されている（一二〇頁）。[2]（この感じをさらに説明することは断念されている（一二一頁）が、これは、単純なものは定義できないというヒュームの原則に合致する。[3]）そこで、第三に、印象と観念とは、感じ、あるいは知覚される仕方において、異なる、と言える。それゆえ、印象と観念のこれら三種の相違は、同一の事態を表わすのである。

記憶の観念は、それの原型である印象の生気をかなり保持しており、「言わば印象と観念の中間にある」とされる（二〇頁）。記憶は、ほとんど感覚と同様に信じられるので、記憶の観念は、「記憶の印象」（一〇四頁、一〇五頁）とも言われる。そして、「記憶と感覚に常に伴う信念または同意は、それらが提示する知覚の生気にほかならず、「この知覚の生気のみが、記憶と感覚を想像力から区別するものである」と主張される（一〇八頁）。

さらに、［因果推理に基づく］信念が、現前する印象に自然な関係をもちそれと連合されている「生気のある観念」であるとされ、観念の生気が、対象［または対象の観念］を思念する仕方の相違と同一視されている（一一八頁）。「付録一」においては、「信念は単なる思念と異なる或る特有の感じにほかならない」（三一二頁）とされ、同一の事態が、確信の対象である思念が「われわれに直接現前している印象により近づく」ことと説明される（三一三頁）。しかし、前々段落で見たように、同じ「付録一」においてつけ加えられた挿入文において、信念に伴う「異なる感じ」が、「観念が思念される仕方」の相違、および「勢い、生気、堅固さ、確固たること、あるいは安定性」と言われるものと同一視されるに至る（三一七頁）。

このように、知覚は、勢いと生気の強さの度合いによって、印象、記憶の観念、因果推理による信念の内容を表わす観念、単なる観念、の順に並べられるかのように見える。

（1）第二節、註（1）を見よ。

（2）二・一・二、『ヒューム哲学的著作集』第二巻、七七頁、およびセルビー・ビッグ／ニディッチ編、二七七頁。

（3）一三二頁および同訳註（6）を見よ。

五　印象は、単純印象と複雑印象に区別され、それぞれの像である観念が、単純観念と複雑観念とされる（b_4、d_1）。複雑な印象の例として、物体的諸性質から成る物体的実体である一つのリンゴの印象が挙げられ[1]、リンゴが示す個々の色、味、香などが単純印象の例として挙げられる（一四頁）。正確に言えば、単純な印象とは、単一の感覚様相（視覚、触覚、聴覚、嗅覚、あるいは味覚）に与えられる、単一の感覚的性質（色、触感、音、香、あるいは味）の、一様等質な広がり（時間空間的に連続した領域）の印象である。複雑な印象とは、たがいに異なり区別され得る諸部分を含むものであり、感覚様相において異なる二つのもの、同じ感覚様相に属するが感覚的性質の異なる二つのもの、あるいは、同じ感覚的性質をもつが時間的あるいは空間的にたがいに中断されている二つのものが、異なる諸部分と見なされる。ただし、空間的な広がりと位置をもち得るのは、色と触感の印象のみであり（第二章第四節、本章第三節）、音、香、味などの印象は、空間的な広がりも位置ももたないとされる。両種の印象は、時間的結合に基づいてのみ、一まとまりのものとなり得る。

ヒュームは、第二部で空間と時間の観念を論じる場合には、色または触感によって与えられる延長の印象が、有限個の、広がりをもたない「単純」で分割不可能な点に分割される、と主張する。この場合の単純性の基準は、上の単純性の基準と異なる。空間時間論以外では、単純性の基準は、上に述べた基準である。しかし、第四の主要根本原理（d）である「分離の原理」に基づく「実在的区別」（存在の上での区別）（e_1）を厳密な意味で理解するならば、広がり（延長）をもった色または触感の印象は、実は、諸部分から成る複雑な印象であることが判明する（本章第十六節、第六章第四節）。

（1） バークリー『人間の知識の諸原理論』第一部第一節を見よ。

3 ヒュームの経験論の原理（c）

六 第三の主要原理（c）である「すべての単純観念は、最初は、それらに対応しかつそれらが正確に再現する（表象する）ところの、単純印象［として現われる。それゆえ、すべての単純観念は、そのような単純印象］から生じる」（一六頁）という命題は、「すべての知識の素材である観念または概念はすべて経験から生じる」というロック風の経験論の原理を、ヒュームの用語法で表現したものである。

印象［をもつこと］は直接体験することであり、観念［をもつこと］は単に思考することであるが（b_3）、印象は、圧倒的な「勢いと生気」を有することによって、「実在」(現実)(一三三頁)とみなされる。他方、観念は、勢いと生気を欠き、必ずしも実在を表わすとは限らない。そこで、我々の認識を論じるためには、観念を吟味しなければならない。こうしてヒュームは、対応する印象が一見して明瞭でない観念として、抽象すなわち一般観念、空間と時間の観念、存在の観念、因果性の観念、物体の観念、物体および精神の実体の観念、人格の同一性の観念等を吟味する。複雑な観念については、それを構成する単純な諸観念を明らかにし、不明瞭な単純観念については、それの原型である印象を明らかにすることによって、観念の実在性(真実性)を確かめることができる。こういう意味で、第三の主要原理は、経験論の原理であると同時に、還元の原理である。この主要原理は、印象と観念との間の事実的関係である因果関係を主張しているので、経験的命題である。真の観念はすべて、直接体験である感覚の印象か反省の印象から生じる、と言うのであり、この原理によって、生得的な観念の存在が否定される(一八~九頁、一八六頁)。

七　ヒュームは、経験論の原理(c)を証明するために、二つの事実に言及している。第一の事実は、すべての単純な印象には、それに類似する単純な観念が対応して存在し、すべての単純観念には、それに類似する単純な印象が対応して存在するという、たがいに類似する単純印象と単純観念との「恒常的随伴」の事実である(一六頁)。[過去の]すべての事例における恒常的随伴は、両者の間に因果関係が存在する証拠であるとされる。そして、単純印象がそれに対応する観念に常に先行することから、単純印象がそれに対応する単純観念の原因であるとされる(一六~七頁)。ヒュームのこの証明に関しては、彼が単純印象と単純観念との「恒常的随伴」と呼ぶものが、はたして実際に経験される事実であるのか、という問題と、この「恒常的随伴」なるものが、厳密な意味での恒常的随伴であるのか、という問題とが、生じる。

まず、前の問題の検討から始める。ヒュームは、「すべての単純観念がそれに類似する単純印象を有し、また、すべての単純印象がそれに対応する観念を有する」といった後で、「同じことがすべての単純な印象と観念についても成り立つということを、それらのすべてを個別的に枚挙して証明することはできない」と言う（一五頁）。そして、「もし誰かが単純知覚についてこの普遍的類似を否定するなら、彼にそれを確信させるには、対応する観念をもたない単純印象、または、対応する印象をもたない単純観念を示してみよ、と彼に要求するほかない。彼がこの挑戦に答えなければ、また答えられるはずがないのであるが、彼の沈黙とわれわれ自身による観察から、われわれの結論を確立することができる」と述べている（同所）。ヒュームのこの挑戦に答えようと試みてみよう。私がもった過去または現在の単純印象のすべてについて、それに対応する観念が私のうちに存在するかという問に対しては、私が或る単純印象について実際に今考えるためには、必ずそれについての観念を今もたねばならないという理屈によって、一応肯定的に答えることができる。逆に、私がもった過去または現在の単純観念のすべてについて、それに対応する印象が私によって体験されたかという問に対しては、私が今実際にいだいている或る単純観念について、その観念の原型となった印象を今想起しなければならないのだとしたら、いつも肯定的に答えるということはできない。それにもかかわらず、私が実際にいだくことができるすべての単純観念には、それに先立って私がその観念の原型となった印象を体験したはずである、という主張に、どうしても同意せざるを得ないように感じられる、ということも事実である。ヒュームが二種類の事象の間に因果関係があると判定するための基準とする恒常的随伴は、過去の経験の範囲に限られるのであるが、経験論の原理（C）は、誰か特定の人の過去の単純知覚に限らず、すべての人のすべての単純知覚について成り立つ、普遍的原理として主張されていると理解するのが自然である。それゆえ、ヒュームが主張する単純印象と単純観念との間の「恒常的随伴」も、過去の経験を超えて主張されているということになろう。ここには、高々過去の経験について成り立つ命題を、我々はなぜすべての経験にまで普遍化できるのか、という、いわゆる帰納法の問題がある。さらにまた、我々はいかにして、可能なすべての単純知覚や可能なすべての経験について考えることができるのか、という問題もある。小論において帰納法の問題を正面から論じることはできないが、後の問題についてはのちに論じ

る機会があるであろう。(1)

(1) 本章第十六〜十七節、二十三節。

八 次に、単純知覚についてのこの「恒常的随伴」なるものが、厳密な意味での恒常的随伴であるのか、という問題を検討する。二つの対象の間の恒常的随伴とは、過去のすべての事例において、それらが時間または空間的に隣接し、かつ時間的に継起するということである(一〇八〜九頁)。しかし、恒常的に随伴すると言われた一つの単純印象とそれに対応する単純観念との間に、時間的隣接の関係が存在するとは限らない。「……或る印象が一度精神に現われたならば、それは、観念として再び精神に現われる。これに二通りの現われ方があり、一つは、再び現われるときに、元の鮮明さの度合いをかなり保持していて、言わば印象と観念の中間にある場合であり、一つは、もとの鮮明さをすっかり失い、完全に観念になりきっている場合である。第一の仕方で印象を再現させる能力は「記憶」と呼ばれ、他方は、「想像力」と呼ばれる」(二〇頁)という主張には、印象とそれの像である観念とが、個体として言わば同一のもの(知覚)でありながら、印象に対応する観念は、普通は、印象の経験から時を隔てて精神に再現する、という考えが見られる。

印象はそれの像である観念といかなる意味で同一の個体であり、印象が一旦意識から消滅し、それが観念として精神に再現するまでの間、印象はどこにどういう仕方で存在するのか。ヒュームは、我々が、我々が出会う個々の人間に「人間」という一般名辞が適用されることを経験して「人間」という語の使用能力を獲得するというような場合について、「われわれがこの種の習慣を獲得したのちには、その名称を聞けば、それらの対象のうちの一つの観念が呼び起こされ、想像力はその対象を、それのすべての特定の条件や比率とともに思いうかべるのである。ところが同じその語は、精神に直接現前している観念と多くの点で異なる他の個物にも、しばしば適用されたと想定されている。しかしその語は、これらの個物すべての観念を呼び起こすことはできない。そこでその語は、言わばただ軽く心に触れ、われわれがそれらの個物を通覧することによって獲得した習慣を呼び起こすのである。その際、これらの個物の観念は、現実に精神に現前しているのではなく、ただ可能的にのみ現前しているのであり、われわれは、それらの観念のすべてを判明に想像力のうちに引き出すのではなく、そのときの意図や必要に促されるに応じてそれらの観念のどれでも注視できるように身構えるのである」と述べている（三二～三頁、傍点は引用者による）。ここでは、獲得された個別的な観念が、実際には精神に現前しないで、「ただ可能的にのみ精神に現前している」ということがある、と述べられている。これはいかなる事態であろうか。

別の文脈でヒュームは、「精神は、それが欲するどの観念をも呼び起こす能力を有するので、精神が、欲する観念のある脳の部位に精神の気を送るとき、精神の気が、正確にしかるべき通路に流れ込んで、その観念に属する小室を掻き回すならば、精神の気は、常にその観念を呼び起こすことになる」と言っている（七七頁）。ヒュームは、この記述を、「脳を想像上で解剖」したものと断わっている（同所）ので、確証された学問的な知識とは考えてはいないであろうが、この記述は、ヒュームが、観念には或る物質的対応物が存在し、それがその観念に対応する脳の小室に存続し、それが脳の小室に単にあるだけならば対応する観念は精神に実際に現前せず、それが精神の気によって言わば励起または活性化すると対応する観念が精神に実際に現前する、と考えていたということを、示している。

ヒュームは、第二～三節で見たように、すべての感覚的印象が身体に依存すると、明言していた。しかし、すべての印象が、身体において物質的対応物をもつのであろうか。ヒュームは、知覚一般の原因について、「われわれの考察を［精神の思惟の原因に関する］問題に限るならば、われわれは、それらの観念を比較することによって、思惟と［物質の］運動がたがいに異なることを見出し、経験によって、それらが恒常的に結びついていることを見出す。そして、この恒常的な結びつきは、物質の活動に適用される際の原因と結果の観念に含まれる条件のすべてであるから、われわれは、確実に、［物質の］運動が、思惟と知覚の原因であり得、また実際にそれの原因である、と結論することができる」と述べている（二八二頁）。我々の思考が、観念の連合や情念の連合や意志の作用などの精神作用による影響を受けることがあり得るから、物質の運動が我々の知覚の原因のすべてであると言うことはできないが、すべての知覚の部分的な原因は物質の運動であるというのが、ヒュームの考えなのである。彼が「物質と運動は、しばしば思惟の原因と見なされることができる」（二八四頁、傍点は引用者による）と言い、「常に」と言っていないのは、物質と運動が、思惟の原因とならず単に他の物質と運動の原因であるに留まる場合があるからである。

そこで、ヒュームには、すべての印象は、身体における物質的原因を伴い、これが脳に影響を与え、直ちに（時間的に隣接して）その印象の観念の物質的対応物を脳の小室に生み出す、という考えが見られる。ヒュームは、印象が与えられた直後から、その印象の観念は、それの物質的対応物が脳に生じて存続するという意味で、言わば潜在的に精神に存在し、そののち必要に応じて精神に顕在的に現前するのである、と考えているのである。

九　ヒュームのテキストの示唆する以上のような考えは、きわめて粗っぽい仕方ではあるが、観念または概念の実際の働きに適合する。議論を一般観念に限るならば、たとえば、「人間」の一般観念を獲得するということは、実際に個々の人間のあり方を観察し、その結果、個々の人間を一人の人間として認識し、また個々の人間や人間の種々の集合や人間一般について考える、能力を獲得することであり、この能力は一般に「人間」という一般名辞の使用法の習得を通して獲得される。人が「人間」の観念または概念を有するとは、人間についてのこのような思考の能力を有することであり、「人間」の観念を実際にいだくとは、このような単一の能力が現実の思惟作用として発現することである。このような思考の能力としての観念は、人間の一生を通じて、変化し、発展し続けるのであろうが、一つの思考能力としての観念は、物質的基礎を必要とすると思われる。

しかしながら、他方でヒュームは、我々のすべての知覚は精神に現前するたびごとに別個な知覚であるという考えが、知覚を精神に現われる通りに把握した哲学的で合理的な考えである、と考える。彼は、「すべての印象は内的で消滅する存在者であり、またそのようなものとして現われる」と明言している（二二五頁）。また、ヒュームが、感覚知覚だけでなく、我々のあらゆる知覚を、精神に現前するごとに別個な存在者であると考えていることは、「[人間（人格）とは、]想像を絶する速さでたがいに継起し、絶え間のない変化と動きのただなかにある、たがいに異なる諸知覚の、団《かた》まりあるいは集まりにほかならない」（二八七頁）という主張、それに続く、精神（人格）を一種の演劇と見なす譬喩[1]（同所）、および、魂（精神）を一つの国家と見なす譬喩（二九六頁）などで明らかであろう。記憶の観念でさえ、それがそれの像であるところの知覚に単に類似する、したがってそれとは別個な、知覚とされている（二九五～六頁）。確かに、個別的事象の記憶の観念についても、それの精神への現前の機会を区別することができる。したがって、精神に現前する限りでの観念（現前体、生起体）は、現前の機会ごとに別個なものである。実際、異なる現前を通して同一と考えられた記憶観念でも、徐々に変質することが考えられ、したがって、同一の記憶観念の生起体が、現前するごとに性質を異にするということが、あり得る。しかし、同一の記憶観念の複数の生起体を、存在においても常にたがいに別個なものと見なすならば、多くの困難に陥るであろう。しかしながら、ヒュームにおいては、時間を通して変化するものの個体的同一性の考えは、正確に言えば間違った非合理的な考えであるとされるのである（二三三～四頁）。

そこで、我々は、ヒューム自身にも見られる観念についての二通りの考え方に従って、顕在的にも潜勢的にもなり得る存続する思考能力としての観念と、その能力の現実化（顕在化）である限りでの実際の思考活動としての観念を区別し、或る対象について思考する能力をもつことを、「[その対象の]観念をもつ」と表現し、その対象について実際に思考していることを、「[その対象の]観念をいだく」と表現して、この区別を明示することにする。

（1） ただし、精神を一種の演劇と見なす譬喩において、「[その演劇]において、様々な知覚が、通り過ぎ、引き返し」という表現も見られる（二八七頁、傍点は引用者による）。

十

以上に見たように、ヒュームの経験論の原理（c）は、直接体験された印象が、一旦意識から消滅しても、何らかの仕方で我々のうちに存続していることがあり得る、という考えを含んでいる。この考えは、現在私の意識に現前していないものは真の意味では存在していないと主張するような、偏狭な経験論の考えとは相容れない。しかし、他方、我々のすべての知覚は精神に現前するたびごとに別個な知覚であるというヒュームの考えは、むしろ、この偏狭な経験論の考えと同根のものなのである。また、同様に、ヒュームの観念連合の原理（f）は、この偏狭な経験論の考えとは相容れないのに対して、ヒュームの分離の原理（d）と思考可能なものは存在可能であるという原理（e）とから派生する、たがいに論理的に独立な対象は分離して存在することが可能である、すなわち、論理的に区別できるものは実在的にも区別できる、という原理（e_1）は、この偏狭な経験論の考えと同根のものなのである。このことには、すでに言及したが[1]、のちに詳しく見るであろう[2]。

（1）第一章、第六節。
（2）本章第二十五節。

十一　さて、ヒュームの経験論の原理（c）は、たがいに対応する単純印象と単純観念との間に、前者が後者の原因であるという因果関係と、後者が前者を再現するという表象関係とが、成り立つということを、主張している。そして、この原理（c）は、第八節および第九節で見たように、（k）「（イ）或る対象の観念は、精神に対するその対象の印象の現前（体験）が直接生み出した因果的痕跡の一面（心的側面）であり、（ロ）精神は、この因果的痕跡の活性化によって、（ハ）その対象［の元の印象］を直接想起する（その対象の記憶観念をいだく）か、あるいは、少なくとも、（ニ）その対象［の元の印象］と同種の、或る対象［の印象］を直接思いうかべる（その対象と同種の或る対象の観念をいだく）」ということを示唆する。（k）の（ロ）を言い換えれば、「（ロ—1）或る対象の印象の因果的痕跡の活性化は、（ハ—1）元の対象の観念か、（ニ—1）それと同種の対象の観念を、精神に現前させる」ということになる。しかし、この定式（k）は、第八節で見た引用文（三二～三頁）に基づいて、さらに詳しく、（一）「（イ）或る対象の観念は、精神に対するその対象の印象の現前が直接生み出した因果的痕跡の一面であり、（ロ）精神は、この因果的痕跡の活性化によって、（ハ）その対象を直接想起するか、あるいは、必要に応じて直接想起することが可能な状態となるか、あるいは、少なくとも、（ニ）その対象と同種の、或る対象を直接思いうかべるか、あるいは、必要に応じて直接思いうかべることが可能な状態となるか、である」と定式化できる。

4　分離の原理（d）と実在的区別

十二　第四の主要根本原理である、「異なる対象は、すべて区別でき、区別できる対象は、すべて思惟と想像の能力によって分離できる」（三〇頁）という分離の原理（d）については、それの逆命題である、「「思惟と想像の能力によって」分離できる対象は、またすべて区別でき、区別できる対象は、またすべて異なる」という命題も成立すると言われる（同所）ので、「異なる」、「区別できる」、および「「思惟と想像の能力によって」分離できる」という述語の外延は一致する。それだけではなく、「異なる」ということが「存在においてたがいに論理的に独立である」ということを意味し、「区別できる」ということが「存在者としてたがいに論理的に区別できる」ということを意味し、「存在者として論理的に区別できる」ということは、「存在において論理的に独立である」ということを意味するのであるから、この分離の原理は、実は同語反復命題（トートロジー）にほかならず、それゆえアプリオリな命題である。トートロジーであるにもかかわらず、この分離の原理（d）は、ヒュームの理論哲学において決定的な役割を演ずる。それまで多くの哲学者は、実は事実的関係に過ぎない因果関係を暗に論理的必然性をもつものと見なし、論理的必然性以外に合理性の種類はないと考えていた。これに対してヒュームは、因果律をはじめ、同様の諸原理の非合理性（非理性性）を、初めて徹底的に暴露したのであるが、その際の根拠は、二つのたがいに「異なる」対象は、それらの存在がたがいに論理的に独立であり、思考の上で分離できる、という分離の原理であったのである。

この分離の原理によって、複雑なものを、それの構成要素であるたがいに論理的に独立なより単純なものに分解し、この作業を繰り返すことによって、もはやたがいに論理的に独立な構成要素を含まない、言わば存在の最小単位に到達することができる。ヒュームにとっては、このような存在の最小の単位が単純印象なのである（d_1）。この分離の原理は、思惟において世界を相互に独立に存在する要素に分解してしまう、哲学的原子論の原理である。原因と結果も、この原理によって、存在者としてたがいに論理的に独立なものとして、分離されたのである。

十三　ヒュームは、（一）分離の原理（d）と、伝統的な原則のヒュームによる定式化である（二）「明晰に考えられるものは、存在することが可能であり、或る仕方で明晰に考えられるものは、その仕方で存在することが可能である」（二六六頁）という「思考可能即存在可能の原理」（e）とから、（三）「われわれのすべての諸知覚は、たがいにも、また宇宙にある他のすべてのものとも、異なるから、たがいに別個で、分離可能であり、［それゆえ］分離されて存在すると考えられることができ、［それゆえ］分離されて存在することができ、それらの存在を支えるような他の何ものをも必要としない」（二六六頁）という、「われわれの諸知覚」に適用された形での「論理的区別即実在的区別の原理」（e_1）を導出する（二六六頁）。のちに見るように、思考可能即存在可能の原理が事実的命題であるので、論理的区別即実在的区別の原理も事実的命題である。

我々の諸知覚（諸印象と諸観念）が、たがいにも、宇宙にある他のすべてのものとも、異なるがゆえに、たがいに区別でき、［想像力によって］分離可能であり、分離されて存在すると考えることができる、ということは、前節で見たように、単に、諸知覚の存在がたがいに論理的に独立であるということを意味する。しかし、このことから、諸知覚が、「［他のものから］分離されて存在することができ、［それゆえ］それらの存在を支えるような他の何ものをも必要としない」と言うことができるであろうか。ここ（二六六頁）での議論は、もし実体を、「それ自身で（他のものの助けなしに）存在し得る或るもの」と定義するならば、諸知覚は、他のものから分離されて存在することができ、それゆえ、それらの存在を支えるような他の何ものをも必要とせず、それゆえ、実体であることになる、というものである。したがって、ここでの議論においてヒュームは、諸知覚の存在がたがいにも他の何ものからも論理的に独立であるという前提から、諸知覚の存在が事実において独立であると結論している。しかし、二つのものの間の論理的、意味論的、あるいは認識論的な区別（独立性）は、それら二つのものの存在が事実において独立であるという実在的区別（実在的独立性）を含意するわけではない。[1] たとえば、我々の精神的状態が我々の身体的状態と論理的に独立であるということは、デカルトによって強調されたことであり、両者の間の論理的あるいは認識論的な独立性は、我々も認めることができないわけではない。だからといって、我々の精神的状態が我々の身体的状態から事実において独立であるということ（実在的区別）は、デカルトが主張したようには、帰結しないのである。

分離の原理（d）および論理的区別即実在的区別の原理（e_1）のヒュームによる実際の適用例を見ると、ほとんどの場合、これらの原理は、最終的には、存在の論理的区別から存在の事実的区別（実在的区別）を導出するためには使われてはいず、単に存在の論理的独立性（区別）を強調するために使用されているだけであるかのように見える。[2] しかしそれは、ヒュームが、或る事態の単なる思考可能性（論理的可能性）を示しさえすれば、思考可能即存在可能の原理（e）に基づいて、その事態の存在の可能性（実在的可能性）が自動的に帰結すると考え、また、二つの対象の存在の、思考の上での分離の可能性（論理的区別）を示しさえすれば、同じく思考可能即存在可能の原理に基づいて、それらの二つの対象の存在の、事実における独立性（実在的区別）が自動的に帰結すると考えていたからである。

しかしながら、思考可能即存在可能の原理（e）の経験的証拠は、単に、思考可能な事態は、実際にも存在すると考えることが可能である、という、思考可能な事態の、存在の思考可能性、の事実にほかならず、また、論理的区別即実在的区別の原理（e_1）の経験的証拠も、単に、二つの対象の存在がたがいに論理的に独立であるならば、それらの対象が実際にも分離されて存在する（事実において独立である）と考えることが可能である、という、たがいに論理的に独立な二つの対象の、存在における分離の思考可能性（論理的独立性）、の事実にほかならないのである。（三）の結論部分において主張されていることに対応する実際の経験とはせいぜい、単に、現在精神に現前している諸知覚の一部または全部を、現在精神に現前していないと想像したり、現在精神に現前していない知覚を、現在精神に現前していると想像したりすることが、可能であるということである。また、第十節で言及したような偏狭な経験論の考えに従ったとしても、知覚は、精神に現前していないときには、存在しないのであるから、知覚が、［私の］精神を形成している継起する諸知覚の集合から離れて存在するということは、あり得ないのである。

（1） 拙論「心とは何か」（一九八七年）、八～九頁。

（2） 一〇〇頁においては、二つの対象（或る対象の存在の始まりと原因と）の「実際の分離」が言及されているが、「それが矛盾も不合理も含まないのである限り、可能で［ある］」という対象の存在の分離の論理的可能性に弱められている。一・三・六、一〇八頁では、「異なる［対象の］観念は［たがいに］分離できる」ということ、すなわち、たがいに異なる対象は別々に存在すると考えることができるということ、すなわち、それらの存在の論理的独立性、が主張されている。

二五五頁では、物体の諸性質が、たがいに実在的に独立であると主張されている。二七九頁では、「［われわれが］外的対象の観念の相違と分離可能性から外的対象がたがいに分離した存在をもつと結論する」と言われ、我々が対象の分離の思考の可能性から対象の実在的分離を結論するということが、明言されている。

二八六頁では、諸知覚の実在的独立性の主張が先の引用（三）（二六六頁）とほとんど同じ形で繰り返されているが、この主張を支持する経験的事実として言及されているのは、精神に現前するのは個々の知覚のみであり、それらは、単独で現前するか、あるいは同時に複数個現前するかである、ということである。

二九四頁での分離の原理の適用は、［私の］精神を構成する［単純な］諸知覚の存在の実在的独立性と、それらの存在の論理的独立とが、等価の事態として述べられている。

「付録二」（三二三頁以下）では、まず、諸知覚の実在的独立性が主張されたのち、具体例として、「このテーブル」と「あの煙突」とが対象として別々に存在することができ、かつ別々に存在しているように、知覚もたがいに別々に存在することができ、かつ別々に存在している、ということが述べられる（三二四頁）。これは、諸知覚の真の実在的区別を主張する表現であるが、そこから明示的に導出されている結論は、単に「諸対象が、何ら共通の単純な実体すなわち内属の基体をもたずに、たがいに別個で独立に存在するということ」が「理解可能であり、無矛盾である」ように、「この命題は、諸知覚について、けっして不合理でありえない。［すなわち、諸知覚が、何ら共通の単純な実体すなわち内属の基体をもたずに、たがいに別個で独立に存在するということが、理解可能であり、無矛盾である］」（三二四頁）という、諸知覚の存在の論理的独立性である。そして、諸知覚の実在的独立性を裏づける経験的事実として言及されているのは、精神に現前するのは個々の知覚のみであり、それら知覚は単独かあるいは他の諸知覚と同時に精神に現前する、ということである。このような文脈を前提した上で、「われわれのすべての別個な知覚は、たがいに別個な（異なる）存在者である［。そして、いかなる単純なものにも内属しない。それゆえ、思惟のみが、異なる知覚の間に、結合を感じるのである］」（三二六頁）と言われている。

十四　次に、分離の原理（d）と実在的区別の原理（e_1）の、物体の諸性質への適用を見てみよう。「われわれがもつ物体の観念は、対象を構成したがいに恒常的に結合しているのが見出されるいくつかの異なる感覚的性質の諸観念の、精神によって形成された集合にほかならない」（二五二頁）。物体についての普通人のこのような複雑観念は、第二次性質の観念ばかりでなく、第一次性質の観念をも含む（第二節）。さて、分離の原理によって、知覚についてと同様に、物体の性質についても、「すべての性質は、他の性質とは別個なものであるから、他の任意の性質からだけでなく、実体という不可解な空想物からも、離れて存在すると考えることができるし、実際にも離れて存在することが可能である」と言われる（二五五頁）。一つの物体の或る性質、たとえば、或る形をした一様な色の広がりが、その物体の他の諸性質から離れて存在することが可能であるとは、どういうことを意味するのであろうか。或る形をした一様な色の広がりにおける色と形の区別は、実在的区別ではなく、理性的区別であるとされる（三八頁）ので、その色とその形とは、たがいに［実在的には］区別も分離もできず、一つの単純な知覚を形成するはずであるが、そのような色の広がりが、その物体の他の諸性質から分離して存在し得るとは、どういうことを意味するのであろうか。実際の経験に基づいて具体的に考えられることは、その物体の色の広がりがその他の諸性質とともに［印象として感覚的に］知覚されているが、その他の性質が知覚されなくなることがあり得、その際それら他の性質は知覚されなくても存続しているものと考えられるということ、また、その物体のその他の性質は知覚されているが色の広がりが知覚されなくなることがあり得、その際その色の広がりは知覚されなくても存続していると考えられるということ、である。実際、ヒュームによる、普通人における物体の存在の信念とは、そういうものである。[1] しかし、物体のもつ色の広がりがその物体の他の諸性質から離れて存在することが可能であるということは、文字通りに受け取るならば、その色の広がりが、その物体の他の諸性質から現実に分離されて、言わば単独で浮遊して存在し続け、場合によっては、それと実際に結びついて知覚された諸性質とは別の諸性質と結合する、というようなことがあり得る、ということを意味する。我々は、このようなことを、経験することもなければ、想像することもほとんどない。しかし、物体の諸性質の分離の実在的可能性(実在的区別)とは、そういうことを意味するはずである。そのような主張の経験的証拠としてはせいぜい、或る物体の色の広がりが他の諸性質(たとえば固さや温度などの触覚的諸性質)とともに知覚されたのち、それら他の諸性質を知覚することをやめその色の広がりだけを知覚し続け、そののち、他の諸性質の一部または全部が質的に変化してその色の広がりとともに知覚される、というような事実が考えられるだけである。

(1) 一・四・二、二二四~四二頁、特に二三九~四〇頁。

十五 前二節では、知覚の分離可能性と感覚的性質の分離可能性とについて見た。次に、観念の分離可能性について見てみよう。ヒュームは、想像力の観念が、記憶の観念と違って、元の印象と同じ順序と配列に束縛されていず(二〇~一頁)、「観念を入れ換えたり変化させたりする自由をもつ」(二一頁)と言い、同じことをさらに「想像力によって、すべての単純観念がたがいに分離でき、また好むままの形態に再び統合できる」と敷衍して、想像力の複合の原理(d_2)を主張している[1](二二頁)。すべての単純観念は、先行する単純印象の像であるが、我々は、経験された複雑印象を、それの構成要素である単純印象に区別し、これらの単純印象の像である単純観念を相互に分離し、それらを構成要素として、印象として経験したことのない複雑観念を形成できる、というのである。たとえば、我々は、「黄金の舗道とルビーの壁をもつ「新しきエルサレム」のような都市」(一五頁)

の観念、「翼をもつ馬や、火を吐く龍や、とてつもない巨人」(二一頁) の観念を形成することができる。「私が、或る人の脚と太腿が運動しているのを見るが、間にある対象が、彼の身体の残りの部分を隠していると仮定せよ。この場合、想像力が姿の全体を描き出すことは、確実である。私は、その人に、頭と両肩、胸と首を与える。これらの身体部分を、私は思いうかべ、彼がそれをもっていると信じる」(三一四頁)。「暗闇で分節された音声を聞いて、誰かが自分の近くにいると推論する人は、正しく、自然に、推論しているのである。……習慣は、現在の [分節された音声の] 印象には人間 [の印象] がいつも随伴していたので、[彼の精神に] 人間の観念を固定し生気を与えるのである」(二五八頁)。これらの例においては、諸単純印象の観念が、それぞれ同一の観念として何らかの仕方で保持されており、必要に応じて、現前し、同時に現前する他の印象または観念と結びつけられるかのように、述べられている。

(1) 「精神は、それのすべての観念を支配しており、それらを好きなように分離し、結合し、混合し、変化させることができる」(三一二頁)。また、一一八頁および一二二頁を見よ。

十六　ところで、「すべての [単純] 観念は、[単純] 印象から生じ、印象の模像ないし表象にほかならない」という経験論の原理 (d) と「元の印象は、必ず確定した量と性質をもたねばならない」ということから、印象の模像である観念も、確定した量と性質をもたねばならない、とされる (三二頁)。そして、或る形をした一様な色の広がりは、その全体が一つの単純な印象であり、その印象における色と形とは、単に理性によって (思考の上で) のみ区別できるのであり、存在の上で区別することはできないとされる (三八頁)。それにもかかわらず、我々の想像力は、あらゆる形をしたあらゆる色のあらゆる大きさの広がりや、広がりをもたないあらゆる色の点を、想像できるように見え、ヒュームも、想像力の「自由」について敷衍した引用文 (前節) ですでに見たように、そのように考えている。我々は、あらゆる形をしたあらゆる色のあらゆる大きさの広がりと、あらゆる色の点を、経験し尽くしているのであろうか。このように考えることは、見かけほど馬鹿げたことではない。我々は、或る色と形をした物体の一面を、きわめて多様な透視条件のもとで見るのであり、また、地面や壁や野や畑や山を見る際に、きわめて多くの色点を見るのである。しかし、我々は、色と形と大きさをもつあり得るすべての広がりと、あり得るすべての色点を、経験するわけではない。ヒュームは、一様な色の広がりが、有限個の広がりをもたない色点に区別できるかのように言う（四九頁）が、我々は、真に一様な色の広がりのうちに、広がりをもたない色点を見ることはない。

我々が経験したことのない色の観念をもつことは、ヒュームが彼の経験論の原理（c）に対する例外として想定した（一七～八頁）にもかかわらず、あり得ないと思われる。ところで、或る形をした或る大きさの或る一様な色の広がりの印象が与えられているとき、我々は、その印象の個体的同一性を失わずに、その印象の任意の部分を注視することができる。その際、その部分の正確な形と大きさを、判然とは知覚しない。しかし、このように、或る形と大きさの延長した一様な色の広がりの一部分を注視することができるということは、その部分と残りの部分あるいは全体とを区別することができるということを意味する。全体の印象の形と色とが理性的にしか区別できず存在の上では区別できない、というヒュームの主張の意味は、与えられた全体の印象を、それの部分に分割すれば、元の印象は、分割の結果得られる部分の印象とは、数的に（個体として）別個な印象となる、ということである。「一つの線分の確定した長さが、その線分自体と異ならず区別できない」（三一頁）ということは、その線分の長さを変えれば、それはもはや元の線分とは、別個な線分となる、ということである。しかし、その線分の全体を、その線分の一部分と区別すること、あるいはその線分を諸部分に区別することは、単に理性的区別にとどまるのでなく、実在的な区別なのである。同様に、或る形をした或る大きさの或る色の一様な広がりの印象においても、その全体の印象の大きさあるいは形を他のものに変えるならば、それはもはや元の印象とは別個な印象となる。しかし、それを広がりの上で諸部分に区別することは、単に理性的区別にとどまるのではなく、存在の上での区別なのである。ヒュームが、一方で、一つの色とそれの広がりがもつ形との区別、また、一つの線分とそれの長さとの区別を、理性的区別であり、実在的区別でないとしながら、他方で、一つの延長の印象をそれの諸部分に実在的に分割できるものとして語っている理由は、このように理解できる。

色の広がりあるいは触感の広がりの与える延長の印象は、原理的に任意の諸部分に分割できるものとして現われているのであり、このことが感覚印象のうちにおいて理想化されるとするならば、我々は、広がりを、任意の大きさの任意の比較的簡単な形の部分的広がり、あるいは広がりをもつとは見えないほど小さな点に、分割できることになる。

十七 しかし、我々は、我々の生の初期の段階において、可能なあらゆる色を体験し尽くしているわけではない。そのような時期において、われわれが、体験したことのない色の観念をもつことができるとは、思われない。また、私には、私が、現在までに、可能なあらゆる色を経験し尽くした、と主張する自信はない。しかし、経験したことがある任意の色については、その色を、色点として思いうかべることも、経験されたその色の広がりの部分として含まれる任意の大きさの任意の単純な形をもつものとして思いうかべることも、可能である。ただし、すべての観念は量と性質において確定していなければならない（三二頁）、というのであるから、どれか一つの広がりか点と結びついていなければならないことになる。

我々は、一旦これらの観念をもつと、それを任意の大きさの任意の単純な形に拡げることができる。「私は、［延長の一つの部分について私が形成できる最小の］観念を一度、二度、三度等々と反復し、この反復から生じる延長の複合観念が、増大し続け、二倍、三倍、四倍等々となり、ついには、その［最小の］観念の反復の多少に応じて大小の差のある、相当な大きさに膨大するのを見出す」（四四頁）。延長の一部分について形成できる最小の観念とは、ヒュームにとって大きさをもたない点の観念である（四二～三頁）ので、それを反復して延長の観念が形成できるかどうかは問題であるが、我々が、或る大きさの延長の観念を反復してより大きな延長の観念を得ることができること、すなわち、任意の大きさと比較的簡単な形の延長の観念を形成することができることは、ヒュームにとって説明が可能となる。その延長の観念が、様々な色あるいは様々な触感の諸部分の観念から成ることができる。このようにして、我々は、経験したことがある色あるいは触感をもつ様々な諸部分から成る、あらゆる可能な大きさの、比較的単純な形をした延長を、思いうかべることができることになる。[1]

（1）我々は、複雑な形を、知的に理解できるが、想像することも定規の助けを借りずに感覚知覚することも困難である。デカルトは、我々が千角形を知的に把握できるが、想像することはできない、ということに注意した。その証拠として、我々が想像力において、千角形と万角形あるいはその他の角の多い多角形とを区別できない、ということを挙げている（『省察』、「第六省察」）。同じように、単純な図形である三角形についても、我々は、三角が四六度、四四度、および九〇度の三角形を、それと同程度の大きさの直角二等辺三角形から区別して想像することは、困難である。同じく、千角形を千角形として感覚において知覚することも、これら二つの三角形を、感覚知覚において区別することも、困難である。しかし、我々は、千角形を、たとえ漠然とであれ何らかの多角形を想像しようとせずに理解することも、困難であろう。これらの図形の知的理解は、数学の公理体系のような言語的体系の理解を必要とするが、それが単なる形式的理解にとどまるのでない限り、想像力の助けを必要とするであろう。ヒュームにおいては、考えるということは、思念する（思いうかべる）ということに等しく、これは、観念をいだくということであり、想像するということであった。

十八　前二節で見たように、ヒュームの哲学的立場において、色と触感の広がりが与える延長の印象が、原理的に、任意の大きさの任意の比較的簡単な形の部分的広がりや、広がりをもつとは見えないほど小さな点に、思考の上で分割でき、また逆に、広がりをもつとは思われないほど小さな色点や触感を伴う点の観念を反復して、原理的に、任意の大きさの比較的簡単な形の延長の観念を形成できる。このことから二つのことが帰結する。

第一の帰結は、ヒュームが与えた二種類の単純性の基準の一元化である。一つの基準によれば、単純な印象とは、ヒュームが挙げたリンゴの色、味、香などの例（一四頁）に認められるように、単一の感覚様相（視覚、触覚、聴覚、嗅覚、あるいは味覚）に与えられる、単一の感覚的性質（色、触感、音、香、あるいは味）の、一様等質な広がり（時間的空間的に連続した領域）である。この基準によれば、複雑なものとは、たがいに異なり区別され得る諸部分を含むものであり、感覚様相において異なる二つのもの、同じ感覚様相に属するが感覚的性質の異なる二つのもの、同じ感覚的性質をもつが時間的あるいは空間的にたがいに中断されている二つのものが、たがいに異なる諸部分と見なされる。ただし、空間的な広がりと位置をもち得るのは、色と触感のみであり、音、香、味などは、空間的な広がりも位置ももたないとされる。これらの印象は、時間的結合においてのみ、一まとまりのものとなることができるとされる（二六八～七二頁）。この最後の考えが誤りであることは、のちに詳論する（第四章第三～五節、第九章第四節）。第二の基準によれば、単純な印象とは、大きさをもたないとされる色点および触点である（四一～三頁、五三～六頁）。第十六節での考察によって、広がりの印象を諸部分に分割することが実在的区別であることが判明したので、真の単純性の基準は第二の基準であることになる。ただし、色点または触点を色または触感と空間的位置をもった点とに区別することは、ヒュームにとっては実在的区別ではなく理性的区別であるので、単純な印象である色点と触点は、必ず空間的位置を伴っていることになる。音、香、味などの印象は、もともと空間的広がりも位置ももたないとされるので、それらについては、第一の基準がそのまま真の単純性の基準となる。しかし、時間についても空間と同様に考えるべきであるとするならば、あらゆる感覚について、真に単純な印象は、瞬間的存在となる。ところが、ヒュームは、時間の観念は変化（異なるものの継起）の印象から得られるものであるという理由で、変化しないものには時間的持続の観念は真の意味では当てはまらないと考える（五〇～三（特に五二～三）頁、八三～四頁、および二三二～四頁）。したがって、空間的に単純で変化しない感覚的性質は、それ自体で時間的に単純なものと見なされることになる。

第二の帰結は、空間的広がりおよび空間的位置から切り離された感覚的性質は、同一の性質が同時に複数の物体と「少なくとも時間的に！」結びついて現われ得るという意味での普遍的対象に、限りなく近づく、ということである。色と触感は、同一のものとして同時に複数の場所に現われ得るものと見なされる限りにおいては、単一の普遍的で抽象的な単なる思考の対象と見なされていることになる。また、一般に、感覚的性質は、同一のものとして同時に複数の物体と結びついて現われ得るものと見なされる限りにおいては、単一の普遍的で抽象的な単なる思考の対象と見なされていることになる。しかし、ヒュームが考えていたように、色も触感も、必ず空間的位置をもつものと見なされるならば、たとえ質的にはたがいに区別できなくとも、別の場所に現われる限り、別個な存在者であるということになる。また、ヒュームは、一般に感覚的性質は、たとえ質的にはたがいに区別できなくとも、時間的にたがいに隔たって現われるならば、別個な存在者である、と考えていたのである。

十九　最後に、精神を構成する反省の諸知覚の分離可能性について考えて置こう。精神を構成している諸知覚は、それらが現在精神に現前している限りにおいては、実はすべて印象なのである（一三一頁、同訳註(5)）。さて、私は、現在私が感じている、遅々として進まない論述から生じる焦燥の代りに、論述を完成した際の充足感あるいはその他の情動を、想像することができる。また、この焦燥の印象から焦燥の観念を得、それを、私の精神状態を想像するときに使える、何らかの意味で同一性を保持する潜在的な観念として、もち続けることができる。論述を完成した際に得られると私が想像する充足感の観念も、かつてそのような際に私が得たことがある充足感の印象から得られたものであろう。私の精神を構成している反省の諸知覚の実在的独立性の主張に対応すると思われる経験的事実はせいぜい、私が現在体験している情念が、同時に体験されているほかの反省的諸知覚が意識されることなく、意識され続けるということがあり、また、ほかの諸知覚が意識され続けるのに対して、その情念が意識されなくなるということがある、ということである。しかし、反省の諸知覚の実在的独立性の主張は、私の精神を構成している反省の諸知覚のどの一部も、残りの諸知覚から遊離して存在することができるという、極めて強い主張なのである。

実際の印象から得られた感覚あるいは反省の観念の、潜在的あり方と顕在的あり方を通じた個体的同一性は、ヒュームが時に見せる偏狭な経験論には反するが、ヒュームの哲学に反するどころか、ヒュームの哲学にとって不可欠のものなのである。第九節で見た、精神に現前するごとに別個な知覚という考えは、主として印象に関するものであった。「想定された時間の変化を通して、対象が、変化せず、かつ中断しない」という個体化の基準（一三三〜四頁）は、実は、物体についての感覚的印象の数的同一性の基準である。確かに、物体から得られる印象は、感覚するごとに別個な、その時々の物体についての印象である。ところが、ヒュームは、情念についても、「われわれの情念は、たがいに相互的な結合と依存の関係をもっていることが経験から見出されるが、われわれが今までに経験したのと同じ依存と結合とを保持するために、それらが知覚されなかったときも存在し作用していたと仮定することは、いかなる場合にも必要でない」と言っている（二二七頁）。しかし、情念のうちには、たとえば根の深い後悔や恨みなどのように、意識されなくても、何らかの意味で同一のものとして存続するものが、多くあるのである。

5　思考可能即存在可能の原理（e）

二十　第十三節において、伝統的な原則のヒュームによる定式化である「明晰に考えられるものは、存在することが可能であり、或る仕方で明晰に考えられるものは、その仕方で存在することが可能である」（二六六頁）という、思考可能即存在可能の原理（e）に言及した。この原則は、「精神が明晰に思いうかべる（考える、思念する）ものは何であれ、可能的存在の観念を含む」、すなわち「われわれが想像するものは何であれ、絶対的に不可能ではない」とも、表現されている（四七頁）。この原理は、「存在可能性」の意味を弱めて、思考可能なものが思考可能であるというだけで直ちに存在可能であると言えるようにこの語を使用するという、規約的なそれゆえアプリオリな側面をもってはいるが、しかし、本来、思考可能なもののすべてについて、現実に存在しているものがもつ存在可能性と同じ種類の実在可能性の事実を主張するものであるという意味で、事実的命題である。この原理は、ヒュームの理論哲学において、分離の原理（d）と同様に、極めて重要な役割を果たす。実は、分離の原理（d）自体が、それに思考可能即存在可能の原理（e）を適用して得られる論理的区別即実在的区別の原理（e_1）そのものであるかのように、用いられているのである。分離の原理が因果律の論理的必然性を否定するために使われた（一〇〇頁）（第十三節註（2））のと同様に、この原理（e）は、「経験されなかった事例は、経験された事例に必ず類似し、自然の歩みは、常に一様であり続ける」（一一〇〜一一頁）という「自然の斉一性の原理」の論理的必然性を否定するために使われている（一一一頁）。すなわち、我々は、自然の歩みが変化して自然が斉一的でなくなるということを容易に想像でき、それゆえ、自然の斉一性が成り立たなくなるということが可能である、というのである。思考可能即存在可能の原理（e）がヒュームの理論哲学において極めて重要な位置を占めているのは、言うまでもなく、この原理が、思考可能性という単なる論理的な可能性を直ちに実在的な可能性と見なすことを可能にするからである。この原理は、哲学の伝統において当然の真理と見なされてきたが、我々は、この原理に対して、論理的区別即実在的区別の原理（e_1）に疑念をいだいた（第十三節）のと同じ理由で、疑念をいだく。たとえば、我々は、人が二百歳まで生き長らえることを、論理的には可能であると見なすであろうが、現時点で実際に（実在的に）可能であるとは考えないであろう。論理的可能性や論理的必然性の様相とは異なる実在的可能性や実在的必然性の様相を体系的に考察することは、別の機会に譲らなければならないであろうが、徐々に明らかになるように、我々は、ヒュームの理論哲学について行なっているこの解釈および批判において、実質的には、すでにこの様相を用いているのである。

二十一　思考可能なものは存在可能であるという、この原理（e）の定式化に見られるように、ヒュームにおいては、狭い意味で考えるということは、思いうかべる（思念する）ということに等しく、このことは観念をいだくということに等しく、さらにこのことは想像するということに等しい。その結果、論理的に矛盾した命題は、考え得ないものとされる。「何であれ不合理なことは、理解不可能であり、想像力は、論証に反することを思いうかべることができないのである」（一一七頁）。論理的に矛盾したことは、確かに、想像することは困難であるかも知れない。しかし、矛盾した命題も文法的に正しい文によって表現できるのであり、文法的に正しい文は、たとえ矛盾した内容のものであっても、理解されることができる、と言うことができる。もちろん、文法的ではあっても、「この石が死んでいる」とか「四つ一組性が遅延を飲む[1]」というような文は、弱い（広い）意味では文法的であるが、理解可能であるとは、直ちには言い難い。すなわち、記号論理学の形成規則に従って得られる式に対応するような文、すなわちそれのうちに現われる品詞の結合関係が文法的であるような文を、すべて文法的と見なすのであれば、たとえ文法的に正しい文で表現される命題でも、理解可能であるとは直ちには言い難い命題があるであろう。しかし、個々の語がそれぞれ固有の「文法的規則」（語の意味に基礎をもつ統語論的な結合規則）をもっており、それのうちに現われるすべての語の従うべき「文法規則」をすべて同時に満たしているような文を、文法的な文と見なす、強い（狭い）意味での文法性を考えるならば、文法的な文によって表現される命題は、たとえ論理的に矛盾を含むものであっても、理解可能である、と見なすことができる。想像可能な事柄の範囲を定めることは、ほとんど不可能である。それに比べて、理解可能（思考可能）な事柄の範囲は、強い意味での文法性によって定めることができる。そのように理解すれば、我々が考えることができることでも、論理的に矛盾しており、それゆえ不可能であるということが、あり得ることになる。[2]

（1）　後の文は、バートランド・ラッセル『意味と真理の探究』（十三章、一七〇頁）に出てくる例文である。
（2）　リード『人間の知的能力についての論集』第四論「概念把握について」第三章「概念把握に関する誤謬」四三〇〜五頁に、同じ主旨の考えが見られる。

6　観念連合の原理（f）

二十二　想像力がその自由な分離（d）と複合の能力（d_2）によって諸観念を無秩序に分離しそれらを恣意的に再結合するだけであれば、我々の思考の世界は我々の経験の世界との対応を失ってしまうであろう。しかし、想像力が、このような「自由」（二一一頁）をもつにもかかわらず、諸観念をいだく際に、必要に応じて規則的に観念を結合する、というのが、第六の主要根本原理である「結合の原理」すなわち「観念連合の原理」（f）である。すなわち、たがいの間に、類似性、時間的または場所的隣接、あるいは因果関係の、三つの関係のうちのどれか一つが成立する二つの対象については、一方の対象の印象または観念は、それが精神に現前するとき、同時に他方の対象の観念を容易に精神(想像力)に引き起こす、というのである(二二一～三頁)。観念連合の原理は、事実に関する命題であるので、経験的命題である。ヒュームは、二つの対象の間の、類似性、隣接、因果関係の三つの関係を、それらの対象の観念の間に観念連合を引き起こす原因と見なし、観念の間の「統合原理」(二二二頁)、「結合の原理」(七七頁、一一四頁)、あるいは「[観念を]連合させる原理」(一三二頁)と呼んでいる[1]。ヒュームは、これら三種類の関係を、観念連合の原因であるとするが、「これらの諸原理(関係)が、観念の間の結合の、不可避の原因でも唯一の原因でもない」ということを認め(一一四頁、また二二頁参照)、それらの関係の結合力を「通常は優勢」な「穏やかな力」と形容している(二二頁)。

観念連合の具体的な例を挙げれば、たとえば、肖像画は、それのモデルである人物を知っている者には、類似性によって、その人物のことを考えさせ(一二三頁)、「サンドニ」という町の名前を聞けば、パリがその町の近くにあることを知っている者に、パリのことを思い出させ、我々が知っている或る男の息子のことを考えるときには、我々は、彼の父親のことをも考える傾向がある[2]。しかし、これらは単に、日常的な連想の例であって、このような連想を引き起こす原因は、ヒュームが観念連合の原理として挙げた三つの関係に限られない。単なる連想は、連想によって結びつく二つの対象の間に、連想を引き起こすのに十分な何らかの関連さえあれば、容易に起こる。このような関連は、「連想を引き起こすのに十分な」ものとしか特徴づけるほかなく、あらかじめ少数の種類に分類することは困難である。

しかし、ヒュームが観念連合の原理として挙げた三つの関係は、もちろん単なる連想の原因ともなるが、本来、我々の経験を記憶と想像力に記銘し、そもそも経験世界を我々に現出させる、きわめて重要な関係なのである。それらは、まず、諸実体(事物)、[実体の]諸様態、および諸関係[に立つ実体]などの複雑観念を生み出す原因とされている(二四頁)。三種類の観念連合は、多くの場合同時に作用して、或る場合には事物あるいは生物についての個別的あるいは一般的な［複雑］観念の原因となり、或る場合には自然種の概念（観念）の原因となり、或る場合には言葉と観念との結合の原因となり、或る場合には因果推理そのものとなり、また或る場合には、補助的な諸原理を介して、人格の同一性の信念の原因となり、さらには、哲学的虚構である基体としての実体の考えの原因ともなる。

（1） そのほか「連合させる性質」（二二頁）とも呼ばれているが、「観念連合の諸原理」（principles of association）という表現が『人間本性論概要』三二頁に現われる。ただし、言うまでもなく、この表現は、「これらの三つの関係が観念の連合を引き起こす」という原理の名称として我々が導入した「観念連合の原理」という表現とは、意味が異なる。

（2） これらの例はいずれも、『人間本性論概要』三二頁に挙げられている。

二十三 ここでは、類似性と恒常的随伴（隣接と継起（時間的隣接）の反復、すなわち因果関係）とに基づく、抽象観念すなわち一般観念（すなわち概念）の形成、および言葉と観念との結合の例を見てみよう。「われわれがもつ物体の観念は、対象を構成したがいに恒常的に結合しているのが見出されるいくつかの異なる感覚的諸性質の諸観念の、精神によって形成された集合にほかならない」（二五二頁）と言われ、同じことが、「実体（事物）の観念［は］、［感覚的諸性質に対応する］単純観念の集合にほかならない。これらの単純観念は、想像力によって統合され、［それらの全体に］一つの特定の名称が与えられているのであり、この名称によって、われわれは、その集合を、われわれ自身あるいは他人に、呼び起こすのである」と言われている（二一八頁）。ここでは、まず、感覚的諸性質の恒常的な結合（恒常的随伴）の経験が物体の観念の基礎にあることが、主張されている。しかし、これらの感覚的諸性質に対応する諸単純観念、およびそれらの集合（複合体）である物体の複雑観念は、簡単化のために、それぞれ一般観念すなわち抽象観念として扱われている。しかし、同じ種に属する二つの物体は、同一の感覚様相の同一の確定的性質を、共有するとは限らず、それぞれが、十分近い範囲に含まれる異なる確定的性質をもつだけで十分なのであり、それゆえ、諸性質からなる同種の二個の物体も、何らかの確定的性質［あるいはそれらの集まり」を共有するとは限らないのである。[1] そこで、確定的諸性質についての一般観念ばかりでなく、むしろ、同一の確定的性質ではないが十分近い範囲に含まれる二つの確定的性質が、同一の非確定的性質の一般観念の事例と見なされることが、いかにして可能であるのか、が説明されなければならなくなる。

ヒュームは、バークリーに従って、抽象観念すなわち一般観念は、その観念が妥当する多くの個体を代表する働きにおいては一般的であるが、観念自体としては、あらゆる点で確定した特定の個体の観念にほかならない、と考える（二九頁、三二頁、三五頁、四九～五〇頁、一九〇頁）。そのようなことがいかにして可能となるかをバークリーが十分には説明しなかったのに対して、[2] ヒュームは、観念連合によって、そのことを説明しようとした。抽象観念の例としては、人間、線分、三角形、図形、政府、教会、交渉、征服、弱者、延長等の観念が挙げられている。まず、「われわれは、われわれにしばしば現われる対象の間に一つの類似性を見出すと、対象の量と性質の度合いにいかなる相違が認められようと、またほかにどのような相違が現われようと、対象のすべてに同一の名称を適用する。われわれがこの種の習慣を獲得したのちには、その名称を聞けば、それらの対象のうちの一つの観念が呼び起こされ、想像力はその対象を、それのすべての特定の条件や比率とともに思いうかべるのである。ところが、同じその語は、精神に直接現前している観念と多くの点で異なる他の個物にも、しばしば適用されたと想定されている。しかしその語は、これらの個物すべての観念を呼び起こすことはできない。そこでその語は、言わばただ軽く心に触れ、われわれがそれらの個物を通覧することによって獲得した習慣を呼び起こすのである。その際、これらの個物の観念は、現実に精神に現前しているのではなく、ただ可能的にのみ現前しているのであり、われわれは、それらの観念のすべてを判明に想像力のうちに引き出すのではなく、そのときの意図や必要に促されるに応じてそれらの観念のどれでも注視できるように身構えるのである。要するに、語は一つの個別的観念を或る特定の習慣とともに呼び起こし、この習慣が、他のどの個別的観念であれ、われわれが必要とするならばそれを呼び出すのである」（三二～三頁）と言われる。

ここでは、或る一つの類似性に基づく観念連合のもとに、個別的な諸観念が、同一の一般名辞［のたがいに類似する生起体（tokens トウクン）の集合］と結びつけられる、ということが述べられている。そして、「個物は、相互の類似性のゆえに、寄せ集められ、一つの一般名辞のもとに置かれるのであるから、この類似性の関係が、個物［の観念］の想像力への進入をより容易にし、必要なときに個物［の観念］をより素早く提示されるようにする」（三六～七頁）と言われ、精神に実際に現前している個物の観念が、必要とされる他の個物の観念を、類似性による観念連合によって、容易に精神に現前させることができる、とされる。そして、別の箇所で、語とそれが妥当する観念との間の結びつきが、恒常的随伴に基づく観念連合として説明される。すなわち、「或る種類の対象の個体がすべて別の種類の個体と恒常的に結びついていることが経験によって知られると、どちらの種類の個体が新たに生じても、それは思惟を、それに常に伴っていたものへと、自然に運ぶ。たとえば、これこれの特定の観念は通常これこれの特定の語に結びつけられているので、ただその語を聞くだけでそれに対応する観念が精神に生じ［る］」（一一五頁）。このような過去における恒常的随伴の観念は、ヒュームとっては、因果関係の観念と同じものであるので、語と観念の間の観念連合は、因果関係に基づく観念連合であると見なされている（同所）。ただし、語と観念との観念連合は、正確には、型（type タイプ）としての一般名辞の個別的生起体（トウクン）の集合と、その一般名辞が妥当する個体の個別的観念の集合との間の、観念連合であるはずである。

さて、このような、たがいに類似する個体の個別的観念の間の観念連合、および、一般名辞の個別的生起体とその名辞が妥当するたがいに類似する個体の個別的観念との間の観念連合によって、いかにして、或る一般名辞を用いて、その名辞が妥当するこれまでに出会ったことのある個体の全体について思考することが可能であるか、を説明するための基礎が、与えられると言えるかも知れない。しかし、これだけでは、いかにして、その一般名辞を用いて、その名辞が妥当するあり得るすべての個体について思考することができるのか、が説明されるとは思われない。ところで、我々は第十五～十七節において、ヒュームのような立場から、我々が、経験したことのある色あるいは触感をもつあらゆる可能な大きさの、任意の単純な形をした延長を、思いうかべることができる、と主張できるということを見た。同様のことは、すべての感覚的性質に当てはまるであろう。そこで、論理的操作についてはもちろん言語的体系の理解を必要とするであろうが、言語的体系の理解による助けがあれば、我々は、任意の十分具体的な一般名辞については、その名辞が妥当する任意の単純な個体を思いうかべることができる、と言えるように思われる。ヒュームは、個別的観念の考察によっていかにして普遍的真理が知られるかという問題を意識しており、全称命題（たとえば、「すべてのxについて、FxならばGx」）の否定、すなわち存在命題（「或るxについては、Fxかつ（Gxでない）」）の認識については、「たとえば、われわれが「三角形」という語を述べ、それに対応する個別的な等辺三角形の観念をいだき、そののち「三角形の三つの角はたがいに等しい」と主張するとするならば、われわれが最初には無視したそのほかの不等辺三角形や等脚三角形などの個別的観念が、直ちにどっとわれわれの精神に現われて、この命題が、最初にいだかれた観念に関しては真であるにせよ、「一般的には」偽であることを、われわれに看取させるのである」と考えていた（三四頁）。つまり、全称命題の偽であること、あるいは存在命題の真であることを認識するためには、その全称化されている命題関数（「FxならばGx」）が妥当しない事例である一つの個体、あるいは存在化されている命題関数（「Fxかつ（Gxでない）」）に適合する事例である一つの個体、を思いうかべることができれば十分なのである。同様に、全称命題（「すべてのxについて、FxならばGx」）の認識、すなわち存在命題の否定（「FxでありかつGxでないようなxは存在しない」）の認識には、その存在化を否定されている命題関数（「FxでありかつGxでない」）が妥当する個体、すなわちFという名辞が妥当するがGという名辞が妥当しない個体を、思いうかべることができないという心理的事態が、対応するであろう。

（1）第五章第八節および第四節、また拙論「普遍についての試論」第十四節、四〇三頁、第十七節、四一一頁。
（2）前掲拙論、第十五節、四〇五～七頁を見よ。

二十四　対象Aの印象または観念と対象Bの観念の間の観念連合において、対象Aの印象または観念の精神への現前と、AとBの間の類似性、隣接、または因果関係という、三つの関係のうちの一つとが、その観念連合の原因であると見なされている。「これらの性質（関係）が、観念の間の連合を生みだし、一方の観念が現われれば他方を自然に［精神に］導き入れる」（一二頁）。「或る対象の観念または印象は、その対象に類似しているか、隣接しているか、または［因果的に］結合している、他の対象の観念を、自然に［精神に］導き入れる」（一一四頁）。ヒュームは、これらの関係と一方の観念の精神への現前とが観念連合の原因であることを、「証明する必要もな［い］」と言い（一二頁）、二つの観念の間の類似性と一方の観念の現前とが、類似性に基づく観念連合の原因であることを、「明白である」と言い（一三頁）、また、二つの対象の間の隣接と一方の対象の観念の現前とが、隣接に基づく観念連合の原因であることを、「同じく明らかである」と言っている（同所）。また、因果関係については、我々が二種類の対象の間に想定する因果関係の観念とは、実は、それら二種類の対象の間の過去における恒常的随伴の観念にほかならないと主張し、［個別的］因果推理とは、この恒常的随伴に基づくそれら二種類の対象の観念の間の観念連合にほかならないと主張したのち、「［われわれは、］ただ事柄自体を観察し、対象がその恒常的随伴から想像力における結合（観念連合）を獲得することを、常に見出すのである」と言っている（一一五頁）。しかし、我々は、対象の間の類似性、隣接、因果関係あるいは恒常的随伴が観念連合の原因であるということを、いかにして知るのであろうか。

ヒュームは、観念連合を、精神界における「一種の「引力」」になぞらえた際に、「それの結果は、いたるところで顕著である」が、「それの原因は、ほとんど知られ［ない］」と言い、「真の哲学者にもっとも必要なことは、原因をどこまでも探究しようとする節度のない欲求を抑制することであり、……或る説を十分な数の経験的事実に基づいて確立したならば、それで満足することである」と主張している（二四頁）。このことは、我々が、一方の対象の印象または観念の現前と両方の対象の間の関係とが観念連合の原因であることを、経験に基づいて知るのである、という考えを示している。この考えに従うならば、ヒュームが二種類の対象の間の因果関係の究極的判定基準を過去における両対象の恒常的随伴の経験に置くということから、我々が類似性、隣接、因果性という三種類の関係が観念連合の原因であることを知るのは、我々が、二種類の対象がこれら三種類のうちのどれか一つの関係に立つことと、それらの対象の観念の間に観念連合が生じることとの間に、恒常的な随伴が成り立つことを経験することによってである、ということになる。実際、前段落最後の引用文（一一五頁）は、因果関係についてそのことを明示している。

ヒュームは、感覚または記憶に現前する一方の対象の印象と、両方の対象の間の恒常的随伴の経験とから、他方の対象の存在の信念（生き生きとした観念）が生じる、ということを、二対象の恒常的随伴の経験が生み出す能力としての習慣が、印象の現前によって、観念連合の一形態である因果推理として発動することである、と説明する（一一五〜六頁、一二六〜八頁）。その際、何が因果推理に伴う信念の原因であるかという問題を、「経験と観察によって決定しなければならない自然哲学の問題と、見なして」（一二六頁）、意識的に考察し、「第一に、私は、現前する印象は、それ自身の力と効力によっては、すなわち、現在の瞬間に限定された単一の知覚として単独で考察される限りでは、この［信念を生み出すという］結果をもたない、ということを観察する。［しかし、］私は、最初に現われたときには私がそれから何の結論も引き出すことができない印象が、のちに、私がその印象に引き続いて常に生じるものを経験したときには、信念の基礎となり得るということを、見出す。われわれは、どの場合でも、過去の事例において同じ印象を観察したのでなければならず、その印象に或る他の印象が恒常的に随伴していることを見出したのでなければならない。このことは、きわめて多くの実験によって確かめられるので、ほんのわずかの疑問の余地もない」と述べている（一二七頁）。この引用文は、因果的観念連合の原因が、「きわめて多くの実験（1）（経験的事実）」（二種類の対象の恒常的随伴の経験と観念連合との恒常的随伴の経験）によって知られる、という考えを示している。

これと同様に、ヒュームの公式の考えは、二種類の対象の間の、類似性、隣接、因果関係あるいは恒常的随伴と、一方の対象の観念の精神への現前とが、両種の対象の観念の間の観念連合の原因であることは、両種の対象の間にこれら三種類の関係のうちの一つが成立し、かつ一方の対象の観念が精神に現前する、ということと、両種の対象の観念の間に観念連合が生じるということとの、恒常的随伴、の経験によって知られる、というものであったと言える。

（1）この考えが大きな困難を含むということには、のちに触れる（第八章第十七〜十八節）。

二十五 さて、或る対象Aの知覚（印象または観念）が精神に現前するならば、その対象に類似性、隣接、あるいは因果関係という三つの関係のうちの一つの関係に立つ対象Bの観念が精神に引き起こされるとしよう。そのような事態が成立するためには、観念はいかなるあり方をしなければならないであろうか。対象Aの観念が精神に現前し、Aに［種的同一性とは異なる］類似性の関係をもつ対象Bの観念が精神に引き起こされる場合について、考えてみよう。精神に現前しているAの観念は、それまでに存在しなかったBの観念を精神に現前させるのではない。現前するAの観念と現前するBの観念とは類似しているが［種的同一性をもたないという仮定により］別個な観念であり、前者が後者を生み出すということはできない。Aの観念の現前がなし得ることは、すでに存在しているが精神に現前していない或るもののあり方を変化させることによって、Bの観念を精神に現前させるということである。すでに存在していたが精神に現前していなかった或るものとは、すでに獲得されている、対象Bについて考える能力としての観念である。これがBの本来の観念である。或る人が対象Bの観念をもっているると我々が言う際に我々が意味するのは、彼が、対象Bを認識しかつ対象Bについて考える能力をもっているということである。対象Bがその人にすでに知られているのでない場合には、それに類似した対象Aの観念の現前が、その人に対象Bの観念を現前させることはあり得ないのである。

隣接による観念連合についても、因果関係による観念連合についても、同じことが言える。したがって、観念連合を認めるということは、獲得されてはいるが精神に現前していない、対象について考える能力としての観念、に影響を及ぼす、必ずしも意識されない、力動的な機制を認めるということである。このことは、分離の原理（d）と思考可能即存在可能の原理（e）とによって実在的にたがいに独立なものとヒュームが見なした諸知覚を精神が知覚するということから、いかにして我々がもっているような日常世界の意識が我々の精神に現出するのか、ということのヒュームによる説明に不可欠であった極めて重要な原理である観念連合の原理（f）が、精神に現前している知覚にしか真の存在を認めようとしない偏狭な経験主義あるいは極端な懐疑主義とは相容れないものであるということを、意味しているのである。

二十六　我々は、第十一節において、ヒュームの経験論の原理（c）を、（Ⅰ）「（イ）或る対象の観念は、精神に対するその対象の印象の現前が直接生み出した因果的痕跡の一面であり、（ロ）精神は、この因果的痕跡の活性化によって、（ハ）その対象を直接想起するか、あるいは、必要に応じて直接想起することが可能な状態となるか、あるいは、少なくとも、（ニ）その対象と同種の、或る対象を直接思いうかべるか、あるいは、必要に応じて直接思いうかべることが可能な状態となるか、である」と定式化した。我々は、第二十二～二十五節において、（ホ）「（ロ）で言及された精神による、或る対象の印象の因果的痕跡の一面（観念）の活性化が、その対象と類似性、時間的または空間的隣接、あるいは因果性の関係に立つ、別の対象の印象の現前によって起こる」ということを見たわけである。

第四章　知的諸能力

一　第二章第一節で述べたように、ヒュームが『人間本性論』(「人間の学」)で探究しようとする人間の自然本性は、人間の精神的本性である。一七三九年に出版された『人間本性論』の第一巻と第二巻は、彼が計画した「人間の学」全体の基礎論に相当し、それぞれにおいて、人間知性と情念とが論じられた。意志(the will)の能力は、常識に従って、情念と区別されている(二・三・一)[1]が、ヒュームは意志の自由を認めず、行為の自由のみを認め、行為の真の原因は、欲求と嫌悪、喜びと悲しみ、希望と恐れ、誇りと卑下、愛と憎しみ等の情念であるとした(二・三・一～三)ので、ヒュームにおける意志作用(volition, the act of the will)は、実際は、ホッブズが欲求と嫌悪、希望と恐れ、の交替する系列を「思案」(deliberation)と呼び、思案の最後の項となる欲求または嫌悪を意志作用と見なした[2]のと同様に、行為を決定する最終の情念と異ならないのである。

第一巻の知性論においては、知的能力として、感覚、記憶、想像(すなわち思念あるいは思惟)、理性の諸能力が論じられているので、これらが知性の諸能力であると言える。ところが、他方で、人間の精神的本性を、思考的部分と感受的部分に区別して(二一五頁)、感受的部分に、「蓋然的推論」(因果推理)に基づく信念[と同一視される(一四二頁)観念の生気の感受]を「一種の(或る)感覚」であるとして含め(一二八頁、二一五頁)、趣味的好悪の感情になぞらえている(一二八頁)が、道徳を論じる際には、因果推理は、論証的推論とともに広義の理性の能力として「知性」に含められているのである(二・三・三、三・一・一)。したがって、「蓋然的推理」とそれに基づく「信念」を、「一種の感覚」であり、人間本性の「感受的部分の作用」であると言うのは、誇張であり、譬喩的表現である。

（1）『人間本性論』第二巻第三部第一節。以下同様。

（2）『リヴァイアサン』一・六、四七〜九頁、および、ホッブズ『人間本性論』十二・一〜二、六七〜八頁。

1　感覚

二　感覚の能力は、「反省の印象」と言われる情念と区別された、「感覚の印象」を受容する能力である（一・一・二）。感覚の印象には、第一に、五感のそれぞれに固有の対象である色、音、香、味、触感および熱と冷等のいわゆる第二次性質の印象、第二に、二つ以上の感覚能力の対象である固体性（不可入性）、それの結果である延長、延長の変様である大きさと形、および運動等の第一次性質の印象、そして第三に、身体的快苦の印象が含まれる（二二四頁）。感覚の印象は、反省の印象である情念が「内的な［印象］」と呼ばれるのに対して、時には「外的な［印象］」と呼ばれる（二二一頁）が、実際には、身体的快苦と同様に身体の状態に依存する知覚作用に基づく存在者であるものとして（二二四頁）、すべて「［精神に］内的」で「消滅する」存在者であると見なされている（二二五頁）。

感覚の印象だけでなく、感覚の対象である物体的諸性質（第一次性質および第二次性質）自体が、「精神のうちにある印象」（二五九頁）である「単なる知覚」（印象）（二六〇頁）に過ぎない、と主張される（二五九〜六三頁）。第二次性質が、対象自体の性質ではなく、精神のうちにある単なる印象であるということは、いわゆる錯覚論法（the argument from illusion）に基づいて主張される（二五九〜六〇頁）（第九章第二十一節）。次に、固体性（不可入性）とそれの結果である延長、延長の変様である大きさと形、および運動または静止などの、第一次性質も、これらの印象の知覚が第二次性質の印象の知覚にまったく依存するという理由で、精神に依存した、精神に内的な、単なる知覚（印象）に過ぎない、と主張される（二六〇〜三頁）。

それゆえ、感覚の印象と物体的性質は、［精神に］内的な存在者であることになるが、単に事実においてそうであるばかりでなく、われわれの感覚に対しても、内的な存在者であるように見える、と主張される（二二一〜二二頁、二二四頁、二二五頁）（第九章第三〜四節）。ヒュームには、西洋近世の他の多くの哲学者たちと同様、我々が自分の身体のあり方（姿勢や状態）を意識的または暗黙的に知覚しているとする、自己受容的（身体的）感覚知覚能力の明確な考えがない。ヒュームのこのような主張は、各感覚器官に対する感覚対象の見かけの外在性を単なる錯覚と見なすものであり、外的対象の我々の身体に対する外在性という常識的考えを、了解不能なものにするという帰結を伴う。ヒューム自身もこのことを直観していたらしく、「われわれが実在する［われわれとは］別個な存在者について語るとき、われわれが普通、対象の場所における外的位置よりも対象の独立性をより眼中に置いており、或る対象の存在が、中断せず、われわれがわれわれ自身のうちに意識している絶え間のない［諸知覚の］変転から独立であれば、その対象が十分な実在性をもっていると考える」と述べている（二二三頁）。

三　ヒュームは、視覚の印象である色と、触覚の印象である触感とだけが、延長している（四九〜五〇頁、五三〜四頁、二六八頁）か、あるいは、延長をもつように拡張できる（四四頁、二六八頁）、位置をもった点である（二六八頁）、と考える（五三〜四頁、二六八頁）。しかし、「目に現われるすべての物体は、平面上に描かれているかのように見えるのであり、物体のわれわれからの距離の相違は、感覚によるよりも理性（推理能力）によって見出されるのである」と考えるのである（七三頁）。感覚器官に対する対象の単に平面的（二次元的）広がり（延長）の見かけから、理性のいかなる作用に基づいて、感覚器官に対する対象の隔たり（奥行きすなわち距離）の考えが生じ得るのかを説明することは、困難でもありまた空想的でもあろう。我々は、我々が生得的に、我々の外的感覚能力の対象を、我々の身体に属するその感覚器官の外にあるものとして自らを示しているものと見なすのであり、これと同時にこれと相補的に、我々の自己受容的（身体的）感覚知覚能力の対象を、我々の外的感覚器官が属する我々自身の身体のあり方を示しているものと見なすのである、と考えなければならない。このように、我々が生得的に、我々の感覚知覚能力の対象を、同一の三次元空間にある、我々自身の身体あるいはこれと併存する外的対象と見なさざるを得ないということ、このことが、カントの、空間を外的感覚能力に依存する外的直観のアプリオリな形式であるとする主張の[1]、一つの意味である。ただし、現実の空間が、複数の幾何学的公理体系のうちのどの体系に合致するのかは、経験的にしか知られないということは、周知の事実である。

我々が視知覚に際して受容する物理的刺激のうちには、対象の距離や形や大きさや面の傾きなどの知覚に役立つ情報が、多くの場合日常的な意味で一義的な奥行き手がかりとなる、両眼視差や運動視差やきめの密度の勾配などの視覚的情報として、きわめて豊富にかつ重複して含まれており[2]、かつ、無意識にではあるが有効に利用されているのである。また、前庭器官に依存する自己定位知覚能力と一体となった自己受容的（身体的）知覚能力によって知られる我々の身体の表面である皮膚は、単に受動的に触感を知覚するだけでなく、外的対象に能動的探索的に触れることによって、外的対象の固さや形や大きさや表面のきめや傾きなどを正確に知覚する、広義の触覚（接触知覚能力）として、身体外の世界空間に接しており[3]、この世界空間は、視覚的世界空間、聴覚的世界空間、嗅覚的世界空間などと統合（同一視）されているのである[4]。ヒュームは、視覚の対象である色と触覚の対象である触感とは、ともに精神に内的な知覚でありながら、延長しているか、延長を形成できる、位置をもった点であるかによって、場所をもつ存在者であると考えたが（二六八頁）、それ以外の、聴覚、嗅覚、味覚の対象である、音、香、味は、「どこにあるのでもなく（場所をもたずに）ある」（二六九頁）存在者であると考えた（二六八〜七二頁）。しかし、この考えは、我々の実際の知覚経験に反するのである。音は、方向と位置と、時には広がりを伴って知覚され、香は、空間のうちに広がり、時には位置を伴って知覚され（我々は、鼻を移動させることによって或る香のより強い方向を知り、香のより強い方向へ移動することによって、その香の源に到達することができる）、味は、舌によって触れられている広がりをもつ対象の表面において広がって知覚される。我々は、音や香や味の感覚によって、それらの性質を示す対象の位置を知覚することができるのである。

（1）『純粋理性批判』、「超越論的感性論」、A二四：B三九、A二六：B四二等を見よ。
（2）拙論「直接知覚か非知覚か」三・七〜十、五四〜七頁。
（3）ギブスン『諸知覚体系としての諸感覚』第四章、第六章、および第七章を見よ。
（4）バウアー「幼児の世界における対象」を見よ。

四　ヒュームは、音や香や味という感覚的性質（存在者）について、「われわれに残されている選択は、或る存在者は場所をもたずに存在する、と考えるか、それらのものは形をもち延長している、と考えるか、それらのものが、延長する対象と合体するときは、全体が全体に、かつ全体が各部分にある、と考えるかの、いずれかである。後の二つの想定が不合理であることが、最初の想定の真なることを、十分証拠立てている。」と論じる（二七二頁）。彼はまず、「味が［イチジクのような延長する物体の］ただ一つの部分にあると答えることはできない。なぜなら、われわれは経験から、すべての部分が同じ味をもつことを、確信する。しかし、味がすべての部分にあると答えることもできない。なぜなら、そのときは、味が形をもち、延長していると想定しなければならなくなるが、これは、不合理で、理解できないことであるからである」と論じる（二七一頁）。彼は次に、「全体が全体に、かつ全体が各部分にある」と考えることは、或る味の全体が部分に分けられることなく物体の全体と各部分とに存在すると考えることであり、「或るものが、或る場所にあるが、しかしそこにはない」という矛盾に帰着すると論じる（二七二頁）。

しかし、我々は、我々の常識において、イチジクの味は、イチジクの果肉の各部分と舌との接触からも、イチジクの果肉のすべての部分と舌との接触からも生じるものと考えている。すなわち、イチジクの果肉のすべての部分が、舌との接触に際して、種的に同一の味を示すのである。したがって、我々の常識において、味は、イチジクの果肉のどの部分にも同一の味として現われ得る、普遍的抽象的対象と見なされているのである。それゆえ、我々が感覚する味は、一般に、性質として同一の味（全体）が、味わわれる物体の全体にも、各部分にも［、さらには異なる物体にも］現われ得るものと、見なされているのである。味は、それゆえ、普遍的抽象的対象としての性質であり、それ自体は延長を捨象して考えられ、延長しているのは味を示す物体である、と考えられているのである。感覚的性質を普遍的抽象的対象と見なし、それから延長を捨象するという考え方は、味だけでなく音、香にも適用できるのであり、さらにはヒュームが場所的位置と不可分と考えた色や触感にも適用できるのである。一つの感覚的性質は、延長を捨象した普遍的抽象的対象と見なされているが、広がりをもつ特定の外的対象において現実化（例化）され得るのであり、その場合には言わば「全体が全体に、かつ全体が各部分にある」という仕方で現われているのであり、延長し形をもっているのは、その感覚的性質自体ではなくて、その感覚的性質を示す対象である、と見なされているのである。ヒュームには、それの度合いにおいて確定した感覚的性質の種的同一性に対する言及がないわけではないが、「［しばしば中断されては繰り返される音は］ただ種的同一性すなわち類似性をもつだけであ［る］」（二九二〜三頁）と言われているように、抽象的対象としての感覚的性質の種的同一性は、単にその性質の具体的現実的出現（生起体）の間の類似性に過ぎない、と見なされるのである。

五　ヒュームは、場所をもち得ないものと彼が考える音や香や味などの性質が、いかにして日常的信念において、延長する物体の性質と見なされるのかを、想像力が、場所をもちえない性質と場所をもちうる性質との間に、場所的結合を虚構するのである、という仮説によって、説明しようとしている。彼の説明によれば、たとえば、果実の味と香は、果実の色や可触性（触感）の性質と、因果関係にあり、常に共存している、と考えられている。延長した色または触感を示す対象が原因となって我々に味と香の印象を与える、と考えられている、というわけである。これら二種類の性質は、共存していると考えられているだけでなく、精神にも同時に現われ、延長した物体である果実を我々の舌と鼻に接触させることによって、我々はそれの味と香を知覚する。延長した性質を示す対象と、場所をもたずに存在する性質との間の、これらの、因果関係と、出現の時間の隣接（同時性）とが、観念の連合を引き起こし、精神は、一方が現われると、直ちに他方の観念を思いうかべ、それらの存在を信じるようになる。それだけではなくて、精神は、思惟のこの移行（推理）をより容易で自然なものとするために、両者の間に、場所における結合を虚構する。その原因は、「対象が何らかの関係によって結びつけられているときには、われわれ［の想像力］は、その結びつきをより完全なものとするために、対象に新たな関係をつけ加えようとする強い傾向を有する」からである、と言う（二七〇頁）。この場所的結合の「虚構」（二七一頁）は、ヒュームにとって不可避の虚構ではない。このことは、前節最初の引用（二七二頁）からも、その直前で「もし理性が先入観を克服するのに十分な力をもち得るとすれば、今の場合にこそ理性が勝つべきであるということが、確かである」（二七二頁）と言っていることからも、明らかである。

2　記　憶

六　記憶の能力の機能が、便宜的に、記銘、保持（把持）、再生、再認の四段階に分けられること、出来事の印象が記憶に記銘されたのちのその観念の保持に、記銘の直後にその観念を意識に現前させておく短期の保持の機能と、その観念が意識からいったん消えたのちにもその観念を長期にわたって保存し続けその観念の再生を可能にする長期の保持の機能とがあること[1]、再生された記憶の観念が、過去の出来事の観念であることが再認されないことと再認されることとがあること（後者が想起の場合である）、したがって、記憶の再生は或る場合には想像力あるいは思考力の想像あるいは思考にほかならないということ、短期の保持や再生や再認において、記憶の観念が意識される場合（記憶の観念の積極的な活性化）と意識されない場合とがあること、また、意識されない場合でも、必要が生じればいつでもはっきりと意識化することが可能である場合（記憶の観念の消極的な活性化）があるということ、これらのことは、ヒュームにおいても、当然のこととして前提されている。

たとえば、出来事の印象が記憶に記銘されたのち、その観念が意識からいったん消えたのちにもその観念を長期にわたって保存し続けその観念の再生を可能にする長期の保持の機能が記憶にあることは、すでに見た（第三章第八～九節および同第十一節）ように、直接体験である印象が観念となって残りこの観念が元の印象を表象するというヒュームの経験論の原理（c）そのものの前提である。また、「［印象が観念として再び現われるの］に二通りの現われ方があり、一つは、再び現われるときに、元の鮮明さ（生気）の度合いをかなり保持していて、言わば印象と観念の中間にある場合であり、一つは、元の鮮明さをすっかり失い、完全に観念になりきっている場合である。第一の仕方で印象を再現させる能力は、「記憶」と呼ばれ、他方は、「想像力」と呼ばれる」（二〇頁）。また、観念の再生において、観念がはっきりとは意識されてはいなくても、必要が生じればいつでもはっきりと意識化することが可能である場合（観念の消極的な活性化）があるということは、すでに見た（第三章第八節および同第二十三節、特に引用（三二～三頁））通りである。また、観念の再生においてその再生が必ずしも意識されない場合として、物体の連続存在の信念や人格の同一性の信念における記憶の働き（二四一～二頁、二九五～七頁）が挙げられる（本論第九章、同第十章）。

（1）　ロック『人間知性論』第二巻第十章第一～二節。

七　ヒュームは、記憶と想像の両能力を比較して、一・一・三において、まず、（一）「記憶の観念は想像の観念よりずっと生気があり、勢いが強［い］」と言う（二〇頁）。次に、（二）「想像力が、元の印象と同じ秩序（順序）と形態（配列）に拘束されないのに対して、記憶は、この点で言わば束縛されており、それを変更する力をもたない」と言う（二〇～一頁）。ところが、一・三・五において、（二）に対応して、（三）「その観念の元の秩序と位置を保存することが、記憶の固有性であり、それに対して想像力は、観念を好きなように置き換え取り替える」ということを認めながら、（四）「この相違は、両者をその働きにおいて区別しわれわれに一方を他方から識別させるのに十分でない」と言う（一〇六頁）。その理由として、（五）「過去の印象を呼び出して、現在の観念と比較し、それらの配列が正確に類似しているかどうかを見ることは、不可能であるから」と言われている（同所）。結論として、（一）に対応して、（六）「記憶がそれと知られるのは、それの複雑観念の秩序によるので［はなく、］……［記憶］と想像力との相違は、［記憶］が勢いと生気において優るということにある」と言われる（同所）。（三）と（四）との整合性が一見分かりにくいが、（三）の「観念の元の秩序と位置を保存すること」は、真なる記憶の特徴なのであるが、見かけの記憶が真なる記憶と信じられる原因、すなわち、（六）の、「記憶がそれと知られる」原因は、その観念が元の印象の秩序を保存しているという知識ではない、と言うのである。なぜなら、（五）に言うように、「過去の印象を呼び出して、現在の印象と比較［することは、］……不可能である」からである。それゆえ、「記憶がそれと知られる」のは、見かけの記憶が真の記憶であるように見えるということ、すなわち、記憶の観念に伴う「勢いと生気」が想像の観念に伴うそれに優るということ、より正確に言えば記憶の観念に伴う「［想像力の観念とは］異なる感じ」（一〇七頁）による、と言うのである。

記憶についてのヒュームの考えは、見かけほどおかしなものではない。（イ）我々は、或る見かけの記憶に疑念をいだく際には、その見かけの記憶が真の記憶であるかどうかを決定するために、結局は、真であると信じられている他の諸記憶との整合性に頼らざるを得ない。そして、（ロ）さらにこれら他の諸記憶のそれぞれが真であると信じられるのは、さらに他の真であると信じられている諸記憶との整合性に基づくか、あるいは、それがもはや他の記憶との整合性に頼らずに信じられる究極的な記憶の信念であることに基づくかである。このような過程を経て、（ハ）もはや他の記憶との整合性によらずに最終的に頼られる記憶がなければならず、（ニ）このような記憶が真の記憶と信じられるのは、それらが真の記憶であるように見えるということによるのであり、ヒュームは、この、記憶が真の記憶であるように見えるということを、記憶の観念に伴う「勢いと生気」または「異なる感じ」と表現したのである。ヒュームは、このような事態を、「付録一」でつけ加えた段落（一〇六～七頁）において生き生きと描写している。しかし、ヒューム自身が明言しているように（一〇七～八頁）、観念の勢いと生気において単なる想像の観念に優るということは、その観念が真なる記憶の観念であることの、十分条件でも必要条件でもない。

3　想像力

八　想像力は、第一に、観念を精神に受容し再現させる能力であり、記憶の観念を想起する能力も広い意味での想像力に含まれるであろう（第六節）。しかし、ヒュームは、想起の能力を想像力に含めることはなく、一貫して、想像の能力を、記憶の能力からはっきり区別している。想像力は、観念を思いうかべる（精神に現前させる、conceive する）能力であるだけではなく、隣接している諸観念を分離したり、分離している観念を結合したりする能力であり、とりわけ観念連合によって異なる観念を結合する能力である。想像する（imagine する）とは、ヒュームにとっては、観念を思いうかべる（conceive する、思念する）こと、すなわち考えることである。実際、彼は、伝統的論理学における、概念作用（conception）、判断（judgment）、および推論（reasoning）を、それぞれ、対象を思念する特定の仕方にほかならないとして、すべて概念作用（思念）に帰着させている（一一九〜二〇頁、原註（二））。諸観念を分離し、複合し、観念連合で結合する想像力の能力については、すでに詳しく考察した（第三章第十二〜十九節、同第二十二〜二十六節）。

観念連合のうち、因果関係（恒常的随伴）に基づく観念連合は、因果推理である。それゆえ、因果推理（蓋然的推理）は、想像力の働きであり、直観と論証の能力である狭い意味での理性の働きではないとされる（一一四頁）。しかし、因果推理は伝統的に、推理能力としての理性の働きと見なされていた。そこでヒュームも、因果推理を、広義の理性の働きであると認める（一五一〜二頁、一・三・十六（二〇六〜一〇頁）、一・四・一（二一一〜八頁）、二四四〜五頁、二六四頁（一・四・四、最終段落）等々）。論理的操作を表わす言葉以外の言葉（名辞）の理解が、その言葉の生起体［の印象］とその言葉が妥当する対象［の印象］との恒常的随伴の経験から生じる観念連合に基づくとされることは、すでに見たとおりである（第三章第二十三節）。

九　多くの場合に観念連合の能力に関係する種々の諸原理または諸原則が、想像力に基づく原理であるとされる。第一に、(一)「想像力において観念をたがいに連合させ、想像力をして容易に一方の観念から他方の観念へと移行させるところの、観念間の関係よりも、われわれに一つの観念を別の観念と取り違えさせる、より大きな傾向をもつものは、何もない」と主張される(二三五頁、七六～七頁)。第二に、(二)「[観念連合を引き起こす]三つの関係のなかで、類似性の関係が、もっとも多産な誤謬の源泉である。……類似した観念自体が関係を有するだけでなく、それらの観念を考察する際のわれわれの精神の作用が、ほとんど違わないので、われわれは、それらの観念を、区別できないのである」と主張される(七八頁、二三五頁)。類似性は、単に観念の連合ばかりでなく、「精神状態の連合」をも引き起こすと言われる(二三五頁)。そして、これを一般化して、「精神状態の連合」を引き起こす二つの観念は混同されやすいという原則が、第三の原則とされる。すなわち、(三)「一般に、任意の二つの観念をいだくときの精神の作用が同じであるか類似する場合は常に、われわれはそれらの観念をきわめて混同しやすく、取り違えやすい」と主張される(七八頁、二三五頁)。これらの諸原理が、我々が間違って「空虚(真空)、すなわち物質を含まない延長」(五五頁、七三頁、七五頁)の観念があり得るかのように考える原因であり(七五～九頁)、多くの外的感覚の印象が示す「恒常性」(二二六頁、二三六頁)、すなわち、知覚作用の中断にもかかわらず視覚の印象がその中断の前後において性質においても相互の位置関係においても変化を示さないという事実に基づいて、我々が間違って、それらの印象に、完全な個体的同一性、すなわち、変化も中断も含まない持続を帰する原因であり(二三〇～四二頁、特に二三四～七頁)、たがいに因果的に結合し継起する異なる諸性質の集合にほかならない物体に、我々が間違って、完全な個体的同一性(二五二～三頁)と単純性(二五三～四頁)を帰する原因であり、また、「想像を絶する速さでたがいに継起し、絶え間のない変化と動きのただなかにある、[因果関係によって結合している(二九六～七頁)]たがいに異なる諸知覚の束あるいは集まり」(二八七頁)にほかならない人格に、我々が誤って完全な個体的同一性(二九四～七頁)と単純性(二九八頁)を帰する原因である、とされる。

また、(四)「対象が何らかの関係によって結びつけられているときには、われわれは、その結びつきをより完全なものとするために、対象に［実際には成立していない］新たな関係をつけ加えようとする強い傾向を有する」と主張される(二七〇〜一頁、二四九〜五〇頁)。この原理が、哲学者たちをして、彼らが個々の知覚の原因として知覚と区別する個々の対象を、それが原因として生み出していると彼らが想定している知覚に、類似する性質をもつものと、想定させる原因であり(二四九頁)、また、我々に、場所をもつ対象に、場所をもち得ない感覚的性質が、場所的に結合していると、誤って考えさせる原因である(二七〇〜一頁)。

また、(五)「想像力は、ひとたび一連の思考活動に入ると、その対象が想像力に現われ得ないときでさえ、その思考活動を続ける傾向があり、オールによってひとたび動き出したガレー船のように、何らの新しい推進力もなしに進み続ける」と主張される(二三〇頁、六四頁)。この原理が、二対象の大きさの等しさについての我々の観念が、二対象の見かけの等しさをそれらの並置か共通の尺度によって修正することによって得られるだけであるのに、見かけの等しさと測定による等しさとをそれによって修正することができるような、完全な等しさの基準を、虚構する原因であり(六三〜五頁)、また、或る種の外的対象の印象において観察される、知覚の中断による不完全な規則性、すなわち「整合性」(二二七頁)に基づいて、我々がその種の外的印象に、観察されたことのある完全な規則性をもつ連続的存在を仮定する原因である(二二七〜三〇頁)。

また、以上の想像力の諸原理と同様の働きをなす原理として、(六)「意見あるいは情念に矛盾するものは、それが……外的対象の対立から生じるものであれ、内的原理の争いから生じるものであれ、感じることのできる不快感を与える」ので、精神は、この矛盾から生じる不快感からの救いを自然に求める、と主張される(二三八頁)。この原理も、人間の精神的生のいたるところに見られ、想像力による数多くの可避的あるいは不可避的な虚構の原因となるとされる。

十 ヒュームは、「関係」という語の意味を二つに区別する（二五頁）。第一の意味での関係は、二つの対象の観念の間に観念連合を引き起こし、「一方の観念をして他方を自然に［精神に］導き入れるようにさせる」（二五頁）という理由で、「自然な関係」と呼ばれる（二七頁（一・一・五、第七項）、一一五～六頁、二〇〇頁）。これには、第三章第二十二節で述べたように、類似性、時間または場所における隣接、および因果関係の三種の関係が含まれる。第二の意味での関係は、思惟における対象あるいは観念の任意の「比較」（関係づけ）を可能にする事態であり、「哲学においてのみ……この語の意味を拡張して……何であれ特定の比較点を意味させる」という理由で、「哲学的関係」（二五頁）と呼ばれる。「哲学的関係」と言うのは、想像力における「自然な」結びつきと対比するためであり、「哲学的」とは、「意図的反省による」というほどの意味である。「自然な関係」ともなり得る、類似性、隣接、および因果性の関係は、哲学的関係でもある（二七頁（一・一・五、第七項）、一一五～六頁、二〇〇頁）。ヒュームは、哲学的関係、すなわち、我々の思考の対象となり得る関係一般を、類似性、「数的すなわち個体的」同一性、空間と時間の諸関係、量または数の関係、性質の度合いの関係、反対（矛盾）関係、因果関係の、七種に分類している（一・一・五）。ヒュームは、「同一性」を、時間の経過を通しての、個体の数的同一性の意味に限定するので、性質の間の種的同一性は、類似性に入れられる。

十一 第八節で述べたように、ヒュームは、広い意味での理性（推理能力）の働きには、通説に従って、知識（knowledge）と蓋然性（probability 確率）とを含めている（一五一頁）。蓋然性とは、蓋然的推論（probable reasoning）に基づく蓋然的認識のことであるが、これは、「太陽が明日昇るであろう」とか「人間はみな死ななければならない」とかいった、例外を含まない因果推理に基づく「証明」（proofs 確証）と、知られないたがいに反対の原因の対立から生じる（一五八頁（一・三・十二）、一五九～六〇頁）不確かな蓋然的推理（確率）に基づく

［狭義の］「蓋然性」（probability）とに分けられている（一五一〜二頁）。しかし他方で、ヒュームは、我々が、直観または論証によって知られる命題については、諸観念をその命題の通りに思いうかべるように、「必然的に決定されている」[1]が、「因果関係からの、事実に関する推論においては、このような絶対的な必然性は生じず、想像力は、問題の両面を自由に思いうかべることができる」と主張して（一一七頁）、因果推理［に基づく「証明」］を、直観と論証とからなる狭い意味での理性から排除しているのである。狭義の理性に関するヒュームの懐疑については、第一章第三〜五節、第九章第一節を見られたい。

（1） ただし、我々が考えることができる事柄の範囲については、第三章第二十一節を見よ。

十二 狭い意味での理性の働きは、直観と論証を含む。直観と論証は、論理的に必然的な真理についての「知識と確実性」（九〇頁）を与える。知識と確実性は、「観念の比較」（九九頁、一〇五頁（一・三・四）、一五一頁、一五二頁）、すなわち「観念が同じであり続ける限り変わらないような関係の発見」（九九頁）、すなわち、「観念自体として考察された限りでの観念の関係」（一一一頁）の発見から生じる。そのような関係は、類似性、反対（矛盾）、性質の度合いにおける比、および、量または数における比の、四種の関係であると主張される（九〇頁、九九頁）。これらの関係は、「比較される観念にまったく依存［し］」（八九頁）、対象の観念が変化しない限り変化し得ない、恒常的で論理的に必然的な関係であるが、これら以外の、同一性、時間と空間の関係、因果性の、三種の関係は、二つの対象自体あるいはそれら対象の観念自体に変化がなくても変化し得る関係である、と言われる（八九〜九〇頁）。知識の対象である四種の関係が、［観念自体として考察された限りでの］「観念の関係」と呼ばれるのに対して、知識の対象でない三種の関係は、「対象の関係」と呼ばれる（一一一頁）。これらの関係が「対象の関係」と呼ばれるのは、それらが現実の対象の間に成り立つことが知られるためには、感覚的に知覚されるか、因果的に推理されるかでなければならず、いずれにしても、必ず記憶か感覚の印象の現前、すなわち対象の現前を必要とするからである。

十三　対象の観念が変化しない限り変化し得ない関係として、「三角形の三つの角の和が二直角にたいしてもつ等しさという［量的］関係をわれわれが見出すのは、三角形の観念からであり、この関係は、われわれのもつ［三角形の］観念が同じである限り、不変である」という例が挙げられている（八九頁）。この例については、注意すべき点がいくつかある。第一に、比較される観念、すなわち、それらが変わらない限りそれらの間の関係が不変であると言われるべき観念は、単に三角形の観念ではなくて、三角形の三つの角の和の観念と二直角の観念とである。第二に、「三角形の三つの角の和は、二直角に等しい」という真理は、任意の三角形について成り立つ全称命題であり、したがって、問題とされている諸観念は、一般観念すなわち抽象観念である、ということである。ところで、抽象観念は、第三章第二十三節で見たように、或る特定の観点から見られた、すべての点で確定した、一つの個別的観念にほかならないのであるが、この個別的観念が、一般名辞に結びついているので、この一般名辞が、或る点でその観念に類似することによって同じくその一般名辞に結びついている任意の個別的観念を、必要に応じて精神に呼び起こすことができるのである、と説明される（二九頁、三五頁、四九〜五〇頁）。抽象観念についてのヒュームのこの説明は、のちに（第五章）詳しく検討しなければならないが、今は、「或る特定の観点から見られた一つの個別的観念」（四九〜五〇頁、一九〇頁）が、いわゆる抽象観念の役割を十分に果たし得るものと、仮定しておく。第三に、幾何学は、ヒュームによって、算術と代数に属するような「完全な確実さ」をもたないと見なされている、ということである（九一頁）。ヒュームは、幾何学における、量の等・不等、直線、曲線、平面などの究極的基準は、感覚と想像力から得られるので、幾何学的基準について、感覚や想像力の能力を超える完全性を考えるのは、想像力の「虚構」（六四頁）であると主張する（六〇〜八頁）。その結果、「二直線が線分を共有しない」とか「二点を通る直線が一本より多くは引けない」といった幾何学の「根本原理」すなわち公理が、感覚や想像力における「全体的な見かけ」に基づく不確実な命題であると考える（六七〜八頁、九一頁）。しかし、いったんこれらの「根本原理」を真であると仮定するならば、それらに基づいて推理することによって、単なる感覚や想像力によっては得ることが不可能な、たとえば「千角形の内角の和が一九九六直角に等しい」というような結論を、仮説的に得ることができる、と言う（九二頁）。「三角形の三つの和は、二直角に等しい」という命題も、感覚や想像力における「全体的な見かけ」を公理として仮定した場合に、仮説的に論証される命題と、考えられているのである。

十四　ヒュームは、知識と確実性の対象となる関係の例をさらに挙げて、「対象がたがいに類似するとき、その類似性は、直ちに目あるいはむしろ精神を打つ……。……事情は、反対、および質の度合いについても同じである。存在と非存在が、たがいに消去し合い、まったく両立不可能であることは……疑うことができない。また、色、味、熱、冷などの性質の度合いは、……それらの相違が大きいときには、一つの度合いが他の度合いに優るか劣るかを決定するのは、たやすい」と言い、これらの判断を、論証よりも直観の領域に属すると見なす（九〇頁）。この引用文は対象に言及しているが、類似性の直観について言われるべきであったのは、二つの対象が与えられたならば、それらの観念［または印象］が変化しない限り、それらの対象がたがいに類似しているか類似していないかは、いったん認定されれば変わり得ない、ということである。反対関係と性質の度合いの関係の直観の例は、抽象的に考察された観念［または印象］を扱っている。

量または数の等しさあるいは正確な比は、小さい数や小さい延長の場合を除いて、一般に直観できず、論証を必要とする、と主張される（九〇頁）。すでに触れたように、幾何学における図形の比の確定は、厳密な確実さをもたず、幾何学の真理は、幾何学の公理である「根本原理」を、感覚や想像力における対象の「全体的な見かけ」に基づいて真なるものと仮定した場合に得られる、仮説的な論証である、とされる（九一～二頁）。その結果、「われわれが、推論の連鎖をどれほど複雑に続けても、完全な厳密さと確実さを保持することができる学問としては、代数と算術だけが残る。われわれは、数の等しさと比を判定するための正確な基準をもって［いる。］……われわれは、二つの数が、一方の数が他方の数に含まれるすべての単位（数の一）に対応する単位（数の一）

を含むように構成されているとき、それらの数をたがいに等しいと言う。そして、幾何学を完全で誤ることのない学問と見なすことがほとんどできないのは、延長においては、等しさのこのような「正確な」基準がないからである」（九一頁）と結論する。

十五　「観念に何の変化がなくても変えられ得る」関係として、「二つの対象の間の近い・遠いの関係は、対象自体あるいは対象の観念に何の変化がなくても、単に対象がその場所を変えるだけで、変えられ得る」という例が挙げられている（八九頁）。空間的遠近の関係あるいは一般に時間的または空間的関係について言われるべきであったのは、たがいに論理的に独立な任意の二つの対象が与えられた場合、それらの対象自体あるいは対象の観念には何の変化がなくても、それらの対象の間の距離あるいは時間的または空間的関係は、変化することが論理的に不可能ではない、ということである。この主張は、現実の対象については、我々が、その対象を、それが実際に置かれている時間的空間的位置や、その対象に実際に因果的影響を与えている状況から切り離して考え、現実の対象をそれ以外の現実の存在者から分離して考えるという、我々の思考における一種の抽象化（捨象）の事実に依存しており、我々の思考における抽象化が現実の存在者のあり方を正確に反映しているか、という問題に関わっている。

同一性の関係については、「二つの対象は、たとえ完全に類似し、異なる時点に同じ場所に現われさえしても、数的に異なることがあり得る」と言われている（八九頁）。同一性の関係について言われるべきであったことは、一般に、時間的または空間的に別々に、あるいは異なる感覚知覚様相に、出現する任意の二つの対象は、それらの出現の機会に限定された限りでの対象自体あるいは対象の観念が不変であっても、両者が数的に同一の個体であるかどうかは、必然的には確定しない、ということである。個体の数的同一性には、きわめて難しい問題が潜んでいる。形式論理学の意味（モデル）論においては、任意の個体は、その履歴（一生）が完結したものと想定され、それゆえ、異なる機会に現われる限りでの二つの対象も、数的に同一であるか同一でないかは、論理的に必然的な関係であるとされる。しかし、現実の世界での対象は、その履歴が完結しているとは限らない。或る対象が、今後どういう履歴をもつかは、確定しているとは限らないからである。そのような対象も、それがもつであろう履歴をもつ完結したものと考えるならば、その対象は、それの履歴を共有し別の機会に現われるであろう対象と、必然的に同一の対象であることになる。しかし、これは単に形式的な考えであって、現存する現実の対象の、存在における未完結性を無視している。また、現実に存在する対象の別個な出現に基づいては、それら別個に出現する限りでの対象が、数的な同一性をもつかどうかは、それらの対象の観念がそれぞれ変化しなくても、論理的には、確定し得ない。ここには、現実存在の問題と認識論の問題との不可分性が見られ、現実存在の不可解さ、定義不可能性が、無視できない形で露呈されている。

因果関係については、「一つの対象が他の対象を生み出す力は、対象の観念だけからは見出せ［ず］、原因と結果［は］、経験から知られる関係であり、抽象的な推論や反省から知られるものでない」と言われている（八九〜九〇頁）。因果関係について言われるべきであったのは、たがいに独立な任意の二つの対象が与えられた場合、それらの対象自体あるいは対象の観念が不変であっても、それらの対象が何らかの因果関係にあるかどうかは、論理的には確定しない、ということである。

十六　ヒュームが枚挙した七種の関係のうち、個体的同一性、空間と時間の諸関係、および因果関係は、それらの関係に立つ二つの対象が、現実の世界における因果的相互作用あるいはそれを含意する関係（発生関係、時間的または空間的関係等）に立つので、「実在的な関係」と呼ぶことができる。これに対して、類似性、量または数の関係、性質の度合いの関係、反対（矛盾）関係は、それらの関係に立つ二つの対象が、必ずしも実在的な関係に立つとは限らないので、「理念的な関係」と呼ぶことができる。ただし、個体的同一性は、個体をその履歴が完結したものと見なす形式論理学のモデル論的観点においては、任意の対象は論理的にそれ自身に等しいと言い得るという意味で、理念的な関係となる。

第五章　抽象観念(1)

一　「存在するものはすべて個物である」という考えは、近世の哲学において一般に認められた考えであった。(2)この原則から、存在するものの普遍的な側面を把握し、また、同一の種類の個体すべてについての普遍的な事実を認識する、或る能力ないし働きが人間に備わっているということが、要請される。生得観念の説は、そのような能力についての一つの説であった。経験主義の哲学の主張は、一般に、「すべての知識は経験に基づく」と表現することができる。そして、この主張が「経験的認識は個物に関わる個別的認識に帰着する」という主張を含むとすれば、同種の個体すべてについての一般的な知識がいかにして成立し得るかが、説明されなければならない。ロック、バークリー、ヒュームらの英国経験論の哲学者たちは、生得観念の説を採ることはできず、それの代りに、ロックは、個別的存在者からその普遍的側面を抽象する抽象能力を人間に認める普遍抽象説を唱え、バークリーとヒュームは、一つの個別的存在者をそれに類似した他の多くの個別者の代表として把握する能力を人間に認める、個別者の代表機能の説、すなわち普遍代表説を唱えた。彼らは、もし多くの個物に妥当するような抽象観念あるいは代表観念が経験的に形成されるならば、この観念について主張し得ることは、この観念の妥当するすべての個物について主張し得る、と考えたのである。ロックは、「存在するものはすべて個物であり、個別的なものである」としながらも、多くの個物が真に共通な性質や属性を共有するということを認めることにおいて、真に普遍的な抽象観念の存在を認めたのに対し、バークリーとヒュームは、「真に普遍的なものはいかなる意味においても（現実の存在者としても、現実の観念としても）存在し得ない」と主張する「個物主義」（Particularism）を唱えた。

（1） この章の内容の多くは、拙論「普遍についての試論」と共通である。両者の間の大きな相違は、「普遍についての試論」においては、普遍的なものを我々の思考の対象と認めることはそれだけで普遍的なものの存在を認めることであると考えていたのに対して、本論においては、我々が普遍的なものを思考の対象として志向しているということは否定できない事実であるが、普遍的なものの対象性を認めることは直ちに普遍的なものの存在を認めることにはならない、と考えているということである。この点については、拙論「個物と普遍」を見られたい。

（2） デカルト『哲学の諸原理』第一部第五八項。アルノー／ニコル『論理学』第一部第六章、五七頁。

二　ヒュームは、バークリーの普遍代表説を、「近年学界でなされた最大にしてもっとも価値ある発見の一つ」と見なし、それを補強しようと努める（二九頁）。ヒュームによれば、「抽象観念は、その代表の働きにおいてどれほど一般的になろうとも、それ自体においては個別的なものなのである」（三二頁）。そして、「一つの個別的な観念が一般的となるのは、それが一つの一般名辞に結びつけられることによる。すなわち、習慣的随伴によって他の多くの個別的観念と結びついておりそれらを容易に想像力に呼び起こすような名辞に、結びつけられることによるのである」（三五頁）。彼は、各個物の量や性質の確定的な度合いを表象しないような抽象観念があり得ないということを、（一）「精神は、量または性質の度合いの正確な考え（観念）を形成せずに、或る量または性質の考え（観念）を形成することができない」（三〇頁）という、量と質の観念の確定性の原理を証明することによって、示そうとする。我々はここで、あらかじめ、そもそも量や性質の度合いという概念は、同種の量または性質の二つの確定的な事例が量的または質的に同一の度合いをもつことの可能性を、したがって、量および性質が確定的な普遍であることの可能性を、前提するものであるということに、注意して置こう。すなわち、それの度合いにおいて確定しており複数の事例に現われる、確定的普遍としての量および性質は、それらを存在者とは認めないということは可能であっても、少なくともそれらが我々の思考の対象となっているということは認めざるを得ないのである。

ヒュームは量と質の観念の確定性の原理（一）を、三つの議論によって証明しようとした。ヒュームとは逆の順序でこれらの議論を考察すると、第三の議論は、「自然界にあるすべてのものが個別的なものである」ということ、それゆえ、その存在のすべての面で確定したものであるということ、を前提とし、このことから、「量と性質をもちながら何ら確定した度合いの量も性質ももたないような対象の観念をいだくことは、不可能である」ということを導出し、このことから、「量と性質において限定されていないような観念をいだくことも、同様に不可能である」という結論を導出している（三二頁）。ここには、「量と性質の度合いにおいて確定されていない対象が存在すると考えることは不可能である」という正当な考えと、「或る対象の確定した度合いの量と性質を考えずには、その対象について考えることは不可能である」という必ずしも正当でない考えとの、混同が潜んでいる。このことは、この文脈でヒュームが対象の観念として心像を考えているということを示唆する。第二の議論は、存在するものの直接経験である「印象」は量と性質の度合いにおいて確定されていること、したがって、印象の模像である「観念」も、確定した量と性質を有すること、を主張するものである（三一頁）。しかし、我々は、一般に感覚の印象がそれの量と性質の度合いにおいて確定しているものと想定するとしても、道具を使わずにその度合いを正確に知覚するわけではない(1)。道具を使っても、我々の感覚は一定の誤差を含む。ヒューム自身が、別の文脈では、このことを認め、幾何学が完全な正確さと厳密さに到達しない理由としているのである(2)。また、我々の想像力も、量と性質の度合いの正確な観念をいだくわけではない(3)。

（1）第三章第十七節註（1）で述べたように、三つの角がそれぞれ四六度、四四度、および九〇度の一つの三角形とそれと同程度の大きさの直角二等辺三角形とを、我々が分度器を使わずに感覚によって区別できるとは限らない。また、千角形と千一角形とを、辺の数を数えず感覚で見分けることは困難である。道具を使用し、数を数えれば、量と性質の度合いを、より正確に知覚できるが、これにも限度がある。

（2）第四章第十三節および第十四節を見よ。

（3）第三章第十七節註（1）。

三　第一の議論は、「異なる対象は、すべて区別でき、区別できる対象は、すべて思惟と想像の能力によって分離できる」（三〇頁）という分離の原理（d）の逆命題である「分離できる対象は、またすべて区別でき、区別できる対象は、またすべて異なる」（同所）という原理の対偶である「異ならない対象は区別できず、区別できない対象は、思惟と想像の能力によって分離できない」という原理を応用したもので、「一つの線分の確定した長さが、その線分自体と異ならず区別できない」ということから、量あるいは性質の観念をそれの確定的な度合いの観念から分離するという意味での抽象があり得ないということを結論するものである（三一頁）。しかし、前節で述べたように確定した長さや度合いをもたない線分や性質が存在すると考えることができないとしても、それの確定した長さや度合いを考えずに線分や性質を考えることができない、ということにはならない。

分離の原理（d）において、ヒュームが「異なる」というのは、二つのものの存在の論理的独立性なのであるが、ヒュームは、存在の論理的独立性が、思考可能なもの（論理的に可能なもの）は現実にも可能である（実在的に可能である）という原理（e）を介して、存在の実在的独立性（実在的区別）を含意すると考えている。ヒュームにとって実在的に単純なものとは、経験的認識に与えられる最小単位を意味し、これは、単一感覚様相に与えられる単一の感覚的性質の一様等質な広がりなのである。このような単純な感覚的性質が思考の上で相互に分離できるという分離の原理は、それらの性質がたがいに別個な複数の対象の構成要素に同時になり得るという考えを含み、それらの単純な感覚的性質は、普遍的な対象と見なされていることになる。ひとたび単純な諸性質の相互の分離と、複数の事例におけるそれらの再結合の可能性とを認めるならば、単純な性質の普遍性を認めざるを得なくなるのである。

四　ヒュームは、我々が事物について普遍的に考えかつ語るという事実を、観念連合の機構に基礎づけられた普遍代表説によって説明しようとした。彼によれば、或る点で類似した対象、すなわち同種の対象が、しばしば一つの名称で呼ばれることを我々が経験すると、類似した個別的対象と同一名称［の生起体］との間のこの恒常的な随伴（時間上の隣接あるいは同時性）の経験が、その種の対象とその名称との間の観念連合を我々の想像力に形成させ、観念連合の習慣が形成されたのちは、我々は、その名称を聞けばその種の対象のどれをも容易に思いうかべることができ、逆にその種の対象のどれかを見ればその名称を容易に思いうかべることができる（三二～五頁、一一五頁）。「語は一つの個別的観念を或る特定の習慣とともに呼び起こし、この習慣が、他のどの個別的観念であれ、われわれが必要とするならばそれを呼び出す」のであり（三三頁）、「個物は、相互の類似性のゆえに、寄せ集められ、一つの一般名辞のもとに置かれるのであるから、この類似性の関係が、個物［の観念］の想像力への進入をより容易にし、必要なときに個物［の観念］をより素早く提示されるようにする」のである（三六～七頁）、と言う。

ヒュームは、この観念連合の形成に関与する、対象の間の類似性に関して、共通の確定的要素を何ら共有しない個物の間の類似性の理論を用意していた。「異なる単純観念でさえたがいに類似し得ることは、明らかである。しかも、それらの類似点は、それらの相違点から、必ずしも別個でも分離できるのでもない。たとえば、青と緑は、異なる単純観念であるが、青と緋色よりも、たがいにより類似している。しかし、それらの完全な単純性のために、［類似点と相違点の］分離または区別の可能性は、まったく排除されている。事情は、個々の音や味や香についても同様である。これらは、同じであるようなどんな共通点をももたずに、全体的な見かけと比較に基づいて、無限に多くの類似性を受け容れるのである」（三三頁原註（一））。類似性を共通な確定的性質の共有（第一種の類似性）と規定する限り、共通な確定的要素を共有しない一般の類似性を説明し得ず、特に異なる［度合いの］性質を有する単純者は、それ以上分解できないので、より単純な要素を共有することができず、たがいに類似することが不可能となる。ヒュームは、異なる性質を有する単純者が何らの確定的性質をも共有せずに類似するという、単純者における第二種の類似性の事実をはっきり認識していたので、この事実を基礎として、何ら確定的要素を共有しない複合物の間の類似性を、それらの複合物が第二種の類似性を示す単純な要素を一組以上もつこととして説明し得るのである。

この完結した類似性の理論と観念連合の理論とによって、ヒュームの普遍代表説は、ロックやバークリーの場合よりも、個物主義を徹底し得たかのように見える。「われわれが一般名辞を用いるとき、常に個物の観念を形成する……［。］しかし、われわれはめったにあるいはけっしてこれらの個物のすべてを尽くすことができない……［。］……残りの個物は、そのときの事情が必要とするならばいつでもわれわれをしてそれらを呼び起こさせるところの、習慣によって、代表されているだけである……」（三五頁）。それゆえ、一般観念は、「その本性においては個別的であるが、その代表の働きにおいては一般的である」のである（同所）。個別的観念の考察によっていかにして普遍的真理が知られるかという問題については、「たとえば、われわれが「三角形」という語を述べ、それに対応する個別的な等辺三角形の観念をいだき、そののち「三角形の三つの角はたがいに等しい」と主張するとするならば、われわれが最初には無視したそのほかの不等辺三角形や等脚三角形などの個別的観念が、直ちにどっとわれわれの精神に現われて、この命題が、最初にいだかれた観念に関しては真であるにせよ、［一般的には］偽であることを、われわれに看取させるのである」と言われる（三四頁）。逆に、このように、全称命題の主張に対して言わば拒否権を発動するような個別的観念が精神に現われない場合には、その全称命題が真であることが、認識されるか、あるいは少なくとも可能であることが示唆される、ということになるであろう（第三章第二十三節）。

五　ヒュームは、さらに、我々が一つの感覚的対象をその確定的あるいは非確定的な性質にのみ注目して考察するという、本来の意味での抽象の事実を、次のように説明している。[1]「たとえば、白い大理石の球が提示されるときわれわれが受け取るのは、ただ一定の形に配された白色の印象のみであり、われわれは、色を形から分離することも区別することもできない。しかしそののち、黒い大理石の球と白い大理石の立方体とを観察し、これらを先の対象と比較することによって、先には完全に不可分に見えたまた事実完全に不可分である［単純な］もの（白い球形のもの）のうちに、二つの別個な類似性（球形と白さ）を見出すのである。この種の訓練をもう少し続けると、やがてわれわれは、形を色から「理性的区別」によって区別し始める。つまり、われわれは形と色とを、それらが実際に同じものであり、区別できないので、一緒に考えるのであるが、しかし形と色［のなす全体］を、それら［の全体］がどういう類似性を受け容れるかに応じて、異なる相（aspects）において眺めるのである。われわれは、白い大理石の球の形だけを考えようとするとき、実際には形と色の両方を含む一つの観念をいだくのであるが、暗にその球と黒い大理石の球との類似性に、目を移しているのである。また同様に、その球の色だけを考えようとするとき、われわれはその球と白い大理石の立方体との類似性に、目を向けているのである。このようにしてわれわれは、観念に一種の反省を添えているのであるが、この反省は、習慣のせいでほとんど気づかれないのである」（三八頁）。

ヒュームは経験に与えられる単一の確定した感覚的性質（空間的広がりをもたない音、香、味などと、空間的広がりをもちうる色と触感）を「単純者」と見なしたが、それは彼にとって、経験的認識の上での単純者であるばかりでなく、存在の上での単純者でもあった。しかし今や彼は、経験上の単純者のうちに、「理性的区別」すなわち思考による分析によって、言わばより単純な「諸相」（aspects）を見出したのである。それは、たとえば一塊の大理石の視覚的印象のうちに見出される確定的な色と広がりの形、たとえば白色、黒色、球形、立方形などであるが、我々は、経験上の単純者に含まれる諸相をさらに一般化して、たとえば、単純な色における確定した色相、明度、飽和度、あるいは広がりの形と大きさ、単純な触感における確定したきめ、固さ、熱さまたは冷たさ、あるいは広がりの形と大きさ、また単純な音における確定した音色、大きさ、高さ、太さ、等々と考えることができる。これらの諸相は、経験的認識に与えられる単純者のうちに見出される、思考による分析に基づく単純者であると言える。ヒュームが、このような分析上の単純者を、経験上の単純者である個別的存在者の成員の間の類似関係であると見なしていることは、明らかである。しかし、分析上の単純者（諸相）とは、経験上の単純者、すなわち確定的な性質［の有限な広がり］の事例、のうちに認められる確定した質的あるいは量的な度合いにほかならず、質や量の度合いの概念が、質や量の度合いにおける完全な一致の可能性を前提することは、すでに述べた通りである（第二節）。

（1）たとえば、アルノー／ニコルによれば、抽象によって事物を考察するとは、「一つの様態（あり方）を［その様態を有する］実体に注意を払わずに考察したり、同一の実体において結合されている二つの様態を、それぞれを別々に見ることによって考察する」ことであるか、あるいは、「同一の事物がいくつかの属性をもつときに、それらの一つを他のものを考えずに考える」ことである（『論理学』第一部第五章、五五〜六頁）。

六

認識の順序においては、我々が、経験上の単純者の間の類似関係に気づくことから、それらの単純者における分析上の単純者の理性的区別に進むのだとしても、我々が区別するようになった、分析上単純な諸相をもつことは、単に経験された個別的単純者の間の個別的な類似関係によって、すなわち、特定の仕方で類似することが経験された個別的単純者の集合の成員であることとしては、説明できない。

一つの類に属すること、すなわち一つの類的特徴をもつことは、経験された個体の或る集合の成員であることとは、規定できない。たとえば、我々が個々の人間と出合うことによって形成される「人間」の観念は、実際に観察された人間だけでなく、これから出合う人間にも適用できるような観念でなければならない。人間であることは、一つの集合の成員であることであるとしても、その集合は、閉じられた集合ではなく、今までに出合っていない人間をも成員とし得るような、開いた集合でなければならない。この開いた集合は、今までに出合った人間によって、確定されるものではなく、せいぜい示唆される集合である。我々の有する類的概念の実際の適用を省みるならば、我々は、「人間［であること］」という類的概念を、一つの閉じた集合の成員であることとして捉えているのではなく、「人間から生まれた」、「我々が今までに出合った人間と同様の体形をもつ」、「我々が今まで出合った人間と同様の身体的あるいは言語的活動を行なう」等々という概念が妥当するような個体であることとして、把握しているのである。

これと類比的な事態が分析上の単純者である諸相をもつことにも当てはまる。経験上の単純者、たとえば音は、音色、大きさ、高さ、あるいは太さ等における何種類もの類似性を受け容れる。これらの各類似性を、経験上の単純者が一つの質的あるいは量的次元で同一の度合いをもつことに基づくと見なすのであれば、その質的あるいは量的度合いは、一つの確定的な普遍的思考対象と見なされていることになる。類似性を、経験上の単純者が一つの質的あるいは量的連続体の上で、異なるが接近した度合いをもつことに基づくと見なすのであれば、その類似性は、今までに経験された単純者の間の個別的な類似関係の事態によって尽くされるものではなく、経験可能な単純者の間に可能な類似性であり、この類似性に対応する、狭い質的あるいは量的連続体に含まれる度合いをもった単純者の集合は、開いた集合でなければならない。そして、この開いた集合を規定するためには、「一定の範囲の質的あるいは量的連続体（たとえば音の高さ）に含まれる度合いをもつ」という概念が表わす非確定的な普遍を、思考の対象としなければならない。

七　前節の議論に対して、次のような反論がなされるかも知れない。すなわち、「人間」という開いた外延をもつ一般観念を有意味にするためには、今までに経験された人間がたがいに類似するのと同程度に、経験された人間のどれか一人に類似するような、可能的な対象を、一人の人間と見なす能力が形成されれば十分であり、「人間から生まれ、我々が今までに出合った人間と、同様の体形をもち、同様の身体的あるいは言語的活動を行なう」等の概念的普遍を必要としない、という反論である。そしてこの反論は、分析上単純な相の概念についても同様に主張されるであろう。

しかし、今までに経験された事例がたがいに類似するのと同程度に、経験された事例のどれかに類似するような、可能的事例を、経験された事例と同類の事例と見なすことができるためには、経験された事例のどれかに、今までに経験されことのある事例とまったく一致する仕方で類似する事例が現われる可能性が前提されているのいるのである。

である。したがって、ここでも、量または質の確定した度合いが、普遍的な思考対象であることが、前提されているのである。

実際、単純な例を挙げるならば、バークリーもヒュームも、経験される単純者としての確定した同一の色合いの色を空間的な広がりをもつものと考えた。したがって、その広がりの中の異なる二点は、確定した同一の色合いの色をもつ二点なのである。同一の確定した色合いの色を有する多くの点が、連続した二次元の有限な広がりのうちに含まれているのである。したがって、その色合いの色は、同一の色としてその広がりに含まれる二点に同時に現われ得るものであるから、一つの確定的な普遍として、思考されているのである。

これに対して、色はいわゆる第二次性質であって、客観的な存在者ではない、という反論がなされるかも知れない。しかし、たとえ色が単なる意識の現象に属するものだとしても、色において実際上区別できない二点が意識の現象においてあるということは、我々の有する概念体系が、確定的な普遍を思考の対象として認めているということを、示しており、さらには、我々の有する世界についての概念体系が確定的普遍を思考対象として受け容れ得るということを、示していると言える。我々は、認識の上で、質的または量的に区別できない二つのもの、あるいは区別する必要のない二つのものを、質的または量的に同一視する認識論的戦略を用いている。そして、この戦略は、どのようにしても質的または量的に区別できない二つのものが、単に類似しているのではなく、質的または量的に同一であることの可能性を、前提しているのである。ひとたび確定的普遍が我々の思考において対象として志向されているという、思考における確定的普遍の対象性の事実に思い至れば、バークリーやヒュームの「真に普遍的なものはいかなる意味においても(現実の存在者としても、現実の観念としても)存在し得ない」と主張する徹底した個物主義が、事物や観念に関する存在論的主張であって、「観念を介した」思考において我々が志向している思考対象に関する主張ではない、ということが知られる。

八　ロックは、すべての白いものに共有される白さや、すべての人間に共有される人間の類的特徴などを、我々の日常的な経験の段階で認めることにより、普遍的なものが思考の対象であることの可能性を最初から認めていた。バークリーは、一つの類（色、人間、三角形など）に属する個体に共通な確定的特徴が一般に存在しないことを根拠として、個物主義を唱えた。そして、我々が感覚的事物をそれが有する確定的あるいは非確定的な特徴にのみ注目して考察するという、本来の意味での抽象の事実を、普遍代表説によって説明しようとしたが、何ら共通の確定的特徴をもたない個物がいかにしてたがいに類似し一つの類を形成し得るかを説明しなかった。ヒュームは、経験的認識に与えられる単純者が何ら共通の確定的要素を共有しないにもかかわらず類似し得るという事実を基礎にして、完結した類似性の理論を示唆し、個物主義を徹底し得たかに見えた。しかし、彼は、我々が感覚的事物をそれが有する確定的あるいは非確定的な特徴にのみ注目して考察するという、本来の抽象（理性的区別）の事実を、普遍代表説で説明しようとして、かえって、我々の概念体系が、経験上の単純者のうちにさらに分析上の単純な諸相、すなわち質的度合いあるいは量的度合いという確定的または非確定的な普遍を、思考の対象としているということを、あらわにしたのである。

しかしながら、我々は、ヒュームが、一貫して、「真に普遍的なもの（種的に同一な確定的あるいは非確定的な普遍）はいかなる意味においても（現実の存在者としても、現実の観念としても）存在し得ない」と主張する「個物主義」（Particularism）に徹し、種的同一性はそれを示す個別的存在者の間の類似性に過ぎないと一貫して主張したということ（第四章第四節末および第十節末）、そして、すべての印象と観念は、量と性質を含む、存在のあらゆる側面において、確定した度合いをもっていると一貫して主張したということを、無視することはできない。実際、存在するものは、個物であれ観念であれ、それのあらゆる側面で確定していなければならないように見えるのであり、普遍的対象とは、確定的なものであれ非確定的なものであれ、個物において事例をもつのであるが、個別的具体的対象から離れて存在するものではなく、それゆえ、現実の事物でも現実の観念でもなく、我々は単に思考においてのみ、そのようなものを、理性的区別に依って、我々の思考対象として志向しているに過ぎないのである。普遍的対象とは、現実の事物でも現実の観念でもなく、ちょうど我々が凸レンズを通してみる「と思っている」、実物より大きく見える正立虚像のように、我々が思考において観念を介して志向する、虚像（どこにも存在しないもの）なのである。

第六章　空間と時間の観念

一　ヒュームは、彼の空間と時間に関する説を、次のように要約している。「空間と時間に関するわれわれの体系は、たがいに密接に関係する二つの部分から成っている。第一の部分は、次のような一連の推論に依存している。［一、］精神の能力は、無限ではない。したがって、［二、］延長あるいは持続の観念は、無限数の部分すなわちより小さい観念から成るのではなく、有限数の部分から成り、これらの各部分は、単純で分割不可能である。それゆえ、［三、］空間と時間が、この観念に一致して存在することが、可能である。そして、もしそれが可能であるとすれば、［四、］空間と時間が、実際にこの観念に一致して存在することが、確実である。なぜなら、［五、］空間と時間の無限分割の可能性が、まったく不可能であるからである。（改行）われわれの体系のもう一方の部分は、この［第一の］部分からの帰結である。すなわち、［六、］空間と時間の観念が分割されて生じる諸部分は、最後には分割不可能となる。そして、［七、］これら分割不可能な諸部分は、それら自体では無である（何ものでもない）から、何か実在し存在するものに満たされていなければ、思いうかべることができない。それゆえ、［八、］空間と時間の観念は、［対象から］分離された別個な観念ではなく、単に対象が存在する仕方もしくは秩序の観念なのである。言い換えれば、［九、］空虚（真空）、すなわち物質を含まない延長、および、現実に存在するものにおける継起も変化も伴わない時間は、思いうかべることが不可能なのである」（五四〜五五頁）。

1　空間の観念

二　まず、引用文の［一二］の部分の、有限な延長の観念は有限個の単純で分割不可能な諸部分［の観念］から成る、という主張の主たる根拠は、我々の精神の能力は有限である（［一一］）から、現実に無限個の諸部分の観念から成る、対象の観念、を現実にいだくことはできないはずであるが、我々は有限な延長の観念を現実にいだくことができるのであるから、この延長の観念は無限個の部分［の観念］から成るものではなく、有限個の部分［の観念］から成るものでしかあり得ない、というものである（四二頁、四七〜八頁）。ヒュームの空間に関する考えに影響を与えたと思われるバークリーは、我々の精神の有限性には言及せずに、「私が感覚によって知覚するか心のうちで自らに想像するかする、どんな特定の線分、面、あるいは立体のうちにも、私が無限の諸部分を区別することができないということは、明瞭である。それゆえ、私は、それらのうちには無限の諸部分が含まれてはいない、と結論するのである」と言い、有限の延長のうちには無限数の部分が知覚も想像もできないということを、経験的事実[1]として述べている。

延長の観念が単純で分割不可能な諸部分から成る、ということについては、まず、目に見える最小の印象で、部分をもたず単純で不可分な「最小体」（minimum）がある、と説明されている（四二〜三頁）。我々が、地面や壁や野畑や山を見る際に、きわめて多くの小さな色点を、広がりをもたないかのように知覚するということは、確かである。それらの点は、実際はいくらかの立体視角をもっており、その立体視角の大きさは、そのときの環境の条件や我々自身のまたは対象の運動などによって変化するであろうが、我々は、それらの点を、広がりをもたないかのように知覚する。ヒュームはまた、我々が想像できる、それ以上分割できない最小の心像（「最小体」）があり、その心像の対象より小さい対象について想像する場合は、我々は、その最小の心像を用いる、と言う（四二頁）。想像できる最小の心像の対象より小さい、諸部分をもった対象、を想像する場合に、我々がその対象を、最小の心像の対象より大きい、諸部分をもった対象、であるかのように想像するということも、確かである。ヒュームの考えでは、我々が、大きさをもたない「数学的点」の観念をもっていることは否定できず（四八頁）、それの観念をもっているからには、それの印象があるはずであり、それが、感覚される（色か触感を伴った）最小体であり、そしてそれの模像である最小体の心像が、最小体の観念にほかならない、のである。ヒュームは、そもそも我々が色あるいは触感を伴った大きさをもたない数学的点の観念を実際にもっているという主張の根拠を、たとえば、我々が、［ユークリッド幾何学において、］たがいに平行ではなくたがいに［十分大きな傾きをもって！（六七頁）］交わる二つの［幅をもたない］直線の交点として、数学的点を思考する、というような、幾何学的思考の事実に置くであろう（第一章第二節）。

しかし、ヒュームは、我々の延長の印象がすべて、色または触感をもつ分割できない有限個の点から成る、と主張する。「感覚能力が私に伝えるのは、或る仕方で配列された、色をもった点の印象だけである。……延長の観念とは、これらの色をもつ点の模像、すなわち、これらの点の現われ方の模像にほかならない」（四九頁、また第一節［八］参照）。しかし、我々は、一つの確定した色合いの色の一様な広がり、あるいはまったく滑らかな触感の広がりのうちに、分割不可能な有限個の確定した数の点を、ヒュームが言うように知覚するわけではない。我々は、実際は、戸外を歩いていて地面や家々の壁や野畑や木々や山々を見る際のように、大きさをもたないかのように見える種々の色点を含んだ、種々の大きさと形をした多数の面を、刻々に変化するきわめて多様な透視条件のもとで見るのであり、これらの面の各々の印象が、ヒュームが求めた延長の印象を与えてくれる。触感の広がりについても、同様である。延長の印象が、有限個の分割不可能な点から成るというのは、このような現実の種々の広がりの印象を、一様な色の広がりや、一様な触感の広がりにも当てはめ、理想化したものである。

（1）『人間の知識の諸原理論』第一部第一二四節、九八頁。

三　さて、ヒュームは、単に［有限な］延長の観念の無限分割の不可能性だけではなく、観念の対象としての延長そのもの（傍点）の無限分割の不可能性をも主張している（一・二・二）。主な議論は三つある。第一の議論では、まず、「観念が対象の十全な表象（再現）である場合はいつでも、観念間の矛盾や一致などの関係が、すべて対象にも妥当する。一般に、このことが人間のすべての知識の基礎である」という前提から始まる（四四頁）。観念間の矛盾や一致などの関係がそのまま対象に妥当し我々の知識の基礎となる、という表現は、ロックに由来する[1]が、ヒュームの意図する意味は、観念の比較に基づいて必然的である命題は観念の対象についても必然的に妥当し、観念の比較に基づいて不可能である命題（それの否定が必然的である命題）は、観念の対象についても不可能である（それの否定が必然的である）、ということである。第二の前提は、「われわれの観念は、延長のもっとも微小な部分の十全な表象であり、これらの部分は、……われわれがいだく或る種の観念よりも、けっして小さくなり得ないのである」というものである（同所）。そこで、「有限な延長が無限数の部分を含むと想定することが矛盾であれば、いかなる有限な延長も無限に分割可能ではあり得ない」ということになる（同所）。ところが、延長の部分についていだくことができる最小の観念（大きさをもたない色点あるいは触点の観念）を取りこの観念を反復し続けると、或る広がり（延長）の観念が生じるので、最小の観念を無限回反復し得たとすれば、無限の延長をもった観念が生じることになろう、と言う（四四〜五頁）。このことからヒュームは、「無限数の部分の観念は無限大の延長の観念と個体として同一の観念であ［り］」、したがって、「［対象においても、］有限な延長は無限数の部分を含み得［ず］」、それゆえ、有限な延長は無限には分割できない」と結論する。この議論に関しては、我々がいだくことのできる最小の観念が、大きさ（延長）をもたない数学的点の十全な表象であると言えるかということ、また、そのような最小の観念を反復することによって或る大きさをもった観念が実際に生じると言えるかということ、が問題となるであろう。

延長自体が無限分割不可能であるという主張のための、ヒュームの第二の議論は、或るもの（たとえば個々の人間）を単位とする複数のもの（人間）が存在するためには、単位となる対象（各個人）が存在しなければならないが、延長が無限分割可能であるとすれば、「延長は常に数であり（複数の部分を含み）、けっして［分割によって］単位すなわち不可分な量に帰着しないのだから、延長はけっして存在し得ない」というものである（四五頁）。「任意の確定した量の延長が一つの単位であ［り］」、それが無限に分割可能なのである、というような答えは、正しいとは認められない、と言う。なぜなら、「それと同じ尺度によれば、二十人の人間を、一つの単位と見なせることになる。また、全地球、それどころか全宇宙を、一つの単位と見なせることになる。しかしそのような単位という名称は、精神が寄せ集めた任意の数量の対象に適用できる、単に偽りの（虚構的な）呼称であり、そのような単位は、実際は紛れもない数（複数のもの）なのであるから、数と同様に、単独では存在し得ないのである」（四五～六頁）。しかし、第一に、我々が何を一つの存在者と実際に見なしているかはまったく恣意的な事柄ではないとしても、何が一つの存在者であるかは、少なくともそのものが大きさをもち持続するものである限り、精神が恣意的に決定することができる事柄である。第二に、二十人の人間の存在のように、或る概念が当てはまる個体の数量のような非連続量の存在は、個々の人間の存在のような分割不可能な存在の単位をもつが、同じことが延長のような連続量にも当てはまるとは限らない。第三に、ヒュームのように、空虚（真空）を認めず、延長を自然学的な対象である物質の延長に限定する場合には、延長の最小量（原子あるいは微粒子）があったとしても、それらは自然学的な存在の単位であり、大きさ［と持続］をもつと考えなければならず、このような大きさをもつものは必ずさらに分割できるというのは、理念的な数学的対象としての延長についてのみ確言できることである。第四に、実在するものは、必ず何がしかの空間的広がり（延長）と時間的広がり（持続）をもたなければならず、厚さをもたない面、幅をもたない線、大きさをもたない数学的点等は、厚さをもつものの境界、幅をもつものの境界、長さをもつものの境界として、「理性的区別」によって思考の対象とし得るものであって、実在するものではない[2]。以上のような諸理由から、ヒュームの第二の議論は決定的なものではない。

延長自体が無限分割不可能であるという主張のための、ヒュームの第三の議論は、延長の無限分割可能性を論証するためには「数学的点」の不可能性を証明しなければならない（四八頁）が、我々は有限の延長が有限個の大きさをもたない「数学的点」から成ると考えることができ、それゆえ延長自体が有限個の「数学的点」から成るということが可能である、それゆえ、延長の無限分割は不可能である、というものである（四七〜八頁）。延長の無限分割可能性を証明するためには「数学的点」の不可能性を証明しなければならないという前提は、のちに見るように（第五節）、数学的点は大きさ（延長）をもたず、大きさをもつ［有限な］延長の構成要素とは成り得ないので、延長の構成要素は必ず何がしかの大きさをもつものでなければならず、それゆえさらに分割可能なものでなければならないという、アルノー／ニコルに見られる考えである。確かに、延長の構成要素は必ず何がしかの多きさ（延長）をもたなければならず、それゆえさらに数学的理念的に分割可能である。しかし同時に、このような無限分割の理念的極限として、大きさをもたない数学的点が考えられるのである。アルノー／ニコルの時代にはこの考えはまだ見られない。それゆえ、ヒュームによるこの第三の議論は、第一に、決定的ではない前提に基づいている。第二に、我々が有限の延長を有限個の大きさをもたない「数学的点」から構成されると考えることができるという前提は、「数学的点」を色あるいは触感を伴うが大きさをもたない点とすれば、それらが有限個で延長を構成できることが感覚の印象においても想像力の想像においても経験できる、という、不確かな事実に基づいて主張されているのである。

（1）『人間知性論』、四・一・二、四・二。
（2）アルノー／ニコル『論理学』、第一部第五章、五六頁。

四　ヒュームは、抽象観念についての議論においては、或る形をした一様な色の広がりは、その全体が一つの単純印象であり、その印象における色と形の区別は、実在的区別ではなく、理性の区別であると主張した（三八頁、〔解説〕第三章第十六節）。しかし、他方でヒュームは、空間論において、色あるいは触感の広がり（延長）を、広がりをもたない有限個の諸部分（点）に分割することを、実在的区別と見なしている。「……延長は、たがいに異なる諸部分なくしてはけっして存在できない。そして対象は、たがいに異なるならば常に、区別でき、想像力によって分離できるのである」(五六頁)。或る形をした或る大きさの一様な色の広がりの印象が与えられているとき、我々は、その印象の個体的同一性を失わずに、その印象の任意の部分を注視することができる。このように、或る形と大きさの一様な色の広がりの一部分を注視することができるということは、その部分と残りの部分とを、あるいはその部分と全体とを、区別することができるということである。全体の印象の形と色とが、理性的にしか区別できず、存在の上では区別できない、というヒュームの先の主張の意味は、与えられた全体の印象を、それの部分に分割すれば、元の印象は、分割の結果得られる部分の印象とは、数的に(個体として)別個な印象となる、ということである。「一つの線分の確定した長さが、その線分自体と異ならず区別できない」(三一頁)ということは、その線分の一部分を採れば、それはもはや元の線分とは別個な線分となる、ということである。しかし、その線分の諸部分は、その線分が現実の世界に存在するものである限り、たがいに別個な存在であり、それゆえ、その線分の全体を諸部分に区別することは、単なる理性的区別に留まるのではなく、実在的な区別なのである。同様に、或る形をした或る大きさの一様な色の広がりの印象を、その広がりに含まれる諸部分に区別することは、単なる理性的区別ではなく、存在の上での区別なのである

ヒュームが、一方では、一つの色とそれの広がりがもつ形との区別、また、一つの線分とそれの長さとの区別を、理性的区別であり、実在的区別でないとしながら、他方で、一つの延長の印象をそれの諸部分に実在的に分割できるものとして語っている理由は、このように理解できる(第三章第十六節)。

五　我々がもつ有限な延長の観念が、無限には分割できず、有限個の、大きさをもたない、単純で分割不可能な諸部分から成る、というヒュームの「体系」の第一の部分の考え(第一節[二])は、実は、ベイルの議論に多くを負っていると思われる。ヒュームが念頭においていると思われるのは、ベイルの、「延長が存在するとすれば、それは、「(一) 大きさ(延長)をもたない、無限個の」数学的点から成るか、「(二) 大きさをもつがもはや分割

できない、有限個の］自然学的点（原子）から成るか、［（三）］無限に（どこまでも）分割できる［が、大きさのない数学的点にはけっして到達しない］諸部分から成るか、のいずれかである。しかし、延長は、［これら三つのいずれから］成るのでもない。それゆえ、延長は、存在しない[1]」という議論である。ヒュームは、ベイルのこの複雑な仮言的三段論法の小前提を認めるが、大前提である仮言的判断の後件を成す選言的判断における三つの選択肢を、延長の構成法の完全な枚挙とは認めず、（四）「延長は、大きさをもたない有限個の、色あるいは触感を伴った、数学的点から成る」という、延長の第四の構成法を主張する（第一節［二］と［七］を参照）。しかし、大前提の仮言的判断の後件の三つの選択肢を不合理なものとして斥ける議論は、ベイルの議論に多くを負っている。ベイルの大前提の後件の三つの選択肢は、ベイルが参照したアルノー／ニコルにも、事実上、見られる。アルノー／ニコルは、選択肢の（一）と（二）を斥け、選択肢（三）の延長の無限分割可能性の立場を採った[2]。

ヒュームはまず、大前提の（一）の選択肢を、「［数学的点の］説が不合理であるのは、一つの数学的点とは、一つの非存在者であるゆえ、他の点と結びつくことによって、現実に存在するもの（延長）を形成することがけっしてできないからである」という主張によって、斥ける（五五頁）。この主張は、引用箇所の訳註（1）で述べたように、ベイルにも見られるが、アルノー／ニコルの議論に由来する[3]。（二）の選択肢は、「一つの自然学的点は、実在する延長であると想定されており、そのような延長は、たがいに異なる諸部分なくしてはけっして存在できない」、それゆえ、自然学的点は、延長の究極的構成要素ではない、という主張によって、斥けられる（五六頁）。この主張も、ベイルに見られる[4]。（三）の選択肢は、第二節で触れた、精神の能力の有限性に基づく議論によって斥けられるほか、ヒュームは、「面は立体を限界づけ、線は面を限界づけ、点は線（線分）を限界づける。しかし、私は、もし点、線、あるいは面の観念が分割不可能でないならば、われわれはけっしてこれらの限界を思いうかべることができない、と主張する。なぜなら、これらの観念が無限に分割可能であると仮定し、次に、想像力に最後の（限界となる）面、線、あるいは点の観念を注視するように強いてみよ。［仮定により、］

想像力は直ちに、この観念がさらに諸部分に割れるのを見る。そして、想像力は、これら諸部分の最後のものを捉えたと思うやいなや、それの新たな分割のためにそれを取り逃がし、これが無限に続いて、けっして最後の観念に到達することができない」という議論を行なっている（五九頁）。この議論も、引用箇所の訳註（11）で述べたように、それに対応する議論がベイルに見られる。(5)

（1）ベイル『歴史批評辞典』第十五巻、「エレアのゼノン」（G）I、四三頁左欄、および四一頁右欄。
（2）アルノー／ニコル『論理学』第四部第一章、二九六～八頁。
（3）アルノー／ニコル、第四部第一章、二九七頁、およびベイル、第十五巻、「エレアのゼノン」（G）I、四一頁右欄。
（4）「エレアのゼノン」（G）I、四二頁左欄。
（5）「エレアのゼノン」（G）IV、四八頁。

六　ヒュームは、ベイルの仮言的三段論法の大前提である仮言的判断の後件における三つの選択肢を、ベイルと同様に斥けたが、それら三つの選択肢を延長の構成法の完全な枚挙とは認めず、**（四）**「延長は、大きさをもたない有限個の、色あるいは触感を伴った、数学的点から成る」という、延長の第四の構成法を主張した。しかし、延長が有限個の点から成るという考えには、アルノー／ニコルの強力な反論がある。それは、「いかなる共通の尺度ももたず、この理由で非共約的（incommensurables）と呼ばれる、或る種の線分がある。たとえば、正方形の対角線と辺とである。さて、もしこの対角線と辺とが或る［有限の］数の分割不可能な諸部分から構成されていたならば、これらの不可分な諸部分の一つが、問題の二線分の共通の尺度であることになったであろう。それゆえ、これらの二線分が分割不可能な諸部分から構成されるということは、不可能である」というものであった。(1)ヒュームは、アルノー／ニコルのこの議論を、読まなかったか、読んだとしても理解できなかった、のいずれかであると思われる。正方形の一辺と対角線とは、長さが非共約的であるから、同じ大きさをもつ有限個の点から成ることはできない。ヒュームは、線分を、有限個の大きさをもたない数学的点から成ると考えたが、これらの数学的点は色か触感を伴っており有限個で長さを構成できると考え、線分の長さの比は線分が含む点の数の比であると考えていた（六一頁）ので、正方形の対角線の長さと一辺の長さとを共約可能であると考えていたことになる。

アルノー／ニコルは、前節で触れたように、延長が大きさをもたない数学的点から成るということを、斥けたが、この点ではヒュームも同意見であった。ヒュームがアルノー／ニコルの延長の無限分割可能性の議論を採らなかった理由の一つは、第二節で見た、線分の限界は不可分の点から成るという、精神の能力の有限性に基づく議論であり、もう一つは、前節で見た、ベイルの議論に対応する、選択肢（三）を斥ける議論であった。しかし、ヒュームが直接には言及していない第三の理由があったと思われる。それは、より長い線分はより短い線分よりもより多くの部分を含まなければならない、という考えであった。これは、ベイルの、「正方形の一辺から対辺に垂線を引くことによって示されるように、正方形の対角線と一辺とは同数の数学的点をもち、それゆえ、もし延長が数学的点から成るのであれば、正方形の対角線と一辺とは長さが等しくなるはずであるが、これは不合理であるから、延長は数学的点から成るのではない」という主旨の議論に近いものである。ベイルは、この議論を紹介した直後に、「これらの反論は、点から成る連続量の考えに対すると同様に、無限に分割可能な連続量の考えに対しても、同程度に強力な反論である。なぜなら、或る一定の延長をもつ諸部分が、［正方形の］辺のうちによりも対角線のうちにより多く含まれている……のでなかったならば、正方形の辺は対角線と長さが等しくなるということ……が明らかである。ところで、正方形の一辺から対辺に引くことができる直線［の幅］は、……たがいに等しい。それゆえ、それらは、整除的部分（des parties aliquotes 共約性の基礎となる単位）、すなわち、同じ名称をもつ、一定の大きさの諸部分、と見なされるべきである。ところで、それらの諸部分が、インチ、フィート、一歩などの同一の名称をもつ整除部分であり、かつ同数であるような二つの延長は、一方が他方より大きくないということが、確実である。それゆえ、もし辺と交わる直線より対角線と交わる直線をより多く引くことができるのでなければ、正方形の辺は対角線と長さが等しいということが、確実である」と述べている。[2] この議論は、正方形の対辺に引かれそれらに直交する直線を幅をもったものと見なしている点で、アルノー／ニコルの延長の無限分割可能の説を正しく批判していない。しかし、正方形の対辺を、それらに直交する直線で分割していくと、対辺と対角線とは、いつまでも同じ数の線分に分割され続ける。したがって、対辺と対角線とは、いつまでも同数の部分をもつことになり、その結果、対辺と対角線とは、長さが等しくなるかのように見える。（実は、対辺の分割された一つの部分が分割の或る時点でもつ幅aに対して、それに対応する対角線の部分はいつまでも$a \times \sqrt{2}$であるので、正方形の対角線の長さは、一辺の長さの$\sqrt{2}$倍となる。）ヒュームが、このベイルの議論に影響を受けたことは、想像するに難くない。実際、ヒュームが、より長い線分は、より短い線分よりも、より多くの部分を含まなければならない、という考えをもっていたことは、「線分あるいは面は、各々の含む点の数が等しいときに等しく、点の数の比が変わるに応じて、線分の比と面の比も変わる」という等しさの基準を、線分あるいは面を構成する点がきわめて微小で区別し難いために、「役に立た［ない］」が、「もっとも容易でもっとも正しい」答えである、と述べている（六一頁）ことから、明らかである。

（1）アルノー／ニコル『論理学』第四部第一章、二九七頁。正方形の対角線の長さと一辺の長さとが共約可能であるということは、両者の長さが整数の比、m/nで表わされるということである。比（分数）は、分母と分子とからすべての公約数を消去した既約分数で表わされるので、m/nが既約分数であるとする。ピタゴラスの定理によって、$\sqrt{2}=m/n$である。ゆえに、$2=m^2/n^2$　ゆえに、$2n^2=m^2$　それゆえmは偶数で、$m=2k$と表わせる。それゆえ、$2n^2=4k^2$　それゆえ、$n^2=2k^2$。nが奇数なら、その二乗は奇数であるはずであるが、そうでないから、nも偶数であることになる。これは、m/nが既約分数であるという仮定に反する。この不合理は、m/nが既約分数であるという仮定、すなわち、正方形の対角線と一辺とが共約可能であるという仮定から生じた。それゆえ、正方形の対角線と一辺とは、共約可能ではない。

（2）ベイル前掲書「エレアのゼノン」（G）I、四六頁左欄。

七

ヒュームは、ベイルの仮言的三段論法の大前提である仮言的判断の後件における三つの選択肢を斥けるが、延長の印象と観念の存在を肯定するので、（**四**）「延長は、大きさをもたない有限個の、色あるいは触感を伴った、数学的点から成る」という、延長の第四の構成の可能性を主張する。ヒュームにとって残る問題は、延長の観念を構成する、大きさをもたない有限個の諸部分が、色または触感の観念を伴っている、ということの証明である。これは、第一節で引用したヒュームの「体系」の第二の部分の問題である。

このことを証明しようとするヒュームの議論は、二つある。第一の議論では、延長の観念が、種々の一様な色の広がりを形成する色点の配列の仕方の印象、および種々の一様な触感の広がりを形成する触感を伴った点の配列の仕方の印象、から得られる抽象観念であり、第五章でも見たように、「すべての抽象観念は、実際は、或る特定の観点から見られた個別的観念にほかならない」(四九〜五〇頁)ので、延長の観念は、実際は、特定の色あるいは触感を伴う、大きさをもたない有限個の点の、「現われ方」すなわち配列の仕方の観念である、と主張される(同所、また第一節［八］参照)。第二の議論では、「延長を表象する複合的印象は、いくつものより小さい諸印象から成り、これらの諸印象は、目あるいは触覚にとって分割不可能であり、色あるいは固体性(触感)を有する原子または微粒子の印象と、呼ぶことができる。しかし、それだけではない。これらの原子が、感覚に「印象として」現われるために、色をもつか触れ得ることが必要であるばかりでなく、これらの原子を想像力によって「観念として」把握するためには、われわれは、これらの原子の色あるいは可触性の観念を、保持していなければならない。これらの原子を精神が思いうかべることを可能にし得るものは、これらの原子の色あるいは可触性の観念以外にない」と主張される(五三〜四頁)。

しかし、大きさをもたない有限個の色点や触点からいかにして延長が形成されるのか。この問題に関して、ヒュームは、「私は、［延長の一つの部分について私が形成できる最小の］観念を一度、二度、三度等々と反復し、この反復から生じる延長の複合観念が、増大し続け、二倍、三倍、四倍等々となり、ついには、その［最小の］観念の反復の多少に応じて大小の差のある、相当な大きさに膨大するのを見出す」と言う(四四頁)。また、「一つの色をもつ点あるいは触れ得る点が、他の色点あるいは触点の接近に際して、消滅する必然性が見出されるであろうか。それどころか逆に、これら二点の結合から生じる対象が、複合的で分割可能であり、隣接しているが別個な存在を維持している二つの部分に区別できるということが、明瞭に見て取れないであろうか」と言う（五七頁）。延長の一部分について形成できる最小の観念とは、ヒュームにとって大きさをもたない点の観念であるので、それを反復して延長の観念を形成できるという主張には問題があるが、我々が、大きさをもっていないかのように見える色点あるいは触点を反復することによって、或る大きさの延長の観念を形成することは、可能となる。

八 ヒュームは、延長の無限分割可能性を証明すると称する数学（幾何学）的証明が、実は不正確な観念と厳密には真と言えない「原則」に基づいているので、延長の無限分割可能性のような説を確立するのに十分ではない、と主張する（六〇頁）。「原則」とは、「根本原理」（九一頁）あるいは「第一原理」（六八頁）、すなわちユークリッド幾何学の「公準」（要請）のことであり、これらは、今では、同幾何学の「公理」（共通概念）とは区別された意味で、普通に「公理」と呼ばれている。「二直線［は］線分を共有し得ない」という原則、すなわち「二点を通る直線［は］一本より多くは引けない」という公準が、例として挙げられている（六七〜八頁、九二頁）。なぜ幾何学の公理が厳密でないかと言うと、公理に含まれる諸観念が厳密に定義できないからである、と言う。「してみると明らかに、幾何学にもっとも本質的な観念である、等・不等の観念、および直線と平面の観念は、通常の考え方においては、厳密であるとも、確定しているとも、とても言えないのである。われわれは、……相等という比についても、直線および平面という図形についても、確固とした不変な観念を形成できないのである。われわれの拠りどころはあくまでも、対象の見かけから形成され、コンパスや共通の尺度によって修正された、不確かな誤りやすい判断であり、それ以上の修正をさらに仮定したところで、この修正は、利用価値がないか、想像上のものであるかである。……これらの図形の究極的基準は、［われわれにとっては］感覚と想像力から得られるのであるから、これらの能力の判定力の及ばない完全性を語るのは、馬鹿げているのである。なぜなら、いかなるものの真の完全性も、そのものがそれの基準に合致することにあるからである」（六六〜七頁）。

たとえば、二つの線分あるいは面の量の「等しさ」については、有限な延長量を有限個の分割不可能な点から成ると考え、「線分あるいは面は、各々の含む点の数が等しいときに等しく、点の数の比が変わるに応じて、線分の比と面の比も変わる」と答えることが、「正しくもあり明瞭でもある」が、線分あるいは面を構成する点は、「きわめて微小で区別し難い」ため、等しさのこの基準は「まったく役に立たず、われわれが諸対象相互の等・不等を決定するのはけっしてそのような比較によるのではない」と主張される（六一頁）。二つの図形の大きさにおける「等しさ」を両図形の「合同」によって定義するならば、両図形の合同を知るためには、両図形の各部分の重なりを知る必要があり、そのためには両図形が含む数学的点の数の等しさを知る必要があり、「等しさ」のこの基準も、「正しいが役に立たない基準」である、と言う（六二頁）。

結局「等しさ」の正しい観念を与えるためには、等しい二つの対象を提示するしかない（六二〜三頁）。我々は、しばしば、二つの物体の等・不等を、「一目で決定し」、それらが等しい、あるいは一方が他方より大きい、と誤らずに判定することができる。しかし、この種の判断も、しばしば「見直しと反省」によって修正される。さらに「対象を並置する」か、それができない場合には「何か共通の変化しない尺度」を用いて、最初の判断が修正され得る。この修正も、「物体を測る道具（尺度）の性質」と、「われわれの注意の程度」に応じて、さらに正確さの度合いを増すことができる（六三頁）。しかし、我々は、感覚に現われる対象よりもはるかに微小な対象が存在するので、これらの微小部分の一つを対象に付加しても除去しても、我々は見かけにおいても測定においても気づかないであろう、ということを知る（六四頁）。「それゆえわれわれは、見かけと測定がそれによって正確に修正され、図形がそれによって完全にその比（等しさ）に帰着させられるような、等しさの想像上の基準を、想定することになる。この基準は、明らかに想像上のものである。なぜなら、等しさの観念自体が、対象の特定の見かけを対象の並置か共通の尺度によって修正したものの観念であるから、われわれが測定器具と測定術によってなし得る限度を超えた修正の観念（考え）は、精神の単なる虚構（fiction）であり、利用価値がなく、また理解も不可能であるからである。しかし、この基準は、単に想像上のものであるが、この虚構は、きわめて自然なものである。実際、精神がこのように最初に精神に活動を開始させた理由が消滅しても、その活動を続けることは、ごくありふれたことである」と述べられる（六四頁）。精神のこの最後の性質は、のちに「オールによってひとたび動き出したガレー船」（二三〇頁）の動きに譬えられる、想像力の一種の惰性である（第四章第九節（五））。種々の量や性質の度合いの比較についての同様の理想化が、音楽家における楽音についての「完全な三度」とか「完全な一オクターヴ」の観念、画家における明暗の比と等しさについての観念、機械職人における運動の遅速の比と等しさの観念にも見られる、と言う（六四～五頁）。

以上のような理由から、ヒュームは、幾何学的基準に感覚や想像の能力を超える完全性を想定することを想像力の「虚構」と見なし、幾何学の公理を、感覚や想像力における「全体的な見かけ」に基づく不確実な命題であると考え、その結果、幾何学は算術と代数とがもつような「完全な確実さ」をもたないと主張した。しかし、ヒュームは、感覚や想像力における「全体的な見かけ」に基づくこれらの命題を公理としていったん真であると仮定することによって、論証を行ない、単なる感覚や想像力によっては得ることが不可能な結論を仮説的に導出できる、と考えた。これらのことは、すでに触れた通りである（第四章第十三～十四節）。

九　ヒュームの空間と時間に関する「体系」の「第二の部分」では、「空間もしくは延長の観念は、或る一定の秩序で配列された、見得るあるいは触れ得る点の観念にほかなら［ず］」（七〇頁、第一節［八］）、「［これらの対象から］分離された別個な観念ではな［い］」（五五頁、第一節［八］）とされ、その結果、空虚（真空）、すなわち「物質を含まない延長」（五五頁）、すなわち「見得るあるいは触れ得るものが何もない空間」の観念をいだくことができない、と結論される（七〇頁、五五頁、第一節［九］）。第一に、暗闇（暗黒）は、何ら積極的な内容を含まず、単に光の欠如であり、色をもった見得る対象の欠如であるので、延長の印象を含まず、空虚の観念を与えることができない、と言われる（七二頁）。また、延長した対象に触れることなくただ身体を運ばれる際の運動の印象も、延長の印象を含まず、空虚の観念を与えることができない、と言われる（同所）。第二に、暗黒を背景にして二つの光る物体が、たがいに離れて現われる場合、二物体の間にある距離（隔たり）は、光る物体が現われないまったくの暗黒の場合と同じく、暗黒すなわち光の欠如であり、延長の印象を含まず、空虚の観念を与えることができない、と言われる（七三～四頁）。また、人が延長した対象に触れたのち、それを離れ、身体の運動だけを知覚したのち、別の延長した対象に触れるという場合、延長した対象に触れることを伴わない運動の知覚は、延長の印象を含まず、空虚の観念を与えることができない、と言われる（七四～五頁）。

暗黒も運動も、単独にであれ、見得る対象あるいは触れ得る対象を伴う場合であれ、空虚、すなわち物質なき延長の観念を与えないが、この暗黒および運動と、真の延長である見得るあるいは触れ得る点の複合との間に、密接な関係があるので、我々は、空虚の観念を形成できると誤って想像するのである、と言う（七五頁）。第一に、暗黒の中にたがいに離れて現われる二つの見得る対象は、両者の間の隔たりが、真の延長の観念を与える見得る対象で埋められている場合と、同じ仕方で視覚を刺激する（七五頁）。このことは一種の類似関係であるとされる（七九頁）。触覚についても同様で、二つのたがいに離れた対象の間に触れ得るものが何も挟まれていない場合の運動の感覚は、両者の間に延長する対象が挟まれ、それに触れながら運動する際の運動の感覚と、同じである（七五頁）。第二に、暗黒の中にたがいに離れて現われる二つの対象は、それらの間に、延長を示す別の対象を、両者自体には何の変化もなしに受け容れることができる。このことは一種の因果関係であるとされる（七九頁）。触覚の対象についても同様である（七五～六頁）。第三に、二つの対象の間の距離（隔たり）は、暗黒あるいは単なる運動しか含まない場合も、真の延長を示す見得るあるいは触れ得る対象を挟む場合も、熱、冷、光、引力等の強さに、同じ影響を与える（七六頁）。このことは一種の類似関係であるとされる（七九頁）。このように、「三つの関係が、延長の観念を与える距離と、色をもった対象にも固体的な対象にも満たされていない距離との間に、あることになる。すなわち、［第一に、］離れた二つの対象は、どちらの距離によって隔てられていようと、同じ仕方で感覚を刺激し、［第二に、］第二種の距離が第一種の距離をみずからのうちに受け容れることが見出され、［第三に、］それら二種の距離が、すべての性質の力を、同じ程度に弱めるのである」（七六頁）。ところで、「二つの観念の間に密接な関係があるときは常に、精神が両者を取り違え、すべての論述と推論において一方を他方として使用する傾向が、きわめて大きい」（七六～七頁、第四章第九節（一））。想像力のこの原理により、我々は、見ることができず触れることができずしたがって延長の観念を含まない距離の観念を、見ることができ触れることができる対象が示す延長の観念と、混同し、我々が空虚の観念をもっているかのように、思い違いをするのである、と言われる（七七～九頁）。

2　時間の観念

十　第一節で引用した、空間と時間に関するヒュームの体系の第一の部分で、時間（持続）の観念は、有限個の単純で分割不可能な［継起する］諸部分から成る、と言われていた（第一節［二］）。この主張の理由は、第一に、人間の精神の能力の有限性に基づいて延長の無限分割の可能性を否定する、第二節で言及した議論の応用である。第二に、時間的持続を構成するがそれ自身は持続をもたない最小単位（瞬間）を有限回反復することによって有限の持続を構成できるという、第三節で見た主張（四四～五頁）の応用である。第三に、まず、複数のものの存在は、それを構成する単位の存在に基礎づけられる、という原則を前提として、延長が無限に分割できるのであれば、延長は分割不可能な単位を含まない複数のものであることになり、それの存在の基礎となる単位を含まないがゆえに、存在しないことになる、と主張する、第三節で見た議論（四五～六頁）を、時間に当てはめたものである（四六頁）。第四の理由は、もしたがいに継起する時間の各瞬間が完全に単一で分割不可能であるのでなければ、時間には、無限数の同時に存在する瞬間（部分）が存在することになる、という奇妙な理由であるが（四六頁）、これも、第五節で見た延長の構成に関する選択肢（三）を否定する議論の一つ（五九頁）に対応する。

十一　空間と時間に関するヒュームの体系の第二の部分では、時間の観念は、対象から分離された別個な観念ではなく、単に対象が存在する仕方もしくは秩序の観念であるとされ（第一節〔八〕）、何か実在するものに満たされていない時間、すなわち、現実に存在するものにおける継起も変化も伴わない時間は、空虚と同様、思いうかべることができない、と言われていた（第一節〔七〕と〔八〕）。この主張の理由は以下のようなものである。まず最初に、「時間の観念は、観念と印象、また反省の印象と感覚の印象を含む、あらゆる種類の知覚の継起から生じるので、……想像力においては、確定した量と質を有する特定の個別的観念によって代表される、抽象観念の一例となる」と言われる（五〇頁）。そして、「時間は、同時には存在しない諸部分から成るのであるから、変化しない対象は、同時に存在する諸印象しか生み出さないので、われわれに時間の観念を与え得るようなものを、何も生み出さない。したがって、時間の観念は、変化する対象の継起から生じるのでなければならず、時間は、最初に（印象として）精神に現われる際には、けっしてそのような継起から切り離すことができないのである」と主張される（五一頁）。次に、時間の観念をいだくことも、諸対象の継起を思いうかべるのでなければ、不可能である、と主張される（同所）。「時間の観念は、他の印象と混在しつつそれらから明瞭に区別できるような、特定の印象から生じるのではなく、もっぱら諸印象が精神に現われる際の現われ方から生じるのであり、その際時間は、それら諸印象の一つではないのである（第一節〔八〕参照）。たとえば、笛で〔連続して〕奏される五個の楽音は、時間の印象と観念を与えるが、時間は、聴覚やその他の感覚に現われる、第六番目の印象ではない。時間はまた、精神が反省によってみずからのうちに見出すような、第六番目の印象でもない」（五一～二頁）。「精神は、ただこれらの異なる音の現われる現われ方に注意するだけなのである。そしてのちには、この現われ方を、これらの特定の音を考えずに考察し、任意の他の対象に結びつけることができるのである。しかし、何らかの対象の観念は、必ずもっていなければならない。何らの対象の観念ももっていなければ、精神は、けっして時間を思いうかべることができないのである（第一節〔九〕参照）。それゆえ、時間は、……或る仕方で配列された、すなわちたがいに継起しつつある、異なる諸観念、または諸印象、または諸対象、以外のものではあり得ないことが、明白である」（五二頁、第一節［八］参照）。

十二　このように、持続の観念は、変化する対象の継起の印象から生じるのであるから、本来の意味では、変化しない対象には適用できず、変化しないものは、持続するとは言えないことになる。それゆえ、時間の観念を変化しない対象に適用するのは、一つの虚構であるとされる（五二〜三頁）。この虚構は、視覚的な延長の印象を与えない暗黒、あるいは触覚的な延長の印象を与えない単なる運動の印象が、延長の印象と取り違えられる（第九節）のと、同様の取り違えに基づくとされる（八三〜四頁）。ヒュームの説明によれば、「われわれの精神には諸知覚の不断の継起があり、それゆえ時間の観念がわれわれに常に現前しているので、不動不変の対象を五時に（！）見、同じ対象を六時にも（！）見る場合、ちょうど各瞬間がその対象の異なる位置あるいは変化によって区別されている場合と同じ仕方で、その不変な対象に時間の観念を適用する傾向を、われわれは有する。その対象の最初の出現と二度目の出現とが、われわれがもっている知覚の継起と比べられて、その対象が実際にその間に変化した場合と同様に、たがいに隔たっているかのように見えるのである」（八三〜四頁）。このように「想定された時間の変化を通して、対象が、変化せず、かつ中断しないということ」が、その対象の個体的同一性（「個体化の原理」）にほかならないとされる（二三三〜四頁）。

　変化しない対象に時間（持続）の観念を適用することを虚構であるとするヒュームの考えは、奇妙である。我々の体験は、ヒューム風に言えば、変化し継起する諸知覚の複数の系列の束であるが、一つの系列に属する或る知覚がそれの内部において変化を示さない場合でも、他の系列の変化を示す知覚との間に前後または同時という時間的関係が成立するのであり、併存する（同時に存在する）他の系列の知覚に変化が起これば、それの内部において変化を示さない知覚も、変化する他の知覚に対応する時間的部分をもつことになるのである。実際には、変化を示さないように見える知覚でも、よく注意すれば、変化しているのであり、そのことは、物体の高速回転に伴う騒音が、一見変化を示していないかのように聞こえるが、よく聞くとその音の印象のうちに振動が感じられるということや、我々が視点を静止させようとする場合、視覚の対象の印象は一見変化を示していないかのように見えるが、よく見ると我々の目の視点は一瞬と言えども静止せず微小運動をしているように感じられるということなどから、知られる。このことは、我々の感覚知覚が、単に刺激を感受するのではなく、刺激の変化を感受するのであるという事実に基づいており、この事実は、網膜に静止像を提示するとたちまちその像の印象が消失するという心理学的事実によって、特に劇的に裏づけられる。

第七章　存在の観念

一　「存在」の観念についてヒュームが第一に言おうとすることは、存在の観念は、存在すると思念される（考えられる）内的あるいは外的な個別的な対象の観念と別個な観念ではない、ということである（八五頁）。このことは、「われわれは、個々の諸対象の観念から区別でき分離できるような、存在の抽象観念を、もっていない」と表現される（三一一頁）。それゆえ、「われわれが、或るものの単なる思念の後で、次にそれを存在するものとして思念しようとするとき、われわれ［は］実際には最初の観念に何の付加も変更も行なっていない」と言われる（一一六頁）。なぜなら、「われわれが対象を単に思いうかべる（思念する）とき、われわれは対象を、それのすべての部分において、思いうかべる。われわれは、対象が存在するとは信じていなくても、対象を、［もしそれが存在したとすれば］そのように存在したであろうように、そのように思いうかべる。……われわれは、対象［の存在］を信じることなしに、対象の全体を想像力に描き出すことができる。われわれは、対象を、時間と場所の条件すべてとともに、言わば眼前に、描いて見せることができる。対象とは、［もしそれが存在したとすれば］そのように存在したであろうように、そのように思いうかべられた対象そのものなのである」[1]からである。

ヒュームの以上のような考えは、のちにカントが、『純粋理性批判』の「神の現実存在の存在論的証明の不可能性について」の節で述べた主張に、きわめて近い。カントの

「あるということは、明らかに、真の述語、すなわち、或る事物の概念につけ加わり得るような何ものかの概念、ではない。それは、単に、或る事物あるいは何らかの諸規定自体の定立である。……今、私が主語

（神）をそれのすべての述語（それらの中には全能ということも含まれている）とともに取り、「神がある」あるいは「神が存在する」と言うならば、私は、神の概念に何ら新たな述語を付加するわけではなく、ただ、主語自体をそれのすべての述語とともに定立しているだけであり、しかも、私の概念に関係する対象を定立しているだけである。概念と対象とは、まったく同一の内容を含むはずであり、それゆえ、私が概念の対象を端的に与えられたものと（「それがある」という表現によって）考えるからといって、単に可能性を表現している概念に、それ以上の何ものもつけ加わるわけではない。それゆえ、現実的なものは、単に可能的なもの以上の何ものも含まない。現実の百ターレルは、可能的な百ターレル以上のものを少しも含んでいない[2]」

（傍点部は原文の隔字体）

という主張は、ヒュームの考えと酷似している。しかしカントは、さらに、

「なぜなら、可能的な百ターレルは概念を意味するのに対して、現実の百ターレルは対象とそれの定立自体とを意味するのであるから、対象が概念以上のものを含んでいたとすれば、私の概念が、対象の全体を表していず、対象に妥当する概念でない、ということになったであろう。……

それゆえ、私が或る事物をいかなる述語またいかに多くの述語によって（徹底的な規定によってさえ）考える場合も、私がさらに「この事物はある」とつけ加えることによっては、その事物に少しのものもつけ加わるわけではない。というのも、もしそうでなければ、私が概念において考えていたのとちょうど同じものではなく、それ以上のものが実際に存在することになり、まさに私の概念の対象が実際に存在すると言うことが、できないということになったであろうからである[3]」

と述べて、上の主張の根拠をヒュームよりも明確に示している。

存在の概念に関するヒュームとカントの洞察をまとめて述べるならば、以下のようになる。或る対象について考える際には、我々はその対象を、もしそれを存在すると考えたとした場合それがもっていると考えられたであ

ろう、あらゆる属性を備えているものと、考えている。或る対象を存在すると考える際には、我々はその対象を、さらに［認識主体を含む］存在する他の存在者のどれかに対して［、単なる志向的関係や理念的関係ではなく、］或る実在的関係をもっているものと、考えている。それゆえ、或る対象に関する我々の概念、すなわち単なる対象の概念のうちには、その対象を我々の思考に導入する表現（対象の与えられ方を規定している表現）が含意する他の対象に対する実在的関係以外には、他の対象に対する実在的関係は含まれていない。

カントは、上に引用した議論に基づいて、「今私が或る存在者を最高の実在（欠けるところのない）と考えるとしても、それが実際に存在するかどうかという問いは、依然として残る。なぜなら、そもそも一つの事物がもつべき可能な実在的内容に関して私の概念には何ら欠けるところはないが、私の思惟の状態全体に対する関係においては、まだ或るものが、すなわち、その対象の認識が後天的（アポステリオリ）にも可能であるということが、欠けているからである。そして、事実このことに、今問題となっている難点の原因が示されている」と結論し、「現実に存在する」（「ある」）ということは、対象の属性ではなく、「最完全者」の完全性の一つではないので、「最完全者」を考えるということには、「最完全者」を「現実に存在するもの」と考えるということは含まれていない、という考えを示唆し、「神の存在の存在論的証明」を論破しようとした。

これに対して、ヒューームは、本節で見た「存在」の観念についての彼の考えを「神の存在」に関係づけて、「神が存在するとわれわれが主張するとき、われわれは単に、神がそのようにあるとわれわれに表象されるような、そのような存在者の観念をいだくだけであって、われわれが神に帰する存在は、神の他の諸性質の観念につけ加えられまたふたたびそれらから分離され区別され得るような、そういう特定の観念によって、思念されるのではない」と述べ（一一六頁）、「存在」の観念についての彼の考えに基づく「神の存在の存在論的証明」の論駁を暗示するように見えるが、「存在」の観念についての彼の考えを、「神の存在の存在論的証明」の論駁のために、直接にかつ明示的には用いなかった。しかし、ヒューームは、この種の証明を、別の論法で論破している。彼の主張によれば、「［直観または論証によって証明される命題に］同意する人は、諸観念をその命題の通りに思いうかべるばかりでなく、それらの諸観念を……ちょうどその特定の仕方で思いうかべるように、必然的に決定されている。何であれ不合理なことは、理解不可能であり、想像力は、論証に反することを思いうかべることができないのである。しかし、因果関係からの、事実［すなわち、対象またはそれの性質の存在］に関する推論においては、このような絶対的な必然性は生じず、想像力は、問題の両面を自由に思いうかべることができる」（一一七頁）。つまり、「或るものが存在する」という命題は、それの否定命題である「そのものが存在しない」ということも考えることができるのであるから、蓋然的な命題であり、したがって、「神が存在する」という命題も、論理的な必然性を欠いている、ということになるのである。実際、ヒュームはのちに、次のように論じている。(4)

「……事実を論証しようとしたり、事実を何らかのアプリオリな議論によって証明したりしようとすることには、明白な不合理が存在する。何ごとといえども、それの否定が矛盾を含むのでなければ、論証できない。判明に考える（思念する）ことができることは何ごとも、矛盾を含まない。われわれは、存在すると考えるものは何であれ、存在しないと考えることもできる。それゆえ、それの非存在が矛盾を含むような存在者は、ない。その結果、それの存在が論証できるような存在者は、ない。私は、この議論を完全に決定的なものとして提案し、全論争をこの議論に依存させることにやぶさかではない。

［ところで、］神が一つの必然的な存在者であると主張され、神の存在のこの必然性が、われわれが、もし神の全本質または全本性を知っていたとすれば、神が存在しないということが、二の二倍が四でないことが不可能であるのと同様に不可能であることを、看取したであろう、と主張することによって、説明しようと試みられている。しかし、われわれの諸能力が現在と同じ能力にとどまる限り、そのようなことがけっして起こり得ないことが、明瞭である。われわれが、いつでも、存在すると以前に考えたものの非存在を考えるということが、依然として可能であろうし、われわれが二の二倍が四であると常に考える必然性があるのと

同様の仕方では、精神が或る対象を常に存在し続けると想定する必然性は、けっしてあり得ない。それゆえ、「必然的存在」という語は、意味をもっていないか、それと同じことであるが、無矛盾な意味をもっていないか、のいずれかである。(5)」

(1) 『人間本性論概要』一七～八頁。また『人間本性論』一二一頁を見よ。同様の表現は、デカルト『省察』、「第二の反論への答弁」の「幾何学的に配列された……諸根拠」公理Xにも見られる。
(2) 『純粋理性批判』A五九八～九。
(3) 同書、A五九九～六〇〇。
(4) 『人間知性探究』第十二節第三部(『ヒューム哲学的著作集』第四巻、一三四頁)。
(5) 『自然宗教についての対話』第九部(『ヒューム哲学的著作集』第二巻、四三二頁)。

二

「存在」の観念を論じた一・二・六の第二～四段落の議論は、きわめて曖昧である。しかし、ヒュームは、外的存在者にも内的存在者にも当てはまる「存在［一般］」の観念と「外的存在」の観念とを区別しており、「外的存在」については、八六～七頁において論じているのであるから、八四～五頁においては「存在一般」の観念、特に「内的存在」の観念について論じていることは、間違いない。そして「存在」一般の観念については、ロックの議論がすぐ頭に浮かぶ。すなわち、

「存在(existence)と単一性(unity)とは、すべての外なる対象とすべての内なる観念によって知性に示唆される、もう二つの観念である。観念がわれわれの精神のうちにあるとき、われわれは観念を、われわれが事物を実際にわれわれの外にあると見なすのと同様に、実際にわれわれの精神のうちにあると見なす。すなわち、われわれは、観念が存在する、あるいは存在をもつ、と考えるのである。(1)」(傍点部分は原文のイタリック体)

ヒュームもロックと同じ主題を考えていたと思われるので、以下に、適当に語句を補って、第二～四段落(八四～五頁)のテキストの一つの可能な解釈を示すことにする。

「われわれが意識あるいは記憶しているいかなる種類の印象であれ観念であれ、［われわれがそれを意識あるいは想起しているときに］存在していると考えられていないものはない。そして、明らかに、この意識［あるいは記憶］から、有ること（存在）のもっとも完全な［すなわち他のいかなる場合にも劣らない］観念と確信が生じるのである。このことから、想像できるもっとも明瞭で決定的な一つのディレンマを作ることができる。すなわち、われわれは、いかなる観念であれ印象であれ、それに［知覚としての］存在を帰さずにはけっしてそれを［意識あるいは］想起しないのであるから、存在の観念は、すべての知覚すなわち思考対象に結びついている一つの別個な印象から生じるか、あるいは、知覚すなわち［思考］対象の観念そのものと同一物であるかの、いずれかでなければならない。

　このディレンマが、すべての観念はそれに類似する印象から生じるという原理から明瞭に帰結するように、このディレンマの両命題（角《つの》）のどちらを選択すべきかの決定も、迷う余地のない問題である。［われわれが意識あるいは想起している］すべての印象とすべての観念に伴うような別個な印象が存在するどころか、私は、分離不可能な仕方で結合しているようないかなる二つの別個な観念もない、と考える。或る種の感覚が、或るときにはたがいに結合していても、それらが、分離を許し、別々に現前させられ得ることは、すぐに知られる。それゆえ、［意識あるいは］想起されるすべての印象および観念は、［われわれがそれを意識あるいは想起しているときには］存在していると見なされているが、存在の観念は、何か特定の（別個な）印象から生じるのではないのである。

　してみると、存在の観念は、存在しているとわれわれが思念する（思いうかべる）もの（対象）の観念と、まさに同一物であることになる。或るものを単に考察することと、それを存在しているものとして考察することとは、何ら異ならない。存在の観念は、或る対象の観念に結びつけられても、対象の観念に、何もつけ加えないのである。何をわれわれが思念し（思いうかべ）ようとも、われわれはそれを、存在していると思念する。われわれが任意にいだくどの観念も、一つの有るものの観念であり、一つの有るものの観念とは、われわれが任意にいだく観念なのである。」

以上のテキストに対応して、一・三・七、第二段落（一一六頁）において、「原因または結果からの推論が、すべて、事実に関する、すなわち、対象またはそれの性質の存在に関する、結論に終わることは、明らかである。存在の観念が任意の対象の観念と何ら異ならないこと、そして、われわれが、或るものの単なる思念の後で、次にそれを存在するものとして思念しようとするとき、われわれが実際には最初の観念に何の付加も変更も行なっていないことも、また明らかである。たとえば、神が存在するとわれわれが主張するとき、われわれは単に、神がそのようにあるとわれわれに表象されるような、そのような存在者の観念をいだくだけであって、われわれが神に帰する存在は、神の他の諸性質の観念につけ加えられまたふたたびそれから分離され区別され得るような、そういう特定の観念によって、思念されるのではない」と述べられている。

（1）『人間知性論』二・七・七。

三 次にヒュームは、「存在一般」についてと同様の議論が「外的存在」の観念にも当てはまる、と言うのであるから、「［外的存在の観念は、外的に存在するとわれわれが思念するもの（外的対象）の観念と、まさに同じものである］」（八六頁）。より正確に言えば、「外的存在の観念は、外的対象の観念に結びつけられても、外的対象の観念に、何もつけ加えない」ということになる。ヒュームは、その理由として、「精神には、その知覚、すなわち印象と観念、以外の何ものも、けっして真に現前しない」ということ、「外的対象がわれわれに知られるのも、それらが［われわれのうちに］引き起こすところの知覚によってのみである」ということ、したがって、「われわれには、観念や印象と種的に（種類が）異なるようなものは、［外的対象として］思いうかべること、観念をいだくことさえ、不可能である」ということを、述べる（八六頁）。

「外的対象がわれわれに知られるの［は］、それらが［われわれのうちに］引き起こすところの知覚によってのみである」ということは、外的対象は、それがわれわれに引き起こす諸知覚の原因であると考えられるということを、示している。しかし、「われわれには、［諸知覚］と種的に異なるようなものは、［外的対象として］思いうかべることができない」ということは、諸知覚の原因である外的対象自体が、諸知覚と同種の性質をもつものと考えられるということを、示している。これらのことは、「われわれの知覚と種類が異なると想定された外的対象の思念を目指してわれわれにできることは、せいぜい、外的対象の関係的な観念（単に、知覚の原因である何か或るものという、相対的な観念）を、その関係（知覚の原因であること）に置かれる対象自体を把握しているとは主張せずに、形成することである」が、「一般的に言えば、われわれは、外的対象を、知覚と種類が異なるとは考えていない。ただ、外的対象に、知覚とは異なる関係と結合と持続とを帰しているだけなのである」という論述（八六頁）に、表われている。

四　ヒュームは、知覚される感覚的諸性質と区別され、それらを支持する基体と見なされた、物質的実体の観念を、経験の対象ではないという理由で認めない（一・四・三、二五一〜四頁）ので、外的対象（物体）は、感覚能力によって知られる物体的諸性質（第一次性質と第二次性質）の集まりにほかならないことになる（二八頁、二五二頁）。そのような外的対象がわれわれに知覚（物体的性質の印象）を引き起こすとは、いかなる事態が考えられているのか。ヒュームは彼の最終的意見で、知覚とは別種の存在者と考えられた対象が知覚を生み出す原因であるという考えを、はっきりと否定する。その理由は、それらの間に因果関係が認められる二種類の対象は、過去においてたがいに恒常的に随伴した（たがいに、時間的に継起し、空間的あるい時間的に隣接した）ことが経験されていなければならないが、知覚とは別種のものとして区別された対象は、経験の対象でなく、したがって、そのような対象と知覚との間には、恒常的随伴が経験できず、それゆえ因果関係が考えられない、ということにある（二四四頁）。しかし、ヒュームは、同じく彼の最終的意見として、「対象の間の恒常的随伴が原因と結果の本質そのものであるから、われわれが因果関係について何らかの観念をもつと言える限りにおいて、物質と運動は、しばしば思惟の原因と見なされることができる」と述べている（二八四頁、また、二八一～二頁参照）。

これらの見かけの矛盾を解消するためには、後者の主張における物質的存在者である物体を、ヒュームが主張する通りに、第一次性質と第二次性質とを含む感覚的諸性質［の出現］の集まり、あるいは、それらの諸性質を見せているもの（対象）、と理解するほかない。諸性質［の現実的および可能的出現］の集まり、または、それらの諸性質を見せているもの（対象）と、われわれによる［そのものの］知覚の間には、恒常的随伴が経験される可能性があるからである。

ところで、ヒュームにとって、物体は、空間のうちに場所をもつものであり、場所をもち得る性質は、視覚によって知覚される色［および明るさ（光）］と触覚によって知覚される「可触性」（触感）のみである（二六八～七一頁）。したがって、物体とは、何らかの色を示すか、可触性を示すもの（対象）である。しかし、第三章第三節で見たように、ヒュームの最終的意見によれば、物体とは、何らかの色を示すか、可触性（触感）を示すもの（対象）であるばかりでなく、それと同時に、触覚あるいは視覚によって知られる固体性（不可入性）および運動または静止のどれかを示すものでもある。固体性も運動または静止も、色または触感のいずれかを伴ってのみ経験される性質であるので、空間のうちに場所をもつ性質であるからである。

色あるいは触感を示す物体という観念は、それだけで理解できる、完全な対象の観念である。もちろん、知覚されている色の広がりあるいは触感の広がり自体は、一つの個別的なもの（感覚的性質の出現としての知覚対象）であるが、物体ではない。しかし、物体を、これらの知覚対象と、知覚されていない他の感覚的知覚対象（物体的性質の出現）との集合体と見なす（二七～八頁）ならば、色あるいは触感を知覚する際に、或る物体が知覚されていると見なし得る。ヒュームは、我々がそれについていかなる観念をもいだくことができないような対象が存在する、と信じるような理由があるということは、否定した（二〇二頁）が、対象の存在を知るために、対象についての完全な知識が必要であるとは考えず、その対象のいくつかの性質が存在することを知れば、十分であるとした（二〇三頁）。

このようにして、色あるいは触感を示す物体が、固体性や運動または静止をも示すということが可能である。そして、このような物体が、我々の身体と相互作用して、その対象の特定の知覚の原因となるということが、明瞭に考え得る。色と触感のいずれかと、固体性と運動または静止のいずれかとを示す物体と、その物体の最初には知覚されていなかった性質の知覚との間に、恒常的随伴を経験するということが、原理上可能であるからである。以上のように考えることによって、「外的対象がわれわれに知られるのは、それらが［われわれのうちに］引き起こすところの知覚によってのみである」（八六頁）というヒュームの主張が、ヒュームが最終的に採る常識的信念の表明として、無理なく理解できるのである。

五　外的対象は、普通人の常識によれば、精神によるそれの知覚が中断しても、連続して存在する［ことができる］対象であり、また、精神およびそれの知覚作用から別個な対象、すなわち、精神およびそれの知覚作用に対して外的でかつ独立した対象である、と考えられている（二一九頁）。外的対象が「知覚とは異なる関係と結合と持続とを［もつ］」（八六頁）というのは、外的対象が、このように、我々の知覚から独立して存在するので、我々の知覚相互の間の関係と結合や知覚の持続から独立な、外的対象相互の間の因果関係や持続をもつ、という意味である。しかし、外的対象自体が、我々の知覚と種類が異なるようなものとしては思念することができないのであるから、外的対象が「知覚とは異なる関係と結合と持続とを［もつ］」と言っても、それは、知覚を通して思念された外的対象の間の「関係と結合と持続」でなければならない。ヒュームは、外的対象の存在についての常識的信念の不可避性を認めており（一・四・二、特に、二一八〜九頁、二四六〜七頁、二五一頁）、常識的信念は、外的対象に、感覚的諸性質（第二次性質）とともに固体性（不可入性）ないし延長と運動または静止という第一次性質が属するものとする（二二四頁）。それゆえ、色あるいは触感を示す物体という観念は、それだけで理解できる、完全な対象の観念である。物体を、知覚されている色あるいは触感の広がりと、知覚されていない他の物体的諸性質との集合体と見なすならば、色あるいは触感を知覚する際に、或る物体が知覚されていると見なし得る。実際ヒュームは、「われわれがもつ物体の観念は、対象を構成したがいに恒常的に結合しているのが見出されるいくつかの異なる感覚的性質の諸観念の、精神によって形成された集合にほかならない」と言い（二五二頁）、さらに、物体を構成する諸性質には、第一次性質も含まれることを、明言している（二二四頁）。ヒュームの最終的意見として、物体とは、何らかの色か可触性（触感）を示すばかりではなく、それと同時に触覚または視覚によって知られる固体性（不可入性）および運動または静止のどれかを示す対象である（第三章第三節）。そして、このような物体が、我々の身体と相互作用をして、その物体の特定の知覚の原因となるということが、明瞭に考え得る。色と触感のいずれかと、固体性と運動または静止のいずれかとを示す物体と、その物体の最初には知覚されていなかった性質との間に、恒常的随伴を経験するということが、原理上可能であるからである。

第八章　因果論

1　因果性の知覚

一　ヒュームは、因果性（因果関係）についても、その観念の起源を追求する。因果性の観念は、感覚能力、理性、想像力のいずれを起源とするのか。因果関係は、原因と結果との時間的あるいは空間的隣接、原因の結果に対する時間上の先行、さらに原因と結果との必然的結合を含意しているように思われる。ところが、因果関係、特にその本質を成すと考えられる、原因と結果との必然的結合は、外的に（感覚によって）も内的に（知覚に対する反省によって）も知覚されず、またそれは理性の対象である論理的に必然的な結合でもない。我々に与えられるのは、原因と結果と見なされる二種類の事象が過去の事例において常に隣接し継起したという、恒常的随伴の経験のみである。必然的結合は経験されず、普遍的随伴の論理的保証はない。ただ、恒常的随伴の経験が、我々のうちに、一方の事象の現前によって他方の事象の生き生きした観念を形成するという、観念連合の習慣を形成し、この観念連合に伴う強制感が、対象に投影されて、因果的結合の必然性の観念が生じる。以上のようなヒュームの結論は、あまりにも有名である。

二　ヒュームは、因果性が、外的にも内的にも知覚されないという。因果性が、原因と見なされる対象と結果と見なされる対象の間に知覚できないのは、因果性の本質を成す「必然的結合」の関係が、論理的に必然的な結合と、実在において異なる必然性であると見なされるが、ヒュームにとっては論理的結合の必然性以外の必然性は「知的に理解できず」（unintelligible、一九九頁）、理解できないものは知覚されようがないからである。実際、ヒュームが、論理的必然性と区別された［因果的な］「必然的結合」の必然性が知覚されないとする理由は、原因と見なされる対象と結果と見なされる対象との間には論理的に必然的な結合が知覚されない、というものである。原因と結果と見なされる二つの対象は、少なくとも時間的に継起する別個な存在者であると見なせる。しかるに、「異なる対象は、すべて区別でき、区別できる対象は、すべて思惟と想像の能力によって分離できる」（三〇頁）。したがって、たがいに異なる二つの対象の存在は、たがいに論理的に独立である。「われわれが現在の印象から或る対象の観念に移るとき、その観念をその印象から切り離し、それの代りに任意の他の観念を置き換えることが、できたであろうからである」（一〇八頁）。それゆえ、原因と結果と見なされる二つの対象の存在はたがいに論理的に独立であることになる。それにもかかわらず、われわれは、原因と結果と見なされる二つの対象の間には「必然的結合」が存在する、と考える。ところが、「人間の精神は、二つの対象の間の［必然的］結合を思いうかべるように、あるいは、それらを結合している力能また効力を判明に把握するように、二つの対象についての観念を形成することはできない、ということほど明白なことはない。このような結合は、一つの論証であることになり、一方の対象が他方の対象に後続しないこと、あるいは後続しないと考えられることが、絶対に不可能であるということを、含意するであろう。このような種類の結合は、すでにあらゆる場合において否定された」と言われる（一九一頁）。ここでは、明らかに、ヒュームがいったん区別したはずの［因果的な］「必然的結合」と論理的に必然的な関係とが、混同されている。以下に、ヒュームの議論をより詳しくたどる。

ヒュームは、まず、対象の個々の性質の感覚からは、因果性の印象を得ることができない、と言う。すべての対象（事象）は、内的なものであれ外的なものであれ、何らかの対象の原因あるいは結果となり得るが、すべての対象に普遍的に属するような性質は存在しないからである（九五頁）。次に、対象の間の関係の知覚からも、因果性の印象は得られない、と言う。因果関係にある二つの対象の間には、時間あるいは空間における隣接の関係と、原因と見なされる対象の、結果と見なされる対象に対する、時間上の先行の関係（両対象の継起の関係）とが見出される（九五～六頁）が、これら隣接と継起の関係だけでは、因果関係の成立に十分ではなく、因果関係には、原因と結果と見なされる対象の間の必然的結合が必要である（九七頁）。しかし、この必然的結合は、対象の性質のうちにも、対象の関係のうちにも、知覚されない（九八頁）。「私は、……私の目を、この［原因と結果の］関係に置かれていると仮定される二つの対象に向け、それらの対象を、それらが受け容れることができるあらゆる状況において、吟味する。私は、直ちに、それらの対象が時間と場所においてたがいに隣接していること、また、われわれが原因と呼ぶ対象がわれわれが結果と呼ぶ対象に先行していること、を見て取る。一つの事例においては、私はこれ以上進むことができず、また、私がこれらの対象の間に何か［必然的結合のような］第三の関係を見出すことも、不可能である」（一八三頁）。

以上のヒュームの議論に、因果性が外的対象において知覚されないというヒュームの主張が含まれている。ヒュームは、内的対象においても因果性が知覚できない、と主張する（一八九～九〇頁）。普通には、我々の意志は我々の身体の運動と精神の活動とを支配しており、我々は意志のこの力（結果との必然的結合）を意識している、と考えられている。しかし、意志の作用と身体の運動との間には、前者が起これば必ず後者が生じるというような「知覚できる［必然的］結合」は観察されない。また、精神の作用に対する意志の支配についても、原因と見なされる意志の作用と結果と見なされる精神の作用とは「区別でき分離できる」事象であるので、意志の作用の知覚だけからは、意志された精神の作用が必ず生じるとは、絶対に確実には予測できない。「われわれの内的知覚の間の結合原理は、外的対象の間の結合原理と同様に、知的に理解できず、［恒常的随伴の］経験によって知るほかには、知りようがないのである」（一九九頁）。

三　心理学者のミショットは、或る視覚的刺激対象を一定の条件のもとで提示することにより、被験者に或る種の「因果的印象」がまざまざと生じることを、実験によって確かめた。(1) ミショットは二つの典型実験を行なった。いずれの実験においても、被験者の前に衝立を置く。衝立には横方向に細長い隙間が開いており、この隙間の中央に赤色の正方形（対象B）があり、赤色正方形の左に少し離れて黒色の正方形（対象A）がある。実験一においては、対象Aが或る瞬間に右方向に動き始め、隙間の中を等速度で対象Bの方に移動し、Bに接触すると停止する。それと同時にBはAと等しい速さで右方向に動き始め、一定の距離を進んだのちに停止する。実験二においては、初めの部分は実験一のそれと同様であるが、AとBは接触後、接触したままAの最初の速さと等しい速さで右方向に移動し、一定の距離を進んだのち停止する。被験者のほとんどが、実験一では「AがBを打ち飛ばした」という印象を報告し、実験二では「AがBを押しやった、AがBを引き連れていった」という印象を報告した。ミショットは、これら二つの典型実験を、それぞれ「打ち飛ばし効果」（the Launching Effect）および「引き連れ効果」（the Entraining Effect）と名づけた。「打ち飛ばす」も「引き連れる」も或る因果作用を記述する語であり、ミショットは、両方の実験において被験者は運動の産出という因果作用を「知覚した」あるいは「直接体験した」と考えた。私も、ミショットの実験をレコードプレーヤーの円盤の回転を利用して再現し、私自身だけでなく約十名の被験者のほとんどから、ミショットが記述した通りの実験結果を得ることができた。

ミショットの実験は、日常経験できる二物体の衝突の結果をアニメーションで再現したものであるが、我々が個別的な因果作用すなわち因果連関を直接知覚できることを示している。個別的な因果連関を知覚できるのは、大人だけではない。生まれたばかりの幼児でさえ、自分が行なう行為とそれに対する褒賞との間の因果的「依存関係」（contingency）を発見することができる。「［サークルベッドに寝かされているが目が覚めている］赤ん坊が、楽音を聴いたときに頭を右に向ければ、甘い溶液を口に入れてもらった。赤ん坊は、ブザーがなったときは、甘い溶液をもらうためには頭を左に向けなければならなかった。このような新生児たちが完全な識別の状態に達するためには、ほんの数回の試行で十分であった。楽音が鳴れば常に彼らは右を向き、ブザーが鳴れば常に彼らは左を向いた。しかも、彼らは、何の混乱もなくそうした。しかし実は、新生児は、それ以上のことができるのである。別のグループの赤ん坊たちが、楽音に或る反応を、ブザーには別の反応をして、［先の赤ん坊たちと］同じような識別をいったん学習した。その後で、状況が逆にされ、先には楽音に適切であった反応が今度はブザーに適切であり、逆に、先にはブザーに適切であった反応が今度は楽音に適切であるようにされた。言い換えれば、赤ん坊たちは、第二の課題を学習するためには、［すでに学習した］第一の課題を忘れてしまう必要があった。生まれてから数時間しかたっていない赤ん坊たちが、この課題全体を、約十回の試行ののち、為し遂げることができた。(2)」バウアーが紹介している新生児の学習は、典型的な操作的条件づけ（operant conditioning）の例であり、新生児自身の行為とそれの褒賞との間の依存関係は、種々の条件に加えて実験者の意図が介入する複雑な依存関係であるが、これらの条件と実験者の意図とが同じである限り必ず成り立つ一つの因果関係であることに変わりはない。

（1） ミショット『因果性の知覚』。ミショットの実験のより詳しい紹介と、その実験結果の哲学的解釈の試みについては、拙論「ヒュームの哲学（一）――その因果論――」を見よ。

（2） バウアー『幼児の発達入門』一六～七頁、および四二～四頁。乳児は、生後三週間（正確に言えば妊娠後四十三週間）で、外界からの刺激、特に女性の声に対して、ほほえむようになり、生後六週間（妊娠後四十六週間）で、人間の顔に対してほほえむようになる（同書、三六～八頁）。生後六ないし八週間（妊娠後四十六ないし四十八週間）の乳児は、自分の行動（頭を左または右方向へ向き変えること、脚を蹴り上げること、紐を引っ張ることなど）とそれに対する褒賞との因果的依存関係に感づくと、その行動を頻繁に反復して褒賞が得られるかどうかを確かめ、依存関係を確認するとにっこりと笑い喜びの声を立てるが、それ以後はその行動をやめてしまう。このことによって、乳児がその依存関係に気づいたことが、はっきりと知られる（同書、四二～四頁）。

四

ミショットの主張によれば、玉突きのゲームなどにおいて、水平面を転がって運動する球Aが、静止している球Bに衝突し、Bを打ち飛ばすような場合、我々は、ただ一度の観察において、「運動するAの衝突がBの運動を生んだ」という因果作用が知覚される。しかし、AがBに衝突するまえに、衝突の結果であるBの運動を知覚することは、もちろんあり得ない。すなわち、個別的因果連関の判断は因果作用の事後の判断である。次に、「Aの衝突がBの運動を生んだ」というこの知覚に基づいて、「次の機会にも運動するAの衝突は静止しているB

の運動を生む」と論理的に推理することができるであろうか。そのようなことは、もちろんできない。この問こそ、ヒュームが原因と結果との必然的結合の知覚を否定した際の問であった。「一つの事例において或る対象が他の対象を産出することは或る力［の存在］を含意し、この力はその結果と結合していると、仮に認めたとしよう。しかし、力が原因の感覚的性質に存しないことはすでに証明されており、われわれには感覚的性質以外の何も現前しないのであるから、なぜ、他の事例において、ただこれらの感覚的性質が現われたということだけに基づいて、やはり同じ力が存在すると決めてかかるのか、と私は問う。過去の経験に訴えても、今の場合何も決まらない。せいぜい、他の対象を生み出したその対象が、ちょうどそのときはそのような力を備えていたことを、証明できるだけである。同じ力が、同じ対象、すなわち同じ感覚的性質の集合に、必ず存在し続けるということ、ましてや、似た力が似た感覚的性質［の集合］に常に伴うということを証明することは、けっしてできないのである」（一一三頁）。ヒュームが因果性の知覚可能性を否定した理由の一つは、原因と結果の結合の法則的必然性が知覚されないということであった。このことは、我々も認めざるを得ない。しかし、我々は、我々が知覚によって外的事象の間の多くの個別的因果連関の判定に結局は成功しているという事実に、注目しなければならない。「因果性（因果関係）が知覚されるか」という問題は、より正確に表現すれば、「因果連関の成立を十分正当に判定するための手がかりが知覚において与えられているか」という問題である。玉突きの二つの球が運動伝達を行なうとき、「運動伝達の物理法則が知覚されるか」と問われれば、答えは「否」である。物理法則は、特定の時刻や特定の場所には言及しない全称条件命題で表現され、このような全称命題で表現されるような事態が個々の事例において知覚されることはあり得ないから、そのような問いにはあまり意味がない。真に意味のある問いは、「運動伝達について判断するための知覚的手がかりがあるか」という問いであり、答えは「然り」であろう。そこで、「AがBを打ち飛ばした」という個別的因果連関が知覚されているとすると、「AはBを打ち飛ばした」というような個別的因果判断は、「条件Cのもとでは、必ず（例外なく常に）、Aの運動と衝突は、Bの運動を生む」というような、因果法則を表わす普遍的な命題とは異なり、またそのような命題を含意しもしない、ということが帰結する。この帰結は、「A_1はB_1の原因であった」という個別的な因果判断は、「条件Cのもとでは、常に、AはBに先行し、かつ、AはBの必要かつ十分な条件である」というような法則（このような荒っぽい仕方で普遍的自然法則を表現することが許されるとしての話であるが）を直接含意しているのではなく、「何かしらこのような普遍的法則が存在する」ということだけを含意しているのである、というデイヴィッドソンの主張(1)と、整合的である。より正確に述べると、「A_1がB_1の原因であった」あるいは「A_1がB_1を引き起こした」という個別的因果判断は、「A_1に隣接しかつ継起してB_1が生じた。［個別的事象］A_1およびB_1について何らかの［しかるべき］記述AおよびB、また、何らかの［しかるべき］条件C、が存在し、すべての事象AとBについて、条件Cのもとでは常に、AがBに先行し、AがBの必要かつ十分な条件である」という判断である、と考えられる。

（1）　デイヴィッドソン「因果関係」、『行為と出来事についての論集』一五八～六〇頁。

五　しかし、問題は、これですべて解決したわけではない。我々が、「AがBを打ち飛ばした」というような個別的因果連関を知覚できるとしても、個別的因果連関の知覚の手がかり（知覚情報）は、Aの運動と衝突がBの運動に、時間的空間的に隣接し、時間的に先行した、ということに尽きる。しかし、ヒュームの言うように、隣接と継起だけでは、因果連関の成立のために十分ではない。隣接と継起だけに基づいて、なぜ因果連関の存在を判断できるのか。

　まず、ヒュームが主張したように、二つの対象（事象）の間の因果関係についての判断のためには、それぞれと同種の二種類の対象（事象）の間の、過去における恒常的随伴の経験が、必要であるとも考えられるであろう。実際、ミショットの打ち飛ばし効果と引き連れ効果（「印象」）の基礎には、被験者の、これまでの日常生活における、二物体の衝突の結果の経験があるとも考えられる。また、バウアーの新生児の場合には、新生児が彼の行為と褒賞との間の因果的「依存関係」を発見するには、少なくとも「数回の試行」（a few trials）が必要であったし、「依存関係」を逆にされた場合には、新しい課題を成し遂げることができるようになるまでには、「約十回の試行」が必要であった。しかし、数回の試行ではもちろん、約十回の試行でも、二種類の事象の「恒常的な随伴とは言えないであろう。また、我々は、ミショットの実験結果に見られるような因果判断を得るために十分なほど「恒常的に」、二種類の物体の同様な衝突の経験を実際にしたと言えるであろうか。なるほど、我々は、二種類の物体の単なる衝突は、数え切れないほど経験してきたと言えるかもしれない。しかし、経験された二種類の物体の衝突の結果は、ヒュームも認めるであろうように（一三七頁を見よ）、さまざまであったはずである。ミショットの実験結果と同様な衝突の経験は、我々自身の身体部分の運動と衝突によって他の物体が動き出したような場合を含めなければ、実際はそれほどしばしばあったとは思えない。

実際、すぐ後で詳しく見るように、ヒュームは、二種類の事象AとBとの［或る条件Cのもとでの］恒常的随伴の経験が「［条件Cのもとでは］AがBの原因である」という判断を生み出す、と主張しはしたが、この判断には「原因」の観念が含まれており、「原因」の観念には「［結果との］必然的結合」の観念が含まれている、と最初は考えた。しかし、二種類の事象の恒常的随伴とは、それぞれの種類の二つの個別的事象の随伴の、たがいにまったく独立な、多くの事例にほかならない。そして、一つの個別的随伴からは学べない「必然的結合」は、たがいにまったく独立な個別的随伴の集積からは学ぶことができない、と言われる。したがって、恒常的随伴から知られるように最初は考えられた「必然的結合」は、「真の結合」ではなくて、恒常的随伴の経験が生み出す、二種類の事象の観念の間の観念連合に伴う内的な強制感であり、「必然的結合」とは、実は「虚構」であり錯覚である、と主張される。それゆえ、恒常的随伴の経験からは、「必然的結合」を含意するような「因果性」（因果関係）あるいは「原因性」の観念は、得られないということになる。しかし、ミショットの実験結果やバウワーの観察は、いやそれどころか我々の日常経験は、我々が個別的因果判断を絶えず行ない、したがって、我々が「因果性」の観念をもっていることを、疑問の余地なく示しているのである。それゆえ、我々が、時間的あるいは空間的隣接と時間的継起の関係にある二つの個別的事象A_1とB_1の知覚に際して「A_1がB_1を引き起こした」という個別的因果判断を行なう場合、ごく大まかに言えば、我々は、「A_1に隣接しかつ継起してB_1が生じた。A_1およびB_1とそれぞれ同種のすべての事象AとBについて、条件Cのもとでは常に、AがBに先行し、AがBの必要かつ十分な条件となるような、そのような何らかの条件Cが存在する」と判断しているのである、と考えられる。この判断に含まれる「条件Cのもとでは、AがBに先行し、かつ、AがBの必要かつ十分な条件である」という命題（より正確に言えばシェーマすなわち代用命題）は、「条件Cのもとでは、AはBの原因である」という命題にほかならない。したがって、個別的因果判断には、「因果性」の観念が含まれており、「因果性」の観念が含意する、原因と結果の間の「必然的結合」の観念は、例外を認めない普遍命題のシェーマとして現われている。

以上のような事実から、我々は、我々が観察する二事象の諸継起、特に、隣接しかつ継起する二事象の系列を、そもそも我々の誕生直後から、少なくとも、何らかの因果関係にあるかもしれないものと見なしているのであり、あるいはひょっとすれば、何らかの因果関係にあるものと見なしているのである、ということが考えられる。すなわち、我々は、「因果性」の観念を、「何らかの同じ条件のもとでは、同じ種類の事象は常に同じ種類の結果を生み出す」という「自然の斉一性」の仮説、あるいは、これに近い「すべての［同種の］出来事には何らかの［同種の］原因がある」という「因果律」の仮説の形で、生得的にもっており、これらの仮説のもとに個別的事象の継起を知覚するがゆえに、個別的因果判断を行なうのであり、好条件のもとでは、正しい個別的因果判断すなわち個別的因果連関の知覚に成功するのである。「自然の斉一性」と「因果律」は、カントが「因果律」について主張したように必然的に経験的世界に妥当する生得原理としてではなく、また、捨てることのできない生得的な信念としてでもなく、ただ、経験によって決定的に反証されることがあるまでは発見的指針として保持される生得的仮説として、生得的なのである。

ただし、このような因果連関の知覚すなわち一つの認識形態を認めることは、認識すなわち知識についての典型的な考えを修正することを含意する。「知識」の典型的な「定義」によれば、「或る生物aが或ることpを知っている」ということの必要かつ十分な条件は、「（一）pということが真実であり、（二）aがpということを信じており、かつ（三）aはpということを正当な根拠に基づいて信じている、すなわち、aはpという信念を正当化することができる」ということである。しかし、因果連関の知覚においては、知覚者が事実において因果連関あるいは「何かしら因果連関が存在すること」を知覚するのに十分な知覚的手がかり（情報）を得ておれば、知覚者自身が、その知覚的手がかりが何であるかを知ることも、その知覚判断を正当化することができることも、必要ではない。それゆえ、上の第三の条件は、（四）「aはpということを信じるための十分な手がかりを与えられている」と置き換えられなければならない。「知識」のこの修正された定義は、人間の大人の自覚的な知識だけでなく、人間の大人の意識下の認識や人間の子供およびその他の生物の認識を含む、自然主義的な意味での認識に、当てはまるであろう。しかし、我々は結論を急ぎ過ぎた。ヒュームの議論をたどることに戻ろう。

2　因果推理

六　因果性（因果関係）の知覚を否定したヒュームは、次に、因果関係は狭義の理性の対象である純論理的な関係でない、と論じる。まず、「すべての出来事には原因がある」という因果律が純論理的な分析命題でないことを、次に、個別的な因果推理が論理的推理でないことを、主張する。後の主張は、自然の斉一性の原理の吟味を介して、個々の普遍的因果法則が純論理的な法則でないことの主張となる。以上の、因果関係が論理的関係でないという議論の梃子となるのが、「異なる対象は、すべて区別でき、区別できる対象は、すべて思惟と想像の能力によって分離できる」（三〇頁）という分離の原理、すなわち形而上学的原子論の原理であった。

「すべての出来事には原因がある」という因果律を、ヒュームは「存在し始めるものは何であれ、存在の原因をもたなければならない」と定式化する（九九頁）。しかし、この因果律は論証され得ない。彼の原子論によれば、「すべての別個な観念はたがいに分離でき［る］」（一〇〇頁）。ところが、「原因と結果の観念は明らかに別個なものであるから、われわれが、［結果に相当する］或る対象をこの瞬間には存在せず次の瞬間には存在する（存在し始める）と思念し、その際その対象に、［その対象の観念とは］別個な、原因すなわち産出原理の観念を、［その対象の原因の観念として］結びつけないということが、容易にできるであろう」（同所）。存在の始まりを原因から分離して考え得ることは、この分離が矛盾を含まないことを示す。このことは、因果律の否定が矛盾を含まないこと、それゆえ、因果律が理性によって直観も論証もされ得ないことを示す。

ヒュームは、因果律の妥当性を疑っているのではない。彼は、偶然や奇跡の存在を認めず、意志の自由を否定する。彼は、ただ、因果律が純論理的な分析命題ではなく、経験に基づく蓋然的な総合命題であることを、強調しているのである。ヒュームは、我々が因果律の意見を直観または論証という「知識」から導出できないのであるから、因果律の意見（信念）は、「必ずや観察と経験から生じるのでなければならない」と主張する（一〇三頁）。しかし、ヒュームは、「経験がいかにしてこのような原理を生み出すのか」という問題を直接考察することをせず、［経験に基づいて］「なぜ」我々が個別的な因果推理を行なうのかという、個別的因果推理の問題の考察に移る。彼は、両方の問題の答えが同じであることが「最後に」分かるであろう、と予告している（同所）が、そのような結果は、どこにも明示的には示されていない。ただ、のちに、「原因」について二通りの定義を与え、「原因」を、結果に相当する或る現前する対象と過去において恒常的に随伴していた対象、あるいは、結果に相当する或る現前する対象に対して観念連合が成立している対象、と定義した際に、これらの定義を認めれば、「すべての存在の始まりがこのような対象（原因）によって伴われていなければならないという、何らの絶対的な必然性も形而上学的な必然性もない、ということを、容易に考えることができる」と述べている（二〇二頁）。「原因」の第二の定義は、或る対象に対する［因果的］観念連合に基づいているが、因果的観念連合とは、過去における恒常的随伴の経験に基づいた観念連合にほかならない（一一五頁）。それゆえ、この箇所の論述から、

「原因」の観念は過去における恒常的随伴の経験から得られるのであるから、「原因」の観念を含む因果律の信念も経験から得られるのであり、因果律は論理的に必然的な命題ではない、という考えが認められる。しかし、ここでも、「経験がいかにしてこのような原理［(因果律)］［の信念］を生み出すのか」という問題に対する答えを直接示唆してはいない。この問題については、のちに（第十二節）再考する機会があるであろう。

七　次に、ヒュームは、個々の因果推理は、理性による純論理的な推理ではない、と論じる。ヒュームは、「事実」(matter of fact) すなわち「対象またはそれの性質の存在［の始まり］」（一一六頁）に関する推理は、すべて因果関係に基づく因果推理である、と主張する（一二五頁）。「事実」とは、出来事すなわち事象のことであり、何らかの新たな対象の出現（存在の始まり）や、すでに存在する対象における新たな性質、作用、運動などの出現であるので、「［感覚または記憶に現前していない、すなわち経験されていない］事実」に関する推理はすべて因果関係に基づく因果推理である、という主張は、実質的に、すでに因果論の最初に述べられている（九四頁（二度）、一一一頁）。また、逆に、因果関係からの因果推理は、すべて事実に関する推理である、と主張される（一一六頁）。

さて、玉突きのゲームのような場合に、或る球が他の静止した球に向かって接近するのを見れば、我々は結果を待たずに、衝突ののち第二の球が運動し始めるであろうと推理する。しかし、この推理は、純論理的な推理ではない。純論理的な推理であれば、その否定が矛盾を含み、第二の球の運動以外の結果は、考えることが不可能なはずである。しかし、第二球の運動は第一球の運動と衝突とは、別個な対象であるから、分離の原理によって、想像力によって分離でき、第一球の運動と衝突という原因から、第二球の運動とは異なる結果が生じると、矛盾なく考えることができる（一〇八頁）。「われわれが、これらの対象自体を考察し、けっして対象の観念を超えたところに目を向けなければ、他の対象の存在を含意するような対象は、何一つ存在しないのである」（同所）。

「対象の観念を超えたところに目を向ける」とは、「経験にはか［る］」ことである（二〇三頁）。事実に関する推理はすべて因果関係に基づく因果推理であり、因果推理はすべて経験に基づくのである（一〇八～九頁）。経験とは、二種類の対象（事象）の過去における「恒常的随伴」の経験である。火は常に熱を伴ったとか（一〇九頁）、玉突きのゲームのような場合に一つの球の他の球に向かっての運動と衝突に常に他方の球の運動が継起したという、過去の観察である。「恒常的随伴」とは、詳しく言えば、時間的あるいは空間的隣接と時間的継起の二つの関係に立つ二種類の事象の系列の、過去における反復である。恒常的随伴の経験さえあれば、「それ以上の手続きを何ら要さずに」因果推理が行なわれる（同所）。しかし、因果推理の条件として見出された恒常的随伴も、因果推理の論理的基礎とはなり得ない。なぜなら、二種類の事象の恒常的随伴の個々の事例は、「たがいにまったく独立であり」（一九四頁）、「一つの対象から学べな　ことは、それと同種であらゆる点においてそれに完全に類似した百個の対象からもけっして学べない」（一一〇頁）からである。

ヒュームは、過去の恒常的随伴の経験を基礎とする因果推理が、理性によるのか、あるいは想像力によるのか、と問う（一一〇頁）。それが感覚能力によらないことは、「われわれが、これらの対象自体を考察［する限りでは］、……他の対象の存在を含意するような対象は、何一つ存在しない」（一〇八頁）ということによって、すでに示されている。もし因果推理が理性（直観と論証に基づく論証的推理と蓋然的推理である因果推理を含む推理一般の能力としての、広義の理性）によるとするのであれば、それは、「経験されなかった事例は、経験された事例に必ず類似し、自然の歩みは、常に一様であり続ける」という、自然の斉一性の原理に基づくはずである、と言う（一一〇～一一頁）。そこで、ヒュームは、この自然の斉一性の原理の導出が、「知識」（直観または論証に基づく論理的認識）に基づくのか、それとも「蓋然性」（因果推理に基づく蓋然的認識）に基づくのかを、吟味する。ところが、自然の歩みが変わることは少なくとも考えることができ、我々が考え得ることは実際にも可能である（あり得る）（一一一頁、四七頁）。このことは、自然の斉一性の原理が論証できないことを示している（一一一頁）。また、この原理は、蓋然的推論によっても導出できない。なぜなら、蓋然的推理は、「［現実に存在する］対象の［間の］

関係」を明らかにするものであり、感覚または記憶に現前している対象から、それと「対象の関係」をもつ、感覚も想起もされていない対象の現実存在を、すなわち一つの事実を、推理する（同所）。ところが、感覚または記憶に現前していない事実についての推理は、因果関係に基づく因果推理のみである（同所）。そして、因果関係の存在は、二種類の対象の過去のすべての事例における恒常的随伴の経験によって知られるのであり（同所）、一方の種類の対象が感覚または記憶に現前すると、それに恒常的に随伴した、種類の経験されていない一つの対象が、過去の経験に一致して、現前している対象に先行または後続して存在するものと、推定されるのである（一一二頁）。このように、蓋然的推論がすべて、まだ経験されていない事例が、経験された［二種類の対象の恒常的随伴の］事例に類似するという、自然の斉一性の原理を前提しているのであるから、斉一性の原理を蓋然的推論によって導出することは、悪循環である（同所）。したがって、二種類の対象の過去における恒常的随伴の経験に基づいて我々が因果推理を行なう場合、我々は自然の斉一性の原理を前提していることになるが（同所）、我々は、自然の斉一性の原理を理性に基づいて導出することはできないのであるから、過去の恒常的随伴の経験に基づく我々の因果推理は、理性によるものではない、ということが帰結する。それゆえ、我々の理性は、原因と結果と見なされる対象の間の「究極的結合」を示さないだけでなく、原因と結果の恒常的随伴を経験したのちにおいても、我々は、理性の働きによって因果推理を行なうのではないのである（一一三頁）。

八　前節で見たヒュームの分析を整理すると、因果推理には、次のような諸要素が論理的に関係している。すなわち、

（一）「経験されていない事例は、経験された［二種類の事象の恒常的随伴の］事例に必ず（常に）類似する」という自然の斉一性の原理、

（二）過去における二種類の事象CとEの恒常的随伴の経験、

（三）二種類の事象CとEの普遍的随伴（因果法則）の推理、

（四）現在における一事象Cnまたは En の生起の観察、

（五）観察されていない一事象Enまたは Cn の推理、

である。

ヒュームが因果推理として念頭に置いているのは、（四）から（五）への推理、すなわち、現実に一事象を観察することによって行なわれる、印象から観念への、個別的な因果推理であって、（二）の恒常的随伴から（三）の普遍的随伴（個々の因果法則）への推理ではない。ヒュームは、因果推理が論理的含意に基づく論証でないことを、（一）自然の斉一性の原理が論理的な分析命題でないことを示すことによって証明したが、それは、同時に、（三）の個々の因果法則が論理的には論証できないことの証明でもあった。

ヒュームは、個々の因果推理が論理的推理でないことを示すことによって、因果関係が純論理的関係でないことを、きわめて強力に論証した。この論証こそ、ヒューム因果論の要点であり、またその功績でもあった。「原因から結果への推理は、けっして論証とはならない。[1]」「経験されていない」事実に関する推理はすべて因果推理であるから（前節）、「いかなる事実も、論証されることができない。[2]」「問題をアプリオリに（経験によらずに、対象の観念のみに基づいて）考察するならば何が何を生み出すことも可能である」のである（二八一頁、二〇三頁）。もちろん、ヒュームは、因果推理を拒否するわけではない。我々は因果推理を行なわざるを得ないのであるが、それの根拠は、理性にあるのではなく、想像力の観念連合にある、と主張するのである。因果推理は、論理的根拠をもたないという意味では、「いかなる理由もなしに」（一一四頁）行なわれるが、心理的な強制によって行なわれるのである。我々は、因果推理をするように、経験が生み出す習慣すなわち観念連合によって決定されている（一一四頁、一二〇頁）。二種類の対象の過去における恒常的随伴の経験が、同じ随伴を未来にも期待する習慣を生み出し、この習慣が印象から観念への観念連合として発現する。因果性の判定の客観的条件は、過去における恒常的随伴に尽きるので（一一五頁、二〇三頁）、この恒常的随伴の経験に基づくこの観念連合は、因果性に基づく観念連合と呼ばれる。

（1）『人間本性論概要』一三頁。
（2）『人間本性論』三・一・一（『ヒューム哲学的著作集』第二巻、二四〇頁。セルビー・ビッグ／ニディッチ編、四六三頁）。

3 自然の斉一性、および因果律、と経験

九 我々は、前節において、「経験されなかった事例は、経験された事例に必ず類似し、自然の歩みは、常に一様であり続ける」（一一〇〜一頁）というヒュームの自然の斉一性の原理を、（一）「経験されていない事例は、経験された［二種類の事象の恒常的随伴の］事例に必ず（常に）類似する」と定式化したが、この定式がヒュームの定式の意味をより正確に表わしていることは、文脈からも、「われわれがその（原因と結果の恒常的随伴の）経験を観察された特定の事例を超えて拡張する」（一一三頁）という記述からも、明らかである。この意味での自然の斉一性の原理を、ヒュームはいろいろと述べ変えている。「過去を未来の基準とする」（一六一頁）、「未来が過去に類似する」（一六一頁、一一二頁、ほか）、「過去の未来への投影」（一六五頁、一六一頁、ほか）などがその例である。ところが、自然の斉一性の原理は、もう一つ別の意味で使われているように見える。その最初の例が、**（イ）**「似た対象は似た条件のもとでは常に似た結果を生み出す」という形で現われる（一三〇頁）。この原理のここでの意味は不明瞭であるが、我々がただ一度の注意深い実験から原因を知る際に用いる原理として言及されているので、これと同じ文脈でその原理と同じ働きをする原理の記述を拾っていくと、**（ロ）**「われわれは、或る［種類の］対象から一度帰結することを観察したものは、その［種類の］対象から常に帰結するであろうと結論する」（一五九頁）という記述と、**（ハ）**「同じ［種類の］原因は、常に同じ［種類の］結果を生み出し、同じ［種類の］結果は、同じ［種類の］原因以外からはけっして生じない」（二〇四頁）という記述が見られる。ただ一度の実験や観察から原因を知る場合に、その実験に直ちに適用できるのは、**（ロ）**である。**（ロ）**の「Aから常に帰結

する」という表現は、「原因としてのAが結果として生み出す」という意味で使われている。そこで、文脈を考えると、（イ）も（ハ）も、そのままでか、あるいは「すべての出来事には原因がある」という因果律と組み合わされて、直接には、（ロ）として、すなわちより正確に定式化すれば、（ホ）「或る条件C_1のもとで或る対象（事象）A_1が或る対象B_1に隣接しかつ先行するならば、C_1と同種類の条件CのもとではA_1と同種類の対象AがB_1と同種類の対象Bの原因である」として適用されているように思われる。しかし、（一）と（ホ）とは、明らかに意味が異なり、（ホ）は（一）よりはるかに強い主張である。そこで、今は（一）についてだけ考えることにする。

問題は、「未来が過去に類似する」と言い換えられた自然の斉一性の原理（一）の考えが、「いかなる種類の議論に基づいているのでもなく」、言い換えれば、広義の理性的議論、すなわち論理的認識または蓋然的認識から生じるのではなく、「まったく習慣から生じる」と言われていることである（一六一頁）。「習慣」は、「過去における反復［の経験］から何の新たな推論もなしに生じる」ものであるから（一二七頁）、自然の斉一性の原理は、経験から生じることになる。経験に基づいて生じる信念には、個別的因果推理（判断）すなわち蓋然的推論だけでなく、外的世界の存在の信念や人格の同一性の信念などがあるが、自然の斉一性の信念は、経験からいかなる仕方で生じるのであろうか。自然の斉一性が蓋然的推論によって導出されることは、蓋然的推論がすべて自然の斉一性の原理を前提しているのであるから、悪循環に陥ることであり、それゆえあり得ないとされた（第七節）。蓋然性（蓋然的推論）が、経験された対象と経験されたことのない対象の間の類似性（自然の斉一性）の仮定に基づいているという主張は、一貫して維持されている（一一二頁、一一三頁、一六一頁（二度）、一六三頁、一六五頁等に、しかし特にはっきりと、『人間本性論』第一巻の翌年（一七四〇年）に出版された『人間本性論概要』一四〜五頁に）。しかし、問題は、蓋然性が「自然の斉一性の仮定に基づく」基づき方、すなわち自然の斉一性の原理を前提する前提の仕方である。自然の斉一性の原理（一）は、個別的因果推理の十分条件であるが、実は、必要条件ではない。実際、ヒュームは、よく知られた原因と結果の結合（たとえば、［或る条件のもとでは］水に入れば溺れるであろうというような因果性）については、一方の対象が現われれば、他方の対象の存在を、「過去の経験を反省することなしに、ましてや、過去の経験について［自然の斉一性のような］原理を形成したり、その原理に基づいて推論したりすることなしに、過去の経験に基づいて推理を行なうこと［があり得る］」と明言している（一二八〜九頁）。のことは、蓋然的推論（因果推理）は、自然の斉一性を必要とせずに行なえるということを、示している。恒常的随伴の経験から、習慣的能力としての観念連合が形成され、この観念連合の能力が、一方の対象の出現によって、他方の対象を思念することへの移行という、現実の作用として発現されるのであり、この一連の事象の因果連鎖には、自然の斉一性の原理への反省は必ずしも生じる必要はない。確かに、その際の個別的因果推理（観念連合）の対象である二種類の対象に関しては、過去に恒常的に経験されたそれらの対象の（或る条件のもとでの、水に入ることと溺れることとの（！））随伴が、経験されていない場合にも生じるであろうという、自然の言わば個別的な斉一性は、その因果推理から必要条件として帰結する。しかし、その因果推理は、普遍的に表現された自然の斉一性の原理（一）を必要条件としているわけではない。このように、蓋然的推理が自然の斉一性の原理を論理的な必要条件としないのであるから、自然の斉一性の原理が、［過去の経験に基づく］習慣［である観念連合の発現としての蓋然的推理］を必要条件としても、悪循環はないということになる。

では、自然の斉一性の信念を生み出す過去の経験とは、どのような経験であろうか。ヒュームはこのことについては、何も述べていない。経験から生じるのは個別的因果推理の結論としての因果的信念（因果的判断）だけではないが、これまでに経験から生じることが明らかにされたのは、印象から観念への個別的因果推理のみであり、この経験とは、二種類の対象の過去における恒常的随伴の経験にほかならなかった。すなわち、［或る条件Cのもとでは］或る種類の対象Aは常に或る種類の対象Bに隣接しかつ先行した、という経験である。そして、「［未来が過去に類似する」という［自然の斉一性の］想定は、いかなる種類の議論に基づいているのでもなく、まったく習慣から生じるのであると言ってよい。習慣によって、われわれは、見慣れているのと同じ対象の連鎖を未来にも期待するよう、決定されるのである」（一六一頁）という記述は、自然の斉一性の信念が、多くの恒常的随伴の経験から生じるという考えを示唆している。すなわち、任意の二種類の事象AとBについて、過去の或る時点までに事象AとBの間に恒常的随伴が経験された場合には常に、その時点以後における事象AまたはB［の出現］には事象BまたはAが随伴することが、観察された、という経験である。これは、（H_1）「すでに恒常的に経験されたすべての随伴はそれ以後も維持された」という経験、あるいは、（H_2）「恒常的随伴の経験と、同種の随伴の維持との、恒常的随伴の経験」であり、ヒュームに従って個々の恒常的随伴の経験の可能性を認める限り、あり得ない経験ではない。この経験から習慣の力に基づいて自然の斉一性（一）を導出することは、個々の因果推理の場合と類比的に、（H_1）という経験に基づいて自然の斉一性（一）を推論できるということを、必要条件とするが、自然の斉一性（一）自体を必要条件とするわけではない。しかし、すでに（H_1）あるいは（H_2）が、いかなる場合に断定できるのかが不明瞭な命題である。それはともかくも、自然の斉一性（一）の信念が経験に基づくというヒュームの主張の意味は、理解できる。しかし、このことは、**（ロ）**または**（ホ）**の意味での自然の斉一性の原理が経験から得られるということを、意味しない。

十　ヒュームは、「哲学においてのみならず、日常生活においてさえも、われわれが或る特定の原因の知識を、ただ一度の実験によって獲得することがあるということが、確かである」と認める（一二九頁。また一五九頁、二〇四頁を見よ）。「ただしその実験は、判断力を働かせ、すべての無関係で余計な条件を注意深く取り除いたのちに、なされなければならない」と言う（一二九〜三〇頁）。この箇所ではヒュームは、我々がただ一度の実験あるいは観察によって因果関係を判定する際には、我々は「似た対象は似た条件のもとでは常に似た結果を生み出す」という原理（P）、すなわち前節での**（イ）**、を確信させる「無数の実験をもっている」のだと言う。そして、「この原理が、十分な習慣によって確立されているので、それが当てはまるどんな意見（信念）にも明証性と確かさを与える」と言う（一三〇頁）。しかし、「この原理」が、どのような仕方でただ一度の実験からの「意見」（因果判断）に「当てはまる」のか、これだけでは不明瞭である。「観念の間の結合（連合）は、ただ一度の実験の後では、習慣的なものでない。しかし、この結合は、習慣的である別の原理［（P）］に、一例として含まれている。……どの場合にも、われわれは、われわれの経験［したこと］を、われわれが経験したことのない事例に、……直接的にか間接的に、移す（投影する）のである」と言うが（同所）、ただ一度の実験（「［対象の］観念の間の結合」）が、どのような仕方で原理Pに「一例として含まれている」のか、不明瞭である。

（イ）「似た対象は似た条件のもとでは常に似た結果を生み出す」（一三〇頁）という原理は、第八節で見た自然の斉一性の原理（一）に似ているが、ここでの意味は不明瞭である。それは我々がただ一度の注意深い実験から原因を知る際に用いる原理として言及されているので、これと同じ文脈でその原理と同じ働きをする原理の記述を調べると、前節で見たように、**（ロ）**「［われわれが］或る［種類の］対象から一度帰結することを観察したものは、その［種類の］対象から常に帰結するであろう」（一五九頁）という記述と、**（ハ）**「同じ［種類の］原因は、常に同じ［種類の］結果を生み出し、同じ［種類の］結果は、同じ［種類の］原因以外からはけっして生じない」（二〇四頁）という記述が見られる。ただ一度の実験や観察から原因を知る場合に、その実験に直ちに適用できるのは、**（ロ）**である。これを「一度で十分の原理」と名づけよう。**（ロ）**中の「Aから常に帰結する」という表現は、「原因としてのAが結果として生み出す」という意味で使われている。そこで、文脈を考えると、前節で述べたように、**（イ）**も**（ハ）**も、そのままでか、あるいは「すべての出来事には原因がある」という因果律と組み合わされて、**（ロ）**として、すなわちより正確に定式化すれば、**（ホ）**「或る条件C_1のもとで或る対象（事象）A_1が或る対象B_1に隣接しかつ先行するならば、C_1と同種類の条件CのもとではA_1と同種類の対象AがB_1と同種類の対象Bの原因である」として適用されているように思われる。

（ロ）への言及の直後に、「この一般原則が常に確実なものとして頼られないのは、……われわれがしばしば

［当の事例とは］逆の事例に出合うからである」という事実の指摘があるが（一五九頁）、「厳密に精査すれば、結果の反対性は、常に原因の反対性を示しており、反対の原因がたがいに邪魔し対立することから生じるのである、ということに、哲学者たちが気づく」と言われ（一六〇頁）、［経験と］「観察」によって、「哲学者たちは、すべての原因と結果との結合は、同様に必然的であり（ヘ）、それが或る事例において不確実であるように見えるのは、たがいに反対の原因の隠れた対立から生じるのであるという、一般原則を作るのである」と明言される（同所）。

（ロ）「［われわれが］或る［種類の］対象から一度帰結することを観察したものは、その［種類の］対象から常に帰結するであろう」という原理を補足的に説明する（ヘ）「すべての原因と結果との結合は、同様に必然的で［ある］」という表現は、（ハ）「同じ［種類の］原因は、常に同じ［種類の］結果を生み出し、同じ［種類の］結果は、同じ［種類の］原因以外からはけっして生じない」（二〇四頁）、および（イ）「似た対象は似た条件のもとでは常に似た結果を生み出す」（一三〇頁）という表現にきわめて近い。それゆえ、（イ）と（ハ）をそのままで（ロ）であると理解する解釈（一）と、（ロ）を、（イ）または（ハ）と「すべての出来事には原因がある」という因果律との連言と理解する解釈（二）とが、可能である。

十一　（イ）も（ロ）も（ハ）も、ただ一度の実験または観察から原因を判定する際に使用される原理として言及されており、いずれの文脈においても、これらの原理が「習慣」または「経験」から得られると明言されている（特に二〇四頁）。しかし、はたして、ヒュームが言うように、（ロ）「われわれが或る［種類の］対象から一度帰結することを観察したものは、［同じ種類の条件のもとでは］その［種類の］対象から常に帰結するであろう」という原理が経験から導出できるであろうか。我々は、（ロ）を、（イ）または（ハ）と因果律との連言と見なす解釈（二）をとって、問題を、（イ）または（ハ）が経験から導出できるかという問題と、因果律が経験から導出できるかという問題とに、分けて考察することができる。

この解釈（二）のもとでは、（イ）または（ハ）は、（ト）「或る条件C_1のもとで或る対象（事象）A_1が或る対象（事象）B_1の原因であるならば、C_1と同種類の条件Cのもとでは、A_1と同種類の対象Aは常にB_1と同種類の対象Bを結果とし、かつ、B_1と同種類の対象Bは常にA_1と同種類の対象Aを原因とする」と言い換えられる。ところで、或る条件のもとで或る対象が或る対象の原因であるということは、ヒュームによれば、その条件と同種の条件のもとでの、それらの二対象とそれぞれ同種の二種類の対象の間の、過去における恒常的随伴の経験によって知られる。したがって、（ト）は、「過去の或る時点までに、C_1と同種類の条件C_iのもとで、A_1と同種類の対象A_iと、B_1と同種類の対象B_iとが、恒常的に随伴することが経験されたならば、その時点以後は、C_iと同種類の条件Cのもとでは、A_iと同種類の対象Aが、B_iと同種類の対象Bと、恒常的に随伴することが経験された」という経験によって知られ得る。ヒュームが主張するような、個々の恒常的随伴の経験の可能性を認める限り、このような経験は、あり得ない経験ではない。このような経験は、第九節で見た、「経験されていない事例は、経験された［二種類の事象の恒常的随伴の］事例に常に類似する」という自然の斉一性の原理（一）に対する信念を生み出す経験として考察された経験、すなわち、（H_1）「すでに恒常的に経験されたすべての随伴はそれ以後も維持された」という経験、あるいは、（H_2）「恒常的随伴の経験と、同種の随伴の維持との、恒常的随伴」の経験、にほかならない。それゆえ、解釈（二）のもとでは、（イ）も（ハ）も、自然の斉一性（一）の信念を生み出す経験によって生み出されるので、自然の斉一性の原理（一）にほかならないと見なすことができる。

十二　次に、「存在し始めるものは何であれ、存在の原因をもたなければならない」（九九頁）、すなわち、「すべての出来事には原因がある」という因果律は、いかにして経験から導出され得るであろうか（第六節を見よ）。因果律は、（チ）「或る条件C_1のもとで或る対象（事象）B_1が生じれば、B_1に隣接しかつ先行する或る対象（事象）A_1であって、C_1と同種類の条件Cのもとでは、B_1と同種類の対象Bに対してはA_1と同種類の対象Aが原因となるような、そのような対象A_1がC_1において現実に存在する」と言い換えることができる。

ヒュームの経験論が維持されるためには、我々が、(ロ)「[我々が]或る[種類の]対象から一度帰結することを観察したものは、その[種類の]対象から常に帰結するであろう」(一五九頁)という「一度で十分の原理」、言い換えれば(ホ)「或る条件C_1のもとで或る対象(事象)A_1が或る対象B_1に隣接しかつ先行するならば、C_1と同種類の条件CのもとではA_1と同種類の対象AがB_1と同種類の対象Bの原因である」という原理を、「無数の実験」(一三〇頁)すなわち経験によって確信していることが必要である。この場合の経験とは、「一度で十分の原理」(ロ)および(イ)と(ハ)の文脈から、(ロ)の実際の適用を習慣化し一種の観念連合と化するような、二種類の対象の恒常的随伴の経験のことであるはずである。ヒュームは、因果律すなわち(チ)についても類比的に考えていたと思われる。しかし、因果律を信念として生み出し得るような、二種類の対象の恒常的随伴の経験はない。すなわち、因果律を信念として生み出すような経験は、すべての出来事がそれに恒常的に隣接しかつ先行する出来事を伴っているという、出来事とそれの原因との恒常的随伴の経験であるはずであるが、そのような経験はない。なぜなら、我々がそれの原因を知らない出来事が多くあるからである。それゆえ、因果律は、ヒュームが考えていた類の経験によっては、直接には導出できない(一五九頁、第一章第六節を見よ)。

しかし、同時に、因果律を決定的に反証するような経験も、容易には得られない。なぜなら、今までにはそれの原因が知られていないどの事象についても、「その事象には原因が存在するのであるが、まだ知られていないのである」と考えることができ、また、同種の結果が、たがいに共通点をもたないように見える事象から生じる場合には、「それらの結果に実は決定的な相違があるのであるか、あるいは、それらの事象には、まだ知られていない共通点があるのである」と考えることができるからである。

しかし、因果律を決定的に反証するような経験はあり得ない、と断言することはできない。この世界には、考えられないようなことが実際に生じることがあり、また、容易に考え得ることが実際には生じ得ないということがあるのである。今までのところ、少なくとも日常的な世界で、因果律を反証するような事象は経験されなかった、と言えるであろう。そして、無視できないほど多くの種類の事象について、その原因が知られるに至っている。そこで、我々は、因果律の信念を、経験によってその信念が決定的に反証されない限り、保持し続けるのである。このように、因果律の信念は、今までのところ経験によって決定的な反証を受けたことがないゆえに保持されるという、弱い意味で経験的な信念なのである。それゆえ、ヒュームのように我々がただ一度の経験から因果作用を判定できることを認めるということは、「一度で十分の原理」が因果律に依存しているのであるから、ヒュームが採ったような狭い意味での経験論を捨てるということを、意味するのである。

4　「必然的結合」または「必然性」の観念

十三　因果関係の本質的部分を成す「必然的結合」が純論理的結合でないこと、すなわち、必然的結合における結合の「必然性」が純論理的必然性でないことは、すでに明らかになったが、では、それは何であろうか。我々が実際に必然的結合の観念をもっているのであれば、必然的結合または必然性の観念の原型である印象があるはずである。因果推理は論理的推論ではなく観念連合である。恒常的随伴の経験が、未経験の範囲にも同じ随伴を期待する習慣を生み、この習慣が観念連合として発現する。恒常的随伴は、対象の側には何も付加しないが、精神には影響を与える（一九四頁、一九六頁）。この精神の受ける影響が「必然的結合の観念」または「必然性の観念」の原型である印象にほかならない。「われわれが十分な数の事例において類似性（反復）を観察したのちには、われわれは直ちに、精神が、一つの対象からそれにいつも伴っていた対象へ移行し、その対象をこの「いつも伴っていたという」関係のゆえにより強い光のもとで（より生き生きと）思いうかべるように、決定されているのを、感じる……」（一九四〜五頁、一八四頁）。「われわれの思考を一つの対象から他の対象へと移すべく「精神が」決定されている」という「内的な印象」（一九五頁）、より正確に言えば、「精神が、或る対象の観念から別の対象の観念へ、または或る対象の印象から別の対象の信念（生き生きした観念）へと移行する」（一一四頁、（一一八頁)、二〇〇頁)ように「決定されている」(一一四頁、二〇〇頁)という内的な印象、これが必然性または必然的結合の印象である。これは、「一つの対象からそれにいつも伴っていた対象の観念へと移行しようとする、傾向」の印象であり(一九五頁)、精神の「習慣的移行」に伴う被「強制」感である(「原因は、われわれの思考に道を敷き、言わば、これこれの特定の対象をこれこれの特定の関係にあるものとして考察するよう、強制する」(一五二頁)。必然性は、「対象のうちに」見出されるものではなく、「精神のうちに」感じられる或るものである(一九四~九頁)。対象の側に見出されるのは、高々過去における恒常的随伴のみである(一一五頁、一八三頁、一九八~九頁)。必然的結合が心の感じる強制感にほかならないのなら、なぜ我々は対象が必然的結合をもつと考えるのか。ヒュームは、それを、想像力の投出作用による錯覚であると考える。「精神が、それ自身を外的対象に押し拡げる大きな傾向を有するということ、そして、外的対象が引き起こし、外的対象が感覚能力に現われるのと同じときに常に現われる、内的印象を、外的対象に結びつける大きな傾向を有するということは、普通に観察される。……同じこの傾向が、必然性と力能を、対象を考察する精神のうちにあるのではなく、われわれが考察する対象のうちにあるのである、とわれわれが想定する理由である……」(一九七頁)。

十四　そこで、この錯覚を除去した形で、ヒュームは、因果関係を二通りに「定義」した。第一の「定義」によれば、「原因」とは、「他の対象に先行しかつ隣接する対象であり、かつその際、後者に似た対象がすべて、前者に似た対象に対し、先行と隣接という似た関係に立つ」(二〇〇頁、二〇二頁)。これは、因果関係を「哲学的関係」として、すなわち、対象の側に客観的に知覚される恒常的随伴の関係として、把握したものである(二〇〇頁、一一五頁、一九八~九頁)。第二の「定義」によれば、「原因」とは、「他の対象に先行しかつ隣接する対象であり、かつ、前者と次のような仕方で[想像力において]結合している対象である。すなわち、一方の観念は、他方の観念を形成するように、また一方の印象は、他方のより生き生きした観念を形成するように、精神を決定する」(二〇〇頁、二〇二頁)。これは、因果関係を「自然な関係」として、すなわち、精神に因果推理という種類の観念連合を「自然に」引き起こす関係として、把握したものである（二〇〇頁、一一五～六頁、一一四頁）。

「原因」のこれら二通りの「定義」の性格を理解するために、「定義」に至るまでのヒュームの議論を省みると、ヒュームはまず、因果関係およびその本質を成すと考えられる必然的結合が、外的対象においても内的対象においても知覚されないことを明らかにした。したがって因果判断（個別的因果推理の結論）は知覚判断ではないことになる。この文脈では、印象の体験の報告である知覚判断は、自証性を有するものと考えられている。次にヒュームは、個別的因果推理が理性による論理的推理でないことを明らかにした。以上は、因果判断のための根拠の探究であったが、第三の段階において、ヒュームは、因果推理または因果判断（信念）の原因を探究し、それを対象の過去における恒常的随伴の経験とそれに基づく習慣的観念連合とに見出した。

以上の探究の結果に対して、ヒュームは二通りの考えを示している。すなわち、一方では、因果判断を「いかなる理由もなしに」（一一四頁）なされるものと考え、ここに彼の認識論的懐疑の一つの根を見出すのであるが（三〇〇～三頁）、他方では、因果判断の原因を、対象の恒常的随伴の経験と、それに基づく習慣的観念連合における精神の被決定性とに見出すや、直ちにそれらを、特に前者を、因果関係の判定のための十分な基準ないし証拠として積極的に用いるのである（一・三・十五特に二〇三頁および二〇四頁「規則三」、一一五頁、「原因」の二通りの「定義」（二〇〇頁および二〇二頁）、二〇一頁、二〇三頁、二八二～四頁、二・三・一および二・三・二）[(1)]。実際のヒュームは、因果関係の判定に我々が実際に用いている基準ないし証拠が何であるかをまず考えて、次にそれを因果推理または判断の原因としたのである。

「原因」の二つの「定義」において、ヒュームは、原因を判定するための基準ないし証拠を、「原因」の意味と同一視している。しかし、これらの「定義」が真の定義であり、「原因」の意味を定めたものであれば、「AはBの原因である」という主張が、第一の「定義」によれば、経験された恒常的随伴の単なる報告、すなわち記憶と印象の知覚の報告に堕するであろうし、第二の「定義」によれば、習慣的観念連合に伴う被決定性の印象すなわち被強制感の単なる表出に堕するであろう。しかし、「AはBの原因である」という主張は、少なくとも、未経験の領域にもわたる普遍的随伴の成立を、請け合うものであるはずである。ヒュームの「定義」を「原因」の真の定義とすることは、原因から論拠への、心理から論理への、あるいは、しばしば（過去における恒常的随伴）から常に（普遍的随伴）への、飛躍を犯すことになる。それゆえ、ヒュームの「定義」は、「原因」の意味を定める真の定義ではなく、むしろ「原因と結果を判定するための」経験的基準ないし証拠と考えられるべきである。その基準とは、過去の事例において観察された、二種類の対象の間の恒常的随伴と、個別的因果推理である因果的観念連合に伴う被強制感、すなわち「精神の被決定［感］」（一九五頁）、である。

（1）二・三・一、『ヒューム哲学的著作集』第二巻一八二頁および一八七頁、セルビー・ビッグ／ニディッチ編、四〇〇頁および四〇六頁。二・三・二、『ヒューム哲学的著作集』第二巻一九〇頁、セルビー・ビッグ／ニディッチ編、四〇九頁。

十五

これら恒常的随伴と観念連合との二通りの基準による因果関係の判定こそ、ヒュームの哲学の全体を支える「論理」であった（二〇五頁）。それは、「すべての観念は印象から生じる」という経験論の原理と観念連合の原理の導出においてだけでなく、知覚と対象との二重存在の知的理解の可能性の否定、心身の相互作用の事実の肯定、意志の自由の否定（決定論）（二・三・一～二）等々、彼の哲学の全部分に意識的にかつ明示的に浸透しているのである。

ヒュームは、上の二つの「定義」が「原因に外的な対象」（原因に無縁なもの）からなされているということを認める（二〇〇頁）。「［因果］関係の……本質的な部分」をなすのは、原因と結果と見なされる対象の間の必然的結合であると、最初は考えられた（九七頁、一〇九頁）。しかし、ヒュームの分析は、因果関係が論理的に必然的な結合を含まないことを明らかにした。因果推理に含まれる「必然性」としてヒュームが見出したのは、恒常的随伴の経験が生み出す習慣［的能力］としての観念連合が、現実の対象の［印象の］現前によって現実に発動する際に、その現実化された観念連合（思惟の移行）に伴う、主観的な被決定感すなわち被強制感のみであった。

「原因と結果の間の必然的結合は、一方から他方へのわれわれの推理の基礎である［と考えられる］。［ところが］われわれの推理の基礎は、［観念の］習慣的結合から生じる［精神の］移行である。それゆえ、これら（必然的結合と習慣的移行）は、同じものである」（一九五頁）。すなわち、「推理が必然的結合に依存するのではなくて、必然的結合が推理に依存する」のである（二一〇頁）。しかし、原因または結果と見なされる一方の対象の観念から他方の対象の観念への観念連合、あるいは一方の対象の印象から他方の対象の生き生きした観念への観念連合に伴う、ヒュームが見出した被決定感または被強制感も、観念と観念との間、あるいは印象と生き生きした観念との間の「必然的結合」の直知ではない、と明言される。「われわれの内的知覚の間の結合原理は、外的対象の間の結合原理と同様に、知的に理解できず、［恒常的随伴の］経験によって知るほかには、知りようがないのである」（一九九頁）。ここでもまた、一方の対象の知覚［の現前］と他方の対象の知覚［の現前］との間には、論理的に必然的な結合が存在せず、論理的に必然的な結合以外の「必然的結合」は、ヒュームには「知的に理解できず」、知的に理解できないものは、直知しようがない、とされている。要するに、外的対象であれ、内的対象であれ、我々は対象の間の因果的な「必然的結合」については、いかなる観念をももっていないのである。

では、ヒュームは、因果的な「必然的結合」の存在を否定したのであろうか。一見、そのように見える。実際、ヒューム自身は、自分が因果的な「必然的結合」を一貫して否定し得た、と考えている。原因と結果である二つの対象の間の「結合」または「絆」（一九二頁）の「必然性」、また、原因に結果を継起させる、原因のうちの、「力能」または「効力」（一八四頁）の作用の「必然性」は、それらの対象の一方の観念から他方の観念へ、また、一方の印象から他方の生き生きした観念へ、思考を移すように決定されているという、「精神にのみ属する」（一九八頁）「内的な印象、すなわち反省の印象」（一九五頁）にほかならず、これらの対象自体に必然的結合を帰するならば、「不明瞭と誤りが生じ始め」（一九八頁）、「われわれは、……われわれ自身の意味することを理解せず、たがいにまったく別個な観念を、それと知らずに混同しているのである」（同所）と言う。また、「哲学者たちは、……普通人の意見が偽であることを、直ちに看取し、対象の間には知られた結合がないことを、発見する。すべての異なる対象は、彼らには、まったく別個で分離しているように見えるのであり、また、彼らは、われわれが一つの対象から別の対象を推理するのは、われわれが対象の本性や性質を見ることに基づいてではなく、ただ、いくつもの事例において対象が恒常的に随伴しているのを観察するからであるということを、看取する」が、哲学者たちは、この観察から正しく推論して、「われわれは、精神から切り離され原因［となるもの］自体に属するような力あるいは作用性の観念をもたない」と結論することをしない、と明言している（二五五～六頁）。そこで、「原因」の二つの「定義」に対応して、「自然学的必然性を成すのは、対象の恒常的随伴と精神の被決定性とである。これらを除去することは、偶然と同じことになる」と言われる（二〇一頁）。同じことが、「私は、必然性を、必然性がそれの本質的部分をなすところの「原因」の二つの定義に対応した二通りの仕方で、定義する。［すなわち、］私は、必然性を、［二つの対象にそれぞれ］類似した［二つの］対象の恒常的な結びつきと随伴、あるいは、一方の対象から他方の対象への精神の推理に、置く」と言い換えられる（二・三・二）[1]。そして、「［意志の自由を否定することにおいて、］私は、意志に、物質のうちにあると想定されている、知的に理解できない必然性を帰するのではない。そうではなくて、私は、物質に、それを必然性と呼ぼうが呼ぶまいが、もっとも厳格な正統的教説でさえ意志に属すると認めており、また認めざるを得ない、知的に理解できる性質（恒常的随伴または推理）を、帰している［に過ぎない］のである」と明言している（同所）[2]。

しかし、他方で、ヒュームは、二種類の対象AとBの過去における恒常的随伴の経験に基づいて「AがBの原因である」と判断することを是認したのであり（第八節末、前節第三段落、本節初め）、彼が経験から直接得られると誤って考えた（第十二節）「すべての出来事には原因がある」という因果律を是認したのであり（第六節末）、彼が経験から得られると考えた「経験されなかった事例は、経験された事例に、必然的に類似しなければならない」（一六三頁、一一〇～一頁）という自然の斉一性（一）を是認したのであり（第九節）、彼が経験から直接得られると誤って考えた（十〜十二節）、因果律を含意する、「〔われわれが〕或る〔種類〕の対象から一度帰結することを観察したものは、〔同じ種類の条件のもとでは〕その〔種類の〕対象から常に帰結するであろう」（一五九頁）という「一度で十分の原理」（強い意味での自然の斉一性（ロ））を是認したのである。このことは、ヒュームが彼の哲学において使用する「論理」であるとした（二〇五頁）「原因と結果を判定するための〔諸〕規則」（一・三・十五）に、特に自然の斉一性（ロ）の是認は「同じ〔種類の〕原因は、常に同じ〔種類の〕結果を生み出し、同じ〔種類の〕結果は、同じ〔種類の〕原因以外からはけっして生じない」という第四規則（二〇四頁）に、明示的に示されており、また物質世界と精神世界が「知的に理解できる」「必然性」に支配されているという決定論（前段落）において、明らかである。さて、これらの個別的因果法則、因果律、種々の形での自然の斉一性などの主張は、「すべての」とか「必然的に」とか「常に」とか「けっして」とかの表現が明示されていようといまいと、全称肯定言明であり、しかもその全称性とは、単に実際に生じる対象（事象）のすべてに言及しているのではなく、現実に生じることがなくても現実に生じることが可能であるすべての対象に言及しているのであり、現実にあり得るすべての対象に例外なく普遍的に妥当するという、紛れもない真の必然性の主張なのである。過去のすべての事例における恒常的随伴の経験や因果推理（因果的観念連合）の不可避性は、ヒュームの言うように因果関係とその必然性の判定基準であり得ても、因果関係やその必然性の意味を与えるものではない。それゆえ、ヒュームは、自らは、対象における因果的な「必然的結合」およびその「必然性」を、「知的に理解できない」と言う理由で一貫して否定し得たと考えたが、事実においては、因果的な必然的結合とそれの必然性とを、自覚なしに認めているのである。

（1）二・三・二、『ヒューム哲学的著作集』第二巻一九〇頁、セルビー・ビッグ／ニディッチ編、四〇九頁。
（2）二・三・二、『ヒューム哲学的著作集』第二巻一九〇頁、セルビー・ビッグ／ニディッチ編、四一〇頁。

十六　しかし、論理的必然と異なる因果的必然性とは、いかなる必然性か。ヒュームが強調したように、因果的あるいは事実的必然性は、論理的必然性ではないように見える。論理的に必然的な言明は、それの否定が矛盾を含むということによって、それと知られるが、因果的言明あるいは事実に関する言明は、それの否定が矛盾を含まず、それの必然性の判定基準が明らかではない（一一七頁）。したがって、論理的必然性でない必然性は、「知的に理解ができない」ように見える。それにもかかわらず、我々は、事実において、個別的因果法則、普遍的な因果律、および自然の斉一性の、必然性を信じている。このことから、帰結すると思われるのは、必然性には、ただ一種類、現実の世界に妥当するという意味での「実在的な必然性」があるのみであり、論理的必然性とは、言語において捉えられた、実在的必然性の中でもっとも強い部分にほかならない、ということである。大雑把に言えば、論理的に必然的な言明は、或る前提と或る結論との帰結関係を主張するものであり、しかも、その結論において、前提においてすでに暗黙のうちにあるいは明示的に述べられている事態を、再度明示的に述べる。論理的に必然的でなく実在的に必然的な言明は、或る前提と或る結論との帰結関係を主張するものであるが、その結論において、前提において述べられていない事実（前提で言及された対象と同一の対象の、前提においては言及されていない時点でのあり方、あるいは、前提で言及されてはいない対象のあり方）を述べる。論理的に必然的な言明が現実の世界に妥当するということは、一般に承認されているので、論理的必然性が実在的な必然性であることには、疑問はない。問題は、論理的必然性以外に実在的な必然性が存在するかということである。しかし、前節に述べたように、我々は、個別的因果法則や因果律や自然の斉一性を信じる限り、必然性を主張する命題の真なることを信じていることになる。このような必然性は、「［現実に生じることがなくても］現実に生じ得るすべての対象に例外なく妥当する」という表現によって、実在する世界に関して例外のあり得ない普遍性として、表現されている。しかし、「例外があり得ない」ということは、「例外がないということが必然的である」ということにほかならない。したがって、論理的必然性以外の実在的必然性、すなわち「自然的必然性」は、定義できず、或る種の個別的因果法則の「自然的」必然性は、経験に基づいてその存在が知られる（確信される）のであるが、自然的必然性は、一般的には、我々が、「すべての［同種の］出来事には何らかの［同種の］原因がある」という因果律、あるいは、「同じ条件のもとでは、同じ種類の事象は常に同じ種類の結果を生み出す」という強い意味での自然の斉一性の原理を、経験によって決定的に反証されることがあるまでは発見的指針として保持される仮説として、生得的に志向することにおいて、志向されているのである。

しかし、定義できないという理由で、論理的必然性以外の実在的必然性を否認することはできない。なぜなら、事情は、論理的必然性についても同じであるからである。論理的必然性は、あり得るあらゆる場合に成り立つことであるが、「あり得るあらゆる場合に」とは「例外があり得ない」ということにほかならず、これは「例外がないということが必然的である」ということにほかならない。また、論理的必然性を、可能なすべての解釈において真となるような論理形式をもつ現実の言明の固有性として、言語的に表現する場合には、「可能なすべての解釈」が、任意の個体から成る任意の集合のすべて、すなわち、「あり得る」任意の個体から成る「あり得る」任意の集合のすべて、を基礎にして組み立てられており、「可能なすべての解釈において真となる」とは「あり得るあらゆる解釈において例外があり得ない」ということ、すなわち「あり得るあらゆる解釈において例外がないことが必然的である」ということ、にほかならないのである。

5　ヒュームの因果論の破綻

十七　ヒュームによれば、因果推理は一つの観念連合である。因果的観念連合は、習慣に基づく。習慣とは、「過去における［行為あるいは観察の］反復から何の新たな推論もなしに生じる」（一二七頁）行為への傾向であり、これは、「未来にも［その生き方を］維持しようとする強い傾向」（一六〇頁）のことである。因果的観念連合においては、「過去の事例における［原因と結果］の恒常的随伴が精神に習慣を生み出すので、精神は常に、思惟において両者を結びつけ、一方の存在をそれにいつも伴っていたものの存在から推理するのである」（一五五～六頁）。

二種類の対象（事象）AとBの恒常的随伴の経験と、一方の対象AまたはBの印象の現前とが、習慣的傾向としての観念連合の能力を現実に、AからBまたはBからAへの推理として発現させ、BまたはAの存在を信じさせるのである。

しかし、この観念連合は、単なる連想には終わらない（第三章第二十二節）。炎をみて、単に熱さや痛みを思いうかべそれらの存在を信じるだけの連想は、旋律強迫のごとく、なぜか頭の中に急に生じて去らない考えや信念と変わりない。ヒュームの言う因果的観念連合は、このような単なる連想ではなく、増水した川に人が落ちるのを見て「彼は溺死するであろう」と推論する場合のように、因果的な判断あるいは信念を伴うのである（一二八～九頁を見よ）。「同様の対象が常に随伴しているいくつもの事例をわれわれが観察すると、われわれは、直ちに対象の間に結合を考え（思いうかべ）」（一九二頁）、「それ（恒常的随伴の観察）以上の手続きを何ら要さずに、一方を「原因」、他方を「結果」と呼び、一方の存在から他方の存在を推理するのである」（一〇九頁）。してみると、我々は、二種類の対象の間の恒常的随伴の経験を、両種の対象の間の因果関係を判定するための十分条件と見なしているのである。実際、因果関係の存在の判定のための客観的条件は、過去における恒常的随伴に尽きるので（一一五頁、二〇一頁、二〇三頁、二〇四頁、二八一～四頁）、ヒューム自身も、この恒常的随伴の経験を、因果関係の存在の判定のための十分な基準と見なすのである（第十四節）。

十八　それゆえ、

（一）　任意の対象（事象）AとBについて、AとBの過去における恒常的随伴の経験（a）が、「AがBの原因である」という信念（b）の、原因である、

ということが、ヒュームの一つの結論となる。ヒュームは命題（一）を主張しているのであるから、命題（一）は彼の一つの信念（d）であり、しかも「AはBの原因である」という型を有している。話を具体的にするために、命題（一）で言及されている「AがBの原因である」との信念（b）を、ヒュームが具体的に念頭に置いて

いた、現実の日常的で具体的な種々の因果信念であるとしよう。しかしヒュームは、彼が発見した命題（一）を、具体的な因果信念（b）についてのヒューム自身の哲学的な反省としての因果信念（d）にも拡張して適用するという、一貫性を示している。そのことは、「［われわれは、］われわれが或る対象の恒常的随伴を発見した後では常に一方の対象から他方の対象へ推理を行なうことを見出［す］」（一一〇頁）、「［われわれは、］対象がその恒常的随伴から想像力における結合を獲得することを、常に見出すのである」（一一五頁）、また、「精神に対するこのような影響は、それ自体、まったく尋常ならざる理解不可能なものであり、われわれがその影響の現実性を確信するのは、［恒常的随伴の］経験と観察からのみである」（二〇二頁）などの箇所において明示的に示されている。すると、命題（一）がヒュームの信念（d）であり、「AはBの原因である」という型を有しているのであるから、この命題自身が、命題（一）の一事例となり、

（二）　AとBの過去における恒常的随伴の経験（a）と、「AがBの原因である」という信念（b）との、過去における恒常的随伴の経験（c）が、命題（一）に対するヒュームの信念（d）の原因である、

ということになる。このことは、ヒューム自身が明示的に認めていることなのであるから、このことには何ら問題がないように見える。ところが、命題（二）も、ヒュームの信念（f）を表わし、「AはBの原因である」という型を示している。すると、以上と同様の議論によって、

（三）　AとBの過去における恒常的随伴の経験（a）と、「AがBの原因である」という信念（b）との、過去における恒常的随伴の経験（c）と、命題（一）に対するヒュームの信念（d）との、過去における恒常的随伴の経験（e）が、命題（二）に対するヒュームの信念（f）の原因である、

ということになる。このことは、ヒュームが認めざるをえない結論（信念（h））である。ところで、命題（三）で言及されている、命題（一）に対するヒュームの信念（d）とは、ヒュームが最初に具体的に念頭に置いていた、現実で日常的で具体的な「AはBの原因である」という因果信念（b）のすべて、の原因についての、単一

の信念である。命題（三）で言及されている恒常的随伴の経験（c）も、ヒュームが最初に具体的に観察した、過去における恒常的随伴の経験（a）と「AがBの原因である」というすべての信念（b）との間に観察された、単一の恒常的随伴の経験である。このように、命題（三）で言及されている恒常的随伴の経験（c）とヒュームの信念（d）は、ともに単一の事態であって、両者の間の随伴は、何度意識されたとしても、単一の随伴の意識であって、恒常的随伴すなわち反復ではあり得ないのである。このことは、命題（一）に反する結果であるので、帰謬法により、命題（一）は普遍的には成り立たないということが、帰結する。以上が、ヒュームの因果論の破綻の第一の形である。

十九　実は、ヒュームは、我々の因果判断が常に二種類の対象（事象）の恒常的随伴の経験に基づいてなされるわけではなく、周到に準備された実験あるいは観察においては、二種類の対象のただ一度の随伴の経験から、両者の間に因果関係が存在すると判定できるということを、認めている。しかし、その場合には、我々は、（イ）「似た対象は似た条件のもとでは常に似た結果を生み出す」（一三〇頁）あるいは（ロ）「［われわれが］或る［種類の］対象から一度帰結することを観察したものは、［同じ種類の条件のもとでは］その［種類の］対象から常に帰結するであろう」（一五九頁）という強い意味での自然の斉一性の原理が、「無数の実験」と「十分な習慣」すなわち経験によって確立されているので（一三〇頁）、この原理に基づいて、ただ一度の経験から因果判断ができるのである、と主張する（一二九～三〇頁、一五九頁）。しかしながら、このような強い意味での自然の斉一性の原理（ロ）、あるいはこれが含意している、「すべての出来事には原因がある」という因果律のような命題は、我々が自然の斉一性（ロ）を観察することがない（一五九頁）ので、ヒュームが考えたように個々の恒常的随伴の経験から直接獲得することは、不可能な命題なのである。我々の経験は不規則であることが多く、一度随伴した二種類の対象が常に随伴するとは限らない（一五九頁）。我々の経験には、恒常的随伴を示すものもあるが、恒常的随伴を示さないものが、それに劣らず多くある。また、我々は、多くの出来事の原因をいまだに知らない。それにもかかわらず我々が自然の斉一性（ロ）や因果律についての信念を捨てないということは、我々の実際の経験が示す程度の不規則性では、これらの原理が反証されないということを示している。自然の斉一性（ロ）や因果律の信念は、直接経験に基づいて得られる信念ではなく、我々の直接的経験の不規則性にもかかわらず保持される信念なのである。我々の直接的経験の不規則性は、自然の根底に規則性がないためではなく、自然の根底に存在する規則性が現象のうちに現われるための条件が整わないために生じるものと見なされ、自然の斉一性（ロ）や因果律の反証例とは見なされない。それゆえ、自然の斉一性（ロ）や因果律の信念は、今までのところ経験によって決定的な反証を受けたことがないゆえに保持されるという、弱い意味で経験的な信念であるが、それらの信念が経験から直接生じるということは考えられない（第十一～十二節）。ヒュームの言うように、我々がただ一度の経験から因果作用を判定できることを認めるということは、ヒュームの哲学に含まれる狭い意味での経験論を捨てるということを、意味するのである。

二十　次に、ヒュームの因果論の破綻のもう一つの形を見ることにしよう。ヒュームは、自然の諸作用が思惟から独立であることを認める。対象の恒常的随伴は、思惟から独立であり、それに先立つ（一九八～九頁）。しかし、「さらに一歩進んで、これらの対象に力能または必然的結合を帰するならば、そのような力能または必然的結合は、われわれが対象のうちにはけっして観察できないものであり、われわれは、それの観念を、われわれが対象を眺める際に内的に感じるものから、得てくるよりほかないのである。そしてこの私の主張は徹底しており、私は、私の現在の推論自体を、……この主張の一例として用いる用意がある」と言う（一九九頁）。「現在の推論」とは、二種類の対象の間の因果的結合の必然性とは、一方の対象の観念から他方の対象の観念へ考察を移すべく決定されているという、また、一方の対象の印象から他方の対象の生き生きした観念へ考察を移すべく決定されているという、精神に内的な印象にほかならない、という結論に至る論究のことである。「精神のこの被決定性が、これらの対象の必然的結合を成す。しかし、観点を対象から知覚へ変えるならば、そのときは、［対象

Aの］印象が原因であり、［対象Bの］生き生きした観念が結果であると、考えられるべきであり、これら［印象と観念と］の必然的結合とは、われわれが印象の観念から観念の観念へ移行するように決定されているのを感じる際の、新たな被決定性のことである。われわれの内的知覚の間の結合原理は、外的対象の間の結合原理と同様に、知的に理解できず、［恒常的随伴の］経験によって知るほかには、知りようがないのである」（同所）。

ヒュームは、対象（事象）AとBの間に想定される「必然的結合」を、精神がそれらの対象を眺める際に「内的に感じられる」（一九六頁）被決定性にほかならないとしたが、この被決定性の印象すなわち被強制感が、対象Aの印象と対象Bの観念との間の「必然的結合」の知覚でないことを、ここで明示的に強調しているのである。「必然性」とは「対象のうちに」見出されるものではなく、「精神のうちに」ある或るものであると、言われていた（一九四〜五頁）。しかし、ここでは、心が「内的に感じるもの」（一九九頁）も、知覚の間の必然的結合ではなかった、と言うのである。

「AはBの原因である」という因果的言明は、単に過去におけるAとBの恒常的随伴の経験を報告しているのではなく、「同じ条件のもとではAは必ずBを結果としてもつ」という判断であり、原因（A）と結果（B）の間の「必然的結合」の主張を含んでいるものと考えられていた。因果関係に含まれるこの「必然的結合」は、論理的に必然的な結合ではない。なぜなら、原因とされる対象の存在と、結果とされる対象の存在とは、論理的に独立であるからである（一〇八頁）。しかし、そのような「必然的結合」は、外的にも内的にも知覚されない（第二節）。「必然的結合」が知覚されない理由は、論理的に必然的な結合と区別されるような「必然的結合」は、「知的に理解できず」（unintelligible、一九九頁）、それについては我々はいかなる判明な観念ももたず（一九一頁）、理解されないものは、知覚されようがないからである。それにもかかわらず、我々が、原因と結果と見なされる二種類の対象（事象）の間に「必然的結合」が存在すると考えるのは、二種類の対象AとBの恒常的随伴を経験したのちは、我々は、観念連合によって、一方の対象の観念の現前によって他方の対象の観念を思いうかべるよう、また、一方の対象の印象の現前によって他方の対象の生き生きした観念を思いうかべるように、「決定されている」という、内的な印象を得、観念連合に伴うこの内的な被決定性の印象を対象に投影して、対象の間に「必然的結合」が存在するかのように錯覚するからである。それゆえ、ヒュームによれば、「感覚に現前する或る対象Aは、それの結果である或る対象Bと必然的に結合している」という命題において言及されている「必然的結合」とは、精神（想像力）が対象Aの印象によって対象Bの生き生きした観念を思いうかべるように決定されているという、被決定性の印象に過ぎない。それゆえ、「必然性とは、対象のうちにではなくて精神のうちに存在する何かで［ある］」と言われる（一九五頁）。しかし、この被決定性の印象とは、対象Aの印象の現前が対象Bの観念の現前の原因であるという、したがって、対象Aの印象が対象Bの観念と必然的に結合しているという、印象にほかならず、これでは、対象AとBの間の「必然的結合」が、対象Aの印象と対象Bの観念との間の観念連合に伴う「必然的結合」によって説明されていることになり、今度は後の「必然的結合」が説明される必要があることになる。しかしながら、印象と観念との間の「必然的結合」も、対象の間の「必然的結合」と同じく、論理的に必然的な結合ではないはずであり、論理的に必然的な結合でない「必然的結合」は、ヒュームには判明には理解ができない。そのような判明に理解できない「必然的結合」が、或る種類の個別的対象Aの個別的印象と別の種類の個別的対象Bの個別的観念との個別的因果連関において、いかにして知覚できるのか（内的な印象となり得るのか）、ヒュームには理解できない。「われわれの内的知覚の間の結合原理は、外的対象の間の結合原理と同様に、知的に理解できず、［恒常的随伴の］経験によって知るほかには、知りようがないのである」（一九九頁）。そこで、ヒュームは、仕方なく、対象Aの印象と対象Bの観念との間に想定される「必然的結合」も、対象Aの印象と対象Bの観念との間に実際に存在する関係ではなく、精神が対象Aの印象の観念の現前によって対象Bの観念の観念を思いうかべるように決定されているという、さらに内的な被決定性の印象に過ぎない、と主張する（同所）。このようにして、「必然的結合」の印象の無限後退が生じる。ヒュームは、因果関係の本質を成すと想定された「必然的結合」の「必然性」を、論理的に必然的な結合の「必然性」と異なると考えたために、因果的な「必然的結合」を、理解することも知覚することもできない錯覚または幻想とせざるを得なかったが、「必然的結合」の印象の無限後退によって、幻想そのものが霧散することになった。こうして、ヒュームは、原因と結果の間の「必然的結合」の幻想の成立過程の説明にも失敗したのである。

二十一 ヒュームは、因果的観念連合において内的強制が感じられると、紛うかたなく考えている。「思惟は、常に、……その特定の印象からその特定の観念へ、いかなる選択あるいは躊躇の余地もなく移行するように、決定されているのである」（一三五頁）。「想像力は、原因、すなわち、サイコロを投げることから、結果、すなわち、それがそれの六面のどれか一つを上に向けることへと、移行し、その途中で立ち止まることにも、別の観念をいだくことにも、一種の不可能性を感じる」（一五六頁）。「一種の」とは、論理的「絶対的な」不可能性とは別のという意味である（一一七頁）。「原因は、われわれの思考に道を敷き、言わば、これこれの特定の対象をこれこれの特定の関係にあるものとして考察するよう、強制する」（一五二頁）。この強制に抵抗することは「ほとんど不可能」であり（一五五頁）、あえて抵抗することには「無理を感じざるをえない」（一五二頁）。

強制を感じるということは、強制の力を感じるということにほかならない。ヒュームの表現もこのことを含意している。また、我々が強制の力を感じているのでなければ、ヒュームが見出したはずの「必然的結合」の印象も霧散することになる。しかしながら、ヒュームは、我々が、思考を一方の対象からそれに常に随伴した対象へ移すべく決定されているという、精神の「被決定性」あるいは「傾向」、すなわち、強制を「感じる」とは言うが（一九五頁）、力を感じるとは、けっして言わなかった。ヒュームにとって、力（「力能」）とは、原因と結果の間にあると想定された「必然的結合」がそれに依存していると想定されるところの（一九二頁）、原因における「産出的性質」（一八五頁）あるいは「作用性質」（三〇二頁）にほかならない。そして、因果的結合の「必然性」は知覚できないというのが、ヒュームの変わらぬ主張であった。

ヒュームは、因果的観念連合において、精神が、一方の対象Aの印象から他方の対象Bの観念へ移行するように決定されているという、被決定性の印象が、Aの印象とBの観念との「必然的結合」の直知ではないことを、明示的に強調した（前節）。その際否定されたのは、正確に言えば、印象と観念との結合の法則的必然性の知覚である（第四節を見よ）。法則的必然性は、例外のあり得ない普遍性によっても表現され、このような普遍性が個々の事例において知覚できないことは、自明である。それゆえ、法則的必然性を含む意味での力、すなわち対象に内在する必然的傾向としての力は、知覚できない。しかし、このことは、一般に具体的事象の個別的経験においての個別的因果連関が知覚される可能性を、排除しない（第四〜五節）。ヒュームは、因果的観念連合を体験しつつある精神が、内的強制を感じていることを認めた。彼自身は気づかなかったが、このことによって、精神が、因果的観念連合に際して、個別的印象と個別的観念との間の個別的因果連関を、すなわち、それらの知覚の間に「何らかの実在的に必然的な結合が存在する」ということを、知覚していることを、認めたことになる。また、そうでなければ、ヒュームが見出した「必然的結合の印象」が霧散することになる（前節）。

二十二　「必然性」は、或る場合には論理的な必然性として把握され、或る場合には因果的な必然性として把握されるが、必然性には、ただ一種類の必然性すなわち実在的必然性しか考えられない。実在的必然性を定義することはできない。しかし、事情は論理的必然性についても同じである（第十六節）。言語における論理的関係として把握される論理的必然性は、この唯一の実在的必然性の一部分でしかない（第十六節）。我々は、この実在的必然性の信念を、ヒュームの主張に反して、経験からは直接導出できない、因果律あるいは自然の斉一性**（ロ）**の信念あるいは仮説として、カントの主張に反して、経験によってそれらの信念が決定的に反証されない限り、保持し続ける（第五節および第十六節）。そして、我々が、因果律の信念を保持し、あらゆる事象を因果律（因果的必然性としての実在的必然性）のもとで理解しようとするからこそ、我々は、ときには個別的な事象においてさえ、因果連関を、したがって「何らかの実在的に必然的な結合が存在する」ということを、知覚することができるのである（第五節および第四節）。ヒュームは、因果的観念連合を体験しつつある精神が、内的強制を感じていることを認めた。彼自身は自覚しなかったが、このことによってヒュームは、精神が因果的観念連合に際して個別的印象と個別的観念との間の個別的具体的因果連関を知覚できるということを、すなわち、「何らかの実在的に必然的な結合が存在する」ということを「感じる」ことができるということを、事実において、認めたことになるのである。

6　信　念

二十三　ヒュームは、精神の直接の対象である知覚を、印象と観念とに分け、両者の相違を、それらが意識に現前する際の「勢いと生気」の度合いにのみ置いた。最大の「勢いと激しさ」を伴って精神に現前するのが印象であり、これには「感覚の印象」と「反省の印象」（主として情念であるが（一九〜二〇頁）、能動的な心的活動の印象も含まれる（一三一頁、第三章第二節註（1）））が含まれる。観念は、想像や思考や推論に現われる印象の「生気のない像」である。印象と観念との相違は、「感じること」（現実体験）と「考えること」（思考）の相違であると説明される。印象と観念の勢いと生気の程度には、通常は判然とした相違が認められるのであるが、夢や熱狂的興奮において、あるいは熱病や狂気に伴う幻覚において、観念の勢いと生気の度合いが高まり、印象に近づくこともあり得、また逆に印象に生気も勢いもなく観念から区別できないこともあり得るとされる。ヒュームは、現実体験である印象、特に快苦の感覚の印象、および快苦の印象または観念が引き起こす諸情念が、我々の行為の直接の動機となることを、当然のことと考えているのであるが（一四四頁）、印象を、それの働き（因果的機能）によらずに、印象に内在する固有性によって、観念から区別しようとして、観念に優る「勢いと生気」を挙げたのである。印象に内在する固有性としては、我々は、或る種の鮮明さ（生気）、確定性（三一頁）、不随意性（二二六頁）、あるいは所与性等を認めざるを得ない。確定性は、ヒュームによって、印象の単なる写しである観念にも共通の特性であるとされるが（三〇〜二頁）、ヒュームが考えていた、個別的印象の個別的心像としての「観念」でさえ、それが不鮮明であるために或る程度の不確定性が不可避であることは、無視できない。ヒューム自身は、印象のもつ「勢いと生気」を、第三巻（一七四〇年）の最後につけた「付録」に先立って、すでに第一巻（一七三九年）において、「「確固たること」、「堅固さ」、「勢い」、あるいは「生気」」（一三一頁）と言い換えている（第二十九節）。

ヒュームは、印象と観念との勢いと生気の度合いにおける相違を、一般に成り立つ原則的事実としたにもかかわらず、のちにこの区別を困難にするように思われる事実に言及している。ヒュームは、我々が、対応する印象を忘れてしまったような観念をいだいているという事実から、その観念の原型である印象をかつてもったはずであると、因果的に推論することができることを認める。この因果推理の結論には信念が伴っており、この場合の信念は、一つの印象の存在についての生き生きした観念にほかならない。しかし、この因果推論の前提は、一つの観念の現前である。そこで、信念である観念の生気が、印象からではなくて、単なる観念から生じるかのように見える。ところが、「この観念は、ここでは、何か現前しない対象の表象とは見なされず、精神における直接意識される実在する知覚［すなわち印象］と見なされているのであるから、それは、精神がその観念を反省しそれの現在における存在を確信する際に伴うのと同じ性質を、それを「確固たること」、「堅固さ」、「勢い」、あるいは「生気」、のいずれと呼ぶにせよ、それと同じ性質を、それに関係をもつすべてのもの（観念）に付与することができる」と言う（一三一頁）。つまり、観念の対象は精神に現前していないが、観念自体は、現に精神に現前しているという意味で、一つの印象なのである。観念が精神に現前しているということは、精神がその観念をいだいている（思念している）ということであるから、観念が現に精神に現前しているという印象は、精神がその観念を思念していることの印象、すなわち精神の自らの能動的作用についての、反省の印象である。［或る対象の］観念は、ヒュームにおいては、いだかれるということから離れては存在せず、観念がいだかれてあるということ、すなわち現前していない対象のことを精神が考えるということは、現実の事実であり、それは［反省の］印象しか与え得ない。ヒュームは、印象と観念との相違を、いみじくも、「感じること」（現実に体験すること）と「考えること」との相違と述べていた（一三頁）。「感じること」も「考えること」も、現に精神に生じている心的作用であり、［反省の］印象しか与え得ないのである。両者の相違は、心的作用の対象が現前しているかどうかということにある。印象すなわち「感じること」においては、対象が現前するものとして与えられており、その対象の現に現われているあり方については、通常、鮮明で不随意的で確定的にしか考えられない。これに対して「考える」ことにおいては、対象が現前するものとしては与えられていず、その対象のあり方については、通常、不鮮明で不確定的にしか考えられない。記憶の観念においてさえ、記憶の対象は現前してはいず、その対象のかつて経験されたと想起されるあり方に、通常、或る程度不鮮明で不確定的にしか考えられないところがある。しかし、想起、思考、想像、等々の心的活動は、現前しない対象に対する精神のそれぞれ特有の志向的態度として、根源的に区別されているのであり、それらの心的活動に、心像としての観念が伴うことは、ときにはあり得ても偶然的なことであり、また、ヒュームが考えるような、心的活動の直接的対象としての「観念」が伴うことさえも、必要でないであろう。

二十四　記憶の観念と想像力の観念との相違も、勢いと生気の度合いにのみあると主張される（一〇六頁）。もちろん、正しい記憶の観念は、過去の印象と「同じ秩序（順序）と形態（配列）」を保存するように束縛されている（二〇～一頁）のであるが、或る観念が記憶の観念であると信じられるのは、その観念が元の印象と同じ秩序を保存しているという知識によってではなく（そのような知識は存在しないとされる（一〇六頁））、その観念が記憶の観念であるように見えること、すなわちその観念の勢いと生気による、と言うのである。このようにして、「記憶と感覚に常に伴う信念または同意は、それらが提示する知覚の生気にほかならない」と主張される（一〇八頁）。記憶の観念は、その生気のために記憶の観念であるように見えることによって、感覚の印象と同様に正しいと信じられるので、「記憶の印象」とも言われる。ヒュームは、第四部に入るまでは、感覚の真実性を問題にすることはなく（一〇四頁、一〇五～六頁）、記憶の真実性については、どこにも疑問を示していない。こうして、各印象と記憶の各観念とは、それぞれ「実在」（reality 現実）と呼ばれて、全体が一つの体系を成すのである（一三三頁）。

ところで、印象と観念との相違が、勢いと生気の度合いにあり、記憶の観念と想像の観念との相違も、勢いと生気の度合いにあるとすれば、印象と記憶の観念とは、どう区別されるのであろうか。当然、印象が、記憶の観念よりも優る度合いの勢いと生気をもつ、という考えが予想される。確かに、印象は、記憶の観念よりも、より鮮明で、より確定的であるように思われる。しかし、印象と記憶の観念とを区別するのに、勢いと生気の度合いの差だけでは、十分でない。感覚の印象は、外的感覚能力の対象であるということだけに基づいて、外的世界の現実を表わすものと見なされるのであり、身体的感覚は、身体的知覚能力の対象であるということだけに基づいて、自分自身の身体の現実を表わすものと見なされるのであり、反省の印象は、反省の印象であるということだけに基づいて、自分自身の意識の状態を表わすものと見なされるのであり、同様に、記憶の観念は、再認の意識を伴うということだけに基づいて、過去の経験を表わすと見なされるのであり、それぞれ固有の働き（機能）を担っているのである。これらの諸知覚がそれぞれ固有の対象領域を我々に提示しているということは、通常は、自明のことと見なされており、我々の認識上のアプリオリな前提であり、言わば生得的な区別なのである。ヒュームも、事実において、このことを前提としているのであるが、公式には、「観念の或る対象に対する関係は、その観念の外的規定であって、観念自体はこの規定のいかなるしるしをも備えていない」（三二一頁）、また、「われわれの［諸］感覚能力が、感覚の印象を、何か別個なものすなわち独立した外的なものの像としては与えないということは、明瞭である。なぜなら、感覚能力は、単一の知覚しかわれわれに伝えず、それを超えた何ものかを少しでも示唆するということはけっしてないからである」（二二〇頁）と主張し、知覚内在説の立場を採るのである。

二十五　ヒュームが特に問題としたのは、個別的因果推理の結論に伴う「信念」（「意見」、「判断」、「結論」などと呼ばれる）である。個別的因果推理においては、二種類の対象（事象）の過去における恒常的随伴の経験から生じる精神［の想像力］の「習慣」（「傾向」すなわち能力）としての因果的観念連合の機構が、一方の種類の対象の［印象としての］現前によって、現実に発動し、精神は、現前する対象［の印象］からその対象の結果または原因に相当する他方の対象の観念へと移行し（印象から観念への観念連合）、後の対象の存在を、それの現前を待たずに、現前している対象の結果または原因として、信じる。それゆえ、「信念」とは、「現前している印象に、［自然な］関係をもつ、すなわち連合している、或る観念である」、と暫定的に定義される（一一五頁）。

しかし、対象の観念は、対象の存在の信念に不可欠であるが、信念そのものを与えない。我々は、我々がそれについて観念をいだくすべての対象の存在を、信じているわけではないからである（一一六頁）。想像力が対象の観念をいだく際には、諸対象を、「［それらが存在したとすれば］そのように存在したであろう」ように「描いて見せる」ので（一二二頁）、対象の「存在」の観念は、対象自体の観念に何の付加も変更も加えない（一一六頁、第七章第一節）。それだけではなく、対象の存在の「信念」も、対象自体の観念に何の付加も変更も加えない（同所）。しかし、或る対象の存在を単に思念することとそれを信じることとの間には大きな相違があり、この相違は、思念される対象自体の観念には認められないのであるから、我々が観念をいだく（思念する）いだきかた（思念の仕方）のうちにある、と推測される（一一六～七頁）。ところで、観念は、いだかれる（思念される）という仕方でしかあり得ないので、観念を思念する仕方の相違とは、観念の、内容（構成部分）の相違とは異なる、あり方の相違にほかならない。そして、同一の観念が、その内容を変えずに変えることができるのは、その勢いと生気の度合いのみである。そこで、信念とは、観念を生き生きと思いうかべる（思念する）こと、すなわち、生き生きした観念をいだく（思念する）こと、とされ、個別的因果推理における信念（意見）とは、「現前する印象に、［自然な］関係をもつ、すなわち連合している、生気のある観念である」と定義される（一一八頁）。個別的因果推理に基づく「信念」のこの定義は、一方では、「信念」を、信念に含まれる観念［の思念］の内在的な性質である「生気」によって定義しているが、他方では、それが因果推理に基づく「信念」であるということを表わすために、「現前する印象に、［自然な］関係をもつ、すなわち連合している」という、信念に含まれる観念［の思念］がもつ因果関係（機能）に言及している。

次にヒュームは、個別的因果推理に基づく信念に含まれる観念の生気がどこから得られるかを問題にし、それが、因果的観念連合のきっかけとなる印象から得られる、と主張する。「或る印象がわれわれに現前するとき、それは、精神を、その印象と［自然な］関係をもつような観念に移行させるばかりでなく、それらの観念に、それ自身の勢いと生気の一部分を伝達しもする」（一二二頁）。そこで、因果推理に基づく信念の原因は、過去における二種類の対象の恒常的随伴の経験が生み出す習慣、すなわち、能力としての観念連合の機構の成立と、この機構を現実に発動させる近接原因としての（一二七頁）、一方の対象の印象［の現前］とである、と主張される（一二六〜八頁）。

各印象と記憶の各観念が、それぞれ一つの「実在」（現実）と呼ばれ、印象と記憶の観念との全体が一つの体系を成すということ（一三三頁）は、すでに見たが（第二十四節）、この体系の任意の知覚（「印象」）と因果関係によって結びついている各観念は、生き生きした観念であり、それの対象が存在すると信じられるので、やはり「実在」（現実）と呼ばれ、それらの観念の全体は、実在の第二の体系を成すことになる。

二十六　我々は、このように、印象と因果関係の協働から、個別的因果推理に基づく個別的信念を得る。類似性と隣接の関係は、それらの関係によって何らかの印象と結びつく観念に、印象の生気をいくらか伝えはするが（一三四頁、一三五〜六頁）、これらの関係の影響力は、単独ではきわめて弱く、観念の対象の現実存在を信じるためには、印象と観念が因果関係によって結びつけられることが必要である（一三四〜五頁）。その理由は、我々が、或る場合に或る印象に対してそれに類似するか隣接する対象の観念をいだいたとしても、「同じ印象が再現したときに、われわれが同じ対象をその印象に対する同じ関係に置くように決定される理由が、ないからである」（一三五頁）。これに対して、或る印象に対して因果関係に立つ対象は、「固定されており、取り替えることができない。……思惟は、常に、……その特定の印象からその特定の観念へ、いかなる選択あるいは躊躇の余地もなく移行するように、決定されているのである」（一三五頁）。ここで強調されているのは、表現上は、観念の生気ではなく、思惟の移行の被決定性であるが、実際は、移行の被決定性によって、より高い度合いの勢いと生気とが観念に伝達されるという主張が、意図されているのである。

ヒュームの言う習慣には二種類の形態がある。第一の習慣は、二種類の対象の過去における恒常的随伴の経験によって形成された習慣であって、これらの対象の一方が印象として現われるならば、我々は、習慣によって、その対象に常に随伴した対象の生き生きした観念に容易に移行せざるをえず、現前する印象と容易な移行とによって、その観念を、「より強くより生き生きした仕方でいだかざるを得ない」（一四一頁）、すなわちその観念の対象の存在の信念をいだかざるを得ない。第二の習慣は、教育に典型的に見られるような、印象を伴わない単なる観念の反復であり、「単なる観念が単独で（印象の恒常的な先導なしに）、……しばしば精神に現われると仮定するならば、この観念は、必ず容易さと勢いを徐々に獲得するであろうし、それのしっかりした把握と精神への容易な導入によって、必ず他の新しく見慣れないどの観念よりも目立つようになる……。これ（観念に勢いと生気を与えること）が、これら二種類の習慣が一致する唯一の点であり、もしこれらによる判断力への影響が類似し類比的なものであることが明らかであれば、「信念（判断）とは現前する印象に関係をもつ生き生きした観念であるという」判断力についての先の説明が十分なものであると、結論することができる」（一四一頁）。これら二種類の習慣がともに信念を生むことができるのは、どちらも観念に生気を生み出すからである、と主張されているのである。「われわれは、観念の生気が信念を生み出すということで満足してはならず、観念の生気と信念とは個体的に（事象として）同じものである、と主張しなければならない」と断言される（一四二頁）。

二十七　因果推理に基づく信念の対象は「実在」（現実）であるので（第二十五節）、印象および記憶の観念と同様に情念に影響を及ぼし、意志作用とは行為の直接の原因となる情念にほかならないから、信念が情念を介して行為に影響を及ぼすということは、当然のことである（一四四～五頁）。ヒュームは、因果推理に基づく信念のこの働き（因果的機能）の原因をも、信念の対象である観念の内在的な特徴に帰する。「信念は、……観念をして印象の［情念に対する］効果を真似させるのであるから、観念をこれらの［勢いと生気という］性質において印象に似させるはずであり、或る観念のより生き生きしたより強い思念にほかならないのである」と主張する（一四五頁）。

因果推理に基づく信念の信念たるゆえんを、このように、生き生きした観念の思念、あるいは、観念の生き生きした思念とする点では、一七三九年の第一巻は一貫していると言える。ところが、一七四〇年に出された第三巻につけられた、第一巻に対する「付録〔二〕」の本文の最後に、「［人格の同一性に関する、一・四・六の議論における誤りより、より重要でない他の二つの誤りのうちの］第二の誤りは、「同じ対象の二つの観念は、それらの勢いと生気の度合いの相違によってのみ、異なることができる」と、一・三・七、一一八頁、原註（一）の箇所に述べたことにあると言い（三二七頁）、「同じ対象の二つの観念は、それらの異なる感じによってのみ、異なることができる、と言えば、より真理に近かったであろう」（同所）と述べている。この訂正ないし修正は、実は、「付録〔一〕」の本文の内容であり、すでに「付録〔一〕」で詳しく説明された修正が、「付録〔二〕」では、初めて言及されるかのように、言及されている。この言及は「付録〔二〕」の本文にごく自然な形で属しており、「付録〔一〕」と「付録〔二〕」とは、初版本第三巻三〇〇頁において、裏罫によって仕切られている。これらの事実から考えると、「付録〔二〕」の本文のほうが、「付録〔一〕」（内容が異なる一・三・八への註（三一八～九頁）および一・三・十四への挿入文（三二一～二頁）を除く）よりも先に書かれたものと推定される。後に書かれた「付録

〔一〕」が「付録〔二〕」の本文よりも前に置かれたのは、「付録〔一〕」の内容が、因果性の問題、特に、因果推理に基づく信念の本性に関わり、この問題が、第一巻では、「付録〔二〕」の本文の内容が関わる人格の同一性の問題（一・四・六）よりも、先（一・三、特に一・三・七）に扱われたからであろう。

二十八　ヒュームは、「付録〔一〕」の本文において、因果関係から生じる信念の本性を問題にするということを、明言した後で、第一に、信念とは、或る対象の単なる思念に付加される、「現実」または「存在」の観念のような、別の観念であるのか、あるいは、信念とは、観念の思念に伴う或る独特の感じまたは感受的感覚に過ぎないのか、のいずれかであるという、二者択一（「ディレンマ」）を読者に迫っている（三一一頁）。そして、直ちに、二つの理由を挙げて、第一の選択肢を捨てている。その理由の第一は、我々が、個々の対象（存在者）の観念から別個な「存在」の抽象観念をもっていないということである（同所）。第二の理由は、精神は諸観念を自由に結合したり分離したりする能力をもつので、もし信念が対象の単なる思念に付加される別の観念であったとすれば、我々は、好き勝手なことを信じることができることになる、ということである（三一一～二頁）。この第一の理由は、それ自体が、「存在」の概念についての不十分な理解に基づいており（第七章第一節）、決定的な理由とはなり得ないが、第二の理由は、決定的な理由に近い。すなわち、第一の選択肢を捨てるための真の根拠は、たとえ「存在」の観念が与えられても、我々は、或る対象の観念に「存在」の観念を付加して、「その対象が存在する」と思念しながら、「その対象が存在する」とは信じない、ということが可能なのであるから、或る対象の存在の信念は、その対象の観念の思念に、「存在」という別の観念を付加することではない、ということにある。

したがって、第一の問題については、第二の選択肢を採り、或る対象の存在の信念とは、その対象の「観念の」単なる思念とは異なる「或る特有の感じ」であると結論される（三一二頁）。すなわち、或る対象の存在の信念とは、その対象の「観念の」思念に伴う、この思念とは不可分の、「或る特有の感じ」、すなわち、その対象の

〔観念の〕、「或る特有の感じ」の思念、であると言うのである。そこで、第二に、「この〔特有の〕感じまたは感覚の本性が何で〔あるか〕」ということが問題にされる。そして、その感じの本性を、「確信の対象である思念〔は〕、空想家のとりとめのないのんきな夢想よりも、より確固としておりより堅固であ〔り〕」（三一二頁）、「より勢いよくわれわれをうち、われわれにより切実であり、精神は、それらをよりしっかりと把握し、それらによってより動かされ動揺させられる」（三一三頁）と記述する。この記述において、ヒュームは、信念を、内在的な特徴のみによってではなく、それの影響力（因果的機能）によっても、把握しようとしている。信念における思念の特有の感じの本性を以上のように把握したのち、ヒュームは、第三に、信念における思念に特有の感じは、「われわれに直接現前している印象により近づくのであり、それゆえ、精神の他の多くの働きに類比的である」と主張する（三一三頁）。

ヒュームは、第四の問題として、信念における思念に特有の感じの原因の探究を目指すのであるが、その問題を扱う前に、信念における思念に特有の感じが、善または快の観念の思念につけ加わる意志や欲求のような、思念から分離できる印象ではない、ということを、経験に基づいて説明している（三一三～五頁）。その過程で、信念の特有の感じに類比的な他の精神の働きとして、すでに挙げられた印象の経験のほかに、記憶における想起に伴う信念に言及している（三一三～四頁）。因果推理に基づく信念と記憶の想起に伴う信念との類比性は、「付録〔一〕」の本文の直後に挙げられている、一・三・五、一〇六頁への挿入文（三一六頁）によっても、明らかである。第四の問題である、信念における思念に特有の感じ、言い換えれば「思念の確固としていることと強さと」の原因は、その信念を結論とする因果推理すなわち観念連合の近接原因である印象であるとされる（三一五頁）。

二十九　以上が、「付録〔一〕」の本文の内容であるが、この本文の後で、一・三・七、一二〇頁への挿入文において、因果推理に基づく信念または意見が、虚構における思念と異なるのは、その観念の諸部分の内容または配列においてではなく、「その観念がいだかれる（思念される）仕方においてのみ」である、と言われる（三一七頁)。この表現は、すでに見たように(第二十五節)、一七三九年に出た第一巻ですでに使われていた(一一六〜七頁、一一八頁、一二〇頁)。ところが、この観念がいだかれる仕方を説明しようとすると、言葉に窮する、とヒュームは言い、各人が体験する「感じ」に頼らざるを得ない、と言う(三一七頁、一二〇頁)。「各人の感じるところ」に訴えることは、これもすでに一・三・七の本文(一二一頁第二段落)に見られたことである。「「付録〔一〕」に戻ると、「同意される観念は、単に想像力が提示する虚構的な観念とは、異なって感じられる。この異なる感じを、私は、より優った、「勢い」、「生気」、「堅固さ」、「確固たること」、あるいは「安定性」(a superior force, or vivacity, or solidity, or firmness, or steadiness)と呼んで、説明しようと努めているのである」と言う(三一七頁、一二〇頁)。「確固たること」、「堅固さ」、「勢い」、「生気」という表現は、すでに見たように(第二十三節)、印象の特徴として挙げられていた(一三一頁)。(このことは、「付録」において、因果推理に基づく信念と単なる思念との相違を表わすとされた、それぞれの観念の〔思念の仕方の〕「異なる感じ」(三二七頁)、あるいは、信念に伴う「単なる思念とは異なる或る特有の感じ」(三一二頁)という表現が、印象と観念一般との相違にも妥当するということを、はっきり示している。)また、「安定性」という語は、「しっかりした思念」(一一九〜二〇頁)という表現に「しっかりした」(steady)という形容詞の形で現われている。そして、「〔このように多様な言葉の使用の〕意図するところはただ、現実を虚構よりもより切実な(より現前する)ものとし、現実を思惟においてより重要なものとし、現実をして情念と想像力に対するより大きな影響を与えさせるような、精神の作用を、言い表わすことにある」と言う(三一七頁、一二二頁)。ここでは信念の影響力が言及されており、同じことが、「信念は、より大きな勢いと影響力を観念に与え、観念をより重要なものに見えさせ、観念を精神にしっかりと固定し、観念をわれわれのすべての行為を支配する原理(原因)とする」とも言われている(三一八頁、一二二頁)。信念の影響力(因果的機能)も、すでに見たように(第二十七節)、一・三・十「信念の影響について」で言及されていた(一四四〜五頁)。最後に、「信念は、われわれの観念の性質と秩序にあるのではなくて、観念がいだかれる(思念される）仕方と、観念が精神に感じられる感じにあることは、明らかである。……［この感じあるいは思念される仕方の］真の正しい名前は、「信念」なのであ［る］」と言われる（三一七〜八頁、一二一頁）。すなわち、一七三九年の第一巻での、「現前する印象に、［自然な］関係をもつ、すなわち連合している、生気のある観念」（一一八頁）あるいは「観念のより生き生きしたより強い思念」（一四五頁）という、因果推理に基づく信念の規定を、不十分であるとして、一七四〇年の第三巻の「付録［一］」において、因果推理に基づく信念を、単なる思念とは異なる「特有な感じ」を伴う観念の思念と規定し直したのであるが、それは、信念がもつ情念および行為への影響力（因果的機能）の原因である、信念に内在的な特徴を、表現しようとするものであり、この特徴自体は、すでに第一巻でも使われていた「勢い」、「生気」、「堅固さ」、「確固たること」、「安定性」などの表現で暗示されるほかない、定義不可能な体験的質にほかならなかったのである。信念は観念の思念の一種であり、ヒュームにとって観念は思念されることを離れては存在し得ないのであるから、信念は、部分を含まない単純な反省の印象であり、単純な印象であるからには［部分の枚挙と部分の関係によって］定義することができないのであった（二・一・二および二・二・一を見よ）[1]。それゆえ、「付録［一］」は、第一巻に、ヒュームが期待したほどの改善をもたらしてはいない。

（1）『ヒューム哲学的著作集』第二巻七頁および一二一頁、セルビー・ビッグ／ニディッチ編、二七七頁および三二九頁。

三十　「付録［一］」は、信念における観念の思念に伴う「生気」あるいは「特有の感じ」が、観念すなわちそれの思念そのものと別個な印象ではないということを、明言している。すなわち、個別的因果推理に基づく信念における観念あるいはそれの思念に伴う「生気」あるいは「特有の感じ」は、印象から観念への推理の場合にのみ生じ、推理の結論である判断、すなわち生き生きした観念の思念、そのものの特徴であり、この思念から区別できない。一方、因果関係の「必然的結合」の印象は、因果的観念連合に伴う、一方の観念から他方の観念へ、また、一方の印象から他方の生き生きした観念へ、考察を移行させるように精神が決定されているという、内的な反省の印象（一九五頁）であるとされていた（第十三節）。この、精神の移行の被決定性または被強制感は、因果的観念連合一般、すなわち、印象から観念への推理だけでなく観念から観念への推理にも伴う反省の印象である。それゆえ、信念における観念の思念に伴う「生気」あるいは「特有の感じ」と、因果的観念連合一般に伴う内的な反省の印象である、精神の移行の被決定性の印象とは、別個のものである。

我々は、印象から観念への因果推理を、最初から個別的因果推理と呼んできたが、因果的観念連合には、原因と結果と見なされる二種類の対象の、一方の観念から他方の観念への連合が存在する（一一四頁、二〇〇頁）ことは、精神の移行の被決定性の説明（第十三節）および「原因」の第二の定義（第十四節）において、すでに見ている。それゆえ、二種類の対象の過去における恒常的随伴の経験があれば、一方の種類の対象の観念は、他方の種類の対象の観念を引き起こし、両者の間に因果関係があるという、個々の因果法則の意識すなわち認識をもたらす（一〇九頁、一九二頁）はずである（第十七節）。この認識は個々の因果法則についての顕在的信念でもあるから、一般の信念には、いだかれる（思念される）対象の観念の「生気」あるいは「特有の感じ」にはよらないものがあるということになる。個々の因果法則についての顕在的信念は、観念から観念への現実の観念連合における精神の移行の被決定性［の印象］によって説明できるかも知れない。しかし、印象の現前によって発現する因果的観念連合は、恒常的随伴の経験によって形成された習慣的能力としての因果的観念連合の発動にほかならず、この習慣的能力としての潜在的な因果的観念連合こそ、観念から観念への顕在的観念連合と、印象から観念への顕在的観念連合との、共通の基礎であり、個々の因果法則についての、習慣的能力としての信念である。この、必ずしも顕在化していない習慣的能力としての信念は、それの顕在的発現としての観念連合の移行に伴う被決定性［の印象］だけでは説明できない。

「観念の比較」（九九頁）による、観念の間の論理的関係についての認識である直観あるいは論証に基づく「知識」（九〇頁）を、我々が信じるのは、その知識の命題が含む観念の［思念の］「生気」や「特有の感じ」のためではなくて、その命題の否定が矛盾を含み思いうかべる（思念する）ことができないために、我々が、「諸観念を……［その命題の通りに］思いうかべる（思念する）ように、必然的に決定されている」からである、とされる（一一七頁）。ここでも、顕在的に意識されている「知識」に伴う信念は、思念の「絶対的な」被決定性［の印象］によって説明できるかも知れないが、必ずしも顕在化していない論理的能力としての、その「知識」の信念は、現実の思念の「絶対的な」被決定性［の印象］だけでは説明できないのである。

第九章　外的世界の存在

1　外的世界の存在の日常的信念

一　ヒュームは、外的世界の問題を論じるに当たって、「感覚能力に関する懐疑論について」の節（一・四・二）の劈頭で、「われわれは、「いかなる諸原因がわれわれに物体との存在を信じさせるのか」と問うてもよいが、「物体が存在するか否か」と問うことは、無益である。物体が存在するということは、われわれのあらゆる論究において、当然のこととしなければならない点なのである」と断わっている（二一九頁）。ヒュームは、懐疑論者と言えども、物体の存在の信念を正当化できないにもかかわらず、「物体の存在に関する原理に同意せざるを得ないのである。自然は、この問題を、懐疑論者の選択に委ねはせず、疑いもなく、この問題を、われわれの不確かな推論や思弁に任せるにはあまりにも重要な問題であると、見なしたのである」と言う（同所）。外的世界の存在についての日常的信念を、理性的根拠をもたないが、感覚と想像力とに基づく、人間の自然本性に不可避の信念であるとする、ヒュームの自然主義が、ここにはっきりと見られる。

事態は、因果的推論においても、同様である。因果的推論は、広義の理性の働きであるから、直観と論証の能力としての狭義の理性に基礎をもたないとしても、広義の理性に基礎をもつはずである。しかし、ヒュームは、論証的知識は実際の適用において蓋然性に帰着すると主張し（二一一～二頁）、さらに、誤った議論によって（一・四・一、訳註（1）、三五〇頁）、因果的推論を含むすべての蓋然的推論は実際の適用において蓋然性をまったく失うと主張する（二一三～四頁）。それゆえ、誤って、因果的推論は、広義の理性的根拠をも失うとされる。しかし、ヒュームは、我々がこのような「まったき懐疑論」を信じることは、人間の自然本性に反した不可能なことである、と主張する。「自然は、絶対的で干渉できない必然性をもって（！）、われわれを、呼吸し感じると同様に、判断する（因果推理を行なう）ように決定したのであ［る］」（二一四頁）。この「自然の絶対的必然性」は、当然、因果的推論が狭義の理性的根拠をもたないという、ヒュームの懐疑をも、単に認識論上の「節度のある懐疑」に留まらせるのである。

二 ヒュームは、外的世界を構成する「外的対象」すなわち「物体」の存在を、「連続存在」と「別個存在」との二面に分けて考察する（二一九頁）。物体の「連続存在」とは、精神による物体の知覚作用に中断が生じ、物体の感覚知覚表象に時間的中断が生じても、物体は一般に連続して存在するということであり、物体の「別個存在」とは、物体は、精神およびその知覚作用とは別個に存在するということ、すなわち、精神およびその知覚作用から独立に存在し（独立存在）、かつ、我々に対して外的な位置に存在する（外的存在）、ということである。ヒュームは、物体の連続存在と別個存在とは、論理的に等値である（たがいに他の必要かつ十分な条件である）と考える（同所）。物体が、精神の知覚作用の中断にもかかわらず、連続して存在するならば、それは、精神とその知覚作用から独立に、したがって別個に、存在することになり、逆に、物体が、精神およびその知覚作用とは別個に、したがって独立に、存在するならば、それは、精神によるそれの知覚作用が中断しても、連続して存在し得るはずである、というのである。しかし、ヒュームは、「人間本性の諸原理をより容易に発見するために」物体の存在のこれらの二面を区別し、「［物体の］連続存在あるいは別個存在の意見を生み出すのは、感覚能力であるのか、理性であるのか、それとも想像力であるのか」を問題とする（二一九～二〇頁）。

感覚の印象は、精神に知覚される限りにおいてのみ存在するものであり、精神の感覚知覚［作用］の中断とともに消滅する中断する存在者であり、精神［の知覚作用］に依存し、精神に内的な存在者である。しかし、我々は、我々が感覚の印象を受容するとき、通常は、外的対象は、感覚知覚［作用］の中断にもかかわらず連続して、精神から独立に存在する、と考えるのである。感覚知覚が中断されている間対象はどのようなあり方をするのかと問われて初めて、我々は、我々が、日常、外的対象は、知覚されない間も、知覚された際に感覚の印象に現われたのと同種の何らかの物体的属性（感覚［知覚］的性質）をもち続ける、と考えているということに、気づく。これが、「普通人」（二二五頁）の考えである。しかし、物体的性質は、感覚の印象においてのみ知覚される性質である。と言うよりは、むしろ感覚の印象の性質であるとも考えられる。そこで、感覚の印象が精神［の知覚作用］に内的な存在者であるならば、外的対象の性質であると日常考えられている感覚［知覚］的性質も、精神に内的な存在者に過ぎない、とも考えられるのである。このような疑問から、外的世界の本性と認識についての種々の哲学的学説が生じるので、哲学的学説も普通人の考えを出発点にしている。ヒュームが「物体が存在するということは、われわれのあらゆる論究において、当然のこととしなければならない点なのである」（二一九頁）と言ったのは、外的世界の存在についての我々の日常的信念が、人間本性に不可避であるという理由からであったから、ヒュームは、中断し、依存し、かつ内的な、感覚の印象そのものを、連続して存在し、独立して存在する外的対象であると見なす、普通人の外的世界についての信念を、主要な探究の主題にするのである。

三　感覚能力は、対象が感覚知覚されていないときに、それが連続して存在していることを知ることはできないから、物体の連続存在の考えを生み出すことはできない（二二〇頁）。

では、感覚能力は、物体の別個存在の考えを生み出すことができるであろうか。そのためには、感覚能力は、感覚の印象（感覚知覚表象）を、別個で外的な存在者の像または表象として示すか、別個で外的な存在者自体として示すか、のいずれかでなければならない（同所）。

しかし、感覚能力の与える感覚知覚表象は、単一の存在者であって、感覚知覚表象と別個な存在者との間の表象関係を示しはしない（同所）。

では、感覚能力は、感覚の印象を、別個な存在者そのものとして示すであろうか。感覚能力が感覚の印象を我々自身（精神）と別個な存在者として示すのであれば、「われわれ自身」および別個な対象の両方が、感覚能力に現われなければならない（二二〇～一頁）。しかし、我々自身とはいかなるものであるかという、人格の個体性と同一性ほど難しい問題はなく、感覚能力が、我々自身と外的対象とを区別できるとは、考えられない（二二一頁）。実際、我々自身は、感覚の印象としては与えられない。なぜなら、我々自身は、種々の変化し交替する知覚（印象と観念）に関わりながら、それ自身は同一のものとして存続する、と想定されているが、そのような、恒常的で変化しない印象は、存在しないからである（二八六頁）。

しかし、このような、感覚能力が感覚の印象を別個な（外的で独立な）存在者そのものとして示すことが可能であるかどうか、という問題ではなく、それが事実であるかどうか、という問題が、次に考察される。まず、外的存在については、「われわれ自身の身体は明らかにわれわれに属しており、いくつかの印象はこの身体の外にあるように見えるので、われわれはそれらの印象をわれわれ自身にも外的であると想定するのである、と……言われるかも知れない。私が今字を書いている紙は、私の手の向こうにある。テーブルは、紙の向こうにある。部屋の壁は、テーブルの向こうにある。そして、私の目を窓の方に向けると、私は、私の部屋の向こうに、大きく広がる野畑と建物とを知覚する。これらのすべてのことから、われわれに物体の外的存在を確信させるためには、感覚能力のほかにいかなる能力も必要でない、と推理されるかも知れない」と言う（二二二頁）。この部分において、ヒュームは、感覚能力が、物体の外的存在の考えを与える実際の仕方に、もっとも近い考えを、問題にしていたのである。しかし、ヒュームは、主として次の理由で、この考えを採らない。「正しく言うならば、われわれがわれわれの手足や身体部分を眺めるときにわれわれが知覚するのは、われわれの身体ではなくて、感覚能力を介して入ってくる或る諸印象なのであり、これらの諸印象またはそれらの対象に現実の物体的な存在を帰することは、われわれが現在吟味している問題と同程度に、［説明を必要とし、］説明することが難しい精神の作用なのである」（同所）。次に、独立存在については、感覚の印象が我々自身から独立な存在者であるかどうかは、印象と我々（精神）のそれぞれの存在の因果的独立性または非独立性（依存性）の問題であり、因果的関係は、感覚能力のみによってではなく、「経験と観察」に基づいた因果的推論によって初めて知られる（二一三頁）。

四　以上の議論によって、ヒュームは、感覚能力は、単独では、外的対象の連続存在の考えも、別個存在の考えも、我々に与えることができない、と結論するのであるが、この議論の過程において、ヒュームは、精神の諸知覚は知覚にしか見えない、それゆえ感覚の印象も印象にしか見えない、という主張と、物体的性質は、第一次性質であれ、第二次性質であれ、快苦の感覚印象と同じ資格のものであり、したがって、中断し（連続存在をもたず）かつ依存する（独立存在をもたない）内的な存在者である、という主張とを、提出している。

第一の主張は、「すべての印象は、外的なもの（感覚の印象）であれ、内的なもの（反省の印象）であれ、……もともと同じ資格のものであ［り］、……それらは、すべてが、その真の姿で、印象として、すなわち知覚として現われる」と表現され、特に、「われわれの感覚能力が、われわれの印象の、［性質において、あるいは、位置（内外）と関係（独立・依存）において、］われわれを騙すことができるということは、考えられない」と念を押している（二一二頁）。「精神の作用（反省の印象）と感覚（感覚の印象）とはすべて意識によってわれわれに知られるのであるから、それらは、必然的に、すべての点で、それらがある通りのものとして現われ、また、現われる通りのものとしてあるのでなければならない」と言う（二一一〜二頁）。「意識によってわれわれに知られる」とは、「われわれがもっとも直接に意識している」（二一二頁）あるいは「［われわれの精神あるいは意識に］真に（直接）現前［する］」（八六頁）ということであり、「精神には、その知覚、すなわち印象と観念、以外の何ものも、けっして現前しない」（八六頁）ということが、ヒュームの根本原理の一つであった。そこで、「精神に入ってくるすべてのものは、現実（事実）において知覚であるので、何かが感じ（感受性）にとって［知覚とは］違ったものに見えるということは、あり得ない」と言われる（二一二頁）。この、精神の知覚は、印象であれ、観念であれ、知覚以外のものであるようには見えないという、あらゆる知覚についての主張が、感覚の印象にも適用されて、感覚の印象は、感覚の印象以外のものであるようには見えない、と結論されているのである。確かに、感覚に現われるものとしての印象は、精神に知覚されるという仕方でしか、存在しない。しかし、ヒューム自身も認めるように、普通人は、感覚の印象を外的対象そのものと見なすのである（二二五頁、二三四頁）。その原因は、感覚の印象が、少なくとも普通人には、したがって、日常生活のさなかにある哲学者にも、単なる知覚であるようには見えず、外的対象そのものであるかのように見えるからである。それゆえ、ここでのヒュームの主張は、普通人の感覚的経験に基づいたものではなく、感覚的印象は知覚であるという事実に基づいて、感覚印象は知覚以外のものであるようには見えないはずであるとする、哲学的な主張なのである。実際、ヒュームは、感覚の印象でさえ、外的対象であるようには見えないと主張したために、物体の存在の外在性について、明確な観念をもつことができず、我々の別個な存在者の観念は、外的存在よりも独立存在を主な内容としている、と主張せざるを得なかった（二二三頁）。

第二の主張は、哲学者が別個で独立した存在をもつと想定する、個体性（不可入性）とそれの結果である延長、延長の結果である大きさ、形、運動また静止などの、いわゆる第一次性質が、色、音、香、味、熱と冷などの、いわゆる第二次性質と、［不可分であるがゆえに、］同じ資格の存在者であるということ、そして、第二次性質が、感覚的快苦の印象と同様に、身体的状態に影響を受ける精神の知覚（印象）に過ぎないということ、これら二つの事実から、第一次性質も、感覚的快苦の印象と同様に、身体的状態に影響を受ける精神の知覚（印象）に過ぎず、知覚の中断とともに中断し、精神の知覚作用に依存する、精神に内的な存在者に過ぎない、と言うものである。しかし、外的感覚は、生得的に、物体的性質特に第二次性質を示す対象を、我々の身体とは別個な存在者であること、あるいは少なくとも、その対象の感覚知覚に従事している感覚器官とは別個な存在者であること、また、その対象がその感覚器官の外の或る位置にあること、を知らせるのである（第四章第三節）。自己受容知覚能力（内的すなわち身体的感覚知覚能力）は、身体が受ける重力ないし加速度の方向と重力方向に直交する水平平面とに対する身体の姿勢（［内的］身体図式）を知らせ、また、活動中の外的感覚器官がこの身体において占める位置（部分）を知らせるのに対して、外的感覚の印象は、印象において現われている外的対象がこの感覚器官に対して或る外的位置（或る方向の或る距離）にあることを知らせる。外的感覚の印象は、我々の身体に対して或る位置（或る方向の或る距離）にある外的対象であるように見えるのである。それゆえ、第二の主張も、普通人の感覚的経験に基づいたものではなく、「我々は、内的（心的）世界、我々自身の身体、および外的世界の区別を、個々人が経験に基づいて学ぶのであり、この区別が成立するまでは、この区別の基礎となる唯一のデータである知覚（印象と観念）は、［外的］感覚の印象を含めて、精神による知覚であるから、精神に内的で、知覚作用の中断によって存在が中断し、知覚作用に依存する存在者であり、かつ、そのような存在者以外の存在者であるようには見えることはあり得ない」という、ヒュームの哲学的な主張なのである。そこで、「感覚能力が判定する限りでは、すべての知覚がその存在の仕方において同等である」と結論される（二二四頁）。

この箇所（二二四頁）で、ヒュームは、感覚の印象に、第一次性質の印象と第二次性質の印象および身体的快苦の印象の三種類があるということを明言している。ヒュームは明確には言及していないが、人間の感覚知覚能力には、これらの印象を受容する外的感覚知覚能力と身体的快苦を受容する自己受容知覚能力のほかに、自己の身体の状態や姿勢を受容する自己受容知覚能力（身体的知覚能力すなわち身体内的感覚知覚能力）がある。我々は、第一次性質と第二次性質を「物体的性質」と呼び、物体的性質を知覚する能力を「外的［感覚］知覚［能力］」または「外的感覚［知覚能力］」と呼ぶことにする（第三章第三節を見よ）。ただし、ヒュームは、身体的快苦の印象には快苦の印象として言及し、第一次性質と第二次性質を「感覚的性質」と呼んでいる（二五四頁）が、第一次性質の感覚知覚作用は第二次性質の感覚知覚作用に依存していると考えるので、「感覚の印象」という表現によって、通常は、第一次性質をうちに含んだものとしての第二次性質の印象を意味している（第三章第三節）。また、外的対象の存在の問題に関わる文脈では、「知覚」を「感覚の印象」の意味で用いることが多い。以下では、文脈で語の意味が分かる限り、適宜これらの簡略的表現を用いる。

五　以上のようにして、外的対象の存在の信念が感覚能力のみによっては生じないと結論されたので、次は、その意見が理性から生じるかどうか（第二節を見よ）が問題にされる（二二四〜五頁）。まず、普通人の考えについては、「哲学がわれわれに知らせるところでは、精神に現われるすべてのものは、知覚にほかならず、中断しており、精神に依存しているが、これに対して、普通人は、知覚（感覚の印象）と対象とを混同し、彼らが触れたり見たりするもの自体に別個な連続した存在を帰する……。してみると、この意見はまったく非合理であるから、知性［すなわち理性］以外の何らかの能力から生じるほかない」と言う（二二五頁）。理性に基づく真の哲学は、感覚の印象を含む知覚が精神に依存する存在者であるという真理を教えている。これに対して、普通人は、精神に依存する存在者である感覚の印象自体に精神から独立な存在を帰するのであるから、普通人の考えは、理性に基づいていない、と言うのである。では、外的対象を知覚（感覚の印象）の原因であり知覚とは別個な存在者であるとする（同所）哲学的教説は、どうか。ヒュームは、精神が因果関係を認める二種類の対象の間には恒常的随伴が観察されねばならないが、精神に現前するのは知覚のみであり、知覚と別個な存在者と知覚との間には恒常的随伴は観察され得ないがゆえに、知覚と別個な対象の存在を、知覚の原因として、広義の理性の働きである因果推理によって推理することは、原理的にできない、と考える（二四四〜五頁）。

六　以上の議論の結果、外的対象の存在（連続存在と別個存在）の信念は、外的感覚の印象に固有の何らかの性質と想像力の働き（第二節を見よ）との協働によって生じるということが、予測される（二二五頁）。外的感覚の印象に固有の性質とは、デカルトが考えたような「不随意性」でも、「より強い力や激しさ」でもない。なぜなら、我々が連続存在を帰さない、内的感覚の印象である身体的快苦や、反省の印象である情念なども、外的感覚の印象と同程度に不随意的であり、外的感覚の印象よりも「より強い激しさ」を示すからである（二二六頁）。

我々が連続存在を帰するような印象の固有性としてヒュームが見出すのは、それらの印象の「恒常性」と「整合性」である。「現在私の目の前にある山々や、家々や、木々は、常に同じ秩序（配列）で私に現われてきたのであり、目を閉じるか頭を向けかえるかして私がそれらを見失っても、私は、それらが、すぐ後に、少しの変化もなく私に戻ってくるのを、見出す。私のベッドやテーブル、私の本や紙類は、同じ一様な（変化しない）仕方で現われており、私がそれらを見たり知覚したりすることを中断しても、そのために変化しはしない」（二二六頁）。これが、我々の知覚の中断にもかかわらず連続して存在すると考えられる外的対象のほとんどの印象が示す「恒常性」（constancy）である。印象が示す恒常性とは、印象が知覚の中断の前後で、諸部分の性質と配列を変えないということであり、このことを、時間の経過に対応する類似性と中断によって図式化するならば、たとえば、A・A, A・・A, … あるいは $A_1・A_3A_4$, $A_1A_2・A_4$, $A_1・・A_4$, … となる。(1) ほとんどの外的対象の印象がこのような恒常性を示すのに対して、恒常性を示さない外的対象の印象は、「整合性」（coherence）を示す。「物体は、しばしばそれらの位置と性質を変え、しばらく居合わせなかったり中断があったりすると、ほとんど再認できないようになることがある。しかし、この場合、これらの変化のうちにあってさえ、物体が整合性を保持し、たがいに規則的に依存し合う……ということが、観察できる。私が一時間の留守ののちに私の部屋に戻ってくると、私の暖炉の火が、私が部屋を出たときと同じ状態にはないことに気づく。しかし、この場合、私は、他の諸事例において、私が居ようと居まいと、近くに居ようと遠くに居ようと、同じような変化が同じような時間の間に生じるのを、見慣れている」（二二七頁）。印象が示す整合性とは、同じような時間の間に同じような規則的変化を示す外的対象の印象は、中断を含んでいても、中断を含まなくても、中断部分以外の部分がたがいに類似または一致するということであり、このことを時間の経過に対応する変化と中断によって図式化するならば、たとえば、ABCD, ABC・, AB・D, A・CD, ・BCD, AB・・, A・C・, … となる。(2) 実際は、印象の整合性は、第二に、各印象の空間的配列の間においても成り立つことがある。すなわち、各印象が、部分的欠落を含んでいても含んでいなくても、欠落部分以外の諸部分の性質と配列においてたがいに類似または一致するということがあり得る。また、印象の整合性は、第三に、同時に生じる異なる感覚の諸印象の集合または束の間においても、成り立つことがある。ヒュームが挙げている、ドアの回転の視覚的印象とドアの回転が立てる音の印象との同時的体験とドアの回転を見ることなしにドアの回転の音を聞くという体験との間の部分的一致（二二八頁）が、この第三種の整合性の例である。いずれの種類の整合性についても、第一種の整合性の場合の図式化が適用できるであろう。このように図式化して見れば、プライスが主張したように、恒常性は整合性の一例であることが分かる。

（1）次註を見よ。
（2）「恒常性」と「整合性」のこの図式化は、プライス『外的世界についてのヒュームの理論』、三二一～六頁に倣ったものである。

七 外的感覚の印象の整合性が、どのようにして、知覚の中断にもかかわらず連続して存在する対象の考えを生み出すかと言うと、「私は、そのような（ドアが蝶番のところで回るような）音を聞き、同時にそのような対象（ドア）が動くのを見ることに、慣れている。［ところが］この特定の事例においては、私は、これら両方の知覚を受け取らなかった。これらの観察は、もし私が、ドアがやはり存続していて、私がそれを知覚することなく開かれたのである、と仮定しなければ、たがいに矛盾する。そして、……この仮定は、私がそれに基づいてこれらの矛盾を和解させることができる唯一の仮定であることによって、力と明証性を獲得する」（二二八頁）。印象の整合性からのこの結論は、習慣に直接基づいた因果推理ではないとされる。なぜなら、習慣は、諸知覚の規則的な継起から得られるのであるが、経験された度合いの規則性を超える規則性をもつことはできないからである（二二九頁）。ドアが回転するような音の知覚とドアの回転の視覚的知覚との随伴は、頻繁に経験された（「［私はそれに］慣れている」）が、恒常的に経験されたわけではない。習慣は、経験された頻度を超えた随伴の信念を生むことはできない。ところが、我々が印象の整合性から、知覚の中断にもかかわらず連続した対象の存在を推論するとき、我々は、経験された規則性を超える規則性を対象に帰しているのである。ヒュームは、このような

「経験からの変則的な種類の推論」（二七六頁）の原因を、想像力の一種の「惰性」に帰する。[1]「想像力は、ひとたび一連の思考活動に入ると、その対象が想像力に現われ得ないときでさえ、その思考活動を続ける傾向があり、オールによってひとたび動き出したガレー船のように、何らの新しい推進力もなしに進み続ける」と言う（二三〇頁）。対象は、実際に知覚される限りでも、一定の整合性（すなわち、諸印象の系列または配列または同時存在的集合の間の部分的一致）をもっている（二三〇頁）。この整合性（部分的一致）の度合いは、対象が時間的あるいは空間的に中断のない連続した存在をもつと仮定することによって、より完全になる（同所）。精神は、対象の間の与えられた整合性（部分的一致）をいったん観察すると、この整合性を完全な整合性（全面的一致）に可能な限り近づけるために、頻繁に経験された、部分的欠落のない完全な事例（ABCD）に倣って、不完全な事例（A・CD）の欠落を想像の観念によって補い（A［B］CD）、対象が連続して存在すると考えるのである（同所）。想像力のこの惰性の働きは、より一般的に定式化すれば、それぞれが十分頻繁に観察されたたがいに整合的な知覚系列（ABCD, ABC•, AB•D, A•CD, •BCD, AB••, A•C•, ...）の相互照合による、不完全な知覚系列の欠落の補塡（ABC[D], AB[C]D, A[B]CD, [A]BCD, AB[CD], A[B]C[D], ...など）である。

ヒュームは、精神が、外的感覚の印象の整合性から、そのような整合性を示す対象の連続存在の信念を得る過程を、一方では、頻繁に経験された、欠落のない、完全な印象の事例と、欠落を示す不完全な印象の事例との、「矛盾」［から生じる「不快感」（二三八頁）］を避けるために、精神が、不完全な事例の欠落部分に対象の連続存在を仮定し（観念を補い）それを信じる、ということによって説明し（二二八頁）、他方では、想像力あるいは精神の惰性によって説明している。しかし、精神が、完全な印象の事例と不完全な印象の事例との「矛盾」を、完全な事例に合致するように不完全な事例の欠落部分に対象の連続存在を仮定する（観念を補う）ことによって回避しようとすることと、想像力が、実際に観察される完全には規則的でない整合性を、頻繁に経験された完全な事例をモデルにして、完全に規則的な整合性に高めようとする「傾向」すなわち惰性とは、まったく同一の事態であると思われる。

さて、ヒュームは、欠落のない完全な印象の事例と、欠落を示す不完全な印象の事例との相違を、「矛盾」と言い表わしているが（二二八頁）、不完全な事例は、我々が対象から遠ざかる（不在である）（二二七〜八頁）とか「頭を回す」とか「目を閉じる」とか（二二九頁）することによる、知覚作用の中断によって、印象の部分に欠落が生じる事例である。このような二つの事例の間の相違は、同種のもの（A）であるように見える二つの対象（事象）（A_1とA_2）に、たがいに異なる（矛盾する）二つの対象（BとC）が随伴するような場合の、二つの随伴の事例の間の相違とは、まったく異なる。前者においては、不完全な事例は欠落をもち、その欠落部分は知覚されていない。それゆえ、想像力［の観念］によってその欠落部分を補い、連続した存在を仮定することができるのである。正確に言えば、完全な事例と不完全な事例との間に矛盾は存在しない。これに対して、後者においては、見かけ上同種（A）の二つの対象（事象）（A_1とA_2）に、たがいに異なる対象（事象）（BとC）が随伴するのであるから、これら二つの随伴事例の間には、ヒュームの意味での「矛盾」すなわち「反対」が存在する。このような場合には、連続存在の仮定によって埋めるべき欠落がないから、想像力の惰性の働く余地はない。このような場合、哲学者は、A_1とA_2とには、それぞれのうちに「たがいに反対の原因の隠れた作用」（一五九頁）があるために、異なる事象BとCとが随伴しているのであると考え、Aという種類の事象にいかなる事象が随伴するかについて確定した単一の判断（「証明」すなわち「確証」、一五二頁）を得ることができず、随伴事象A_1Bと随伴事象A_2Cについての「蓋然性」すなわち「確率」（同所）を、それぞれの随伴事例の過去における相対的頻度に基づいて判断するのであり（一・三・十二、一六一〜五頁）、印象の整合性に基づいて対象の連続存在の信念が生じる場合とは異なり、過去に実際に観察された規則性より高い規則性の存在が推論されるようなことはない。

（1）プライス、前掲書、五四頁。

八　ここで、前節で見た想像力の惰性と経験との関係が、問題として、自ずと意識に昇ってくる。と言うのも、ヒュームは、印象の整合性に基づいた、対象の連続存在の推論は、「知性（反省）から生じるのであり、習慣からは間接的で遠回りな仕方で生じていることが、分かる」と前置きした（二二九頁）上で、「習慣と推論とを［このように］知覚を超えたところに拡張することは、恒常的な反復と結合の直接的で自然な結果ではけっしてあり得ず、何か他の諸原理（原因）の協働から生じる」と受け（二三〇頁）、その「諸原理」として、想像力の惰性を挙げているからである（同所）。言及されている「習慣」とは、もちろん、過去に経験された「部分的に」完全な知覚系列を、経験された「規則性」すなわち相対頻度の比率のまま、同じ整合性（系列の部分的一致）を示す新しい知覚系列に投影しようとする傾向すなわち能力のことである。それゆえ、習慣に直接従うならば、隣り合う二項が恒常的随伴を示す二項知覚系列（AB）は、相対頻度（確率）1で新しい知覚系列に投影されるであろうし、同じ第一項（A）に対してたがいに異なる（真に矛盾する）二種類の第二項（BとC）が同数の頻度で現われる二項知覚系列（ACとAD）は、相対頻度（確率）1/2で、新しい知覚系列に投影されるであろう。同じく言及されている「知性（反省）」の働きとは、完全な事例と不完全な事例との「矛盾」（実は、真の矛盾、すなわち二つの積極的なもの（たとえばBとC）の間の相違ではなく、完全な知覚系列（AB）に含まれる積極的な項（B）と、同じ整合性を示す不完全な知覚系列（A・）に含まれる、それと同位の項の欠如（・）との相違）の把握と、「矛盾」を不完全な事例（A・）を完全な事例（AB）に倣って補修すること（A[B]）によって除き得るという理解と、である。そして、対象の連続存在の推論、すなわち、中断のある不完全な知覚系列の補塡が、「習慣からは間接的で遠回りな仕方で生じている」ということは、中断のある不完全な知覚系列は、同一の整合性を示す完全な知覚系列に真に矛盾する（積極的に相違する）知覚系列ではないのであるから、「知性（反省）」が、それを、完全な知覚系列の「同一の整合性を全体的あるいは部分的に示す経験された完全な知覚系列に対する」「規則性」（二二九頁）すなわち相対頻度を決定するデータから除き、こうして得られた整合的で完全な知覚系列を、経験されたそれの「規則性」すなわち相対頻度（確率）（外的対象の連続存在の信念についてのヒュームの議論の文脈では1となる）のまま、同じ整合性を部分的に示す新しい知覚系列に投影する、という事態に相当する。これが、想像力の惰性の論理的構造である。

この想像力の惰性自体は経験に基づいた原理なのであろうか。ヒュームは、この原理を、あたかも経験された恒常的でないが十分頻繁な随伴（知覚系列）の「規則性」（相対頻度）を超える「はるかに大きな規則性」（二三〇頁）（頻度）の随伴（知覚系列）、すなわち恒常的な随伴（知覚系列）を、対象に帰すものであるかのように語っている。

想像力がその惰性の原理によって、実際に観察される整合的で不完全な知覚系列の中断と欠落を補い、中断と欠落のない連続した知覚系列と見なす際に、十分頻繁に経験された整合的で完全な知覚系列をモデルにして不完全な知覚系列を補っているという点では、想像力は経験と或る種の習慣に従っているのである。実際、ヒュームは、想像力のこの働きが、「間接的で遠回りな仕方で」ではあるが「習慣から……生じている」と述べている（二二九頁）。また、中断も欠落もない完全な知覚系列が過去に実際にしばしば経験されているものと考えられていることは、以下の引用からも明らかである。「私は、これまでに、この音がドアの運動以外のものから出るのをけっして（！）観察したことがなく、それゆえ、現在の現象は、部屋の反対側にあったと私が記憶しているドアがまだ存続しているのでなければ、すべての（！）過去の経験に矛盾する……」（二二八頁）。「私はこれまで人間の身体が、私が「重さ」と呼び、身体が空中を上がることを妨げるところの性質をもっていることを、常に（！）見出してきた……」（同所）。「私は、私の記憶と観察に従って、われわれ（私と友人）の間に横たわる海と陸の全体を私の精神のうちに繰り広げ、駅馬車と渡し船の影響と連続存在を仮定せずには、この現象（私がその筆跡と署名とを再認できる友人を差出人として示している手紙を受け取ったということ）を、他の事例における私の経験に一致するようには、けっして説明できない」（同所）。「これら門番と手紙の現象は、或る見方のもとでは、普通の経験に対する矛盾であ［る］」（同所）。「私は、そのような音を聞き、同時にそのような対象（ドア）が動くのを見ることに、慣れている」（同所）。「習慣と推論とを［このように］知覚を超えたところに拡張することは、恒常的な反復と結合の直接的で自然な結果ではけっしてあり得ず、何か他の諸原理（原因）（すなわち想像力の惰性）の協働から生じるに違いない」（二三〇頁）。したがって、整合的で［より］不完全な知覚系列の中断と欠落とをどのように補うかは、過去における、整合的で［より］完全な知覚系列の、十分頻繁な観察、すなわち経験［と或る種の習慣］、に依存している。

しかし、整合的で［より］不完全な知覚系列が、同一の整合性を示す［より］完全な知覚系列と真に矛盾する、中断と欠落のない因果系列、ではなく、真に中断と欠落を含む真に不完全な知覚系列であること、それゆえ、それの中断と欠落を補い得るものであることは、もはや、経験あるいは習慣に依存しているのではなく、すでに知覚系列が欠落を含むことの可能性、それゆえ、中断をもった知覚系列の可能性、それゆえ、それの知覚は中断しているがそれ自身の存在は連続しているところの、知覚から独立で知覚の中断にもかかわらず連続して存在する存在者（外的対象）、の概念そのもの、を前提していると思われる。知覚系列の欠落をいかに補うかは、経験と或る種の習慣に依存しているが、或る種の知覚系列を、そもそも補う余地（中断と欠落）のあるものと見なす働きは、経験と習慣には直接的には依存していないのである。

想像力の惰性に似た原理として、「［われわれが］或る［種類の］対象から一度帰結することを観察したものは、その［種類の］対象から常に帰結するであろう」（一五九頁）という「一度で十分の原理」（ロ）が、自然に思いうかべられる。原理（ロ）は、我々がただ一度の実験または観察によって或る事象の原因を知ることがあるということを説明する文脈で言及された「似た対象は似た条件のもとでは常に似た結果を生み出す」（一三〇頁）という原理（イ）が実際に必要な働きをなすために、直接必要となる定式であった（第八章第十節）。そして、原理（ロ）が、ヒュームはそれを経験から得られると明言しているが、実際は、経験（「恒常的随伴の経験」）から直接には得られないということは、すでに見た（第八章第十一〜十二節）。そこでも、何が帰結するかは、一度経験された帰結に従って推論されるのであるが、現在現前している対象からそもそも何かが一義的に帰結するということは、経験から得られる原理ではなかった。想像力の惰性の原理は、恒常的でないが頻繁な随伴の事例をモデルにして、知覚作用の中断による欠落を含む不完全な随伴事例を、恒常的な随伴の事例と見なそうとする原理であり、「一度で十分の原理」（ロ）よりは弱い原理であるが、原理（ロ）と同様、経験と習慣から直接には得られないのである。

九　外的感覚の印象に観察される整合性が、諸印象の系列または配列または同時存在的集合の間の部分的一致でしかないという事実、すなわち、「われわれは、……［二種類の対象（外的対象の印象）の間の］結合が完全に恒常的であることを観察することはできない。なぜなら、われわれの頭を回すか、あるいはわれわれの目を閉じるかすれば、その結合を断つことができるからである」（二二九頁）という事実は、外的対象であれ、内的対象であれ、二種類の対象の間の過去における恒常的随伴の経験が、一方の対象の印象から他方の対象の生き生きした観念（その対象の存在の信念）への個別的因果推理、あるいは、両対象の間の法則的因果連関の認識の、原因であり、根拠である、というヒュームの因果論そのものを、再検討する必要があることを、示している。すなわち、ヒュームが因果論において、我々の因果推理や因果法則の認識の基礎と見なした、二種類の対象［の印象］の間の過去における恒常的随伴は、直接経験されるものではなくて、高々矛盾なく仮定することができるものに過ぎないのである。「すべての出来事には原因がある」という因果律、「一度で十分の原理」（ロ）という強い意味での自然の斉一性、および想像力の惰性の原理などが、経験から直接習得される原理ではなく、経験によって決定的に反証されるまでは保持されるというきわめて弱い意味で経験的な、仮説であるばかりではなく、ヒュームの経験論の最後の拠所である、習慣を生み出す「恒常的随伴の経験」も、実際に印象において経験されるものではなく、印象における不完全な経験に基づいて仮定されるものである、ということになる。このことは、ヒュームが主張したような強い意味での経験論が、成り立たないということを、意味している。

十　さて、ヒュームは、第七節で見たような仕方で、外的感覚の印象が示す整合性は、想像力の惰性の原理の適用によって、整合性を示す対象の連続存在の信念を生み出す、と主張する。次に、ほとんどの外的感覚の印象が示す恒常性と、想像力の諸原理との協働から、恒常性を示す対象の連続存在の信念がどのようにして生じるとヒュームが考えたかを、見ることにしよう。

この説明は、四段階に区別されている。第一段階において、ヒュームは、「個体化の原理」すなわち時間を通じての個体的同一性の基準を、「想定された時間の変化を通して、対象が、変化せず、かつ中断しないということ」と規定する（二三三～四頁）。ヒュームは、時間の観念は、精神におけるあらゆる種類の知覚（印象と観念）の継起の印象から得られ（五〇頁）、異なる諸知覚の継起すなわち変化の仕方の観念にほかならないので、知覚の継起または変化を捨象しては時間を思いうかべる（思念する）ことができず（五一～二頁）、それゆえ、変化しない対象に持続すなわち時間の観念を適用することは、本来想像力の虚構（空想）によるのであり（五二頁）、「この虚構により、その変化しない対象は、それと同時に（!）存在する諸対象の変化、特にわれわれがもつ諸知覚の変化に、与ると、［誤って（!）］想定されるのである」（二三三頁）、と考える。

第二段階において、「われわれが或る印象に恒常性（知覚作用の中断の前後における印象の配列の各部分の性質と諸部分の配列の類似性または一致）を観察することに慣れ、たとえば、［山々や、家々や、木々や、ベッドやテーブル、本や紙類や（二二六頁）、］太陽あるいは海の知覚が、［われわれの］不在あるいは［知覚の］消滅［による中断］ののちに、それの最初の出現の際と同様の配列にある同様の諸部分を伴ってわれわれに戻ってくるのを見るときに、われわれは、これらの中断した知覚（印象）を、別個なものと見なそうとせず……、逆に、これらを、たがいに類似しているがために、個体的に同一のもの（知覚印象）であると見なそうとするのである」（二三一頁）。知覚作用の中断の前後の印象が類似しているために、類似性の観念連合によって、中断の前後の知覚が自然な結合を獲得し、精神は、中断の前後の知覚の一方から他方へ滑らかに移行する。この知覚の継起に沿った精神の考察の滑らかな移行は、変化も中断も含まない完全な同一性を保つ知覚を考察する精神の滑らかな移行に酷似しているので、精神（想像力）は、前者を、中断を含むたがいに別個な印象の継起と見なさず、個体的に完全に同一の印象と取り違えるのである（二三四～七頁）。

第三段階において、「しかし、知覚の存在のこの中断は、知覚の完全な同一性に反しており、われわれに、最初の印象を消滅したものと見なし、第二の印象を新しく創造されたものと見なすようにさせるので、われわれは、いささか困惑し、一種の矛盾に陥る。この困難から逃れるために、われわれは、できる限り中断を覆い隠し、それどころかむしろ、これらの中断を含む知覚がわれわれの感知しない或る現実の存在者によって結合されていると仮定する（想像する）ことによって、中断を完全に除去してしまう」（二三一頁）。「ここには、たがいに類似する知覚についての同一性の考えとそれらの知覚における中断との間に、対立があるので、精神は、この状況では不快であり、この不快感からの救いを、自然に求める。……しかし、われわれのたがいに類似した知覚にそってのわれわれの思惟の滑らかな移行は、われわれにそれらの知覚に同一性を帰させるので、われわれは、この意見を捨てることを厭わざるを得ない。それゆえ、われわれは、もう一方の側に犠牲を求めて、われわれの知覚は、もはや中断していず、変化しない存在と同時に連続した存在を保持し、このことによって完全に同一のものであると、想定する（想像する）のである」（二三八頁）。

第四段階において、「［中断部分を満たしていると仮定された］連続した存在［者］の観念は、中断した（中断の前後の）［たがいに類似する］印象の記憶［の勢いと生気］と、それらの［中断の前後のたがいに類似した］印象がわれわれに与えるところの、それらの印象を同一のものと見なそうとする傾向とから、生気と勢いを獲得する」（二三一頁）。それゆえ、中断部分を満たしていると仮定された存在者の、中断の前後の存在者に連続した存在が、信じられることになる（二四〇～二頁）。

ヒュームは、このようにして、外的感覚の印象が示す恒常性あるいは整合性から、想像力の諸原理に基づいて、日常的信念を獲得する、と言う（二四二頁）。
の独立を意味するので、我々は、外的対象の連続存在の信念からその独立存在の、したがってその別個存在の、
すでに見たように（第二節）、知覚の中断にもかかわらず連続して存在するということは、我々の知覚作用から
対象が我々の知覚作用の中断にもかかわらず存在し続けるという、外的対象の連続存在の日常的信念が生じるが、

2　哲学的諸意見

十一　このようにして我々は外的対象の連続存在と別個存在の日常的信念を獲得するとされるのであるが、ヒュームによれば、外的対象の独立存在の信念は、厳密な理性の立場から見れば、誤謬である。「経験的事実を比較し、それらについて少し推論すれば、われわれは、われわれの感覚的な知覚の独立的な存在の説がもっとも明白な経験に反することを、すぐ見て取る」と言う（二四三頁）。それゆえ、「感覚的な知覚」（外的感覚の印象）を外的存在者と見なして、それに連続存在を帰することも、誤りである、ということが帰結する（同所）。

我々に感覚知覚（感覚の印象）の非独立性（精神およびその知覚作用への依存）を確信させる「経験的事実」とヒュームが言うものは、感覚知覚が対象と知覚者の知覚作用との間に介在する物理的条件に依存して変化するという、感覚知覚作用のいわゆる［広義の透視条件（the perspective）に対する］「相対性」と、錯覚（誤知覚）とである（二四三頁）。第一の経験的事実としてヒュームが挙げているのは、「われわれは、一方の目を指で押すと、すべての対象が二重になり、それらの半分が通常の自然な位置からずれるのを、直ちに知覚する」という二重視の事実である（同所）。そして、この事実についての「少し［の］推論」とヒュームが言っていたものは、「しかし、われわれはこれらの知覚の両方には連続的な存在を帰さず、それらは両方とも同じ本性のものであるので、われわれは、われわれのすべての知覚が、われわれの諸器官と、われわれの神経と精神の気の状態とに、依存していることを、明瞭に見て取る」というものである（同所）。

しかし、ヒュームの挙げた二重視は、きわめて複雑な現象であり、それが、感覚知覚作用の相対性（relativity）の事実なのか、錯覚（illusion）または誤知覚（misperception）なのか、または幻覚（hallucinaion）なのかも一見分からない。そこで、「一方の眼を指で押す」という条件をなくするために、同じ二重視のより単純なケースとして、我々が或る物体、たとえば垂直に立った一本の鉛筆に鼻を近づけた場合に、その物体が二重に見えるというケースを考えよう。この場合、対象（鉛筆）は一つしかないのに、それの感覚印象は二つある。しかし、左眼をつむって右眼で鉛筆を見れば、鉛筆の感覚像（印象）は、視野の左端に見える鼻の前に一つだけ見えるようになり、右眼をつむって左眼で鉛筆を見れば、鉛筆の感覚像は、視野の右端に見える鼻の前に一つだけ見えるようになる。鉛筆から鼻を十分遠ざけると、鉛筆の感覚像も一つになる。この二重視にも複雑な条件が関与している。我々は二つの眼をもっていて、両眼は、通常は十分遠い対象を見るので、両眼のそれぞれの網膜の中心窩に同一対象の像を結像させる両眼中心［窩］注視（bifoveal fixation）を得るために、両眼の注視線を同一対象上の同一注視点に向ける両眼輻輳（convergence）とともに、両眼の注視線をほぼ同方向へほぼ同程度動かす両眼球の連結運動（conjugate eye movement）をも必要とし、眼筋の働きによる両眼連結運動は、一定距離より近い距離にある対象（鉛筆）に対する両眼輻輳を不可能にしている。そのために、鼻先の鉛筆に対して両眼中心［注］視を得ることができず、中心［窩］視はせいぜい右眼か左眼かのいずれか一方でしか得られず、鉛筆は他方の眼の網膜の中心窩を大きくはずれた部分に像を落とし、その結果、同一の鉛筆について二つの感覚像が感覚されるのである。ところで、この二重視は、実は、我々の視線上で重なるくらい近い方向にある二つの対象が我々からの距離において異なる場合に二つの対象の一方を注視しようとすると他方の感覚像が二重になるという、通常は意識されないがごく普通の二重視（複視、diplopia = double vision）の現象の特別の場合にほかならず、しかも、この普通の二重視は、実は、大きさをもった同一の対象を両眼で見るときに、その対象は両眼に、異なる方向から見られた同一の対象の異なる感覚像を示すという両眼視差（binocular dipsarity）の現象、すなわち、通常は意識することが困難であるが、知覚者に対象までの距離についての奥行き手がかりとなっている、両眼視差の現象の、特別の場合に過ぎないのである。以上のような事実によって、やっと、ヒュームの二重視の現象も、感覚知覚作用が対象と異なる感覚器官との間の透視条件（the perspective）に依存して変化するという、感覚知覚作用の相対性（relativity）の一例に過ぎないということが分かる。

さて、我々の感覚の印象の精神の知覚作用への依存を確信させる他の「経験的事実」の第二種のものとは、「距離に対応した対象の見かけの増大と減少、対象の形の見かけの変化」である（二四三頁）。これらは明らかに感覚知覚作用の相対性の事実である。ここでよく理解すべきことは、感覚知覚作用とは、知覚の透視条件から切り離された知覚対象自体における硬直した客観的性質を示すものではなくて、本来、知覚対象と知覚者との空間的関係を含む相互交渉の出来事の認識であるということである。感覚知覚作用は、特に知覚対象と知覚者の感覚器官を含む身体との空間的関係と因果的交渉の認識なのである。知覚対象自体における硬直した客観的性質を知るだけでは、我々は、その対象にいかなる関係にあり、いかなる行動を取るべきかが、まったく決定できない。感覚像が知覚者の透視条件に相対的に変化するからこそ、感覚像が、知覚対象に対する知覚者の透視条件にほぼ「一義的に」対応した、知覚対象と知覚者の身体との間の関係についての知覚的手がかり（情報）を与えてくれるのであり、我々が、感覚像からほとんど無意識にこの知覚的手がかりを抽出して、知覚対象と知覚者の客観的関係を知り、かつ、知覚対象の客観的あり方（属性）を知ることができるのである。

我々の感覚の印象が我々の精神の知覚作用に依存していることを示す、第三の「経験的事実」と言われているものは、「われわれの病気や変調から生じる対象の色や他の諸性質の変化」（二四三頁）である。これは、感覚印象が知覚者の身体的異常に依存して変化するので、我々が対象に間違った感覚的性質を帰することがあるという、感覚知覚作用の誤知覚（錯覚）である。身体の異常による誤知覚は、真正の知覚と見かけ上異ならないので、いかなる知覚も対象の客観的性質を示していないとする、「錯覚からの議論」（「錯覚論法」、the Argument from Illusions）を生み出す。この議論はのちに（本章第二十一～二十二節）考察する。

いずれにしても、これらの「経験的事実」から、ヒュームは、「われわれは、われわれのすべての知覚が、われわれの諸器官と、われわれの神経と精神の気の状態とに、依存していることを、明瞭に見て取る」（二四三頁）と結論し、感覚の印象そのものを外的対象と見なして、それに独立存在を帰することは、誤りであると、結論するのである。しかし、この結論は、そもそも外的対象の概念の成立過程およびその概念の当否という哲学的問題を論じている文脈で、「われわれの諸器官と、われわれの神経と精神の気の状態」などという外的対象の存在を前提して得られた結論であり、論点先取の誤りを犯しているのである。そもそも、外的対象の独立存在の考えは、対象が精神の知覚作用から独立に存在するという考えとして定義されていたのであり（第二節）、ヒュームはここで、外的対象と見なされた感覚知覚が物理的および生理的条件に依存するということを証明することによって、感覚知覚が主観的内的な存在者であり、精神の知覚作用に依存した存在者であるということを、証明し得たと考えているかのようである。

十二　ヒュームによれば、哲学者たちは、前節で見たような、感覚知覚作用の相対性や誤知覚という「経験的事実」に基づいて、我々の感覚知覚（外的感覚の印象）が独立存在をもたないと結論するのであるから、当然、我々の感覚知覚は、独立存在と等値である連続存在をもたないと結論しなければならず、それゆえ、我々の知覚作用の中断にもかかわらず連続して存在するようなものが何か自然のうちに存在するということを否定しなければならないはずである。しかし、哲学者たちは、そうはせず、「知覚」と「対象」とを区別して、「知覚」は中断した存在しかもたないが、「知覚」の原因であり「知覚」に類似した（二二〇頁、二四九～五〇頁）しかし「知覚」とは別個な「対象」自体は、我々の知覚作用の中断にもかかわらず連続して存在するとする、「知覚と対象との二重の存在」の意見（信念）をもつのである（二四三～四頁）。しかし、「知覚と対象との二重の存在というこの意見を、われわれに直接いだかせるような、知性（理性）の原理、あるいは想像力の原理は、存在せず、われわれは、この意見に、われわれの中断した知覚の同一性と連続性という通常の仮説を通過することによってしか、到達できない」（二四四頁）。「［われわれの知覚と対象とが別個であって、われわれの対象のみが連続した存在を保持するという、哲学的］仮説は、理性に対しても、想像力に対しても、一次的な（それ自身に固有の）自己推薦力をもたず、それの想像力に対する全影響を、［われわれの知覚がわれわれの唯一の対象であり、それらは感覚能力にもはや現われていないときでも存在し続けるのであるという、通常の］仮説から得ているのである」（同所）。

「この哲学的仮説［が］、理性にたいして……、……一次的な自己推薦力をもたない」ということはすぐ分かる、とヒュームは言う。と言うのは、「精神には知覚以外のいかなる存在者もけっして現前しないので、われわれは、たがいに異なる知覚の間に、随伴、または原因と結果の関係を、観察することができるが、知覚と対象との間には、この関係をけっして観察することができない。それゆえ、われわれは、知覚の存在または［知覚の］一つの性質から、対象の存在に関して［理性による］何らかの推論を行なうこと、あるいは、この点（対象の存在）においてわれわれの理性を満足させることは、不可能なのである」からである（二四四～五頁）。この、知覚の原因であり知覚とは種類が異なる別個な存在者としての対象という考えの否定は、ヒュームの一貫した哲学的立場である。知覚とは種類が異なるような存在者については、我々は観念をもつことができず（八六頁、二二〇頁、二五〇～一頁、二七五頁）、「［われわれは、］われわれがそれについて観念を形成し得ないような対象が存在するということを信じる理由をけっしてもち得ない」のである（二〇二頁）。しかし、すでに考察したように、ヒュームは、知覚の対象であり得る限りでの外的対象が、その対象について我々がもつ知覚の原因であり得ることを、否定しない。そのような対象については、それの感覚的な性質の一部分を通じて知覚されその対象と、知覚されたその対象の別の性質の知覚との間に、恒常的随伴の経験をもつことができるからである（二八四頁、第三章第二～三節）。

「この哲学的体系が、想像力に対して一次的な自己推薦力をもた［ない］」のは、「われわれの知覚が途切れており、中断しており、どのように似ていようともたがいに異なる」という想定自体が、想像力がそれを前提とするには難解過ぎるからである（二四五頁）。想像力に一次的な自己推薦力をもっているもっとも自然な意見は、「われわれの知覚が、われわれの唯一の対象であり、知覚されないときにさえ存在し続ける」という考えなのである（同所）。

「哲学的体系は、それの想像力に対する全影響を、通俗的体系から得ているのである」（二四五頁）ということは、以下のように説明される。我々の感覚知覚の非独立性から、当然、我々の感覚知覚の非連続性が帰結し、それゆえ、我々の知覚作用の中断にもかかわらず連続して存在するようなものが何か自然のうちに存在するということを否定しなければならないはずであるが、このような結論を主張するのは、ほんのわずかの「常軌を逸した懐疑論者」だけであり、彼らも、このような結論を、単に言葉の上でのみ主張しただけであって、本気で信じることはとうていできないのである。我々は、我々の知覚の対象が連続存在をもつという、通俗的体系に含まれる考えを、本気で捨てることはできないのである（二四六～七頁）。「［人間の］自然［本性］は、ときにはきわめて大きな影響を及ぼし、われわれのもっとも深い反省のさなかにおいてさえもわれわれの前進を止めさせ、われわれが或る哲学的な意見の全帰結を受け容れることを妨げるのである。かくして、われわれは、われわれの諸知覚の非独立性と中断とを明瞭に知覚するにもかかわらず、われわれの歩みの途中で立ち止まるのであり、けっしてこの知覚のゆえに、独立で連続した存在者の考えを斥けることは、しないのである。この意見は、想像力の中に深く根づいているので、それを根こぎにすることは不可能なのであり、われわれの知覚の非独立性の形而上学的確信を精一杯強めても、その目的のためには十分でないのである」（二四七頁）。このように、我々の自然な諸原理が我々の理性的反省よりも優勢になるのであるが、我々の諸知覚が非独立的でありそれゆえ中断しているという、理性の主張は、明瞭で、否定できない。想像力と理性のこの対立から生じる緊張と不快を和らげるために、哲学者たちは、想像力と理性とをともになだめるような仮説を考え出す。この仮説が、「諸知覚と諸対象との二重の存在」の仮説であり、この仮説は、「われわれの依存的（非独立的）な知覚が中断しておりたがいに別個なものであることを認める点において、われわれの理性をよろこばせ、同時に、連続した存在をわれわれが「対象」と呼ぶ［知覚とは］別の或るものに帰する点で、想像力にとって快い」ものとなるのである（二四七頁）。この哲学的な体系は、「たがいに反対の、二つながら同時に精神によっていだかれる、たがいに他を滅ぼすことができない、二つの原理の間にできた、奇形児」であると言われる（同所）。

この哲学的体系が想像力に依存していることを示す特徴が、ほかに二つある、とされる（二四九頁）。第一に、我々（哲学者たち）は、外的対象が一般に感覚知覚に類似していると考えている。しかし、外的対象は知覚とは別個な存在者と考えられているのであるから、すでに見たように、知覚の存在または性質から知覚とは別個な外的対象の存在を推理することができないだけでなく、そのような外的対象が一般に知覚に類似すると信じる根拠は何もないのである（同所）。哲学者たちがそのような考えをもつのは、「想像力はそれのすべての観念を或る先行する知覚（印象）から借りている」ので、我々は知覚と種類の異なるようなものは何も想像することができないということの、結果にほかならない（同所）。第二に、我々（哲学者たち）は、個々の対象が、それが原因となって我々のうちに生み出す個々の知覚に類似している、と考えている。これは、個々の対象とそれが生み出した知覚とは因果関係によって結びつけられていると空想されているので、我々は、我々の自然な傾向によって、両者の結びつきをより完全にしようとし、類似性の関係をもつけ加えようとするからである（二四九〜五〇頁）。

十三　外的存在者に関する通俗的体系と哲学的体系とをこのように説明した後で、ヒュームは、これらの諸体系を省みる際に生じる彼の感慨を吐露している。「私は、この問題を、われわれはわれわれの感覚能力を盲目的に信頼すべきであり、このことが私が私の論究の全体から引き出す結論であろうということを、前提しつつ、論じ始めた。しかし、正直に言うならば、私は、今は前とはまったく反対の気持になっているのを感じ、われわれの感覚能力、あるいはむしろ想像力に、そのような盲目的な信頼を置くことよりも、まったく信頼を置かないことに、より傾いている。私は、想像力のこのように軽薄な性質が、このような虚偽の仮定に導かれて、いかにして何らかの堅固で理性的な体系に到達することができるのかを、考えることができない。われわれの知覚の連続存在の意見を生み出すのは、われわれの知覚の整合性と恒常性であるが、知覚のこれらの性質は、そのような存在とは、何らの知覚できる結びつきをもたないのである。……以上が、われわれの通俗的な体系の実情である。われわれの哲学的な体系のほうは、同じ諸困難を伴うが、さらにその上に、通俗的な考えを同時に否定しかつ定立するという不合理を、背負っている。哲学者たちは、われわれのたがいに類似する知覚が同一のものであり、中断していないということを、否定するが、それでも類似する知覚をそのような性質のものと信じる大きな傾向をもっているので、彼らは、新たな一群の知覚を恣意的に考え出して、これらにそのような性質を帰するのである」（二五〇頁）。「感覚能力……に関するこの懐疑は、けっして根本的に癒されることのあり得ない病であり、われわれがそれをどれほど追い払おうとも、またときにはわれわれがそれから完全に免れているように見えようとも、どの瞬間にもわれわれに戻ってこざるを得ない病である。いかなる体系に基づいても、われわれの……感覚能力を擁護することは不可能であり、そのようにしてそれらを正当化しようと努めても、われわれは、それらをますます非難にさらすだけである。懐疑は、……問題についての深くて集中的な反省から自然に生じるので、懐疑に反対してであれ一致してであれ、われわれがわれわれの反省を進めれば進めるほど、常に増大する。われわれを少しでも癒すことができるのは、捉われず気にしないことだけである」（二五一頁）。

では、ヒューム自身は、外的対象の存在の問題に対して、どのような立場を採ろうとするのか。「われわれが、冷静で深い反省ののちに形成するような意見と、われわれが、それらの意見の精神に対する適合性と一致のゆえに、一種の本能または自然な衝動によっていだくような意見との間には、大きな相違が存在する。もしこれらの意見がたがいに反対となるならば、それらのどちらが優勢となるかを予見するのは難しくない。われわれの注意が問題に傾注されている限り、哲学的で熟慮された原理が優勢となるであろう。しかしわれわれがわれわれの思考を緩めるやいなや、自然本性が姿を現わし、われわれを以前の意見に連れ戻すであろう。いやそれどころか、自然は、ときにはきわめて大きな影響を及ぼし、われわれのもっとも深い反省のさなかにおいてさえもわれわれの前進を止めさせ、われわれが或る哲学的な意見（知覚の非独立性）の全帰結（連続した存在をもつものは何もないということ）を受け容れることを妨げるのである」（二四六〜七頁）。「［知覚と対象との二重の存在という］哲学的体系の……利点は、それが［外的対象の連続存在を認めるという点で］通俗的体系に類似していることである。この類似によって、われわれは、われわれの理性が［知覚の非独立性と非連続性とを主張して］厄介でうるさくなるときには、それを［知覚と対象との区別によって］しばらくの間なだめることができ、また、われわれの理性が少しでも無頓着で不注意になれば、たやすく、われわれの通俗的で自然な考えに戻ることができるのである。それゆえ、われわれが見るように、哲学者たちはこの利点をおろそかにせず、彼らの私室を離れるやいなや、直ちに他の人々に混じって、われわれの知覚がわれわれの唯一の対象であり、その中断した現われにもかかわらず同一的で中断なく同じものであり続けるという、論破された意見をいだくのである」（二四八〜九頁）。この最後の引用文で言及されているのは、「偽なる哲学の意見」（二五五頁）である。

十四　「真なる哲学の意見」（二五五頁）は、どのような立場なのであろうか。知覚の原因であり知覚とは種類が異なる別個な存在者としての対象という、知覚と対象との二重の存在の考えを否定することが、ヒュームの一貫した哲学的立場である。知覚と、知覚から絶対的に区別された対象自体との間には、恒常的随伴が観察され得ないがゆえに、そのような対象自体の存在は、知覚からの因果推理によっては知られない。それゆえ、知覚から絶対的に区別された対象自体の存在を信じさせるような合理的な理由は、まったく存在しない（二四四〜五頁、第十二節）。知覚とは種類が異なるような存在者については、我々は観念をもつことができず（八六頁、二二〇頁、二五〇〜一頁、二七五頁）、「［われわれは、］われわれがそれについて観念を形成し得ないような存在者が存在するということを信じる理由をけっしてもち得ない」のである（二〇二頁）。しかし、対象の存在を知るためには、「対象についての完全な知識は必要でなく、必要なのは、ただ、われわれが存在すると信じるそれの性質を知ることだけである」（二〇三頁）。「外的対象がわれわれに知られるのは、それらが［われわれのうちに］引き起こすところの知覚によってのみである」（八六頁）。外的対象が我々のうちに知覚を引き起こすことは、「知覚の原因に関する仮説」（二八〇～四頁）において、「対象の間の恒常的随伴が原因と結果の本質そのものであるから、われわれが因果関係についての何らかの観念をもつと言える限りにおいて、物質と運動は、しばしば思惟の原因と見なされることができる」（二八四頁）と明言されている。物質と運動が「しばしば」思惟の原因と見なされることができると言って、「常に」思惟の原因であると言わないのは、言うまでもなく、物質とその諸部分の運動は、動物の身体以外の単なる物質に作用する場合には、知覚を引き起こさないからである。これらの証拠に基づいて、ヒュームの最終的意見として、我々は、物体とは、ヒュームが主張した通りに、個々の第一次性質と、これらの第一次性質の知覚を可能にしている個々の第二次性質とを含む、個々の物体的諸性質（感覚的諸性質）の［出現の］集合である（二七～八頁、二五二頁）、と理解するか、あるいは、知覚される際にこれらの諸性質を見せるものである、と理解しなければならない（第三章第三節および本章第四節を見よ）。もちろん、これらの物体的諸性質の知覚は、物理的および生理的諸条件の影響を受ける知覚作用に依存した、精神に内的で、知覚作用の中断によって中断するものであるが、物体は空間的延長または位置をもつ対象なので、我々は、それらの物体的諸性質のうちで、延長あるいは位置を示す、視覚の印象（色または明るさ）と触覚の印象（触感）によって（五三頁、二六八頁）、物体の観念の中核となし、知覚作用が中断しても、視覚の印象の観念と触覚の印象の観念によって、対象の連続存在を思念しかつ信じるのである。ヒュームによれば、視覚と触覚の対象である物体的諸性質以外の、聴覚、嗅覚、味覚、温度知覚の対象である、音、香、味、熱、冷などの性質は、延長も位置も示さないのであるが、視覚と触覚の対象である、広がりをもった色［または明るさ］および触感の諸印象との時間的随伴関係によって、視覚と触覚の物体的性質と場所的にも結合しているものと空想されて、物体の性質であると誤って信じられることになる（二七〇～一頁）。このようにして形成された物体の観念によれば、物体とは、基本的に、或る色または明るさの知覚において、あるいは或る触感の知覚において、知覚される対象であり、このような、或る色または明るさを示している対象と見なされた物体、あるいは或る触感を示している対象と見なされた物体が、その他の物体的性質の知覚との恒常的随伴を示すということは、日常の経験的事実である。それゆえ、物体的性質の知覚は実はすべて精神の知覚作用に依存した内的な存在者にほかならないのであるが、視覚的性質あるいは触覚的諸性質を示し得るものと見なされた物体は、知覚作用の中断にもかかわらず連続して存在し、精神の知覚作用から独立に存在すると、不可避的に信じられ、しかも、物体的諸性質の原因としてそれらの諸性質を生み出す、と信じられるのである。ヒュームが外的対象について肯定的にいだいていた考えは、以上のようなものである。

しかし、前節で見たように、ヒュームは、外的対象についての以上のような考えを、合理的な考えであるとは考えていない。知覚は物理的生理的条件の影響を受ける知覚作用に依存した存在者であり、それゆえ知覚作用の中断によって中断する存在者であり、知覚の中断にもかかわらず連続して存在するような存在者を信じる合理的根拠は何もない、と述べていた。それゆえ、外的対象の存在についてのいかなる意見も懐疑を免れることはなく、我々の懐疑を少しでも癒すことができるのは、「捉われず気にしないことだけである」(二五一頁)。外的世界の存在の信念は、不合理であるが不可避な日常的信念であるので、それをできるだけ肯定的な形でいだくことに努めつつ、それの非合理性を忘れないように努める、というのが、外的対象の存在についての、ヒュームによる「真なる哲学の意見」であると思われる。

十五　おそらくこのような考えに基づいて、「もっとも公正な哲学者たちによって認められているところでは、われわれがもつ物体の観念は、対象を構成したがいに恒常的に結合しているのが見出されるいくつかの異なる感覚的性質の諸観念の、精神によって形成された集合にほかならない」と言われる(二五二頁)。しかし、一つの物体を構成していると見なされた諸性質がたがいにまったく別個なものであるにもかかわらず、我々は物体を単一のもの、すなわち単純なものと見なし、また、物体が時間の経過につれて変化し、その諸性質が交替するにもかかわらず、我々は物体を同一のものと見なす（同所）。これは、我々に不可避の日常的信念であろう。しかし、ヒュームは、変化する諸性質から形成される物体は、厳密な意味では、単一のものでもなければ、同一のものでもない、と考える。ヒュームにとっては、複数の諸部分から成る複合的対象を単一の存在者と見なすことも、時間を通じて変化する一つの対象を同一の対象と見なすことも、厳密には偽なる「虚構」なのである。

前者については、「任意の確定した量の延長が一つの単位であるが、それは無限数の分割を受け容れるような、再分割を繰り返しても尽くせないような、単位である、と答えても、無駄である。（ヒュームは、有限の大きさの延長は、有限回の分割によって、大きさをもたない有限個の点に分割される、と考えている。）なぜなら、それと同じ尺度によれば、二十人の人間を、一つの単位と見なせることになる。また、全地球、それどころか全宇宙を、一つの単位と見なせることになる。しかしそのような単位という名称は、精神が寄せ集めた任意の数量の対象に適用できる、単に偽りの（虚構的な）呼称であり、そのような単位は、実際は紛れもない数（複数のもの）なのであるから、数と同様に、単独では存在し得ないのである」と言う（四五〜六頁）。確かに、個数は、或る概念が妥当する一つの「個体」を単位として勘定される。しかし、そのような概念（たとえば「人間」という概念）は、ヒューム自身が認めているように、人間のような複合的個体を単位として、個数の勘定を可能にするのが通例であり、絶対的単純者を単位とするような概念（たとえば「数学的点」の概念）は、例外である。要するに、何が一つの存在者であるかは、ヒュームの主張に反して、精神が必要に応じて恣意的に決定することができる事柄であり、「全地球」が一つの惑星、あるいは一つ［あるいは唯一］の地球であり、全宇宙が一つの宇宙なのである（第六章第三節）。時間を通しての同一性についても、ヒュームは、「個体化（同一性）の原理とは、想定された時間の変化を通して、対象が変化せず、かつ中断しないことにほかならない」（二三三〜四頁）と考えるということを、すでに見た（第十節）。しかし、時間を通して変化しないように見える対象がまれであるだけではなく、実は、実在する存在者は、絶えず変化しなければ存続できないのである。問題を実在性にまで拡げずに我々の認識の領域に限るとしても、時間を通しての同一性の概念は、時間を通して変化する対象に適用されるのが通例であり、典型的には、変化し得る対象の、時間的空間的軌跡の、大きく分岐しない連続性、あるいは、これを基礎にした有機的機能の連続性、あるいは、さらにこれを基礎にした自然種的機能の連続性、あるいは、人間の志向する道具的機能の連続性、等に基づいている。ヒュームも、我々がこれらの基準に基づいて同一性を対象に帰することを、経験的事実として認めたが、そのような対象は、厳密な意味での同一性をもたないと考えたのである（一・四・六）。しかしながら、異なる時点における何と何とが同一の対象であるかは、何が一つの存在者であるかという問題におけるほどではないとしても、精神が必要に応じて或る程度は恣意的に決定できるのである。

さて、ヒュームによれば、「われわれが対象をその継起する変化において徐々にたどるときは、滑らかな思考の歩みが、われわれをして継起に同一性を帰させる。それは、われわれが、変化しない対象を考察するのも、それと同様な精神の作用によるからである。われわれが対象の状態をかなりの変化の後で比較するときには、思考の歩みは中断され、それゆえ、われわれは相違の観念を与えられる。この矛盾を調停するために、想像力は、知られず見えない或るものを虚構し、これを、これらの全変化を通じて同じものであり続けると、想定するのである。そして、この理解不可能な或るものを、想像力は、「実体」あるいは「根源的で第一の質料」と、呼ぶのである」（二五三頁）。これが、古代およびスコラ哲学者たちに見られる「実体」の考えにほかならない、と言うのである。物体の単純性の考えも、同一性の考えと同様な仕方で説明され、同様にして、物体の複雑性の認識との間に矛盾を生じ、「実体」の虚構を生む、とされる（二五三～四頁）。

3　第一次性質と第二次性質

十六　ヒュームは、同時代の哲学の主要な主張が、知覚できる物体的性質、すなわち感覚的性質を、各［外的」感覚能力に固有で主観的な性質である、色、音、味、香、熱および冷、と触感などの第二次性質と、複数の感覚能力に共通で客観的な性質である、固体性（不可入性）とそれの結果である延長、延長の変様である大きさと形、および運動または静止等の第一次性質とに、区別することにある、と考える。しかし、ヒュームによれば、第一次性質の知覚は第二次性質の知覚に依存しているので、第二次性質が主観的で内的な印象であるということから、第一次性質も主観的で内的な印象であるということが帰結する。結局あらゆる感覚能力の対象が主観的で内的な「知覚」にほかならないのであるが、我々は、第一次性質および第二次性質をもった外的対象（物体）から成る外的世界が存在するという日常的信念を、捨てることができない、というのである。

　まず、「当代の哲学の基本的な原理は、色、音、味、香、熱と冷についての意見であり、当代の哲学はこれらを、外的対象の作用から生じ、対象自体の性質に対する類似性を何らもたない、精神のうちにある印象に過ぎない、と主張する」と言う（二五九頁）。触覚固有の対象である手触りや硬軟などの性質（触感）は、この箇所では意識的に考察から除外されており、のちに別個に検討されるが、結局は、第二次性質と見なされることになる（二六三〜四頁）。さて、「当代の哲学」の主張の根拠としては、「外的対象がどう見ても同じであり続ける（変化していない）間にもこれらの印象が変化する」という事実だけで十分である、と言う（二五九頁）。そのような印象の変化は、種々の条件に依存している。それは、まず、（一）「健康状態の相違に依存する。たとえば、病気の人は、以前にはもっとも好んだ肉に、不快な味を感じる。」また、それは、（二）「人の体質の相違に依存する。たとえば、或る人に甘いものが、別の人には苦く思われる。」また、それは、（三）「対象の外的位置の相違に依存する。たとえば、雲によって反射される色は、雲の距離、および雲が目と光体（太陽）とともにつくる角度に応じて、変化する。また、火は、或る距離では快の感覚を与え、別の距離では苦痛の感覚を与える。」これらの経験的事実は、すべての「［感覚的な］知覚」（感覚の印象）の非独立性（精神およびその知覚作用への依存）を示すとされた（二四三頁、第十一節）、広義の透視条件に対する感覚知覚作用の相対性と、錯覚または誤知覚という事実のうち、第二次性質に関わるものである。

十七　（一）の場合は、感覚器官を含む身体自体が異常な状態になった場合の知覚であり、不快な味を対象（肉）自体の性質であると病人が信じる場合には、誤知覚（強い錯覚）となり、そうでなくても少なくとも不快な味が対象自体の性質であるかのように病人に感じられる限りでは、弱い錯覚となる。いずれにしても、同じ対象が健康な人には不快でない味を与えるであろうということが、前提されている。同様に、黄疸にかかった人にはあらゆる対象が黄味がかってみえると言われ、私の体験では、［子供のお相伴で］虫下しのサントニンを飲まされたときに壁などの白いはずのものが黄色く見えるという、弱い錯覚が生じる。この場合にも、自分自身の過去の経験あるいは正常な他人の証言に基づいて、壁は元通り白いはずであり、正常な人には同じ照明のもとでは白く見えるであろう、ということが前提されている。同一人の同一感覚器官を通じた同一の知覚作用において、同一対象［の同一部分］が、同時に黄色くも真っ白にも見えるということは、矛盾であり、あり得ない。部屋の漆喰の壁が、通常の照明のもとで、正常な人には白く見え、虫下しを飲んだ人には黄色く見えるのである。

十八　私は、（二）のような実例を知らず、そのような記載例を覚えてもいない。同じ食べ物や飲み物に対する好き嫌いということなら、実例はいくらでもある。しかし、或る食べ物を嫌う人は、その食べ物の味に対する内的な反応として不快を感じるのであるのか、その食べ物の味自体を、たとえば古くなった生肉の味のように、不快な味として感じるのであるのか、一概には決定できない。ヒュームの時代には知られていなかったが、化学者のドールトンが自分について気づいた（一七九八年）ような先天的色覚異常（色盲）と正常な色覚との相違が、（二）と同類の事例と見なされ得るかも知れない。ドールトンは、二色型第一異常（赤色盲 protanopic dichromatism）であり、正常色覚者にとって赤から黄色を経て緑色に至るスペクトル帯がドールトンには黄色に見え、正常色覚者に青から藍色を経て菫色に至るスペクトル帯はドールトンにも正常に見え、両帯の間にあるスペクトルの青緑部分がドールトンには白色光と区別ができなかったであろうということが、現在では確かめられている[1]。このような場合、同じ対象の表面の同じ部分が、正常者には、赤く見え、異常者には黄色く見えるであろう、と言われる。ドールトンの体験は、後年、右目が色覚正常で左目が二色型第二異常（緑色盲）である片眼色覚異常者において、種々の色合いの色をそれぞれの目に別個に提示し、両眼に見えた色を照合することによって、色盲の左目の色覚を測定して得られた結果（一九五八年）から、推定されたものである。片眼色覚異常者の正常な右目に真っ赤に見える対象が、色盲の左目に黄色く見えるということは、通常の意味では一種の錯覚であると言えるであろう。しかし、両眼は、別個な感覚器官であり、同じ対象の表面の同じ部分が同じ目に真っ赤に見えると同時に黄色くも見えるということは、あり得ない。

（1）『新版心理学辞典』「色覚異常」の項を見よ。

十九　（三）の第一の雲の色の変化の例では、天球上の太陽の位置が一定である場合、雲から知覚者までの距離が一定である（知覚者を中心とする円球上にある）とし、太陽光が雲に反射されて目に入る角度が一定であるとしても、一般に、雲の位置は一義的には確定しない。いずれにしても、一般に、問題の距離か角度を変えることによって、雲による太陽の反射光の色あるいは明暗が必ずしも変化するとは限らない。むしろ、太陽が地平線近くにある場合に、太陽と知覚者を含む垂直面内にある雲が反射する太陽光の色が、知覚者から雲への距離と仰角の相違に応じて変化する、というような例が、より適切であろう。その場合、雲の色の変化は、太陽光が通過する大気およびその層の厚さの影響を受ける。また、この例をさらに一般化すれば、入射光の色自体の変化による対象の表面色の変化という、広義の透視条件に対する知覚作用の相対性の事例が得られる。たとえば、霧（あるいは排気ガス）などに対する透過力の強さのために北方諸国で街灯に（またわが国で自動車道路のトンネルでの照明に）使われるナトリウム灯のもとでは、赤い郵便ポスト（赤い対象）が灰色に見え、それが昼間に見た郵便ポスト（赤い対象）であるということが最初はなかなか分からない。このような場合、同一の郵便ポストが、昼光のもとでは赤く見え、夜のナトリウム灯のもとでは灰色に見える、と言われる。昼間は赤く見える郵便ポストがナトリウム灯のもとで灰色に見えるということは、通常の意味では［弱い］錯覚と言われるであろう。しかし、同一の対象の同一の部分が、同一の照明のもとで、同一の感覚器官を介して、同時に赤くも灰色にも見える、ということは、あり得ない。

二十　(三)の火が与える感覚の例は、そのままでは、快苦の感覚の例であって、対象の熱さまたは冷たさの知覚の変化の例ではない。別の箇所で言及されている「火の熱は、穏やかな場合には、火の中に存在すると考えられるが、近くに接近したときに火が起こす苦痛は、知覚作用のうちにしか存在をもたない、と考えられている」(二二六頁)という例の方が、まだましである。しかし、この例でも、火の熱さは対象の性質であると考えられるのに対して、火の熱が与える苦痛は知覚者の内的な反応であると考えられる。より適切な例は、冬に冷えた体を熱い風呂の湯に沈める際に、最初は我慢のできる限界の熱さに感じられる湯が、その直後に、湯の温度そのものがそれほど大きく下がったわけではないのに、適温と感じられる、という事実であろう。

我々の温度知覚能力は、通常は、我々の身体表面における、身体表面と接触する物質との間の熱伝導、または身体表面と接触する媒体(空気)との間の熱放射による、熱の流れの方向と［対毎秒単位面積］比とを検出し、我々は、熱が身体から流出する場合には、対象あるいは外気を冷たいと感じ、熱が身体に流入する場合には、対象あるいは外気を暖かいと感じる。熱の流出または流入に対して身体全体あるいは身体部分の体温を一定の範囲内に保つために生理的補償が生じるが、熱の流出あるいは流入が大き過ぎて生理的補償が不可能になると、苦痛を感じ、身体の適切な保護を必要とする。我々は、「温度(temperature)に対してではなく、言わば、環境の適温性(temperateness)に対して反応するのであり、物理的絶対量に対してではなく、相対量に対して反応するのである。と言うのは、［我々］自身の温度は、一定であり、適温性に対する「生理学的零点」(physiolosical zero)を成すからである。[1]」我々の皮膚の温度は、部分によって異なるが、皮膚の各部分は、通常は、その部分が直接接している周囲と比較的安定した熱平衡の状態にある。皮膚の温度感覚は順応(adaptation)の現象を示す。すなわち、水泳プールや風呂に入る場合のように、害を与えない程度の冷たさまたは熱さの環境にさらされた際は、［それまでの外気の温度に対する順応の結果］とても冷たいかとても熱く感じる（順応の残効）が、しばらくのちには温度感は減少し、わずかに冷たいかわずかに暖かく感じるだけになる（再順応）。このように、暖かい［または冷たい］刺激を長く与え続けると、温度に対する感受性が減少し、温度に対する閾値が上がる。これが温度感覚の順応の現象である。我々がそれに対して暖かさも冷たさも感じない狭い範囲の温度、すなわち、温度に対する完全な順応が生じる中立地帯が、生理的零点にほかならない。外気にさらされている我々の手の温度は通常約三三度であり、この温度のあたりが手の生理的零点に当たる。しかし、生理的零点となる手の温度は、変わり得る。もし、あらかじめ、左手を四十度の湯につけておき、右手を二十度の水につけておいた後で、両手を同時に同じ三三度の温水につけると、この湯は、あらかじめ熱い湯につけてあった左手には明らかに冷たく感じられ、あらかじめ冷たい水につけてあった右手には明らかに暖かく感じられる。両手の皮膚の生理的零点が、順応の結果、それぞれ異なる温度域に変化したのである。(2) このような場合、同一温度の同じ温水が、熱い湯に慣れた手には冷たく感じられ、冷たい水に慣れた手には暖かく感じられる、と言われる。この場合には、両方の手を介して、通常の意味での錯覚が体験されている。同じ温水が、同一の手の同一の部分に対して、同時に冷たくも暖かくも感じられるということは、あり得ない。

（1）ギブスン『諸知覚体系としての諸感覚』一三〇頁。
（2）シフマン『感覚と知覚、総合的アプローチ』一〇七〜九頁。

二十一　このような「外的対象がどう見ても同じであり続ける（変化していない）間にもこれらの印象が変化する」（二五九頁）という事実、すなわち、第十六〜二十節で見たような、対象自体にいかなる変化もないはずであるにもかかわらず、感覚的性質の印象が知覚者の健康状態、体質、および、対象に対する知覚者の位置関係や距離や対象と知覚者との間の媒質や照明などを含む、広義の透視条件に依存して変化するという事実に基づいて、典型的かつ古典的な錯覚論法（the Argument from Illusion）が適用される。すなわち、「同じ感覚能力のたがいに異なる印象が或る対象から生じる場合、これらの印象のすべてがその対象のうちに存在する性質に似るのでないことは、確実である。なぜなら、［第一に、］同一対象［の同一部分］は同時に同じ感覚能力のたがいに異なる性質をもつことができず、［第二に、同一対象の同一部分がもつはずの唯一の］同一の性質は［正常な知覚による感覚的性質の印象と錯覚による感覚的性質の印象という］たがいにまったく異なる印象に類似することができないから、明らかに、多くの印象（錯覚による印象）が外的な原型をもたないことが、帰結するからである。ところでわれわれは、似た結果から似た原因を推定する。すなわち、色、音などの印象の多く（錯覚による印象）が内的な存在者にほかならず、それらにまったく類似していない原因から生じることが、認められている。しかるにこれらの［錯覚の］印象は、その他の色、音などの［正常な知覚の］印象と見かけにおいてまったく違わない。それゆえわれわれは、印象は［正常なものであれ錯覚によるものであれ］すべて同種の起源から生じる［内的で主観的な存在者にほかならない」と結論するのである」（傍点は引用者による）と説明されるのである（二五九～六〇頁）。

二十二　しかし、たとえば、通常の昼光のもとでは赤く見える郵便ポストが、夜ナトリウム灯の照明のもとで灰色に見えるという事実は、客観的事実である。同じことは、第十六～二十節で見た、通常の意味での錯覚の事例すべてについて、言える。すでに述べたように（第十一節）、感覚知覚作用とは、本来、知覚の透視条件から切り離された知覚対象自体における硬直した客観的性質を示すものではなく、知覚対象と知覚者の感覚器官を含む身体との空間的関係と因果的交渉の認識である。知覚対象自体における硬直した客観的性質を知るだけでは、我々は、その対象にいかなる関係にあり、いかなる行動を取るべきかが、まったく決定できない。感覚印象が、知覚の透視条件に相対的に変化するからこそ、感覚印象が、知覚対象に対する知覚者の透視条件にほぼ一義的に対応した、知覚対象と知覚者の身体との間の関係についての知覚的手がかり（情報）を含むのであり、知覚者が感覚印象からこの知覚的手がかりを無意識に検出して、知覚対象と自分自身の客観的関係を知り、かつ、知覚対象の客観的あり方（属性）をも知ることができるのである。

しかしながら、このことは、主として、知覚の空間的透視条件のもとでの空間的性質および第一次性質の知覚に当てはまることであって、我々が見たような通常の意味での錯覚の事例においては、知覚者は、多くの場合その際の透視条件（広義）の特殊性を知らず、異常な透視条件のもとで対象が知覚者にそうあるように知覚的に見えるあり方を、標準的な透視条件のもとで対象がそうあるように知覚的に見えるあり方であると、誤って信じる（強い意味での錯覚）か、あるいは、少なくとも、異常な透視条件のもとでの対象の見え方が、標準的な透視条件のもとでの対象の見え方であるかのように、知覚者に知覚的に見える（弱い意味での錯覚）のである。このように、異常な条件のもとでかあるいは異常な知覚者に対象がもっているかのように知覚的に見える第二次性質は、標準的な条件のもとで正常な知覚者に知覚される対象の第二次性質と異なるので、錯覚に基づいた主観的で内的な体験であるとされるのである。錯覚の事実によって、標準的な条件のもとで正常な知覚者に知覚される第二次性質まで、内的で主観的な体験に帰するわけではない。或る対象が或る第二次性質をもつ（たとえば、赤い）ということは、その対象が、標準的な条件のもとでは正常な知覚者にその第二次性質をもっているように知覚的に見える（赤く見える）というあり方（いわゆる「傾向的性質」（dispositional properties））を現にしているということであり、正常な知覚における対象の第二次性質は、対象自体の客観的な性質である。或る対象が現にもっている、標準的な条件のもとで正常な知覚者（人間）に赤く見えるという性質は、任意の正常な知覚者に言及しているという点では、広い意味で主観的な性質であるが、その対象が赤く見えることを誰か正常な知覚者が現に今知覚していることを必要としないという点では、現実の個々の知覚から独立な、広い意味で客観的な性質である、と言える。

しかし、「これらの［錯覚の］印象は、その他の色、音などの［正常な知覚の］印象と見かけにおいてまったく違わない」（二六〇頁）。たとえば、赤い郵便ポストが、標準的な昼光のもとでは正常な知覚者に赤く見えるということが、事実であるのとまったく同様に、それが、夜ナトリウム街灯の照明のもとでは正常な知覚者に土色に見えるということも、同じく事実である。そして、標準的な知覚におけるポストの赤さも、ナトリウム照明のもとでの土色も、ともに、赤いポストが或る条件のもとで知覚者にどうある（何色である）ように見えるかという、感覚知覚という具体的現実的事象が含む、広い意味で主観的である、抽象的一面にほかならない。しかし、対象が何色に見えるかということと、対象が何色であるかということとは、別の事柄である。前者は、知覚の条件に応じて変化する見かけの色であるが、後者は、標準的な条件のもとで正常な知覚者に対象が何色であるように見えるかということによって知られる、対象の標準的な色である。実際、ナトリウム照明のもとで知覚された郵便ポストの「本当の」色が何色であるかという普通人の日常的な議論に決着をつけるのは、標準的な昼光のもとで正常な知覚者にそれが何色に見えるであろうかということを調べることであろう。このように、普通人は、対象の色およびその他の第二次性質として実は、標準的な条件のもとで正常な知覚者に対象（たとえば、赤い郵便ポスト）がもっているように知覚的に見えるであろう、正常な知覚作用の抽象的一面である抽象的対象としての性質（赤さ）、すなわち、正常な知覚に際してその性質（赤さ）をもっているように知覚的に見える（赤く見える）という［傾向的］性質（赤いということ）、を志向しているのである。

それゆえ、任意の対象が現にもっている［と通常見なされる］第二次性質は、標準的な条件のもとで正常な知覚者に対象がそうあるように知覚的に見えるあり方（対象の傾向的性質としての標準的な見え方）として、任意の正常な知覚者に相対的であるという点で、広い意味で主観的な性質であることは認められるとしても、ヒュームが定式化した錯覚論法は、対象が現にもっている［傾向的性質としての］第二次性質が、対象がその性質を現にもっていると言えるために、その対象の標準的な見え方を誰か正常な知覚者が現に今知覚していることを必要とはしないという点で、現実の個々の知覚から独立な、広い意味で客観的な性質であるということを、我々に否定させるものではなく、また、対象が現にもっている［標準的見え方としての］第二次性質が、対象の標準的な見え方についての手がかりを与えない錯覚における対象の見え方とまったく同様に、狭い意味で主観的な性質であるということを、我々に示すものでもないのである。

二十三　さて、ヒュームの同時代の哲学的通説では、第二次性質が「対象自体の性質に対する類似性を何らもたない」（二五九頁）精神に内的な印象に過ぎないとされるのに対して、固体性（不可入性）とそれの結果である延長、および延長の様態である大きさ、形、および運動または静止等の第一次性質は、「対象自体の性質に対する類似性」をもつ、客観的で実在的な性質であるとされる。これに対して、ヒュームは、第一次性質の知覚は第二次性質の知覚に全面的に依存しており、第二次性質の客観性の否定から、第一次性質の客観性の否定が帰結する、と主張する。

ヒュームの議論は、運動、延長（大きさと形）、固体性、運動可能性（運動と静止）、形等の第一次性質は、それぞれ、それらの性質をもつ物体または「数学的点」から、実在的に区別されるものではなく、「理性的区別」によって区別されるだけであり、第一次性質についての観念は、それをもつ物体または「数学的点」の観念と別個に分離して思いうかべることができない、という前提に基づく（二六〇〜二頁、三七頁）。どの第一次性質も、延長している物体の性質としてか、延長の構成要素であり空間的位置をもち得る分割不可能な「数学的点」（二六一頁、二六九頁、四八頁）の性質としてしか、思いうかべることができない。ところが、第一に、延長している物体は、延長した色をもつか、［延長した触感をもつか、］固体性（不可入性）をもつものとしてしか、思いうかべることができない（第三章第三節、本章第四節、および同第十四節を見よ）。しかし、延長した色［や触感］は、第二次性質であり、主観的な印象であると想定されている。そこで延長した物体は、客観的性質としては、固体性しかもたないことになる。しかし、固体性は、色をもつものとして思いうかべられる二つの物体の間の不可入性であるか、［手触りや硬軟などの触感をもつものとして思いうかべられる物体の間の不可入性であるか、］固体性をもつものとして思いうかべられる物体の間の不可入性であるかの、いずれかでしかあり得ない。しかし、色［と触感と」は主観的な印象であると想定されているので、我々は、客観的な性質と見なされる固体性をもつものとしての物体について、固体性をもつものと見なされた二つの物体の間の不可入性という、観念しかもち得ないことになる。このように、延長した物体の固体性の観念をもつためには、それに先立つ固体性の観念を必要とする（悪循環）（二六二頁）か、主観的と想定される色［か触感］の観念を必要とする（客観性の喪失）（同所）かのいずれかである、という困難が生じる。また、第二に、延長を形成する分割不可能な「数学的点」も、色をもつ点か、［触感をもつ点か、］固体性をもつ点としてしか、思いうかべることができない。そこで、「数学的点」についても、延長する物体の場合と同様な困難が生じる。以上が、ヒュームによる第一次性質の主観性の議論（一・四・四、二六〇〜四頁）の構造である。

二十四　ヒュームの実際の議論を見ることにする。まず、運動の観念は、運動する物体［または運動する数学的点］の観念から別個に分離していだくことができない（二六〇〜一頁、三七頁）。そして、運動する物体の観念は、延長あるいは固体性［をもつもの］の観念にほかならず、運動の実在性は、これらの性質の実在性に依存することになる。ところが、延長は、［広がりを示す色、触感、あるいは固体性としてか、あるいは、］色［、触感、］あるいは固体性をもつ分割不可能な諸部分（「数学的点」）から成るものとしてしか、思いうかべることができない。しかし、色は実在的な性質ではないと想定されている。［また、第二十五〜二十六節で見るように、触感についても同様である。］それゆえ、延長の観念の実在性（客観性）は、固体性の観念の実在性に依存することになる（二六一頁）。［また、運動する数学的点の観念は、色、触感、あるいは固体性をもつ分割不可能な点の観念にほかならず、色と触感は実在的な性質でないと想定されているから、運動する点の実在性も、固体性の実在性に依存することになる。］

そこで、固体性の観念の実在性を検討しなければならない。ところが、固体性の観念とは、不可入性の観念、すなわち「どんなに強い力で押されても、たがいに透入できず、分離した別個な存在を維持する、二つの対象」の観念である（二六一頁）。それゆえ、固体性の観念は、たがいに不可入な（固体的な）二つの物体［あるいは二つの数学的点」の観念から分離していだくことができない。しかし、これらの物体［あるいは点］の客観的性質の観念としては、前段落の議論により、延長あるいは固体性［をもつもの］の観念しかいだくことができない。

このように、運動の観念の実在性が延長か固体性の観念の実在性に依存し、延長の観念の実在性が固体性の観念の実在性に依存する（同所）［か、あるいは、運動の観念の実在性が数学的点の実在性の観念に依存し、数学的点の観念の実在性が固体性の観念の実在性に依存する］。それゆえ、固体性の観念の実在性が、運動あるいは延長の観念の実在性に依存すること［、あるいは、固体性の観念の実在性が数学的点の実在性に依存すること］は、悪循環であり、あり得ない（同所）。［それゆえ、固体性の観念は、色あるいは触感を示す二つのものの間の不可入性としてしか、思いうかべることができないのである。］

言い換えれば、固体性の観念は、「たがいに透入することなく押し合っている二つの物体」［または数学的点］の観念にほかならず、固体性がそれに属すると想定されている対象は、延長しているか、［数学的点であるか、］固体的であるかのいずれかであるとしか考えることができず、延長は、広がりをもつ色か［触感か］固体性としか考えられず、色［と触感］は客観的な性質でないと想定されているから、延長の実在性は固体性の実在性に帰着する。［数学的点の実在性も、固体的な点の実在性に帰着する。］それゆえ、固体的な対象の観念は、「固体的なもの」の観念としてしか説明できず、悪循環に陥る（二六二頁）。

残る第一次性質である運動可能性や形についても、それらについての観念は、運動可能性または形をもつ物体［または数学的点］の観念としてしか思いうかべることができず、これらの対象の実在性は、固体性の実在性に帰着するが、固体性は、主観的と想定されている第二次性質である色あるいは触感を示す二つのものの間の不可入性として思いうかべられるのでなければ、固体的な対象の不可入性という、循環的な理解しかできないのである。

二十五　ヒュームは、手触りや硬軟などの触感が、主観的な性質であって、固体性の感覚知覚を与えないということを、以下のような議論に基づいて主張する。「われわれは、われわれが物体の固体性を［触覚によって］感じており、この性質を知覚するためには、任意の対象に触れさえすればよい、と自然に想像する」（二六三頁）。しかし、この我々の自然な想像は誤りである、とヒュームは言う。第一に、「物体はその固体性のゆえに［触覚によって］感じられるが、この感じ（触感）［は］、固体性とはまったく別のものであって、それら［は］たがいに少しも似ていない」と言う（同所）。（物体は、常に不可入であるが、通常の場合に我々の周りにある空気のように、圧力や弾力や粘性を感じさせるほどの硬さをもたなければ、触覚によって感じることができない。それゆえ、正確には、物体はその硬さのゆえに触覚によって感じられる、と言うべきである。対象の不可入性は、対象の硬さとは異なるが、我々は通常、対象の硬さを通して、対象の不可入性を知るのである。）まず、「一方の手［の感覚］が麻痺している人は、その手がテーブルによって支えられているのを見るとき、［麻痺していない］他方の手でそのテーブルを触れる場合と同様に、不可入性（固体性）の完全な観念を、得る」と言う（同所）。この主張は、我々は二つの物体の間の不可入性を視覚のみによっても知覚することができる、という主張である。このことは、ヒュームにとっては、延長した色［または明るさ］をもつものとしての物体が、不可入性を示す、ということである。色［または明るさ］をもつ二つの数学的点についても、同様であるはずである（四四頁および五六〜七頁を参照せよ）。このことを認めるならば、固体性が触感に尽きるものではない、と言うことはできる。しかし、それだけでは、我々が感覚の麻痺していない手で対象に触れる場合に触感の知覚を通して固体性を知覚することができるということを、否定することはできない。

しかし、ヒュームは次に、「われわれの身体部分を押す対象は、［身体部分による］抵抗にあい、［身体部分の］この抵抗は、それが神経や精神の気に与える運動によって、或る感覚を精神に伝える。しかし、これらの感覚、運動、抵抗が、何らかの点でたがいに似ているということは、帰結しない」と主張する（二六三頁）。我々の身体部分を押す対象に対する身体部分の抵抗は、我々の身体部分の不可入性（固体性）にほかならない。この抵抗が我々の神経や「精神の気」に与える運動は、確かに、直接には知り得ない。しかし、我々は、我々の身体部分を押す対象に対する身体部分の抵抗と身体内部の運動を通して、対象の硬さあるいは手触りを知覚し、対象の硬さあるいは手触りの知覚を通して、対象の不可入性を知覚するのである。この場合、対象の硬さや手触りなどの触感は、対象の不可入性と同じものではないが、我々は、硬さや手触りなどの触感の知覚を通して、この触感をもつものとしての、我々の身体部分とは別個な対象を、我々の身体部分によっては不可入な固体性をもつものとして、知覚するのである。このように考えなければ、ヒュームの記述だけでは、我々は触覚によっては外的対象の固体性を知覚できないかのように見える。

我々の触覚に対して触感を示す対象は、不可入性を示す。他方、不可入性は、視覚の対象でもあるので、不可入性は触感と同一の性質ではない。その意味では、不可入性（固体性）は、触感とは「似ていない」。ヒュームは、いわゆる抽象観念は類似性を示す他の個別観念を代表する特定の個別観念に他ならない、という基本的立場を採る（二九頁、三二頁、三三頁、三五頁、三七頁）。実際、延長を形成する色点の配列と、延長を形成する触点の配列は、点の配列において「類似している」ので、ともに延長の印象と見なされるのであるが、これらの印象はともに個別的な延長の印象であるとされ、両者の間には「類似性」を認められているが、同一性は考えられていない（四九頁）。しかし、我々が今取り上げている、固体性の箇所では、視覚によって知覚される固体性と触覚によって知覚されるものと俗説が想定する固体性とは、単に類似した個別的な固体性としてではなくて、同一の固体性であり得るかのように論じられている。実際、視覚によって知覚される固体性と触覚によって知覚される固体性とは、単に類似しているのではなく、同一の性質であり、少なくとも同一の性質として志向されている。すでに述べたように（第四節および第四章第三節）、視覚の対象および触覚の対象は、我々の身体の外にある、身体とは別個な対象と見なされているか、少なくとも、当該感覚器官に外的で別個な対象（感覚器官の外にある別個な身体部分または物体）と、生得的に見なされており、感覚器官に外的な二つの物体はたがいに不可入と見なされ、また、知覚される対象は感覚器官に外的で、その対象と感覚器官とはたがいに不可入であると見なされているのである。或る対象が感覚的に麻痺していない手に接触している場合、その対象の、視覚によって知覚される固体性と、触覚によって知覚される固体性とは、視覚器官および触覚器官と生得的に区別された独立の対象がもつ同一の性質として志向されているのである。要するに、不可入性をもつものとしての外的対象の観念は、もっとも基本的な仮説的生得概念[1]であって、この概念なくしては、外的世界の認識はとうてい不可能であったであろう。

（1）バウアーは、人間の幼児が、見得る対象を触れ得る［したがって固体性をもつ］対象であると生得的に見なしていることを、目にむかって急速に接近する対象の視覚像を模擬的に示す、スクリーン上で視点を中心として膨大する映像に対して、幼児が退避および防禦行動を示すということなどの実験によって、明らかにした。バウアー「幼児の世界における対象」を見よ。

二十六　前節で見たヒュームの議論は、触覚の対象である触感の知覚が固体性の知覚を与えない、というものであった。同じことが、第二に、触覚の印象である触感がそれの延長を無視すれば単純な印象であるということから、次のように論じられる。「人が手で一つの石あるいは何らかの固体的な物体を押している場合と、二つの石がたがいに押し合っている場合とを、想定してみれば、……前の場合には固体性に加えて（！）触覚的な感じあるいは感覚があるが、後の場合にはこれが現われない……。」後の場合には視覚によって固体性を知覚することができるから、両者に共通する性質を見出すために、前の場合にのみ現われている触覚的な印象を取り除くことにすると、触覚的な印象は単純不可分であるので、その印象全体が取り除かれることになる、と言う（二六三～四頁）。このことから真に帰結するのは、固体性は、触覚の対象である触感そのものではない、ということだけであるが、ヒュームは、固体性が、押し合う（たとえば上下に積み重ねられた）二つの石を見るだけで知覚できるということから、固体性は触覚によっては知覚されないと、誤って考えている。さらに、このことが、「この［触覚の］印象が外的対象に何の原型も範型ももたない」ということを証明している、と言う（二六四頁）。これは、触覚の対象である触感が、他の第二次性質と同様に、主観的な印象である、という主張である。確かに、外的対象の手触りや硬軟の触感は、知覚者の手〔あるいはその他の身体表層部〕自体の肌理や硬さに相対的な、したがって広い意味で主観的な性質であるが、知覚者の手の肌理や硬さと対象の手触りや硬さとの比自体は、客観的な情報であり、対象の触感は、他の第二次性質と同様に、対象が正常な知覚者に触覚的にどう見えるかという、広い意味で客観的な性質なのである。ヒュームは、さらに、「固体性が常に変わることなく同じものであり続けるのに対して、触覚の印象はわれわれに対して各瞬間ごとに変化する」と言って、触感に関する錯覚に言及しているように見えるが、ヒュームがどのような錯覚を念頭に置いているかさだかでない。

二十七　以上に見たような議論によって、ヒュームは、第二次性質が主観的で内的な印象にほかならないということから、第一次性質も「実在的で連続的で独立した存在をもたない」〔内的な印象にほかならない〕という、「常軌を逸した懐疑論」が帰結する、と結論する（二六〇頁、二六四頁）。第二次性質が内的主観的な印象であり、第一次性質の知覚は第二次性質の知覚に依存しているので、第一次性質も、内的主観的な印象である、と言うのである。

ヒュームの考えでは、あらゆる第一次性質の知覚は、第二次性質の知覚を排除すると、固体性の知覚に依存し、固体性の知覚は、二つの視覚対象か二つの触覚対象の間の不可入性として知覚されるのであった。固体性の知覚は、通常は、二つの「数学的点」の間においてではなく、延長する二つの物体の間の不可入性として知覚されるであろう。ところが、延長する物体は、視覚の対象としては、第二次性質である色〔または明るさ〕の広がり〔を示すもの〕としてか、あるいは、第二次性質である触感の広がり〔を示すもの〕としてしか、知覚できないというのであった。しかし、二つの色〔または明るさ〕の広がり〔を示すもの〕（テーブルとそれによって支えられている手、上下に重ねられた二つの石、あるいは、衝突してたがいに跳ね返るか変形する二つの物体など）の視知覚において知覚される固体性（不可入性）は、それら二つの色の広がりの〔隣接または接近の〕知覚だけから知られる（帰結する）性質ではなく、色の広がりを示すものが重さをもつものであることが知られているか、両者が衝突ののちたがいに跳ね返るか変形するのを知覚したのちでなければ、知覚されず、知られない。それゆえ、対象の固体性は、視覚によっては、色［または明るさ］の広がりの知覚を通して知覚されるが、色の広がりとは別個な性質であって、その対象が他の任意の対象の進入に対して示すであろう抵抗として、志向されているのである。また、二つの触感をもつ広がり［を示すもの］（テーブルを下に押す手とそれに抵抗するテーブル、同一直線上で隣接したがいに接触方向に押される二つの物体など）の触知覚において知覚される固体性も、それら二つの触感の広がりの［隣接の］知覚だけから知られる（帰結する）性質ではなく、触感の広がりを示すものが或る力によって逆方向に押されていることが知られていなければ、知覚されず、知られない。それゆえ、対象の固体性は、触覚によっては、触感の広がりの知覚を通して知覚されるが、触感の広がりとは別個な性質であって、その対象が他の任意の対象の進入に対して示すであろう抵抗として、志向されているのである。

このように、第一次性質のもっとも基本的なものである固体性も、或る対象が、他の任意の対象の進入に対して示すであろう何らかの抵抗、すなわち、他の任意の対象の進入に対して何らかの抵抗を示すであろうということであり、第二次性質と同様に、傾向的性質である。延長は、この固体性が示される広がりであり、嵩は、この延長の範囲の大きさであり、形は、この固体性が示される領域であり、いずれも、固体性と同様に、傾向的性質である。しかし、固体性およびその他の第一次性質は、第二次性質のように正常な知覚者に対する言及を必要とすることなく理解されるという点で、第二次性質のような広い意味での主観性をもたず、狭い意味で客観的な性質であると言うことができる。

第十章　人格の同一性

一　人格の同一性についてのヒュームの議論は、第一巻第四部第六節（一・四・六）で展開されているが、第三巻につけられた「付録」において、本文における議論に、ヒュームにとって解決のできない「誤り」（三一一頁第一段落、三二三頁第一段落、三二六頁第二段落。また「より重要でない他の誤りを二つ」（三二六頁第三段落）という表現を参照せよ）と「矛盾」（不整合）（三二三頁第一段落、三二六頁第二段落）がある、と注意されている。ところが、ヒュームの「付録〔二〕」におけるテキストが十分丁寧に書かれていないために、英語圏諸国の学者の間においてさえ、ヒュームが何を自分の議論の「不整合」と見なしているのかについて、合意のない有様である。[1] なるほどヒュームのテキストは、この問題に関して、望まれるほど明瞭ではない。しかし、私には、文献学的な方法によって、ヒュームの言う「矛盾」を、議論の余地のない仕方で、十分再構成できると思われる。

（1）例えば、フォグラン『『人間本性論』におけるヒュームの懐疑論』を見よ。

二　本文第一巻第四部第六節（一・四・六）は、便宜的に四つの部分に分けることができる。第一の部分は、第一段落から第四段落（二八七頁第二段落）までで、ここでは、まず、**（イ）**我々は、ふだん、我々の人格（自我、精神）の同一性と単純性とを信じているが（一・四・六、第一段落）、**（ロ）**我々がもつ印象や観念などの諸知覚がそれに関係し（属し）、かつ我々の一生を通じて同じものであり続けるような、一つの時点において単純で、異なる時点において同一であるような、そのような人格の観念も印象ももっていない、ということが主張されている（第二段落：二八六頁第一段落）。次に、人格とは、**（ハ）**「想像を絶する速さでたがいに継起し、絶え間のない変化と動きのただなかにある、たがいに異なる諸知覚の、団《かた》まりあるいは集まりにほかならない」（第四段落：二八七頁第二段落）とされる。**（ニ）**「精神は、様々な知覚（表象）が次々とそのうちに現われる、一種の演劇（theatre）である。そのうちにおいて、様々な知覚が、通り過ぎ、引き返し、滑り去り、限りなく多様な姿勢と位置関係でたがいに交わるのである。正しく言うならば、そこでは、一つの時点にはいかなる単純性もなく、異なる時点を通してはいかなる同一性もない。われわれが、そのような単純性と同一性を想像しようとする、どのような自然な傾向をもとうとも、そうである」（同所）のである。

三　第二の部分は、第五段落（二八七頁第三段落）から第十四段落（二九三頁最終段落）までで、ここでは、最初に（第五段落と第六段落）、**（ホ）**我々が、継起するたがいに関係のある諸知覚に「人格としての」同一性を帰して、それを不変で中断のないものであると思い込む原因が考察され、たがいに関係する諸対象（諸知覚）を眺める際の想像力の作用が、中断のない不変な対象（完全な同一性をもつ対象[1]）を眺める際の想像力の作用とほとんど同様に、滑らかなので、我々が、たがいに関係する諸対象（諸知覚）を、完全に同一な対象と混同するとされる。次に（第七段落から第十四段落まで）、**（ヘ）**我々が不変性と中断のないこととを観察しないにもかかわらず同一性を帰するような対象は、すべて、たがいに類似性、隣接、または因果関係のいずれかの関係によって結びつけられている諸対象（諸知覚）の継起から成るということ（二九〇頁第一段落）が、「日常の経験と観察から」（同所）、この原則の適用の種々の制限とともに、人工と自然の両方の産物について、例証され、特に、人格の同一性と大きな類比（アナロジー）をもつとされる動植物の同一性が（第五段落：二八八頁第一段落）、考察される（第十二段落：二九二頁第二段落）。

（1）ヒュームは、変化しない対象に時間の持続の観念を適用するのは、人間の想像力の虚構に基くと考えるが（五二～三頁、八三～四頁、二三二～三頁）、この虚構、すなわち「想定された時間の変化を通して、対象が、変化せず、かつ中断しないということ」が、その対象の「個体化の原理」であり、その対象が完全な意味で「同一性」をもつことであるとする（二三二～四頁、二八八頁第二段落）。

四　第三の部分は、第十五段落（二九四頁第一段落）から第二十一段落（二九八頁第一段落）までで、ここで、第一巻第四部第六節の主題である、我々が人格の同一性についてもつ観念が、動植物の同一性の観念と同様に「虚構」（第十五段落：二九四頁第一段落、第七段落：二九〇頁第一段落）であるとされ、この虚構の発生過程が考察される。　第十六段落（二九四～五頁）のテキストは、「付録〔二〕」の問題のテキストと正確に対応しているので、番号を付して詳しく引用しておく。

(10)「しかし、この議論は、私の意見では完全に決定的なものであるが、読者を納得させないかもしれないので、読者には、それよりもより緻密でより直接的な、次の推論を考えてもらおう。」

(11)「われわれが人間精神に帰する同一性は、われわれがそれをどれほど完全なものであると想像しようとも、いくつもの異なる諸知覚を単一の知覚にすることはできず、それらをして、それらに本質的である区別と相違という性格を失わせることはできない。」

(12)「精神の構成に加わる別個な知覚はどれも、別個な存在者であり、それと同時のものであれそれと継起するものであれ他のすべての知覚と異なり、区別でき、分離できる、ということは、相変わらず真である。」

(13)「しかし、この区別と分離可能性にもかかわらず、われわれは、諸知覚の全系列が同一性〔の関係〕によって統一されていると考えるのであるから、この同一性の関係に関して、一つの疑問が自然に生じる。」

(14)「すなわち、この同一性の関係は、われわれがもつ異なる諸知覚を真に（実際に）結びつけている何かであるのか、」

(15)「それとも、これら諸知覚の観念を想像力においてただ連合させる何かであるのか、という疑問である。」

(16)「すなわち、言い換えれば、われわれが或る人（人格）の同一性を言明するとき、われわれは、その人の［精神を構成する］諸知覚の間に、何か真の（実在する）絆（some real bond）を観察しているのか、」

(17)「それとも、それらの諸知覚についてわれわれがいだく諸観念の間に一つの絆を感じている（feel）だけなのか［、という問題である］。」

(18)「この問題は、すでに詳しく証明された次のことを思い出そうとしさえすれば、容易に決着をつけることができる。すなわち、それは、知性が、諸対象の間には、いかなる真の（実在する）結合（any real connexion）をも観察せず、原因と結果の結びつきでさえ、厳密に吟味するならば、習慣的な観念の連合に帰着する、ということである。」

(19)「［このことを思い出そうとしさえすれば、問題は容易に決着をつけることができる］と言うのは、このことから、同一性とは、何ら、これらの異なる諸知覚に実際に（真に）属しそれらを結びつけているようなものではなくて、単に、われわれがそれらの諸知覚を反省する際にそれら諸知覚の観念が想像力において結びつく（連合する）がゆえにわれわれがそれらの諸知覚に帰する、或る性質に過ぎない、ということが、帰結することが明らかであるからである。」

(20)「ところで、観念を想像力において結びつけ（連合させ）得る唯一の性質は、すでに述べた三つの関係である。これらが、観念の世界における結合の原理であり、これらなくしては、すべての異なる対象は、精神によってたがいに分離され得、分離して（別々に）考察されることが可能であり、もっとも大きな相違と隔たりによって引き離されている場合と同じく、いかなる他の対象とも結合しているようには見えないのである。それゆえ、これら類似性、隣接、および因果性の三つの関係のどれかにこそ、同一性が依存しているのであるが、これらの関係の本質は、それらが観念の容易な移行を生み出すということにあるのであるから、人格の同一性についてのわれわれの考え（観念）は、まったく、すでに説明された諸原理に従った、結合された観念の系列に沿う思惟の滑らかで中断のない歩みからのみ生じる、ということが、帰結する。」

第十七段落（二九五頁第二段落）から二十段落（二九七頁第二段落）まででは、類似、隣接、因果関係の三つの関係のうち、人格の同一性の観念を生み出すのに寄与するのは、隣接を除く類似性と因果関係の二つであるとされ、人格の同一性に動植物の同一性とのアナロジーを与えるものとして、特に因果関係が強調されている（第十二段落（二九二頁第二段落）と第十九段落（二九六頁第二段落）との対応に注目せよ）。隣接の関係が除かれるのは、任意の二つの知覚が、同一の人格を形成している諸知覚の束に属するためには、それらの間に時間的または空間的な隣接の関係があることが、十分でも必要でもないと、ヒュームが考えるからであろう。因果関係が人格の同一性の観念を生み出すのに特に重要であることから、先の演劇の比喩（本章第二節）に替えて、国家の比喩が与えられている。（ト）「この点で、私は、魂を譬えるのに、そこにおいて、異なる成員が、支配と服従の相互的な絆によって結びつけられ、他の人たちを生み出し、この人たちがそれの諸部分の絶え間のない変化を通じて同一の国家を伝えていくところの、国家ほどに、適切な譬えを見出すことができない」（第十九段落：二九六頁第二段落）。

五　一・四・六の第四の部分は、最後の二段落、第二十二段落と第二十三段落とであり、前者においては、人間精神の単純性の観念の起源についても、それの同一性の観念の起源についてと同様の議論が当てはまると述べられている。最後の段落では、一・四・三から始まった、哲学の諸体系の吟味がここで終ることが述べられている。以上が、一・四・六の内容の概略である。

六　「付録」において人格の同一性に関わるのは、「付録〔二〕」の三二三頁第一段落から三二六頁第二段落までである。この部分を便宜上「付録二・一」（第一段落から第十二段落まで）と呼ぶことにする。「付録二・一」は、三つの部分に分けることができる。第一の部分は、第一段落であり、そこでは、「人格の同一性についての節（一・四・六）をより厳密に見直してみると、私は、大変な迷宮に迷い込んでしまっており、どのようにして私の以前の（一・四・六の）意見を訂正すべきかも、どのようにしてそれらを無矛盾なものにすべきかも、知らない、と告白しなければならない」と、「付録二・一」全体の要旨が述べられている。

七　第二の部分は、第二段落（三二三頁第二段落）から第十段落（三二五頁第三段落）までであり、ここでは、「自我すなわち思惟する（考える）存在者の厳密な真の同一性と単純性を否定するように私を誘った議論」（第一段落、三二三頁）が述べられる。

最初に、第二段落で、「われわれは、何か単純で個体的（自己同一的）なものとしての自我や実体の印象を、もっていない」ということ、それゆえ、**(チ)**「われわれは、……そのような意味での自我や実体の観念をもっていない」ということが、主張される（三二三頁）。この主張は、一・四・六、第二段落（二八六頁第一段落）での主張（本章第二節**(ロ)**）に対応している。

第二に、第三段落（三二三頁）から第五段落（三二四頁第二段落）までの間に、我々の知覚がたがいに別個な存在者であること、そして、このことが、知覚の対象自体がたがいに別個で独立な存在者であることから、導出できることが、主張されている。**(リ)**「諸対象が、何ら共通の単純な実体すなわち内属の基体をもたずに、たがいに別個で独立に存在するということは、理解可能であり、無矛盾である。それゆえ、この命題は、諸知覚について、けっして不合理であり得ない。［すなわち、諸知覚が、何ら共通の単純な実体すなわち内属の基体をもたずに、たがいに別個で独立に存在するということが、理解可能であり、無矛盾である］」（三二四頁第二段落）。

第三に、第六段落（三二四頁第二段落）から第十段落（三二五頁第三段落）までの間に、自我を形成しているのはたがいに別個な諸知覚であり、自我は厳密な真の同一性をもたないものである、ということが、結論されている。まず、(ヌ)「私が私の反省を私自身に向けるとき、私はこの自我を、一つあるいはそれ以上の知覚なしには、けっして知覚することができない。また、私は、これらの諸知覚以外には、けっして何も知覚することができない。それゆえ、自我を構成しているのは、これら知覚の複合である」と主張される（第六段落：三二四頁第三段落）。この主張は、一・四・六、第三段落（二八六頁第二段落）での「……私が「自己」(myself)と呼ぶものにもっとも深く分け入るとき、私が見つけるものは、常に、熱や冷、明や暗、愛や憎、苦や快など、あれやこれやの個々の知覚である。私は、いかなるときにも、知覚なしに自己を捉えることが、けっしてできず、また、知覚以外のものを観察することも、けっしてできない」という主張に対応している。次に、(ル)精神に飢えや渇きなどの単一の知覚（感覚的印象）しかないことが可能であり、その際精神に自我や実体のようなものの知覚は見出せないから、その知覚に他の諸知覚をつけ加えても同じである、と主張される（第七段落：三二四頁第四段落）。次に、(ヲ)自我（精神）の消滅（死）の十分条件の一つは、諸知覚が消滅することであるので、自我とは、諸知覚［の集まり］にほかならないと主張される（第八段落：三二五頁第一段落）。この主張は、一・四・六、第三段落（二八六頁第二段落と二八七頁第一段落）での「……死によって私の諸知覚がすべて取り除かれるならば、すなわち私の身体が命を失ったのち、私が、考えることも、感じることも、見ることも、愛することも、憎むこともできないならば、私は、完全に消滅するであろう。私を完全な非存在者にするためにそれ以上に何が必要か、私は考えることができない」という主張に対応している。次に、(ワ)ヒュームが、個々の諸知覚と別個なものと考えられた自我や実体の観念をもたないことが、述べられる（第九段落：三二五頁第二段落）。この記述は、一・四・六、第三段落（二八七頁第一段落）末の「おそらく彼は、彼が「自己」(himself)と呼ぶところの何か単純で持続するものを、知覚するのかもしれない。しかし私は、自分のうちにはそのような［単純で持続する］原理がないことを、確信している」という記述に対応している。最後に、(カ)我々が、個々の諸知覚［の集まり］と別個なものとしての精神（自我）の観念をもっていないことが、結論される（第十段落：三二五頁第三段落）。この結論は、一・四・六、第四段落（二八七頁第二段落）の主旨、特に（八）と（二）の演劇の譬喩と（本章第二節）に対応している。

八「付録二・一」の第三の部分は、第十一段落（三二五頁第四段落から三二六頁第一段落）と第十二段落（三二六頁第二段落）である。この部分で、一・四・六での自らの議論にヒュームが見出した「矛盾」が述べられているので、テキストの不十分さを、複数の等価な文脈におけるあるべき対応（concordance）という単純な文献学的方法によって補い、再構成した形でテキストを詳しく引用する。

(30)「ここまでは、私に十分な明証性が伴っているように、思われる。ところが、われわれのすべての個々の知覚をこのようにばらばらにしてしまったのち、それらの知覚を結び合わせ、われわれにそれらに対して真の単純性と同一性を帰させるところの、結合原理を説明することに進むとき（原註（一）によれば、一・四・六、第十七段落（二九五頁第二段落）［以下］を指す）、私は、私の説明が大きな欠陥をもち、先の推論の見かけの明証性以外に私にそれを受け容れさせ得たものはないということを、感じる。」

(31)「諸知覚が、たがいに別個な存在者であるならば、それらは、たがいに結合されることによってのみ、一つの全体を形成する。」

(32)「しかし、たがいに別個な諸存在者の間には、人間知性によっては、いかなる結合も、けっして見出すことができない。」

(33)「われわれは、ただ、或る結合を、すなわち、一つの対象から別の対象へ進むように思惟が決定されていることを、感じる（feel）だけである。それゆえ、思惟のみが、人格の同一性を見出すのであり、このことは、［一つの］精神を構成している過去の諸知覚の連鎖を思惟が反省するとき、それら諸知覚の観念が、たがいに結合されているように［思惟に］感じられ（felt）、たがいに他を自然に導き入れる場合に、起こるのである、ということが帰結する。」

(34)「この結論がどれほど異常なものに見えようとも、驚く必要はない。［実際］ほとんどの哲学者たちは、人格の同一性が意識から生じると考える傾向があるように見える。しかるに、意識とは、［一つの、］反省された、思惟すなわち知覚に、ほかならない。それゆえ、［われわれの］今の哲学［的考察］は、これまでのところ、うまく行きそうに見える。」

(35)「しかしながら、われわれの継起する諸知覚［の観念］をわれわれの思惟または意識において結びつけている諸原理を説明する段になると、私の希望はすべて消え失せてしまうのである。私は、この点について私を満足させてくれるような理論を、発見できない。」（以上が第十一段落で、ここで改行される。）

(40)「要するに、二つの原理があって、私は、それらをたがいに無矛盾にすることができず、また、いずれか一方を廃棄することも私の力を超えるのである。」

(41)「すなわち、「われわれのすべての別個な知覚は、たがいに別個な（異なる）存在者である［。」

(42)［そして、いかなる単純なものにも内属しない。］」

(43)［それゆえ、思惟（精神）のみが、異なる知覚の間に、結合（連合）を感じるのである］」という原理と、」

(44)「「精神は、たがいに異なる存在者の間に、いかなる真の結合も知覚しない」という原理とである。」

(45)「われわれの諸知覚が何か単純で個体的（自己同一的）なものに内属しているか、」

(46)「それとも、精神が諸知覚の間に何らかの真の結合を知覚するのであれば、この場合何の困難もなかったであろう。」

(47)「私としては、懐疑論者の特権に訴えて、この困難が私の知性には難し過ぎることを、白状しなければならない。しかし、この問題が、絶対に解決不可能なものである、と言うつもりはない。もしかすれば、ほかの人たちか、今より成熟した反省によって私自身かが、これらの矛盾命題を両立させるような何らかの仮説を発見することが、できるかも知れない。」（以上が、第十二段落である。）

九　一・四・六、第十六段落（二九四頁第二段落から二九五頁第一段落）のテキスト（11）〜（19）（本章第四節）と「付録二・一」第十一段落（三二五頁第四段落から三二六頁第一段落）のテキスト（31）〜（33）（前節）との対応は、明らかである。まず、（11）〜（13）には、（31）「諸知覚が、たがいに別個な存在者であるならば、それらは、たがいに結合されることによってのみ、一つの全体を形成する」が大体（少なくとも、全文脈において占める位置において）対応している。次に、（14）「……この同一性の関係は、われわれがもつ異なる諸知覚を真に（実際に）結びつけている何かである……」と（15）「……［この同一性の関係は、］これら諸知覚の観念を想像力においてただ連合させる何かである……」、すなわち（16）と（17）が、二者択一命題（ヒュームが言う意味でのディレンマ）を形成する。そして、（18）「……知性［は］、諸対象の間には、いかなる真の（実在する）結合をも観察［しない］……」によって、（14）すなわち（16）が退けられ、（19）（すなわち（15）、すなわち（17））「……同一性とは、……単に、われわれがそれらの諸知覚を反省する際にそれら諸知覚の観念が想像力において結びつく（連合する）がゆえにわれわれがそれらの諸知覚に帰する、或る性質に過ぎない……」が帰結する。ヒュームにとっては（18）は常に真であるから、（14）と（16）は常に偽であり、［真の二者択一命題は、（14）の否定と（19）との連言と（14）の否定と（19）の否定との連言（すなわち（16）の否定と（19）との連言と（16）の否定と（19）の否定との連言）の間に成り立つ。そして、（14）の否定と（19）の否定との連言が捨てられ、］（14）の否定と（19）「……同一性とは、何ら、これらの異なる諸知覚に実際に（真に）属しそれらを結びつけているようなものではなくて、単に、われわれがそれらの諸知覚を反省する際にそれら諸知覚の観念が想像力において結びつく（連合する）がゆえにわれわれがそれらの諸知覚に帰する、或る性質に過ぎない……」との連言が残される。そして、（32）「……たがいに別個な諸存在者の間には、人間知性によっては、いかなる結合も、けっして見出すことができない」が、(14)の否定、(16)の否定、(18)に対応し、(33)「われわれは、ただ、或る結合を、すなわち、一つの対象から別の対象へ進むように思惟が決定されていることを、感じる(feel)だけである……」が、(15)、(17)、(19)に対応している。

十 「付録二・一」第十二段落(三二六頁第二段落)のテキスト(41)〜(46)については、まず、(41)「……われわれのすべての別個な知覚は、たがいに別個な(異なる)存在者である」が、(31)および(11)〜(13)に対応している。

次に、(41)「……われわれのすべての別個な知覚は、たがいに別個な(異なる)存在者である」と(44)「精神は、たがいに異なる存在者の間に、いかなる真の結合も知覚しない……」とが、実際にはたがいに矛盾していないにもかかわらず、「たがいに無矛盾にすることができ[ない]」(二者択一の関係にある)」と最初に言われており、それぞれの否定が、(45)「われわれの諸知覚が何か単純で個体的(自己同一的)なものに内属している……」と(46)「……精神が諸知覚の間に何らかの真の結合を知覚する……」と表現されているから、(41)には(42)「……そして、[われわれのすべての別個な知覚は、]いかなる単純なものにも内属しない……」を補うことができる。このことは、「付録二・一」第五段落(三二四頁第二段落)の「……諸対象が、何ら共通の単純な実体すなわち内属の基体をもたずに、たがいに別個で独立に存在するということは、理解可能であり、無矛盾である。それゆえ、この命題は、諸知覚についてけっして不合理であり得ない。[すなわち、諸知覚が、何ら共通の単純な実体すなわち内属の基体をもたずに、たがいに別個で独立に存在するということが、理解可能であり、無矛盾である]」という主張からも、裏づけられる。

次に、(41)が(31)「諸知覚が、たがいに別個な存在者であるならば、それらは、たがいに結合されることによってのみ、一つの全体を形成する」に対応しており、(31)と(32)「……たがいに別個な諸存在者の間には、人間知性によっては、いかなる結合も、けっして見出すことができない」とから(33)「われわれは、ただ、或る結合を、すなわち、一つの対象から別の対象へ進むように思惟が決定されていることを、感じる（feel）だけである……」が帰結するが、(32) が (44)「……精神は、たがいに異なる存在者の間に、いかなる真の結合も知覚しない……」に対応しているので、(41) に、(42) に加えて、(33) すなわち (43)「それゆえ、思惟（精神）のみが、異なる知覚の間に、結合（連合）を感じるのである」……」を補うことができる。そして、その結果生じる (43) と (44)「精神は、たがいに異なる存在者の間に、いかなる真の結合も知覚しない……」との対命題は、(15) と (14) の否定との（すなわち (17) と (16) の否定との）対に対応する。

(14) と (15)（すなわち (16) と (17)）が、二者択一命題であるから、(43) と (44) は、そのままでは二者択一的関係にはない。ヒュームにとって (44)「精神は、たがいに異なる存在者の間に、いかなる真の結合も知覚しない……」は常に真であるから、真の二者択一命題は、(43)……思惟（精神）のみが、異なる知覚の間に、結合（連合）を感じるのである」と (44) との連言と (43) の否定と (44) との連言の間に成り立つ。これら二つの選択肢のうち、(43) の否定と (44) との連言は人格の同一性の観念の成立を説明できない。人格の同一性の観念の成立を説明し得るものとして残る選択肢は、(43) と (44) との連言のみである。ところが、(43) すなわち (33) は、(35)（すなわち (30)）「われわれの継起する諸知覚［の観念］をわれわれの思惟または意識において結びつけている諸原理を説明する段になると、私の希望はすべて消え失せてしまうのである。私は、この点について私を満足させてくれるような理論を、発見できない」に帰着し、(43) と (44) との連言は (35) と (44) との連言に帰着する。すなわち、(43) と (44) との連言によっても人格の同一性の観念の成立は説明できないということが判明する、とヒュームは言うのである。そこで、(35) すなわち (30) の解釈が問題となる。

十一　ヒュームは、人格の同一性について議論（一・四・六）の最初から、人格すなわち精神（両者の同一視は、のちに「精神または（すなわち）思惟する人（人格）の継起的存在」（第十七段落：二九五頁第二段落）という表現において、明示的に示される）が、一時点においては［通常は］、たがいに異なる諸知覚（印象あるいは観念）を含み、継起する異なる時点においては、たがいに継起する異なる諸知覚を含み（第一段落〜第二段落：二八五〜二八六頁第一段落の含意）、精神においてはこれら諸知覚以外には何も観察されないので、人格すなわち精神を、これら諸知覚の継起にほかならないとし、一種の演劇に譬え、「そこでは、一つの時点にはいかなる単純性もなく、異なる時点を通してはいかなる同一性もない」と述べており、「精神を構成するのは、たがいに継起する知覚（表象）のみで［ある］」と明記している（一・四・六、第四段落：二八七頁第二段落）。それゆえ、人格すなわち精神が、諸知覚の継起にほかならず、経過する時間を通じての真の同一性をもたないということは、人格の同一性の議論の前提である。（このことは、「精神の構成に加わる別個な知覚はどれも」（第十六段落：二九四頁第二段落）、「精神または思惟する人（人格）の継起的な存在」（第十七段落：二九五頁第二段落）、「［他人］の精神すなわち思惟の原理を成すところの、諸知覚の継起」（第十八段落：二九五頁第三段落）、また「われわれの自我または人格を成すところの原因結果［である諸知覚］の連鎖」（第二十段落：二九七頁第二段落）等の表現において示されている。）ヒュームが解明しようとする問題は、諸知覚の継起（「団《かた》まりあるいは集まり」（第四段落：二八七頁第二段落））にほかならず真の同一性が観察されない人格に、なぜ我々が誤って真の同一性を帰するのか、ということである。その答えは、人格すなわち精神を構成する継起する諸知覚の間の類似性、隣接、または因果性（実は類似性（記憶に基づく表象関係）と因果性とに限られる（第十七段落：二九五頁第二段落））の関係に基づく、我々の想像力の観念連合によって、その諸知覚の継起に含まれる一つの知覚の考察から他の知覚の考察への我々の思惟の移行がきわめて容易で滑らかであるので、我々の想像力が、この容易で滑らかに移行する考察を、変化も中断も含まない真の同一性をもつ対象を考察する際の容易で滑らかな考察と混同し、人格すなわち精神を構成する異なる諸知覚の継起または「集まり」を、真の同一性をもつものと取り違える結果である、というものである（第六段落：二八八頁第二段落〜二八九頁第一段落、第七段落：二九〇頁第一段落、第十六段落：二九五頁第一段落）。

ヒュームが、人格の同一性という「虚構」（第十五段落：二九四頁第一段落、および第七段落：二九〇頁第一段落）

の成立についての一・四・六での自らの説明に認めた困難な問題（「矛盾」）は、この継起する諸知覚の観念の間の観念連合に関わる。(30)「……われわれのすべての個々の知覚をこのようにばらばらにしてしまったのち、それらの知覚を結び合わせ、われわれにそれらに対して真の単純性と同一性を帰させるところの、結合原理を説明することに進むとき（原註（一）によれば、一・四・六、第十七段落（二九五頁第二段落）［以下］の「われわれが精神または思惟する人（人格）の継起的な存在を眺めるときに、われわれの思惟の中断のない歩みがどの関係によって生み出されるのか」という「残る唯一の問題」の考察を指す）、私は、私の説明が大きな欠陥を［もつ］……ということを、感じる」（三二五頁）。(35)「……われわれの継起する諸知覚［の観念］をわれわれの思惟または意識において結びつけている諸原理を説明する段になると、私の希望はすべて消え失せてしまうのである……」（三二六頁）。(40)「要するに……」（三二六頁）、問題は、(44)「［われわれの］精神［あるいは知性］は、たがいに異なる存在者［である諸知覚］の間に、いかなる真の結合も知覚しない」（三二六頁）のに、いかにして、(43)「……［われわれの］思惟（精神）［すなわち想像力］……が、異なる知覚の間に、結合（連合）を［、すなわち、一つの対象（知覚）［の観念］から別の対象（知覚）［の観念］へ進むように思惟が決定されていることを、］（第十一段落：三二五頁第四段落）感じる……」（三二六頁）ことができるのか、ということにある。

ヒュームの問題には二つの側面があり、その一つは、一つの人格を構成している諸知覚の継起を眺める際の観念連合の主体である、我々の精神あるいは想像力の同一性に関わり、もう一つは、観念連合を引き起こすとされた、我々の精神あるいは想像力の対象としての諸知覚の間の関係（「結合原理」、「諸原理」）に、関わる。まず、「付録二・一」のテキストそのものから示唆される、第一の側面を見てみよう。

十二　(35)に含まれる「われわれの継起する諸知覚［の観念］をわれわれの思惟または意識において結びつけている諸原理」(the principles, that unite our successive perceptions in *our thought or consciousness*) という表現に現われている「われわれの思惟または意識」が、(33)と(34)の内容から、(33)「われわれは、ただ、［諸知覚の間の」或る結合を、すなわち、一つの対象から別の対象へ進むように思惟が決定されていることを、感じるだけである。それゆえ、思惟のみが、人格の同一性を見出すのであり、このことは、精神を構成している過去の諸知覚の連鎖を思惟が反省するとき、それら諸知覚の観念が、たがいに結合されているように〔思惟に〕感じられ、たがいに他を自然に導き入れる場合に、起こるのである、ということが帰結する」および(34)「……ほとんどの哲学者たちは、人格の同一性が意識から生じると考える傾向があるように見える。しかるに、意識とは、〔一つの、〕反省された、思惟すなわち知覚に、ほかならない……」に現われている「われわれ」、「思惟」、「反省」、「意識」と同じものを意味することは、明らかである。それゆえ、ヒュームは、我々、思惟、意識、反省、すなわち精神が、異なる時点に現われる別個な諸知覚を、自らは同一の主体として知覚するがゆえに、それら諸知覚の間の類似性あるいは因果性の関係に基づいて、精神においてそれらの諸知覚の観念の間の観念連合が生じ、この観念連合〔に伴う思惟の滑らかな移行〕によって、それらの諸知覚の間に何らかの結合があるかのように精神が感じるのである、と考えているのである。(30)および(35)においてヒュームが困惑しているのは、一つには、このように、異なる時点における異なる諸知覚を知覚する我々の精神、すなわち観念連合の主体（或る一つの観念連合の機制の全体がそこにおいて発生するところの、言わば「場」）である我々の想像力、の同一性が、彼による、主体や心的「場所」の考えの明示的な拒否（二八七頁第二段落末）にもかかわらず、人格の同一性の観念の発生を説明すべき議論において前提されているという、悪循環に気づいたからである。(30)および(35)において、ヒュームは、一つには、いかにして、他の人格と同じく異なる諸知覚の継起にほかならない我々の思惟または意識が、同一の主体として、継起する諸知覚の観念を知覚できるのか、彼には説明できない、と言っているのである。

十三　同じ問題は、「付録二・一」(30)に含まれる原註（一）が指示している一・四・六、第十七段落（二九五頁第二段落）から第二十段落（二九七頁第二段落）までの四段落にも認められる。そこでは、「われわれが精神または思惟する人（人格）の継起的な存在を眺めるときに、われわれの思惟の中断のない歩みが、［それ］によって生み出される」（第十七段落）ところの関係として、一つの人格を構成する諸知覚の継起に含まれる知覚の間の、類似性と因果性の関係が考察される。諸知覚の観念の間に観念連合を引き起こす三つの関係のうち、隣接だけが、考察から除かれるのは、時間的にたがいに隣接しない二つの知覚が、同一の人格を構成する諸知覚の束に属することがあり得るからである。

　まず、第十八段落（二九五頁～二九六頁）において、ヒュームは、諸知覚の間の類似性の関係について、「われわれが他人の胸のうちを明瞭に見て、彼の精神すなわち思惟の原理を成すところの、諸知覚の継起を、観察できる」と仮定するが、この仮定は、議論を分かりやすくするためのものであって、我々が実際に他人の胸のうちを見ることができるなどとヒュームが考えているわけではない[1]。この段落の最後で「事情は、われわれが、われわれ自身を考察しようと、他人を考察しようと、同じである」と述べて、議論を、我々が我々自身の人格を構成する諸知覚の継起を観察する場合に戻しているのである。そして、この段落に続く二つの段落（二九六～七頁）では、議論は、我々が我々自身の人格を構成する諸知覚の継起を観察する場合に限られている。

　さて、このような反事実的仮定のもとで、「［他人］が過去の知覚の相当の部分について記憶を保持していると仮定すれば」、過去の知覚についての記憶の保持は、この他人の人格を構成する諸知覚の継起に、きわめて顕著な類似性の関係を付与すると言う。すなわち、「記憶とは、それによってわれわれが過去の諸知覚の像を呼び起こすところの能力［であり］」、「像は必然的にそれの対象（過去の知覚）に似るのであるから、これらの類似した諸知覚をしばしば思考の連鎖のうちに置くことは、必ず、［われわれの］想像力を一つの環から別の環へとより容易に運び、［思考の連鎖の］全体を単一の対象の連続のように［われわれの想像力に］見えさせる」と言う。ここでは、考察の対象である人格自身が彼の記憶によって彼の過去の知覚を想起する場合の、想起の活動が、過去の知覚について記憶の観念を実際にいだくこととされ、過去の知覚に対する想起の活動による表象の関係が、記憶の観念とそれの対象である知覚との間の類似性として理解されている。そして、そのように自らの過去の知覚を想起している一つの人格を我々が眺める際に、その人格に含まれる記憶の諸観念とこれらの観念の対象である諸知覚との間の類似性によって、それらの観念と知覚とを考察する我々の思惟の移行がより容易でより滑らかになるので、我々の想像力は、その人格を構成している諸知覚の継起全体を、単一の対象の連続的存在すなわち真の同一性をもつ存在者と混同する、と言うのである。

ところで、対象となる一つの人格の過去の知覚を想起する記憶とは、いかなるものであろうか。過去に或ることが経験されそれの知覚（印象）が生じた場合には、その知覚とは何の連続性もなしに、その知覚の観念が記憶の観念として繰り返し再現する傾向がある、などとは考えられない。過去の知覚を想起するためには、その知覚を記銘した記憶［能力］とその知覚を想起する記憶［能力］とは、実在的に同一の能力として中断することなく存続していたのでなければならない。すなわち、ヒュームは、一つの人格の同一性についての我々の観念の発生を説明する際に、当の人格［を構成する諸知覚の継起］に属する記憶能力の同一性をすでに前提しているのである。また、或る人格に属する記憶の想起によって彼の諸知覚の間に「生み出［される］」類似性を観察する我々の想像力も、まず彼の最初の知覚を知覚し、そののちその知覚についての彼の記憶観念を知覚するものとして、実在的に同一の能力として存続していたのでなければならない。また、議論を、我々が我々自身の人格を構成する諸知覚の継起を観察する場合に戻すならば、我々の人格を構成する諸知覚の継起の系列に属することに結果的になる或る知覚を、受容し、記憶によって記銘して保持し、のちにそれの観念を記憶によって想起し、さらに、この記憶の観念とそれの対象である過去の知覚［の観念］との間の類似性（表象関係）の関係に基づく観念連合により容易で滑らかな思惟の移行を体験する想像力も、観念の受容と保持と想起と観念連合を通して実在的に同一の能力でなければならない。

次に、第十九段落（二九六頁第二段落）において、同一の人格を構成する諸知覚の間の因果関係について、人格（「人間精神」）についての正しい観念は、人格を「たがいに原因結果の関係によって繋がれ［た］」諸知覚の継起の系列（「体系」）と見なすことである、と主張する。したがって、我々の人格を構成する諸知覚の継起の系列全体は、たがいに継起し因果関係によって結びつけられている二つの知覚の系列の連鎖から成り、この諸知覚の継起の系列全体を眺める我々の想像力は、諸知覚を結びつけている因果関係に基づく観念連合のために、諸知覚の継起の系列全体にそって容易で滑らかに移行するので、その系列全体を、真の同一性をもつ対象と混同する、というわけである。

次の第二十段落（二九七頁第二段落）において、「記憶のみが、この諸知覚の継起の連続性と範囲をわれわれに知らせるので、記憶は、主としてこの理由で、人格の同一性の源泉（原因）と見なされるべきである。われわれは、記憶をもたなかったとすれば、けっして因果関係の考え（観念）を、したがって、われわれの自我または人格を成すところの原因結果の連鎖の考え（観念）をも、もたなかったであろう」と述べている。記憶がなければ因果関係の観念自体が生じ得ないという主張は、因果関係の観念が、二種類の対象の間の恒常的随伴の経験「の記憶」に、その経験が意識的に想起されようが（一〇九頁）想起されまいが（一二八〜九頁）、依存している、という考えに基づく。それゆえ、我々の人格を構成する諸知覚の継起の系列（「体系」）に属する継起する二つの知覚の系列の多くは、二種類の知覚の経験され［記憶され］た恒常的随伴の一事例でなければならない。ここでも、我々の人格に属する一組の二種類の知覚の随伴の経験は、実在的に同一の能力であり続ける我々の記憶に蓄積されなければならず、また、我々の人格に属する種々の二種類の知覚の恒常的随伴の経験を体験して因果関係の観念を獲得することを可能にする我々の記憶も、実在的に同一の能力であり続けなければならず、さらには、「［われわれの人格を構成している］諸知覚の継起の連続性と範囲をわれわれに知らせる」記憶、すなわち、我々が記憶している限りの我々の全知覚に我々の知性（想像力）がこの獲得された因果関係の観念を適用するために我々の全知覚を想起する記憶も、それらの知覚を記銘した記憶と実在的に同一の能力でなければならない。また、我々の人格を構成する諸知覚の継起の系列全体に属する異なる時点での複数の知覚についての観念を、記憶による記銘の助けを借りて自らのうちに受容して保持し再生し、それらの観念の間の観念連合に基づく自らの容易で滑らかな移行を体験する想像力も、観念の受容と保持と再生と観念連合を通して、実在的に同一の能力でなければならない。

このように、一・四・六の第十七段落から第二十段落までの議論においても、我々の人格の同一性についての我々の観念の発生を説明する際に、当の我々の人格に属する記憶能力および想像力の同一性をすでに前提するという、悪循環が生じているのである。

（1）「人が私をあからさまに罵ろうと、彼の軽蔑を密かにほのめかそうと、どちらの場合にも、私は彼の気持または意見を直接には知覚していず、私がそれを感じるようになるのは、しるしに、すなわちその気持または意見の結果（言葉や振舞い）に、依っているのである」（二七八頁）。「［或る人の］或る感情が［別の人の精神に］共感によって移し入れられる場合、その感情は、最初は、その感情が当人に引き起こした結果によって、すなわち当人の表情や話し方に現われる外的しるしによって、［別の人に］知られるのであり、これらの外的しるしが、その感情の観念を別の人に伝達するのである」（二・一・十一、第三段落：『ヒューム哲学的著作集』第二巻、一一一頁：セルビー・ビッグ／ニディッチ編『人間本性論』三一七頁）。

十四　最後に、ヒュームが、人格の同一性という「虚構」（第十五段落：二九四頁第一段落、第七段落：二九〇頁第一段落）の成立についての一・四・六での自らの説明に認めた困難な問題（「矛盾」）の、第二の側面（第十一節末を見よ）について考察しよう。問題は、我々の人格を構成する継起する諸知覚の間の関係に関わる。「付録二・一」の**(30)**「……われわれのすべての個々の知覚をこのようにばらばらにしてしまったのち、それらの知覚を結び合わせ、われわれにそれらに対して真の単純性と同一性を帰させるところの、結合原理を説明することに進むとき（原註（一）によれば、一・四・六、二九五頁第二段落［以下］を指す）、私は、私の説明が大きな欠陥を［もつ］……ということを、感じる」（三二五頁）および**(35)**「……われわれの継起する諸知覚［の観念］をわれわれの思惟または意識において結びつけている諸原理を説明する段になると、私の希望はすべて消え失せてしまうのである」（三二六頁）のそれぞれに現われている「[知覚の]結合原理」と「[知覚を]……結びつけている諸原理」とが、同じものを指すことは文献学的に明らかであり、それが、一・四・六、第十七段落（二九五頁第二段落）で「われわれが精神または思惟する人（人格）の継起的な存在を眺めるときに、われわれの思惟の中断のない歩みがどの関係によって生み出されるのか」という問題において言及されている、「関係」であることは、(30)に含まれる原註によって明言されている。

しかし、諸知覚の関係のうち、「人間精神（人格）について真なる（正しい）観念」は、人格を「たがいに原因結果の関係によって繋がれ[た]」諸知覚の継起の系列（「体系」）と見なすことである、と主張される（一・四・六、第十九段落：二九六頁第二段落）。しかも、問題は、(40)「要するに……」（三二六頁）、(44)「[われわれの]精神[あるいは知性]は、たがいに異なる存在者[である諸知覚]の間に、いかなる真の結合も知覚しない」（三二六頁）のに、いかにして、(43)「……[われわれの]思惟（精神）[すなわち想像力]……が、異なる知覚の間に、結合（連合）を[、すなわち、一つの対象（知覚）[の観念]から別の対象（知覚）[の観念]へ進むように思惟が決定されていることを、]（第十一段落：三二五頁第四段落）感じる……」（三二六頁）ことができるのか、ということにある（「付録二・一」）。一つの対象の観念から別の対象の観念へ移行するように「思惟が決定されている」という表現は、対象の間の因果関係（恒常的随伴）に基づく観念連合に関してのみ使われる（二〇〇頁、「原因」の第二の定義、および一三五頁）。それゆえ、ヒュームの問題は、対象（諸知覚）の間の因果関係に基づく観念連合に関わる。実際、一・四・六、第十七段落（二九五頁第二段落）以下で「われわれが精神または思惟する人（人格）の継起的な存在を眺めるときに、われわれの思惟の中断のない歩みがどの関係によって生み出されるのか」という「残る唯一の問題」を考察するのに先立つ第十六段落で、「知性[は]、諸対象の間には、いかなる真の（実在する）結合をも観察せず、原因と結果の結びつきでさえ、厳密に吟味するならば、習慣的な観念の連合に帰着する……。……同一性とは、何ら、これらの異なる諸知覚に実際に（真に）属しそれらを結びつけているようなものではなくて、単に、われわれがそれらの諸知覚を反省する際にそれら諸知覚の観念が想像力において結びつく（連合する）がゆえにわれわれがそれらの諸知覚に帰する、或る性質に過ぎない……」（二九五頁）と述べて、因果関係に言及している。

問題は、知性が人格を構成する諸知覚の間にいかなる真の結合をも観察しないのに、いかにして想像力が、同じく知覚にほかならない、それら諸知覚の観念の間の、結びつきを知覚できるのか、ということにある。ヒュームは、因果関係の観念に含まれていると通常見なされている必然的結合の観念の起源を説明する際に、必然性（必然的結合）とは対象のうちにではなく精神のうちにのみ存在するものであると主張したが（一九五頁）、実は、精神のうちに存在するものは真の必然性ではなく、「われわれの内的知覚の間の結合原理は、外的対象の間の結合原理と同様に、知的に理解できず、それゆえ知覚できないのであった（一九九頁）。「観点を対象から知覚に変えるならば、そのときは、［或る対象の］印象が原因であり、［その対象の原因または結果である別の対象の］生きした観念が結果であると、考えるべきであり、これら［印象と観念と］の必然的結合とは、われわれが印象の観念から観念の観念へ移行するように決定されているのを感じる際の、新たな被決定性のことである」と主張することによって、ヒュームは、対象における必然的結合という虚構の観念の発生過程の説明において、無限背進に陥ったことを気づかなかった（第八章第二十節）。因果的な必然的結合の観念についての議論においては、対象の間の必然的結合［と見なされているもの］は、対象のうちに存在するものではなく、対象の観念の間の因果的観念連合に伴う、一方の観念から他方の観念に移行するよう思惟が決定されているという被強制感にほかならない、という議論を、対象の観念の間の必然的結合についてもそのまま適応することが、無限背進を含むということは、それほど自明ではなかった。しかし、人格の同一性の観念（虚構）の考察においては、それらの間に因果関係が成り立つ対象は、最初から人格を構成する諸知覚である。それゆえ、それらの諸知覚の間に知性あるいは精神がいかなる真の結合も知覚することができないのであれば（三二五頁、三二六頁）、同じく知覚にほかならない、それら諸知覚の観念の間にも、想像力が何らかの結合（連合すなわち思惟の被決定）を感じるということは、理解のできないこととなる。それゆえ、ヒュームは、一・四・六における人格の同一性の虚構の発生過程についての彼の議論に、当時の彼には解き難い問題が含まれていることに気づいたのである。

十五　ヒュームは、『人間本性論』（一七三九〜四〇年）が正当に評価されなかったので、第一巻に含まれていた理論哲学をのちに書き改め、『人間知性探究』（一七四八年）として出版した。しかし、『人間知性探究』では、ヒュームがそれについての自らの議論が困難を含むことに気づかなかったところの因果論の中心部分は再論されたが、彼が「矛盾」を含むことに気づいたところの人格の同一性についての議論はまったく省かれたのである。しかし、想像力の同一性と、これを前提している観念連合（観念の結合）とが、もはやヒュームに理解できないという、人格の同一性についての議論においてヒュームが気づいた事態は、想像力の観念連合によって日常生活における常識的信念の成立を説明しようとするヒュームの人間学にとって、きわめて重大な事態である。それは、『人間本性論』の理論哲学全体の全面的な書き変えを要求する。

（完）

文献一覧

一　ヒュームの著作

『人間本性論』初版：

[David Hume,] *A Treatise of Human Nature, Being An Attempt to introduce the experimental Method of Reasoning into Moral Subjects*, 3 volumes, London: Vol. I and Vol. II, Printed for John Noon, 1739; Vol. III, Printed for Thomas Longman, 1740.

『人間本性論』：

A Treatise of Human Nature, Being An Attempt to introduce the experimental Method of Reasoning into Moral Subjects（1739-40），『ヒューム哲学的著作集』第一～二巻。

セルビー・ビッグ／ニディッチ編『人間本性論』：

David Hume, *A Treatise of Human Nature*, Edited by L. A. Selby-Bigge, 1888; Second Edition by P. H. Nidditch, Oxford University Press, 1978.

モスナー編『人間本性論』：

David Hume, *A Treatise of Human Nature*, Edited by E. C. Mossner, Penguin Books, 1969.

ドイツ語訳『人間本性論』：

David Hume, *Ein Traktat über die menschliche Natur*, Deutsch von T. Lipps（1895, 1904, 1906）, Neu herausgegeben von R. Brandt, Felix Meiner Verlag, 1978.

『人間本性論概要』：

An Abstract of A Treatise of Human Nature（1740）, Edited by J. M. Keynes and P. Sraffa, Cambridge University Press, 1938（Reprint, Archon Books, 1965）.

『或る紳士からエディンバラの友人への手紙』：

A Letter from A Gentleman to His Friend in Edinburgh（1745）, Edited by E. C. Mossner and J. V. Price, Edinburgh University Press, 1967.

『人間知性探究』：

An Enquiry concerning Human Understanding（1748）,『ヒューム哲学的著作集』第四巻所収。

セルビー・ビッグ／ニディッチ編『人間知性探究および道徳の諸原理の探究』：

David Hume, *Enquiries concerning Human Understanding and concerning the Principles of Morals*, Edited by L. A. Selby-Bigge, 1902; Third Edition by P. H. Nidditch, Oxford University Press, 1975.

『わが生涯』初版：

My Own Life: The Life of David Hume Esq. Written by Himself, London: Printed for W. Strahan, 1777.

『わが生涯』：

"My Own Life",『ヒューム書簡集』第一巻所収。

『諸論集』：

David Hume, *Essays and Treatises on Several Subjects*（1777）, 2 volumes, A New Edition, Edinburgh, Printed for Bell and Bradfute; and Cadell and Davies, London; 1804.

『自然宗教についての対話』：

Dialogues concerning Natural Religion（1779）,『ヒューム哲学的著作集』第二巻所収。

コルヴァー／プライス編『宗教の自然史、および、自然宗教についての対話』：
David Hume, *The Natural History of Religion and Dialogues concerning Natural Religion*, Edited by A. W. Colver and J. V. Price, Oxford University Press, 1976.

「魂の不死について」：
"Of the Immortality of the Soul",『ヒューム哲学的著作集』第四巻、およびミラー編『道徳、政治、文学論集』所収。

米国版『ヒューム哲学的著作集』初版：
The Philosophical Works of David Hume, 4 volumes, Boston, Little, Brown and Company; Edinburgh, Adam and Charles Black; 1854.

『ヒューム哲学的著作集』（グリーン／グロウス編）：
David Hume, *The Philosophical Works*, 4 volumes, Edited by T. H. Green and T. H. Grose, London（1874-5), 1882, 1886（Reprint, Scientia Verlag Aalen, 1964）.

『ヒューム書簡集』：
The Letters of David Hume, 2 volumes, Edited by J. Y. T. Greig, Oxford University Press, 1932.

ミラー編『道徳、政治、文学論集』：
David Hume, *Essays Moral, Political, and Literary*, Edited by E. F. Miller, Liberty Classics, 1985.

二　参考文献

アルノー／ニコル『論理学または思考術』：
Antoine Arnauld et Pierre Nicole, *La Logique ou l'Art de Penser*（1662), Édition critique par P. Clair

et F. Girbal, Librairie Philosophique J. Vrin, 1981.

ウォラストン『自然宗教詳論』:
William Wollaston, *The Religion of Nature Delineated*（1724）, Fifth Edition, James and John Knapton, 1731.

『ガリレオ著作集』:
Galileo Galilei, Opere, a cura di F. Flora, Milano・Napoli, 1953.

『ガリレオの発見と意見』（ドレイク英訳）:
Discoveries and Opinions of Galileo, Translated by S. Drake, Doubleday and Company, New York, 1957.

ガリレオ『偽金鑑識官』:
Il saggiatore（*The assayer*）（1623）,『ガリレオ著作集』および『ガリレオの発見と意見』所収。

カント『純粋理性批判』:
Immanuel Kant, *Kritik der reinen Vernunft*（1781, 1787）, Herausgegeben von R. Schmidt, Felix Meiner Verlag, 1956.

キケロ『最高善と最大悪について』:
Cicero, ***De finibus bonorum et malorum,*** Translated by H. Rackham, The Loeb Classical Library, Second edition, 1931, 1971.

木曾好能「ヒュームの哲学（一）——その因果論——」、『哲学研究』五二七号、京都哲学会、一九七四年。

木曾「直接知覚か非知覚か」、『哲学』三二号、日本哲学会、一九八二年。

木曾「普遍についての試論——ロック、バークリー、ヒュームの普遍論の批判的検討——」、『哲学研究』五五〇号、京都哲学会、一九八四年。

木曾「個物と普遍」、『新岩波講座哲学』第四巻『世界と意味』、一九八五年。

木曾「イギリス経験論の倫理思想――自然主義を中心として――」、小熊、川島、深谷編『西洋倫理思想の形成』I、晃洋書房、一九八五年。

木曾「心とは何か」、『京都大学文学部研究紀要』第二十六、一九八七年、第二十七、一九八八年。

ギブスン『諸知覚体系としての諸感覚』：
J. J. Gibson, *The Senses Considered as Perceptual Systems*（1966）, George Allen & Unwin, 1968.
クラーク『神の存在と諸属性の証明』：
Samuel Clarke, *A Demonstration of The Being and Attributes of God*（1704）, The Ninth Edition, John and Paul Knapton, London, 1738.
シフマン『感覚と知覚、総合的アプローチ』：
H. R. Schiffman, *Sensation and Perception: An Integrated Approach*, John Wiley and Sons, 1976.
シャフツベリー『人々、風習、意見、時代の特徴』：
Anthony Ashley Cooper, Third Earl of Shaftesbury, *Characteristics of Men, Manners, Opinions, Times*（1711）, 3 volumes（Reprint, Georg Olms Verlag, 1978）.
シャフツベリー『道徳家たち、哲学的文集』：
The Moralists, A Philosophical Rhapsody（1709）, シャフツベリー『人々、風習、意見、時代の特徴』第二巻所収。
『新版心理学辞典』平凡社、一九八一年。
『スピノザ全集』：
Spinoza, Opera, 5 Bände, Herausgegeben von C. Gebhardt, Heidelberg, 1925.

スピノザ『倫理学』：

Ethica,『スピノザ全集』第二巻所収。

スミス「ヒュームの自然主義」一および二：

Norman Kemp Smith, "The Naturalism of Hume", I and II, (*Mind*, Vol. xiv, N.S., nos. 54-55, 1905), スミス『神の存在の信憑性』所収。

スミス『デイヴィッド・ヒュームの哲学』：

Norman Kemp Smith, *The Philosophy of David Hume*, MacMillan & Co. Ltd., London, 1941.

スミス『神の存在の信憑性』：

The Credibility of Divine Existence, The Collected Papers of Norman Kemp Smith, Edited by A. J. D. Porteous, R. D. MacLennan, & G. E. Davie, MacMillan & Co. Ltd., London, 1967.

タキトゥス『歴史』：

Tacitus, *The Histories, I-III,* Translated by C. H. Moore, The Loeb Classical Library, 1925, 1968.

デイヴィッドソン「因果関係」：

"Causal Relations", 1967. デイヴィッドソン『行為と出来事についての論集』所収。

デイヴィッドソン『行為と出来事についての論集』：

D. Davidson, *Essays on Actions and Events*, Oxford University Press, 1980.

ディーバス『ルネサンスにおける人間と自然』：

A. G. Debus, *Man and Nature in the Renaissance*, Cambridge University Press, 1978.

『デカルト全集』：

Œuvres de Descartes, 11 tomes, publiés par C. Adam et P. Tannery, Librairie Philosophique J. Vrin, 1964

-74.
デカルト『省察』：
Meditationes de Prima Philosophia（1641），『デカルト全集』第七巻、（フランス語訳）*Les Méditations métaphysiques*,『デカルト全集』第九—1巻。
デカルト『哲学の諸原理』：
Principia philosophiae（1644），『デカルト全集』第八—1巻、（フランス語訳）*Les Principes de la Philosophie*,『デカルト全集』第九—2巻。
トマス・アクィナス『神学大全』一〜四五、高田三郎ほか訳、創文社、一九六〇〜二〇一二年。
トマス・アクィナス『神学大全』（英訳）：
Thomas Aquinas, *Summa Theologiae*, Part One, Questions 1-13, English Edition by T. Gilby, Doubleday and Company, New York, 1969.
『バークリー全集』：
The Works of George Berkeley, Bishop of Cloyne, 9 volumes, Edited by A. A. Luce and T. E. Jessop, Nelson, London, 1948-51.
バークリー『新しい視覚論のための試論』：
An Essay towards a New Theory of Vision（1709），『バークリー全集』第一巻所収。
バークリー『人間の知識の諸原理論』：
A Treatise concerning the Principles of Human Knowledge（1710, 1734），『バークリー全集』第二巻所収。
バートン『憂鬱病の解剖』：
Robert Burton, *The Anatomy of Melancholy*（1621）, Edited by H. Jackson, J. M. Dent and Sons（Every-

man's University Library), 1932, 1972.
バウアー「幼児の世界における対象」：
T. G. R. Bower, "The Object in the World of the Infant", *Scientific American*, 1971.
バウアー『幼児の発達入門』：
T. G. R. Bower, *A Primer of Infant Development*, Freeman, U. S. A., 1977.
速水滉『論理学』、岩波書店、一九一六年、一九三二年改版、一九六七年。
『ビーティー哲学的および批評的著作集』：
James Beattie, *The Philosophical and Critical Works*, 4 volumes, Facsimile Edition by B. Febian, Georg Olms Verlag, 1975.
ビーティー『真理の本性と不変性についての試論、詭弁と懐疑論への反論』：
An Essay on the Nature and Immutability of Truth, in Opposition to Sophistry and Scepticism（1770）,『ビーティー哲学的および批評的著作集』第一巻所収。
フォグラン『『人間本性論』におけるヒュームの懐疑論』：
R. J. Fogelin, *Hume's Skepticism in the* Treatise of Human Nature, Routledge and Kegan Paul, 1985.
プライス『外的世界についてのヒュームの理論』：
H. H. Price, *Hume's Theory of the External World*, Oxford University Press, 1940.
ベール『歴史批評辞典』Ⅰ～Ⅲ、野沢協訳、法政大学出版局、一九八二～七年。
ベイル『歴史批評辞典』：
Pierre Bayle, *Dictionnaire Historique et Critique*（1697）, Paris, 1820-4（16 tomes, Slatkine Reprints, Genève, 1969）.

ベイル『歴史批評辞典抜粋』（ポプキン英訳）：
Pierre Bayle, *Historical and Critical Dictionary*, Translated by R. H. Popkin, The Bobbs-Merrill, 1965.

『ボイル全集』：
The Works of the Honorable Robert Boyle, 6 volumes, Edited by Th. Birch, London, 1772（Reprografischer Nachdruck, Georg Olms, Hildesheim, 1965）.

『ボイル哲学論集』：
Selected Philosophical Papers of Robert Boyle, Edited by M. A. Stewart, Manchester University Press, 1979.

ボイル『形相と性質の起源』：
The Origin of Forms and Qualities According to the Corpuscular Philosophy（1666），『ボイル全集』第三巻および『ボイル哲学論集』所収。

『ホッブズ英語著作集』：
The English Works of Thomas Hobbes, 11 volumes, Edited by Sir William Molesworth, Bart., London, 1839（Reprint, Scientia Verlag Aalen, 1966）.

ホッブズ『物体について』：
Elements of Philosophy, The First Section, *Concerning Body*（*De corpore*, 1655），『ホッブズ英語著作集』第一巻所収。

ホッブズ『人間本性論』：
Human Nature, or the Fundamental Elements of Policy（1650），『ホッブズ英語著作集』第四巻所収。

ホッブズ『リヴァイアサン』：

Leviathan, or the Matter, Form, and Power of a Commonwealth Ecclesiastical and Civil（1651),『ホッブズ英語著作集』第三巻。

ホッブズ『自由と必然性について』:

Of Liberty and Necessity（1654),『ホッブズ英語著作集』第四巻所収。

『マルブランシュ全集』:

Œuvres Complètes de Malebranche, 20 tomes, Direction par A. Robinat, Librairie Philosophique J. Vrin, 1958–68.

マルブランシュ『真理の探究』:

De la Recherche de la Vérité（1674–5), édité par G. Rodis-Lewis, 1962,『マルブランシュ全集』第一～二巻。

マルブランシュ『真理の探究、諸解明』:

Eclaircissements sur la Recherche de la Vérité, édité par G. Rodis-Lewis, 1964,『マルブランシュ全集』第三巻。

マルブランシュ『真理の探究、真理の探究諸解明』（レノン／オルスキャンプ英訳）:

Nicolas Malebranche, *The Search after Truth*, *Elucidations of the Search after Truth*, Translated by T. M. Lennon and P. J. Olscamp, Ohio State University Press, 1980.

マルブランシュ『形而上学と宗教についての対話』:

Entretiens sur la Métaphysique et sur la Religion, édité par A. Robinet, 1965,『マルブランシュ全集』第一二～三巻。

ミショット『因果性の知覚』:

A. Michotte, *The Perception of Causality*（*La perception de causalité*, 1946, 1954), Methuen, London, 1963.

モスナー『デイヴィッド・ヒュームの生涯』：
E. C. Mossner, *The Life of David Hume*, University of Texas Press, Austin, 1954.
『ユークリッド原論』中村幸四郎他訳、共立出版、一九七一年。
『ライプニッツ哲学的著作集』：
G. W. Leibniz, *Die Philosophischen Schriften*, 7 Bände, Herausgegeben von Z. J. Gerhardt, Berlin, 1875（Unveränderte Nachdruck, Georg Olms, Hildesheim, 1965）.
ラッセル『意味と真理の探究』：
Bertrand Russell, *An Inquiry into Meaning and Truth*, George Allen and Unwin, London, 1940.
リード『人間精神探究』：
Thoman Reid, *An Inquiry into the Human Mind*（1764）, Edited by T. Duggan, The University of Chicago Press, 1970.
リード『人間の知的能力についての論集』：
Thomas Reid, *Essays on the Intellectual Powers of Man*（1785）, Reproduced by B. A. Brody, The M. I. T. Press, 1969.
レアード『ヒュームの人間本性の哲学』：
John Laird, *Hume's Philosophy of Human Nature*, 1932（Reprint, Archon Books 1967）.
ロック『人間知性論』：
John Locke, *An Essay concerning Human Understanding*（1690）, Edited by P. H. Nidditch, Oxford University Press, 1975.
ワッツ『論理学』：

Isaac Watts, *Logick or The Right Use of Reason in The Enquiry after Truth* (1724), The Eighth Edition, London, 1745.

謝辞

ヒュームのテキストの翻訳については、伊藤邦武、岩崎豪人、橋本康二の三氏に、訳文を丁寧に読んで戴き、きわめて貴重な意見をお寄せ戴いた。お蔭で、翻訳は、訳者独りではとうてい達成できなかったほど、正確で読みやすくなった。それでも、訳者の気づいていない誤りや不備があるかも知れない。どうかご教示下さるようお願いしたい。

法政大学出版局の稲義人氏と平川俊彦氏、および校正担当者には、とても言葉には尽くせないお世話になった。翻訳、校正、解説執筆の各段階で、予定に大幅に遅れ、ご迷惑をおかけした。このように面倒な翻訳の出版をお引き受け戴いたことに、心からお礼申し上げる。

最後になったが、訳者が野田又夫、藤沢令夫の両先生から受けた学恩の測り知れないことを、思わずにはいられない。

木曾好能

〈訳者紹介〉
木曾好能（きそ よしのぶ）
1937年大阪市に生まれる．京都大学文学部卒業．京都大学文学部教授．イギリス経験論哲学と現代分析哲学を専門とし，代表的論文に「心とは何か　1・2」（『京都大学文学部研究紀要』26・27号，1987・88）「個物と普遍」（『新岩波講座哲学』第4巻，1985）などがある．1994年死去．

デイヴィッド・ヒューム
人間本性論　第一巻　知性について

1995年 2 月28日　初版第 1 刷発行
2012年12月25日　新装版第 2 刷発行
2019年 4 月25日　普及版第 1 刷発行
2022年 6 月25日　　　　　第 2 刷発行

訳　者　木曾好能
発行所　一般財団法人 法政大学出版局
〒102-0071 東京都千代田区富士見2-17-1
電話03(5214)5540／振替00160-6-95814
製版・印刷／三和印刷
製本／誠製本
装幀・カバー写真／竹中尚史

Printed in Japan

ISBN978-4-588-12191-3

索　引

数字(たとえば「123」)は本訳書におけるヒュームのテキストの頁(123頁)を表わす．イタリック数字列(たとえば「*3・1*」，「*3・(1)*」，「*3・(1)・2*」)は，訳者による解説論文第II部の章・(部分)・節(それぞれ第三章第一節，第三章第1部分，第三章第1部分第二節)を表わす．太字体語句は索引項目を表す．

ア　行

ての思考　*3・23*
一般命題　16, 130
色　14, 15(赤), 16(緋色，橙色), 17-18(青), 27, 38(白，黒), 49(紫色，すみれ色，緑，赤，白，黒，混合色), 53, 64(明暗)；青と緑は青と緋色よりもたがいにより類似する　33/*2・4*；——[の観念]はその色のもつ形[の観念]から区別も分離もできない　38；本当の——　*9・22*；——の広がりは[有限個の]色点から成る　49/*3・16*；[一様な]——[あるいは触感]の広がりを色と形に区別するのは理性的区別である　38/*3・16, 6・4*；[一様な]——[あるいは触感]の広がりをもたない諸部分(点)に区別することは実在的区別である　56/*3・16, 6・4*；色合い　17-8, 26, 118, 162
因果関係(因果性)(**因果作用，恒常的随伴**を見よ)　23, 28, 89, 93-7, 105, 112, 114-5, 117, 125-6, 132-3, 135, 139, 141, 145, 147, 151-3, 202-4, 227, 244, 270, 272, 281, 284, 290, 295-7/*1・1, 3・2, 8・(1)-(6), 8・13*；対象Ａが対象Ｂの原因であるとき，ＡとＢは空間的または時間的に隣接し，ＡはＢに時間的に先行し，ＡとＢは必然的に結合している，と考えられている　95-8；因果関係の定義　202/*8・14*；哲学的関係としてのまた自然な関係としての——　115-6, 200/*8・14*；因果関係の判定のための基準　203-6/*8・14-5, 8・17*(恒常的随伴 115, 200-1, 203-4, 282-4と観念連合における精神の被決定性　200-2)；——は[対象の]観念[の比較]から知られる論理的な関係ではなく[二種類の対象の恒常的随伴の]経験によってのみ知られる　89-90, 190, 199, 202, 209, 244/*8・6, 8・8, 8・15*；——の知覚　*8・(1)・2-5*；——は知覚できない　189-90(因果性は内的対象においても知覚できない　192，われわれは二つの対象を因果的に結合する絆をけっして知覚しない　281，われわれは原因と結果の間のいかなる結合をもけっして感知(感覚)しない　326，精神はたがいに異なる存在者の間にいかなる真の結合も知覚しない　*8・2, 8・14*)；——の本質は恒常的随伴にある(**因果性**の観念を見よ)　115, 200, 203-4, 284/*3・24, 8・8, 8・14*
因果推理(**蓋然的推論**を見よ)　258/*1・3, 1・5, 3・22, 8・(2), 8・8, 8・15, 8・17*；——は[二種類の対象の恒常的随伴の]経験に基づく[習慣[的能力]としての観念連合が一方の対象の現前によって現実に行使され発動したものである]　120, 108-9, 114-6/*1・3, 3・24, 4・8, 8・7-8, 8・13, 8・17*；——は事実(対象の存在)に関する推理である　118/*8・7*；——は論証的推論ではない(狭義の理性の働きではないが広義の理性(推理能力)の働きである)　114/*1・3, 4・8, 8・6-8, 8・13-4*；——は知覚の原因として知覚と別個な対象の存在を教えない　224-5/*9・5*；因果的観念連合(因果推理)　120/*8・17*
因果性(因果関係)　78, 249, 271, 296；——の印象　*8・2*；——の印象は対象の性質の知覚からも対象の間の関係の知覚からも得られない　95-8/*8・2*；——の観念　*8・1, 8・5*；——の観念は二種類の対象の間の過去における恒常的随伴の観念にほかならない(**因果関係**の本質を見よ)　*3・24, 8・8*
因果判断　*8・14, 8・17*；——は知覚判断ではない　6・14；——はいかなる理由もなしになされる　114/*8・14*
因果律(すべての出来事(存在が始まりをもつもの)には原因がある，存在し始めるものは存在の原因をもつ)　55/*1・6, 8・5*(因果律の仮説の生得性), *8・6, 8・(3)・9-12, 8・11-2, 8・15, 9・9*；——を反証する経験は容易には見つからない　*8・12*；——は論理的必然性をもたない(分析的命題ではない)　99-100, 202/*3・20, 8・6*(直観も論証もされ得ない)；因果[的]法則は論理的な法則ではない　*8・6, 8・8*
印象(**知覚，観念，感覚の印象，反省の印象，単純印象，複雑印象，印象と観念**を見よ)(随所)；最大の勢いと激しさを伴って精神に入ってくる知覚　13/*3・1(b1)*；——はある通りのもの(印象)として現れる　221-2/*3・2*および同註(*3*), *9・4*；——は明晰で明瞭である　48；——は実在である(**実在**をみよ)　133；[すべての]——は同じ資格のものである　221, 224；[すべての]——は内的である　225/*3・2*(註(*2*))；——は消滅する存在者であ

る(**知覚**を見よ)　225/*3・9*；——は確定した量と性質をもつ　31/*3・16,5・8*；——は観念に勢いと生気において優る　13-4/*3・4,8・23*；——は観念に先行する(ヒュームの経験論の原理)　16-9；——はそれに類似する観念しか生み出さない(ヒュームの経験論の原理)　79；——が存在しなければ対応する観念は存在しない(観念が存在するためには対応する印象が存在しなければならない：ヒュームの経験論の原理)　83；——は単純印象と複雑印象に分かれる　14/*3・1(b4)*および*(d1),3・5*；——は感覚の印象と反省の印象に分かれる　[16-7],19,[27-8],48,50-2,83,195,221,274/*3・1(b),3・(2)*；——の観念　80,128,131,199/*1・7*

印象と観念　13-6,18,31,73,81,86,118,126,145,179,199,276,280,286,296；——に存在を帰さずにはわれわれはそれを[意識あるいは]想起しない　84；——の相違は勢いと生気の度合いに[のみ]ある　13,31/*3・1(b3),3・4,3・6,8・16*；——の相違は感じることと考えることとの相違である　13/*3・1(b3),3・4,3・6,8・16*；——は対応する　14-6；——は[勢いと生気の度合い以外の点で]類似する　14-5

引力(万有引力)　24,76/*2・3-4*

宇宙　45,86,114,188,190,264,266,274,277,278,282,289/——の接合剤　*2・4*

海　228,231(太陽あるいは海の知覚)/*9・8,9・10*

運動　46,64(遅速),70,72,75,83；——の観念は運動する物体の観念から分離できない　37,260-1/*9・24*；——の原因　23

英語　14原註(一)

演劇　287(精神は一種の演劇である)/*10・2,10・4,10・7*

延長(空間的広がり)(**空間**を見よ)　18,29,44 ff., 54-61,64,67-83,90-1,187-8,222,260-3,267-74,277,284-5,297/*6・1*；——[と位置]をもつのは色と触感の印象のみである　53,268/*2・4,3・5*；[任意の単純な形をした]——(広がり)を考えることができる　*3・15-7,3・23*；——[の印象]は視覚と触覚の対象である　53,268/*2・4*；——の等しさには正確な基準がない　60-1,91；[有限な]——は無限分割不可能である　45/*6・3*；——の無限分割可能性　68/*6・5*；——の無限分割可能性の「論証」(幾何学的証明)はすべて詭弁である　48,68；——は[有限個の]分割不可能な点からなる　58

延長の印象　72；——は色または触感をもつ点の配列である　49-50/*6・2*；——は色または触感をもつ分割できない有限個の[数学的]点(色点または触点)から成る　49-50,53-4/*6・2,6・5-7*；——は複雑な印象である　*3・5,3・16,6・4*；——の部分を区別することは実在的区別である　[55-]56/*3・16,6・4*；——の分割不可能な各部分は色あるいは触感をもつ　53-4/*6・7*

延長の観念(空間の観念)　44-5,47-9,53-4,59,70,72-6,78,80,83,261,269,273；われわれは——を有する　47；——は延長する物体の観念から分離できない　261/*9・24*；——は見得るか触れ得る諸部分から成る観念である　83；——は抽象観念である　49-50；——は有限個の単純で分割不可能な部分から成る　54-5；——は無限分割不可能である　42,54-5/*6・1,6・5*；——は色か触感をもつ点の現れ方の模像である　49；——は有限個の単純な(分割不可能な)点(色点または触点)の配列の仕方(秩序)の観念である　49-50,55/*6・1-2,6・5,6・7,6・9*；——の分割不可能な各部分は色あるいは触感をもたなければ[観念として]思いうかべる(える)ことができない　54/*6・7*

憶測　9,24,152

音(音声)　5,17,27,33,35,51-2,115,197-8,222,224,226,228,254,259-62,264,268-9,272,293；音楽家　64

思いうかべる(思念する，考える，想像する，観念をいだく)　30,33,41,45,47,49,51-2,54-5,57-9,62,65,69,71-2,83,86,100,117-9,121-2,125,131,136-7,143,174,179,191,195,202,251,260-2,265-6,269,275-6；明晰に——ことができるものは可能である(思考可能即存在可能の原理)　47

カ　行

快　6, 9, 13, 19, 24, 41, 140, 144-6, 148-9, 163, 179-80, 205, 207, 221, 224, 226, 238, 247, 258-9, 266, 280, 285-6, 297, 304-6, 308；——または苦　19；——または　不快13

懐疑[**論**]（懐疑主義）（**感覚能力**に関する懐疑を見よ）　6, 82, 211, 251, 300, 303, 305-6；反省を進めるほど増大する　309/*9・1*；——を癒すことができるのは捉われず気にしないことでだけである　251/*9•14*；常軌を逸した——　246, 260/*9•12, 9•27*；節度のある——　82(適度の懐疑), 257/*1•5, 9•1*；まったき——　*9•1*；——論者　178, 214, 217-9, 246(常軌を逸した　*9・12*), 309, 326/*9・1, 9・12, 10・8*

蓋然性（確率，蓋然的推論，蓋然的推論に基づく蓋然的認識）　84, 89, 93, 111-2, 149-52, 154, 158-9, 161, 163-5, 169-76, 178, 182, 207, 211-6/*1・5*；——は証明(確証)と狭義の蓋然性とに分かれる　151-2, 158-60/*4・11*

蓋然的推論　46-7, 111, 143, 154, 193；——[に基づく信念]は一種の感覚である　128/*4•1*；——は自然の斉一性の仮定に基づいている　112-3, 161, 163, 165/*8・9*；——は蓋然性をまったく失う　213-4/*9・1*

外的規定　32

外的世界　251/*1・3, 9・1-27*；——についての信念は理性的根拠をもたない　*9・1*；——についての信念は感覚と想像力に基づく　*9・1*；——存在の信念は不可避の信念である　219, 246-7/*9・14*

外的存在（**存在**を見よ）　84, 86-7(その観念), 220, 222, 250, 262, 275/*7・3, 7・4-5*

外的対象（物体）　50, 86, 99, 194, 197-9, 202-7, 221, 227, 238, 249, 257, 25-60, 264, 273, 279, 301-2/*7•2-5, 9•2*；——は感覚される物体的諸性質(感覚的諸性質)の集まりである　28, 252/*7・4*；——はそれらが引き起こす知覚によってのみ知られる　81, 86/*1•2, 2•4, 4, 3•1(a2), 3・2, 7・3*；——は知覚を引き起こす　86, 284/*3・2-3, 7・3-4*；——が一般に知覚に類似すると信じる根拠はない　249/*9•12, 3•1(a2), 3•2, 7•3, 9•14*；不可入性をもつものとしての——の観念は生得的観念である　*5・25*

外的物体（物体）　8(その本質は知られない), 230/*1・3*

概念　119, 120/*5・6*；——作用　119-20,（原註(二)）/*3•8*；——体系　*5•7*([我々の]——体系は確定的な普遍を思考の対象として認めている　*5•7*；[我々の]——は確定的または非確定的普遍を思考の対象として認めている　*5•8*)；——的普遍　*5•7*

解剖[**学**]　19, 77, 298

会話　30, 37, 142, 146, 174, 304-7

香　14, 33, 197, 222, 224, 259-60, 264, 269, 270, 272

画家　64, 107

学（諸学）　6-10, 18, 77, 122, 284；諸学　5, 7, 55, 211, 308；あらゆる学は人間の自然本性に関係を有する　6；学界　9, 29, 37, 186, 211, 280, 306；学者[たち]　5-6, 19, 60, 78, 139, 184, 205, 211, 249, 273, 276-8, 280, 300

確実性（完全な確実性）（**知識**を見よ）　90, 99, 159, 163-4, 167, 170, 173, 213, 216, 305/*1・5, 4・14*

確証（証明，証拠）　152, 158, 172, 174, 245

確定　31-32, 35, 45, 50, 66, 90-1, 93, 101, 168, 187, 192, 221, 232, 268；——した度合い(確定的度合い)　31-2/*5•7-8*；——的性質　*5•4*；——的普遍　*5・2, 5・7, 5・8*[思考の対象として志向されている(確定的普遍の対象性)　*5・2, 5・7-8*]

過去（**未来**を見よ）　15, 20, 105-6, 109-10, 112-5, 127-9, 131, 134, 136, 141, 155, 160-6, 168, 170, 174-5, 185, 196, 208-9, 212-3, 227-9, 244, 295-7, 300-1；——の未来への投影(**自然の斉一性**，**未来**は過去に類似する　を見よ)　112, 161, 164-5, 167-8/*8・9*

可触性（触感）　53-4, 268, 270/*2・4*

形　17, 24, 38, 155, 243, 260, 262, 268, 271-3, 280, 292；球形，立方形　38；——[の観念]はその形をした物体[の観念]から分離できない　37-8, 262/*9・24*

固さ　68, 120, 131, 139, 147, 149, 186, 206, 301/*3・3*

可能［な］ 9, 30-1, 42, 48, 54-5, 58, 60, 65, 68, 70-2, 92, 100, 117, 121, 124, 144, 156, 159, 162, 182, 203, 218, 255, 265-6, 269, 278, 281, 284, 290, 295；——な観念の必然的な帰結である観念は可能である 70；——的に 32(観念が精神にただ可能的に現前している)

神 67, 71, 116, 188-90, 283/*1・1-2, 7・1*；——の意志 *1・1-2*；——の全能 71/*1・1-2*；——の観念 116, 190；——の［現実］存在 *7・1-2*；——が存在するという命題は必然性をもたない 116/*7・1*；——の存在の存在論的証明 *7・1*

考える(観念をいだく，思いうかべる，思念する，想像する)(随所) 13/*3・17, 3・21*；［明晰に］——ことができることは存在することが可能である(思考可能即存在可能の原理) 32, 47, 58, 60, 69, 100, 111, 266, 269, 285/*3・(5), 3・20*；［任意の単純な形をした延長(広がり)を］——ことができる *3・15-7, 3・23*；単に—— 13, 16

含意 30-1, 38, 46, 58, 71, 103, 108-9, 112-3, 115, 120, 137, 187, 191, 201, 204, 232, 238, 240

感覚(感覚能力，感覚の印象) 18, 48-51, 57, 68, 72, 74-6, 79-85, 91, 93-4, 106, 108-10, 120, 126, 128, 132-3, 138, 149, 171, 186, 188, 208, 215-6, 221-2, 227-30, 234, 242, 254, 259, 263-4, 274, 280, 287, 300-1, 307/*4・(1), 4・2*；——器官 17, 73, 76, 82, 93, 264；——作用 19, 137/*3・4*；——の判断 63-4；——的快苦 224/*9・4, 9・20*；——的性質(感覚される物体的性質) 3・2, 3・14(分離可能性)；——表象(イメージ，感覚知覚表象) 42-3(最小の——表象が存在する 43：——表象より小さい対象はない 43)；運動の—— 75-6, 79；感覚［知覚］［作用］は印象の単なる［受動的］受容である 93/*3・4*；——知覚は単なる刺激の感受ではなく刺激の変化の感受である *6・12*；——知覚作用の相対性は対象と知覚者との相互関係(相互交渉)の認識である *9・11, 9・19, 9・22*；——［的な］知覚(感覚の印象，感覚知覚表象)の非独立性 243/*9・11*

感覚の印象(感覚知覚：物体的性質(第一次性質と第二次性質)の印象と感覚的快苦) 19, 27, 50, 83, 94, 99, 105, 111, 189, 216, 220, 266, 268, 304/*3・1(b1), 3・4, 4・2, 9・4*；——の恒常性 226-7, 230-42/*9・6, 9・10*；——の整合性 227-30, 229(感覚の印象の整合性に基づいた対象の連続存在の推論は，知性から生じ，習慣からは間接的で遠回りな仕方で生じる *9・8*)/*9・6-10*；——は外的対象に見える *9・4, 9・25*；——は知られない原因から生じる 19；——は身体に依存する *3・2-3, 3・8*；——は第一次性質の印象，第二次性質の印象，身体的快苦の印象である 224/*3・4, 4・2*；——は内的で消滅する存在者である 225/*3・2*；——は内的な存在者であるように感覚能力にも見える(内的な存在者として感覚能力に現われる) 221-2, 224-5/*4・2*(このような主張は感覚対象の外在性の考えを了解不能なものにする)

感覚能力 18, 23, 27, 42-3, 49, 195, 218-24, 230, 234, 236, 240-1, 244, 250-1, 259, 263-4, 268, 289/*9・1, 9・3*；——が判定する限りではすべての知覚はその存在の仕方において同等である 224/*9・4*；——に現れる最小の感覚表象より小さい対象はない 43；——に現れる［最小の」物体(対象)よりはるかに小さい物体(対象)が存在する 43(理性(リーズン))，64(正しい推論(リーズン))；——に関する懐疑［論］ 251(けっして癒されない)/*9・1-27*；——に対する対象の見え方 81；——は感覚の印象の対象に対する表象関係を教えない(［感覚の印象の対象に対する関係は外的規定である］) 220/*9・3*；——は最小体に到達する 42；——は生得的に感覚的性質または物体的性質を示す対象を我々の身体とは別個な存在者として示す *9・4, 9・25*；——は物体の別個存在を教えない 220-4/*9・3*；——は物体の連続存在を教えない 220/*9・3*；——はわれわれ自身の身体そのものを知覚しない 222/*9・3*；——と想像力 57(微小な対象について正確ではない), 67-8, 91-2

関係(**自然な関係，哲学的関係，対象の関係**を見よ)(随所) 25-7, 25および訳註(1) 75-9, 83-4；——の観念 24/*3・22*；関係的(相対的)な観念 86；——は自然な関係と哲学的

関係に分かれる　25および訳註(1), 25-7, 115-6, 200/*4*・*10*；関係のある(自然な関係のある)二対象の一方の観念は他方の観念を精神に自然に導き入れる　25；たがいに関係のある諸対象は完全に同一な対象と混同される　288-93；たがいに関係のある観念を精神(想像力)は取り違える傾向がある(精神の混同)　76-8, 83-4, 234-5/*6*・*9*

観察(**経験**を見よ)　8, 10, 15, 36, 38, 41, 52, 65, 72, 75-6, 78, 92-4, 96, 103, 113, 115, 126-8, 135-6, 138, 140, 148, 150, 158-62, 164, 167, 169, 171-3, 175-6, 181-2, 192-5, 197, 199, 201-2, 204, 208-9, 212, 216, 223, 227-32, 234, 236-7, 243-4, 249, 255-7, 263, 270-1, 276, 286, 290-1, 294-5

感情（情念）　7, 52, 128, 146, 148, 150, 169, 176, 190, 207, 217, 221, 269, 282, 305

カント　*1*・*6*, *5*・*4*, *7*・*1*, *8*・*5*

観念(**知覚**，**印象**，**生得観念**，**単純観念**，**複雑観念**を見よ)(随所)　*1*・*1*；——には印象が先行する(**ヒューム**の経験論の原理を見よ)　19-20, 83；——が存在するためには対応する印象が存在しなければならない(印象が存在しなければ対応する観念は存在しない：ヒュームの経験論の原理)　20, 131, 184, 186, 285, 323；——はそれに類似する印象から生じる(**ヒューム**の経験論の原理を見よ)　84；——は印象の[生気のない]像である(**ヒューム**の経験論の原理を見よ)　13, 14(観念は印象の再現(表象)である), 15-6, 18-9, 21, 31, 92/*3*・*1*(*b2*), *3*・*4*, *8*・*23*；——は印象から生じ印象を再現(表象)する(**単純観念**，**ヒューム**の経験論の原理を見よ)　18-9, 27, 31, 48, 49-50(延長の観念), 50(時間の観念), 52, 83(変化を含まない時間の観念), 86, 92, 95(因果関係の観念), 98（必然的結合の観念), 131, 183(必然性の観念), 185-6, 189(力能の観念), 249, 263, 265(精神的実体の観念), 276-7, 286(自我（人格）の観念), 323/*3*・*1*（*c*）（ヒュームの経験論の原理), *3*・(*3*)・*6*-*11*；——は単純観念と複雑観念とに分かれる　21；——は確定した量と性質をもつ　31；——が他の観念を精神に自然に導き入れる(観念連合)　22, 25；——を連合させ得るのは類似性，隣接，因果性の三つの関係である　295/*10*・*4*；——そのものこそ推論の真の基礎である　69；——が対象の十全な表象(観念)である場合は観念間の矛盾や一致の関係は対象にも妥当する(知識の基礎)　44/*6*・*3*；——の対象に対する関係は観念の外的規定である　32；——をいだくときの精神の作用が類似する場合われわれがそれらの観念を混同しやすい　78；——を[われわれが]もっている対象の存在は可能である(思考可能即存在可能の原理)　60；それについて——を形成し得ないような対象が存在すると信じる理由はない　202/*1*・*2*, *3*・*1*(*a1*), *3*・*3*, *7*・*4*, *9*・*12*, *9*・*14*；——は延長の最小の部分の十全な表象(観念)である　44；——における不完全さ　36；十全な——　36, 43-4, 189, 260；正しい——　17, 43, 62, 190, 261-2；難解で複雑な——　34；一次的な——　18；二次的な——　18；明晰な——　27, 44, 58, 67, 92, 111, 193, 198(明晰で判明な観念　32, 58)；——の起源　13-9；——の観念　199/*1*・*7*；——の起源　13-9/*8*・*1*；——の世界　295/*10*・*4*；——界　37；——の本性　6-7

観念の結合(観念連合)　22-5；——の原理(観念連合の諸原理，統合原理)　77, 114(結合の不可避の原因でも唯一の原因でもない　22)；観念の統合(観念連合)　24

観念連合(観念の結合)　115, 120, 127, 132/*10*・*15*(習慣), *1*・*3*, *2*・*4*, *3*・*1*(*f*), *5*・*4*(普遍的思考), *8*・*1*, *8*・*13*-*4*；習慣的能力としての——とこれの現実的発現としての——*8*・*15*；——の原因は二種類の対象の間に一つの自然な関係が成立していることと一方の対象の印象または観念が精神に現前することである　*3*・*24*；——の原因の知識(認識)　24, 115/*3*・*24*；——の究極的原因は知られない　24/*2*・*4*；——を引き起こす関係(類似性と隣接と因果性)　22；——を引き起こすのは対象の間の自然な関係(類似性，隣接，および因果関係)である(観念連合の原理)　22-5/*3*・*1*(*f*), *3*・(*6*), *3*・*22*, *3*・*24*；——は複雑観念の原因である　24/*3*・*22*；——は観念の混同[と多く

の虚構]の原因である　76-7, 235/*3・9*；——は[精神界における]一種の引力である　24/*3・24*；——の原理　132/*3・1(f)*, *3・(6)*, *3・22*および註*(1)*, *3・25*(観念連合の原理は偏狭な経験主義とは相容れない)；——の「諸原理」(観念連合を引き起こす関係：統合原理　22, 観念の[間の]結合の原理　77, 114, [観念を]連合させる原理　132)　*3・22*および註*(1)*

簡約　33(抽象観念を構成する個別的観念の考察の)

記憶［**力**］　19-21, 24, 84, 90, 103-8, 110-1, 120, 125, 128-9, 131-3, 135-6, 142-3, 149-50, 171-2, 174, 181-2, 208, 216, 227-8, 231, 240-1, 296-7, 299, 301/*4・(2)*, *4・6*(記銘，保持，再生，再認)；——がなければ因果関係の考えは生じない　297/*8・24*, *10・13*；——の能力は実在的に同一の能力として中断することなく存続する　*10・13*；人格の同一性(の源泉　297/*10・13*：［の範囲]を「現わにする」　296-7/*10・13*：を「生み出す」　296-7/*10・13*)；——の印象(記憶の観念)　105-8, 133, 135, 149, 242/*8・24*；——に伴う信念は記憶の観念の生気にほかならない　108/*3・4*, *8・24*

記憶の観念　20-1, 105-8；——は勢いと生気において想像の観念に優る　20, 107-8(このことはその観念が真なる記憶の観念であることの十分条件でも必要条件でもない), 108/*3・4*, *4・7*, *8・24*；——は元の印象と同じ秩序と位置を保持する　20-1, 106/*4・7*；——は元の印象に類似する　296/*3・9*, *10・13*]；正しい——　*8・24*；——がそれと知られるのは記憶の観念の勢いと生気による　106/*4・7*

幾何学　58, 60, 66, 67-9, 91-2/*1・5*, *4・13*；——の原理　67([第一]原理)；——の根本原理(第一原理)　91-2；——の第一原理は感覚と想像力に基づく　68；——の第一原理は対象の全体的な見かけから導出されたものである　91；——の公理は対象の全体的な見かけに基づく不確実な命題である　67-8, 91/*4・13*, *6・8*；——の真理は幾何学の公理を真と仮定した場合に得られる仮説的な論証である　91-2/*4・13*；——は延長の無限分割可能性の証明というただ一点で明証性を欠く　68：——は絶対的な正確さと厳密さをもたない　60, 91；——は算術と代数がもつ完全な確実性をもたない　91/*4・13*, *6・8*；——的図形の究極的基準は感覚と想像力から得られる　67

基準　61-2, 64-8, 91, 138, 161, 214, 230, 298, 300；平面の——　66；直線の——　67

基体　28-9, 254, 268, 273-4, 276, 278/*1・1*；一つの事物：諸性質の集合としての実体　28；諸性質の内属の基体と考えられた実体(知られない或るもの)　[28]/*3・22*

技術　9, 91, 173, 212, 284, 299

ギブスン　*4・3*, *9・20*および註*(1)*

詭弁　34, 47-8, 69, 78, 100, 275, 305

義務　7, 24, 305

逆説　35, 41, 82, 196

究極[**的**]　8-9, 35, 60, 67, 105, 113, 187, 209, 258, 302；——的原因　35(精神的作用の), 105/*2・4*；——的原理(究極的性質)　8-9, 302；——的性質(根源的性質，究極的原理)　8(人間本性の究極的根源的性質は知られない)/*2・2-4*

教育(単なる観念の[意図的でない，長期間にわたる]反復の効果)(**習慣**を見よ)　139, 141-3, 147, 168；哲学者たちは——を正しい判断の根拠であるとは認めない　143

教会　36, 293

共感　127, 257/*1・4*

強制感　152/*8・1*, *8・5*, *8・13-4*

虚構　28, 46, 52, 64, 79, 84, 106-7, 120-1, 133-5, 145, 147, 149-50, 162, 176, 233, 238, 240-2, 248, 252-3, 255, 257, 259, 271, 289-90, 294, 298；基体(知られない或るもの)としての実体の[考え]　28/*3・22*；実体，実体的形相，隠れた性質　252；[根源的な]実体，根源的質料，第一質料　253-4；複数のものを存在の単位とする考え　45-6/*6・3*；変化も継起も含まない持続(時間)　52-3, 83-4, 232-3/*6・12*, *(9・10)*, *10・3*；等しさの完全な基準：測定器具と測定術によってなし得る限度を超えた修正の観念　64/*6・8*；曲線と直線の完全な基準　65；空虚：虚構的な距離　79；想像力の虚構　107, 120-1；物体の連続存在　240；知覚と対

象の二重存在　248；場所的結合　271/*4•5*；人格，魂，自我，[精神的]実体の同一性　289-90, 294(*10•4*), 298；人格の単純性　298/*3•22, 4•13, 6•3, 6•8, 6•12, 9•10, 10•3*註(*1*), *10•4, 10•11, 10•14*；物体の単一性と同一性 *9•15*；必然的結合の観念は虚構である　*8•5*；自然な——　64
距離　25, 42, 48, 57, 73-82, 124, 150, 223, 259, 270, 281, 299；見得ず触れ得ない——　76-82；見得る触れ得る——　76-82
空間(延長)　23, 26, 29, 41-84, 204, 268/*6•1-9*；空間すなわち延長　54；——の印象は色または触感をもつ点の配列である　49-50/*6•2*；——の観念　41-84(一定の秩序で配列された可視的または可触的な点の観念である　70：視覚と触覚によってのみ得られる　49, 53-4：見得る対象および触れ得る対象の配列から得られる　50)/*6•1-2*；——的性質　*9•22*；——的関係　*4•15*
空間と時間　23, 41, 44, 48, 53-5, 57, 204；——の関係　26；——の観念　41-84；——の観念は[有限個の]分割不可能な諸部分から成る　53, 54-5(延長あるいは持続の観念)/*6•1-2*；——の観念は対象から分離された別個な観念ではなく対象が存在する仕方(秩序)の観念である　49-50, [51-2], 55, 70/*6•1-2, 6•9*；——の観念の分割不可能な諸部分はそれ自体では無であり何か実在するものに満たされていなければ思いうかべることができない　55/*6•1*
空虚(真空：物質なき延長)　55, 70-83/*1•2, 6•1, 6•9*；——がなければ物体の運動は不可能である　72；——の観念　70(その実在性あるいは可能性), 71-3；——は思いうかべることができない　55, 70-83/*1•2, 6•1, 6•9*
偶然　16, 22, 65, 148, 150-9, 163-4, 169-70, 176-7, 201/*8•6*
空想力(**想像力**を見よ)　21
偶有性　27, 186, 252, 254-5, 259, 266
区別(**実在的**区別，**理性的区別**を見よ)　13-5, 27, 29-31, 33, 37-8, 42, 45, 51, 53, 56-7, 59-61, 63, 71, 74, 77-8, 83, 85-6, 106-8, 116, 119, 121, 130, 149, 152, 165, 169, 177, 190, 201-2, 208, 219-21, 224-6, 233-4, 239, 243, 254, 258, 266, 278-9, 286, 288, 292, 294；——できる観念はすべて想像力によって分離できる(分離の原理)　71
暗闇(暗黒)　15, 72(暗闇(暗黒)の観念), 74, 285-9, 304
経験(**経験的**事実，**実験**，**恒常的随伴**の経験を見よ)(随所)　108-9, 167/*3•24, 8•(3)•9-12*；或ることが事実であることの——9；——と類比性　35；——された規則性以上の規則性を推理する根拠はない(経験が人の[証言の]真実性についての確信の真の基準である)　138；習慣は——された規則性の度合いを超える規則性を生み出さない　229；——されなかった事例は——された事例に類似する(自然の斉一性)　110-1/*8•(3)•9-12*；——を超えては進み得ない　8, 9/*2•2*；最終的には——によって満足すべきである(ヒュームの[人間の学の]第一原則)　77；——と観察(観察と経験)(**人間の学**を見よ)　8, 41, 103, 126, 135, 138, 209, 223(経験と観察が人間の学の唯一の堅固な基礎である(ヒュームの人間の学の第一原則)　7-8)
経験的　123-4, 127, 161-3, 204-5, 243, 291；——事実(実験)　24, 123-4, 127, 161-3, 204-6, 243, 291/*2•2, 3•24, 9•11*(弱い意味で——な仮説　*9•9*)；——証拠　*3•13-4, 3•19, 6•2*；——命題(**事実**的命題を見よ)　*3•2, 3•4, 3•6, 3•20, 3•22*
経験論(**ヒューム**の経験論を見よ)　*1•1-2*；強い意味での——は成り立たない　*9•9*；偏狭な——　*1•6, 3•10, 3•13, 3•19, 3•25, 3•25*(観念連合の原理は偏狭な経験主義とは相容れない)；英国——　*1•1*,
形而上学　6, 47, 78-9, 202, 216, 221；——者[たち]　45, 71, 78, 268, 287, 299；——的　211, 247, 303(——的反省　304，——的問題　222，——的議論(論究，論争)　6, 269, 285)
結果(**因果性**，**原因**を見よ)(随所)；似た——から似た原因が推論される　260/*9•21*；——をもっとも少数の原因から説明する　8
欠陥　21, 119, 200, 283, 302, 325/*10•8, 10•11, 10•14*

サ 行

タ 行

ナ　行

ハ　行

マ　行

ヤ　行

ラ　行